NOMOSEINFÜHRUNG

Prof. Dr. Torsten Schaumberg
Hochschule Nordhausen

# Sozialrecht

Einführung

4. Auflage

**Die Deutsche Nationalbibliothek** verzeichnet diese Publikation in
der Deutschen Nationalbibliografie; detaillierte bibliografische
Daten sind im Internet über http://dnb.d-nb.de abrufbar.

ISBN 978-3-8487-7427-2 (Print)
ISBN 978-3-7489-1429-7 (ePDF)

4. Auflage 2023
© Nomos Verlagsgesellschaft, Baden-Baden 2023. Gesamtverantwortung für Druck und
Herstellung bei der Nomos Verlagsgesellschaft mbH & Co. KG. Alle Rechte, auch die des
Nachdrucks von Auszügen, der fotomechanischen Wiedergabe und der Übersetzung,
vorbehalten.

## Vorwort zur vierten Auflage

Rege Aktivitäten des Gesetzgebers auf dem Gebiet des Sozialrechts und die freundliche Annahme des Lehrbuchs machten eine vierte Auflage erforderlich. Es befindet sich nunmehr auf dem Rechtsstand Oktober 2022. Hierbei wurde insbesondere dem Bereich des Sozialen Entschädigungsrechts mit dem grundsätzlich ab dem 1.1.2024 geltenden „Sozialgesetzbuch Vierzehntes Buch – Soziale Entschädigung – (SGB XIV)" besondere Aufmerksamkeit geschenkt Zudem wurden die Änderungen der geringfügigen Beschäftigung, die ab dem 1.1.2022 gelten und das sog. „Bürgergeld" in den Ausführungen berücksichtigt. Die Rechtsprechung wurde dort, wo es notwendig war, aktualisiert.

Anregungen, Hinweise, aber auch Kritik sind selbstverständlich weiterhin willkommen. Sie erreichen mich digital unter meiner Email-Adresse *torsten.schaumberg@hs-nordhausen.de* oder in bewährter analoger Form über die Anschrift der Hochschule Nordhausen, Weinberghof 4, 99734 Nordhausen.

Halberstadt, im Oktober 2022 *Torsten Schaumberg*

## Vorwort zur 1. Auflage

Das Sozialrecht hat einen Ruf, allerdings keinen guten. Es gilt als trocken, unübersichtlich, ständigen Änderungen ausgesetzt und nur schwer zu durchschauen. Viele Studierende scheuen sich daher vor der Beschäftigung mit diesem Rechtsgebiet. Dies zu ändern, ist Anliegen des vorliegenden Lehrbuchs. Studierenden all jener Studiengänge, die eine Beschäftigung mit dem Sozialrecht zum Inhalt haben, soll eine Einstiegshilfe in die Materie an die Hand gegeben werden, die ihnen dabei hilft, das komplexe System des Sozialrechts zu verstehen. Verstehen ist die erste und wichtigste Voraussetzung für das Anwenden. Erfolgreiche Rechtsanwendung setzt immer ein Grundverständnis für Systematik und Zusammenhänge des Rechtsgebietes voraus.

Vor diesem Hintergrund spricht das vorliegende Buch nicht nur (aber auch) Studierende rechtswissenschaftlicher Studiengänge an, sondern auch solche sozial- und wirtschaftswissenschaftlicher Studiengänge. Es eignet sich sowohl für einschlägige Bachelor- als auch für Masterstudiengänge an Universitäten, Fachhochschulen und Berufsakademien. Aber auch der nicht-spezialisierte Praktiker, der sich mit sozialrechtlichen Fragestellungen beschäftigt, kann durch die Lektüre des Buchs einen soliden Überblick über das in Deutschland geltende Sozialrecht erhalten.

Das Stichwort „Überblick" führt aber auch zu einer, dem Werk immanenten, Einschränkung. Als eine Einführung in das Sozialrecht kann dieses Lehrbuch tatsächlich nur einen Überblick über das Sozialrecht geben. Dieser Überblick führt den Leser zwar in die wichtigsten Schauplätze des Sozialrechts ein, kann aber keinen vertieften Einblick geben. Deswegen kann und soll das vorliegende Buch nicht in Konkurrenz zu den wesentlich ausführlicheren Lehr- und Handbüchern zum Sozialrecht treten. Um dieses Manko zumindest etwas auszugleichen, enthält es an verschiedenen Stellen Literaturhinweise. Dem geneigten Leser, der sich näher mit speziellen Fragen des Sozialrechts beschäftigen will oder muss, seien die dort aufgeführten Werke daher zur Lektüre ans Herz gelegt.

Didaktisch ist das vorliegende Buch ein Lehrbuch. Es soll Fachwissen an Interessierte vermitteln. Wissensvermittlung kann aber nicht allein durch Konsumierung des Stoffes erzielt werden. Notwendig ist vielmehr eine aktive Mitarbeit des Lernenden. So ist es in den Lehrveranstaltungen an der Hochschule, so ist es aber auch bei der Arbeit mit einem Lehrbuch. Aus diesem Grund wird der Leser, der sich darauf einlässt, in die Wissensvermittlung einbezogen. Dies geschieht zunächst dadurch, dass der Leser bereits an dieser Stelle darauf aufmerksam gemacht wird, mit dem Gesetzestext zu arbeiten, ihn also insbesondere gründlich zu lesen. Arbeit am Gesetz ist immer auch Arbeit mit dem Gesetz. Beschäftigung mit dem Recht ohne Lektüre der erwähnten Rechtsvorschriften ist wie das Betreiben der Theologie ohne Lektüre der Schriften. Gerade die Tatsache, dass die Sprache des Gesetzes eine künstliche und teilweise schwer verständliche ist, führt dazu, dass das intensive Lesen von Paragraphen unverzichtbarer Bestandteil der Wissensaneignung ist. Diese Arbeit kann auch das beste Lehrbuch dem Lernenden nicht abnehmen. Hier ist der Leser selbst gefragt. Ebenfalls der aktiven Wissensaneignung durch den Leser dienen die im Buch enthaltenen graphischen Darstellungen, die komplizierte Sachverhalte teilweise besser deutlich machen als die ausgefeilteste Formulierung. Zudem findet der Leser am Ende der besonders wichtigen Kapitel dieses Buches Wiederholungs- und Vertiefungsfragen, deren Beantwortung der Selbstkontrolle dient.

## Vorwort zur 1. Auflage

Anders als andere Lehrbücher verknüpft das vorliegende Buch die Wissensvermittlung nicht in erster Linie mit Übungsfällen. So hilfreich Übungsfälle auch für die Klausurvorbereitung sein mögen, engen sie doch das Gesichtsfeld des Bearbeiters auf die konkrete Fallsituation ein. Dies entspricht nicht der Zielsetzung dieses Lehrbuchs. Dessen Anliegen ist es, Systematik, Strukturen und Zusammenhänge des Sozialrechts herauszuarbeiten und deutlich zu machen. Dies lässt sich nur begrenzt durch Übungsfälle erreichen. Vielmehr haben sich hierzu Beispiele als geeignet erwiesen. Sie werden daher auch hier im Buch vielfältig eingesetzt. Gleichwohl wird an den wichtigsten Stellen auf Übungsfälle nicht gänzlich verzichtet. Das Rüstzeug zu ihrer Bearbeitung gibt dem juristisch (noch) nicht ausreichend geschulten Leser eine kurze Einführung in die juristische Methodik.

Inhaltlich habe ich versucht, das Sozialrecht in seiner Komplexität vorzustellen, wobei der Schwerpunkt im Bereich des Sozialversicherungsrechts liegt. Angesichts der Vielzahl und des Umfangs sozialrechtlicher Gesetze habe ich bewusst darauf verzichtet, wirklich alle dieser Regelwerke in die Betrachtungen einfließen zu lassen. Besondere Teile des SGB bzw. sozialrechtliche Nebengesetze, deren Bedeutung zwar vorhanden, aber einer Einführung in das Sozialrecht nicht angemessen ist, habe ich nicht in meine Betrachtungen aufgenommen. Der interessierte Leser muss sich auch insoweit auf speziellere Literatur verweisen lassen.

Anregungen, Hinweise, aber auch Kritik sind natürlich willkommen. Sie erreichen mich digital unter meiner Email-Adresse *schaumberg@hs-nordhausen.de* oder in bewährter analoger Form über die Anschrift der Hochschule Nordhausen, Weinberghof 4, 99734 Nordhausen.

Letztlich wünsche ich dem Leser – auch wenn dies bei einem juristischen Lehrbuch vielleicht etwas vermessen ist – viel Spaß bei der Lektüre. Möge sie ihm nutzen.

Halberstadt, im Februar 2016 *Torsten Schaumberg*

# Inhaltsübersicht

Vorwort zur vierten Auflage   5

Vorwort zur 1. Auflage   6

## Teil 1 Grundsätzliches zum Sozialrecht

| | | |
|---|---|---|
| § 1 | Grundlagen des Sozialrechts | 17 |
| § 2 | Nationale Rechtsquellen des Sozialrechts | 25 |
| § 3 | Systemstrukturen des Sozialrechts | 37 |
| § 4 | Internationale Bezüge des Sozialrechts | 41 |
| § 5 | Kurze Methodik der juristischen Fallbearbeitung | 52 |

## Teil 2 Gemeinsame Vorschriften für das Sozialgesetzbuch

| | | |
|---|---|---|
| § 6 | Aufgaben des SGB und soziale Rechte | 57 |
| § 7 | Informationspflichten der Leistungsträger | 59 |
| § 8 | Grundzüge des Sozialleistungsrechts | 66 |

## Teil 3 Sozialversicherungs- und Arbeitsförderungsrecht als soziale Vorsorgesysteme

| | | |
|---|---|---|
| § 9 | Gemeinsame Vorschriften für das Sozialversicherungsrecht | 72 |
| § 10 | Das Recht der gesetzlichen Krankenversicherung | 92 |
| § 11 | Das Recht der sozialen Pflegeversicherung | 117 |
| § 12 | Das Recht der gesetzlichen Unfallversicherung | 138 |
| § 13 | Das Recht der gesetzlichen Rentenversicherung | 158 |
| § 14 | Das Recht der Arbeitsförderung | 171 |

## Teil 4 Soziale Entschädigungssysteme

| | | |
|---|---|---|
| § 15 | Systematik | 188 |

## Teil 5 Soziale Hilfe und Förderung

| § 16 | Einleitung | 193 |
|---|---|---|
| § 17 | Einführung in das Grundsicherungsrecht | 194 |
| § 18 | Grundsicherung für Arbeitsuchende | 197 |
| § 19 | Sozialhilfe | 210 |
| § 20 | Kinder- und Jugendhilfe | 218 |
| § 21 | Rehabilitation und Teilhabe von Menschen mit Behinderungen | 223 |

## Teil 6 Sozialverfahrensrecht

| § 22 | Das Sozialverwaltungsverfahren | 232 |
|---|---|---|
| § 23 | Das sozialgerichtliche Verfahren | 247 |

| Wiederholungs- und Vertiefungsfragen | 251 |
|---|---|
| Lösung der Übungsfälle | 277 |
| Literaturverzeichnis | 301 |
| Stichwortverzeichnis | 305 |

# Inhalt

Vorwort zur vierten Auflage — 5

Vorwort zur 1. Auflage — 6

## Teil 1 Grundsätzliches zum Sozialrecht

**§ 1 Grundlagen des Sozialrechts** — 17
- I. Begriff des Sozialrechts — 17
  1. Formeller Begriff des Sozialrechts — 17
  2. Materieller Begriff des Sozialrechts — 18
- II. Aufgaben des Sozialrechts — 18
  1. Der Begriff der „sozialen Gerechtigkeit" — 19
  2. Der Begriff der „sozialen Sicherheit" — 19
- III. Geschichtliche Entwicklung der sozialen Sicherung in Deutschland — 20
- IV. Ökonomische Aspekte des Sozialrechts — 22
- V. Wiederholungs- und Vertiefungsfragen — 24

**§ 2 Nationale Rechtsquellen des Sozialrechts** — 25
- I. Der Einfluss des Grundgesetzes auf das nationale Sozialrecht — 26
  1. Gesetzgebungs- und Verwaltungskompetenz im Bereich des Sozialrechts — 26
  2. Das Sozialstaatsprinzip — 28
  3. Einzelne Grundrechte — 30
- II. Das Sozialgesetzbuch und seine besonderen Teile — 31
- III. Sozialrecht der Bundesländer — 33
- IV. Untergesetzliche Regelungen — 33
- V. Bezüge des Sozialrechts zu anderen Rechtsgebieten — 34
- VI. Wiederholungs- und Vertiefungsfragen — 36

**§ 3 Systemstrukturen des Sozialrechts** — 37
- I. Das klassische System des Sozialrechts — 37
- II. Die neue Einteilung des Sozialrechts — 38
- III. Stellungnahme — 40

**§ 4 Internationale Bezüge des Sozialrechts** — 41
- I. Begriffe — 41
- II. Das internationale Sozialrecht — 42
- III. Das zwischenstaatliche Sozialrecht — 43
- IV. Das europäische Sozialrecht — 45
  1. Systematik des europäischen Unionsrechts — 45
  2. Das europäische Sozialrecht im System des europäischen Unionsrechts — 48
- V. Wiederholungs- und Vertiefungsfragen — 51

**§ 5 Kurze Methodik der juristischen Fallbearbeitung** — 52
- I. Grundlegende Einteilung juristischer Normen. — 52
- II. Schritte der Falllösung — 54

**Inhalt**

## Teil 2 Gemeinsame Vorschriften für das Sozialgesetzbuch

| § 6 | Aufgaben des SGB und soziale Rechte | 57 |
|---|---|---|
| § 7 | Informationspflichten der Leistungsträger | 59 |
| I. | Die Pflicht zur Aufklärung | 59 |
| II. | Die Pflicht zur Auskunft | 59 |
| III. | Die Pflicht zur Beratung | 60 |
| IV. | Rechtsfolgen bei einem Verstoß gegen die Informationspflichten des SGB I | 62 |
| V. | Wiederholungs- und Vertiefungsfragen | 65 |
| § 8 | Grundzüge des Sozialleistungsrechts | 66 |
| I. | Das Sozialleistungsverhältnis und seine Beteiligten | 66 |
| II. | Der Antrag auf Sozialleistungen | 67 |
| III. | Leistungsarten | 69 |
| IV. | Der Rechtsanspruch auf Sozialleistungen und Ermessensleistungen | 70 |
| V. | Mitwirkungspflichten des Leistungsberechtigten | 70 |
| VI. | Wiederholungs- und Vertiefungsfragen | 71 |

## Teil 3 Sozialversicherungs- und Arbeitsförderungsrecht als soziale Vorsorgesysteme

| § 9 | Gemeinsame Vorschriften für das Sozialversicherungsrecht | 72 |
|---|---|---|
| I. | Der sachliche Geltungsbereich des SGB IV | 72 |
| II. | Begriff und Grundprinzipien der Sozialversicherung | 73 |
| III. | Mitgliedschaft und Sozialversicherungsverhältnis | 76 |
| IV. | Versicherungspflicht und Versicherungsberechtigung | 77 |
| V. | Das Beschäftigungsverhältnis im Sozialversicherungsrecht | 79 |
| | 1. Überblick | 79 |
| | 2. Voraussetzungen der sozialversicherungsrechtlichen Beschäftigung | 80 |
| | 3. Die Statusklärung | 82 |
| VI. | Die geringfügige Beschäftigung im Sozialversicherungsrecht | 82 |
| VII. | Die Beschäftigung im Übergangsbereich | 87 |
| VIII. | Die Finanzierung der Sozialversicherung | 87 |
| | 1. Überblick | 87 |
| | 2. Der Gesamtsozialversicherungsbeitrag | 88 |
| | 3. Beitragssätze, Beitragsbemessungs- und Jahresarbeitsentgeltgrenze | 89 |
| IX. | Wiederholungs- und Vertiefungsfragen | 90 |
| § 10 | Das Recht der gesetzlichen Krankenversicherung | 92 |
| I. | Einführung | 92 |
| II. | Versicherter Personenkreis | 93 |
| | 1. Versicherungspflicht in der gesetzlichen Krankenversicherung | 93 |
| | 2. Versicherungsfreiheit in der gesetzlichen Krankenversicherung | 94 |
| | 3. Befreiung von der Versicherungspflicht in der gesetzlichen Krankenversicherung | 95 |
| | 4. Freiwillige Versicherung in der gesetzlichen Krankenversicherung | 96 |
| | 5. Die Familienversicherung in der gesetzlichen Krankenversicherung | 97 |

|  |  |  |
|---|---|---|
| III. | Versicherungsfälle | 97 |
|  | 1. Krankheit | 98 |
|  | 2. Schwangerschaft und Mutterschaft | 99 |
| IV. | Leistungen und Leistungsvoraussetzungen | 99 |
|  | 1. Überblick | 99 |
|  | 2. Leistungen zur Verhütung und Früherkennung von Krankheiten | 104 |
|  | 3. Leistungen bei Krankheit | 105 |
|  | 4. Leistungen bei Schwangerschaft und Mutterschaft | 110 |
| V. | Zuzahlungen und Härtefallregelungen | 110 |
| VI. | Organisation und Finanzierung der gesetzlichen Krankenversicherung | 111 |
|  | 1. Träger und Organisation der gesetzlichen Krankenversicherung | 111 |
|  | 2. Finanzierung der gesetzlichen Krankenversicherung | 113 |
| VII. | Beziehungen zu den Leistungserbringern und Sicherstellung der Versorgung | 114 |
| VIII. | Wiederholungs- und Vertiefungsfragen | 116 |

### § 11 Das Recht der sozialen Pflegeversicherung 117

|  |  |  |
|---|---|---|
| I. | Einführung | 117 |
| II. | Versicherter Personenkreis | 119 |
| III. | Der Versicherungsfall „Pflegebedürftigkeit" | 120 |
| IV. | Leistungen und Leistungsvoraussetzungen | 125 |
|  | 1. Leistungsrechtliche Grundsätze | 125 |
|  | 2. Allgemeine Leistungsvoraussetzungen | 126 |
|  | 3. Leistungen bei häuslicher Pflege | 126 |
|  |    a) Pflegesachleistung | 126 |
|  |    b) Pflegegeld | 127 |
|  |    c) Anteiliges Pflegegeld | 127 |
|  |    d) Pauschaler Wohngruppenzuschlag | 128 |
|  |    e) Verhinderungspflege | 128 |
|  |    f) Pflegehilfsmittel und Zuschüsse | 129 |
|  | 4. Leistungen bei teilstationärer Pflege und bei Kurzzeitpflege | 130 |
|  |    a) Tages- und Nachtpflege | 130 |
|  |    b) Kurzzeitpflege | 131 |
|  | 5. Leistungen zur Vollzeitpflege | 131 |
|  | 6. Angebote zur Unterstützung im Alltag, Entlastungsbetrag | 132 |
|  | 7. Leistungen an Pflegepersonen | 132 |
| V. | Leistungserbringungsrecht | 134 |
| VI. | Organisation und Finanzierung | 134 |
| VII. | Wiederholungs- und Vertiefungsfragen | 136 |

### § 12 Das Recht der gesetzlichen Unfallversicherung 138

|  |  |  |
|---|---|---|
| I. | Einführung | 138 |
| II. | Versicherter Personenkreis | 140 |
|  | 1. Versicherungspflicht in der gesetzlichen Unfallversicherung | 140 |
|  | 2. Versicherungsberechtigung in der gesetzlichen Unfallversicherung | 141 |
|  | 3. Versicherungsfreiheit in der gesetzlichen Unfallversicherung | 142 |
| III. | Versicherungsfälle | 142 |
|  | 1. Der Arbeitsunfall | 142 |
|  |    a) Unfall | 143 |
|  |    b) Innerer Zusammenhang | 144 |

|  |  |  |  |
|---|---|---|---|
|  |  | c) Kausalität | 147 |
|  |  | d) Zusammenfassende Prüfungsübersicht Arbeitsunfall | 149 |
|  | 2. | Der Wegeunfall als Unterfall des Arbeitsunfalls | 149 |
|  | 3. | Die Berufskrankheit | 152 |
| IV. | Leistungen und Leistungsvoraussetzungen | | 153 |
|  | 1. | Leistungen zur Wiederherstellung der Gesundheit und zur Wiedereingliederung des Versicherten | 153 |
|  | 2. | Entschädigungsleistungen | 154 |
| V. | Organisation, Zuständigkeit und Finanzierung der gesetzlichen Unfallversicherung | | 155 |
| VI. | Wiederholungs- und Vertiefungsfragen | | 156 |

## § 13 Das Recht der gesetzlichen Rentenversicherung — 158
- I. Einführung — 158
- II. Versicherter Personenkreis — 159
    1. Versicherungspflicht — 160
    2. Versicherungsfreiheit — 160
    3. Befreiung von der Versicherungspflicht — 161
    4. Freiwillige Versicherung — 161
    5. Nachversicherung — 161
- III. Versicherungsfälle in der gesetzlichen Rentenversicherung — 162
- IV. Leistungen und Leistungsvoraussetzungen — 162
    1. Allgemeine Leistungsvoraussetzungen — 162
    2. Rentenleistungen — 163
        a) Altersrenten — 163
        b) Renten wegen Todes — 165
        c) Rente wegen verminderter Erwerbsfähigkeit — 166
    3. Leistungen zur Teilhabe — 168
- V. Leistungserbringungsrecht — 169
- VI. Organisation und Finanzierung — 169
- VII. Wiederholungs- und Vertiefungsfragen — 170

## § 14 Das Recht der Arbeitsförderung — 171
- I. Einführung — 171
- II. Versicherter Personenkreis und Leistungsberechtigte — 172
- III. Leistungen der aktiven Arbeitsförderung — 173
    1. Vorbemerkung — 173
    2. Beratung und Vermittlung — 175
    3. Aktivierung und berufliche Eingliederung — 176
    4. Berufswahl und Berufsausbildung — 176
    5. Berufliche Weiterbildung — 177
    6. Aufnahme einer Erwerbstätigkeit — 177
    7. Kurzarbeitergeld — 177
    8. Teilhabe von Menschen mit Behinderungen am Arbeitsleben — 178
- IV. Reine Entgeltersatzleistungen des Arbeitsförderungsrechts — 179
    1. Arbeitslosengeld bei Arbeitslosigkeit — 179
        a) Arbeitslosigkeit als Versicherungsfall — 179
        b) Die Arbeitslosmeldung — 182
        c) Umfang und Dauer des Arbeitslosengeldanspruchs — 182

|  |  |  |
|---|---|---|
| | d) Minderung des Arbeitslosengeldanspruchs | 183 |
| | e) Ruhen des Anspruchs auf Arbeitslosengeld | 184 |
| 2. | Teilarbeitslosengeld | 186 |
| 3. | Insolvenzgeld | 186 |
| V. | Organisation und Finanzierung | 186 |
| VI. | Wiederholungs- und Vertiefungsfragen | 187 |

## Teil 4  Soziale Entschädigungssysteme

| § 15 Systematik | 188 |
|---|---|

## Teil 5  Soziale Hilfe und Förderung

| § 16 Einleitung | 193 |
|---|---|
| § 17 Einführung in das Grundsicherungsrecht | 194 |
| § 18 Grundsicherung für Arbeitsuchende | 197 |
| I. Überblick und Grundprinzipien | 197 |
| II. Leistungsberechtigter Personenkreis | 198 |
| III. Leistungen | 200 |
| 1. Leistungen zur Eingliederung in Arbeit | 200 |
| 2. Leistungen zur Sicherung des Unterhalts | 201 |
| 3. Minderung und Wegfall der Leistung | 204 |
| IV. Träger der Grundsicherung nach dem SGB II | 207 |
| V. Ausblick: Das Bürgergeld | 207 |
| VI. Wiederholungs- und Vertiefungsfragen | 209 |
| § 19 Sozialhilfe | 210 |
| I. Überblick und Grundprinzipien | 210 |
| II. Leistungsberechtigter Personenkreis | 212 |
| III. Leistungen der Sozialhilfe | 212 |
| 1. Hilfe zum Lebensunterhalt | 213 |
| 2. Grundsicherung im Alter und bei Erwerbsminderung | 215 |
| 3. Hilfe in unterschiedlichen Lebenslagen | 216 |
| IV. Träger der Sozialhilfe | 217 |
| V. Wiederholungs- und Vertiefungsfragen | 217 |
| § 20 Kinder- und Jugendhilfe | 218 |
| I. Überblick | 218 |
| II. Grundprinzipien der Kinder- und Jugendhilfe | 219 |
| III. Leistungen und andere Aufgaben der Jugendhilfe | 220 |
| 1. Leistungen der Kinder- u. Jugendhilfe | 220 |
| 2. Andere Aufgaben der Jugendhilfe | 221 |
| IV. Träger und Organisation der Jugendhilfe | 222 |
| § 21 Rehabilitation und Teilhabe von Menschen mit Behinderungen | 223 |
| I. Überblick | 223 |

| II. | Begriffsbestimmungen | 226 |
| III. | Leistungen der Rehabilitation und Teilhabe, Rehabilitationsträger | 227 |
| IV. | Schwerbehindertenrecht | 230 |

## Teil 6  Sozialverfahrensrecht

**§ 22  Das Sozialverwaltungsverfahren** — 232
- I. Überblick — 232
- II. Grundsätze des Sozialverwaltungsverfahrens — 233
- III. Der Verwaltungsakt — 236
  1. Begriff des Verwaltungsaktes — 236
  2. Arten von Verwaltungsakten — 237
     a) Begünstigende und nicht begünstigende Verwaltungsakte — 238
     b) Verwaltungsakte mit und ohne Dauerwirkung — 239
  3. Die Bestandskraft von Verwaltungsakten und ihre Durchbrechung — 239
     a) Die Bestandskraft des Verwaltungsaktes — 239
     b) Die Durchbrechung der Bestandskraft von Verwaltungsakten — 240
  4. Das Widerspruchsverfahren — 243
- IV. Der öffentlich-rechtliche Vertrag — 245
- V. Wiederholungs- und Vertiefungsfragen — 246

**§ 23  Das sozialgerichtliche Verfahren** — 247
- I. Einführung — 247
- II. Aufbau der Sozialgerichtsbarkeit — 247
- III. Wichtige Verfahrensgrundsätze — 248
- IV. Wichtige Klagearten — 248
- V. Beendigung des gerichtlichen Verfahrens — 249

**Wiederholungs- und Vertiefungsfragen** — 251

**Lösung der Übungsfälle** — 277

**Literaturverzeichnis** — 301

**Stichwortverzeichnis** — 305

## Abkürzungen

Die verwendeten Abkürzungen sind entweder aus sich heraus verständlich oder können bei Kirchner, Abkürzungsverzeichnis der Rechtssprache, 9. Auflage 2018, nachgeschlagen werden.

# Teil 1 Grundsätzliches zum Sozialrecht

## § 1 Grundlagen des Sozialrechts

### I. Begriff des Sozialrechts

Jede Beschäftigung mit einem wissenschaftlichen[1] Gegenstand setzt zunächst dessen Bestimmung bzw. Abgrenzung voraus. Dementsprechend ist vor der näheren Betrachtung des Sozialrechts zu klären, was denn überhaupt unter *„Sozialrecht"* zu verstehen ist. Hierbei wird traditionell zwischen einem **formellen** und einem **materiellen** Sozialrechtsbegriff unterschieden.

#### 1. Formeller Begriff des Sozialrechts

Der formelle Begriff des Sozialrechts erscheint klar, präzise und praktikabel. Nach ihm **umfasst das Sozialrecht alle Normen, die vom Gesetzgeber ausdrücklich dem Sozialrecht zugeordnet wurden.**[2] Bei diesen Normen handelt es sich um die einzelnen Bücher des SGB (SGB I – SGB XIV) und die Rechtsvorschriften, die nach § 68 SGB I bis zu ihrer Einordnung in das SGB als dessen besondere Teile anzusehen sind.

**Hinweis:** Zum besonderen Teil des SGB zählen damit ua das BAföG, die RVO, das BVG, das WohnGG, das UVG und das AltersteilzeitG.

Auf den materiellen Inhalt der einbezogenen Regelungen kommt es demnach für die Zuordnung zum Sozialrecht **nicht** an.

Der Gesetzgeber hat sich bei § 68 SGB I eines juristischen Kunstgriffs bedient. Er *„fingiert"* die Zugehörigkeit der dort aufgeführten Gesetze zum SGB. Hierdurch soll zweierlei erreicht werden: Einerseits soll sichergestellt werden, dass die Regelungen des SGB I auch auf die in § 68 SGB I aufgezählten Gesetze angewendet werden können. Andererseits bewirkt die Regelung des § 68 SGB I, dass bis zum Abschluss des Mammutprojektes „SGB" sozialrechtliche Gesetze relativ einfach Teil der großen „Familie" des SGB werden bzw. (durch dynamische Einbeziehung) bleiben können.[3]

**Hinweis:** Immer, wenn im SGB von „diesem Gesetzbuch", den „besonderen Teilen dieses Gesetzbuches" oder „den übrigen Büchern" die Rede ist (so etwa in §§ 2 Abs. 2, 37, 41, 47 Abs. 1 SGB I, aber auch zB § 1 Abs. 1 SGB X), umfasst dies die SGB I bis XIV und zusätzlich die in § 68 SGB I aufgezählten Gesetze.

Die Klarheit des formellen Sozialrechtsbegriffs wird aber durch seine Starrheit verzerrt. Veränderungen des Sozialstaates außerhalb des SGB können bei der Anwendung des formellen Sozialrechtsbegriffes erst nachvollzogen werden, wenn sie Eingang in ein neues SGB oder in § 68 SGB I gefunden haben.[4] An diesem Problem setzt der *materielle* Begriff des Sozialrechts an.

---

1 Zur Wissenschaftlichkeit der Rechtswissenschaften vgl. Schröder, Recht als Wissenschaft, 2. Aufl. 2012.
2 Vgl. hierzu statt vieler Igl/Welti, Sozialrecht, § 1 Rn. 3 (mwN).
3 So Voelzke in: Schlegel/Voelzke, juris-PK SGB I, § 68 Rn. 20.
4 So auch Muckel/Ogorek/Rixen, SozR, § 3 Rn. 2.

## 2. Materieller Begriff des Sozialrechts

**6** Der materielle Begriff des Sozialrechts versucht, das Sozialrecht **inhaltlich** zu bestimmen. Nach ihm gehören alle Normen zum Sozialrecht, die dazu dienen, **soziale Gerechtigkeit** und **soziale Sicherheit** herzustellen.[5] Der Unterschied zum formellen Sozialrechtsbegriff sollte beim Lesen sofort auffallen: Nach dem materiellen Sozialrechtsbegriff könnten viele Normen in das Sozialrechtssystem einbezogen werden, die nach dem formellen Verständnis nicht dazugehören, da sie weder in einem SGB enthalten sind noch Eingang in § 68 SGB I gefunden haben.[6]

**7** Unabhängig davon, dass bereits die Frage, was unter sozialer Gerechtigkeit zu verstehen ist, nur schwer beantwortet werden kann, erkauft sich der materielle Sozialrechtsbegriff seine inhaltliche Flexibilität mit praktischen Anwendungsschwierigkeiten. So müsste der Rechtsanwender bei jeder Rechtsnorm hinterfragen, ob sie soziale Gerechtigkeit oder Sicherheit herstellen soll. Erst bei positiver Beantwortung dieser Frage könnte die entsprechende Norm in das sozialrechtliche System eingeordnet werden.

**8** Für die praktische juristische Arbeit[7] sollte daher auf den – insoweit hilfreicheren – **formellen** Sozialrechtsbegriff abgestellt werden, der auch diesem Lehrbuch zugrunde liegt.[8]

## II. Aufgaben des Sozialrechts

**9** Der Gesetzgeber hat die Aufgaben, die das Sozialrecht übernehmen soll, in § 1 Abs. 1 SGB I näher beschrieben. Danach soll es zur Verwirklichung **sozialer Gerechtigkeit** und **sozialer Sicherheit** Sozialleistungen einschließlich sozialer und erzieherischer Hilfen gestalten. Es soll dazu beitragen, ein menschenwürdiges Dasein zu sichern, gleiche Voraussetzungen für die freie Entfaltung der Persönlichkeit, insbesondere auch für junge Menschen, zu schaffen, die Familie zu schützen und zu fördern, den Erwerb des Lebensunterhalts durch eine frei gewählte Tätigkeit zu ermöglichen und besondere Belastungen des Lebens, auch durch Hilfe zur Selbsthilfe, abzuwenden oder auszugleichen.

**10** *„Soziale Gerechtigkeit"* und *„soziale Sicherheit"* stehen allerdings nicht losgelöst nebeneinander, sondern ergänzen sich und treten zueinander in Wechselwirkung. Rechtsnormen, die soziale Sicherheit verwirklichen sollen, folgen regelmäßig auch dem Grundgedanken sozialer Gerechtigkeit.

**11** Nach dem Willen des Gesetzgebers dient das Sozialrecht also im Wesentlichen der Verwirklichung sozialer Gerechtigkeit und Sicherheit. Diese Aufgabe steht im unmittelbaren Zusammenhang mit dem Grundgesetz, da soziale Gerechtigkeit ein Gebot des Sozialstaatsprinzips iS Art. 20 Abs. 1 GG ist. Damit handelt es sich bei der Aufgabenaufzählung in § 1 Abs. 1 SGB I um Zielvorgaben, die das sehr allgemein gehaltene **Sozialstaatsprinzip** konkretisieren sollen. Bezüge zum Grundgesetz finden sich bei der Aufgabenbeschreibung des Sozialrechts aber auch in dem Hinweis auf die Sicherung eines menschenwürdigen Daseins. Dies ist auch Gegenstand des Grundrechts auf **Menschenwürde**, das sich aus Art. 1 Abs. 1 GG ergibt.

---

5  Vgl. statt vieler Muckel/Ogorek/Rixen, SozR, § 3 Rn. 4.
6  Zu denken wäre etwa an Wohnraummietrecht, Arbeitsrecht, Beamtenversorgung, Verbraucherschutz usw.
7  Dies beinhaltet auch die juristische Arbeit während des Studiums.
8  In diesem Sinne auch Kokemoor, Sozialrecht, Rn. 4 (m.w.N.).

# § 1 Grundlagen des Sozialrechts

So klar damit die Aufgaben gekennzeichnet sind, die das Sozialrecht erfüllen soll, so unklar sind die konkreten Begriffsinhalte von „sozialer Gerechtigkeit" und „sozialer Sicherheit". Bei diesen Begriffen handelt es sich um **unbestimmte Rechtsbegriffe**. Hiermit bezeichnet die Rechtswissenschaft Begriffe, deren Inhalt und genaue Bedeutung nicht feststehen, sondern durch Auslegung ermittelt werden müssen.

**Hinweis:** Der Unterschied zwischen bestimmten und unbestimmten Rechtsbegriffen lässt sich leichter erschließen, wenn man sich zB an dem Begriffspaar „Haus" – „schönes Haus" orientiert. Jeder hat eine Vorstellung davon, was unter einem Haus zu verstehen ist. Der Inhalt des Begriffs „Haus" steht damit fest. Anders ist es aber beim Begriff „schönes Haus", da Schönheit bekanntlich im Auge des Betrachters liegt. Um den Inhalt des Begriffs „schönes Hauses" erschließen zu können ist es notwendig, zunächst die Bedeutung des Begriffsteils „schön" zu ermitteln.

**Beispiel:** Unbestimmte Rechtsbegriffe finden sich häufig in sozialrechtlichen Vorschriften. So spricht zB § 22 Abs. 1 S. 1 SGB II von den „angemessenen" Kosten für Unterkunft und Heizung, § 12 Abs. 1 S. 1 SGB V von „ausreichenden" Leistungen der gesetzlichen Krankenversicherung und § 27 Abs. 1 SGB VIII vom „Wohl des Kindes oder des Jugendlichen".

## 1. Der Begriff der „sozialen Gerechtigkeit"

Der Begriff der „**sozialen Gerechtigkeit**" bedarf als unbestimmter Rechtsbegriff der Auslegung. Die Vorstellungen über den konkreten Inhalt dieses Begriffs gehen in der staats- und sozialrechtlichen Literatur teilweise recht weit auseinander.[9] Allerdings hat sich ein Konsens über den Mindestinhalt herausgebildet, wonach sich soziale Gerechtigkeit dadurch auszeichnet, dass jeder Mensch die Möglichkeit hat, eine seinen individuellen Kräften und Fähigkeiten entsprechende soziale Stellung in Staat und Gesellschaft zu erlangen.[10] Kurz gesagt geht es im Rahmen der sozialen Gerechtigkeit um **Chancengleichheit**. Dementsprechend dienen sozialrechtliche Vorschriften auf unterschiedliche Weise der Gewährung von Chancengerechtigkeit. Dies kann die Chancengleichheit von Menschen mit Behinderung (SGB IX), die Chancengleichheit von Menschen mit Kindern (BKGG, BEEG) oder aber auch die Chancengleichheit von Opfern von Straftaten (OEG) sein.

## 2. Der Begriff der „sozialen Sicherheit"

Auch der Begriff der „**sozialen Sicherheit**" ist in seinen Einzelheiten nicht unumstritten.[11] Einigkeit besteht allerdings darüber, dass er weiter ist als der der „Sozialversicherung", jedoch enger als der Begriff des „Sozialstaatsprinzips".[12] Zudem liegt „soziale Sicherheit" erst dann vor, wenn auch die Sicherstellung eines menschenwürdigen Daseins gewährleistet ist (§ 1 Abs. 1 S. 2 SGB I). Die soziale Sicherheit geht jedoch über die Sicherstellung eines menschenwürdigen Existenzminimums hinaus und um-

---

9 Vgl. nur Zippelius/Würtenberger Deutsches Staatsrecht, 32. Aufl. 2008, § 13 I 2, 132 f.; Stern Das Staatsrecht der Bundesrepublik Deutschland, Bd. 1, 1977, § 21 II 4, 711 (mwN).
10 So zB Kokemoor, Sozialrecht, Rn. 7; Igl/Welti Sozialrecht, § 1 Rn. 5.
11 Vgl. zB Igl/Welt, Sozialrecht, § 1 Rn. 9; Jarass/Pieroth, GG, Art. 20 Rn. 112 ff.; Zacher, Handbuch des Staatsrechts, Bd. 2, § 28 Rn. 43 ff.
12 BeckOK SozR/Niedermeyer, SGB I, § 1 Rn. 7; nach Igl/Welti, Sozialrecht, § 1 Rn. 9, ist „soziale Sicherheit" die Möglichkeit des Einzelnen, auf einer verlässlichen Lebensbasis, vor allem in ökonomischer Hinsicht, sein Leben in einer der menschlichen Würde entsprechenden Weise zu gestalten.

fasst die Möglichkeit eines jeden Einzelnen, sein Leben auf verlässlicher Basis in einer der menschlichen Würde entsprechenden Weise zu gestalten. Hierzu zählt i.w. die Sicherung des Existenzminimums (durch die Grundsicherung für Arbeitssuchende nach dem SGB II und durch die Sozialhilfe nach dem SGB XII) und die Absicherung gegen die „Wechselfälle des Lebens" durch die sozialversicherungsrechtlichen Teile des SGB (Alter – SGB VI, Pflegebedürftigkeit – SGB XI, Krankheit – SGB V, Arbeitslosigkeit – SGB III, Unfall – SGB VII, BVG).[13]

### III. Geschichtliche Entwicklung der sozialen Sicherung in Deutschland

15   Anders als etwa das Zivil- oder Strafrecht, die auf jahrhundertealte Traditionen zurückblicken können,[14] ist das Sozialrecht ein relativ junges Rechtsgebiet. Der Kernbereich des Sozialrechts – das Sozialversicherungsrecht – entstand erst gegen Ende des 19. Jahrhunderts und geht auf die zunehmende Industrialisierung in Deutschland zurück. Dies bedeutet jedoch nicht, dass es vor dem Ende des 19. Jahrhunderts keine Regelungen zur sozialen Absicherung bedürftiger Menschen gab. Hier ist etwa an die Armenpflege des Mittelalters (in Klöstern, Asylen und Spitälern), die mittelalterlichen Selbsthilfeeinrichtungen des Handwerks, der Zünfte und des Bergbaus (Gesellenbruderschaften, „Zunftbüchsen", Knappschaft) und die säkularisierte kommunale Armenpflege der Neuzeit (ab dem Spätmittelalter) zu denken.

16   Die Ende des 19. Jahrhunderts beginnende Industrialisierung führte zu tiefgreifenden Veränderungen in der Gesellschaft. Die entstehenden Fabriken mit ihrem stetig zunehmenden Bedarf an Arbeitskräften führten im Zusammenspiel von Missernten und erleichterten rechtlichen Rahmenbedingungen (etwa durch die Einführung der Gewerbefreiheit und die Aufhebung der Gebietsuntertänigkeit) zu einer Landflucht. Diese Massenwanderung vom Land in die Städte führte dazu, dass eine Vielzahl von Menschen um die vorhandenen Arbeitsplätze in den Fabriken konkurrierte und zudem die neue soziale Schicht der vom Betriebsinhaber abhängigen Fabrikarbeiter schuf, die ihren Lebensunterhalt nur durch Lohnarbeit sichern konnte. Es entstand ein Überangebot von Arbeitskräften. Rechtliche Mechanismen zum Schutz der Fabrikarbeiter gab es nicht. Einen Kündigungsschutz suchte man ebenso vergeblich, wie eine Absicherung gegen die Folgen von Krankheit, Unfall, Invalidität, Alter oder Tod. Der Lohn selber reichte für eine eigenständige Absicherung nicht aus. Dieser – für die Betroffenen – unhaltbare Zustand, der unter dem Stichwort „*soziale Frage*" Eingang in die Geschichte fand, wurde nicht widerstandslos hingenommen, sondern führte zur Bildung der organisierten Arbeiterbewegung und zum Entstehen von Gewerkschaften.[15]

17   Der Staat sah sich nunmehr zum Eingreifen veranlasst. Treibende Kraft war hierbei der Reichskanzler *Bismarck*. Dieser ließ – getreu dem Motto „Zuckerbrot und Peitsche" – einerseits die Sozialdemokratie verbieten, initiierte aber andererseits eine bis dato beispiellose Sozialgesetzgebung, auf deren Fundamenten auch unsere heutigen Hauptzweige der Sozialversicherung beruhen.

18   Diese Sozialgesetzgebung wurde mit der sog. *Kaiserlichen Botschaft* vom 17.11.1881 eingeleitet. In ihr wird auf die Notwendigkeit hingewiesen, durch staatliche Gesetze

---

13 Kokemoor, Sozialrecht, Rn. 6.
14 Teile des deutschen Zivilrechts können sogar auf deutlich ältere Traditionen zurückblicken, gehen sie doch auf Grundgedanken und Prinzipien des römischen Rechts zurück.
15 Ausführlich zur geschichtlichen Entwicklung des Sozialrechts Eichenhofer, Sozialrecht, § 2 Rn. 15 ff. Auf diesen Ausführungen beruht auch die vorliegende Darstellung.

einen Versicherungsschutz der Arbeiter gegen Unfall, Alter, Invalidität und Krankheit zu begründen.

**Hinweis:** Der Text der *Kaiserlichen Botschaft* findet sich in wesentlichen Teilen ua bei *Waltermann*, Sozialrecht, Rn. 58.

Tatsächlich blieb es nicht bei solchen Ankündigungen. Es folgten Taten. 1883 wurde die Krankenversicherung, 1884 die Unfallversicherung und 1889 die Alters- und Invalidenversicherung für Arbeiter geschaffen. Diesen Versicherungen war gemein, dass es sich um Pflichtversicherungen handelte, sie öffentlich-rechtlich organisiert waren, als Selbstverwaltungsorgane unter staatlicher Aufsicht standen, sich i.W. durch von Arbeitgeber und Arbeitnehmer aufzubringende Beiträge finanzierten[16] und dem Versicherten im Leistungsfall einen Leistungsanspruch zubilligten. Von diesen Kriterien wird die deutsche Sozialversicherung auch heute noch geprägt.

1911 wurden die drei Sozialversicherungen in der Reichsversicherungsordnung zusammengefasst und durch das Versicherungsgesetz für Angestellte ergänzt, dass erstmals auch den Angestellten eine Absicherung gegen Invalidität und Tod zusprach.

**Hinweis:** Bemerkenswerterweise gilt die RVO mit einigen wenigen Vorschriften auch heute noch. Die Unterscheidung im Rentenversicherungsrecht zwischen Arbeitern und Angestellten hielt sich formal in der Bundesrepublik bis zur Schaffung der Deutschen Rentenversicherung im Jahre 2005. Für die Angestellten war bis dahin die *Bundesversicherungsanstalt für Angestellte* (BfA) und für die Arbeiter waren die *Landesversicherungsanstalten* (LVA) zuständig.

Der Erste Weltkrieg (1914–1918) konfrontierte die **Weimarer Republik** mit der Not der Kriegsversehrten und der Hinterbliebenen von Gefallenen. Zur Abmilderung dieser Not wurde mit dem *Reichsversorgungsgesetz* die Kriegsopferversorgung begründet. Flankiert wurde sie durch das *Gesetz über die Beschäftigung Schwerbeschädigter*, das eine allgemeine Beschäftigungspflicht zugunsten von Schwerbehinderten und Kündigungsschutz für diesen Personenkreis vorsah. Einen ersten Schutz gegen das Risiko der Arbeitslosigkeit brachte das *Gesetz über Arbeitsvermittlung und Arbeitslosenversicherung* aus dem Jahre 1927.

Während der **nationalsozialistischen Diktatur** blieb die Grundstruktur des Sozialversicherungssystems i.W. unangetastet. Teilweise wurde das System sogar erweitert, so etwa mit der Einbeziehung der Rentner in die Krankenversicherung im Jahre 1941. Die Selbstverwaltung der Versicherten wurde hingegen zugunsten staatlichen Leitungs- und Organisationsstruktur abgeschafft. Jüdische Mitbürger wurden schrittweise aus den Sozialversicherungssystemen ausgeschlossen.

Die Zeit nach dem Zweiten Weltkrieg war in der **Bundesrepublik** durch eine stetige Ausdehnung des versicherten oder anspruchsberechtigten Personenkreises und eine Erweiterung des Leistungsspektrums gekennzeichnet. Eine markante Änderung des bestehenden Sozialversicherungssystems brachte die grundlegende **Rentenreform** des Jahres 1957. Die Rentenversicherung löste sich vom Kapitaldeckungsverfahren und wurde zu einem auf dem **Generationenvertrag** beruhenden lohn- und beitragsbezogenen Versicherungssystem ausgebaut. Das Kernstück der Reform war die Einführung einer Dyna-

---

16 Eine Ausnahme war bereits damals die Unfallversicherung, bei der allein die Arbeitgeber die Beiträge aufzubringen hatten.

mik bei den Renten. Die neue Rentenformel beruhte auf dem Grundsatz: „Die Renten folgen den Bruttolöhnen". Der Generationenvertrag beruht auf der Vorstellung, dass die heute wirtschaftlich aktive Generation (Erwerbstätige) für die wirtschaftlich nicht mehr aktive Generation (Rentner) aufkommt. Dies geschieht in der Erwartung, dass die künftig wirtschaftlich aktive Generation (Kinder und Jugendliche von heute) auch die Renten der heute aktiven Generation erwirtschaftet.

24 Weitere Meilensteine in der Entwicklung des Sozialrechts waren:
- Umwandlung des Fürsorgerechts in das Sozialhilferecht durch das Bundessozialhilfegesetz (BSHG)
- Ablösung des Gesetzes über Arbeitsvermittlung und Arbeitslosenversicherung durch das Arbeitsförderungsgesetz (AFG), bei dem die Verhinderung von Arbeitslosigkeit im Vordergrund stand
- Neuentwicklung des Entschädigungsrechts durch das Bundesversorgungsgesetz (BVG) und andere Gesetze
- Schaffung des Kinder- u. Jugendhilfegesetzes (KJHG)

25 1976 begann der Gesetzgeber, das in vielen Einzelgesetzen geregelte Sozialrecht in **das Sozialgesetzbuch (SGB)** zu überführen. Dies erfolgte in folgenden Schritten:
- SGB I (Allgemeiner Teil) – 1976
- SGB II (Grundsicherung für Arbeitssuchende) – 2005
- SGB III (Arbeitsförderung) – 1998
- SGB IV (Gemeinsame Vorschriften für die Sozialversicherung) – 1977
- SGB V (Gesetzliche Krankenversicherung) – 1989
- SGB VI (Gesetzliche Rentenversicherung) – 1992
- SGB VII (Gesetzliche Unfallversicherung) – 1997
- SGB VIII (Kinder- und Jugendhilfe) – 1991
- SGB IX – (Rehabilitation und Teilhabe behinderter Menschen) -2001
- SGB X – Sozialverwaltungsverfahren und Sozialdatenschutz) – 1981/83
- SGB XI – (Soziale Pflegeversicherung) – 1994/96
- SGB XII – (Sozialhilfe) – 2005

Die Kodifizierung des Sozialrechts im Sozialgesetzbuch ist noch nicht abgeschlossen. So hat der Gesetzgeber mit dem „Gesetz zur Regelung des sozialen Entschädigungsrechts"[17] auch das „Sozialgesetzbuch Vierzehntes Buch – Soziale Entschädigung – (SGB XIV)" verabschiedet, das in Teilen bereits seit dem 1.1.2021 gilt, im Wesentlichen aber erst ab dem 1.1.2024 gelten soll.

### IV. Ökonomische Aspekte des Sozialrechts

26 Will der Sozialstaat die Aufgaben des Sozialrechts, die Gewährleistung sozialer Sicherheit und Gerechtigkeit, wirksam umsetzen, dann benötigt er hierfür Geld. Die Aufwendungen für Sozialleistungen müssen finanziert werden. In den vergangenen Jahren sind diese Aufwendungen stetig gestiegen. Dementsprechend stieg auch ihr Anteil am Staatshaushalt. Bedingt hierdurch wächst auch die ökonomische Bedeutung des Sozial-

---

[17] Gesetz v. 12.12.2019, BGBl. I 2019, 2652.

rechts. Diese Bedeutung kann anhand des **Sozialberichts der Bundesregierung** und des **Sozialbudgets** nachvollzogen werden.

Einmal je Legislaturperiode veröffentlicht die Bundesregierung den **Sozialbericht**.[18] In ihm werden Umfang und Bedeutung der sozialstaatlichen Leistungen und die in diesem Kontext ergriffenen Reformen in der jeweiligen Legislaturperiode dargestellt. Der Sozialbericht besteht aus zwei Teilen. Im Teil A wird ein Überblick über Maßnahmen und Vorhaben der Gesellschafts- und Sozialpolitik gegeben. Teil B enthält das **Sozialbudget**, das über Umfang, Struktur und Entwicklung der Einnahmen und Ausgaben der einzelnen Zweige der sozialen Sicherung in der Bundesrepublik Deutschland informiert. Da der Sozialbericht nicht jährlich, sondern nur einmal je Legislaturperiode veröffentlicht wird, liegen zwischen den in ihm enthaltenen Sozialbudgets Zeiträume von einigen Jahren.[19] Um dennoch jährlich einen Überblick über den Umfang der sozialstaatlichen Leistungen zu erhalten, veröffentlicht die Bundesregierung jährlich das Sozialbudget in eigenständiger und verkürzter Form. Das aktuelle Sozialbudget stammt aus dem Jahre 2021 und wurde im Juni 2022 veröffentlicht.[20]

Dem Sozialbudget lassen sich, was nicht überraschend sein dürfte, die Leistungen, die aufgrund **sozialrechtlicher Vorschriften** erbracht worden sind, entnehmen.

**Hinweis:** An dieser Stelle sollten Sie sich nochmals den Unterschied zwischen dem formellen und materiellen Sozialrechtsbegriff in Erinnerung rufen.

Das Sozialbudget enthält aber auch eine Aufstellung über die der sozialen Sicherung dienenden Leistungen der Beamtenversorgung, die steuerlich geförderten Ausgaben der Arbeitgeber für Zwecke der sozialen Sicherung von Arbeitnehmern,[21] Leistungen der Versorgungswerke von freiberuflich Tätigen (zB Rechtsanwälte, Steuerberater, Ärzte usw.), sozialpolitisch motivierte Steuererleichterungen (zB Kinderfreibeträge bei der Einkommensteuer) oder sozialpolitisch motivierte Subventionen (zB Förderungen i.R. des sozialen Wohnungsbaus).

**Hinweis:** Die soeben aufgezählten Sozialleistungen werden aufgrund von Gesetzen erbracht, die nach dem **formellen Sozialrechtsbegriff** nicht dem Sozialrecht zuzuordnen sind. Legt man hingegen den **materiellen** Sozialrechtsbegriff zugrunde, dann könnten diese Gesetze durchaus Teil des Sozialrechts sein.

Festzuhalten bleibt damit, dass im Sozialbudget sämtliche Ausgaben aufgelistet sind, die der sozialen Sicherung dienen. Die in das Sozialbudget aufgenommenen Leistungen gehen also über die sozialrechtlichen Leistungen ieS hinaus.

Das Sozialbudget für das Jahr 2021 weist – teilweise prognostisch – Sozialleistungen von insgesamt 1.161,5 Mrd. EUR aus. Dies entspricht einer Sozialleistungsquote von 32,5 %.[22]

2009 betrug die Sozialleistungsquote 30,5 %, was bezogen auf 2007 einer Erhöhung von über 3 % entspricht. 2012 lag sie dann bei 28,7 %, 2013 bei 29,1 %. Dies

---

18 Der letzte Sozialbericht wurde 2021 veröffentlicht und ist auf den Seiten des Bundesministeriums für Arbeit und Soziales abrufbar.
19 Der vorletzte Sozialbericht wurde im Jahre 2017 veröffentlicht.
20 Das Sozialbudget 2021 ist auf den Seiten des Bundesministeriums für Arbeit und Soziales abrufbar.
21 Dies beinhaltet etwa die Entgeltfortzahlung nach dem EFZG oder die betriebliche Altersversorgung nach dem BetrAVG.
22 Die Sozialleistungsquote beschreibt den Anteil der Sozialleistungen am Bruttoinlandsprodukt in Prozent.

entspricht einer leichten Steigerung. Aus dem Vergleich der Sozialleistungsquote von 2009 mit der von 2013 könnte der Schluss gezogen werden, die Sozialleistungen währen in den vergangenen Jahren zurückgegangen. Dies wäre jedoch voreilig. Die hohe Sozialleistungsquote des Jahres 2009 ist nämlich nicht ohne Weiteres mit den anderen Werten vergleichbar. Sie ist vielmehr in erster Linie Folge der durch die Finanzmarktkrise gesunkenen Wirtschaftskraft verbunden mit höheren Ausgaben im Bereich des SGB II und des SGB III. Zudem wurden Grundleistungen der privaten Krankenversicherung erstmals ab 2009 im Sozialbudget berücksichtigt. Auch aufgrund dieser methodischer Änderungen sind die Sozialleistungsquoten vor und nach 2009 nicht miteinander vergleichbar.[23]

Gegenüber 2020 ist die Sozialleistungsquote 2021 um 0,9 Prozentpunkte gesunken, auch wenn die Sozialausgaben im Vergleich zu 2020 um 3,4 % angestiegen sind. Dies ist jedoch nicht auf einen Rückgang der Sozialausgaben, sondern darauf zurückzuführen, dass die Sozialleistungen 2021 gegenüber dem Vorjahr lediglich um 3,4 % angestiegen sind, das Bruttoinlandsprodukt aber um 6,0 %.[24]

Geht man von einer Einwohnerzahl der Bundesrepublik Deutschland in Höhe von 83,24 Mio. aus, so hat statistisch jeder Einwohner im Jahr 2021 Sozialleistungen in Höhe von durchschnittlich etwa 13.954 EUR erhalten.

### V. Wiederholungs- und Vertiefungsfragen

1. Was unterscheidet den materiellen Begriff des Sozialrechts vom formellen Begriff?
2. Welche Aufgaben hat das Sozialrecht?
3. Was ist die Kaiserliche Botschaft?
4. Welche Funktion hat das Sozialbudget?
5. Was ist unter dem Generationenvertrag zu verstehen?

---

23 Sozialbudget 2021, 6.
24 Sozialbudget 2021, 8.

## § 2 Nationale Rechtsquellen des Sozialrechts

Wer sich schon einmal mit einer sozialrechtlichen Fragestellung und den unterschiedlichen Sozialgesetzen befassen musste, hatte sicherlich zunächst den Eindruck, dass gerade dieses Rechtsgebiet ausgesprochen unübersichtlich ist. Regelmäßig lassen sich derartige Fragestellungen tatsächlich nämlich nicht nur anhand eines einzelnen Sozialgesetzes beantworten.

**Beispiel:** Nehmen wir nur das Opfer einer Gewaltstraftat. Dieses hat, wenn die Gewaltstraftat zu einer Schädigung geführt hat, wegen der gesundheitlichen und wirtschaftlichen Folgen Anspruch auf Versorgung nach dem Opferentschädigungsgesetz (OEG). Die konkreten Versorgungsleistungen ergeben sich aber nicht aus dem OEG selbst, sondern aus dem Bundesversorgungsgesetz (BVG), auf das das OEG in § 1 Abs. 1 S. 1 verweist. Daneben können Opfer von Gewaltstraftaten aber auch über § 138 Abs. 7 SGB XIV Leistungen in einer Traumaambulanz gem. §§ 31 ff. SGB XIV geltend machen. Diese Versorgung wird aber nur auf Antrag gewährt. Grundlegende Regelungen zur Antragstellung finden sich allerdings nicht im OEG oder BVG, sondern in § 16 SGB I, der hier Anwendung findet, da das BVG und das OEG nach § 68 Nr. 7 SGB I als besondere Teile des SGB gelten. Mit der Antragstellung wird ein Verwaltungsverfahren begonnen. Mit den Einzelheiten des Verwaltungsverfahrens befasst sich ein weiteres Gesetz, das SGB X.

Dieses Beispiel zeigt, dass das Sozialrecht einen sehr großen Regelungsumfang hat. Dies ist für den Rechtsanwender – egal ob Praktiker oder Studierender – aber nicht zwingend nachteilig. Viele Regelungen stehen schlicht und ergreifend im Gesetz und müssen daher nicht mühsam in das Langzeitgedächtnis des Gehirns transferiert werden. Die Kunst der Rechtsanwendung liegt – lässt man die Feinheiten einmal unberücksichtigt – letztlich im Auffinden, Lesen und Verstehen der für den Fall oder die Frage einschlägigen Normen. Dies gelingt aber nur dann, wenn man die Systematik des Rechtsgebietes, hier also die des Sozialrechts, verstanden und verinnerlicht hat. Ist dies erfolgreich geschehen, dann stellt sich die Erkenntnis ein, dass das Sozialrecht einem Uhrwerk gleicht, bei dem viele kleine und große Zahnräder planvoll ineinandergreifen. Das Verständnis von der grundlegenden Systematik des deutschen Sozialrechts ist somit von erheblicher Bedeutung für den Lernerfolg.

Wichtig für das Verständnis des Systems „*Sozialrecht*" ist die Tatsache, dass seine verschiedenen Rechtsquellen zueinander in einem hierarchischen Verhältnis stehen. Rangniedrigere Regelungen treten hinter ranghöhere Regelungen zurück. Das bedeutet, dass eine rangniedrige Rechtsquelle nur dann gültig sein kann, wenn sie mit den Regelungen der ranghöheren Rechtsquelle vereinbar ist.

Abb. 1: *Normenpyramide*

**Beispiel:** Nach § 153 Abs. 1 SGB IX ist die Bundesregierung ermächtigt, durch Rechtsverordnung mit Zustimmung des Bundesrates nähere Vorschriften über die Gestaltung der Schwerbehindertenausweise, ihre Gültigkeit und das Verwaltungsverfahren zu erlassen. Dies hat sie in Gestalt der Schwerbehindertenausweisverordnung[1] auch getan. Die Regelungen dieser Verordnung können aber nur dann wirksam sein, wenn sie nicht gegen Regelungen des höherrangigen Gesetzes (SGB IX) verstoßen.

### I. Der Einfluss des Grundgesetzes auf das nationale Sozialrecht

36 Sozialrecht lässt sich nur dann verstehen, wenn man den grundlegenden Einfluss des Grundgesetzes (GG) auf das Sozialrecht erkennt. Wir haben bereits festgestellt, dass es Aufgabe des Sozialrechts ist, soziale Sicherheit und soziale Gerechtigkeit zu gewährleisten. Dies sind Themen, mit denen sich auch das Grundgesetz beschäftigt. Trotz dieser verfassungsrechtlichen Dimension wird das Sozialrecht im Grundgesetz nur im Rahmen der **Gesetzgebungs- und Verwaltungskompetenz** ausdrücklich erwähnt. Dies bedeutet jedoch nicht, dass das Grundgesetz die verfassungsrechtliche Bedeutung des Sozialrechts verneint. Es bedeutet vielmehr, dass man die Regelungen des Grundgesetzes etwas genauer betrachten muss, um – quasi auf den zweiten Blick – die Bezüge zum Sozialrecht erkennen zu können. Diese zeigen sich sowohl in einzelnen **Grundrechten** (zB Art. 1 Abs. 1, 2, 3, 6, 12 GG) als auch im sich aus Art. 20 Abs. 1, 28 Abs. 1 S. 1 GG ergebenden **Sozialstaatsprinzip**.

#### 1. Gesetzgebungs- und Verwaltungskompetenz im Bereich des Sozialrechts

37 Unter dem Begriff der „Gesetzgebungs- und Verwaltungskompetenz" versteht das Grundgesetz die Frage, wer berechtigt ist Gesetze zu bestimmten Rechtsmaterien zu erlassen und wer sie ausführt bzw. umsetzt. Berechtigte können der Bund oder die Länder sein. Regelungen zu diesen Kompetenzfragen finden sich in den Art. 70 bis 91 GG. Art. 70 Abs. 1 GG bestimmt, dass die Länder das Recht der Gesetzgebung haben, soweit das Grundgesetz nicht dem Bund Gesetzgebungsbefugnisse verleiht. Das

---

[1] BGBl. I 1991, 1739 ff.

# § 2 Nationale Rechtsquellen des Sozialrechts

Grundgesetz kann dem Bund nach Art. 70 Abs. 2 die **ausschließliche** oder aber die **konkurrierende Gesetzgebungsbefugnis** verleihen.

Die **ausschließliche Gesetzgebungskompetenz** des Bundes wird in Art. 71 GG näher beschrieben. Danach haben die Länder in den Bereichen der ausschließlichen Gesetzgebung des Bundes nur dann die Kompetenz, Gesetze zu erlassen, wenn und soweit sie hierzu in einem Bundesgesetz ermächtigt werden. Dennoch erlassene Gesetze sind unzulässig und nichtig. Was Gegenstand der ausschließlichen Gesetzgebungskompetenz des Bundes ist, ergibt sich aus Art. 73 GG.

**Beispiel:** Nach Art. 73 Abs. 1 Nr. 1 GG hat der Bund die ausschließliche Gesetzgebungskompetenz in den auswärtigen Angelegenheiten. Hierzu gehört nach der Rechtsprechung des BVerfG auch der Bereich der Auslandsaufklärung des Bundesnachrichtendienstes (BND). Nach § 1 Abs. 2 S. 1 BND-Gesetz hat der BND die Aufgabe, zur Gewinnung von Erkenntnissen über das Ausland, die von außen- und sicherheitspolitischer Bedeutung für die Bundesrepublik Deutschland sind, die erforderlichen Informationen zu sammeln und sie auszuwerten. Diese Aufgabe könnten die Bundesländer gemäß Art. 73 Abs. 1 Nr. 1 iVm Art. 71 GG nur dann zB auf die Landesämter für Verfassungsschutz übertragen, wenn sie durch ein Bundesgesetz hierzu ermächtigt werden. Erfolgt die landesgesetzliche Aufgabenübertragung ohne Ermächtigung durch ein Bundesgesetz, dann wäre das entsprechende Landesgesetz unzulässig und nichtig.

Anders ist es im Bereich der **konkurrierenden Gesetzgebung**. Nach Art. 72 Abs. 1 GG haben die Länder hier grundsätzlich die Gesetzgebungskompetenz, solange und soweit nicht der Bund von seiner Gesetzgebungskompetenz Gebrauch gemacht hat. Hat der Bund von seiner Gesetzgebungskompetenz Gebrauch gemacht, dann sind entsprechende Landesgesetze unzulässig und nichtig. Solange und soweit der Bund dagegen von einer eigenen Gesetzgebung absieht, besteht die Zuständigkeit der Länder weiter. Welche Regelungsmaterien zum Bereich der konkurrierenden Gesetzgebung gehören wird in Art. 74 GG aufgelistet.

**Beispiel:** Nach Art. 74 Abs. 1 Nr. 12 GG erstreckt sich die konkurrierende Gesetzgebung auch auf den Bereich des Arbeitsrechts. Hierzu gehören auch die Mindestbedingungen im Arbeitsverhältnis. Der Bund hat mit dem Mindestlohngesetz eine abschließende Regelung zur Festsetzung und Höhe von Mindestlöhnen getroffen, die dementsprechend nicht wirksam landesgesetzlich ergänzt werden kann.

Für den Bereich des Sozialrechts zeigt ein Blick auf Art. 74 Abs. 1 Nrn. 7, 9, 10, 12, 13, 19 und 19a GG, dass dieser Bereich nahezu vollständig in die konkurrierende Gesetzgebungskompetenz des Bundes fällt. Der Bund hat auch in umfassender Art und Weise von seiner Gesetzgebungskompetenz Gebrauch gemacht, so dass es kaum noch Bereiche gibt, in denen der Landesgesetzgeber sozialrechtlich aktiv werden kann. Dies ist nur in Randbereichen denkbar, denen sich der Bundesgesetzgeber bislang noch nicht zugewandt hat.

**Beispiel:** Ein Beispiel für einen solchen Randbereich ist zB die berufsständisch geprägte öffentlich-rechtliche Absicherung von Angehörigen freier Berufe (zB Rechtsanwälte, Steuerberater, Ärzte usw) in Versorgungswerken. Dieses Versorgungssystem (Alters- und Berufsunfähigkeitsrenten) – das notwendig ist, da der angesprochene Personenkreis regelmäßig nicht sozialversicherungspflichtig ist – wird durch entsprechende Gesetze der Länder geregelt.

41 Von der Gesetzgebungskompetenz ist die **Verwaltungskompetenz** zu unterscheiden. Hiermit wird die Kompetenz bezeichnet, Gesetze auszuführen bzw. umzusetzen. Nach Art. 83, 84 GG sind grundsätzlich die Länder für die Ausführung der Bundesgesetze und für die Einrichtung der ausführenden Behörden zuständig.

Beispiel: Sozialhilfe wird nach dem SGB XII – einem Bundesgesetz – gewährt. Auf der Grundlage der Art. 83, 84 GG erfolgt die *Ausführung* des SGB XII (Feststellen der Hilfebedürftigkeit, Berechnen des Leistungsanspruchs usw) aber nicht durch den Bund, sondern durch die einzelnen Bundesländer, die diese Aufgabe regelmäßig auf die Landkreise und die dort angesiedelten Sozialämter übertragen haben.

42 **Sonderregelungen** gelten nach Art. 87 Abs. 2 GG für Sozialversicherungsträger, deren Zuständigkeitsbereich sich über das Gebiet eines Bundeslandes hinaus erstreckt. Sozialversicherungsträger sind Träger der öffentlichen Verwaltung, die Aufgaben der Sozialversicherung einschließlich der Arbeitslosenversicherung wahrnehmen. Werden sie länderübergreifend tätig, so sind sie gem. Art. 87 Abs. 2 S 1 GG **zwingend** als bundesunmittelbare Körperschaften des öffentlichen Rechts zu führen.

Beispiel: Länderübergreifend tätige Sozialversicherungsträger sind etwa die Berufsgenossenschaften des Unfallversicherungsrechts, die Bundesagentur für Arbeit, die Deutsche Rentenversicherung Bund und die Ersatzkassen des Krankenversicherungsrechts.

## 2. Das Sozialstaatsprinzip

43 Einen nicht zu unterschätzenden Einfluss übt das sich aus Art. 20 Abs. 1, 28 Abs. 1 S. 1 GG ergebende **Sozialstaatsprinzip** auf das deutsche Sozialrecht aus. Es wird aus dem Adjektiv *„sozial"* in den genannten Vorschriften hergeleitet und stellt ein Grundprinzip des GG dar. Als solches unterliegt es der sog. *„Ewigkeitsgarantie"* aus Art. 79 Abs. 3 GG und darf damit nicht aufgehoben werden.

44 Das Sozialstaatsprinzip verlangt vom Staat Regelungen und Mechanismen zur Vorsorge und Fürsorge für Einzelne oder für Gruppen der Gesellschaft zu schaffen, die aufgrund persönlicher Lebensumstände oder gesellschaftlicher Benachteiligung in ihrer persönlichen und sozialen Entfaltung behindert sind.[2] Damit verpflichtet es den Staat letztlich zu sozialer Sicherheit und sozialer Gerechtigkeit[3] und schließt damit den Kreis zu den Aufgaben des Sozialrechts (vgl. hierzu Rn. 9). Das Sozialstaatsprinzip ist unmittelbar geltendes Recht, so dass eine *Umsetzung* durch den Gesetzgeber nicht erforderlich ist. Allerdings bedarf es wegen seiner hohen Unbestimmtheit der *Konkretisierung* durch den Gesetzgeber, die Verwaltung oder die Gerichte. Subjektive Rechte ergeben sich aus dem Sozialstaatsprinzip nicht. Es besteht also allein aus dem Sozialstaatsprinzip heraus grundsätzlich kein Anspruch auf bestimmte soziale Leistungen.[4] Ein derartiger Anspruch kann sich aber ergeben, wenn das Sozialstaatsprinzip zusammen mit einem Grundrecht zum Tragen kommt.

---

2 BVerfG 22.6.1977 – 1 BvL 2/74, BVerfGE 45, 376 ff. (387).
3 Vgl. nur BVerfG 17.8.1956 – 1 BvB 2/51, BVerfGE 5, 85 ff. (198.).
4 Vgl. zB BVerfG 3.12.1969 – 1 BvR 624/56, BVerfGE 27, 253 ff. (283).

## § 2 Nationale Rechtsquellen des Sozialrechts

**Beispiel:** Das BVerfG hat in einer, auch für den Nicht-Juristen sehr lesenswerten, Entscheidung[5] herausgearbeitet, dass aus dem Zusammenspiel zwischen Art. 1 Abs. 1 GG (Grundrecht auf Menschenwürde) und dem Sozialstaatsprinzip jedem Hilfebedürftigen diejenigen materiellen Voraussetzungen zustehen, die für seine physische Existenz und für ein Mindestmaß an Teilhabe am gesellschaftlichen, kulturellen und politischen Leben unerlässlich sind. Dieses Recht auf die Gewährung des menschenwürdigen Existenzminimums ist dem Grunde nach unverfügbar und muss eingelöst werden, bedarf aber der Konkretisierung und stetigen Aktualisierung durch den Gesetzgeber. Diese Konkretisierung und Aktualisierung erfolgt im Rahmen der existenzsichernden SGB II und SGB XII.

Das Sozialstaatsprinzip verpflichtet den Staat aufgrund seiner Unbestimmtheit regelmäßig auch nicht dazu, soziale Leistungen in einem bestimmten Umfang zu gewähren. Wesentliches Element des Sozialstaatsprinzips ist die **Fürsorge für Hilfsbedürftige**.[6] Hilfsbedürftige in diesem Sinne[7] sind Personen, die aufgrund ihrer persönlichen Lebensumstände oder gesellschaftlichen Benachteiligungen an ihrer persönlichen oder sozialen Entfaltung gehindert sind.[8]

**Hinweis:** Die Gründe für solche Entwicklungsdefizite sind vielfältig. Zu ihnen gehören etwa finanzielle Notlagen, körperliche oder seelische Krankheiten, Schwerbehinderung, Pflegebedürftigkeit, Arbeitslosigkeit oder andere Umstände. Ordnen Sie doch diese Defizite einmal gedanklich den einzelnen Büchern des SGB zu.

Die Hilfe für diesen Personenkreis muss die Mindestvoraussetzungen für ein menschenwürdiges Dasein sicherstellen.[9] Das Sozialstaatsprinzip enthält darüber hinaus auch den Auftrag, soziale Sicherungssysteme gegen die Wechselfälle des Lebens zu schaffen.[10] Dies ist die verfassungsrechtliche Grundlage für unser **Sozialversicherungssystem** (zB Rentenversicherung, Unfallversicherung etc), ohne dass sich aber aus dem Sozialstaatsprinzip eine Garantie bestehender Versicherungssysteme ergäbe.

**Beispiel:** Verfassungsrechtlich wäre damit wohl auch die sog. **Bürgerversicherung** zulässig. Als Bürgerversicherung werden Modelle eines einheitlichen Krankenversicherungssystems für alle Bürger bezeichnet, im Unterschied zum bestehenden dualen System von gesetzlicher und privater Krankenversicherung.

Das Sozialstaatsprinzip verlangt zudem, dass Schäden durch die Gemeinschaft ausgeglichen oder wiedergutgemacht werden, die ein Einzelner oder einzelne Gruppen mehr oder weniger zufällig für die Gemeinschaft erlitten haben (zB Kriegsfolgen, Opferentschädigung, Impfschäden o.ä.).[11] Auch in diesem Bereich ergeben sich konkrete Leistungsansprüche allerdings erst aus gesetzlichen Regelungen.

Letztlich gibt das Sozialstaatsprinzip dem Gesetzgeber den Auftrag, für eine „gerechte Sozialordnung" zu sorgen.[12]

---

5  BVerfG 9.2.2010 – 1 BvL 1/09, 1 BvL 3/09, 1 BvL 4/09, BVerfGE 125, 175 ff.
6  BVerfG 18.6.1975 – 1 BvL 4/74, BVerfGE 40, 121 ff. (144).
7  Das Sozialrecht hat in den einzelnen SGB mitunter ein engeres Verständnis von Hilfebedürftigkeit, wie etwa ein Blick in § 9 SGB II zeigt.
8  BVerfG 27.4.1999 – 1 BvR 2203/93, 1 BvR 897/95, BVerfGE 100, 271 ff. (284).
9  BVerfG 18.6.1975 – 1 BvL 4/74, BVerfGE 40, 121 ff. (144).
10  BVerfG 27.5.1970 – 1 BvL 22/63, NJW 1970, 1675 ff. (1676).
11  BVerfG 22.11.2000 – 1 BvR 2307/94, BVerfGE 102, 254 ff. (298).
12  BVerfG 16.7.1985 – 1 BvL 5/80, BVerfGE 69, 272 ff. (314).

**Beispiel:** Diesem Auftrag ist der Gesetzgeber zB im Bereich des Arbeits- und Mietrechts nachgekommen, indem er besondere Regelungen zum Schutz der Arbeitnehmer und der Wohnraummieter geschaffen hat.

49 Geschützt werden durch das Sozialstaatsprinzip nur natürliche, nicht aber juristische Personen (zB GmbH, AG). Ausländer werden geschützt, wenn sie in Deutschland leben.

### 3. Einzelne Grundrechte

50 Das Grundgesetz hat, anders als noch die Weimarer Reichsverfassung, auf das Formulieren sozialer Grundrechte verzichtet. Dem lag die Erkenntnis zugrunde, dass soziale Rechte einem Wandel unterliegen und daher nicht in der gleichen Weise wie Abwehrrechte dauerhaft festgeschrieben werden können.[13]

51 Dennoch wirken einzelne **Grundrechte** auf das Sozialrecht ein, wie bereits das Beispiel des Rechts auf ein menschenwürdiges Existenzminimum (Art. 1 Abs. 1 GG iVm dem Sozialstaatsprinzip) gezeigt hat. Besondere Bedeutung kommt hierbei dem **allgemeinen Gleichheitsgrundsatz** des Art. 3 Abs. 1 GG zu. Dieses Grundrecht untersagt es dem Staat grundsätzlich, vergleichbare Sachverhalte unterschiedlich oder unterschiedliche Sachverhalte wesentlich gleich zu behandeln.

52 Sozialrechtlich sind hier insbesondere die Fälle angesprochen, in denen an bestimmte Personenkreise Sozialleistungen vergeben werden, an andere hingegen nicht.

**Beispiel:** Nach § 118 a AFG (Vorgängergesetz zum SGB III) ruhte der Anspruch auf Arbeitslosengeld während der Zeit, in der Arbeitslose Schüler oder Studenten einer Schule, Hochschule oder sonstigen Ausbildungsstätte waren, wenn die Ausbildung die Arbeitskraft eines Schülers oder Studenten im Allgemeinen voll in Anspruch genommen hat. Das BVerfG hat im Rahmen einer Verfassungsbeschwerde hierzu entschieden, dass es mit dem allgemeinen Gleichheitssatz unvereinbar ist, Studenten vom Bezug des Arbeitslosengeldes generell auszuschließen.[14] Ein Verstoß gegen den Gleichheitsgrundsatz des Art. 3 Abs. 1 GG iVm Art. 6 Abs. 1 GG sah das BVerfG auch darin, dass Mitglieder der sozialen Pflegeversicherung, die Kinder betreuen und erziehen und damit neben dem Geldbeitrag einen generativen Beitrag zur Funktionsfähigkeit eines umlagefinanzierten Sozialversicherungssystems leisten, mit einem gleich hohen Pflegeversicherungsbeitrag wie Mitglieder ohne Kinder belastet werden.[15] Der Gesetzgeber reagierte hierauf mit der Schaffung der §§ 55 Abs. 3, 58 Abs. 1 S. 3 SGB XI.

53 Ein Verstoß gegen den allgemeinen Gleichheitsgrundsatz des Art. 3 Abs. 1 GG kann somit dazu führen, dass gesetzlich nicht leistungsberechtigten Personen dennoch Leistungsansprüche zustehen.

54 Andere Grundrechte, wie etwa Art. 2, 6, 12, 14 GG fungieren in ihrer Funktion als **Freiheitsrechte** häufig als Abwehrrechte gegen staatliche Eingriffe. Dies bedeutet, dass der Staat nicht in Rechtspositionen eingreifen darf, die durch diese Grundrechte geschützt werden.

---

13 Voelzke in: Schlegel/Voelzke, jurisPK-SGB I, § 1 Rn. 7.
14 BVerfG 26.1.1977 – 1 BvL 17/73, BVerfGE 43, 213 ff.
15 BVerfG 3.4.2001 – 1 BvR 1629/94, BVerfGE 103, 242 ff.

# § 2 Nationale Rechtsquellen des Sozialrechts § 2

Beispiel: Das deutsche Sozialversicherungssystem beruht im Wesentlichen auf Pflichtmitgliedschaften. Die Frage, ob gesetzlich versicherungspflichtige Personen tatsächlich Mitglied in der Sozialversicherung werden müssen, beantwortet sich verfassungsrechtlich anhand Art. 2 Abs. 1 GG.[16] Auch die Eigentumsgarantie des Art. 14 GG kann sozialrechtlich tangiert sein. So hat etwa das BVerfG entschieden, dass die für Angehörige des Sonderversorgungssystems des Ministeriums für Staatssicherheit/Amtes für Nationale Sicherheit der ehemaligen DDR gesetzlich vorgenommene Begrenzung der berücksichtigungsfähigen Arbeitsentgelte oder Arbeitseinkommen auf 70 % des jeweiligen Durchschnittsentgelts im Beitrittsgebiet mit Art. 14 GG nicht vereinbar und damit nichtig ist.[17]

Darüber hinaus dienen die genannten Grundrechte aber auch als Maßstab für die Auslegung und Anwendung sozialrechtlicher Vorschriften und binden damit Gesetzgeber, Verwaltung und Rechtsprechung. 55

## II. Das Sozialgesetzbuch und seine besonderen Teile

Wichtigste Rechtsquelle des nationalen Sozialrechts ist das **Sozialgesetzbuch** (SGB) mit seinen 13 Büchern und besonderen Teilen. Die einzelnen Bücher des SGB werden mit römischen Ziffern bezeichnet. Der Gesetzgeber versucht seit Mitte der Siebzigerjahre, das Sozialrecht in einem Sozialgesetzbuch zu kodifizieren. Dies ist zu einem großen Teil auch geschehen. Allerdings ist der Prozess, wie ein Blick auf § 68 SGB I zeigt, noch nicht abgeschlossen. 56

**Inhaltsübersicht über das derzeit geltende SGB:**

| | |
|---|---|
| SGB I | Allgemeiner Teil |
| SGB II | Grundsicherung für Arbeitssuchende |
| SGB III | Arbeitsförderung |
| SGB IV | Gemeinsame Vorschriften für die Sozialversicherung |
| SGB V | Gesetzliche Krankenversicherung |
| SGB VI | Gesetzliche Rentenversicherung |
| SGB VII | Gesetzliche Unfallversicherung |
| SGB VIII | Kinder- und Jugendhilfe |
| SGB IX | Rehabilitation und Teilhabe von Menschen mit Behinderungen |
| SGB X | Sozialverwaltungsverfahren und Sozialdatenschutz |
| SGB XI | Soziale Pflegeversicherung |
| SGB XII | Sozialhilfe |
| SGB XIV[18] | Soziale Entschädigung |
| Fiktion § 68 SGB I | Besondere Teile des SGB (zB BAföG, WoGG) |

Die Inhaltsübersicht zum SGB zeigt, dass sich zehn Bücher des SGB mit speziellen und drei Bücher mit allgemeinen Regelungsmaterien beschäftigen. Die drei SGB mit allgemeinen Regelungen sind das SGB I, das SGB IV und das SGB X. 57

Das SGB I (Allgemeiner Teil) enthält diejenigen Regelungen, die grundsätzlich für alle Sozialleistungsbereiche des SGB gelten (vgl. § 37 S. 1 SGB I). Die Vorschriften des SGB I werden damit „vor die Klammer" der SGB II bis XIV „gezogen". 58

---

16 Vgl. hierzu zB BVerfG 3.4.2001 – 1 BvR 2014/95, BVerfGE 103, 197 ff. (215).
17 BVerfG 28.4.1999 – 1 BvL 11/94, 1 BvR 33/95, 1 BvR 1560/95, BVerfGE 100, 138 ff.
18 Tatsächlich folgt auf das SGB XII nicht das SGB XIII, sondern das SGB XIV. Begründet wird dies damit, dass Betroffene ein „ungutes Gefühl" bei der Zahl 13 hätten, vgl. „Wenn ein Minister Angst vor der Zahl 13 bekommt", Art. v. 13.1.2019, https://www.welt.de/wirtschaft/article186958284/Hubertus-Heil-Verzicht-auf-13-Sozialgesetzbuch-aus-Aberglaube.html (zuletzt abgerufen am 9.9.2022).

**Beispiel:** § 16 SGB I enthält Regelungen darüber, was bei einer Antragstellung zu beachten ist. Die meisten Bücher des SGB machen die Leistungsgewährung von einer vorherigen Antragstellung abhängig (zB § 37 Abs. 1 S. 1 SGB II, § 19 S. 1 SGB IV § 33 Abs. 1 S. 1 SGB XI). Wie die Antragstellung nach diesen Vorschriften zu erfolgen hat, richtet sich nach dem „vor die Klammer gezogenen" § 16 SGB I.

59 Der „kleine Bruder" des SGB I ist das SGB IV mit seinen gemeinsamen (also allgemeinen) Vorschriften für das **Sozialversicherungsrecht**. Das SGB IV enthält – auch hier „vor die Klammer gezogen" – die für alle Sozialversicherungszweige (Kranken-, Renten-, Unfall-, Pflege- und grds. auch Arbeitslosenversicherung) geltenden Vorschriften. Die einzelnen Sozialversicherungszweige selbst sind in eigenen Büchern des SGB geregelt.

**Beispiel:** In allen Sozialversicherungszweigen sind gegen Arbeitsentgelt oder zu ihrer Berufsausbildung Beschäftigte versicherungspflichtig (vgl. zB § 5 Abs. 1 Nr. 1 SGB V, § 1 S. 1 Nr. 1 SGB VI). Was aber unter einer „Beschäftigung" zu verstehen ist, geht aus diesen Vorschriften nicht hervor. Dies ist auch nicht erforderlich, da der Begriff der „Beschäftigung" bereits in § 7 SGB IV definiert wird und damit für alle Sozialversicherungszweige gilt.

60 Das SGB X enthält ebenfalls allgemeine Regelungen. Diese betreffen das Sozialverwaltungsverfahren, den Schutz von Sozialdaten und die Zusammenarbeit der Leistungsträger sowie ihr Verhältnis zu Dritten. Auch diese Vorschriften gelten gem. § 37 S. 1 SGB I für alle Sozialleistungsbereiche des SGB.

**Beispiel:** Das soeben skizzierte Zusammenwirken der einzelnen Bücher des SGB soll nachfolgend anhand eines kurzen Falls versinnbildlicht werden.

A ist Fremdgeschäftsführer einer GmbH. Er geht davon aus, dass er sozialversicherungspflichtig ist, so dass monatlich von seinem Gehalt Sozialversicherungsbeiträge abgeführt werden. Nach fünf Jahren wird er als Geschäftsführer abberufen und sein Geschäftsführeranstellungsvertrag gekündigt. A beantragt daraufhin Arbeitslosengeld. Den Antrag stellt er aber nicht bei der eigentlich zuständigen Agentur für Arbeit, sondern beim Jobcenter. Dieses leitet den Antrag nach vier Monaten an die zuständige Agentur für Arbeit weiter, die den Antrag auf Arbeitslosengeld (SGB III) ablehnt, da sie A für nicht sozialversicherungspflichtig hält.

In diesem kleinen Fall stecken einige Problemfelder unterschiedlicher Sozialgesetzbücher. So stellt sich die Frage, wie es sich auswirkt, dass A seinen Antrag bei einem unzuständigen Leistungsträger gestellt hat. Mit diesem Problem beschäftigt sich § 16 Abs. 2 SGB I, der regelt, dass Anträge, die beim unzuständigen Leistungsträger gestellt werden, von diesem unverzüglich an den zuständigen Leistungsträger weiterzuleiten sind. Diese Anordnung gilt über § 37 S. 1 SGB I auch für das SGB III. Nach §§ 136 Abs. 1 Nr. 1, 137 Abs. 1 Nr. 3, 142 Abs. 1 SGB III hat Anspruch auf Arbeitslosengeld wegen Arbeitslosigkeit nur derjenige, der eine bestimmte Zeit in einem Pflichtversicherungsverhältnis gestanden hat. Nach § 25 Abs. 1 SGB III sind gegen Arbeitsentgelt oder zu ihrer Berufsausbildung Beschäftigte versicherungspflichtig in der Arbeitslosenversicherung. Der Arbeitslosengeldanspruch des A hängt also ua davon ab, ob er als Fremdgeschäftsführer Beschäftigter war. Diese Frage beantwortet § 7 SGB IV, der über § 1 S. 2 SGB IV auch für die Arbeitsförderung (SGB III) gilt. Verfahrensrechtlich hat die über den Antrag des A zu entscheidende Agentur für Arbeit zudem die Vorschriften des SGB X zu beachten und ihre Entscheidung als Verwaltungsakt iS § 31 SGB X mit Begründung iS § 35 SGB X zu erlassen.

## § 2 Nationale Rechtsquellen des Sozialrechts

Wie bereits erwähnt (vgl. Rn. 4), gibt es auch Teile des Sozialrechts, die derzeit noch nicht in das SGB integriert wurden. Hierbei handelt es sich um das BAföG, die RVO, das Gesetz über die Alterssicherung der Landwirte, das Zweite Gesetz über die Krankenversicherung der Landwirte, das BVG[19], das Gesetz über das Verwaltungsverfahren der Kriegsopferversorgung, das BKG, das WohnGG, das AdoptionsvermittlungsG, das UnterhaltsvorschussG, den Ersten und Zweiten Abschnitt des BEEG, das Altersteilzeitgesetz, und den Fünften Abschnitt des SchwangerschaftskonfliktG. Diese Gesetze bzw. Gesetzesbestandteile gelten nach § 68 SGB I als besondere Teile des SGB.

61

### III. Sozialrecht der Bundesländer

Sozialrecht ist in ganz wesentlichen Teilen Bundesrecht, da der Bundesgesetzgeber von seiner Befugnis zur konkurrierenden Gesetzgebung nahezu durchweg Gebrauch gemacht hat (vgl. Rn. 40). Für die Länder bleiben daher wenige Möglichkeiten, eigenständiges Sozialrecht zu schaffen. Bereiche, in denen die Bundesländer aktiv geworden sind, sind zB die Krankenhausgesetze der Länder, das Landesblindengeld oder das Landeserziehungsgeld. Die beiden letztgenannten Sozialleistungen existieren allerdings nicht in allen Bundesländern. Landesgesetze regeln zudem den Bereich der berufsständisch geprägten öffentlich-rechtlichen Absicherung von Angehörigen freier Berufe (zB Rechtsanwälte, Steuerberater, Ärzte usw) in Versorgungswerken.

62

### IV. Untergesetzliche Regelungen

Was unter „**untergesetzlichen Regelungen**" zu verstehen ist, wird wahrscheinlich deutlicher, wenn Sie sich nochmals die in *Abb. 1* zu findende Normenpyramide anschauen. Unterhalb der Gesetze finden Sie dort die **Rechtsverordnung** und unter dieser die **Satzung**. Beide Normwerke finden auch im Sozialrecht Anwendung.

63

**Rechtsverordnungen** sind Normen, die nicht vom parlamentarischen Gesetzgeber, sondern von der Exekutive auf der Grundlage einer durch ein förmliches Gesetz erteilten Ermächtigung erlassen werden.

64

Beispiel: § 48 Nr. 1 SGB IX ermächtigt das Bundesministerium für Arbeit und Soziales dazu, die Abgrenzung von medizinischen und nichtärztlichen Leistungen im Rahmen von Früherkennung und Frühförderung durch eine Rechtsverordnung zu regeln. Auf der Basis dieser Ermächtigungsgrundlage[20] hat das (damalige) Bundesministerium für Gesundheit und soziale Sicherung die Verordnung zur Früherkennung und Frühförderung behinderter und von Behinderung bedrohter Kinder (Frühförderungsverordnung) vom 24.6.2003[21] erlassen.

**Satzungen** sind Normen, die von Selbstverwaltungskörperschaften zur Regelung ihrer eigenen Angelegenheiten erlassen werden. Sie werden von den Organen der Selbstverwaltungskörperschaften beschlossen.

65

Beispiel: Zu denken ist hier etwa an die Satzungen der unterschiedlichen gesetzlichen Krankenkassen oder an die der unfallversicherungsrechtlichen Berufsgenossenschaften.

---

19 Inklusive solcher, konkret bezeichneten, Vorschriften, die auf das BVG verweisen.
20 Genauer: Auf der Grundlage der Vorgängerregelung des § 32 Nr. 1 SGB IX idF bis 31.12.2017.
21 BGBl. I 2003, 998 ff.

## V. Bezüge des Sozialrechts zu anderen Rechtsgebieten

66 Das Sozialrecht steht nicht isoliert im deutschen Rechtssystem, sondern tritt in vielfältiger Weise in Wechselwirkung zu anderen Rechtsgebieten. Zu denken ist hier insbesondere an das Verwaltungs-, an das Arbeits- oder das Familienrecht.

67 Systematisch betrachtet zählt das Sozialrecht zum Bereich des **öffentlichen Rechts** und ist hier dem **besonderen Verwaltungsrecht** zuzuordnen, zu dem etwa auch das öffentliche Baurecht, das Hochschulrecht oder das Straßenrecht gehört. Das Verwaltungsrecht hat eigene Verfahrensgesetze, die Verwaltungsverfahrensgesetze (VwVfG'e) (jeweils des Bundes und der Länder), die in Konkurrenz zum SGB X treten. Sowohl das SGB X als auch die VwVfG'e sind im Hinblick ihre Regelungen vielfach identisch.

**Beispiel:** Vergleichen Sie nur einmal den Text des § 31 SGB X mit dem des § 35 VwVfG.

68 Unterschiede gibt es zB im Bereich der Bestandskraft von Verwaltungsakten.

**Beispiel:** Die Durchbrechung der Bestandskraft eines Verwaltungsaktes durch einen Überprüfungsantrag nach § 44 SGB X kennen die VwVfG'e nicht.

69 Gerade im Hinblick auf die vielfältigen Gemeinsamkeiten zwischen SGB X und den VwVfG'en ist es notwendig, sich den unterschiedlichen Anwendungsbereich beider Gesetze vor Augen zu führen. Nach § 1 Abs. 1 S. 1 SGB X gilt das SGB X für die öffentlich-rechtliche Verwaltungstätigkeit der Behörden „nach diesem Buch", also dem SGB.

**Hinweis:** Erinnern Sie sich bitte an dieser Stelle erneut an § 68 SGB I. Dieser bezieht verschiedene Gesetze als besondere Teile in das SGB ein. Damit gilt das SGB X für die Verwaltungstätigkeit der Behörden nach den SGB I – XIV und nach den besonderen Teilen des SGB.

70 Dies heißt im Umkehrschluss, dass auf die öffentlich-rechtliche Verwaltungstätigkeit der Behörden nach anderen Gesetzen (als dem SGB und seinen besonderen Teilen) grundsätzlich die VwVfG'e Anwendung finden (vgl. § 1 Abs. 1 VwVfG).

**Beispiel:** Das Verwaltungsverfahren zum Erlass einer Baugenehmigung nach der HessBauO richtet sich nicht nach dem SGB X, sondern nach dem HessVwVfG, da die HessBauO kein Teil des SGB ist.

71 Ähnlich ist die Situation im **gerichtlichen** Verfahren. Hier stehen sich das Sozialgerichtsgesetz (SGG) und die Verwaltungsgerichtsordnung (VwGO) gegenüber. Auch in diesem Fall weisen beide Gesetze viele inhaltliche Übereinstimmungen auf, haben aber unterschiedliche Anwendungsbereiche. Nach § 51 Abs. 1 SGG entscheiden die Gerichte der Sozialgerichtsbarkeit über öffentlich-rechtliche Streitigkeiten

- in Angelegenheiten der gesetzlichen Rentenversicherung einschließlich der Alterssicherung der Landwirte,
- in Angelegenheiten der gesetzlichen Krankenversicherung, der sozialen Pflegeversicherung und der privaten Pflegeversicherung,
- in Angelegenheiten der gesetzlichen Unfallversicherung mit Ausnahme der Streitigkeiten aufgrund der Überwachung der Maßnahmen zur Prävention durch die Träger der gesetzlichen Unfallversicherung,

# § 2 Nationale Rechtsquellen des Sozialrechts

- in Angelegenheiten der Arbeitsförderung einschließlich der übrigen Aufgaben der Bundesagentur für Arbeit,
- in Angelegenheiten der Grundsicherung für Arbeitsuchende,
- in sonstigen Angelegenheiten der Sozialversicherung,
- in Angelegenheiten des sozialen Entschädigungsrechts,
- in Angelegenheiten der Sozialhilfe und des Asylbewerberleistungsgesetzes,
- bei der Feststellung von Behinderungen und ihrem Grad sowie weiterer gesundheitlicher Merkmale, ferner der Ausstellung, Verlängerung, Berichtigung und Einziehung von Ausweisen nach § 152 SGB IX,
- die aufgrund des Aufwendungsausgleichsgesetzes entstehen,
- für die durch Gesetz der Rechtsweg vor diesen Gerichten eröffnet wird.

Der Verwaltungsrechtsweg nach der VwGO ist hingegen nach § 40 Abs. 1 VwGO in allen öffentlich-rechtlichen Streitigkeiten nichtverfassungsrechtlicher Art gegeben, soweit die Streitigkeiten nicht durch Bundesgesetz (zB das SGG oder die Finanzgerichtsordnung [FGO]) einem anderen Gericht ausdrücklich zugewiesen sind.

**Hinweis:** Eine Folge dieser Aufteilung ist zB, dass Angelegenheiten der Kinder- und Jugendhilfe nach dem SGB VIII *verwaltungsverfahrensrechtlich* (also außergerichtlich) nach dem SGB X behandelt werden (vgl. § 1 Abs. 1 S. 1 SGB X), *gerichtlich* aber nach der VwGO, da das Kinder- und Jugendhilferecht *nicht* in § 51 Abs. 1 SGG aufgeführt ist.

Wechselwirkungen gibt es auch zwischen dem Sozialrecht und dem zivilrechtlichen **Arbeitsrecht**. So greift die Unterscheidung zwischen selbstständiger Tätigkeit und Beschäftigungsverhältnis iS § 7 SGB IV im Wesentlichen auf denselben Lebenssachverhalt zurück, der auch für die Unterscheidung zwischen freiem Dienstverhältnis und Arbeitsverhältnis iS § 611a BGB von Bedeutung ist. Zudem lassen sich Schnittmengen zum Arbeitsrecht vielfach auch im Bereich des Arbeitsförderungsrechts (SGB III) finden. Hier geht es etwa in § 157 SGB III um die (arbeitsrechtliche) Frage, wann ein Arbeitnehmer Anspruch auf Arbeitsentgelt oder Urlaubsabgeltung hat. In § 158 SGB III spielt die (arbeitsrechtliche) Frage eine Rolle, wie lang die jeweilige ordentliche Kündigungsfrist für den Arbeitgeber ist. §§ 104, 105 SGB VII beschäftigen sich mit dem Problem, wie sich ein innerbetrieblicher Arbeitsunfall auf das Arbeitsverhältnis oder das Verhältnis zu Arbeitskollegen auswirkt.

Die Wechselwirkungen zwischen Sozialrecht und privatrechtlichem **Familienrecht** werden insbesondere im SGB VIII deutlich. Sowohl die §§ 27–35, 42 SGB VIII als auch die §§ 1666 ff. BGB beschäftigen sich mit Problemen der Kindeswohlgefährdung. Hier arbeiten Familiengerichte und Träger der Jugendhilfe zusammen, um durch geeignete Maßnahmen der Kinder- und Jugendhilfe Kindeswohlgefährdungen zu verhindern oder zu beseitigen.

Ebenfalls zum Bereich des Familienrechts gehört das Scheidungsrecht. Eng mit der Scheidung einer Ehe verbunden ist der **Versorgungsausgleich**. Unter dem Versorgungsausgleich versteht man den Ausgleich der Rentenanwartschaften, die die Ehegatten während der Ehe erworben haben. Sehr vereinfacht gesagt geht es hierbei darum, dass der Ehegatte, der mehr Rentenanwartschaften erworben hat, dem anderen Ehegatten einen Teil dieser Anwartschaften überträgt. Der Versorgungsausgleich richtet sich materiellrechtlich nach § 1587 BGB iVm dem Versorgungsausgleichsgesetz und verfahrensrechtlich nach den §§ 217–229 FamFG. Beteiligt an diesem Verfahren ist nach

§ 219 FamFG auch die gesetzliche Rentenversicherung. Personen, denen aufgrund des Versorgungsausgleichs Rentenanwartschaften übertragen worden sind, sind nach § 8 Abs. 1 S. 1 Nr. 2 SGB VI in der gesetzlichen Rentenversicherung versichert.

### VI. Wiederholungs- und Vertiefungsfragen

1. Was besagt die Normenpyramide?
2. Was versteht man unter der Gesetzgebungs- und Verwaltungskompetenz?
3. Welche verfassungsrechtlichen Regelungen verpflichten den Staat, Menschen zu unterstützen, die ihren Mindestlebensunterhalt nicht selbst bestreiten können?
4. In welchen Fällen haben die Bundesländer die Kompetenz, Gesetze mit sozialrechtlichem Inhalt zu erlassen?
5. Wäre ein bedingungsloses Grundeinkommen, also ein bedarfsunabhängiger monatlicher Festbetrag, den jeder Bürger der Bundesrepublik erhält, mit dem Sozialstaatsprinzip vereinbar?
6. Was versteht man unter den besonderen Teilen des SGB?
7. Welche Gemeinsamkeit verbindet das SGB I mit dem SGB IV und dem SGB X?
8. Was unterscheidet eine Rechtsverordnung von einer Satzung?
9. Ist eine Kindeswohlgefährdung auch zivilrechtlich von Bedeutung?
10. Was ist der Versorgungsausgleich?

# § 3 Systemstrukturen des Sozialrechts

Eine Folge des Umstandes, dass sich das SGB über einen längeren Zeitraum und ohne ein in sich geschlossenes gesetzgeberisches Konzept entwickelt hat, ist, dass es keine gesetzliche Systematisierung der unterschiedlichen Sozialleistungen in Hinsicht auf ihre inhaltlichen Unterschiede gibt.[1] Aus diesem Grund versucht die sozialrechtswissenschaftliche Lehre dem Sozialrecht eine eigene Struktur zu geben. Hierbei geht es nicht um die dem Juristen eigene Lust am Strukturieren, sondern vielmehr darum, das Verständnis des Sozialrechts zu erleichtern. Das Aufzeigen einer Binnenstruktur kann helfen, Unterschiede und Gemeinsamkeiten verschiedener Bereiche des Sozialrechts aufzuzeigen und deren Prinzipien deutlich zu machen.[2] Die Erfassung des Sozialrechts soll dem Rechtsanwender erleichtert werden.[3] Bei einer ersten Betrachtung dieser Strukturierungsversuche kommt es für Studierende aber regelmäßig eher zur Verwirrung als zur Erhellung. Dies ist der Tatsache geschuldet, dass es im Wesentlichen mehrere dieser Einteilungsversuche gibt, bei denen keiner zwingend Vorrang vor der anderen beanspruchen kann. Vielmehr wurden vollständig überzeugende Lösungen bislang nicht gefunden und werden sich wohl auch nicht finden lassen.[4] Zudem sind die Unterschiede der Systematisierungslehren nicht so gravierend, dass klare Trennlinien auf den ersten Blick erkennbar sind.[5] Darüber hinaus, und auch darauf ist ausdrücklich hinzuweisen, zieht die Anwendung der unterschiedlichen Systematisierungslehren keine unmittelbar unterschiedlichen Folgen nach sich.

Trotzdem ist eine Beschäftigung mit den Systemstrukturen des Sozialrechts hilfreich. Die Auseinandersetzung mit den unterschiedlichen Systematisierungslehren zwingt dazu, die komplexe Materie des Sozialrechts im Zusammenhang zu betrachten, also „einen Schritt zurück zu gehen". Dies fördert, so zeigt es die Erfahrung in der Lehre, das Verständnis des Sozialrechts und das Erkennen SGB-übergreifender Prinzipien und Leitlinien. Aus diesem Grund sollen zumindest die beiden gebräuchlichsten Systematisierungslehren kurz vorgestellt werden.[6] Es handelt sich bei ihnen um eine „klassische" und eine „neue" Einteilung des Sozialrechts.

## I. Das klassische System des Sozialrechts

Nach der sog. **klassischen Einteilung**[7] unterteilt sich das Sozialrecht in die drei Bereiche **Sozialversicherung, Fürsorge** (zB Sozialhilfe) und **Vorsorge** (zB die Versorgung der Kriegsopfer). Dieser Ordnung folgt auch das Grundgesetz, wie ein Blick auf Art. 74 Nrn. 7, 10 und 12 GG zeigt.

Der Bereich der **Sozialversicherung** umfasst hierbei bestimmte soziale Risiken (zB Alter, Krankheit oder Arbeitslosigkeit), bei deren Eintritt Leistungen erbracht werden, sofern zuvor vom (freiwillig oder zwangsweise) Versicherten Beiträge gezahlt worden sind. Das System beruht also auf dem Prinzip der Gegenseitigkeit. Die Leistungsge-

---

1 Kokemoor, Sozialrecht, Rn. 14.
2 Waltermann u.a., Sozialrecht, Rn. 77.
3 Waltermann u.a., Sozialrecht, Rn. 77.
4 Muckel/Ogorek/Rixen, Sozialrecht, § 4 Rn. 1.
5 Kokemoor, Sozialrecht, Rn. 14.
6 Weitergehende Ausführungen finden sich zB bei Muckel/Ogorek/Rixen, Sozialrecht, § 4 Rn. 2 ff.; Gitter/Schmitt, Sozialrecht, § 1 Rn. 10; Eichenhofer, Sozialrecht, Rn. 10 ff.; Igl/Welti, Sozialrecht, § 2 Rn. 1 ff.
7 Vertreten zB von Gitter/Schmitt, Sozialrecht, § 1 Rn. 9 ff.; Wannagat, Sozialversicherungsrecht, S. 31 ff.

währung hängt damit nicht von der Bedürftigkeit des Einzelnen, sondern grundsätzlich von der Beitragszahlung ab.

80 Unter **Versorgung** versteht man im klassischen System Sozialleistungen, die der Staat einseitig erbringt (also ohne Gegenleistung des Leistungsempfängers) und die aus Steuermitteln finanziert werden. Gemein ist diesen Sozialleistungen, dass sie ohne Rücksicht auf einen individuellen Bedarf erbracht werden. Hierbei ist zwischen der **Allgemeinversorgung** und der **Sonderversorgung** zu unterscheiden.[8] Leistungen der Sonderversorgung werden – anders als bei der Allgemeinversorgung (zB Kindergeld) – nur erbracht, wenn der Leistungsempfänger zuvor ein Sonderopfer erbracht hat (zB Impf- oder Kriegsschaden).

81 **Fürsorge** bezeichnet die soziale Gewährleistung des Existenzminimums, zB durch die Sozialhilfe (SGB XII) oder die Grundsicherung für Arbeitsuchende (SGB II). Voraussetzung für ihre Gewährung ist ein individueller Bedarf beim Leistungsempfänger. Fürsorgeleistungen sind daher nachrangig. Die Leistungen sind nicht beitragsfinanziert, sondern finanzieren sich aus Steuermitteln.

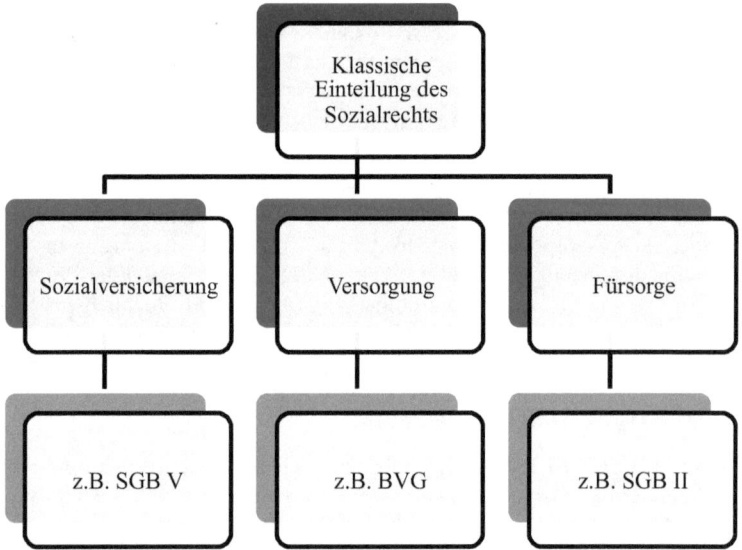

*Abb. 2: Klassische Einteilung des Sozialrechts*

## II. Die neue Einteilung des Sozialrechts

82 Problematisch an der klassischen Einteilung des Sozialrechts ist, dass es einerseits nur schwer möglich ist, neuere Sozialrechtsgesetze in diese Systematik einzufügen und dass andererseits der Begriff der „Fürsorge" als nicht mehr dem Menschenbild des Grundgesetzes entsprechend[9] empfunden wird, da er den Fürsorgeempfänger zum Objekt erklärt.

---

8 Waltermann u.a., Sozialrecht, Rn. 78.
9 Vgl. Eichenhofer, Sozialrecht, Rn. 11.

# § 3 Systemstrukturen des Sozialrechts

**Hinweis:** Deutlich wird dieses Problem, wenn Sie überlegen, in welchen Bereich des klassischen Systems Sie solche Leistungen wie Ausbildungsförderung oder Wohngeld einordnen würden. Diese Leistungen können – mangels Gegenseitigkeit – nicht dem Sozialversicherungsbereich zugeordnet werden. Ihre Einordnung in den Fürsorgebereich scheitert daran, dass sie nicht nachrangig das Existenzminimum sozial absichern sollen. Damit bliebe nur der Bereich der Versorgung. Dies würde aber dazu führen, dass der Begriff „Versorgung" immer weiter ausgedehnt werden müsste, so dass er mit dem Begriff „Versorgung" des Grundgesetzes nicht mehr viel gemein hätte, sondern sich immer mehr zu einem Auffangbegriff entwickeln würde.[10]

Daher unterteilt eine auf *Hans Zacher*[11] zurückgehende neuere Systematisierungslehre das Sozialleistungsrecht seinen Funktionen entsprechend in die Bereiche **Vorsorgesysteme, Entschädigungssysteme** und **soziale Hilfe und Förderung**. 83

Der Bereich der **sozialen Vorsorgesysteme** ist nahezu deckungsgleich mit dem der Sozialversicherung im klassischen System. Soziale Vorsorgesysteme sollen als kollektive Systeme einen konkret definierten Personenkreis gegen allgemeine soziale Risiken (zB Krankheit, Alter, Mutterschaft, Unterhaltspflichten) absichern. 84

**Soziale Entschädigungssysteme** dienen dem Ausgleich von Schäden, die nicht im Wege der Vorsorge abgesichert werden können und deren Verursachung im Verantwortungsbereich der Allgemeinheit liegen. In diesen Bereich fällt zB die Soldatenversorgung, die Opferentschädigung, die Entschädigung von Impfschäden oder das Recht der Wiedergutmachung von Opfern der SED-Diktatur. 85

In den Bereich der **sozialen Hilfe** fallen soziale Leistungen, die auf den Ausgleich besonderer Belastungen oder besonderer Leistungsschwächen (zB Wohngeld) bzw. auf die Absicherung des Existenzminimums gerichtet sind (zB Sozialhilfe, Grundsicherung für Arbeitsuchende). Die **soziale Förderung** soll Chancengleichheit und gleiche soziale Entfaltungsmöglichkeiten herstellen. Hierunter fällt zB das Recht der Ausbildungs- und Berufsförderung, das Kindergeldrecht und das Kinder- und Jugendhilferecht. 86

---

10 In diesem Sinne auch Muckel/Ogorek/Rixen, Sozialrecht, § 4 Rn. 3.
11 Zacher, DÖV 1970, 3 ff. (6 Fn. 41); ders. Einführung in das Sozialrecht der Bundesrepublik Deutschland, 1983, S. 20 ff.

§ 3 Teil 1 Systemstrukturen des Sozialrechts

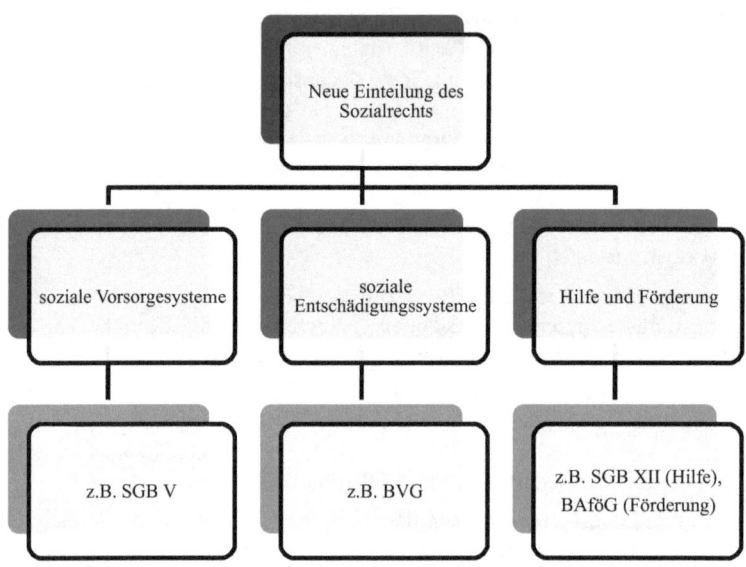

Abb. 3: *Neue Einteilung des Sozialrechts*

### III. Stellungnahme

87 Die klassische Einteilung des Sozialrechts wird heute größtenteils nicht mehr vertreten. Tatsächlich hat die neue Einteilung zumindest im Bereich von Hilfe und Förderung den Vorteil größerer Flexibilität. Dennoch ist diese Einteilung keine wirklich „neue". *Kokemoor* weist vielmehr zutreffend darauf hin, dass im Rahmen der neuen Lehre die klassische Einteilung nur behutsam weiterentwickelt wurde. „Sozialversicherung" wurde durch „Vorsorge" und „Fürsorge" durch „Entschädigung" und „Hilfe" ersetzt. Neue Sozialleistungen, deren Einordnung in die alten Kategorien schwierig ist, werden dem Bereich der Förderung zugeordnet.[12] Gleichwohl ist die neue Einteilung dem Menschenbild unserer Zeit näher, als die klassische und insgesamt auch besser handhabbar. Dieses Lehrbuch folgt daher der Einteilung des Sozialrechts in soziale Vorsorge, soziale Entschädigung, Hilfe und Förderung.

---

12 Kokemoor, Sozialrecht, Rn. 17.

# § 4 Internationale Bezüge des Sozialrechts

Wie man etwa der vor einiger Zeit geführten Diskussion, ob Angehörige eines EU-Mitgliedsstaates wirksam vom Bezug von Grundsicherungsleistungen nach dem SGB II[1] ausgeschlossen werden können (§ 7 Abs. 1 S. 2 Nr. 1 SGB II a.F. sah einen solchen Ausschluss vor), entnehmen kann, spielen internationale Bezüge des Sozialrechts eine immer größer werdende Rolle. In diesem Zusammenhang geht es nicht nur, wie im geschilderten Beispiel, um **überstaatliches europäisches Sozialrecht**. Auch das **zwischenstaatliche** und das **internationale Sozialrecht** spielen eine Rolle.

## I. Begriffe

Wichtig für das Verständnis der internationalen Bezüge des Sozialrechts ist zunächst, dass die Begriffe „*internationales Sozialrecht*", „*zwischenstaatliches Sozialrecht*" und „*europäisches Sozialrecht*" klar definiert und voneinander abgegrenzt werden.

Der Begriff „**internationales Sozialrecht**" ist zunächst missverständlich. Unter ihm ist nicht etwa die Gesamtheit aller Sozialrechtsregeln zu verstehen, die internationale Sachverhalte betreffen. Das internationale Sozialrecht hat vielmehr eine andere Aufgabe. Es regelt einen internationalen Sozialrechtsfall nicht selbst, sondern beantwortet die Frage, welche (nationale) Rechtsordnung auf diesen Fall anwendbar ist. Es geht also um Fälle, in denen unterschiedliche Sozialrechtsordnungen miteinander kollidieren. Man spricht daher auch vom *nationalen Kollisionsrecht*.[2]

**Beispiel:** Denken Sie nur an den in Thailand lebenden deutschen Rentner, der plötzlich krank oder pflegebedürftig wird. Umgekehrt kann auch ein in Deutschland lebender Thailänder plötzlich erkranken und muss in Deutschland behandelt werden. In beiden Fällen stellt sich die Frage, ob das deutsche oder das thailändische Sozialsystem für die Leistungserbringung zuständig ist. Diese Frage wird vom internationalen Sozialrecht beantwortet.

Unter **zwischenstaatlichem Sozialrecht** versteht man insbesondere internationale Verträge (zB bilaterale Sozialversicherungsabkommen) oder aber völkerrechtliche Normen, die durch überstaatliche Organisationen (zB die UNO oder die ILO) geschaffen werden. Nach Art. 59 Abs. 2 GG bedarf das zwischenstaatliche Sozialrecht der innerstaatlichen Umsetzung.

**Beispiel:** Ein gutes Beispiel für zwischenstaatliches Sozialrecht in Form völkerrechtlicher Regelungen ist die *UN-Behindertenrechtskonvention*.[3] Das *Europäische Fürsorgeabkommen*[4] zählt ebenfalls zum zwischenstaatlichen Sozialrecht.

Mit dem Begriff „**europäisches Sozialrecht**" werden die Rechtsvorschriften des europäischen Unionsrechts bezeichnet, die die nationalen Sozialordnungen beeinflussen, die also auf das nationale Sozialrecht und die nationale Praxis der Gewährung von Sozialleistungen zugreifen und das sozialpolitische Handeln der Union steuern.[5]

---

1 Umgangssprachlich immer noch als Hartz-IV-Leistungen bezeichnet.
2 Vgl. Kokemoor, Sozialrecht, Rn. 34.
3 Übereinkommen über die Rechte von Menschen mit Behinderungen – Behindertenrechtskonvention v. 13.12.2006, BGBl. II 2008, S. 1420 ff.
4 Europäisches Fürsorgeabkommen vom 11.12.1953, BGBl. II 1956, S. 564 ff.
5 Muckel/Ogorek/Rixen, Sozialrecht, § 21 Rn. 3.

## II. Das internationale Sozialrecht

**93** Internationales Sozialrecht beschäftigt sich, wie Sie bereits erfahren haben, mit der Auflösung kollidierender nationaler Rechtsordnungen bei internationalen Sachverhalten. Es ist daher Kollisionsrecht. Regelungen hierzu finden sich sowohl im nationalen Sozialrecht als auch im zwischenstaatlichen Sozialrecht und im überstaatlichen europäischen Sozialrecht.

**94** Im nationalen Sozialrecht beschäftigen sich § 30 Abs. 1 SGB I und die §§ 3, 4 und 5 SGB IV in allgemeiner Hinsicht mit Kollisionsfragen.

**Hinweis:** Bitte rufen Sie sich an dieser Stelle nochmal die besondere Stellung des SGB I und des SGB IV im Gesamtsystem SGB in Erinnerung und überlegen Sie, in welchen Regelungsbereichen des SGB sich § 30 Abs. 1 SGB I und die §§ 3, 4 und 5 SGB IV allgemein mit Kollisionsfragen beschäftigen.

§ 30 Abs. 1 SGB I verleiht dem **Territorialitätsprinzip** grundsätzliche Geltung. Demnach gelten die Vorschriften des SGB für alle Personen, die ihren **Wohnsitz** oder **gewöhnlichen Aufenthalt** im Bundesgebiet haben. Liegen die Voraussetzungen des § 30 Abs. 1 SGB I vor, so finden damit im Grundsatz die Vorschriften des SGB unabhängig von der Staatsangehörigkeit der betreffenden Person Anwendung. Umgekehrt bedeutet dies aber auch, dass die Vorschriften des SGB im Grundsatz nicht angewendet werden können, wenn die betreffende Person ihren Wohnsitz oder gewöhnlichen Aufenthalt nicht im Bundesgebiet hat.

§ 30 Abs. 1 SGB I stellt aber nur eine grundsätzliche Regelung dar, so dass Ausnahmen von dieser Regel möglich sind, was durch § 37 SGB I ausdrücklich bestätigt wird. Eine solche Ausnahme vom Territorialitätsprinzip findet sich in den §§ 3, 4 und 5 SGB IV. § 3 SGB IV bestimmt für den Bereich der **Sozialversicherung**, dass die Vorschriften über Versicherungspflicht und Versicherungsberechtigung in der Sozialversicherung, soweit sie eine Beschäftigung oder selbstständige Tätigkeit voraussetzen, für Beschäftigte oder Selbstständige gelten, die im Bundesgebiet **tätig** sind. Hier gilt also nicht das auf den Wohnort/gewöhnlichen Aufenthalt abstellende Territorialitätsprinzip, sondern das auf den Beschäftigungsort abstellende **Beschäftigungsortprinzip**.

**Beispiel:** Der Unterschied wird deutlich, wenn Sie an einen deutschen Staatsangehörigen denken, der in Deutschland wohnt und in Luxemburg arbeitet. Nach dem Territorialitätsprinzip (§ 30 Abs. 1 SGBB I) finden die Vorschriften des SGB auf ihn grundsätzlich Anwendung. Dies gilt grundsätzlich aber nicht für die sozialversicherungsrechtlichen Regeln über Versicherungspflicht und Versicherungsberechtigung, da diese nach dem Beschäftigungsortprinzip des § 3 SGB IV auf Beschäftigte, die außerhalb des Bundesgebietes arbeiten, nicht anzuwenden sind.

Ausnahmen vom Beschäftigungsortprinzip sehen die §§ 4 und 5 SGB IV vor, die sich mit der Ein- und Ausstrahlung des Sozialversicherungsrechts beschäftigen. Unter „**Ausstrahlung**" (§ 4 SGB IV) ist die Weitergeltung von Versicherungspflicht/Versicherungsberechtigung zu verstehen, wenn ein Arbeitnehmer oder Selbstständiger vorübergehend von Deutschland aus ins Ausland entsandt wird. Vorübergehende Beschäftigungen im Ausland sind damit der Beschäftigung in Deutschland gleichgestellt. „**Einstrahlung**" (§ 5 SGB IV) ist demgegenüber das Nichtentstehen von (deutscher) Versicherungspflicht/Versicherungsberechtigung, wenn ein im Ausland tätiger Arbeitnehmer oder Selbstständiger vorübergehend nach Deutschland entsandt wird.

# § 4 Internationale Bezüge des Sozialrechts

Unabhängig von § 30 Abs. 1 SGB I und den §§ 3, 4 und 5 SGB IV finden sich auch in den einzelnen Büchern des SGB eine Vielzahl von Bestimmungen zum Kollisionsrecht (vgl. zB § 2 Abs. 3 S. 5 SGB VII, § 34 Abs. 1 Nr. 1 SGB XI oder § 27 Abs. 3 Nr. 3 SGB III).

**Hinweis:** Für die Arbeit an einem sozialrechtlichen Fall mit kollisionsrechtlichem Auslandsbezug bedeutet dies, dass man sich vom Allgemeinen zum Besonderen vorarbeiten muss. Es ist zunächst zu prüfen, ob nach dem Territorialitätsprinzip deutsches Sozialrecht gilt. Wird dies bejaht, so ist zu prüfen, ob sich der Fall im Bereich des Sozialversicherungsrechts bewegt, so dass das Beschäftigungsortprinzip gilt. Wird auch dies bejaht, ist weiter zu prüfen, ob §§ 4 oder 5 SGB IV oder aber die einzelnen Sozialversicherungs-SGB hiervon Ausnahmen schaffen.

Ausnahmen vom Territorialitätsprinzip können sich zudem aus dem zwischenstaatlichen Sozialrecht und dem überstaatlichen europäischen Sozialrecht ergeben. So hat die Bundesrepublik Deutschland mit einer Vielzahl von Staaten bilaterale **Sozialversicherungsabkommen** abgeschlossen.[6] Bei ihnen handelt es sich um zwischenstaatliche Vereinbarung mit Regelungen etwa über die gegenseitige Anrechnung von Versicherungszeiten, Rentenzeiten oder die gesundheitliche Versorgung bei Aufenthalt in einem anderen Staat. Darüber hinaus können sie Regelungen über die Zuständigkeit bei Entsendungen von Arbeitnehmern enthalten. Für das **europäische Sozialrecht** enthalten die Art. 11–16 der VO (EG) 883/2004 wichtige Kollisionsvorschriften. Beide Formen des zwischenstaatlichen Kollisionssozialrechts gehen dem nationalen Kollisionsrecht vor, was sich aus § 30 Abs. 2 SGB I und § 6 SGB IV ergibt.

## III. Das zwischenstaatliche Sozialrecht

Das **zwischenstaatliche Sozialrecht** wird im Wesentlichen durch internationale bzw. völkerrechtliche Verträge und durch internationale Abkommen, Übereinkommen oder Empfehlungen geprägt. Über die **Sozialversicherungsabkommen** als Gegenstände des Rechts der bilateralen Abkommen haben Sie bereits im Zusammenhang mit dem Kollisionsrechts etwas erfahren (vgl. hierzu Rn. 91, 95). An dieser Stelle soll aber noch etwas näher auf den Inhalt derartiger Abkommen eingegangen werden. Sozialversicherungsabkommen regeln, neben Fragen des Kollisionsrechts, regelmäßig die Sozialleistungsbewilligung an eigene Staatsangehörige im jeweils anderen Vertragsstaat und beruhen damit im Grundsatz auf dem **Gegenseitigkeitsprinzip**.

**Beispiel:** Zwischen der Türkei und der Bundesrepublik Deutschland besteht ein Sozialversicherungsabkommen. Dieses sieht ua vor, dass Arbeitnehmer, die vorübergehend in der Türkei beschäftigt und weiterhin in Deutschland gesetzlich krankenversichert sind, auch in der Türkei Sachleistungen bei Krankheit in Anspruch nehmen können. Gleiches gilt – aufgrund des Gegenseitigkeitsprinzips – für vorübergehend in Deutschland beschäftigte türkische Arbeitnehmer.

Grundsätzlich werden sie für die Sozialversicherungszweige in ihrer Gesamtheit abgeschlossen, also für Arbeitslosen-, Kranken-, Renten-, Unfall- und Pflegeversicherung.

---

6 Eine Auflistung findet sich zB auf der Homepage der Deutschen Rentenversicherung, die unter www.deutsche-rentenversicherung.de zu finden ist.

Allerdings gibt es auch Sozialversicherungsabkommen, die nur einige der genannten Sozialversicherungszweige umfassen.

**Beispiel:** Das zwischen der Bundesrepublik Deutschland und den USA bestehende Sozialversicherungsabkommen enthält keine krankenversicherungsrechtlichen Regelungen. Die Krankenversorgung in den USA muss daher von den betroffenen Deutschen privat versichert werden.

Im Verhältnis zu den Mitgliedsstaaten der EU haben die mit der Bundesrepublik Deutschland abgeschlossenen Sozialversicherungsabkommen keine große Bedeutung mehr, da sie vom europäischen Sozialrecht überlagert werden.

Sozialversicherungsabkommen müssen als bilaterale Verträge, die sich auf Gegenstände der Bundesgesetzgebung beziehen, durch den Bundesgesetzgeber nach Art. 59 Abs. 2 GG innerstaatlich umgesetzt werden.

97 Neben den Sozialversicherungsabkommen bilden Regelwerke einen wichtigen Bestandteil des zwischenstaatlichen Sozialrechts, die durch **überstaatliche Organisationen** gestaltet werden. Zu denken ist hier insbesondere an die Vereinten Nationen (UNO), die Internationale Arbeitsorganisation (IAO) oder an den Europarat. Zu diesen Regelwerken zählt etwa das **Übereinkommen Nr. 102 der IAO über die Mindestnormen der sozialen Sicherheit**[7], das **Europäische Fürsorgeabkommen** des Europarats[8] oder die **Europäische Sozialcharta** des Europarats[9], die in den Art. 1 ff. verschiedene Prinzipienerklärungen, wie etwa das Recht auf soziale Sicherheit (Art. 12), das Recht auf Fürsorge (Art. 13) oder das Recht auf Inanspruchnahme sozialer Dienste (Art. 14) enthält. Da sich diese Prinzipienerklärungen aber nur an die Mitgliedsstaaten des Europarates richten, begründen sie keine Ansprüche für den einzelnen Staatsangehörigen des jeweiligen Mitgliedsstaates. Anders verhält es sich in dieser Hinsicht mit dem Europäischen Fürsorgeabkommen, da sich jeder Vertragsstaat verpflichtet hat, Angehörigen eines anderen Vertragsstaates Fürsorgeleistungen (zB Sozialhilfe) unter den gleichen Voraussetzungen wie seinen eigenen Staatsangehörigen zu gewähren. Daher ist die Wirksamkeit des Leistungsausschlusses von SGB II-Leistungen nach § 7 Abs. 1 S. 2 Nr. 1, 2 SGB II zumindest für Angehörige eines Vertragsstaates des Europäischen Fürsorgeabkommens höchst problematisch.[10]

**Hinweis:** Die Europäische Sozialcharta und das Europäische Fürsorgeabkommen sind systematisch in den Bereich des zwischenstaatlichen Sozialrechts und nicht etwa in den des überstaatlichen europäischen Sozialrechts einzuordnen.[11] Dies liegt darin begründet, dass der Europarat institutionell nicht mit der Europäischen Union verbunden ist, sondern vielmehr eine internationale Organisation darstellt.

Zunehmend an Bedeutung gewinnen auch Vertragswerke der Vereinten Nationen. Hier ist insbesondere an das **Übereinkommen über die Rechte der Kinder**[12] zu denken. Ebenfalls zu erwähnen ist die **Konvention der Vereinten Nationen über die Rechte von**

---

7 V. 28.6.1952, BGBl. II 1957, S. 1322.
8 V. 11.12.1953, BGBl. II 1956, S. 564.
9 V. 18.10.961, BGBl. II 1964, S. 1261.
10 Vgl. hierzu BSG Urt. v. 19.10.2010 – B 14 AS 23/10 R –, BSGE 107, 66 ff.; LSG Berlin-Brandenburg Urt. v. 8.6.2020 – L 18 AS 1641/19 -, zit. nach juris.
11 Zum Verhältnis von Europäischem Unionsrecht und Völkerrecht vgl. Streinz, Europarecht, 11. Aufl. 2019, Rn. 121 ff.
12 V. 20.11.1989, BGBl. II 1992, S. 122.

Menschen mit Behinderungen (UN-Behindertenrechtskonvention [BRK])[13]. In dieser haben sich die Vertragsstaaten ua verpflichtet, geeignete Maßnahmen zu treffen,
- um Menschen mit Behinderung die Möglichkeit zu geben, gleichberechtigt ihren Aufenthaltsort zu wählen (Art. 19 BRK),
- um für Menschen mit Behinderung persönliche Mobilität mit größtmöglicher Unabhängigkeit sicherzustellen (Art. 20 BRK),
- um Menschen mit Behinderung einen angemessenen[14] Lebensstandard und sozialen Schutz zu sichern (Art. 28 BRK).

Auch überstaatliche Regelwerke bedürfen nach Art. 59 Abs. 2 GG der innerstaatlichen Umsetzung durch den Gesetzgeber. Dies geschieht durch den Erlass eines entsprechenden Bundesgesetzes. Durch diese Ratifizierung erlangen die zwischenstaatlichen Regelwerke innerstaatlich den Rang von einfachen Bundesgesetzen. Sie gehen damit, wenn Sie an die Normenpyramide denken, den deutschen Sozialgesetzen nicht vor, sondern stehen diesen gleichrangig gegenüber. Allerdings sind sie zB bei der Auslegung unbestimmter Rechtsbegriffe als Interpretationshilfe zu verwenden.

Hinweis: Auch die UN-Behindertenrechtskonvention ist damit systematisch betrachtet „nur" ein einfaches Bundesgesetz und nimmt nicht etwa, was viele Studierende vermuten, Verfassungsrang ein. Allerdings haben deutsche Gerichte die UN-Behindertenrechtskonvention als anwendbares Völkervertragsrecht wie anderes Gesetzesrecht des Bundes im Rahmen methodisch vertretbarer Auslegung zu beachten und anzuwenden.[15] Umstritten ist hierbei die Frage, ob sich aus der UN-Behindertenrechtskonvention direkte Ansprüche für den Einzelnen ergeben können. Eine Auseinandersetzung mit dieser Streitfrage würde den Rahmen dieser Einführung sprengen. Bei Interesse sei auf die – lesenswerten – Urteile des BSG vom 6.3.2012 und vom 7.5.2020, sowie auf den Beschluss des BVerfG vom 30.1.2020 verwiesen, deren Fundstellen Sie der Fn. 15 entnehmen können.

## IV. Das europäische Sozialrecht

Das europäische Sozialrecht[16] ist Teil des überstaatlichen (supranationalen) Rechts der Europäischen Union. Es reiht sich damit in die Systematik des europäischen Unionsrechts ein und kann nur dann verstanden und richtig angewandt werden, wenn diese Systematik verstanden wird. Bevor auf das europäische Sozialrecht eingegangen werden kann, ist daher zunächst ein Überblick über die generellen Rechtsquellen des Unionsrechts von Vorteil.

### 1. Systematik des europäischen Unionsrechts

Wie Sie der *Abb. 4* entnehmen können, setzt sich das **europäische Unionsrecht** aus dem **Primärrecht** und dem **Sekundärrecht** zusammen. Beide gehen vom Grundsatz her in ihrem Anwendungsbereich dem deutschen Recht vor, da die EU-Mitgliedsstaaten mit den Gründungsverträgen der Europäischen Union Teile ihrer Souveränität auf die

---

13 V. 13.12.2006, BGBl. II 2008, S. 1420.
14 Erinnern Sie sich? „Angemessen" ist ein unbestimmter Rechtsbegriff. Rekapitulieren Sie bitte an dieser Stelle, was es mit unbestimmten Rechtsbegriffen auf sich hat.
15 BSG Urt. v. 6.3.2012 – B 1 KR 10/11 R, BSGE 110, 194 ff.; BSG Urt. v. 7.5.2020 – B 3 KR 7/19, SozR 4-2500 § 33 Nr. 54; BVerfG, Beschl. v. 30.1.2020 – 2 BvR 1005/18, NJW 2020, 1282 ff.
16 Eine sehr gute Gesamtdarstellung des europäischen Sozialrechts findet sich in Eichenhofer, Sozialrecht der Europäischen Union.

Europäische Union übertragen haben. Von der Souveränitätsübertragung wird auch die Befugnis zur Rechtssetzung im übertragenen Bereich umfasst.

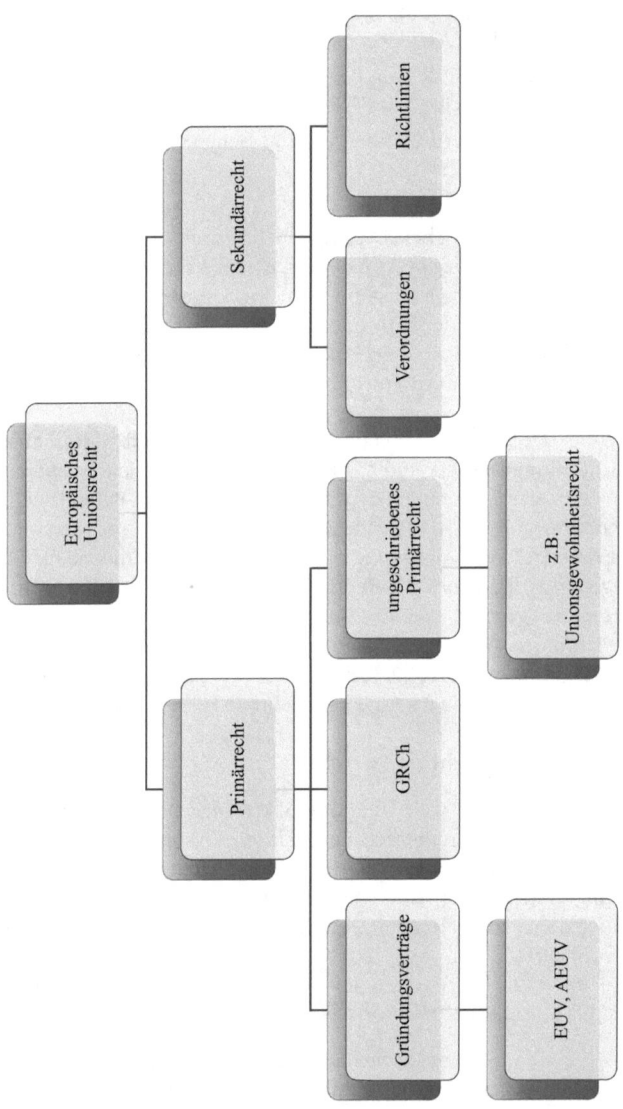

*Abb. 4: Systematik des europäischen Unionsrechts*

100   Mit dem Begriff **Primärrecht** wird der Teil des Unionsrechts bezeichnet, der das „Verfassungsrecht der EU" darstellt. Dies ist im Wesentlichen das Recht der Europäischen Verträge, dh der Grundlagen der EU, die die Mitgliedstaaten geschaffen haben.[17] Hierzu gehören insbesondere der **Vertrag über die Europäische Union (EUV)** vom

---

[17] Bergmann, Handlexikon der Europäischen Union, 6. Aufl. 2021, Stichwort: „Primärrecht"; Eichenhofer, Sozialrecht der Europäischen Union, § 1 Rn. 6.

# § 4 Internationale Bezüge des Sozialrechts § 4

7.2.1992[18] und der **Vertrag über die Arbeitsweise der Europäischen Union (AEUV)** vom 25.3.1957[19]. Mit dem Vertrag von Lissabon wurde einerseits der Vertrag über die Europäische Union (EUV) inhaltlich stark verändert und andererseits der EG-Vertrag in Vertrag über die Arbeitsweise der Europäischen Union (AEUV) umbenannt und inhaltlich ebenfalls verschiedenen Änderungen unterworfen. Nach Art. 1 Abs. 3 S. 3 EUV ist die Europäische Union an die Stelle der Europäischen Gemeinschaft getreten und hat deren Rechtsnachfolge übernommen. Deswegen wird heute auch nicht mehr vom Europäischen *Gemeinschafts*recht, sondern vom Europäischen Unionsrecht gesprochen.

Auch die **Charta der Grundrechte der Europäischen Union (GRCh)**[20] wird dem Bereich des primären Unionsrechts zugeordnet. Sie wurde vom Europäischen Konvent erarbeitet und ua vom Europäischen Parlament und vom Rat der Europäischen Union gebilligt.[21] Art. 6 Abs. 1 EUV normiert ausdrücklich, dass die Europäische Union die Rechte, Freiheiten und Grundsätze anerkennt, die in der Charta der Grundrechte der Europäischen Union niedergelegt sind; die Charta der Grundrechte und die Verträge sind nach dieser Vorschrift rechtlich gleichrangig.

Als **ungeschriebenes Primärrecht** bezeichnet man das Unionsgewohnheitsrecht (zB die Vertretung der Mitgliedsstaaten durch Staatssekretäre), das durch Urteile des EuGH entstandene Richterrecht und die allgemeinen Rechtsgrundsätze (zB Unionsgrundrechte).

Das Primärrecht ist das ranghöchste Recht der Europäischen Union und geht damit dem Sekundärrecht, dh dem von den EU-Organen erlassenen „Gesetzesrecht der EU" (insbes. Verordnungen, Richtlinien, Beschlüsse), vor, so dass sich alle von der Union erlassenen Rechtsakte am Primärrecht messen lassen müssen.

Neben dem primären Unionsrecht gibt es, was Sie ebenfalls der *Abb. 4* entnehmen können, noch das sekundäre (abgeleitete) Unionsrecht. Das **Sekundärrecht** der Union umfasst alle Rechtsakte der Unionsorgane, die auf dem Primärrecht beruhen.[22] Welche Rechtsakte die Organe der Europäischen Union im Rahmen ihrer Zuständigkeiten erlassen können, ergibt sich aus Art. 288 AEUV. Dies sind Verordnungen, Richtlinien, Beschlüsse, Empfehlungen und Stellungnahmen. Eine besonders herausragende Stellung im Unionsrecht nehmen die Verordnungen und Richtlinien ein.

101

---

18 ABl.EU C 191/1, zuletzt geändert durch Art. 1 Vertrag von Amsterdam v. 2.10.1997 (ABl.EU C 340/1), Art. 1 Vertrag von Nizza v. 26.2.2001 (ABl.EU C 80/1, berichtigt ABl.EU C 96/27), Art. 12 EU-Beitrittsakte 2003 v. 16.4.2003 (ABl.EU L 236/33), Art. 10 Abs. 2, 3, Art. 18 Abs. 3 EU-Beitrittsakte 2005 v. 25.4.2005 (ABl.EU L 157/203) und Art. 1 Vertrag von Lissabon v. 13.12.2007 (ABl.EU C 306/1, berichtigt ABl.EU 2008 C 111/56 und ABl.EU 2009 C 290/1), Art. 13, 14 Abs. 1 EU-Beitrittsakte 2013 vom 9.12.2011 (ABl.EU 2012 L 112 21).
19 BGBl. II 1957, 766, berichtigt BGBl. II1957, 1678 u. BGBl. II1958, 64, zuletzt geändert durch Art. 2, Art. 6 Vertrag von Amsterdam v. 2. 10. 1997 (ABl.EU C 340/1), Art. 2 Vertrag von Nizza v. 26. 2. 2001 (ABl.EU C 80/1, berichtigt ABl.EU C 96/27), Art. 4 Nr. 1 EU-Erweiterungs-Protokoll v. 26. 2. 2001 (ABl.EU C 80/49), geändert ABl.EU 2003 L 236 S. 33), EU-Beitrittsakte 2003 v. 16. 4. 2003 (ABl.EU L 236/33), Art. 1 Protokoll Nr. 3 zur EU-Beitrittsakte 2003 v. 16. 4. 2003 (ABl.EU L 236/940), Art. 9, Art. 10, Art. 12, Art. 13, Art. 16, Art. 17, Art. 18 Abs. 1, Art. 9 Abs. 2 EU-Beitrittsakte 2005 v. 25. 4. 2005 (ABl.EU L 157/203) und Art. 2 Vertrag von Lissabon v. 13. 12. 2007 (ABl.EU C 306/1, berichtigt ABl.EU 2008 C 111/56 und ABl.EU 2009 C 290/1).
20 In der am 12.12.2007 unterzeichneten und am 1.12. 2009 in Kraft getretenen Fassung (ABl.EU 2012 C 326 S. 391).
21 Muckel/Ogorek/Rixen, Sozialrecht, § 21 Rn. 2; Eichenhofer, Sozialrecht der Europäischen Union, § 3 Rn. 37.
22 Eichenhofer, Sozialrecht der Europäischen Union, § 1 Rn. 6.

Die **Verordnung**[23] hat allgemeine Geltung, ist in allen ihren Teilen verbindlich und gilt **unmittelbar** in jedem Mitgliedstaat. Im Gegensatz dazu ist die **Richtlinie** zwar für jeden Mitgliedstaat, an den sie gerichtet wird, hinsichtlich des zu erreichenden Ziels verbindlich, überlässt jedoch den innerstaatlichen Stellen die Wahl der Form und der Mittel. Sie muss also zu ihrer Wirksamkeit grundsätzlich erst in nationales Recht **umgesetzt** werden.

**Beispiel:** Ein Beispiel für die Umsetzungspflicht bei unionsrechtlichen Richtlinien ist das Antidiskriminierungsrecht. So ist das (deutsche) Allgemeine Gleichbehandlungsgesetz (AGG) als Art. 1 des Gesetzes zur Umsetzung europäischer Richtlinien zur Verwirklichung des Grundsatzes der Gleichbehandlung in Kraft getreten und setzt die Richtlinien 2000/43/EG, 2000/78/EG, 2002/73/EG und 2004/113/EG um.

**Beschlüsse** der EU-Organe sind zwar in allen ihren Teilen verbindlich (bedürfen also nicht erst der Umsetzung in nationales Recht), richten sich aber zT nur an bestimmte Adressaten. In diesem Fall sind sie nur für die Adressaten verbindlich.

**Empfehlungen** und **Stellungnahmen** sind hingegen nicht verbindlich.

### 2. Das europäische Sozialrecht im System des europäischen Unionsrechts

102 Das europäische Sozialrecht ordnet sich als Teil des europäischen Unionsrechts in dessen Systematik ein. Dementsprechend gibt es Regelungen des europäischen Sozialrechts, die dem Primärrecht und solche, die dem Sekundärrecht zuzuordnen sind.

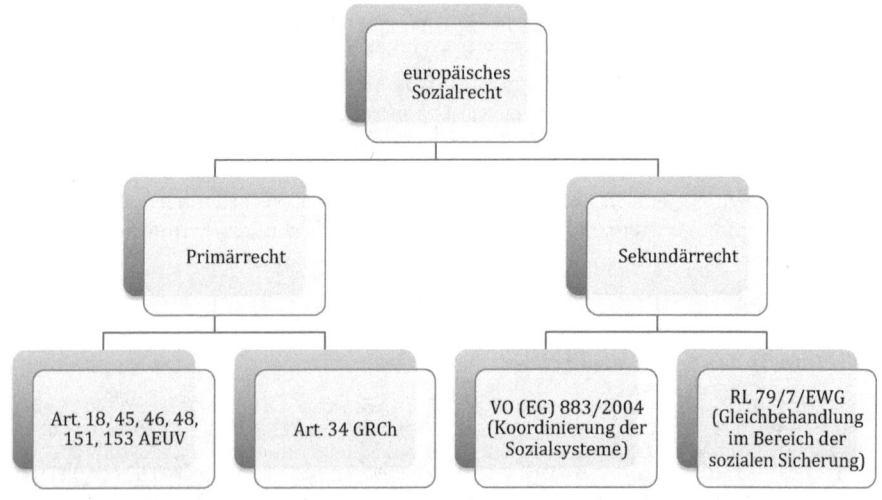

*Abb. 5: Das europäische Sozialrecht im System des Unionsrechts*

---

23 Hilfreich für das Verständnis von Verordnungen ist es, deren generellen Aufbau zu betrachten. Jede Verordnung beginnt mit den *Erwägungsgründen*. In diesen begründet der Verordnungsgeber, warum er sich veranlasst gesehen hat, die Verordnung zu erlassen und was er sich vom Erlass verspricht. An die Erwägungsgründe schließen sich Begriffsbestimmungen an, in denen die wesentlichen Begriffe, die für die Verordnung Bedeutung haben, definiert werden. Nach den Begriffsbestimmungen folgen die eigentlichen Regelungen der Verordnung.

# § 4 Internationale Bezüge des Sozialrechts

**Primärrechtlich** sind im Bereich des Sozialrechts insbesondere der AEUV und die GRCh von Bedeutung.

103

So regelt Art. 45 AEUV die **Freizügigkeit**[24] der **Arbeitnehmer** und im Zusammenspiel mit Art. 49 AEUV die der Selbstständigen. Diese Freizügigkeit umfasst nach Art. 45 Abs. 2 AEUV die Abschaffung jeder auf der Staatsangehörigkeit beruhenden unterschiedlichen Behandlung der Arbeitnehmer der Mitgliedstaaten in Bezug auf Beschäftigung, Entlohnung und sonstige Arbeitsbedingungen. Der sozialrechtliche Bezug ist hierbei zunächst nur schwer zu erkennen. Er wird aber dann verständlich, wenn man sich vor Augen führt, dass das Recht auf Freizügigkeit wertlos wäre, wenn der Arbeitnehmer (oder Selbstständige) befürchten müsste, durch die Verlagerung seines Lebens- und Arbeitsmittelpunkts in einen anderen EU-Mitgliedsstaat den Schutz seines Sozialsystems (und ggf. bereits erworbene Anwartschaften) zu verlieren ohne gleichzeitig einen adäquaten sozialen Schutz im neuen Sozialsystem zu erhalten.[25]

Beispiel: Das Problem wird vielleicht deutlicher, wenn Sie sich die Voraussetzungen für die Gewährung von Arbeitslosengeld bei Arbeitslosigkeit vor Augen führen. Nach §§ 137 Abs. 1 Nr. 3, 142 SGB III müssen bestimmte Pflichtversicherungszeiten zurückgelegt worden sein, bevor ein Anspruch auf Arbeitslosengeld entsteht. Würde man auf diese Pflichtversicherungszeiten nur Beschäftigungszeiten in Deutschland anrechnen, so wäre der die unionsrechtlich garantierte Freizügigkeit in Anspruch nehmende EU-Staatsangehörige benachteiligt.

Aus diesem Grund sieht Art. 48 AEUV vor, dass das Europäische Parlament und der Rat die auf dem Gebiet der sozialen Sicherheit für die Herstellung der Freizügigkeit der Arbeitnehmer notwendigen Maßnahmen beschließen und zu diesem Zweck insbesondere ein System einführen, das

- zu- und abwandernden Arbeitnehmern und Selbstständigen sowie deren anspruchsberechtigten Angehörigen die Zusammenrechnung aller nach den verschiedenen innerstaatlichen Rechtsvorschriften berücksichtigten Zeiten für den Erwerb und die Aufrechterhaltung des Leistungsanspruchs sowie für die Berechnung der Leistungen und
- die Zahlung der Leistungen an Personen, die in den Hoheitsgebieten der Mitgliedstaaten wohnen

sichert. Dies geschah insbesondere durch die sekundärrechtliche **VO (EG) 883/2004** und die **VO (EG) 987/2009**.

Weitere sozialrechtlich und sozialpolitisch bedeutsame primärrechtliche Regelungen finden sich in den Art. 151 ff. AEUV.

Auch die in das Primärrecht einzuordnende **GRCh** enthält sozialrechtlich relevante Grundrechte. So anerkennt und achtet die Europäische Union nach Art. 34 GRCh das Recht auf Zugang zu den Leistungen der sozialen Sicherheit und zu den sozialen Diensten, die in Fällen wie Mutterschaft, Krankheit, Arbeitsunfall, Pflegebedürftigkeit oder im Alter sowie bei Verlust des Arbeitsplatzes Schutz gewährleisten. Zudem hat nach Art. 34 Abs. 2 GRCh jeder Mensch, der in der Union seinen rechtmäßigen Wohn-

---

24 Freizügigkeit bezeichnet das Recht von EU-Bürgern, in einem anderen EU-Land Arbeit zu suchen, dort zu arbeiten, ohne dass eine Arbeitserlaubnis erforderlich wäre, zu diesem Zweck dort zu wohnen und auch nach Beendigung des Beschäftigungsverhältnisses dort zu bleiben.
25 Kokemoor, Sozialrecht, Rn. 38; Waltermann u.a., Sozialrecht, Rn. 91.

sitz hat und seinen Aufenthalt rechtmäßig wechselt, Anspruch auf die Leistungen der sozialen Sicherheit und die sozialen Vergünstigungen. Nach Art. 34 Abs. 3 GRCh ist die Union zur Bekämpfung von sozialer Ausgrenzung und Armut verpflichtet. Hierzu anerkennt und achtet sie das Recht auf eine soziale Unterstützung und eine Unterstützung für die Wohnung, die allen, die nicht über ausreichende Mittel verfügen, ein menschenwürdiges Dasein sicherstellen sollen. Allerdings, und hierauf ist ausdrücklich hinzuweisen, gelten diese Grundrechte nur nach Maßgabe des Unionsrechts und der einzelstaatlichen Rechtsvorschriften und Gepflogenheiten. Auch das Grundrecht des Art. 35 GRCh hat einen sozialrechtlichen Bezug. Danach hat jeder Mensch das Recht auf Zugang zur Gesundheitsvorsorge und auf ärztliche Versorgung nach Maßgabe der einzelstaatlichen Rechtsvorschriften und Gepflogenheiten.

104 **Sekundärrechtlich** wird das europäische Sozialrecht durch die **VO (EG) 883/2004**, die **VO (EG) 987/2009** und die **RL 79/7/EWG** geprägt. Von besonderer Bedeutung ist hierbei die VO (EG) 883/2004 „zur Koordinierung der Systeme der sozialen Sicherheit".[26] Ergänzt wird diese Verordnung durch die zu ihrer Durchführung ergangene VO (EG) 987/2009 „zur Festlegung der Modalitäten für die Durchführung der Verordnung (EG) Nr. 883/2004 über die Koordinierung der Systeme der sozialen Sicherheit".[27]

Die VO (EG) 883/2004 ist im Kern eine **koordinierende** Verordnung. Ihre Aufgabe ist es für verschiedene soziale Leistungsarten[28] die unterschiedlichen nationalen Sicherungssysteme zu koordinieren.

**Beispiel:** Ein in Österreich lebender Arbeitnehmer ist in Deutschland beschäftigt. Auf der Fahrt von Österreich zu seiner Arbeitsstelle erleidet er auf österreichischem Staatsgebiet einen Verkehrsunfall. Es stellt sich die Frage, ob es sich hierbei um einen Wegeunfall iS § 8 Abs. 2 Nr. 1 SGB VII handelt, für den die deutsche gesetzliche Unfallversicherung zuständig ist (§ 2 Abs. 1 Nr. 1 SGB VII iVm § 3 Nr. 1 SGB IV). Art. 5 lit. b der VO (EG) 883/2004 stellt für diesen Fall klar, dass ein Wegeunfall, der sich im Gebiet eines anderen Mitgliedsstaates ereignet, als im Gebiet des zuständigen Staates eingetreten gilt.[29]

**Hinweis:** Nach Art. 3 Abs. 5 VO (EG) 883/2004 ist die Verordnung weder auf die soziale und medizinische Fürsorge noch auf Leistungssysteme für Opfer des Krieges und seiner Folgen anwendbar. Der Bereich der deutschen **Sozialhilfe** ist damit grundsätzlich aus dem Anwendungsbereich der Verordnung ausgeschlossen.[30]

Nach den Kollisionsnormen der VO (EG) 883/2004 (Art. 11–16) ist nur das Recht eines Mitgliedsstaates anzuwenden. Dies ist nach Art. 11 Abs. 1 iVm Abs. 3 lit. a VO (EG) 883/2004 grundsätzlich das Recht des **Beschäftigungsstaates**. Es gilt also das **Beschäftigungsortprinzip**. Die Art. 17–75 der VO (EG) 883/2004 enthalten im Hinblick auf die genannten Leistungsarten inhaltlich koordinierende Vorschriften. Durch sie soll erreicht werden, dass alle EU-Bürger nach den nationalen Rechtsvorschriften der einzelnen EU-Mitgliedsstaaten gleich behandelt werden und dass Arbeitnehmer

---

26 ABl.EU 2004, L 166/1.
27 ABl.EU 2009, L 284/1.
28 Krankheit und Mutterschaft; Invalidität; Alter und Tod; Arbeitsunfähigkeit und Berufskrankheiten; Arbeitslosigkeit; Familienleistungen und Beihilfen; Leistungen für unterhaltsberechtigte Kinder von Rentnern und für Waisen.
29 Waltermann u.a., Sozialrecht, Rn. 99.
30 Zu Einzelheiten und Ausnahmen vgl. Fuchs in: Fuchs, Europäisches Sozialrecht, Art. 3 Rn. 33 ff.

# § 4 Internationale Bezüge des Sozialrechts § 4

unabhängig von ihrem Wohn- oder Arbeitsort Leistungen der sozialen Sicherheit in Anspruch nehmen können.[31]

**Hinweis:** Hieran ist, wenn Sie an Art. 45, 48 AEUV denken, die Verbindung zwischen Primär- und Sekundärrecht erkennbar.

Um dieses Ziel zu erreichen, sieht die VO (EG) 883/2004 **Leistungsexporte** (Art. 7 VO (EG) 883/2004 – Geldleistungen können auch in einem anderen Staat als dem erbracht werden, der für die Leistung zuständig ist)[32] und die Bildung **internationaler Versicherungsverläufe** (Art. 6 VO (EG) 883/2004) vor, bei denen insbesondere Beschäftigungs- oder Versicherungszeiten zusammengerechnet werden.[33] Als Verordnung muss die VO (EG) 883/2004 für ihre Geltung nicht erst in deutsches Rechts transformiert werden. Sie ist in allen ihren Teilen verbindlich und gilt unmittelbar.

Bei den sekundärrechtlichen Richtlinien ist sozialrechtlich besonders auf **die Richtlinie 79/7/EWG „zur schrittweisen Verwirklichung des Grundsatzes der Gleichbehandlung von Männern und Frauen im Bereich der sozialen Sicherheit"** vom 19.12.1978[34] hinzuweisen.[35]

## V. Wiederholungs- und Vertiefungsfragen

1. Was unterscheidet das „internationale Sozialrecht" vom „zwischenstaatlichen Sozialrecht"?
2. In welchem Bereich des Sozialrechts verdrängt das „Beschäftigungsortprinzip" das „Territorialitätsprinzip"?
3. Was versteht man unter Sozialversicherungsabkommen?
4. Welche Beziehung hat der Europarat zur Europäischen Union?
5. Welchen Rang hat die UN-Behindertenrechtskonvention im Rahmen der Normenpyramide?
6. Gehört der Vertrag über die Arbeitsweise der Europäischen Union (AEUV) zum europäischen Primär- oder Sekundärrecht?
7. Was unterscheidet die europarechtliche Verordnung von der Richtlinie?
8. Hat der in Art. 45 AEUV geregelte Freizügigkeitsanspruch einen sozialrechtlichen Bezug?
9. Was ist die Aufgabe der VO (EG) 883/2004?
10. Was ist unter Leistungsexporten zu verstehen?

---

[31] Erwägungsgrund Nr. 5 der VO (EG) 883/2204, Kokemoor, Sozialrecht, Rn. 40.
[32] Vgl. auch Art. 21 Abs. 1 VO (EG) 883/2004.
[33] Waltermann u.a., Sozialrecht, Rn. 99.
[34] ABl.EU 1979, L 6/24.
[35] Vgl. zu den Inhalten Muckel/Ogorek/Rixen, Sozialrecht, § 21 Rn. 60 ff.; Eichenhofer, Sozialrecht der Europäischen Union, § 15 Rn. 345 ff.

## § 5 Kurze Methodik der juristischen Fallbearbeitung

**Musterfall:** A., der gesetzlich krankenversichert ist, ist krank. Er leidet an einer Erkältung, die ärztlich diagnostiziert wurde. Zur Linderung seiner Beschwerden benötigt er ein Schnupfenmittel. A. wäre es am liebsten, wenn die gesetzliche Krankenversicherung die Kosten für das Medikament übernehmen würde.

Prüfen Sie, ob A. Anspruch gegen seine gesetzliche Krankenversicherung auf Versorgung mit einem Schnupfenmittel hat.

So oder so ähnlich[1] kann ein Fall aussehen, mit dem Studierende nicht-juristischer Studiengänge in einer Klausur konfrontiert werden. Erfahrungsgemäß tun sich recht viele Studierende mit der Lösung eines Falls sehr schwer. Dies ist, zumindest zum Teil, auch darauf zurückzuführen, dass ihnen Kenntnisse darüber fehlen, wie eine juristische Fallbearbeitung zu erfolgen hat. Aus diesem Grund soll nachfolgend zumindest auf die Grundlagen juristischer Fallbearbeitung eingegangen werden. Diese Ausführungen wollen und können aber eine vertiefte Auseinandersetzung mit juristischer Methodik nicht ersetzen. Aus diesem Grund sei an dieser Stelle auf die einschlägige Spezialliteratur verwiesen.[2]

### I. Grundlegende Einteilung juristischer Normen.

Juristische Falllösung ist immer Arbeit an und mit Normen. Der Rechtsanwender hat einen zu lösenden Sachverhalt, sucht sich die für die Lösung in Betracht kommenden Vorschriften heraus, prüft, welche Voraussetzungen diese Vorschriften haben und vergleicht, ob der Sachverhalt mit den herausgefundenen Voraussetzungen der Vorschriften übereinstimmen. Dies ist – sehr stark vereinfacht – die Kunst der Falllösung. Um die Lösung des Falls aber zu einem richtigen Ergebnis zu bringen ist es notwendig, eine Vorstellung von der Einteilung juristischer Normen zu haben.

Im Wesentlichen lassen sich juristische Normen in **Antwortnormen**, **Hilfsnormen** und **Gegennormen** einteilen.

Unter **Antwortnormen** versteht man Normen, die einen Anspruch oder ein Recht begründen. Ein Anspruch ist das Recht, von einem Anderen ein Tun oder Unterlassen zu verlangen (vgl. § 194 Abs. 1 BGB). Sie heißen Antwortnormen, da sie geeignet sind, die gestellte Fallfrage zu beantworten. Der Begriff „Antwortnorm" ist hierbei ein Oberbegriff. Er umfasst insbesondere Anspruchsgrundlagen, Ermächtigungsgrundlagen und rechtsbegründende Normen. Antwortnormen bestehen immer aus einem oder mehreren Tatbestandsmerkmalen (TBM) und einer oder mehrerer Rechtsfolgen (RF). Das bedeutet, wenn die definierten Tatbestandsmerkmale vorliegen, dann tritt eine bestimmte Rechtsfolge ein. Das Vorhandensein einer Rechtsfolge unterscheidet die Antwortnorm von anderen Normtypen.

**Beispiel:** § 137 Abs. 1 SGB III besagt, dass Arbeitnehmer und Arbeitnehmerinnen Anspruch auf Arbeitslosengeld bei Arbeitslosigkeit haben, wenn sie arbeitslos sind, sich bei der Agen-

---

[1] Vielleicht nicht ganz so simpel.
[2] ZB Zippelius, Juristische Methodenlehre; 11. Aufl. 2012; Bringewat, Methodik der juristischen Fallbearbeitung, 4. Aufl. 2020; vgl. für den Bereich der sozialrechtlichen Falllösung auch Muckel/Ogorek/Rixen, Sozialrecht, 6. Teil.

# § 5 Kurze Methodik der juristischen Fallbearbeitung

tur für Arbeit arbeitslos gemeldet und die Anwartschaftszeit erfüllt haben. Die Vorschrift gibt also einen *Anspruch*. Es handelt sich bei ihr damit um eine *Anspruchsgrundlage*, also um eine *Antwortnorm*. Als solche muss sie aus Tatbestandsmerkmalen und einer Rechtsfolge bestehen. Rechtsfolge ist bei § 137 Abs. 1 SGB III der Anspruch auf Arbeitslosengeld bei Arbeitslosigkeit. Dieser Anspruch besteht, wenn verschiedene Tatbestandsmerkmale (TBM) erfüllt sind. Können Sie erkennen, um welche Tatbestandsmerkmale es bei § 136 Abs. 1 Nr. 1 SGB III geht?

TBM 1 ist die *Arbeitslosigkeit* des Antragstellers, TBM 2 die *Arbeitslosmeldung* bei der Agentur für Arbeit und TBM 3 die Erfüllung der *Anwartschaftszeit*. Erst wenn alle drei TBM vorliegen, besteht ein Anspruch auf Arbeitslosengeld bei Arbeitslosigkeit.

Die große Kunst der Falllösung ist es, die für den konkreten Fall einschlägige Antwortnorm aus der Vielzahl sozialrechtlicher Gesetze herauszufinden. Hierfür ist die Kenntnis von der Systematik des Sozialrechts ein entscheidender Vorteil.

**Hilfsnormen** sind demgegenüber Normen, die ein Tatbestandsmerkmal der Antwortnorm definieren oder konkretisieren.

Beispiel: Sie haben im vorigen Beispiel erfahren, dass ein Tatbestandsmerkmal des § 137 Abs. 1 SGB III der Eintritt von Arbeitslosigkeit ist. Bevor Sie prüfen können, ob der Antragsteller arbeitslos ist müssen Sie wissen, was unter Arbeitslosigkeit zu verstehen ist. § 137 Abs. 1 SGB III als Antwortnorm beantwortet diese Frage nicht. Wenn Sie aber § 138 SGB III lesen, dann werden Sie merken, dass dort Arbeitslosigkeit definiert wird. § 138 SGB III ist damit eine Hilfsnorm, da sie ein Tatbestandsmerkmal des § 137 Abs. 1 SGB III definiert.

**Gegennormen**, können die Rechtsfolge aus der Antwortnorm in Frage stellen, in dem sie als

- rechtshindernde Gegennormen eine Rechtsfolge von vornherein ausschließen oder einschränken (zB § 12 Abs. 1 S. 2 SGB V „unwirtschaftliche Leistung"),
- rechtsvernichtende Gegennormen eine Rechtsfolge nachträglich zum Erlöschen bringen (zB § 19 Abs. 1 SGB V „Erlöschen des Leistungsanspruchs") oder
- rechtshemmende Gegennormen („Einreden") die Durchsetzbarkeit einer Rechtsfolge hemmen (zB § 45 SGB I „Verjährung").

Beispiel: In unserem Beispiel zum Anspruch auf Arbeitslosengeld könnte eine Gegennorm zB § 161 Abs. 1 Nr. 2 SGB III sein. Danach erlischt der Anspruch auf Arbeitslosengeld, wenn der oder die Arbeitslose Anlass für den Eintritt von Sperrzeiten mit einer Dauer von insgesamt mindestens 21 Wochen gegeben hat, über den Eintritt der Sperrzeiten schriftliche Bescheide erhalten hat und auf die Rechtsfolgen des Eintritts von Sperrzeiten mit einer Dauer von insgesamt mindestens 21 Wochen hingewiesen worden ist.

## II. Schritte der Falllösung

Eine Falllösung vollzieht sich immer nach einem bestimmten Schema:

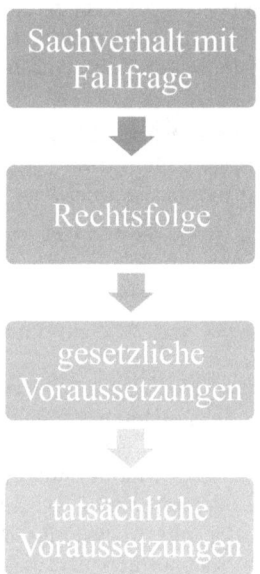

*Abb. 6: Von der Folge zur Voraussetzung*

Im ersten Arbeitsschritt ist der Sachverhalt zu erfassen und die Fragestellung herauszuarbeiten. Hier muss sich der Bearbeiter die Frage stellen „Welches Geschehen ist rechtlich zu beurteilen?" und „Welche Beurteilung ist gefragt? Um welche Rechtsfolge geht es dabei?". Dann tritt die Falllösung in die Phase der rechtlichen Prüfung. Diese Phase beginnt mit dem Aufsuchen der anwendbaren Rechtsnormen. Hier muss sich der Bearbeiter fragen „Aus welchen Vorschriften kann sich die gesuchte Rechtsfolge ergeben?" Sind die anwendbaren Rechtsnormen gefunden beginnt die Subsumtion. Subsumtion beinhaltet die Frage „Welche Voraussetzungen müssen erfüllt sein, damit die gefundenen Vorschriften eingreifen und liegen diese Voraussetzungen im Sachverhalt vor?".

Neben dem Aufsuchen der anwendbaren Rechtsnormen ist die Subsumtion ein für den Erfolg der Arbeit ganz wesentlicher Teil. **Subsumtion** ist der Vorgang, in dem festgestellt wird, ob die von einer Norm abstrakt aufgestellten Voraussetzungen (TBM) für den Eintritt der gesuchten Rechtsfolge im vorliegenden Sachverhalt konkret erfüllt sind. Bei ihr wird ein Sachverhaltsumstand zu einem TBM in Bezug gesetzt und aus diesem Vergleich eine Schlussfolgerung gezogen.

Die Prüfung, ob ein TBM vorliegt, erfolgt in drei wichtigen Schritten. Im ersten Schritt wird das fragliche TBM, ggf. unter Zuhilfenahme von Hilfsnormen, unabhängig vom Sachverhalt definiert. Im zweiten Schritt erfolgt die Subsumtion, also die Unterordnung des Sachverhaltsumstandes unter einen allgemeinen Begriff (der im ersten Schritt definiert wurde). Überprüft wird somit, ob die im ersten Schritt gefundene Definition zum vorliegenden Sachverhalt passt. Im dritten Schritt, dem Ergebnis, entscheiden Sie, ob das geprüfte TBM vorliegt oder nicht.

# § 5 Kurze Methodik der juristischen Fallbearbeitung

Beispiel: Die eben sehr theoretisch und abstrakt vorgestellte Technik der Falllösung lässt sich besser an einem kleinen Beispiel[3] nachverfolgen:

B. ist als Gabelstaplerfahrer in einem Unternehmen beschäftigt und bezieht hierfür Arbeitsentgelt. Bei der Arbeit stößt er mit seinem Gabelstapler ein schweres Regal um, das auf ihn fällt und schwer verletzt. B. ist infolge dessen arbeitsunfähig. Prüfen Sie, ob B. Anspruch auf Verletztengeld hat!

Die Fragestellung ist hier schnell herausgearbeitet. Es geht um die Frage, ob B. Anspruch auf Verletztengeld hat. Dementsprechend kann bei diesem Fall recht schnell mit der rechtlichen Prüfung begonnen werden. Der erste Schritt ist das Aufsuchen der anwendbaren Rechtsnorm, hier einer Anspruchsgrundlage. Hat man die Systematik des SGB erst einmal verinnerlicht, dann stellt man sehr schnell fest, dass dieser Fall im Recht der gesetzlichen Unfallversicherung, dem SGB VII, spielt. Im SGB VII muss man jetzt den § 45 Abs. 1 SGB VII als Anspruchsgrundlage für das Verletztengeld finden. Anspruchsgrundlagen bestehen aus einem oder mehreren Tatbestandsmerkmalen und einer oder mehreren Rechtsfolgen. Tatbestandsmerkmale und Rechtsfolge müssen jetzt sauber herausgearbeitet werden. Die Rechtsfolge des § 45 Abs. 1 SGB VII ist der Anspruch auf Verletztengeld. Diese Rechtsfolge tritt aber nur ein, wenn folgende Tatbestandsmerkmale vorliegen: a) B. muss *„Versicherter"* sein, b) B. muss infolge[4] eines *„Versicherungsfalls"* c) *„arbeitsunfähig"* sein und c) unmittelbar vor Beginn der Arbeitsunfähigkeit *„Anspruch auf Arbeitsentgelt"* gehabt haben. Nachdem die Tatbestandsmerkmale festgestellt sind ist nunmehr zu prüfen, ob sie im konkreten Fall auch vorliegen. Dies erfolgt nach dem Schema „Definition des TBM – Subsumtion – Ergebnisfeststellung". Fangen wir an!

1. Tatbestandsmerkmal „Versicherter":

(1. Schritt: Definition) „Versicherte" iSd SGB VII sind nach § 2 Abs. 1 Nr. 1 SGB VII die Beschäftigten.

(2. Schritt: Subsumtion) B. ist laut Sachverhalt in einem Unternehmen „beschäftigt".

(3. Schritt: Ergebnis) B. ist „Versicherter".

2. Tatbestandsmerkmal „Versicherungsfall":

(1. Schritt: Definition) Nach § 7 Abs. 1 SGB VII sind Versicherungsfälle „Arbeitsunfälle" und „Berufskrankheiten". „Arbeitsunfälle" sind nach § 8 Abs. 1 S. 1 SGB VII Unfälle von Versicherten infolge einer versicherten Tätigkeit. „Unfälle" sind nach § 8 Abs. 1 S. 2 SGB VII zeitlich begrenzte, von außen auf den Körper einwirkende Ereignisse, die zu einem Gesundheitsschaden oder zum Tod führen.

(2. Schritt: Subsumtion) Auf den Körper des Versicherten B. wirkte infolge der versicherten Tätigkeit (Beschäftigung) plötzlich von außen das umkippende Regal ein und führte zu einem Gesundheitsschaden.

(3. Schritt: Ergebnis) B. hat einen Arbeitsunfall erlitten, so dass ein Versicherungsfall eingetreten ist.

---

3 Dessen Lösung, dem Platz geschuldet, hier nur sehr stark vereinfacht und gekürzt dargestellt werden kann.
4 Eigentlich in der Lösung zu beantwortende Kausalitätsfragen werden an dieser Stelle nicht behandelt, um die Lösungsschritte nicht zu kompliziert werden zu lassen. Vgl. zur Kausalität Rn. 263 ff.

3. Tatbestandsmerkmal „Arbeitsunfähigkeit infolge des Versicherungsfalles":

Hier erübrigt sich eine Prüfung, da dieses TBM lt. Sachverhalt unproblematisch vorliegt. Es ist daher nur das Ergebnis festzuhalten, dass B. infolge des Versicherungsfalls arbeitsunfähig ist.

4. Tatbestandsmerkmal: „Anspruch auf Arbeitsentgelt" unmittelbar vor Beginn der Arbeitsunfähigkeit:

Auch hier reicht eine Ergebnisfeststellung aus, da das Vorhandensein dieses TBM im Sachverhalt ausdrücklich festgehalten ist.

Nachdem nun das Vorliegen aller erforderlichen Tatbestandsmerkmale festgestellt wurde, kann auch die Rechtsfolge festgestellt und das Ergebnis verkündet werden: B. hat nach § 45 Abs. 1 SGB VII Anspruch auf Verletztengeld.

# Teil 2 Gemeinsame Vorschriften für das Sozialgesetzbuch

Das SGB I, der allgemeine Teil des SGB, besteht im Wesentlichen aus drei Teilen. Im ersten Teil, den §§ 1–10 SGB I, werden die **Aufgaben des SGB** und die **sozialen Rechte**, die es gewährleistet, beschrieben. Der zweite Teil des SGB I, §§ 11–29 SGB I, beschäftigt sich mit allgemeinen und besonderen Fragen von **Sozialleistungen** und **Leistungsträgern**. Der dritte Teil, §§ 30–67 SGB I, enthält gemeinsame Vorschriften, die für alle **Sozialleistungsbereiche** des SGB Geltung beanspruchen.

**Hinweis:** Erinnern Sie sich bitte an dieser Stelle an die systematische Stellung des SGB I! Das SGB I (Allgemeiner Teil) enthält diejenigen Regelungen, die grundsätzlich auch für alle Sozialleistungsbereiche des SGB gelten.[1] Die Vorschriften des SGB I werden damit „vor die Klammer" der SGB II bis XII „gezogen".

## § 6 Aufgaben des SGB und soziale Rechte

Über die **Aufgaben** des Sozialgesetzbuches haben Sie bereits im Zusammenhang mit den Grundlagen des Sozialrechts etwas gelernt (vgl. Rn. 9). Sie wissen daher, dass das Sozialgesetzbuch zur Verwirklichung **sozialer Gerechtigkeit** und **sozialer Sicherheit** Sozialleistungen einschließlich sozialer und erzieherischer Hilfen gestalten soll. Es soll dazu beitragen, ein menschenwürdiges Dasein zu sichern, gleiche Voraussetzungen für die freie Entfaltung der Persönlichkeit, insbesondere auch für junge Menschen, zu schaffen, die Familie zu schützen und zu fördern, den Erwerb des Lebensunterhalts durch eine frei gewählte Tätigkeit zu ermöglichen und besondere Belastungen des Lebens, auch durch Hilfe zur Selbsthilfe, abzuwenden oder auszugleichen. Diese Aufgaben ergeben sich aus § 1 Abs. 1 SGB I.

Der Gesetzgeber wollte mit § 1 SGB I die sozialrechtlichen **Grundpositionen** des Bürgers und die **Leitideen** aufzeigen, die den Vorschriften der einzelnen Sozialleistungsbereiche zugrunde liegen.[1] Wenn § 1 SGB I auch keine große praktische Bedeutung hat, so spannt er doch einen Bogen von den verfassungsrechtlichen Bezügen des Sozialrechts zu seiner konkreten Ausgestaltung im Sozialgesetzbuch. Dies ist, wie Sie ebenfalls bereits gelernt haben, notwendig, da das Grundgesetz auf die Formulierung konkreter sozialer Grundrechte verzichtet hat.[2] Insoweit konkretisiert § 1 SGB I das Sozialstaatsprinzip des Art. 20 Abs. 1 GG (vgl. hierzu Rn. 43 ff.).

Zusammenfassend kann es somit als Motiv des § 1 SGB I bezeichnet werden, die übergreifenden Aufgaben und Zielvorstellungen zu benennen, die für alle Sozialleistungsbereiche gelten sollen und zum Ausdruck zu bringen, dass das Sozialleistungssystem auch durch die Gewährleistung sozialer Dienste und Einrichtungen gekennzeichnet ist.[3]

Die Aufgaben und Ziele, die § 1 SGB I benennt, müssen durch das Sozialgesetzbuch erfüllt werden. § 2 Abs. 1 S. 1 SGB I sieht vor, dass diese Erfüllungsfunktion von den

---
1 BT-Drs. 7/868, S. 20.
2 Voelzke in: Schlegel/Voelzke, jurisPK-SGB I, § 1 Rn. 7.
3 Voelzke in: Schlegel/Voelzke, jurisPK-SGB I, § 1 Rn. 11.

sozialen Rechten, die in den §§ 3–10 SGB I beschrieben werden, übernommen wird. § 2 Abs. 1 S. SGB I fungiert damit als Bindeglied zwischen den Zielvorstellungen des § 1 SGB I und den einzelnen sozialen Rechten der §§ 3–10 SGB I.[4] Der Rechtsanwender wird jedoch durch § 2 Abs. 1 S. 2 SGB I ausdrücklich darauf hingewiesen, dass sich aus den einzelnen sozialen Rechten der §§ 3–10 SGB I **keine** subjektiven Rechte ergeben. Das bedeutet, dass der Bürger aus diesen Rechten keine Ansprüche herleiten kann.[5]

**Hinweis:** Die §§ 3–10 SGB I sind damit **keine Anspruchsgrundlagen** für konkrete Leistungen. Es wäre daher, insbesondere in einer Klausursituation, **falsch**, einen Anspruch anhand der §§ 3–10 SGB I zu prüfen.

Ein durchsetzbarer Anspruch auf eine bestimmte Sozialleistung besteht vielmehr nur dann, wenn Voraussetzungen und Inhalt der jeweiligen Sozialleistung in den einzelnen Teilen des SGB im Einzelnen definiert sind.[6]

§ 2 Abs. 2 SGB I bemüht sich demgegenüber um eine rechtliche Relevanz der sozialen Rechte, wenn er ihre Beachtung bei der **Auslegung** der Vorschriften des SGB und bei der Ausübung von **Ermessen** (vgl. hierzu unten Rn. 127) vorgeschrieben wird, wobei eine möglichst weitgehende Verwirklichung der sozialen Rechte sichergestellt werden soll. In der Rechtsprechung des BSG erfüllt § 2 Abs. 2 SGB I damit die Funktion als Gebot einer **bürgerfreundlichen Gesetzesinterpretation**.[7] Zudem leitet es aus Abs. 2 einen Grundsatz zur Auslegung von Leistungsanträgen ab, die stets auf die für den Antragsteller günstigste Art der Leistungsgewährung gerichtet aufzufassen sind (sog. **Günstigkeitsprinzip**).[8]

---

[4] Voelzke in: Schlegel/Voelzke, jurisPK-SGB I, § 2 Rn. 3.
[5] So auch BSG 23.4.1997 – 7 Rar 16/97, SGb 1997, 419.
[6] Voelzke in: Schlegel/Voelzke, jurisPK-SGB I, § 2, Rn. 16.
[7] Vgl. hierzu nur BSG 8.2.2012 – B 5 R 38/11 R, NJW 2012, 2139 ff.
[8] BSG 29.11.2007 – B 13 R 44/07 R, NZS 2008, 602 ff.; vgl. hierzu auch Hänlein in: Knickrehm/Kreikebohm/Waltermann u.a., Kommentar zum Sozialrecht, 7. Aufl. 2021, § 1–10 SGB I, Rn. 25.

# § 7 Informationspflichten der Leistungsträger

Die §§ 13–15 SGB I statuieren besondere **Informationspflichten** der Sozialleistungsträger. Danach sind sie gegenüber den Bürgern zur Aufklärung (§ 13 SGB I), Beratung (§ 14 SGB I) und Auskunft (§ 15 SGB I) verpflichtet. Die Vorschriften unterscheiden sich jedoch im Hinblick auf Adressatenkreis und Verbindlichkeit.

## I. Die Pflicht zur Aufklärung

Die Sozialleistungsträger (iS § 12 SGB I), ihre Verbände (zB die Landesverbände der Krankenkassen nach § 207 SGB V) und sonstige öffentlich-rechtliche Vereinigungen der Sozialverwaltung (das sind zB die Kassenärztlichen Vereinigungen iS § 77 SGB V) sind nach § 13 SGB I verpflichtet, die **Bevölkerung** im Rahmen ihrer Zuständigkeit über die Rechte und Pflichten nach dem SGB **aufzuklären**. Der Begriff „Bevölkerung" macht deutlich, dass es hier nicht um die Aufklärung des Einzelnen geht. Vielmehr umfasst die „Bevölkerung" eine unbestimmte Vielzahl von natürlichen und juristischen Personen, die von Rechten und Pflichten des SGB betroffen sein können.[1] Zu denken ist etwa an den Kreis der Versicherten einer gesetzlichen Rentenversicherung, an Bezieher von Arbeitslosengeld II oder an die gesamte Bevölkerung der Bundesrepublik. Die Tatsache, dass sich die Aufklärungspflicht der Sozialleistungsträger nicht an den Einzelnen, sondern an die Bevölkerung richtet, hat zur Konsequenz, dass der Einzelne **keinen** individuellen Anspruch auf Aufklärung hat.[2] Genauso wenig sind die Leistungsträger zur Ermittlung betroffener Bürger zum Zwecke der Aufklärung verpflichtet.[3]

111

**Hinweis:** Unmittelbare Ansprüche gegen Sozialleistungsträger auf Information können sich allerdings aus den Informationsfreiheitsgesetzen (IFG) des Bundes und der Länder ergeben.

Bei der Frage, wie die Bevölkerung über die Rechte und Pflichten nach dem SGB zu informieren ist, wurde den Sozialleistungsträgern ein großer Gestaltungsrahmen zugebilligt. Möglich sind ua Merkblätter, Broschüren, Veranstaltungen, Mitglieds- oder Verbandszeitschriften. Inhaltlich bezieht sich die Aufklärungspflicht auf die Erläuterung bei Gesetzesänderungen, Hinweise auf Fristen, Mitwirkungspflichten, Ansprechpartner, Mitwirkungsmöglichkeiten in der Selbstverwaltung, über Gestaltungsrechte und Beitragsfragen.

## II. Die Pflicht zur Auskunft

Nach § 15 Abs. 1 SGB I sind die nach Landesrecht zuständigen Stellen, die Träger der gesetzlichen Krankenversicherung und der sozialen Pflegeversicherung verpflichtet, über alle sozialen Angelegenheiten nach dem SGB **Auskünfte** zu erteilen. Diese Pflicht erstreckt sich nach § 15 Abs. 2 SGB I auf die Benennung der für die Sozialleistungen **zuständigen** Leistungsträger sowie auf alle Sach- und Rechtsfragen, die für die Auskunftsuchenden von Bedeutung sein können und zu deren Beantwortung die Auskunftsstelle imstande ist. Die Auskunftspflicht nach § 15 SGB I hat damit im Wesentlichen wegweisende Funktion. Dem Auskunftsuchenden ist der sachlich und

112

---
1 BSG 28.9.1976 – 3 RK 7/76, BSGE 42, 224 ff.
2 So zB BSG 25.1.1996 – 7 RAr 60/94, MDR 1996, 1270 f.
3 LSG NRW v. 24.10.2007, L 12 AL 62/06, zitiert nach juris.

örtlich zuständige Leistungsträger zu benennen, dh seine genaue Bezeichnung, Adresse und Telefonnummer sowie die jeweiligen Sprechstundenzeiten. Da das Gesetz in diesem Zusammenhang vom „Auskunftsuchenden" spricht, entsteht die Auskunftspflicht erst dann, wenn ein Bürger um die Auskunft ersucht, also eine konkrete (aber nicht zwangsläufig auch klare) Frage stellt. Ähnlich wie § 13 SGB I vermittelt auch § 15 SGB I **keinen individuellen Auskunftsanspruch**, sondern enthält lediglich eine **objektive Auskunftsverpflichtung** der in der Vorschrift genannten Stellen und Träger.

### III. Die Pflicht zur Beratung

113 Von deutlich höherer praktischer Relevanz als Aufklärungs- und Auskunftspflicht ist die sich aus § 14 SGB I ergebende **Beratungspflicht** der Sozialleistungsträger. Nach dieser Vorschrift hat Jeder[4] Anspruch auf Beratung über seine Rechte und Pflichten nach dem SGB, wobei hierfür die Leistungsträger zuständig sind, denen gegenüber die Rechte geltend zu machen oder die Pflichten zu erfüllen sind. Anders als die §§ 13 und 15 SGB I enthält § 14 SGB I einen **subjektiven Anspruch** des Bürgers auf Beratung, den dieser notfalls, etwa im Falle einer rechtswidrig verweigerten Beratung, auch gerichtlich durchsetzen kann. Durch die Beratung soll gewährleistet werden, dass der Bürger seine individuellen Rechte und Pflichten kennt, sie beurteilen und ihre aktuelle und zukünftige Bedeutung einschätzen kann.[5] Allerdings definiert das Gesetz an keiner Stelle, was es unter dem Begriff „Beratung" versteht. Richtigerweise ist die Beratung als eine individuelle, also für einzelne Personen bestimmte und auf den Einzelfall bezogene Information zu verstehen.[6] Damit sind folgende Merkmale für eine Beratung kennzeichnend:

- das individuelle Gespräch oder die individuelle schriftliche Beantwortung,
- die **gezielte Unterrichtung** über Rechte und Pflichten eines konkreten Sozialleistungsbereiches,
- umfassendere Befassung als bei einer Auskunft,
- gerichtet auf Ratschläge über das rechtmäßige und zweckmäßige Verhalten,
- der Hinweis auf **Alternativen,**
- (nicht nur) Antwort auf gestellte Fragen,
- Information, meistens verbunden mit einer **Empfehlung,**
- ausgelöst durch ein ausdrückliches oder konkludentes Beratungsbegehren.[7]

114 Ausgelöst wird die Beratungspflicht einerseits durch ein entsprechendes **Beratungsbegehren**.[8] Sie entsteht aber auch bei einer für die Verwaltung erkennbaren, klar zutage getretenen Gestaltungsmöglichkeit, deren Wahrnehmung offensichtlich so zweckmäßig ist, dass sie ein verständiger Antragsteller mutmaßlich genutzt hätte.[9] Dieser Beratungsfall wird als Pflicht zur „**Spontanberatung**" bezeichnet.

---

[4] „Jeder" umfasst deutsche Staatsangehörige und unter den Voraussetzungen der §§ 4, 5, 30 SGB I auch Ausländer oder Staatenlose.
[5] Trenk-Hinterberger in: LPK-SGB I, § 14 Rn. 5.
[6] So BeckOK SozR/Hase SGB I § 14, SGB I, § 14 Rn. 1.
[7] Öndül in: Schlegel/Voelzke, jurisPK-SGB I, § 14 Rn. 41 ff.
[8] BSG 17.8.2000 – B 13 RJ 87/98 R, zitiert nach juris.
[9] St. Rechtsprechung vgl. zB BSG 13.12.2000 – B 14 EG 10/99 R, zitiert nach juris.

# § 7 Informationspflichten der Leistungsträger

Beispiel: Gemäß § 147 Abs. 2 SGB III verlängert sich nach einem Versicherungspflichtverhältnis von 48 Monaten die Dauer des Anspruchs auf Arbeitslosengeld nach Vollendung des 58. Lebensjahres von 18 auf 24 Monate. Beantragt ein arbeitslos gewordener Beschäftigter, der 48 Monate in einem Versicherungspflichtverhältnis gestanden hat, kurz vor Vollendung des 58. Lebensjahres Arbeitslosengeld, so hat ihn die Agentur für Arbeit auch ohne seine ausdrückliche Nachfrage (also „spontan") dahin gehend zu beraten, dass eine Antragstellung nach der Vollendung des 58. Lebensjahres zu einem längeren Arbeitslosengeldanspruch führt.

In beiden Fällen ist die Sozialverwaltung zur Beratung des Betroffenen verpflichtet. Diese muss seinem Beratungsbegehren und seinem Empfängerhorizont entsprechen, klar, unmissverständlich, umfassend und möglichst abschließend sein. Sie erfordert ein individuelles Eingehen der Verwaltung auf die Sach- und Rechtslage, den Hinweis auf unterschiedliche Gestaltungsmöglichkeiten, die Auslegung unbestimmter Rechtsbegriffe, auf Rechtsprechung, auf anhängige Verfahren und auf die übliche Verwaltungspraxis.[10]

Der BGH hat 2018 im Rahmen eines Amtshaftungsverfahrens[11] wie folgt zur Beratungspflicht von Sozialleistungsträgern Stellung genommen:

*„Besondere Beratungs- und Betreuungspflichten bestehen im Sozialrecht für die Sozialleistungsträger (vgl. § 2 Abs. 2 Halbsatz 2, §§ 14, 15 und 17 Abs. 1 SGB I). Denn eine umfassende Beratung des Versicherten ist die Grundlage für das Funktionieren des immer komplizierter werdenden sozialen Leistungssystems. Im Vordergrund steht dabei nicht mehr nur die Beantwortung von Fragen oder Bitten um Beratung, sondern die verständnisvolle Förderung des Versicherten, das heißt die aufmerksame Prüfung durch den Sachbearbeiter, ob Anlass besteht, den Versicherten auch von Amts wegen auf Gestaltungsmöglichkeiten oder Nachteile hinzuweisen, die sich mit seinem Anliegen verbinden; denn schon gezielte Fragen setzen Sachkunde voraus, über die der Versicherte oft nicht verfügt (Senatsurteil vom 6.2.1997 – III ZR 241/95, NVwZ 1997, 1243; BSGE 61, 175, 176). Die Kompliziertheit des Sozialrechts liegt gerade in der Verzahnung seiner Sicherungsformen bei den verschiedenen versicherten Risiken (z.B. den Risiken der Renten- und Krankenversicherung), aber auch in der Verknüpfung mit anderen Sicherungssystemen (hier: Grundsicherung bei Erwerbsminderung nach §§ 41 ff SGB XII und Rente wegen Erwerbsminderung nach § 43 SGB VI). Diese Sicherungssysteme können sowohl nebeneinander als auch nacheinander für den einzelnen wirksam werden. So kann nach den Normen, die ihr Verhältnis zueinander regeln, die Anrechnung bestimmter Zeiten in dem einen System die Anrechnung in dem anderen ausschließen oder die Gewährung von Leistungen aus dem einen System der Gewährung entsprechender aus dem anderen entgegenstehen oder sie begrenzen (vgl. § 2 Abs. 1 SGB XII). Die Beratungspflicht ist deshalb nicht auf die Normen beschränkt, die der betreffende Sozialleistungsträger, hier die Grundsicherungsbehörde beziehungsweise das Sozialamt, anzuwenden hat (BSGE aaO S. 176 f). Der Leistungsträger kann sich nicht auf die Beantwortung konkreter Fragen oder abgegrenzter Bitten beschränken, sondern muss sich bemühen, das konkrete Anliegen des Ratsuchenden zu ermitteln und – unter dem Gesichtspunkt einer verständnisvollen Förderung – zu prüfen, ob über die konkrete Fragestellung hinaus Anlass besteht, auf*

---

10 Öndül in: Schlegel/Voelzke, jurisPK-SGB I, § 14 Rn. 39.
11 Amtshaftungsprozesse, also Schadensersatzprozesse gegen Behörden wegen der Verletzung von Amtspflichten, sind nach Art. 34 S. 2 GG vor den Gerichten der ordentlichen Gerichtsbarkeit zu führen. Vgl. zum Amtshaftungsanspruch Rn. 118.

> *Gestaltungsmöglichkeiten, Vor- oder Nachteile hinzuweisen, die sich mit dem Anliegen verbinden (Senatsurteil vom 6.2.1997 aaO S. 1244; BSGE aaO; BeckOGK/Dörr aaO Rn. 185)."*[12]

Es ist aufgrund dieser Entscheidung davon auszugehen, dass der Pflicht zur Spontanberatung künftig größere Bedeutung zukommen wird.

114a  Nicht ausreichend ist für eine Beratung iS § 14 SGB I der alleinige Verweis auf Merkblätter, Flyer o.ä., da der Ratsuchende in diesem Fall keine Möglichkeit hat, sich die Antwort auf seine Fragen persönlich erläutern zu lassen.

**Hinweis:** Gerade im sozialrechtlichen „Massengeschäft" stößt der Beratungsanspruch schnell an seine Grenzen. Idealvorstellungen des Gesetzgebers und Rechtspraxis stimmen hier vielfach nicht überein. So kann es gerade im SGB II-Leistungsbereich („Hartz IV") leicht geschehen, dass sich der Ratsuchende bei der telefonischen Kontaktaufnahme mit der Behörde in einem Callcenter wiederfindet, welches ihn nach mehrfachem Weiterleiten und Warten in der Leitung mit einem Mitarbeiter verbindet, der keine Beratung zum konkreten Fall erteilen kann. Auch die persönliche Kontaktaufnahme zum Jobcenter kann dieses Problem nicht immer entschärfen, da die Mitarbeiter an der frei zugänglichen Information regelmäßig nur Schriftstücke entgegennehmen und kaum einen konkreten Rat erteilen können.[13]

Die Beratungspflicht eines Sozialleistungsträgers erstreckt sich grundsätzlich nur auf die Gewährleistung der sozialen Rechte nach dem SGB, nicht jedoch auf außerhalb des SGB existierende Sicherungssysteme anderer Art.

115  Zuständig für die Beratung ist der für das Anliegen des Ratsuchenden zuständige Leistungsträger. Das ist regelmäßig der Leistungsträger, der über den begehrten Anspruch entscheidet oder dem gegenüber der Ratsuchende seine Mitwirkungspflichten zu erfüllen hat. Hält sich der angerufene Leistungsträger selbst für nicht zuständig, muss er seine Möglichkeiten ausschöpfen, um den Ratsuchenden an die relevante Stelle zu verweisen. Es kann ein Beratungsfehler sein, einen Leistungsberechtigten nicht darauf hinzuweisen, sich bei einem anderen Leistungsträger über die Sicherung seiner dort bestehenden Ansprüche beraten zu lassen.[14]

### IV. Rechtsfolgen bei einem Verstoß gegen die Informationspflichten des SGB I

116  Kommt eine Sozialleistungsträger der ihm nach §§ 13, 14, 15 SGB I obliegenden Informationspflicht nicht, unvollständig oder falsch nach, so richten sich die sich hieraus ergebenden rechtlichen Konsequenzen zunächst danach, ob der zu informierende Bürger einen Anspruch auf die Information hatte oder nicht. Dementsprechend sind die Rechtsfolgen bei einem Verstoß gegen die §§ 13, 15 SGB I andere, als bei einem Verstoß gegen § 14 SGB I. Darüber hinaus spielt es für die Rechtsfolgen auch eine Rolle, ob die Information fehlerhaft oder überhaupt nicht erfolgte.

**Unterlässt** ein Sozialleistungsträger eine gebotene **Aufklärung**, so hat der betroffene Bürger **keine** Möglichkeit, Schadensersatz oder Wiederherstellung zu verlangen, da

---

12 BGH Urt. v. 2.8.2018 – III ZR 466/16 -, juris.
13 Herbe, Subsidiarität der Beratungshilfe im Sozialrecht?, info also 2008, 204 f.
14 BSG 6.5.2010 – B 13 R 44/09 R, NZS 2011, 342 ff.

# § 7 Informationspflichten der Leistungsträger § 7

er keinen Anspruch auf Aufklärung hat.[15] Bei **fehlerhafter, unvollständiger oder missverständlicher Aufklärung** besteht diese Möglichkeit hingegen, da der Informationssuchende zwar keinen Anspruch auf Aufklärung, sehr wohl aber einen Anspruch auf Unterlassen einer fehlerhaften, unvollständigen oder missverständlichen Aufklärung hat.[16]

Anders ist die Situation bei einem Verstoß gegen die Beratungspflicht des § 14 SGB I. Diese zeichnet sich ja durch die Besonderheit aus, dass nach § 14 SGB I ein **Anspruch auf Beratung** besteht. Dementsprechend kann sowohl die unterbliebene als auch die rechtswidrig abgelehnte Beratung **gerichtlich** genauso **erzwungen** werden, wie die Korrektur einer fehlerhaften Beratung.[17] Dies spielt in der Praxis jedoch keine große Rolle, da einerseits eine Beratungsverweigerung durch Sozialleistungsträger selten vorkommt und andererseits allein die Korrektur einer fehlerhaften Beratung für den Betroffenen aufgrund bereits eingetretener Nachteile vielfach unsinnig ist.

117

Sehr viel häufiger sind demgegenüber Fälle, in denen die Beratung inhaltlich fehlerhaft ist und beim Ratsuchenden zu einem (finanziellen) Schaden führt. Diesen zu regulieren ist Aufgabe des sich aus § 839 BGB iVm Art. 34 GG ergebenden **Amtshaftungsanspruchs** und des von der Rechtsprechung entwickelten **sozialrechtlichen Herstellungsanspruchs**.

Der **Amtshaftungsanspruch** iS § 839 BGB iVm Art. 34 GG verpflichtet (ua) im Falle einer Falschberatung die Behörde, bei der der falschberatende (Falschberatung ist eine Amtspflichtverletzung) Mitarbeiter beschäftigt ist, gegenüber dem betroffenen Ratsuchenden zum Schadensersatz. Voraussetzung ist jedoch, dass den Falschberatenden ein Verschulden an der Amtspflichtverletzung trifft.

118

**Hinweis:** Da der Amtshaftungsanspruch des § 839 BGB iVm Art. 34 GG seine Grundlage im BGB findet, ist auch der Verschuldensbegriff des BGB anzuwenden. Dieser findet sich in § 276 Abs. 1 BGB, wonach der Schuldner (hier also der falsch beratende Mitarbeiter) Vorsatz und Fahrlässigkeit zu vertreten hat. Damit kann also auch die fahrlässige Falschberatung einen Amtshaftungsanspruch begründen. Was unter „Fahrlässigkeit" zu verstehen ist, wird in § 276 Abs. 2 BGB definiert.

**Beispiel für einen Amtshaftungsanspruch:** Veranlasst zB der Mitarbeiter eines Jobcenters einen Arbeitsuchenden zum Abschluss einer Eingliederungsvereinbarung iS § 15 SGB II, in der sich dieser zu mindestens 15 Bewerbungen in den nächsten 6 Monaten verpflichtet und das Jobcenter im Gegenzug die Unterstützung der Bewerbungsbemühungen durch finanzielle Leistungen nach Maßgabe des § 45 SGB III zusagt, liegt eine Amtspflichtverletzung vor, wenn der Mitarbeiter des Jobcenters den Arbeitsuchenden nicht darüber aufklärt, dass der Förderungshöchstbetrag nach § 45 SGB III bereits vor Abschluss der Vereinbarung erschöpft gewesen ist. Bei zutreffender Information hätte der Arbeitsuchende die Eingliederungsvereinbarung nicht abgeschlossen.[18]

Der Amtshaftungsanspruch hat jedoch den Nachteil, dass er grundsätzlich nur auf die Zahlung von Geld gerichtet ist. Er stößt daher regelmäßig dann an seine Grenzen,

---

15 Vgl. nur BSG 24.7.2003 – B 4 RA 13/03 R, NZS 2004, 110.
16 BSG 22.10.1996 – 13 RJ 23/95, BSGE 79, 168 ff.
17 Öndül in: Schlegel/Voelzke, jurisPK-SGB I, § 14 Rn. 50. Ähnlich ist die Situation auch bei einer fehlerhaften Auskunft, vgl. hierzu Öndül in: Schlegel/Voelzke, jurisPK-SGB I, § 14 Rn. 46 f.
18 Vgl. LG Berlin 17.2.2011 – 86 O 175/10, ASR 2011, 125 f.

wenn dem Betroffenen als Folge einer Falschberatung eine Sozialleistung nicht gewährt wird, etwa weil die besonderen Sachvoraussetzungen hierfür fehlen.

**Beispiel:** So kann etwa unter bestimmten Voraussetzungen für Selbstständige nach § 9 Abs. 1 S. 1 Nr. 1 SGB V eine gesetzliche Krankenversicherung durch freiwilligen Beitritt begründet werden. Hierzu muss jedoch nach § 9 Abs. 2 SGB V der Krankenkasse innerhalb von drei Monaten ein entsprechender Beitritt angezeigt werden. Wird diese Frist aufgrund eines Beratungsfehlers versäumt, so vermag ein Schadensersatz in Geld dem Betroffenen nicht zu helfen, der ja auch weiterhin nicht gesetzlich krankenversichert ist.

119  Aus diesem Grund hat die Rechtsprechung den **sozialrechtlichen Herstellungsanspruch** als ein verschuldensunabhängiges Rechtsinstitut entwickelt, dass dann zur Anwendung kommt, wenn die Folgen der Verletzung einer Beratungspflicht durch einen Sozialleistungsträger nicht im Gesetz besonders geregelt sind und auch nicht auf andere Weise, etwa durch die Wiedereinsetzungsvorschriften (zB § 27 SGB X, § 67 SGG) oder die Möglichkeit einer wiederholten Antragstellung (§ 28 SGB X), kompensiert werden können. Auch dann, wenn sich der Anspruch allein auf Schadensersatz richtet, ist kein Raum für den sozialrechtlichen Herstellungsanspruch, da auf diesen Fall der Amtshaftungsanspruch nach § 839 BGB iVm Art. 34 GG Anwendung findet. Auf der Rechtsfolgenseite ist der Herstellungsanspruch auf die **Herstellung der Situation** gerichtet, die bei einer fehlerfreien Betreuung des Betroffenen eingetreten wäre.

**Beispiel:** Im Falle der Versäumung der Frist des § 9 Abs. 2 SGB V aufgrund einer fehlerhaften Beratung müsste die Krankenkasse dann, wenn ein sozialrechtlicher Herstellungsanspruch besteht, auch die zu spät abgegebene Beitrittsanzeige akzeptieren.

Der sozialrechtliche Herstellungsanspruch weist einen mehrgliedrigen Tatbestand auf. Danach ist zunächst das Vorliegen eines Sozialrechtsverhältnisses bzw. dessen Anbahnung erforderlich. In diesem Verhältnis muss es dann zu einer Pflichtverletzung kommen, die dem zuständigen Sozialleistungsträger zuzurechnen ist. Durch die Pflichtverletzung muss beim Berechtigten ein sozialrechtlicher Nachteil oder Schaden eingetreten sein. Letztlich muss durch Vornahme einer Amtshandlung des Trägers der Zustand wiederhergestellt werden können, der bestehen würde, wenn die Pflichtverletzung nicht erfolgt wäre.[19] Dementsprechend ist der sozialrechtliche Herstellungsanspruch dann nicht anwendbar, wenn ein eingetretener Nachteil nicht durch eine **zulässige Amtshandlung** beseitigt werden kann.[20]

**Beispiel:** Hat ein Grundsicherungsträger nach SGB II einem Studierenden entgegen § 7 Abs. 5 SGB II Grundsicherungsleistungen bewilligt, so kann gegen eine spätere Aufhebung dieser Entscheidung nicht erfolgreich mit dem sozialrechtlichen Herstellungsanspruch argumentiert werden, da die Weiterbewilligung der Grundsicherungsleistungen rechtswidrig und damit keine zulässige Amtshandlung wäre.

Auf ein **Verschulden** des Mitarbeiters oder der Behörde kommt es hingegen beim sozialrechtlichen Herstellungsanspruch, anders als beim Amtshaftungsanspruch, **nicht** an. Der Herstellungsanspruch unterscheidet sich zudem auch dadurch vom Amtshaftungsanspruch, dass der Behörde Beratungsfehler einer anderen Behörde dann **zurechenbar**

---

19  St. Rspr. BSG; vgl. nur BSG 3.4.2014 – B 5 R 5/13 R, SGb 2015, 344 ff.
20  So zB BSG 3.12.2009 – B 11 AL 28/08 R, zitiert nach juris.

sind, wenn die Zuständigkeitsbereiche der Behörden eng miteinander verknüpft sind.[21] Dies ist etwa im Fall der Förderung der beruflichen Bildung und Weiterbildung zu bejahen, da die entsprechenden Regelungen im SGB II und SGB III eng miteinander verknüpft sind und ein ständiger Wechsel zwischen beiden Leistungsbereichen jederzeit möglich ist und auch ständig vorkommt.[22]

**Beispiel:** Eine gesetzliche Krankenkasse verletzt zB ihre gegenüber dem Bürger obliegenden Hinweispflichten, wenn sie einen Auskunft- und Ratsuchenden nicht an den Rentenversicherungsträger verweist, obwohl sich im Gespräch ein dringender rentenversicherungsrechtlicher Beratungsbedarf ergibt. In einem solchen Fall muss sich der Rentenversicherungsträger den Fehler der Krankenkasse zurechnen zu lassen.[23]

Hat ein Leistungsempfänger Anspruch auf rückwirkende Leistungen aufgrund eines sozialrechtlichen Herstellungsanspruchs, so werden diese längstens für einen Zeitraum von bis zu **vier Jahren** rückwirkend erbracht, da die Vorschrift des § 44 Abs. 4 SGB X entsprechend anzuwenden ist.[24] Im Anwendungsbereich des SGB II verkürzt sich diese Rückwirkungsfrist auf **ein Jahr**, da § 40 Abs. 1 S. 2 SGB II den § 44 Abs. 4 SGB X verdrängt.

### V. Wiederholungs- und Vertiefungsfragen

1. Ergeben sich aus den §§ 3–10 SGB I Ansprüche gegen Sozialleistungsträger?
2. Was unterscheidet die Auskunft (§ 15 SGB I) von der Aufklärung (§ 13 SGB I)?
3. Was meint § 14 SGB I, wenn er von einer Beratung spricht?
4. Gilt die Beratungspflicht nach § 14 SGB I auch gegenüber dem BAföG-Amt?
5. Was ist unter der Pflicht zur Spontanberatung zu verstehen?
6. Warum ist die Aushändigung eines Merkblattes keine Beratung iS § 14 SGB I?
7. Welche rechtlichen Konsequenzen hat eine unterbliebene Aufklärung nach § 13 SGB I?
8. Welche rechtlichen Konsequenzen hat eine unterlassene Spontanberatung?
9. Was unterscheidet den Anwendungsbereich des Amtshaftungsanspruchs von dem des sozialrechtlichen Herstellungsanspruchs?
10. Wo ist der sozialrechtliche Herstellungsanspruch geregelt?

---

21 St. Rspr. BSG; vgl. nur BSG 17.12.1980 – 12 RK 34/80, BSGE 51, 89 ff.
22 SG Stade v. 10.6.2015, S 16 AL 14/12, zitiert nach juris.
23 BSG 24.6.2005 – B 5 RJ 6/04 R, zitiert nach juris.
24 BSG 24.4.2014 – B 13 R 23/13 R, zitiert nach juris.

## § 8 Grundzüge des Sozialleistungsrechts

120 Das SGB I enthält, neben den Vorschriften über die Informationspflichten der Sozialleistungsträger, auch Regelungen, die sich mit den Grundzügen des sozialen Leistungsrechts auseinandersetzen. Hier spielen etwa das Sozialleistungsverhältnis und seine Beteiligten, die Antragstellung, unterschiedliche Sozialleistungsarten, der Unterschied zwischen Rechtsanspruch und Ermessen der Behörde, die Handlungsfähigkeit und Mitwirkungspflichten der Leistungsempfänger eine Rolle.

### I. Das Sozialleistungsverhältnis und seine Beteiligten

121 Das **Sozialleistungsverhältnis** ist ein Leistungs-, Pflichten- und Obliegenheitsverhältnis zwischen einem **Sozialleistungsträger** und einem **Bürger**.[1] Primär wird dieses Sozialleistungsverhältnis von einem gegenwärtigen oder zukünftigen **Sozialleistungsanspruch** geprägt. Der Bürger begehrt hierbei vom Sozialleistungsträger eine bestimmte Sozialleistung (zB Arbeitslosengeld). Das Verhältnis zwischen Sozialleistungsträger und Bürger wird aber nicht nur durch den Leistungsanspruch, sondern auch durch wechselseitige **Pflichten und Obliegenheiten** geprägt, die auch schon vor der eigentlichen Leistungspflicht bestehen und über diese hinausreichen können.[2] Regelmäßig sollen diese Pflichten und Obliegenheiten die Durchführung des eigentlichen Leistungsverhältnisses sichern.[3]

**Hinweis:** Auf Seiten des Leistungsträgers besteht etwa die Pflicht, die begehrte Sozialleistung im Rahmen eines vorgeschriebenen Verfahrens (zB nach SGB X) zu bescheiden. Demgegenüber muss der Leistungsempfänger zB das Verfahren des Leistungsträgers unterstützen, indem er den ihm obliegenden Mitwirkungsverpflichtungen (§§ 60 ff. SGB I) nachkommt.

Das Sozialleistungsverhältnis wird zudem durch die Grundsätze

- Gesetzesvorbehalt (§ 31 SGB I)
- Individualisierungsverpflichtung (§ 33 SGB I) und
- Verbot nachteiliger Vereinbarungen (§ 32 SGB I)

geprägt.[4]

122 Beteiligte des Sozialleistungsverhältnisses sind die **Leistungsempfänger** einerseits und die **Sozialleistungsträger** andererseits.

Eine Definition der Leistungsträger findet sich in § 12 SGB I. Danach ist **Sozialleistungsträger** jeder der in den §§ 18–29 SGB I aufgeführten Träger, sofern er für Sozialleistungen iS § 11 SGB I zuständig ist. Derartige Leistungsträger können als öffentlich-rechtliche Körperschaften und Anstalten oder als Behörden (vgl. hierzu die Definition in § 1 Abs. 2 SGB X) auftreten. Freie Träger oder gemeinnützige Einrichtungen bzw. Organisationen sind grundsätzlich privatrechtlich organisiert und kommen damit **nicht** als Sozialleistungsträger in Betracht. **Leistungsempfänger** ist demgegenüber jeder, der

---

1 Doering-Striening in: Richter/Doering-Striening (Hrsg.), Grundlagen des Sozialrechts, § 1 Rn. 29.
2 Doering-Striening in: Richter/Doering-Striening (Hrsg.), Grundlagen des Sozialrechts, § 1 Rn. 14.
3 Doering-Striening in: Richter/Doering-Striening (Hrsg.), Grundlagen des Sozialrechts, § 1 Rn. 20.
4 Doering-Striening in: Richter/Doering-Striening (Hrsg.), Grundlagen des Sozialrechts, § 1 Rn. 29.

die in den §§ 3–10 SGB I genannten und in den weiteren SGB konkretisierten Leistungen der Leistungsträger geltend machen kann.

Leistungsempfänger iSd SGB I kann grundsätzlich nur eine einzelne Person sein. Dies gilt regelmäßig auch dann, wenn ein Leistungsgesetz einer Gruppe von Personen Leistungsansprüche zubilligt.

**Beispiel:** Auch wenn das SGB II in § 7 die *Bedarfsgemeinschaft* anspricht, hat nicht diese, sondern ihr einzelnes Mitglied einen Leistungsanspruch.[5]

### II. Der Antrag auf Sozialleistungen

Im Sozialleistungsverhältnis nimmt der **Antrag** auf Sozialleistungen eine herausragende Stellung ein. Sozialleistungen werden grundsätzlich nicht von Amts wegen[6], sondern nur auf Antrag des Leistungsberechtigten erbracht. Sie entstehen damit erst mit Stellung eines Antrages.

123

**Hinweis:** § 19 S. 1 SGB IV sieht dementsprechend vor, dass Leistungen der Sozialversicherung nur auf Antrag erbracht werden, sofern das einzelne Leistungsgesetz des Sozialversicherungsträgers keine Ausnahme von diesem Grundsatz enthält. Lediglich für Leistungen der gesetzlichen Unfallversicherung (SGB VII) sieht § 19 S. 2 SGB IV vor, dass diese grundsätzlich von Amts wegen zu erbringen sind. Außerhalb des sozialversicherungsrechtlichen Teils des SGB sieht § 18 Abs. 1 SGB XII für einen Bereich der Sozialhilfe eine Ausnahme vom Antragserfordernis vor.

Der Antrag auf eine Sozialleistung hat aber nicht nur für das Entstehen der Sozialleistung Bedeutung, er spielt auch für die Fälligkeit der Leistung (§ 40 SGB I), ihre Verzinsung (§ 44 SGB I) und für ihre Verjährung (§ 45 SGB I) eine Rolle. Er kann nach § 36 SGB I nur dann wirksam von einer Person gestellt werden, wenn diese **handlungsfähig** ist.

Der Antrag ist eine einseitige, und auf eine bestimmte Leistung des Leistungsträgers gerichtete **öffentlich-rechtliche Willenserklärung** des Antragstellers, mit der er zum Ausdruck bringt, Sozialleistungen in Anspruch nehmen zu wollen.[7] Handlungsfähig ist nach 36 Abs. 1 S. 1 SGB I, wer das 15. Lebensjahr vollendet hat.[8]

**Hinweis:** Überlegen Sie bitte an dieser Stelle, wann konkret das 15. Lebensjahr vollendet ist. Die Antwort hierauf finden Sie allerdings nicht im SGB. Sie müssen vielmehr mit § 187 BGB arbeiten.

Für Minderjährigen, die das 15. Lebensjahr noch nicht vollendet haben gelten die allgemeinen zivilrechtlichen Regelungen der §§ 104 ff. BGB über die beschränkte Geschäftsfähigkeit.

In vielen Fällen hat der Antrag auf Sozialleistungen existentielle Bedeutung für die Leistungsempfänger. Im Hinblick auf Aufgaben und Ziele des SGB versucht das Ge-

---

5  BSG Urt. v. 7.11.2006 – B 7b AS 8/06 R, BSGE 97, 217 ff.
6  Also auf eigenständigen, nicht zwingend von außen angestoßenen, Willen der Behörde hin.
7  LSG Bln-Bbg v. 25.11.2010, L 31 R 37/10, zitiert nach juris.
8  Zu den Einzelheiten zB Coester, Zur sozialrechtlichen Handlungsfähigkeit des Minderjährigen, FamRZ 1985, 982 ff.

setz, die Leistungsempfänger bei der Antragstellung so weit es geht zu unterstützen. Eine hierfür sehr wesentliche Vorschrift ist § 16 SGB I.

124 Zunächst sieht § 16 Abs. 1 S. 1 SGB I etwas sehr Selbstverständliches vor. Nach dieser Vorschrift sind die Leistungsanträge beim jeweils **zuständigen** Leistungsträger zu stellen. Dementsprechend ist etwa der Antrag auf Arbeitslosengeld bei der zuständigen Agentur für Arbeit, der auf Altersrente bei der zuständigen Rentenversicherung und der Antrag auf Sozialhilfe beim zuständigen Sozialamt zu stellen. Über diesen Grundsatz hinausgehend verpflichtet § 16 Abs. 1 S. 2 SGB I aber auch alle anderen Leistungsträger und Gemeinden[9] zur Entgegennahme von Leistungsanträgen. Sowohl der unzuständige Sozialleistungsträger, als auch die für Sozialleistungen überhaupt nicht zuständige Gemeinde sind nicht nur verpflichtet, den Sozialleistungsantrag entgegenzunehmen. § 16 Abs. 2 SGB I verpflichtet sie vielmehr zusätzlich noch dazu, den Antrag **unverzüglich** an den zuständigen Leistungsträger weiterzuleiten.

**Beispiel:** Befindet sich ein gesetzlich Rentenversicherter gerade im Urlaub in den USA, so kann er seinen Antrag auf Gewährung einer Altersrente auch in einer amtlichen Vertretung der Bundesrepublik in den USA abgeben, die diesen Antrag dann unverzüglich an die zuständige Rentenversicherung weiterzuleiten hat.

Der „Clou" des § 16 SGB I findet sich aber in dessen Abs. 2 S. 2. Danach gilt ein Antrag auf eine (antragsabhängige) Sozialleistung bereits zu dem Zeitpunkt als wirksam gestellt, zudem er bei einer *un*zuständigen Stelle iS § 16 Abs. 2 S. 1 SGB I eingegangen ist. Der Regelung des § 16 Abs. 2 S. 2 SGB I kommt damit eine recht weitgehende **fristwahrende** Funktion zu.

**Beispielsfall:** Herr Müller, der Grundsicherungsleistungen nach dem SGB II bezieht, beantragt beim Sozialamt am 1.3.2022 Fahrtkostenerstattung für Fahrten zur Ausübung des Umgangsrechts mit seinem Sohn, der bei der geschiedenen Mutter lebt. Das Sozialamt prüft bis zum 1.7.2022 und teilt in einem Ablehnungsbescheid mit, dass es für die Bewilligung dieser Leistungen nicht zuständig sei. Herr Müller solle sich vielmehr an das für ihn zuständige und bereits informierte Jobcenter wenden, was Herr Müller dann auch tut. Der Antrag wurde zudem vom Sozialamt an das Jobcenter weitergeleitet, bei dem er am 1.7.2022 einging. Das Jobcenter bewilligt die beantragten Fahrtkosten, allerdings erst ab 1.7.2022.

Nach § 16 Abs. 2 S. 2 SGB I ist die Bewilligung der Fahrtkostenerstattung (erst) ab dem 1.7.2022 durch das Jobcenter rechtswidrig. Vielmehr wären die (antragsabhängigen) Leistungen ab Eingang des Leistungsantrages beim unzuständigen Leistungsträger (hier das Sozialamt), also ab dem 1.3.2022 zu bewilligen gewesen.

**Prozessrechtlich** wird § 16 Abs. 2 SGB I durch § 91 Abs. 1 SGG flankiert, nach dem die Frist zur Klageerhebung beim zuständigen Gericht der Sozialgerichtsbarkeit auch dann gewahrt ist, wenn die Klageschrift innerhalb dieser Frist nicht beim zuständigen Sozialgericht, sondern bei einer anderen inländischen Behörde oder bei einem Versicherungsträger eingeht.

125 Neben dem § 16 SGB I versuchen auch die §§ 9 und 20 SGB X die Antragstellung im Sozialrecht zu erleichtern. § 9 S. 1 SGB X ordnet an, dass das Sozialverwaltungs-

---

[9] Bei Personen, die sich im Ausland aufhalten, sind die amtlichen Vertretungen der Bundesrepublik zur Entgegennahme der Leistungsanträge verpflichtet.

## § 8 Grundzüge des Sozialleistungsrechts

verfahren grundsätzlich nicht an bestimmte Formen gebunden ist und daher **formfrei** durchgeführt werden kann. Für die Antragstellung bedeutet dies, dass – sofern nicht spezialgesetzlich eine besondere Form angeordnet wird (vgl. zB § 188 Abs. 3 SGB V) – die **Nichtverwendung eines bestimmten Antragsformulars** unschädlich ist.[10] Auch die Verwendung eines falschen Antragsformulars ist, sofern das Begehren des Antragstellers klar ersichtlich ist, unproblematisch. Somit können auch mündliche Erklärungen oder Erklärungen von **Dritten** im Auftrag des Berechtigten wirksame Anträge sein.

Mit dieser Erleichterung korrespondiert die sich aus § 20 Abs. 3 SGB X ergebende Verpflichtung der Leistungsträger, die **Entgegennahme** von Anträgen nicht zu **verweigern**.

*Beispiel:* Ein Jobcenter kann die Entgegennahme des Antrags eines BAföG-Beziehers auf Bewilligung von Grundsicherungsleistungen nach dem SGB II nicht mit der Begründung verweigern, ein solcher Anspruch würde aufgrund der Herausnahme von BAföG-Beziehern aus dem Anwendungsbereich des SGB II durch § 7 Abs. 5 SGB II nicht bestehen. Vielmehr muss, auch wenn die Rechtspraxis teilweise eine andere ist, der Antrag entgegengenommen und beschieden werden.

### III. Leistungsarten

*Sozialleistungen* sind Leistungen, die ein Leistungsträger des Sozialrechts dem Bürger zur Erfüllung der in den besonderen Teilen des Sozialgesetzbuches konkretisierten sozialen Rechte erbringt.[11] Sie können in unterschiedlicher Form gewährt werden. Das Gesetz definiert sie in § 11 S. 1 SGB I als **Dienst-, Sach- und Geldleistungen**. 126

*Dienstleistungen* iS § 11 S. 1 SGB I sind alle im SGB vorgesehenen persönlichen Hilfen und Betreuungsleistungen, die keine Geld- und Sachleistungen.[12] Zu denken ist hier beispielhaft etwa an Krankenhausbehandlung, Haushaltshilfe oder Pflege.

*Sachleistungen* sind Leistungen, die auf die Hingabe von körperlichen Sachen im Sinne des § 90 BGB gerichtet sind.[13] Dies sind ua Arznei-, Hilfs- oder Heilmittel.

*Geldleistungen* stellen in Geld bezifferte Leistungen dar, die durch Zahlung an den Berechtigten oder – soweit gesetzlich gestattet – an einen Dritten erfolgen.[14] Hiermit sind etwa Renten-, Krankengeld- oder Arbeitslosengeldzahlungen gemeint.

Die von § 11 S. 1 SGB I vorgenommene Differenzierung der Leistungsarten ist nicht zwingend. Sozialleistungen können, auch wenn dies gesetzlich nicht vorgesehen ist, auch nach ihrer **Funktion** bzw. ihrem **Bewilligungsintervall** unterschieden werden. Bezogen auf ihre Funktion lassen sich Sozialleistungen in präventive, schadensausgleichende, kompensierende und aktivierende Leistungen unterscheiden.[15] Ausgehend vom Bewilligungsintervall gibt es einmalige und wiederkehrende Sozialleistungen.[16]

---

10 So auch § 60 Abs. 2 SGB I, nach dem vorgesehene Vordrucke benutzt werden *„sollen"* und nicht *„müssen"*.
11 Spellbrink in: BeckOGK SGB I, § 11 Rn. 11; Eichenhofer, Sozialrecht, Rn. 6.
12 BSG 31. 7.1990 – 11 BAr 21/90 –, zitiert nach juris.
13 Spellbrink in: BeckOGK SGB I, § 11 Rn. 30.
14 Spellbrink in: BeckOGK SGB I, § 11 Rn. 32.
15 Vgl. hierzu Öndül in: Schlegel/Voelzke, jurisPK-SGB I, § 11 SGB Rn. 45 ff.
16 Vgl. hierzu Öndül in: Schlegel/Voelzke, jurisPK-SGB I, § 11 SGB Rn. 49 ff.

## IV. Der Rechtsanspruch auf Sozialleistungen und Ermessensleistungen

127 Auf die Bewilligung von Sozialleistungen besteht, wenn die hierfür notwendigen Voraussetzungen vorliegen, grundsätzlich ein **Rechtsanspruch** (§ 38 SGB I). Dies gilt nur dann nicht, wenn die Leistungsträger die gesetzliche Ermächtigung zu einer **Ermessensentscheidung** haben. § 38 SGB I unterscheidet Sozialleistungen damit nach der Verbindlichkeit ihrer Bewilligung.

Besteht auf eine Sozialleistung ein Anspruch, so **muss** der Leistungsträger diese Leistung – sofern die tatbestandlichen Voraussetzungen der Anspruchsgrundlage vorliegen – bewilligen. Im Falle der Nichtbewilligung kann der Anspruch gegen den Leistungsträger **sozialgerichtlich** durchgesetzt werden.

Beispiel: Ist ein gesetzlich Krankenversicherter krank, dann hat er nach § 27 Abs. 1 S. 1 SGB V einen Anspruch auf die notwendige Krankenbehandlung. Die Krankenkasse darf ihm diese Krankenbehandlung, sofern die Voraussetzungen des § 27 Abs. 1 S. 1 SGB V vorliegen, nicht verweigern.

Im Gesetzestext lassen sich Ansprüche daran erkennen, dass von „*hat*", „*muss*" oder „*ist zu*" die Rede ist.

Anders ist die Situation bei **Ermessensentscheidungen**. Diese werden im Gesetzestext durch „*kann*", „*darf*" oder „*soll*" gekennzeichnet. „Ermessen" bedeutet, dass der Leistungsträger einen **Entscheidungsspielraum auf der Rechtsfolgenseite** selbst dann hat, wenn alle Tatbestandsmerkmale einer Norm erfüllt sind. Dieser Entscheidungsspielraum ist allerdings bei den „Soll-Vorschriften" eingeschränkt. Hier ist nämlich den Leistungsträgern nur in sog. *atypischen* Fällen ein Ermessen eingeräumt. Liegt kein atypischer Fall, sondern ein Regelfall vor, hat der Leistungsträger kein Ermessen.

Ist einem Leistungsträger ein Ermessen eingeräumt, so bedeutet dies jedoch nicht, dass er willkürlich über die Leistungsbewilligung entscheiden kann. Vielmehr muss sich seine Entscheidung an § 39 SGB I messen lassen. Nach dieser Vorschrift haben die Leistungsträger das ihnen eingeräumte Ermessen entsprechend dem Zweck der Ermächtigung auszuüben und die **gesetzlichen Grenzen des Ermessens** einzuhalten. Dementsprechend darf das Ermessen **nicht überschritten**, nicht **unterschritten** und nicht **fehlerhaft gebraucht** werden.

Beispiel: Nach § 16b Abs. 1 SGB II **kann** erwerbsfähigen Leistungsberechtigten zur Überwindung der Hilfebedürftigkeit bei der Aufnahme einer sozialversicherungspflichtigen Beschäftigung ein Einstiegsgeld gewährt werden. Die Leistungsbewilligung liegt damit im Ermessen des Jobcenters. Lehnt das Jobcenter die Leistungsbewilligung mit der Begründung ab, sie hätte keine andere Möglichkeit, dann wird aus dieser Begründung sehr schnell deutlich, dass das Jobcenter überhaupt kein Ermessen ausgeübt hat.

## V. Mitwirkungspflichten des Leistungsberechtigten

128 Wie bereits erwähnt (siehe hierzu Rn. 121), ist das Sozialleistungsverhältnis auch dadurch gekennzeichnet, dass dem Leistungsempfänger verschiedene Obliegenheiten auferlegt werden. So ist er ua auch dazu verpflichtet, am Sozialleistungsverfahren mitzuwirken. Geregelt sind diese **Mitwirkungspflichten** in den §§ 60 ff. SGB I. Danach muss derjenige, der Sozialleistungen beantragt, zur Sachverhaltsaufklärung beitragen. Die Mitwirkung kann in Form von Tatsachenangaben, persönlichem Erscheinen beim

Leistungsträger, der Duldung von Untersuchungen oder Heilbehandlungen oder der Inanspruchnahme von Leistungen zur Teilhabe am Arbeitsleben erfolgen. Kommt der Leistungsempfänger seinen Mitwirkungspflichten nicht nach, so ist der Leistungsträger nach § 66 SGB I berechtigt, die beantragte Leistung ganz oder teilweise zu versagen oder eine bereits bewilligte Leistung zu entziehen. Diese Folgen können vom Leistungsempfänger nur durch das Nachholen der Mitwirkung geheilt werden.

Gleichwohl besteht die Pflicht des Leistungsempfängers zur Mitwirkung nicht uneingeschränkt, sondern findet ihre **Grenze** in § 65 SGB I.

**Beispiel:** So ist eine durch die Teilamputation des linken Mittelfingers zu erreichende, verbesserte Greiffähigkeit der linken Hand noch keine Besserung des Gesundheitszustandes und damit keine Mitwirkungspflicht iS §§ 63, 66 Abs. 2 SGB I.[17]

### VI. Wiederholungs- und Vertiefungsfragen

1. Ist die Wohngeldbehörde ein Leistungsträger iS § 12 SGB I?
2. Handelt es sich bei der Bedarfsgemeinschaft des § 7 Abs. 2 S. 1 SGB II um einen Leistungsempfänger?
3. Wann werden Sozialleistungen antragsunabhängig erbracht?
4. Ist ein 16-jähriger formal berechtigt, einen Antrag auf Eingliederungshilfe nach § 35a SGB VIII zu stellen?
5. Was hat es auf die Gewährung von Sozialleistungen für Auswirkungen, wenn der Leistungsantrag bei einer unzuständigen Behörde gestellt wird?
6. Darf sich das BAföG-Amt weigern, einen Antrag auf Grundsicherungsleistungen nach dem SGB II entgegenzunehmen?
7. Was ist unter einer Sachleistung zu verstehen?
8. Was bedeutet es für den Antragsteller, wenn er einen Anspruch auf eine Sozialleistung hat?
9. Was bedeutet es für den Antragsteller, wenn der Behörde im Hinblick auf die Bewilligung der Sozialleistung ein Ermessen zusteht?
10. Wie kann ein Sozialleistungsträger auf die fehlende Mitwirkung des Antragstellers reagieren?

---

[17] BSG 20.3.1981 – 8/8a RU 46/80, SGb 1982, 313 ff.

# Teil 3 Sozialversicherungs- und Arbeitsförderungsrecht als soziale Vorsorgesysteme

## § 9 Gemeinsame Vorschriften für das Sozialversicherungsrecht

### I. Der sachliche Geltungsbereich des SGB IV

129 Die im SGB IV enthaltenen gemeinsamen Vorschriften für die Sozialversicherung bilden, neben denen des SGB I, ebenfalls einen **allgemeinen Teil des SGB**. Anders als das SGB I beziehen sich die Regelungen des SGB IV jedoch nicht auf alle weiteren Bücher des SGB, sondern grundsätzlich nur auf die, die das Sozialversicherungsrecht darstellen. Das SGB IV ist damit so etwas wie der „kleine Bruder" des SGB I. In ihm werden allgemeine Vorschriften vor die Klammer der sozialversicherungsrechtlichen Leistungsgesetze gezogen.

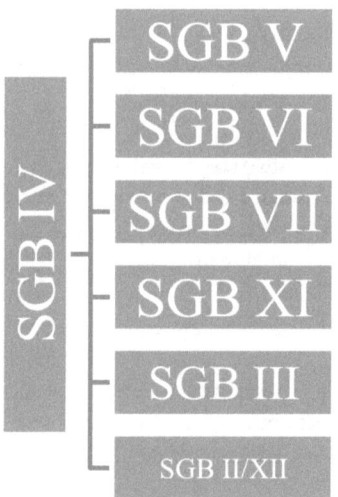

Abb. 7: Stellung des SGB IV im Sozialversicherungsrecht

Deutlich wird diese Funktion des SGB IV in § 1 Abs. 1 S. 1 SGB IV, der festschreibt, dass die Regelungen des SGB IV für die gesetzliche Kranken- (SGB V), Unfall- (SGB VII) und Rentenversicherung[1] (SGB VI) sowie für die soziale Pflegeversicherung (SGB XI) gelten. Grundsätzlich gelten die Regelungen des SGB IV auch für das im SGB III geregelte Recht der Arbeitsförderung. Allerdings ordnet § 1 Abs. 1 S. 2 SGB IV an, dass der erste und zweite Titel des vierten Abschnitts und der gesamte fünfte Abschnitt des SGB IV nicht auf die Arbeitsförderung anzuwenden sind.[2] Hintergrund dieser Herausnahme von Vorschriften ist die Tatsache, dass das Recht der Arbeitslosenversicherung[3] aus historischen Gründen weitestgehend im SGB III kodifiziert wurde,

---

1 Einschließlich der Alterssicherung der Landwirte.
2 Betroffen hiervon sind diverse Regelungen über die Träger der Sozialversicherung, deren Verfassung, Zusammensetzung, Wahl der Selbstverwaltungsorgane sowie die Regelungen zu den Versicherungsbehörden.
3 Das SGB IV spricht jedoch nicht von der Arbeitslosenversicherung, sondern von der Arbeitsförderung.

# § 9 Gemeinsame Vorschriften für das Sozialversicherungsrecht

das dementsprechend speziellere Vorschriften über die Träger der Sozialversicherung und über die Versicherungsbehörden enthält.[4]

§ 1 Abs. 2 SGB IV **erweitert** den Anwendungsbereich des SGB IV über den Bereich des Sozialversicherungsrechts hinaus. Nach § 1 Abs. 2 1. Hs. SGB IV gilt die Vorschrift des § 18h SGB IV, die sich mit dem Sozialversicherungsausweis befasst, auch für die Grundsicherungsbereiche *Sozialhilfe* (SGB XII) und *Grundsicherung für Arbeitsuchende* (SGB II).[5] Eine weitere Erweiterung des Anwendungsbereiches des SGB IV enthält § 1 Abs. 2 2. Hs. SGB IV, der anordnet, dass die Grundsicherungsträger nach SGB II und SGB XII die (datenschutzschutzrechtlichen) Anforderungen zu beachten haben, die in den §§ 18g und 18f SGB IV für die Erhebung, Verarbeitung und Nutzung der Versicherungsnummer aufgestellt werden. Außerdem wird angeordnet, dass das Benachteiligungsverbot des § 19a SGB IV auch in der Grundsicherung für Arbeitsuchende zum Zuge kommt.[6]

130

Das SGB IV verdrängt mit seinen Regelungen jedoch nicht zwangsläufig die Regelungen der besonderen Teile des SGB. Nach § 1 Abs. 3 SGB IV bleiben Vorschriften in den Sozialleistungsbereichen des SGB, die von Vorschriften des SGB IV abweichen, „unberührt". Dies hört sich zunächst etwas unverständlich an. Der Gesetzgeber wollte durch § 1 Abs. 3 SGB IV aber lediglich klarstellen, dass spezialgesetzliche Regelungen den Regelungen des SGB IV vorgehen.[7]

131

**Beispiel:** § 5 Abs. 1 Nr. 9 SGB V ordnet zB die Versicherungspflicht von Studierenden in der gesetzlichen Krankenversicherung auch bei einem Auslandsstudium an und weicht dadurch von der Regelung des § 3 SGB IV ab. § 5 Abs. 1 Nr. 9 SGB IV verdrängt damit (gemäß § 1 Abs. 3 SGB IV) die Regelung des § 3 SGB IV.

Als allgemeiner Teil des Sozialversicherungsrechts beschäftigt sich das SGB IV mit Begriffen, die im gesamten Sozialversicherungsrecht von Bedeutung sind. Zu diesen Begriffen gehört etwa die „**Beschäftigung**" (§ 7 SGB IV), die „**geringfügige Beschäftigung**" (§§ 8, 8a SGB IV), das „**Arbeitsentgelt**" (§ 14 SGB IV) oder die „**Bezugsgröße**" (§ 18 SGB IV). Darüber hinaus enthält das SGB IV ua Regelungen zum **Verfahren der Erhebung von Sozialversicherungsbeiträgen** (§§ 28d ff. SGB IV), zu den **sozialversicherungsrechtlichen Meldepflichten der Arbeitgeber** (§§ 28a ff. SGB IV) und zu den **Trägern der Sozialversicherung** (§§ 29 ff. SGB IV).

132

## II. Begriff und Grundprinzipien der Sozialversicherung

Das SGB IV enthält also die gemeinsamen Vorschriften für die **Sozialversicherung**. Sie haben bereits gelernt, dass nach § 1 Abs. 1 SGB IV zur Sozialversicherung die gesetzliche Kranken- (SGB V), Unfall- (SGB VII) und Rentenversicherung[8] (SGB VI) und die soziale Pflegeversicherung (SGB XI) zählen. Gleichwohl ist es an dieser Stelle angebracht, sich noch etwas näher mit dem Begriff und den Grundgedanken der Sozialversicherung zu beschäftigen, deren Kenntnis für das Verständnis des Sozialversicherungsrechts von großer Bedeutung ist.

133

---

4 Zipperer in: Kreikebohm/Dünn, SGB IV, § 1 Rn. 6.
5 Zipperer in: Kreikebohm/Dünn, SGB IV, § 1 Rn. 9.
6 Zipperer in: Kreikebohm/Dünn, SGB IV, § 1 Rn. 10.
7 Vgl. BT-Drs. 13/4941, 229.
8 Einschließlich der Alterssicherung der Landwirte.

Eine Beschäftigung mit dem Begriff „*Sozialversicherung*" zeigt zunächst, dass der Gesetzgeber den Bereich der **Arbeitslosenversicherung** aus der Sozialversicherung herausgelöst hat. So definiert etwa § 4 Abs. 2 SGB I die Sozialversicherung als gesetzliche Kranken-, Pflege-, Unfall- und Rentenversicherung einschließlich der Alterssicherung der Landwirte. Ähnlich formuliert auch § 1 Abs. 1 S. 1 SGB IV, wonach die gesetzliche Kranken-, Pflege-, Unfall- und Rentenversicherung einschließlich der Alterssicherung der Landwirte sowie die soziale Pflegeversicherung die **Versicherungszweige** der Sozialversicherung bilden. Bei dieser Aufzählung fehlt die Arbeitslosenversicherung, so dass man im Umkehrschluss davon ausgehen könnte, dass diese Versicherung **nicht** in die Sozialversicherung einbezogen ist. Für diese Auffassung scheint auch zu sprechen, dass die wirtschaftliche Sicherung bei Arbeitslosigkeit in § 3 Abs. 2 Nr. 4 SGB I dem Bereich der Arbeitsförderung zugeordnet wird. Betrachtet man die Sozialversicherung in einem rein **formalen** Sinn[9], dann ist dieser Schluss auch sicherlich richtig.[10] Versteht man hingegen die Sozialversicherung in einem **materiellen** Sinn als jede öffentlich-rechtliche, gemeinnützige Zwangsversicherung, die zumeist auf dem Grundsatz der Selbstverwaltung aufgebaut ist und unter staatlicher Aufsicht steht[11], dann zählt hierzu auch die in das SGB III integrierte Arbeitslosenversicherung.[12] Auch der Gesetzgeber lässt dieses materielle Verständnis von „Sozialversicherung" zu, wenn er etwa in § 28d SGB IV die Beiträge aus Arbeitsentgelt aus einer versicherungspflichtigen Beschäftigung nach dem Recht der Arbeitsförderung in den „**Gesamtsozialversicherungsbeitrag**" einbezieht. Zudem spricht auch das Grundgesetz in Art. 74 Abs. 1 Nr. 12 GG von der „Sozialversicherung einschließlich der Arbeitslosenversicherung" und betrachtet damit die Sozialversicherung unter einem materiellen Blickwinkel. Das BVerfG hat das materielle Verständnis von Sozialversicherung in Art. 74 Abs. 1 Nr. 12 GG bestätigt und entschieden, dass die Einbeziehung neuer Lebenssachverhalte in das Gesamtsystem „Sozialversicherung" dann möglich ist, wenn die neuen Sozialleistungen in ihren wesentlichen Strukturelementen, insbesondere in der organisatorischen Bewältigung ihrer Durchführung dem Bild entsprechen, das durch die „klassische" Sozialversicherung geprägt ist.[13]

Die Schwierigkeiten im Hinblick auf die Einordnung der Arbeitslosenversicherung in das System der Sozialversicherung ergeben sich letztlich daraus, dass sich das Recht der Arbeitsförderung im SGB III zwischen der **Sozialversicherung** im weiteren (materiellen) Sinne (mit der klassischen Arbeitslosenversicherung [§§ 136 ff. SGB III]) und einer **Sozialförderung** (zB mit der Aktivierung und beruflichen Eingliederung [§§ 44 ff. SGB III]) als einem eigenständigen Gebiet des Sozialrechts befindet und damit eine Art „Zwitterstellung" einnimmt.

Für die weitere Auseinandersetzung mit dem Sozialversicherungsrecht soll der materielle Sozialversicherungsbegriff zugrunde gelegt werden.

134 Dem Blick auf den Begriff „Sozialversicherung" soll nun der Blick auf die **Grundprinzipien** der Sozialversicherung folgen.

---

9 So wie auch der Gesetzgeber des SGB I und SGB IV.
10 Vgl. hierzu Udsching in: Hauck/Noftz, SGB IV, § 1 Rn. 13; ausführlich auch BeckOK SozR/Wagner SGB IV, § 4 Rn. 3.
11 Werhahn in: BeckOGK SGB I, § 4 Rn. 8; vgl. hierzu auch Rn. 135.
12 So auch Werhahn in: BeckOGK SGB I, § 4 Rn. 8.
13 BVerfG 10.5.1960 – 1 BvR 190/58, BVerfGE 11, 105 ff.

Der frühere Präsident des BSG, *Wannagat*, hat eine sehr prägnante Charakterisierung der Sozialversicherung aufgestellt. Danach ist die Sozialversicherung „eine staatlich organisierte, nach den Grundsätzen der Selbstverwaltung aufgebaute öffentlich-rechtliche, vorwiegend auf Zwang beruhende Versicherung größerer Teile der arbeitenden Bevölkerung für den Fall der Beeinträchtigung der Erwerbsfähigkeit, des Todes sowie des Eintritts der Arbeitslosigkeit."[14]

Die Sozialversicherung ist also zunächst einmal eine **Versicherung**. Das heißt, sie ist „die gemeinsame Deckung eines möglichen, in seiner Gesamtheit abschätzbaren Bedarfs durch eine organisierte Vielheit".[15] Dies zeigt sich bereits daran, dass es neben der gesetzlichen Krankenversicherung (einem Zweig der Sozialversicherung) auch eine private Krankenversicherung gibt, die ebenfalls das Risiko „Krankheit" abdeckt. In beiden Fällen hat sich eine Gefahrengemeinschaft gleichartig Gefährdeter (hier der von Krankheit Bedrohten) gebildet. Auch die Tatsache, dass sich die Sozialversicherung regelmäßig als **Zwangsversicherung** darstellt, spricht nicht gegen die Einstufung als Versicherung. So sieht etwa § 193 Abs. 3 VVG ebenso die Pflicht zum Abschluss einer Versicherung (hier der privaten Krankenversicherung) vor, wie § 1 PflVG (für den Bereich der KfZ-Haftpflichtversicherung). Kennzeichnend für eine Versicherung ist weiterhin, dass die versicherte Gefahrengemeinschaft gegen jedes ihrer Mitglieder Anspruch auf **Zahlung einer Versicherungsprämie** hat. Dies gilt auch für die Sozialversicherung, bei der allerdings nicht von Versicherungsprämien, sondern von **Beiträgen** gesprochen wird. Letztlich zeichnet sich eine Versicherung dadurch aus, dass das Mitglied bei Eintritt des versicherten Risikos Anspruch auf **Versicherungsleistungen** hat. Diese Ansprüche bestehen auch im Recht der Sozialversicherung. Somit muss es etwas Anderes sein, was die Sozialversicherung von der privatrechtlichen Versicherung unterscheidet.

Der Unterschied ist darin zu sehen, dass die Privatversicherung vom reinen **Versicherungsprinzip** beherrscht wird. Das BVerfG hat zum Bereich der gesetzlichen Rentenversicherung Nachfolgendes ausgeführt:

135

> „Danach (nach dem Versicherungsprinzip, d.A.) soll mittels der Versicherung ein Risikoausgleich durch Zusammenfassung einer genügend großen Anzahl von Personen herbeigeführt werden, die alle von einem oder mehreren gleichartigen Risiken bedroht sind, ohne dass sich diese Risiken gleichzeitig, in jedem Fall oder im gleichen Umfang realisieren. Grundgedanke der Versicherung ist somit die gemeinsame Selbsthilfe von gleichartig Gefährdeten durch ihren Zusammenschluss. Der bei Eintritt des Versicherungsfalls bei dem Einzelnen entstandene Bedarf wird von der Gesamtheit der Gefahrengemeinschaft gedeckt ... Das System der gesetzlichen Rentenversicherung ist zwar auch durch das Versicherungsprinzip geprägt und gerechtfertigt. Es unterscheidet sich vom Privatversicherungsverhältnis jedoch wesentlich dadurch, dass es von Anfang an nicht auf dem reinen Versicherungsprinzip beruht, insbesondere nicht von dem individualbezogenen Risikobegriff der Privatversicherung ausgeht. Die gesetzliche Rentenversicherung, vor allem auch die Einrichtung der Rentenkasse, dient nicht nur der Sicherung der Versicherten vor einer individuell unkalkulierbaren Gefahrenlage. Das Versicherungsprinzip wird bei ihr durch soziale und damit versicherungsfremde Gesichtspunkte zwar nicht vollständig beseitigt, aber doch – im Vergleich zur Privatversicherung – entscheidend modifiziert. Denn die gesetzliche Rentenversicherung beruht wesentlich auf dem Gedanken der Solidarität ihrer

---

14 Wannagat, Sozialversicherungsrecht, S. 25.
15 BVerfG 10.5.1960 – 1 BvR 190/58, BVerfGE 11, 105 ff.; vgl. auch Bruck/Möller, VVG, Bd. 1, § 8 Rn. 3.

Mitglieder sowie des sozialen Ausgleichs und enthält von jeher auch ein Stück sozialer Fürsorge. Der versicherungsmäßige Risikoausgleich wird also mit sozialen Komponenten verbunden. Die annähernd gleichmäßige Förderung des Wohls aller Mitglieder der Solidargemeinschaft mit besonderer Berücksichtigung der Hilfsbedürftigen steht bei der gesetzlichen Rentenversicherung im Vordergrund ... Die Prinzipien des sozialen Ausgleichs, der Solidarität und des Generationenvertrags lassen sich mit den Rechtsgrundsätzen, die private Kassen prägen, und mit den rechtlichen Gestaltungsformen, die für das Bild privater Kassen typisch sind, nicht verwirklichen. Der Gesetzgeber hat deshalb für die gesetzliche Rentenversicherung eigene und besondere Rechtsgrundsätze und Organisationsformen entwickelt, die von denjenigen bei privaten Kassen erheblich abweichen. Dies gilt insbesondere im Hinblick auf das Finanzierungsverfahren, die Beitragsbemessung, die Leistungsberechnung, das fehlende Gewinnstreben, die eingeschränkten Dispositionsmöglichkeiten bei der Begründung und Ausgestaltung des Versicherungsverhältnisses sowie die öffentlich-rechtliche Ausgestaltung der Rentenversicherung im übrigen. Durch die insoweit bestehenden öffentlich-rechtlichen Regelungen gewährleistet der Staat die Funktionsfähigkeit des Systems der gesetzlichen Rentenversicherung, für die er einzustehen hat."[16]

Obwohl diese Ausführungen speziell zum Bereich der Rentenversicherung getroffen wurden, können sie unproblematisch auf den Bereich der gesamten Sozialversicherung übertragen werden.

### III. Mitgliedschaft und Sozialversicherungsverhältnis

136 Das SGB IV enthält zwar die allgemeinen Regelungen zum Sozialversicherungsrecht, regelt aber **nicht** die **Mitgliedschaft** in den einzelnen Zweigen der Sozialversicherung. Diese Regelung bleibt den sozialversicherungsrechtlichen Teilen des SGB vorbehalten.

**Hinweis:** Mittlerweile sprechen nur noch die gesetzlichen Kranken- (§§ 186 ff. SGB V) und die soziale Pflegeversicherung (§ 49 SGB XI) von einer *Mitgliedschaft*. In den anderen Zweigen der Sozialversicherung wird der Ausdruck nicht mehr verwendet. Dies ändert aber nichts daran, dass auch in den anderen Zweigen der Sozialversicherung[17] eine mitgliedschaftlich organisierte Struktur besteht.[18]

Der Begriff **Mitgliedschaft** kennzeichnet nicht die generelle Zugehörigkeit zum Kreis der in der Sozialversicherung Versicherten, sondern das konkrete Verhältnis zu einem bestimmten Sozialversicherungsträger.

Die Sozialversicherung ist aufgrund ihrer Organisation als rechtsfähige **Körperschaft des öffentlichen Rechts** (§ 29 Abs. 1 SGB IV) mitgliedschaftlich geprägt. Wesentliches Merkmal, das die Körperschaft des öffentlichen Rechts von der Anstalt und der Stiftung des öffentlichen Rechts abgrenzt, ist die Existenz von **Mitgliedern**.[19] Eine bestehende Mitgliedschaft ist regelmäßig Voraussetzung für die Teilnahme an der

---

16 BVerfG 30.9.1987 – 2 BvR 933/82, BVerfGE 76, 256 ff.
17 Diese Auffassung ist für den Bereich des SGB III nicht unumstritten. Zwar bezeichnet § 367 SGB III die Bundesagentur für Arbeit ausdrücklich als (mitgliedschaftlich organisierte) Körperschaft des öffentlichen Rechts. Es gibt jedoch Stimmen in der Literatur, die die Bundesagentur für Arbeit als Anstalt des öffentlichen Rechts betrachten; vgl. statt vieler Wendtland in: BeckOGK, SGB III, § 367 SGB III Rn. 7 ff. (mwN).
18 Vgl. zum SGB VI: BT-Drs. 13/2204, S. 108; vgl. auch Waltermann u.a., Sozialrecht, Rn. 122; Kokemoor, Sozialrecht, Rn. 118.
19 Köster in: Kreikebohm, SGB IV, § 29 Rn. 6; Hochheim in: Hauck/Noftz, SGB IV, § 29 Rn. 9.

## § 9 Gemeinsame Vorschriften für das Sozialversicherungsrecht § 9

**Selbstverwaltung** in der Sozialversicherung. Selbstverwaltung bedeutet, dass die Sozialversicherungszweige die ihnen staatlich zugewiesenen Aufgaben unter staatlicher Aufsicht organisatorisch und finanziell selbstständig durchführen.

So können etwa nur Mitglieder der Sozialversicherung an den Sozialversicherungswahlen (§§ 45 ff. SGB IV) teilnehmen.

Von der **Mitgliedschaft** in einem Zweig der Sozialversicherung ist, da nicht zwangsläufig deckungsgleich, das **Sozialversicherungsverhältnis** zu unterscheiden. Unter letzterem versteht man die Gesamtheit der öffentlich-schuldrechtlichen Rechtsbeziehungen zwischen Sozialversicherungsträger und Versichertem sowie ggf. weiteren Personen.[20]

137

Mitgliedschaft und Sozialversicherungsverhältnis können, müssen aber nicht miteinander verbunden sein. Auch ihr Auseinanderfallen ist möglich. Es kann in diesem Zusammenhang zwischen

- Versicherten (= Versicherungspflichtigen und Versicherungsberechtigten), die sämtlich Mitglieder **sind** und zu dem Sozialversicherungsträger in einem Sozialversicherungsverhältnis stehen,
- Personen, die als Mitglieder **gelten** (zB Rentenantragsteller, § 189 SGB V), die ebenfalls zu dem Sozialversicherungsträger in einem Sozialversicherungsverhältnis stehen,
- Versicherte, die **keine** Mitglieder sind und auch nicht als solche gelten (zB Familienversicherte nach § 10 SGB V) und **dennoch** in einem Sozialversicherungsverhältnis stehen zu dem Sozialversicherungsträger stehen und
- Personen, die **weder** Mitglieder noch Versicherte sind, aber aus einer früheren Mitgliedschaft noch gewisse nachgehende Ansprüche haben (zB § 19 SGB V) und damit ebenfalls in einem Sozialversicherungsverhältnis stehen

unterschieden werden.[21]

### IV. Versicherungspflicht und Versicherungsberechtigung

Das Sozialversicherungsverhältnis – und nicht zwingend die Mitgliedschaft in einem Zweig der Sozialversicherung – eröffnet somit den Zugang zum Sozialversicherungssystem und seinen Leistungen. Der Versicherungsschutz in der Sozialversicherung beginnt grundsätzlich mit der Begründung des Sozialversicherungsverhältnisses.[22]

138

**Hinweis:** Anders als im privaten Versicherungsrecht kommt es bei der Begründung einer sozialversicherungsrechtlichen Pflichtversicherung nicht auf die Abgabe einer auf den Abschluss eines „Sozialversicherungsvertrages" gerichteten Willenserklärung an. Es muss auch kein „Sozialversicherungsvertrag" zwischen Versichertem und Sozialversicherungsträger zustande kommen. Ausreichend ist bereits, dass der Betroffene zum versicherungspflichtigen Personenkreis im jeweiligen Zweig der Sozialversicherung gehört.

**Beispiel:** Meldet ein Arbeitgeber seine Beschäftigten nicht nach § 28a SGB IV zur Sozialversicherung an, so sind diese Beschäftigten dennoch, sofern sie zum versicherungspflichti-

---

20 Muckel/Ogorek/Rixen, Sozialrecht, § 7 Rn. 17; Kokemoor, Sozialrecht, Rn. 119.
21 Beck in: BeckOGK SGB V § 186 Rn. 5.
22 Kokemoor, Sozialrecht, Rn. 120.

gen Personenkreis des jeweiligen Sozialversicherungszweiges gehören, in diesem Versicherungszweig versichert.

139 Das SGB IV normiert (als allgemeiner Teil des Sozialversicherungsrechts) in § 2 SGB IV, wer in allen Zweigen der Sozialversicherung zum versicherten Personenkreis gehört. Damit stellt das SGB IV lediglich eine „Mindestforderung" auf, die in den besonderen Teilen des Sozialversicherungsrechts erweitert werden kann (vgl. § 2 Abs. 4 SGB IV).

**Hinweis:** Dies geschieht auch regelmäßig in den einzelnen SGB der Sozialversicherungsträger. So erweitert zB das SGB VI (§ 2 SGB VI) und das SGB VII (§ 2 Abs. 1 Nr. 5, 7, 9 SGB VII) die Versicherungspflicht in ihrem Anwendungsbereich auf verschiedene Gruppen von Selbstständigen, die eigentlich nach § 2 Abs. 2 SGB IV nicht zum versicherten Personenkreis in der Sozialversicherung gehören würden.

Der versicherte Personenkreis in der Sozialversicherung setzt sich nach § 2 Abs. 1 SGB IV aus **Versicherungspflichtigen** und **Versicherungsberechtigten** zusammen. Versicherungspflichtig ist hierbei jede Person, die kraft Gesetzes oder Satzung (also ohne eigene Mitwirkung) versichert ist. Versicherungsberechtigte sind Personen, die aufgrund freiwilligen Beitritts oder freiwilliger Fortsetzung einer Versicherung sozialversichert sind. So sind zB in der gesetzlichen Krankenversicherung unter bestimmten Voraussetzungen diejenigen Beschäftigten versicherungsberechtigt, deren regelmäßiges Jahresarbeitsentgelt die Jahresarbeitsentgeltgrenze[23] übersteigt (§ 6 Abs. 1 Nr. 1, Abs. 6 iVm § 9 Abs. 1 S. 1 Nr. 3 SGB V). Nicht ausdrücklich erwähnt ist in § 2 SGB IV die Gruppe der **versicherungsfreien** Personen. Dies sind Personen (zB Richter und Beamte) die in verschiedenen Zweigen der Sozialversicherung nicht versicherungspflichtig sind.[24]

In allen Zweigen der Sozialversicherung sind nach § 2 Abs. 2 SGB IV Personen, die gegen Arbeitsentgelt oder zu ihrer Berufsausbildung **beschäftigt** sind, Menschen mit Behinderungen, die in geschützten Einrichtungen **beschäftigt** sind und Landwirte versicherungspflichtig (vgl. hierzu Abb. 8). Für deutsche Seeleute trifft § 2 Abs. 3 SGB IV Sonderregelungen, deren Darstellung hier jedoch zu weit gehen würde und bei Interesse dem Selbststudium des Lesers anempfohlen wird. Das **Beschäftigungsverhältnis** ist damit zentraler Anknüpfungspunkt im Sozialversicherungsrecht an das Bestehen einer Pflichtversicherung.

---

23 Ab dem 1.1.2023 wird die Jahresarbeitsentgeltgrenze bei 66.600 EUR liegen.
24 Vgl. für Beamte und Richter zB § 6 Abs. 1 Nr. 2 SGB V, § 5 Abs. 1 S. 1 Nr. 1 SGB VII oder § 27 Abs. 1 Nr. 1 SGB III.

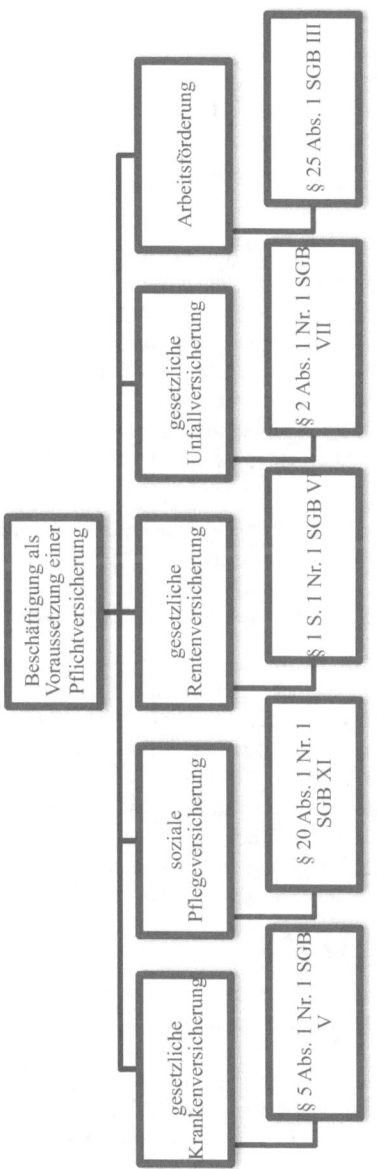

*Abb. 8: Das Beschäftigungsverhältnis in den einzelnen Zweigen der Sozialversicherung*

## V. Das Beschäftigungsverhältnis im Sozialversicherungsrecht

### 1. Überblick

Das **Beschäftigungsverhältnis** im sozialversicherungsrechtlichen Sinne wird in § 7 Abs. 1 S. 1 SGB IV normiert. Danach ist die Beschäftigung die **nichtselbstständige Arbeit, insbesondere in einem Arbeitsverhältnis**. Die erste Erkenntnis, die uns § 7 Abs. 1

140

S. 1 SGB IV vermittelt, ist die Tatsache, dass das sozialversicherungsrechtliche Beschäftigungsverhältnis **nicht** mit dem arbeitsrechtlichen Arbeitsverhältnis deckungsgleich sein muss („..., *insbesondere* in einem Arbeitsverhältnis."). Durch die Verwendung des Wortes „insbesondere" macht der Gesetzgeber deutlich, dass es auch Beschäftigungsverhältnisse außerhalb von Arbeitsverhältnissen geben kann. Der sozialversicherungsrechtliche Beschäftigungsbegriff ist damit **weitgehender** als der Begriff des Arbeitsverhältnisses.

**Beispiel:** So stehen beispielsweise Beamte und Richter in keinem Arbeitsrechtsverhältnis, da es an dem hierfür erforderlichen zivilrechtlichen Vertrag fehlt. Das Rechtsverhältnis zu ihren Dienstherren bestimmt sich vielmehr nach öffentlich-rechtlichen Regelungen. Dennoch handelt es sich auch bei diesen Personen um Beschäftigte, die allerdings regelmäßig versicherungsfrei sind.[25] Nicht verbeamtete Vertretungsprofessoren stehen in Thüringen nach § 94 Abs. 1 ThürHG in einem öffentlich-rechtlichen Rechtsverhältnis eigener Art zum Land und damit ebenfalls nicht in einem Arbeits- sondern in einem Beschäftigungsverhältnis. Anders als die Beamten unterliegen sie jedoch grundsätzlich der Versicherungspflicht in der Sozialversicherung.

Im Regelfall **deckt** sich jedoch der sozialversicherungsrechtliche Beschäftigungsbegriff mit dem arbeitsrechtlichen Arbeitnehmerbegriff.

### 2. Voraussetzungen der sozialversicherungsrechtlichen Beschäftigung

141 Voraussetzung für ein Beschäftigungsverhältnis ist die nichtselbstständige **Arbeit**.[26] Ausschlaggebend für die Beschäftigung ist somit nicht das Vorliegen eines Arbeits- oder Beschäftigungs**vertrages**, sondern die **tatsächliche** Beschäftigung bzw. Arbeitsleistung. Ohne tatsächliche Arbeits- oder Beschäftigungsaufnahme tritt grundsätzlich keine Versicherungspflicht ein. Dieser Grundsatz kennt jedoch **Ausnahmen**. So lässt zB § 7 Abs. 1a SGB IV als **gesetzliche Ausnahme** die Begründung oder das Fortbestehen eines Beschäftigungsverhältnisses über einen Monat hinaus ohne tatsächliche Arbeitsleistung zu. Auch der sog. nachwirkende Versicherungsschutz iS § 7 Abs. 3 SGB IV enthält eine weitere gesetzliche Ausnahme, da er solche Lebenssachverhalte betrifft, in denen keine Arbeitsleistung erbracht wird, zB unbezahlter Urlaub, Streik oder Aussperrung.[27]

Weitere Ausnahmen vom Grundsatz der tatsächlichen Arbeitsleistung, als Voraussetzung für eine Beschäftigung, hat die **Rechtsprechung** geschaffen. Hierbei werden vor allem solche Fälle angesprochen, in denen bei einem in Vollzug gesetzten Arbeitsvertrag im weiteren Verlauf der vertraglichen Beziehungen keine Arbeitsleistung mehr erbracht wird. Hierzu zählen zB bezahlter Urlaub, bezahlter Sonderurlaub zwecks Fortbildungslehrgangs und die Fortzahlung des Arbeitsentgelts trotz Verhaftung des Arbeitnehmers.[28]

142 Letzte und wichtigste Voraussetzung für das Vorliegen eines sozialversicherungsrechtlichen Versicherungsverhältnisses ist eine **nichtselbstständige** Arbeit des Betroffenen. Es geht also um die **Abgrenzung** von abhängiger und selbstständiger Tätigkeit. Erste Anhaltspunkte für eine abhängige Tätigkeit gibt § 7 Abs. 1 S. 2 SGB IV. Danach deuten

---

25 Segebrecht in: Schlegel/Voelzke, jurisPK-SGB IV, § 7 Abs. 1 Rn. 61.
26 Vgl. zu den Einzelheiten Muckel/Ogorek/Rixen, Sozialrecht, § 7 Rn. 20 ff.
27 Segebrecht in: Schlegel/Voelzke, jurisPK-SGB IV, § 7 Abs. 1 Rn. 65.
28 Vgl. Segebrecht in: Schlegel/Voelzke, jurisPK-SGB IV, § 7 Abs. 1 Rn. 66 ff. (mit ausführlichen Nachweisen).

eine **Tätigkeit nach Weisung** und die **Eingliederung in die Arbeitsorganisation des Weisungsgebers** auf eine nichtselbstständige Tätigkeit (vgl. zur arbeitsrechtlichen Situation auch § 611a BGB).

Nach der ständigen Rechtsprechung des BSG setzt eine Beschäftigung voraus, dass der Arbeitnehmer vom Arbeitgeber persönlich abhängig ist. Bei einer Beschäftigung in einem fremden Betrieb ist dies der Fall, wenn der Beschäftigte in den Betrieb eingegliedert ist und dabei einem Zeit, Dauer, Ort und Art der Ausführung umfassenden Weisungsrecht des Arbeitgebers unterliegt. Diese Weisungsgebundenheit kann eingeschränkt und zur „funktionsgerecht dienenden Teilhabe am Arbeitsprozess" verfeinert sein. Demgegenüber ist eine selbstständige Tätigkeit vornehmlich durch das eigene Unternehmerrisiko, das Vorhandensein einer eigenen Betriebsstätte, die Verfügungsmöglichkeit über die eigene Arbeitskraft und die im Wesentlichen frei gestaltete Tätigkeit und Arbeitszeit gekennzeichnet. Ob jemand abhängig beschäftigt oder selbstständig tätig ist, richtet sich ausgehend von den genannten Umständen nach dem **Gesamtbild der Arbeitsleistung** und hängt davon ab, welche Merkmale **überwiegen**.[29] Maßgebend ist stets das Gesamtbild der Arbeitsleistung. Weichen die Vereinbarungen von den tatsächlichen Verhältnissen ab, geben letztere den Ausschlag.[30]

Die Zuordnung des konkreten Lebenssachverhalts zum rechtlichen Typus der abhängigen oder selbstständigen Tätigkeit nach dem Gesamtbild der Arbeitsleistung erfordert eine **Gewichtung und Abwägung** aller als Indizien für und gegen eine Beschäftigung bzw. selbstständige Tätigkeit sprechenden Merkmale der Tätigkeit im Einzelfall.[31] Bei Vorliegen gegenläufiger, dh für die Bejahung und die Verneinung eines gesetzlichen Tatbestandsmerkmals sprechender tatsächlicher Umstände oder Indizien, ist insoweit eine wertende Zuordnung aller Umstände im Sinne einer Gesamtabwägung vorzunehmen. Diese Abwägung darf allerdings nicht (rein) schematisch oder schablonenhaft erfolgen, etwa in der Weise, dass beliebige Indizien jeweils zahlenmäßig einander gegenübergestellt werden, sondern es ist in Rechnung zu stellen, dass manchen Umständen wertungsmäßig größeres Gewicht zukommen kann als anderen, als weniger bedeutsam einzuschätzenden Indizien. Eine rechtmäßige Gesamtabwägung setzt deshalb – der Struktur und Methodik jeder Abwägungsentscheidung (innerhalb und außerhalb des Rechts) entsprechend – voraus, dass alle nach Lage des Einzelfalls wesentlichen Indizien festgestellt, in ihrer Tragweite zutreffend erkannt und gewichtet, in die Gesamtschau mit diesem Gewicht eingestellt und in dieser Gesamtschau nachvollziehbar, dh den Gesetzen der Logik entsprechend und widerspruchsfrei, gegeneinander abgewogen werden.[32]

Indizien, die **für** eine abhängige Beschäftigung sprechen, sind: Kontrolle der Anwesenheit (Zeiterfassungssysteme), arbeitsteiliges Tätigwerden mit anderen Arbeitnehmern, Berichtspflichten gegenüber dem Weisungsgeber, Fehlen eigener Betriebsmittel, höchstpersönliche Verpflichtung zur Arbeitsleistung, mangelnde Verfügungsmöglichkeit über die eigene Arbeitskraft, feste Vergütung ohne Erfolgsbeteiligung sowie Entgeltfortzahlung im Urlaubs- und Krankheitsfall.

**Gegen** eine abhängige Beschäftigung sprechen: Anmeldung bei Behörden oder Registern (zB Gewerbeanmeldung), Buchführung, Einsetzen eigener Betriebsmittel und eige-

---

29 St. Rspr., so z.B. BSG 25.4.2012 – B 12 KR 24/10 R, SGb 2013, 364 ff.
30 Vgl. nur BSG 18.12.2001 – B 12 KR 8/01 R, JuS 2003, 511 f. (mwN).
31 BSG 25.4.2012 – B 12 KR 24/10 R, SGb 2013, 364 ff.
32 BSG 25.4.2012 – B 12 KR 24/10 R, SGb 2013, 364 ff.

nen Kapitals, Auftreten am Markt (einschließlich Werbung), Möglichkeit, auch für andere Auftraggeber tätig zu werden, sowie Vergütungsrisiko.[33]

### 3. Die Statusklärung

143 Wie Sie vielleicht bemerkt haben, hilft dem Rechtsanwender, gerade in Grenzfällen, allein der Text des § 7 Abs. 1 SGB IV nicht weiter, um die selbstständige von der nichtselbstständigen Tätigkeit zu unterscheiden. Vielmehr ist er gezwungen, auf die umfangreiche Rechtsprechung zum „Beschäftigungsverhältnis" zurückzugreifen. Dies setzt zwangsläufig die Kenntnis dieser Rechtsprechung voraus, die dem nichtjuristischen Praktiker regelmäßig fehlt. Um dennoch Rechtssicherheit bei der sozialversicherungsrechtlichen Einordnung von Mitarbeitern herstellen zu können, sieht § 7a Abs. 1 S. 1 HS 1 SGB IV ein spezielles **Anfrageverfahren** vor der Deutschen Rentenversicherung Bund vor. Im Rahmen dieses Verfahrens können die Beteiligten eine Entscheidung darüber herbeiführen, ob bei einem Auftragsverhältnis eine Beschäftigung oder eine selbständige Tätigkeit vorliegt. Diese Feststellung verschafft den Beteiligten rechtsverbindlich Gewissheit darüber, ob durch eine Tätigkeit ggf. **Leistungsansprüche** oder Beitragspflichten in der Renten-, Kranken- und Pflegeversicherung sowie nach dem Recht der Arbeitsförderung begründet wurden.[34] Neben dem Anfrageverfahren gibt es aber auch das **Statusfeststellungsverfahren** nach § 7a Abs. 1 S. 2 SGB IV. Dieses ist von der Einzugsstelle immer dann von Amts wegen einzuleiten, wenn sich aus der Arbeitgebermeldung gem. § 28a Abs. SGB IV ergibt, dass der Beschäftigte Ehegatte, Lebenspartner oder Abkömmling des Arbeitgebers oder geschäftsführender Gesellschafter einer Gesellschaft mit beschränkter Haftung ist. Hat die Einzugsstelle oder ein anderer Versicherungsträger bereits ein Verfahren zur Feststellung von Versicherungspflicht auf Grund einer Beschäftigung eingeleitet, so ist gem. § 7a Abs. 1 S. 1 HS 2 SGB IV ein gesondertes Anfrageverfahren der übrigen Beteiligten nicht mehr möglich.

Das Anfrageverfahren iS § 7a Abs. 1 S. 1 HS 1 SGB IV ist nach § 7a Abs. 5 doppelt beitragsprivilegiert. Bei Vorliegen der in § 7a Abs. 5 SGB IV definierten Voraussetzungen kann einerseits der Beginn der Versicherungspflicht auf die Bekanntgabe des Feststellungsbescheides hinausgeschoben werden. Andererseits besteht im Anschluss hieran die Möglichkeit, die Beitragsfälligkeit bis zur Unanfechtbarkeit der Entscheidung hinauszuschieben.[35]

### VI. Die geringfügige Beschäftigung im Sozialversicherungsrecht

144 Grundsätzlich stellt auch die **geringfügige Beschäftigung**[36] eine Beschäftigung im sozialversicherungsrechtlichen Sinn dar. Allerdings wird für diese Beschäftigung der Grundsatz, dass eine Beschäftigung die Sozialversicherungspflicht begründet, größtenteils aufgehoben. Sowohl in der Kranken- (§ 7 SGB V), Renten (§ 5 Abs. 2 S. 1 Nr. 1 SGB VI, § 6 Abs. 1 b SGB VI)- und Pflegeversicherung (§ 20 Abs. 1 S. 1 SGB XI iVm § 7 SGB V) als auch im Bereich der Arbeitslosenversicherung (§ 27 Abs. 2 SGB III) sind

---

33 Marschner in: Kreikebohm, SGB IV, § 7 Rn. 11 f.
34 Unfallversicherungsträger nach dem SGB VII sind nicht an die Statusentscheidung gebunden; vgl. zB LSG BW v. 21.2.2013, L 10 U 5019/11, ASR 2013, 268.
35 Zu den Einzelheiten vgl. zB BeckOK SozR/Rittweger SGB IV § 7a Rn. 25 ff.
36 Die umgangssprachlich auch als „Mini-Jobs" bezeichnet werden. Vgl. zur Problematik der geringfügigen Beschäftigung auch die sehr informativen Internetseiten der Minijob-Zentrale (www.minijob-zentrale.de).

geringfügig Beschäftigte **nicht versicherungspflichtig** bzw. können sich problemlos von der Versicherungspflicht **befreien** lassen.

**Hinweis:** Für die Versicherungspflicht in der gesetzlichen Unfallversicherung ist die geringfügige Beschäftigung ohne Bedeutung, da in diesem Versicherungszweig jede Beschäftigung unter die Versicherungspflicht fällt.

Die geringfüge Beschäftigung wird in den §§ 8, 8a SGB IV geregelt. § 8 Abs. 1 SGB IV enthält hierbei eine für alle Zweige der Sozialversicherung geltende **Definition** des Begriffs „geringfügige Beschäftigung". Danach gibt es zwei Fälle einer geringfügigen Beschäftigung, denjenigen der **Entgeltgeringfügigkeit** und den der **Zeitgeringfügigkeit**.

145

Der Gesetzgeber hat mit dem „*Gesetz zur Erhöhung des Schutzes durch den gesetzlichen Mindestlohn und zu Änderungen im Bereich der geringfügigen Beschäftigung*" vom 28.6.2022[37] das Recht der geringfügigen Beschäftigung im Hinblick auf die **Entgeltgeringfügigkeit** inhaltlich reformiert. Art. 7 Nr. 3 des Gesetzes ersetzt mit Wirkung ab dem 1.10.2022 die starre 450 € Grenze für eine entgeltgeringfügige Beschäftigung durch die dynamische **Geringfügigkeitsgrenze** des § 8 Abs. 1a SGB IV.

Nach § 8 Abs. 1 Nr. 1 SGB IV liegt eine geringfügige Beschäftigung vor, wenn das Arbeitsentgelt aus dieser Beschäftigung regelmäßig die **Geringfügigkeitsgrenze** nicht übersteigt (**Entgeltgeringfügigkeit**).

145a

Die **Geringfügigkeitsgrenze** ist kein starr festgelegter Geldbetrag, sondern ein an den Mindestlohn gekoppelter Wert. Sie bezeichnet gem. § 8 Abs. 1a S. 1 SGB IV das monatliche Arbeitsentgelt, das bei einer Arbeitszeit von zehn Wochenstunden zum Mindestlohn nach § 1 Abs. 2 S. 1 des Mindestlohngesetzes (MiLoG) in Verbindung mit der auf der Grundlage des § 11 Abs. 1 S. 1 MiLoG jeweils erlassenen Verordnung erzielt wird. Sie wird gem. § 8 Abs. 1a S. 2 SGB IV berechnet, indem der Mindestlohn mit 130 vervielfacht, durch drei geteilt und auf volle Euro aufgerundet wird.

**Beispiel:** Der Mindestlohn beträgt ab 1.10.2022 je Stunde 12 EUR. Um die Geringfügigkeitsgrenze ab 1.10.2022 zu ermitteln sind gem. § 8 Abs. 1a S. 2 SGB IV die 12 EUR mit 130 zu multiplizieren. Dies ergibt einen Wert in Höhe von 1.560. Dieser ist nunmehr durch 3 zu dividieren. Das Ergebnis ist ein Wert von 520, so dass die Geringfügigkeitsgrenze ab dem 1.10.2022 bei 520 EUR liegt.

**Hinweis:** Die Geringfügigkeitsgrenze wird gem. § 8 Abs. 1a S. 3 SGB IV jeweils vom Bundesministerium für Arbeit und Soziales im Bundesanzeiger bekannt gegeben. Die erste Bekanntmachung erfolgte am 5. September 2022 im BAnz AT 05.09.2022 B1.

Bei der **Entgeltgeringfügigkeit** ist das entscheidende Kriterium, dass das Arbeitsentgelt aus dieser Beschäftigung **regelmäßig** die Geringfügigkeitsgrenze nicht übersteigt (§ 8 Abs. 1 Nr. 1 SGB IV). Konkretisiert wird diese Forderung durch die Regelung des § 8 Abs. 1b SGB IV. Danach steht ein **unvorhersehbares Überschreiten** der Geringfügigkeitsgrenze dem Fortbestand einer entgeltgeringfügigen Beschäftigung nicht entgegen, wenn die Geringfügigkeitsgrenze innerhalb des für den jeweiligen Entgeltabrechnungszeitraum zu bildenden Zeitjahres in nicht mehr als zwei Kalendermonaten um jeweils einen Betrag bis zur Höhe der Geringfügigkeitsgrenze überschritten wird.

---

[37] BGBl. I 2022, 969.

**Beispiel:** Die Studierende Fleißig hat ab dem 1.10.2022 eine Beschäftigung aufgenommen, bei der sie monatlich 520 EUR verdient. Sie ist damit i.S. § 8 Abs. 1 Nr. 1 SGB IV entgeltgeringfügig beschäftigt. Wenn sie innerhalb eines Zeitjahres – ohne dass dies vereinbart gewesen ist – vom Arbeitgeber zweimal eine Prämie in Höhe von jeweils 200 EUR erhält, so lässt dies die entgeltgeringfügige Beschäftigung nicht entfallen. Die Geringfügigkeitsgrenze (520 EUR) wird hier in nicht mehr als zwei Kalendermonaten um jeweils einen Betrag unterhalb der Höhe der Geringfügigkeitsgrenze (jeweils 200 EUR) überschritten. Anders wäre es, wenn sie zweimal eine Prämie in Höhe von 600 EUR erhalten würde, da in diesem Fall der jeweilige Betrag oberhalb der Höhe der Geringfügigkeitsgrenze liegen würde.

**Hinweis:** Hauptanwendungsfall der Entgeltgeringfügigkeit ist die auf Dauer angelegte und regelmäßig ausgeübte Beschäftigung in geringem zeitlichem Umfang gegen ein geringes Entgelt, das sich zB ein Studierender oder ein Rentner „nebenbei" verdient.[38]

145b  Nach § 8 Abs. 1 Nr. 2 SGB IV liegt eine geringfügige Beschäftigung aber auch dann vor, wenn die Beschäftigung innerhalb eines Kalenderjahres auf längstens **drei Monate oder 70 Arbeitstage** nach ihrer Eigenart begrenzt zu sein pflegt oder im Voraus vertraglich begrenzt ist, es sei denn, dass die Beschäftigung berufsmäßig ausgeübt wird und die Geringfügigkeitsgrenze übersteigt (**Zeitgeringfügigkeit**).

Die **Zeitgeringfügigkeit** iS § 8 Abs. 1 Nr. 2 SGB IV knüpft das Vorliegen einer geringfügigen Beschäftigung grundsätzlich **nicht** an das erzielte **Tätigkeitsentgelt**.[39] Ausschlaggebendes Kriterium ist vielmehr das Nichtüberschreiten einer gesetzlich festgelegten Beschäftigungszeit. Die Beschäftigung muss innerhalb eines Kalenderjahres auf längstens **drei Monate** oder **70 Arbeitstage nach ihrer Eigenart** begrenzt oder **im Voraus vertraglich** begrenzt sein.

Vom Monats-Zeitraum (und damit nicht auf die Arbeitstage) als Maßstab der zeitgeringfügigen Beschäftigung ist nur dann auszugehen, wenn die Beschäftigung an mindestens fünf Tagen in der Woche ausgeübt wird, so dass diese Frist immer dann gilt, wenn eine Beschäftigung im Rahmen der betriebsüblichen oder berufsüblichen Arbeitszeit ausgeübt wird. Dagegen ist bei Beschäftigungen von regelmäßig weniger als fünf Tagen in der Woche auf den arbeitstäglichen Zeitraum abzustellen.[40]

**Hinweis:** Hauptanwendungsfall der Zeitgeringfügigkeit sind saisonal ausgeübte Aushilfsbeschäftigungen, wie etwa als Erntehelfer oder Ferienjobs eines Schülers oder Studierenden.[41]

Wird die (zeit-)geringfügige Tätigkeit jedoch **berufsmäßig** ausgeübt, dann liegt eine sozialversicherungsrechtlich privilegierte geringfügige Beschäftigung nur dann vor, wenn das aus der Tätigkeit erzielte Entgelt die Geringfügigkeitsgrenze des § 8 Abs. 1a SGB IV **nicht** übersteigt. Von einer berufsmäßig ausgeübten Beschäftigung ist dann auszugehen, wenn sie für den Beschäftigten nicht nur von untergeordneter wirtschaftlicher Bedeutung ist und der Beschäftigte damit seinen **Lebensunterhalt** überwiegend

---

38  Knispel in: Schlegel/Voelzke, jurisPK-SGB IV, § 8 Rn. 33.
39  Auf das erzielte Entgelt wird im Rahmen des § 8 Abs. 1 Nr. 2 SGB IV nur dann abgestellt, wenn die Tätigkeit berufsmäßig ausgeübt wird.
40  Knispel in: Schlegel/Voelzke, jurisPK-SGB IV, § 8 Rn. 53.
41  Knispel in: Schlegel/Voelzke, jurisPK-SGB IV, § 8 Rn. 33; vgl. hierzu auch LSG RhPf v. 25.6.2007, L 2 RI 340/04, NZS 2008, 373 ff., wonach ein Entgelt iHv 2.563,43 EUR für polnische Erntehelfer als wirtschaftlich bedeutend anzusehen ist, so dass sich deren Tätigkeit als berufsmäßig darstellt.

oder doch in einem solchen Umfang bestreitet, dass seine wirtschaftliche Stellung zu einem erheblichen Teil auf dieser Beschäftigung beruht.[42]

Die Unterscheidung zwischen Entgelt- und Zeitgeringfügigkeit ist nicht nur rechtsdogmatisch interessant, sondern führt auch zu unterschiedlichen sozialversicherungsrechtlichen Konsequenzen.

146

So sind zeitgeringfügige Beschäftigungen grundsätzlich **nicht pauschalbeitragspflichtig**, während für entgeltgeringfügige Beschäftigungen vom Arbeitgeber grundsätzlich ein **pauschaler Beitrag** (anstelle von Pflichtbeiträgen) zur Sozialversicherung zu zahlen ist. Der Pauschalbeitrag zur **gesetzlichen Krankenversicherung** beläuft sich bei Beschäftigten, die **gesetzlich krankenversichert** sind auf 13 % des Arbeitsentgelts aus dieser Tätigkeit.[43] Im Bereich der gesetzlichen Rentenversicherung können sich entgeltgeringfügig Beschäftigte nach § 6 Abs. 1b SGB VI von der Versicherungspflicht befreien lassen.[44] Für sie tragen nach § 172 Abs. 3 SGB VI die Arbeitgeber einen Beitragsanteil in Höhe von 15 % des Arbeitsentgelts[45], das beitragspflichtig wäre, wenn die Beschäftigten versicherungspflichtig wären.

Eine besondere Situation entsteht, wenn Beschäftigte **mehreren** geringfügigen Beschäftigungen nachgehen.

147

**Beispiel:** Ein Arbeitnehmer arbeitet seit dem 1.10.2022 beim Arbeitgeber A und verdient monatlich 520 EUR. Am 1.12.2022, nimmt er beim Arbeitgeber B eine weitere Tätigkeit und erhält dort monatlich ebenfalls 520 EUR.

Nach § 8 Abs. 2 S. 1 SGB IV sind mehrere geringfügige Beschäftigungen nach Nr. 1 **oder** Nr. 2 sowie geringfügige Beschäftigungen nach Nr. 1 mit Ausnahme *einer* geringfügigen Beschäftigung nach Nr. 1 und nicht geringfügige Beschäftigungen zusammenzurechnen. Diese sprachlich arg missglückte und nicht sofort verständliche Regelung besagt im Grunde folgendes:

Grundsätzlich können nur **gleichartige** geringfüge Beschäftigungen zusammengerechnet werden („mehrere geringfügige Beschäftigungen nach Nr. 1 **oder** Nr. 2"). Das bedeutet, dass eine entgeltgeringfügige Beschäftigung mit einer entgeltgeringfügigen Beschäftigung und eine zeitgeringfügige Beschäftigung mit einer zeitgeringfügigen Beschäftigung zusammengerechnet werden kann. Eine Zusammenrechnung von entgelt- und zeitgeringfüger Beschäftigung findet hingegen **nicht** statt.

**Beispiel:** Im og Beispielsfall würden beide entgeltgeringfügigen Beschäftigungen des Arbeitnehmers bei den Arbeitgebern A und B nach § 8 Abs. 2 S. 1 SGB IV zusammengerechnet werden. Im Oktober 2022 liegt noch eine entgeltgeringfügige Beschäftigung vor, da der Monatsverdienst nicht über 520 EUR liegt. Ab Dezember 2022 wird aber mit der zweiten geringfügigen Beschäftigung die 520-EUR-Entgeltgrenze überstiegen, so dass der Arbeitnehmer ab Dezember sozialversicherungspflichtig in beiden Beschäftigungen ist.

§ 8 Abs. 2 S. 1 SGB IV regelt aber noch einen weiteren Fall („sowie geringfügige Beschäftigungen nach Nr. 1 mit Ausnahme *einer* geringfügigen Beschäftigung nach Nr. 1

---

[42] Knispel in: Schlegel/Voelzke, jurisPK-SGB IV, § 8 Rn. 60 mwN.
[43] Vgl. § 249b SGB V, der den Pauschalbeitrag für geringfügig Beschäftigte, die in Privathaushalten tätig sind (§ 8a SGB IV), auf 5 % absenkt.
[44] (Zeit-)geringfügig Beschäftigte sind bereits nach § 5 Abs. 2 Nr. 1 SGB VI nicht versicherungspflichtig.
[45] 5 % bei (entgelt-)geringfügig Beschäftigten in Privathaushalten (§ 172 Abs. 3a SGB VI).

und nicht geringfügige Beschäftigungen"). Diese Regelung betrifft den Fall, dass eine **geringfügige Beschäftigung und** eine **nicht geringfügige Beschäftigung** zusammentreffen. Diese Zusammenrechnungsregelung bezieht sich allein auf das Nebeneinander von entgeltgeringfügiger Beschäftigung und nicht geringfügiger Hauptbeschäftigung. Für diesen Fall ordnet die Vorschrift an, dass die (zeitlich) erste entgeltgeringfügige Beschäftigung neben der Hauptbeschäftigung unschädlich ist. Die zweite und jede weitere entgeltgeringfügige Beschäftigung wird dann aber mit der Hauptbeschäftigung zusammengerechnet und ist in der Regel sozialversicherungspflichtig.

**Beispiel:** Unser Arbeitnehmer aus den letzten beiden Beispielen übt bei Arbeitgeber A nunmehr eine sozialversicherungspflichtige Hauptbeschäftigung aus und verdient monatlich 3.000 EUR brutto. Zusätzlich übt er aber auch noch den 520 EUR Mini-Job bei Arbeitgeber B aus. Diese geringfügige Beschäftigung wird nicht mit der sozialversicherungspflichtigen Hauptbeschäftigung bei Arbeitgeber A zusammengerechnet. Erst wenn er weitere entgeltgeringfügige Beschäftigungen aufnimmt, werden diese mit der Hauptbeschäftigung zusammengerechnet und sozialversicherungspflichtig.

**Hinweis:** § 8 Abs. 2 SGB IV stellt nur eine grundsätzliche Zusammenrechnungsregel auf, die in den einzelnen Sozialversicherungszweigen modifiziert werden kann. Dies ist auch geschehen. Im Recht der Arbeitsförderung verzichtet § 27 Abs. 2 S. 1 Hs. 2 SGB III generell auf ein Zusammenrechnen von geringfügiger Beschäftigung und Hauptbeschäftigung. In der gesetzlichen Kranken- (§ 7 Abs. 1 S. 2 SGB V), Renten- (§ 5 Abs. 2 S. 1 Hs. 2 SGB VI) und Pflegeversicherung (§§ 1 Abs. 2 S. 1, 20 SGB XI) werden geringfügige Beschäftigungen nur dann mit einer Hauptbeschäftigung zusammengerechnet, wenn letztere **versicherungspflichtig** ist. Dies ist zB bei Beamten nicht der Fall.

148 Liegt eine geringfügige Beschäftigung vor, dann gelten folgende sozialversicherungsrechtliche **Beitragsregelungen:**

Grundsätzlich zahlen die Beiträge zur Sozialversicherung beim Vorliegen einer geringfügigen Beschäftigung nur die **Arbeitgeber.** Für den Bereich der gesetzlichen **Unfallversicherung** ergibt sich dies bereits aus der allgemeinen Regelung des § 150 SGB VII. Im Bereich der **Arbeitslosenversicherung** sind keine Sozialversicherungsbeiträge zu zahlen, da die geringfügig Beschäftigten nach § 27 Abs. 2 S. 1 Hs. 1 SGB III versicherungsfrei sind und das SGB III keine (pauschale oder konkrete) Beitragspflicht der Arbeitgeber postuliert (vgl. §§ 346 ff. SGB III). In der gesetzlichen **Krankenversicherung** ist der Arbeitgeber nach § 249 b SGB V für entgeltgeringfügig[46] Beschäftigte beitragspflichtig. Dies gilt aber **nur** dann, wenn sie in der gesetzlichen Krankenversicherung **versichert** sind.[47] Der Arbeitgeber hat für diesen Personenkreis pauschale Beiträge in Höhe von 13 %[48] zu zahlen. Für nicht gesetzlich Krankenversicherte ist kein Sozialversicherungsbeitrag zu zahlen. Die Beitragspflicht für geringfügig Beschäftigte richtet sich in der gesetzlichen **Rentenversicherung** danach, ob eine entgelt- oder zeitgeringfügige Beschäftigung ausgeübt wird. Die zeitgeringfügige Beschäftigung ist nach § 5 Abs. 2 SGB VI versicherungsfrei, so dass auch keine Sozialversicherungsbeiträge gezahlt werden müssen. Anders ist die Situation bei der entgeltgeringfügigen Beschäftigung. Diese ist grund-

---

46 Ihn trifft jedoch keine Beitragspflicht für zeitgeringfügig Beschäftigte. Für diesen Personenkreis sind keine Beiträge zur gKV zu zahlen.
47 Versichert in diesem Sinne sind auch freiwillig Versicherte oder Familienversicherte.
48 5 % bei geringfügig Beschäftigten in Privathaushalten.

sätzlich versicherungspflichtig. Betroffene können sich aber nach § 6 Abs. 1b SGB VI von dieser Versicherungspflicht befreien lassen. Wird von dieser Befreiungsmöglichkeit **kein** Gebrauch gemacht, dann zahlt der Arbeitgeber nach § 168 Abs. 1 Nr. 1 b, 1 c SGB VI einen pauschalen Beitrag zur Rentenversicherung in Höhe von 15 %.[49] Der geringfügig Beschäftigte selbst hat einen Eigenanteil in Höhe von 3,7 % zu tragen.[50] Das ist der Differenzbetrag zwischen dem allgemeinen Beitragssatz der gesetzlichen Rentenversicherung von derzeit 18,7 % und dem Pauschalbeitrag des Arbeitgebers. Wird jedoch von der Befreiungsmöglichkeit Gebrauch gemacht, so zahlt allein der Arbeitgeber nach § 172 Abs. 3 S. 1 SGB VI pauschale Beiträge zur Rentenversicherung. Diese belaufen sich auf 15 % des Arbeitsentgelts, das beitragspflichtig wäre, wenn die Beschäftigten versicherungspflichtig wären.[51]

### VII. Die Beschäftigung im Übergangsbereich

Liegt das monatliche Arbeitsentgelt aus einem Beschäftigungsverhältnis oberhalb der Geringfügigkeitsgrenze des § 8 Abs. 1a SGB IV und überschreitet die Grenze von 1.600 EUR regelmäßig nicht, so wird es nach § 20 Abs. 2 SGB IV vom **beitragsrechtlichen Übergangsbereich** erfasst.

Beschäftigungen im Übergangsbereich (sog. „Midi-Jobs") sind grundsätzlich **sozialversicherungspflichtig**. Gleichwohl hat der **Arbeitnehmer** hier nur einen **reduzierten** Sozialversicherungsbeitrag zu zahlen. Dieser ist auf der Basis des § 20 Abs. 2a SGB IV zu ermitteln. Der **Arbeitgeber** hat auch innerhalb des Übergangsbereichs den vollen Beitragsanteil zu tragen (vgl. auch § 20 Abs. 3 SGB IV).

### VIII. Die Finanzierung der Sozialversicherung

#### 1. Überblick

Die Sozialversicherung hat ua die Aufgabe, im Falle der Risikoverwirklichung Leistungen an ihre Versicherten zu erbringen. Diese Leistungen müssen **finanziert** werden. Wie dies geschieht, soll Gegenstand der nachfolgenden Ausführungen sein.

Grundsätzlich gibt es **drei Einnahmequellen**, um die Mittel der Sozialversicherung (einschließlich der Arbeitsförderung) aufzubringen. Nach § 20 Abs. 1 SGB IV sind dies die **Beiträge** (der Versicherten, der Arbeitgeber und Dritter), die staatlichen **Zuschüsse** und die sonstigen **Einnahmen**. Wichtigste Einnahmeart sind hierbei die Beiträge. Im SGB IV finden sich in den §§ 20–28 die Grundzüge des sozialversicherungsrechtlichen Beitragsrechts. Auch hier ist jedoch darauf hinzuweisen, dass das SGB IV den Grundfall des Beitragsrechts enthält, von dem es in den einzelnen Sozialversicherungszweigen Abweichungen geben kann und auch gibt.[52]

Grundsätzlich werden die Beiträge zur **Sozialversicherung** je **zur Hälfte** von den Arbeitgebern und ihren Arbeitnehmern getragen.[53] Dies gilt, zumindest für versicherungspflichtig Beschäftigte i.S. § 5 Abs. 1 Nr. 1 SGB V, nunmehr auch für den Bereich der gesetzlichen **Krankenversicherung**. Nach § 249 Abs. 1 SGB V tragen derart Beschäftigte und ihre Arbeitgeber die nach dem Arbeitsentgelt zu bemessenden Beiträge

---

49 5 % bei geringfügig Beschäftigten in Privathaushalten.
50 13,7 % bei geringfügig Beschäftigten in Privathaushalten.
51 5 % bei geringfügig Beschäftigten in Privathaushalten.
52 Vgl. zB §§ 340 ff. SGB III, §§ 220 ff. SGB V, §§ 275a ff. SGB VI, §§ 150 ff. SGB VII, §§ 54 ff. SGB XI.
53 Vgl. § 346 Abs. 1 S. 1 SGB III, § 249 Abs. 1 S. 1 SGB V, § 168 Abs. 1 Nr. 1 SGB VI, § 58 Abs. 1 S. 1 SGB XI.

jeweils zur Hälfte.[54] Dies gilt auch für den Zusatzbeitrag, den die Krankenkassen nach § 242 SGB V erheben dürfen.[55]

Die gesetzliche **Unfallversicherung** weicht allerdings vom Modell der paritätischen Beitragstragung ab und lässt **allein** den Arbeitgeber die Beiträge zur gesetzlichen Unfallversicherung aufbringen (§ 150 Abs. 1 S. 1 SGB VII).

**Hinweis:** Da nach § 104 SGB VII eine privatrechtliche Haftung des Arbeitgebers für Körperschäden gegenüber dem Beschäftigten ausgeschlossen und auf die Sozialversicherung übertragen wird, ist eine alleinige Beitragszahlung des Arbeitgebers durchaus sinnvoll.

### 2. Der Gesamtsozialversicherungsbeitrag

151 Würde jeder Sozialversicherungszweig die an ihn abzuführenden Beiträge gesondert einziehen, dann wäre dies mit einem deutlich erhöhten Verwaltungsaufwand sowohl für die Sozialversicherung als auch für die betroffenen Arbeitgeber verbunden. Daher werden die Beiträge für Pflichtversicherte zur Arbeitslosen-, Kranken-, Renten- und Pflegeversicherung regelmäßig als **Gesamtsozialversicherungsbetrag** gezahlt (§ 28d S. 1 u. 2 SGB IV).

**Hinweis:** Sie haben bei der Aufzählung der Sozialversicherungsbeiträge, die den Gesamtsozialversicherungsbeitrag bilden, vielleicht schon bemerkt, dass ein Sozialversicherungszweig fehlt. Tatsächlich zählen die – vom Arbeitgeber ja allein zu tragenden – Beiträge zur gesetzlichen Unfallversicherung nicht zum Gesamtsozialversicherungsbeitrag. Sie werden gesondert eingezogen.

Der Gesamtsozialversicherungsbeitrag ist vom Arbeitgeber zu ermitteln und allein von ihm nach § 28 e Abs. 1 S. 1 SGB IV an die zuständige Einzugsstelle[56] zu zahlen. Diese leitet die Beiträge dann an die zuständigen Stellen des jeweiligen Sozialversicherungszweigs weiter. Bei der **Ermittlung** des Gesamtsozialversicherungsbeitrages ist der Arbeitgeber auf die Mitwirkung des Arbeitnehmers angewiesen, da etwa der Familienstand, das Vorhandensein unterhaltspflichtiger Kinder oder die Religionszugehörigkeit Einfluss auf die Höhe des Gesamtsozialversicherungsbeitrags haben. Daher ist der Beschäftigte nach § 28o Abs. 1 SGB IV zur **Mitteilung** der insoweit erforderlichen Angaben verpflichtet.

152 Da es einerseits alleinige Aufgabe des Arbeitgebers ist, den Gesamtsozialversicherungsbeitrag an die Einzugsstelle abzuführen, er aber andererseits nur zur hälftigen Beitragsaufbringung verpflichtet ist, muss es im Verhältnis zum Beschäftigten Ausgleichsmechanismen geben. Ein derartiger Mechanismus findet sich in § 28g S. 1 SGB IV. Danach hat der Arbeitgeber gegen seinen Beschäftigten einen **Anspruch** auf den vom Beschäftigten zu tragenden Anteil des Gesamtsozialversicherungsbeitrags. Bemerkenswert ist allerdings, dass es sich bei diesem Anspruch **nicht** um einen „klassischen" (Zahlungs-) Anspruch handelt. Dieser würde nach § 194 Abs. 1 BGB voraussetzen, dass man von einem anderen ein Tun oder Unterlassen verlangen kann. Dies kann der Arbeitgeber nach § 28 g S. 2 SGB IV aber gerade nicht. Er hat lediglich (dies

---

[54] v. Koppenfels-Spies, Sozialrecht, Rn. 298.
[55] BMAS, Übersicht über das Sozialrecht, Kapitel 4, Ziff. 105.
[56] Dies ist nach § 28h Abs. 1 S. 1 SGB V die Krankenkasse, bei der der Arbeitnehmer beschäftigt ist. Bei geringfügig Beschäftigten fungiert die Minijob-Zentrale bei der Deutschen Rentenversicherung Knappschaft-Bahn-See als zuständige Einzugsstelle für den Gesamtsozialversicherungsbeitrag.

# § 9 Gemeinsame Vorschriften für das Sozialversicherungsrecht

ergibt sich aus dem Wort „nur" in § 28g S. 2 SGB IV)das Recht, den Beitragsanteil des Arbeitnehmers durch Abzug vom Arbeitsentgelt einzubehalten.

**Hinweis:** Nach § 28g S. 3 SGB IV darf ein unterbliebener Abzug nur bei den **drei** nächsten Lohn- oder Gehaltszahlungen nachgeholt werden. Ein späterer Abzug ist nur dann möglich, wenn der Abzug ohne Verschulden des Arbeitgebers unterblieben ist. Problematisch wird dies in Fällen, in denen sich nach **Beendigung** einer scheinbar selbstständigen Tätigkeit herausstellt, dass diese Tätigkeit tatsächlich eine sozialversicherungsrechtliche Beschäftigung war. Dies führt (in den Grenzen der Verjährung) zu einer rückwirkenden Beitragspflicht. Der Arbeitgeber muss nunmehr den Gesamtsozialversicherungsbeitrag an die Einzugsstelle abführen, ohne auf den Beitragsanteil des Beschäftigten zurückgreifen zu können. Nach der Beendigung der Tätigkeit ist ein Abzug vom Arbeitsentgelt des Beschäftigten nicht mehr möglich. Der Arbeitgeber bleibt damit grundsätzlich allein auf dem Gesamtsozialversicherungsbeitrag „sitzen" (vgl. zu den Ausnahmen § 28g S. 4 SGB IV). Auch dies ist ein Argument dafür, in statusrechtlichen Zweifelsfällen rechtzeitig ein Anfrageverfahren nach § 7a SGB IV bei der Deutschen Rentenversicherung Bund einzuleiten.

### 3. Beitragssätze, Beitragsbemessungs- und Jahresarbeitsentgeltgrenze

Wer in der Sozialversicherung versicherungspflichtig ist, muss im Regelfall auch Beiträge zur Sozialversicherung entrichten. Der Sozialversicherungspflicht folgt somit die Beitragspflicht. Die Höhe des zu zahlenden Beitrags bemisst sich nach einem bestimmten Prozentsatz (**Beitragssatz**) von der **Beitragsbemessungsgrundlage**. Die Beitragsbemessungsgrundlage sind die jeweils beitragspflichtigen Einnahmen der Versicherten (zB das Arbeitsentgelt, vgl. zB § 162 Nr. 1 SGB VI). Diese Einnahmen werden jedoch nicht immer in voller Höhe berücksichtigt. Übersteigen die Einnahmen die **Beitragsbemessungsgrenze**, so sind auf die übersteigenden Beträge grundsätzlich keine Beiträge zu zahlen (so zB § 157 SGB VI). Das bedeutet, dass Beitragsbemessungsgrundlage nur die Einnahmen der Versicherten bis zur Beitragsbemessungsgrenze sind.

153

**Beispiel:** Bezieht ein Arbeitnehmer im Jahr 2022 in den alten Bundesländern monatliche sozialversicherungspflichtige Einkünfte aus Beschäftigung in Höhe von 8.000 EUR, dann werden diese Einkünfte bei der Ermittlung der Beitragshöhe in der gesetzlichen Rentenversicherung nur bis zu einer Höhe von 7.050 EUR berücksichtigt, da dieser Betrag die Beitragsbemessungsgrenze für 2022 darstellt. Der Beitrag besteht damit aus einem bestimmten Prozentsatz (Beitragssatz) von 7.050 EUR.

Die **Beitragsbemessungsgrenze** darf **nicht** mit der **Jahresarbeitsentgeltgrenze** verwechselt werden. Während die Beitragsbemessungsgrenze die beitragspflichtigen Einnahmen des Beschäftigten kappt, stellt die **Jahresarbeitsentgeltgrenze** (die es nur in der gesetzlichen Krankenversicherung und der sozialen Pflegeversicherung gibt) eine **Grenze der Versicherungspflicht** dar.[57] Ab Überschreiten der Jahresarbeitsentgeltgrenze besteht grundsätzlich keine Versicherungspflicht mehr, was zB ein Blick auf § 6 Abs. 1 Nr. 1 iVm Abs. 6, 7 SGB V zeigt. Beschäftigte, deren Einnahmen regelmäßig über der Jahresarbeitsentgeltgrenze liegen, können entscheiden, ob sie sich als freiwilliges Mitglied in der gesetzlichen Krankenversicherung oder in der privaten Krankenversicherung versichern.

---

57 Die Jahresarbeitsentgeltgrenze liegt 2023 bei 66.600 EUR (§ 6 Abs. 6 SGB V).

**154** In den Bereichen gesetzliche Kranken-, Pflege-, Renten- und Arbeitslosenversicherung gelten **bundeseinheitliche** Beitragssätze.[58] Der allgemeine **Beitragssatz** in der gesetzlichen Krankenversicherung beträgt nach § 241 SGB V 14,6 %, der Beitragssatz in der sozialen Pflegeversicherung nach § 55 Abs. 1 SGB XI 3,05 %[59] und der Beitragssatz in der Arbeitslosenversicherung nach § 341 Abs. 2 SGB III 2,6 %.[60] Der Beitragssatz in der gesetzlichen Rentenversicherung wird durch eine Rechtsverordnung auf der Grundlage des § 160 Nr. 1 SGB VI festgelegt und beträgt derzeit 18,6 %.

**155** Die **Beitragsbemessungsgrenzen** der gesetzlichen **Kranken- und Rentenversicherung** werden jährlich durch eine Rechtsverordnung festgelegt (siehe nur §§ 159, 160 Nr. 2 SGB VI). Die so festgelegte Beitragsbemessungsgrenze der gesetzlichen Rentenversicherung gilt über § 341 Abs. 4 SGB III auch für die Arbeitslosenversicherung, wohingegen die Beitragsbemessungsgrenze der gesetzlichen Krankenversicherung über § 55 Abs. 2 SGB XI auch für die soziale Pflegeversicherung gilt.

**Beitragsbemessungsgrenzen 2023**[61]

| Beitragsbemessungsgrenze | | | | |
|---|---|---|---|---|
| | alte Bundesländer | | neue Bundesländer | |
| | Monat | Jahr | Monat | Jahr |
| Allgemeine Rentenversicherung[62] | 7.300 EUR | 87.600 EUR | 7.100 EUR | 82.500 EUR |
| Arbeitslosenversicherung | 7.300 EUR | 87.600 EUR | 7.100 EUR | 85.200 EUR |
| Krankenversicherung | 4.987,50 EUR | 59.850 EUR | 4.987,50 EUR | 59.850 EUR |
| Pflegeversicherung | 4.987,50 EUR | 59.850 EUR | 4.987,50 EUR | 59.850 EUR |

## IX. Wiederholungs- und Vertiefungsfragen

1. In welchem Verhältnis stehen die Regelungen des SGB IV zu denen der SGB III, V, VI, VII, XI.
2. Welche Versicherungszweige gehören zur Sozialversicherung?
3. Gehört die Arbeitslosenversicherung zur Sozialversicherung?
4. Was unterscheidet die Mitgliedschaft in einem Zweig der Sozialversicherung vom Sozialversicherungsverhältnis?
5. Was unterscheidet die Versicherungspflicht von der Versicherungsberechtigung?
6. Für welche sozialversicherungsrechtliche Einordnung ist das Vorliegen einer Beschäftigung ausschlaggebend?
7. Gelten Selbstständige als Beschäftigte iS § 7 Abs. 1 S. 1 SGB IV?

---

58 Allerdings kennt die gesetzliche Krankenversicherung mit dem Zusatzbeitrag des § 242 SGB V einen Beitragsteil, den jede Krankenkasse eigenständig festsetzen kann.
59 Zzgl. eines Beitragszuschlags für kinderlose Mitglieder in Höhe von 0,35 % (§ 55 Abs. 3 SGB XI).
60 Gem. § 1 S. 2 der Beitragssatzverordnung 2019 beträgt der Beitragssatz bis zum 31.12.2022, abweichend von § 341 Abs. 2 SGB III, 2,4 %.
61 Verordnung über maßgebende Rechengrößen der Sozialversicherung für 2023 (Sozialversicherungsrechengrößen-Verordnung 2023).
62 Für die knappschaftliche Rentenversicherung gelten Besonderheiten.

8. Was ist unter einem Statusfeststellungsverfahren zu verstehen?
9. Welche zwei unterschiedlichen Arten von geringfügiger Beschäftigung gibt es nach § 8 Abs. 1 SGB IV?
10. Was ist unter dem Gesamtsozialversicherungsbeitrag zu verstehen?

## § 10 Das Recht der gesetzlichen Krankenversicherung

**Übungsfall 1:** Dr. Schmidt war bis zum 31.12.2021 als angestellter Steuerberater pflichtversichert bei der AOK. Am 1.1.2022 eröffnete er eine eigene Kanzlei. Eine (gesetzliche oder private) Krankenversicherung hatte er seitdem nicht mehr.

Als Dr. Schmidt in seiner Wohnung einen Nagel in die Wand schlagen will und hierzu auf einen Stuhl steigt, verliert er das Gleichgewicht und stürzt unglücklich. Im Sturz reißt er eine Kanne mit heißem Tee um und zieht sich schwere Verbrennungen zu. Zudem erleidet er Prellungen. Im (nach § 108 SGB V zugelassenen) Krankenhaus wird Dr. Schmidt eine Woche behandelt, da nach Prüfung durch das Krankenhaus seine Aufnahme erforderlich ist, weil das Behandlungsziel nicht durch teilstationäre, vor- und nachstationäre oder ambulante Behandlung einschließlich häuslicher Krankenpflege erreicht werden kann. Nach der Entlassung ist es zur Krankheitsheilung notwendig, dass er noch zwei Wochen lang regelmäßig vom Hausarzt behandelt wird, der die Verbände wechselt und ein verschreibungspflichtiges Schmerzmittel (Arzneimittel) verschreibt.

Dr. Schmidt möchte wissen, ob die gesetzliche Krankenversicherung die aufgrund des Sturzes erforderlichen Leistungen übernimmt und ob und in welcher Höhe er Zuzahlungen zu leisten hat! Beitragsrechtliche Fragestellungen sind nicht zu prüfen!

### I. Einführung

156 Die Krankheit ist eines der Risiken unseres täglichen Lebens, das wir auch bei vernünftigster Lebensgestaltung nicht ausschließen können. Hinzu kommt, dass die mit einer Krankheit verbundenen finanziellen Aufwendungen (zB Arztkosten, Operationskosten usw) und Einbußen (zB Verdienstausfall) für den Durchschnittsbürger allein kaum finanzierbar sind. Daher ist der weitaus größte Teil der bundesdeutschen Bevölkerung gegen das Risiko „Krankheit" in irgendeiner Form abgesichert.[1] Etwa 69 Mio. Bundesbürger, waren Ende 2019 gesetzlich krankenversichert und 8,8 Mio. Bundesbürger privat.[2] Die krankenversicherten Bundesbürger zahlen an ihre Versicherungen Beiträge zur Finanzierung der Gesundheitsaufgaben. Diese Beitragseinnahmen beliefen sich allein im Bereich der gesetzlichen Krankenversicherungen 2020 auf etwa 236 Mrd. EUR.[3] Demgegenüber wachsen aber auch die Ausgaben für das Gesundheitswesen enorm. Sie stiegen von etwa 176 Mrd. EUR 2010 auf etwa 262 Mrd. EUR im Jahre 2020.[4] Regelmäßig wachsende Beitragssätze und eine stetige Reformierung des Krankenversicherungsrechts sind die Folge.

157 Wesentliche **Rechtsgrundlage** des Krankenversicherungsrechts ist das SGB V. Neben ihm gibt es jedoch auch noch einige krankenversicherungsrechtliche Nebengesetze. Diese betreffen die Krankenversicherung der Landwirte[5] und die der Künstler und Publizisten[6]. Ferner enthält auch die Reichsversicherungsordnung (RVO) noch einige, wenige Vorschriften zum Krankenversicherungsrecht.

---

1 Sei es etwa durch eine private bzw. gesetzliche Krankenversicherung oder durch beamtenrechtliche Beihilfeansprüche.
2 Vgl. Bundesministerium f. Gesundheit, Daten des Gesundheitswesens 2021, S. 108.
3 Vgl. Bundesministerium f. Gesundheit, Daten des Gesundheitswesens 2021, S. 130.
4 Vgl. Bundesministerium f. Gesundheit, Daten des Gesundheitswesens 2021, S. 131.
5 Geregelt im Zweiten Gesetz über die Krankenversicherung der Landwirte (KVLG 1989) v. 20.12.1988, BGBl. I 1980, S. 2557.
6 Geregelt im Künstlersozialversicherungsgesetz (KSVG) v. 27.7.1981, BGBl. I 1981, S. 705.

## II. Versicherter Personenkreis

Das Recht der gesetzlichen Krankenversicherung folgt bei der Bestimmung des versicherten Personenkreises der Systematik des § 2 Abs. 1 SGB IV. Auch das SGB V unterscheidet also zwischen den **Versicherungspflichtigen** und **Versicherungsberechtigten**.

### 1. Versicherungspflicht in der gesetzlichen Krankenversicherung

Die gesetzliche Krankenversicherung folgt, ebenso wie die Pflege-, Renten-, Unfall und Arbeitslosenversicherung, dem Prinzip der **Versicherungspflicht**.[7] Das bedeutet, dass sich die (zwangsweise) Versicherung in der gesetzlichen Krankenversicherung direkt aus dem Gesetz ergibt, ohne dass ein Mitgliedsantrag oder Vertragsabschluss erforderlich wäre. Sobald die tatbestandlichen Voraussetzungen vorliegen, die der hier einschlägige § 5 SGB V aufstellt, beginnt die Mitgliedschaft in der gesetzlichen Krankenversicherung und damit auch der entsprechende Versicherungsschutz.[8]

Wer in der gesetzlichen Krankenversicherung versicherungspflichtig ist, ergibt sich aus § 5 SGB V. Wichtigster Anknüpfungspunkt – und Umsetzung der Regelung des § 2 Abs. 2 SGB IV – ist hierbei die **Beschäftigung in nichtselbstständiger Arbeit**. Nach § 5 Abs. 1 Nr. 1 SGB V sind Arbeiter, Angestellte und zu ihrer Berufsausbildung Beschäftigte, die gegen Arbeitsentgelt beschäftigt sind, **versicherungspflichtig** in der Krankenversicherung. Ob jemand iS § 5 Abs. 1 Nr. 1 SGB V „beschäftigt" ist, richtet sich nach den Grundsätzen des § 7 SGB IV (vgl. hierzu Rn. 141). Versicherungspflichtig sind aber auch etwa Bezieher von Arbeitslosengeld (§ 5 Abs. 1 Nr. 2 SGB V), Bezieher von Arbeitslosengeld II (§ 5 Abs. 1 Nr. 2a SGB V) und Rentner während des laufenden Rentenverfahrens (§ 5 Abs. 1 Nr. 11 SGB V). Es ist an dieser Stelle überflüssig, alle pflichtversicherten Personen ausdrücklich zu benennen, da § 5 Abs. 1 SGB V durch selbstständiges Lesen problemlos verstanden werden kann.

Hinzuweisen ist aber auf die – durch das GKV-Wettbewerbsstärkungsgesetz vom 26.3.2007[9] eingeführte – Regelung des § 5 Abs. 1 Nr. 13 SGB V. Danach sind auch Personen pflichtversichert, die einerseits keinen anderweitigen Anspruch auf Absicherung im Krankheitsfall haben **und** andererseits

a) zuletzt gesetzlich krankenversichert waren **oder**
b) bisher nicht gesetzlich oder privat krankenversichert waren, es sei denn, dass sie zu den in § 5 Abs. 5 SGB V oder den in § 6 Abs. 1 oder 2 SGB V genannten Personen gehören oder bei Ausübung ihrer beruflichen Tätigkeit im Inland gehört hätten.

§ 5 Abs. 1 Nr. 13 SGB V stellt einen **Auffangtatbestand** dar, mit dem der Gesetzgeber möglichst viele Menschen in die gesetzliche Krankenversicherung einbeziehen wollte. Die Vorschrift findet ihr Gegenstück für den Bereich der privaten Krankenversicherung in § 193 Abs. 3 VVG, der nicht gesetzlich Krankenversicherte auffordert, eine **private Krankenversicherung** zum Basistarif abzuschließen.

Hinweis: § 5 Abs. 1 Nr. 13 SGB V könnte eine Rolle bei der Lösung unseres 1. Übungsfalls spielen. Lesen Sie bitte nochmals den Sachverhalt unter diesem Blickwinkel.

---

7 Kokemoor, Sozialrecht, Rn. 172; Waltermann u.a., Sozialrecht, Rn. 175.
8 Kokemoor, Sozialrecht, Rn. 172.
9 BGBl. I 2007, S. 378.

Aufgrund dieses sehr umfassenden Krankenversicherungsschutzes haben **sozialhilferechtliche** Hilfen zur Gesundheit nach dem SGB XII kaum noch praktische Bedeutung.[10]

## 2. Versicherungsfreiheit in der gesetzlichen Krankenversicherung

161 Neben den versicherungspflichtigen kennt das SGB V auch **versicherungsfreie Personen**. Versicherungsfreiheit bedeutet, dass bestimmte, eigentlich versicherungspflichtige Beschäftigungs- oder Rechtsverhältnisse kraft Gesetzes von der Versicherungspflicht ausgenommen werden. Bei diesen gesetzlich definierten Tätigkeiten ist aus Sicht des Gesetzgebers eine Pflichtversicherung entbehrlich, da etwa eine Sicherung in einem anderen System besteht oder, da der betreffende Personenkreis wegen der Höhe des erzielten Entgelts nicht schutzbedürftig ist.[11] Das SGB V zählt in § 6 SGB V die Tatbestände auf, die zur Versicherungsfreiheit der angesprochenen Personengruppen führen.

162 Versicherungsfrei sind nach § 6 Abs. 1 Nr. 1 SGB V Arbeiter und Angestellte, deren regelmäßiges Jahresarbeitsentgelt die **Jahresarbeitsentgeltgrenze** nach § 6 Abs. 6 oder 7 SGB V **überschreitet**.

**Hinweis:** Zur Wiederholung: Die **Jahresarbeitsentgeltgrenze** (die es nur in der gesetzlichen Krankenversicherung und der sozialen Pflegeversicherung gibt) stellt eine **Grenze der Versicherungspflicht** dar. Ab Überschreiten der Jahresarbeitsentgeltgrenze besteht grundsätzlich keine Versicherungspflicht mehr. Beschäftigte, deren Einnahmen regelmäßig über der Jahresarbeitsentgeltgrenze liegen, können entscheiden, ob sie sich als freiwilliges Mitglied in der gesetzlichen Krankenversicherung oder in der privaten Krankenversicherung versichern.

Die, von der Bundesregierung durch Rechtsverordnung nach § 160 SGB IV festzusetzende, Jahresarbeitsentgeltgrenze liegt 2023 bei **66.600 EUR/Jahr** (§ 6 Abs. 6 SGB V) bzw. bei **59.850 EUR/Jahr** (§ 6 Abs. 7 SGB V). Maßgebend für eine Überschreitung der Jahresarbeitsentgeltgrenze ist das geschuldete (und nicht etwa das tatsächlich gezahlte) Arbeitsentgelt iS § 14 Abs. 1 SGB IV.

**Hinweis:** Berücksichtigt werden bei der Ermittlung des Arbeitsentgeltes auch einmalige Zuwendungen, wie etwa Sonderzuwendungen, Urlaubsgeld, Tantiemen, Weihnachtsgeld uä, die vertraglich zustehen oder mit an Sicherheit grenzender Wahrscheinlichkeit mindestens einmal jährlich gezahlt werden.[12]

**Regelmäßig** ist der Verdienst, von dem bei Beginn des Beschäftigungsverhältnisses und der folgenden Beitragsperioden zu erwarten ist, dass er bei normalem Ablauf der Dinge zufließt.[13]

§ 6 Abs. 4 S. 1 SGB V lässt die Wirkung des Überschreitens der Jahresarbeitsentgeltgrenze – das Ende der Versicherungspflicht – in einer bestehenden Beschäftigung grundsätzlich auf das **Ende des Kalenderjahres** hinausschieben.

163 Bestimmte Personengruppen, die anderweitig gegen das Risiko „Krankheit" versichert sind, werden unabhängig von ihren Einkommensverhältnissen von der Versicherungspflicht in der gesetzlichen Krankenversicherung ausgenommen. Der Gesetzgeber ging

---

10 Söhngen in: Schlegel/Voelzke, jurisPK-SGB XII, § 48 Rn. 7 (mwN).
11 Just in: Becker/Kingreen, SGB V, § 6 Rn. 1.
12 Vossen in: Krauskopf, Soziale Krankenversicherung, Pflegeversicherung, § 6 SGB V Rn. 9.
13 BSG 30.6.1965 – GS 2/64, BSGE 23, 129 ff.

hier davon aus, dass diese Personen bereits ausreichend durch andere Systeme geschützt werden. Hierzu zählen nach § 6 Abs. 1 Nr. 2 SGB V Beamte, Richter, Soldaten auf Zeit sowie Berufssoldaten der Bundeswehr und sonstige Beschäftigte des Bundes, eines Landes, eines Gemeindeverbandes, einer Gemeinde, von öffentlich-rechtlichen Körperschaften, Anstalten, Stiftungen oder Verbänden öffentlich-rechtlicher Körperschaften oder deren Spitzenverbänden, sofern sie nach beamtenrechtlichen Vorschriften oder Grundsätzen bei Krankheit **Anspruch auf Fortzahlung der Bezüge und auf Beihilfe oder Heilfürsorge** haben. Gleiches gilt nach § 6 Abs. 1 Nr. 4 SGB V für **Geistliche** der als öffentlich-rechtliche Körperschaften anerkannten Religionsgesellschaften. Versicherungsfrei sind zudem nach § 6 Abs. 1 Nr. 3 SGB V die **Werksstudenten**, also Studierende, die während ihres Studiums gegen Arbeitsentgelt beschäftigt sind. Die weiteren Gruppen von versicherungsfreien Personen können ohne Weiteres § 6 Abs. 1 SGB V entnommen werden.

Eine Gruppe, von der Sie bereits gehört haben, denen das Gesetz Versicherungsfreiheit bescheinigt, sind die **geringfügig Beschäftigen** (vgl. hierzu Rn. 144 ff.). § 7 Abs. 1 SGB V ordnet an, dass jede geringfügige Beschäftigung iS §§ 8, 8a SGB IV (also sowohl die zeit- als auch die entgeltgeringfügige Beschäftigung) versicherungsfrei ist. Dies gilt nur dann **nicht**, wenn die geringfügige Beschäftigung im Rahmen im Rahmen betrieblicher Berufsbildung, nach dem Jugendfreiwilligendienstegesetz oder nach dem Bundesfreiwilligendienstgesetz erfolgt. Eine Besonderheit sieht das SGB V auch für das Zusammenrechnen einer geringfügigen Beschäftigung mit einer nicht geringfügigen Beschäftigung vor. Nach § 7 Abs. 1 S. 2 SGB V werden geringfügige Beschäftigungen mit nicht geringfügigen Beschäftigungen nur zusammengerechnet, wenn letztere eine Versicherungspflicht in der gesetzlichen Krankenversicherung begründet.

164

### 3. Befreiung von der Versicherungspflicht in der gesetzlichen Krankenversicherung

Eine bestehende Versicherungsfreiheit in der gesetzlichen Krankenversicherung **endet** grundsätzlich mit Wegfall der Tatbestandsvoraussetzungen, die zum Beginn der Versicherungsfreiheit geführt haben. Mit der Regelung des § 8 SGB V versucht der Gesetzgeber zu verhindern, dass privat Krankenversicherte, die von einem Versicherungspflichttatbestand betroffen werden, ihre private Krankenversicherung kurzfristig kündigen oder ruhend stellen müssen. Die Vorschrift ermöglicht den Betroffenen eine **Befreiung** von der Versicherungspflicht. Voraussetzung für die Befreiung ist die Stellung eines entsprechenden **Antrags**, der nach § 8 Abs. 2 S. 1 SGB V innerhalb von **drei Monaten** nach Beginn der Versicherungspflicht bei der Krankenkasse zu stellen ist. Wird die Befreiung durch Verwaltungsakt erteilt, dann **wirkt** sie nach der ausdrücklichen Regelung des § 8 Abs. 2 S. 2 SGB V auf den Zeitpunkt des Eintritts der Versicherungspflicht **zurück** und ist nach § 8 Abs. 2 S. 3 SGB V **unwiderruflich**.

165

Den Antrag auf Befreiung von der Versicherungspflicht können nach § 8 Abs. 1 SGB V ua **Personen** stellen, die wegen Änderung der Jahresarbeitsentgeltgrenze (§ 8 Abs. 1 Nr. 1 SGB V), durch Herabsetzung der regelmäßigen Wochenarbeitszeit während einer Freistellung nach § 3 des Pflegezeitgesetzes oder der Familienpflegezeit nach § 2 des Familienpflegezeitgesetzes (§ 8 Abs. 1 Nr. 2a SGB V) oder durch den Antrag auf Rente (§ 8 Abs. 1 Nr. 4 SGB V) **versicherungspflichtig** werden.

166

## 4. Freiwillige Versicherung in der gesetzlichen Krankenversicherung

**167** Neben den **Versicherungspflichtigen** kennt das Sozialversicherungsrecht auch die **Versicherungsberechtigten**. Dies sind nach § 2 Abs. 1 SGB IV diejenigen, die aufgrund freiwilligen Beitritts oder freiwilliger Fortsetzung der Sozialversicherung versichert sind. Auch im Recht der gesetzlichen Krankenversicherung gibt es Versicherungsberechtigte. Diese werden vom SGB V als **freiwillig Versicherte** angesprochen.[14] Wer der gesetzlichen Krankenversicherung freiwillig beitreten kann, ist in § 9 Abs. 1 SGB V geregelt. Der dort aufgeführte Personenkreis ist in der gesetzlichen Krankenversicherung versicherungsberechtigt. Das Beitrittsrecht beschränkt sich aber auch nur auf die in § 9 Abs. 1 Nr. 1 bis 7 SGB V gesetzlich geregelten Fälle. Insoweit besteht ein *numerus clausus* der Beitrittsrechte.[15]

**168** Entgegen der etwas irritierend formulierten Aussage des § 9 Abs. 2 SGB V ist der Beitritt der Krankenkasse **nicht** nur **anzuzeigen**. Erforderlich ist für einen wirksamen Beitritt vielmehr eine **Beitrittserklärung** in der Form einer öffentlich-rechtlichen Willenserklärung, auf die die Vorschriften des BGB zu Willenserklärungen anwendbar sind.[16]

**Hinweis:** Die Beitrittserklärung nach § 9 Abs. 2 SGB V hat – was aus der Vorschrift selbst nicht hervorgeht – in **Textform** zu erfolgen! Dies ergibt sich aus § 188 Abs. 3 SGB V, den Sie – sofern Ihre Prüfungsordnungen dies zulassen – in Ihrem Gesetzbuch neben den § 9 SGB V schreiben sollten. Die vormals vorgeschriebene Schriftform bzw. die sie ersetzende qualifizierte elektronische Signatur (§ 36a Abs. 1 und 2 SGB I) hat sich in der Praxis als zu aufwendig erwiesen.[17] Die Textform bestimmt sich nach § 126b BGB.

Der freiwillige Beitritt zur gesetzlichen Krankenversicherung kann zeitlich nicht unbeschränkt erfolgen. § 9 Abs. 2 SGB V ordnet für den Beitritt eine Frist von **drei Monaten** an. Bei dieser Frist handelt sich um eine gesetzliche **Ausschlussfrist**.[18] Eine **Fristversäumung** kann durch Wiedereinsetzung in den vorigen Stand[19] oder durch den sozialrechtlichen Herstellungsanspruch[20] geheilt werden. Für die **Berechnung** der Frist gilt § 26 Abs. 1 SGB X iVm §§ 187–193 BGB. Mit dem Tag des Beitritts beginnt nach § 188 Abs. 1 SGB V die Mitgliedschaft der Versicherungsberechtigten in der gesetzlichen Krankenversicherung.

**Hinweis:** Versichern sich hauptberuflich selbstständig Erwerbstätige freiwillig gesetzlich, so gelten für sie im Hinblick auf das **Krankengeld** Besonderheiten. § 44 Abs. 2 S. 1 Nr. 2 SGB V ordnet insoweit an, dass dieser Personenkreis grundsätzlich **keinen** Anspruch auf Krankengeld hat. Ein solcher Anspruch kann nur dann begründet werden, wenn der Versicherte gegenüber der Krankenkasse erklärt, dass die Mitgliedschaft auch den Anspruch auf Krankengeld umfassen soll. Mit dieser **Wahlerklärung** wird ein Wahltarif nach § 53 Abs. 6 SGB V begründet, der regelmäßig den zu zahlenden Beitrag erhöht.

---

14 Der Zweite Abschnitt des Zweiten Kapitel SGB V, der die Regelungen zur freiwilligen Versicherung enthält, ist auch folgerichtig mit „Versicherungsberechtigung" überschrieben.
15 Just in: Becker/Kingreen, SGB V, § 9 Rn. 4.
16 Kokemoor, Sozialrecht, Rn. 176; vgl. auch § 130 Abs. 3 BGB.
17 BR-Drs. 360/19, S. 65.
18 BSG 11.6.1992 – 12 RK 59/91, Die Beiträge 1993, 226 ff.
19 BSG 14.52002, B 12 KR 14/01 R, NZS 2003, 210 f.
20 LSG RhPf v. 3.3.2011, L 5 KR 108/10, ZfIR 2011, 178 f.

## 5. Die Familienversicherung in der gesetzlichen Krankenversicherung

Anders als private Versicherungen, die allein dem Versicherungsprinzip verpflichtet sind, enthalten Sozialversicherungen auch soziale bzw. solidarische Elemente. Deutlich wird dies im Bereich der gesetzlichen Krankenversicherung an der **Familienversicherung** des § 10 SGB V. Private Krankenversicherungen versichern nach §§ 193, 198 VVG jede Person einer Familie (also auch die Kinder des/der Versicherten) gesondert. Dementsprechend ist auch für jede versicherte Person eine Versicherungsprämie zu zahlen. Die gesetzliche Krankenversicherung geht an dieser Stelle einen anderen Weg. Über die Familienversicherung ermöglicht sie es dem verdienenden Ehegatten oder Lebenspartner[21], der bereits versichertes Mitglied in der gesetzlichen Krankenversicherung ist, unter bestimmten Voraussetzungen auch Familienmitgliedern ohne Beitragserhöhung den Versicherungsschutz der Krankenversicherung zu vermitteln. Die Familienversicherung ist hierdurch ein wichtiges Element des sozialen Ausgleichs in der Form des Familienlastenausgleichs.

169

Ehegatten, Lebenspartner und Kinder von Versicherten werden im Rahmen der Familienversicherung versichert, wenn sie die Voraussetzungen des § 10 Abs. 1 S. 1 Nr. 1 bis 5 SGB V erfüllen. Besondere Bedeutung hat hierbei § 10 Abs. 1 S. 1 Nr. 2, 4, 5 SGB V. Danach dürfen Ehegatten, Lebenspartner und Kinder weder freiwillig noch pflichtversichert sein, nicht hauptberuflich selbstständig erwerbstätig sein und kein Gesamteinkommen haben, das regelmäßig im Monat ein Siebtel der monatlichen Bezugsgröße nach § 18 SGB IV[22] überschreitet. Für Kinder gelten zudem nach § 10 Abs. 2 SGB V Altersbeschränkungen.

170

Die Familienversicherten leiten ihr Versicherungsverhältnis aus dem Mitgliedschaftsverhältnis des Stammversicherten ab. Damit ist die Familienversicherung eine Mischung aus eigener Versicherung und abgeleiteter Versicherung des Stammmitglieds. Sie ist gegenüber der Versicherung des Stammmitgliedes im Hinblick auf Beginn und Ende **akzessorisch**. Das heißt, dass die Versicherungsverhältnisse der Familienversicherten mit dem Ende der Versicherung des Stammmitgliedes **erlöschen** (vgl. aber auch § 19 Abs. 3 SGB V). Gleichwohl ermöglicht die Regelung des § 10 SGB V den Familienversicherten **eigene Leistungsansprüche**, die sie unabhängig vom Stammmitglied geltend machen und durchsetzen können. Dennoch führt die Familienversicherung **nicht** zu einer eigenen Mitgliedschaft der Familienversicherten.

171

Hinweis: Nach § 44 Abs. 2 S. 1 Nr. 1 SGB V haben Familienversicherte **keinen** Anspruch auf Krankengeld!

## III. Versicherungsfälle

Die gesetzliche Krankenversicherung verfolgt **drei Ziele**: die **Erhaltung der Gesundheit** der Versicherten, deren **Wiederherstellung** und die **Besserung** des **Gesundheitszustands**.[23] Damit schützt sie ihre Versicherten vor dem Risiko „Krankheit". Dementsprechend gewährt die gesetzliche Krankenversicherung ihren Versicherten Leistungen zur Verhütung bzw. Früherkennung von Krankheiten, zur Krankenbehandlung und

172

---

21 IS § 1 LPartG. „Lebenspartner" iS einer nichtehelichen Lebensgemeinschaft werden von § 10 SGB V nicht angesprochen.
22 Die Bezugsgröße liegt 2023 bei 3.395 EUR monatlich bzw. 40.740 EUR jährlich im Rechtskreis West und bei 3.290 EUR monatlich bzw. 39.480 EUR im Rechtskreis Ost.
23 Becker/Kingreen in: Becker/Kingreen, SGB V, § 1 Rn. 3.

Leistungen zur Rehabilitation. Die „Krankheit" ist damit der zentrale **Versicherungsfall** des SGB V.

## 1. Krankheit

173 Trotz der zentralen Bedeutung, die das Risiko „Krankheit" für das Recht der gesetzlichen Krankenversicherung hat, definiert das SGB V diesen Begriff nicht. Nach der ständigen Rechtsprechung des BSG und der hM in der rechtswissenschaftlichen Literatur ist Krankheit ein *regelwidriger körperlicher, seelischer oder geistiger Zustand, der entweder Behandlungsbedürftigkeit oder Arbeitsunfähigkeit oder beides zur Folge hat.*[24] Diese Definition bezieht sich jedoch nicht auf die medizinische Beschreibung von Krankheit, sondern allein auf deren **juristische** Charakterisierung. Der funktionale Begriff der „Krankheit" hat allein die Aufgabe, das versicherte Risiko in der Krankenversicherung zu bestimmen. Der Gesetzgeber sah und sieht davon ab, den Begriff „Krankheit" gesetzlich zu definieren, da sein Inhalt ständigen Änderungen unterliegt.[25]

174 **Regelwidrigkeit** liegt vor, wenn der Körper- oder Geisteszustand vom Leitbild eines **gesunden** Menschen, der zur Ausübung der normalen körperlichen oder psychischen Funktionen in der Lage ist, abweicht.[26] Da auch der gesunde Mensch in einer großen Bandbreite auftreten kann, können körperliche oder psychische Einschränkungen, die sich noch in dieser Bandbreite bewegen, nicht als Regelwidrigkeit verstanden werden. Die Funktionseinschränkung muss daher ein so erhebliches Maß haben, dass zu ihrer Wiederherstellung ärztliche Hilfe erforderlich ist.[27] Damit ist der gesunde Mensch nicht als Ideal-, sondern als Normalbild zu verstehen.[28] Maßstab für die Regelwidrigkeit ist der gesunde **Gleichaltrige**.

**Hinweis:** Das Abstellen auf den gesunden Gleichaltrigen bedeutet aber nicht, dass typische altersbedingte Funktionsstörungen (wie zB nachlassendes Seh- oder Hörvermögen) nicht mithilfe der Krankenversicherung überwunden werden können. Sofern diese Störungen durch Leistungen der Krankenversicherung behoben werden können (zB durch Hörgeräte, Brillen, künstliche Gelenke) sind sie krankenversicherungsrechtlich als „Krankheit" zu definieren.[29]

Da nicht jede körperliche Unregelmäßigkeit eine Regelwidrigkeit darstellt, kann eine Krankheit erst dann vorliegen, wenn diese Unregelmäßigkeit zu einer **Beeinträchtigung** der Körperfunktion führt oder als anatomische Abweichung **entstellend** wirkt.[30]

Die **Ursache** der Regelwidrigkeit spielt für den Krankheitsbegriff **keine Rolle**.

**Beispiel:** So kann auch der an Lungenkrebs erkrankte Raucher einen Leistungsanspruch zur Behandlung der Krankheit geltend machen, obwohl er ggf. durch das Rauchen zum Entstehen der Erkrankung beigetragen hat (vgl. aber auch § 52 SGB V).

175 Krankheit iSd SGB V liegt nur vor, wenn der regelwidrige körperliche oder geistige Zustand zu Behandlungsbedürftigkeit oder Arbeitsunfähigkeit geführt hat.

---

24 S. nur BSG 28.9.2010 – B 1 KR 5/10, NJW 2011, 1899 ff. (mwN); Lang in: Becker/Kingreen, SGB V, § 27 Rn. 14.
25 Vgl. BT-Drs. 11/2237, S. 170.
26 BSG 6.8.1987 – 3 RK 15/86, BSGE 62, 83 ff.
27 BSG 10.7.1979 – 3 RK 21/78, BSGE 48, 258 ff.
28 Waltermann u.a., Sozialrecht, Rn. 197.
29 Waltermann u.a., Sozialrecht, Rn. 198.
30 BSG 19.10.2004 – B 1 KR 3/03 R, BSGE 93, 252 ff.

**Behandlungsbedürftigkeit** liegt vor, wenn durch den regelwidrigen Körper- oder Geisteszustand körperliche, geistige oder seelische Funktionen in einem solchen Maß beeinträchtigt sind, dass ihre Wiederherstellung ohne ärztliche Hilfe nicht erreichbar erscheint und nach den Regeln der ärztlichen Kunst der anomale Zustand einer Behandlung mit dem Ziel einer Diagnosestellung bzw. der Heilung, Linderung oder Verhütung einer Verschlimmerung zugänglich ist.[31] Zudem muss die Krankheit einer Behandlung überhaupt **zugänglich** sein, also durch Mittel der Krankenbehandlung beeinflusst werden können.[32] So besteht **keine** Leistungspflicht der gesetzlichen Krankenkasse, wenn die ärztliche Behandlung keine hinreichende Erfolgsaussicht mehr bietet und die Pflege deshalb im Wesentlichen nur noch um ihrer selbst willen und nicht im Rahmen eines zielstrebigen Heilplans durchgeführt wird.[33]

**Hinweis:** Bei unheilbaren Krankheiten vermag es zwar die ärztliche Behandlung regelmäßig nicht, die Krankheit zu heilen oder eine Verschlimmerung zu verhüten. Allerdings kann sie durch eine wirksame Schmerztherapie durchaus gelindert werden. Damit besteht auch im Hinblick auf unheilbare Krankheiten Behandlungsbedürftigkeit.

**Arbeitsunfähigkeit** liegt vor, wenn Versicherte aufgrund von Krankheit ihre zuletzt vor der Arbeitsunfähigkeit ausgeübte Tätigkeit nicht mehr oder nur unter der Gefahr der Verschlimmerung der Erkrankung ausführen können.[34] Bei der Beurteilung der Arbeitsunfähigkeit ist darauf abzustellen, welche Bedingungen die bisherige Tätigkeit konkret geprägt haben.[35]

### 2. Schwangerschaft und Mutterschaft

Da **Schwangerschaft** und **Mutterschaft** die Voraussetzungen, die an den krankenversicherungsrechtlichen Begriff „Krankheit" gestellt werden, nicht erfüllen, stellen sie eigenständige Versicherungsfälle im SGB V dar (vgl. § 24c SGB V). Auch während ihres Verlaufs sind ähnliche Maßnahmen wie bei der Krankheitsbehandlung erforderlich (zB Untersuchungen).[36]

## IV. Leistungen und Leistungsvoraussetzungen

### 1. Überblick

Das Leistungserbringungsrecht der gesetzlichen Krankenversicherung wird im Dritten Kapitel des SGB V (§§ 11–68 SGB V) geregelt. Allerdings enthält bereits das SGB I einen Überblick über das Leistungsspektrum des Krankenversicherungsrechts. § 21 Abs. 1 SGB I beschreibt die Leistungen, die nach dem Recht der gesetzlichen Krankenversicherung in Anspruch genommen werden können.

---

31 BSG 10.7.1979 – 3 RK 21/78, BSGE 48, 258 ff.
32 BSG 13.2.1975 – 3 RK 68/73, BSGE 39, 167 ff.
33 BGH 9.5.2000 – VI ZR 173/99, NJW 2000, 3429 ff.; BSG 10.10.1978 – 3 RK 81/77, BSGE 47, 83 ff.
34 § 2 Abs. 1 S. 1 Richtlinie des Gemeinsamen Bundesausschusses über die Beurteilung der Arbeitsunfähigkeit und die Maßnahmen zur stufenweisen Wiedereingliederung nach § 92 Abs. 1 S. 2 Nr. 7 SGB V (Arbeitsunfähigkeits-Richtlinie), in der Fassung vom 14.11.2013, veröffentlicht im Bundesanzeiger BAnz AT 27.1.2014 B4, in Kraft getreten am 28.1.2014, zuletzt geändert am 4.8.2022, veröffentlicht im Bundesanzeiger BAnz AT 23.8.2022 B3, in Kraft getreten am 4.8.2022.
35 § 2 Abs. 1 S. 2 Arbeitsunfähigkeits-Richtlinie.
36 Kokemoor, Sozialrecht, Rn. 184; Gitter/Schmitt, Sozialrecht, § 9 Rn. 70.

Hinweis: Allerdings stellt § 21 Abs. 1 SGB I **keine** Anspruchsgrundlage für die dort aufgezählten Leistungen dar. Die Vorschrift will lediglich den Bürgern eine möglichst genaue Kenntnis des Rechts der gesetzlichen Krankenversicherung und der ihnen zustehenden Leistungsansprüche in diesem Bereich verschaffen.[37] Sie hat damit einen rein deklaratorischen Charakter und vermittelt keine subjektiven Rechte.

Auch § 11 Abs. 1 u. 2 SGB V verschafft dem Rechtsanwender einen bereits konkreteren Überblick über das Leistungsspektrum der gesetzlichen Krankenversicherung. Eine Anspruchsgrundlage für diese Leistungen enthält § 11 Abs. 1 u. 2 SGB V hingegen nicht.[38]

Nach § 11 Abs. 1 SGB V unterscheidet das SGB V folgende Leistungsarten:

- Leistungen zur Verhütung von Krankheiten,
- Leistungen zur Früherkennung von Krankheiten,
- Leistungen zur Behandlung einer Krankheit und
- Leistungen des Persönlichen Budgets für Menschen mit Behinderungen.

Auf diese Leistungen kann jedoch nach § 11 Abs. 5 SGB V nur dann ein Anspruch bestehen, wenn die Krankheit nicht Folge eines Arbeitsunfalls oder einer Berufskrankheit ist. Diese Risiken werden von der gesetzlichen Unfallversicherung abgedeckt.

179 Die §§ 12–19 SGB V enthalten die **gemeinsamen Vorschriften** für das Leistungsrecht des SGB V und bilden damit so etwas wie dessen allgemeinen Teil. Als solcher enthalten sie einige wichtige Leistungsgrundsätze, die bei der Bewilligung von Leistungen durch die Krankenkassen zu berücksichtigen sind. Der wichtigste Grundsatz ist das **Wirtschaftlichkeitsprinzip**.

Das **Wirtschaftlichkeitsprinzip** findet seine Grundlage in § 12 Abs. 1 SGB V, der von § 2 Abs. 4 SGB V flankiert wird. Nach § 12 Abs. 1 SGB V müssen Leistungen ausreichend, zweckmäßig und wirtschaftlich sein und dürfen das Maß des Notwendigen nicht überschreiten. Durch das Wirtschaftlichkeitsgebot wird der Leistungsanspruch der Versicherten in verfassungsrechtlich unbedenklicher[39] Weise konkretisiert. Eine Leistung ist **ausreichend**, wenn sie – ausgehend vom jeweiligen Zweck der Leistung – nach Umfang und Qualität hinreichende Chancen für einen Heilerfolg bietet. Der Begriff „ausreichend" bezieht sich hierbei nicht nur auf die Art der Leistung, sondern auch auf die zu leistende Menge, etwa darauf, ob ein oder mehrere Hilfsmittel zu gewähren sind. Von einer **zweckmäßigen** Leistung kann gesprochen werden, wenn sie auf eines der in den §§ 11 Abs. 1, Abs. 2 und 27 Abs. 1 S. 1 SGB V genannten Ziele objektiv ausgerichtet ist und auch hinreichend wirksam ist, um diese Ziele zu erreichen. Eine Leistung ist **notwendig**, wenn gerade sie nach Art und Ausmaß zur Zweckerzielung zwangsläufig, unentbehrlich und unvermeidlich ist.[40]

180 Nach § 2 Abs. 2 S. 1 SGB V erhalten die Versicherten Leistungen der gesetzlichen Krankenversicherung grundsätzlich als Sach- und Dienstleistungen (**Sachleistungsprinzip**). Dies bedeutet, dass die Versicherten gegenüber ihrer gesetzlichen Krankenversicherung einen Anspruch auf die Verschaffung der für die Behandlung erforderlichen

---

37 Vgl. BR-Drs. 7/868, S. 26.
38 Dies ist bei § 11 Abs. 3 u. 4 SGB V anders. Diese enthalten Anspruchsgrundlagen für Nebenleistungsansprüche.
39 BVerfG 6.12.2005 – 1 BvR 347/98, BVerfGE 115, 25, 45.
40 Engelhard/Helbig in: Schlegel/Voelzke, jurisPK-SGB V, § 12 Rn. 48 ff.

Sach- und Dienstleistungen haben und nicht etwa einen Anspruch auf Geldleistungen, mit denen die Sachleistung dann „eingekauft" werden kann. Die Krankenkasse erfüllt den Sachleistungsanspruch des Versicherten dadurch, dass sie entsprechende Verträge mit Leistungserbringern abschließt. Infolgedessen entstehen unterschiedlicher Vertragsbeziehungen, die deutlich auseinandergehalten werden müssen. Zwischen der Krankenkasse und dem Versicherten besteht ein (öffentlich-rechtliches) mitgliedschaftliches Rechtsverhältnis. Auch die vertragliche Beziehung zwischen der Krankenkasse und den Leistungserbringern ist öffentlich-rechtlich geprägt.[41] Schlussendlich entsteht auch eine vertragliche Beziehung zwischen dem Versicherten und dem Leistungserbringer.[42]

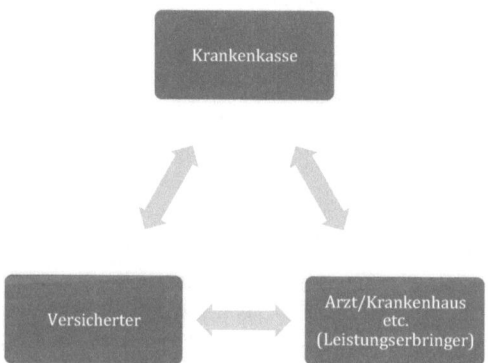

*Abb. 9: Das Leistungsdreieck im Sachleistungsprinzip*

Das Sachleistungsprinzip wird jedoch in zwei Fällen durchbrochen. Die erste Durchbrechung erfolgt durch das in § 13 SGB V geregelte **Kostenerstattungsprinzip**. Bei der zweiten Durchbrechung handelt es sich um das **Persönliche Budget** iS § 2 Abs. 2 S. 2 SGB V.

181

---

41  Vgl. zu den Einzelheiten des Leistungserbringungsrechts Igl/Welti, Gesundheitsrecht, Kap. 4, 5 u. 6.
42  Im Regelfall dürfte dies ein medizinischer Behandlungsvertrag iS §§ 630 a ff. BGB sein.

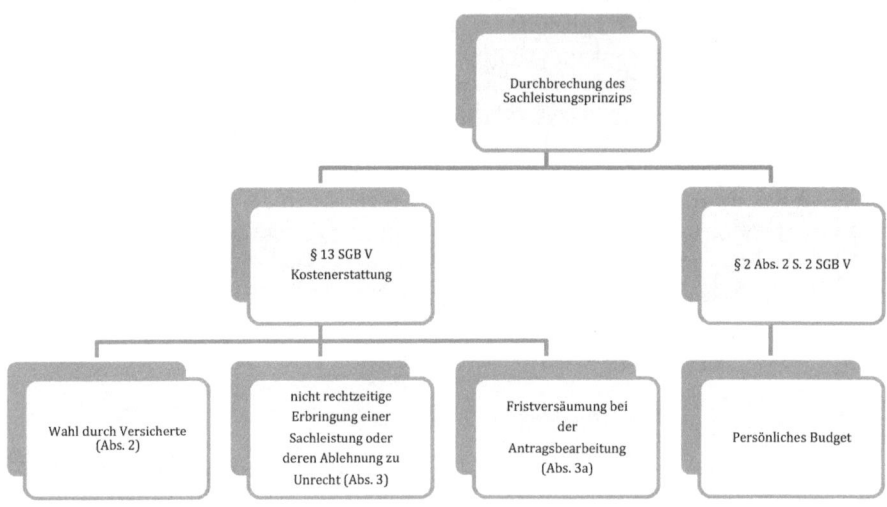

*Abb. 10: Durchbrechung des Sachleistungsprinzips*

§ 13 Abs. 2 SGB V sieht die Möglichkeit vor, dass die Versicherten statt der Sach- oder Dienstleistung die **Kostenerstattung wählen**. Dieses Wahlrecht muss durch eine einseitige empfangsbedürftige Willenserklärung gegenüber der Krankenkasse ausgeübt werden. Gesetzlich ist hierfür eine Form nicht vorgesehen, sie kann aber von der Satzung der Krankenkasse bestimmt werden. Wird dieses Wahlrecht ausgeübt, dann führt dies dazu, dass der Versicherte sich nunmehr selbstständig um die Leistungen kümmern muss. Hierzu schließt er einen privatrechtlichen Behandlungsvertrag mit dem Leistungserbringer ab. Aus diesem heraus ist er verpflichtet, dem Leistungserbringer die vereinbarte Vergütung zu zahlen. Danach hat er grundsätzlich die Möglichkeit, die ihm entstandenen Kosten von seiner Krankenkasse ersetzt zu verlangen. Die Erstattung ist allerdings nach § 13 Abs. 2 S. 8 SGB V auf die Kosten beschränkt, die die Krankenkasse bei der von ihr nicht erbrachten Sachleistung hätte zahlen müssen.

Nach § 13 Abs. 3 SGB V führt auch das **Unvermögen** bzw. die **rechtswidrige Weigerung** der Krankenkassen, eine unaufschiebbare Leistung zu erbringen dazu, dass sich der betroffene Versicherte die Leistung in Durchbrechung des Sachleistungsprinzips selbst beschaffen darf. Voraussetzung hierfür ist zunächst, dass die begehrte Leistung der Krankenkasse **unaufschiebbar** war. Dies ist dann der Fall, wenn die Leistung im Zeitpunkt ihrer tatsächlichen Durchführung so dringlich war, dass aus medizinischer Sicht keine Möglichkeit eines nennenswerten zeitlichen Aufschubs mehr bestand.[43]

---

[43] Wagner in: Krauskopf, Soziale Krankenversicherung, Pflegeversicherung, SGB V, § 13 Rn. 26 (mwN).

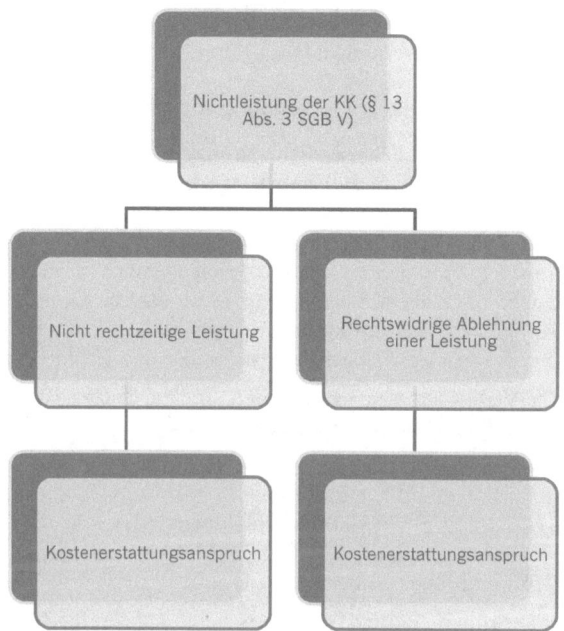

*Abb. 11: Kostenerstattung bei Nichtleistung der Krankenkasse*

Eine beantragte Leistung wird dann von der Krankenkasse **rechtswidrig abgelehnt**, wenn sie eine vom Versicherten beantragte und ihm rechtlich zustehende Leistung objektiv rechtswidrig verweigert.[44] Auf der Rechtsfolgenseite gewährt § 13 Abs. 3 SGB V einen Kostenerstattungsanspruch. Dieser umfasst sämtliche bei der Beschaffung der Leistung entstandenen notwendigen Kosten, ohne dass hier eine Beschränkung auf die Kosten stattfindet, die die Krankenkasse bei der von ihr nicht erbrachten Sachleistung hätte zahlen müssen.[45]

Letztlich besteht die Möglichkeit der Kostenerstattung nach **Genehmigungsfiktion** gem. § 13 Abs. 3a SGB V.[46] Mithilfe dieser Vorschrift soll das Bewilligungsverfahren beschleunigt werden. Dies geschieht dadurch, dass die Krankenkassen Anträge innerhalb von drei bzw. fünf[47] Wochen nach Antragseingang bescheiden müssen. Können sie diese Fristen nicht einhalten, dann haben die Krankenkassen die Antragsteller über die Verzögerung, hinreichend über die Gründe der Verzögerung und über eine taggenau bestimmte Fristverlängerung jeweils vor Fristablauf zu informieren. Anderenfalls gilt[48] die Leistung, sofern sie nicht **offensichtlich** außerhalb des Leistungskatalogs der gesetzlichen Krankenversicherung liegt, als genehmigt.[49] Der Versicherte kann die kraft

---

44 Helbig in: Schlegel/Voelzke, jurisPK-SGB V, § 13 Rn. 45.
45 BeckOK SozR/Joussen, § 13 SGB V Rn. 20.
46 Das Rehabilitationsrecht kennt mit § 18 SGB IX eine ähnliche Vorschrift.
47 Sofern eine gutachterliche Stellungnahme eingeholt werden muss.
48 Die Leistungsbewilligung durch die Krankenkasse wird also gesetzlich **fingiert**.
49 Grundlegend BSG 8.3.2016 – B 1 KR 25/15 R, NZS 2016, 464 ff.; kritisch hierzu Rieker, NZS 2015, 294 ff.

Fiktion genehmigte Leistung von seiner Krankenkasse lediglich bei Selbstbeschaffung in Form von Kostenerstattung verlangen.[50]

### 2. Leistungen zur Verhütung und Früherkennung von Krankheiten

**182** Als eine Versicherung ist auch die gesetzliche Krankenversicherung bestrebt, das versicherte Risiko „Krankheit" bei ihren Versicherten erst gar nicht eintreten zu lassen. Gerade vor dem Hintergrund der stetig ansteigenden Fälle von Zivilisationskrankheiten (Krebs, Diabetes, Herz-Kreislauf-Erkrankungen) ist das frühzeitige Erkennen bzw. das Verhüten derartiger Krankheiten wirtschaftlich weniger belastend für die gesetzliche Krankenversicherung, als das Behandeln. Aus diesem Grund sieht das SGB V verschiedene Leistungen zur Verhütung **von Krankheiten** und zur **Früherkennung** vor, die somit bereits vor Eintritt des Versicherungsfalls „Krankheit" greifen.

**183** Die Leistungen zur Verhütung von Krankheiten sind in den §§ 20–24 SGB V, die zur Früherkennung in den §§ 25–26 SGB V geregelt.

Zu den wichtigsten Leistungen, die sich auf die **Verhütung** von Krankheiten beziehen, zählen die betriebliche Gesundheitsförderung (§ 20b SGB V), die Prävention durch Schutzimpfungen (§ 20i SGB V), die Individualprophylaxe bei Zahnerkrankungen (§ 22 SGB V) und die medizinischen Vorsorgeleistungen (zB Kuren) für Versicherte generell (§ 23 SGB V) und für versicherte Mütter und Väter (§ 24 SGB V).

Im Hinblick auf die **Früherkennung** von Krankheiten spielen die Gesundheitsuntersuchungen Erwachsener (§ 25 SGB V) und Kinderuntersuchungen (§ 26 SGB V)[51] eine wichtige Rolle. Die Gesundheitsuntersuchungen für Erwachsene nach § 25 SGB V beschäftigen sich mit der Früherkennung von **Zivilisations-** (§ 25 Abs. 1 SGB V) und **Krebserkrankungen** (§ 25 Abs. 2 SGB V). § 25 Abs. 1 SGB V regelt die Untersuchungen zur Früherkennung von **Zivilisationskrankheiten**. Hierzu zählen etwa Herz-Kreislauf- und Nierenerkrankungen sowie die Zuckerkrankheit. Aber auch andere Krankheiten können Gegenstand der Früherkennungsuntersuchung sein. Anspruchsberechtigt sind Versicherte, die das 18. Lebensjahr vollendet haben. § 25 Abs. 2 SGB V räumt einen Anspruch auf Untersuchungen zur Früherkennung von **Krebserkrankungen** ein. Anspruchsberechtigt sind auch hier Versicherte, die das 18. Lebensjahr vollendet haben.

**Hinweis:** Inhalt, Art und Umfang der Früherkennungsuntersuchungen sind vom Gemeinsamen Bundesausschuss in entsprechenden Richtlinien geregelt. Hierbei handelt es sich einerseits um die Richtlinie des Gemeinsamen Bundesausschusses über die Früherkennung von Krebserkrankungen (Krebsfrüherkennungs-Richtlinie) und um die Richtlinien des Bundesausschusses der Ärzte und Krankenkassen über die Gesundheitsuntersuchung zur Früherkennung von Krankheiten („Gesundheitsuntersuchungs-Richtlinien"). Beide können auf der Seite des Gemeinsamen Bundesausschusses (www.g-ba.de) gefunden werden.

**184** Leistungen zur **Empfängnisverhütung** und Leistungen bei durch Krankheit erforderlicher **Sterilisation** und bei nicht rechtswidrigem **Schwangerschaftsabbruch** sehen die §§ 24a, 24b SGB V vor.

---

50 In BSG 8.3.2016 – B 1 KR 25/15 R, NZS 2016, 464 ff. statuierte der 1. Senat des BSG noch einen, neben dem Kostenerstattungsanspruch bestehenden, Sachleistungsanspruch. Diese Rechtsprechung hat der erste Senat zwischenzeitlich ausdrücklich aufgegeben, vgl. BSG 26.5.2020 – B 1 KR 9/18 R –, SGb 2021, 169 ff.; kritisch hierzu Schaumberg, SGb 2021, 174 ff.
51 Dies sind die üblichen U1 – U10 Untersuchungen.

## 3. Leistungen bei Krankheit

Ist der Versicherungsfall „Krankheit" (vgl. hierzu Rn. 173 ff.) eingetreten, dann ist die gesetzliche Krankenversicherung verpflichtet, Leistungen bei Krankheit zu erbringen. **Anspruchsgrundlage** für diese Leistungen sind die §§ 27 und 44 SGB V. Der Leistungsumfang ist in den §§ 27–52a SGB V geregelt. Danach stehen dem Versicherten im Krankheitsfall zwei unterschiedliche Leistungsarten zur Verfügung: Leistungen zur **Krankenbehandlung** und **Krankengeld**. Liegen die Voraussetzungen der § 27 bzw. § 44 SGB V vor, so hat der Versicherte einen **Anspruch** auf die Bewilligung dieser Leistungen.

Nach § 27 Abs. 1 SGB V haben Versicherte Anspruch auf **Krankenbehandlung**, wenn sie **notwendig**[52] ist, um eine Krankheit zu erkennen, zu heilen, ihre Verschlimmerung zu verhüten oder Krankheitsbeschwerden zu lindern. Allerdings ergibt sich weder aus § 27 Abs. 1 S. 1 SGB V noch aus den §§ 28 ff. SGB V, welche Leistungen in einer konkreten Krankheitssituation durch die Krankenkasse zu erbringen sind. Die genannten Vorschriften über die Krankenbehandlung bilden daher lediglich einen **Anspruchsrahmen**, der im konkreten Einzelfall durch die Therapieentscheidung des behandelnden Arztes ausgefüllt werden muss. Dieser Anspruchsrahmen entwickelt sich erst dann zu einem durchsetzbaren Leistungsanspruch, wenn der behandelnde Vertragsarzt durch seine Behandlungsentscheidung festgelegt hat, welche Sach- oder Dienstleistungen zur Erreichung des Behandlungsziels notwendig sind.[53]

Die Krankenbehandlung iS § 27 Abs. 1 SGB V umfasst:

1. Ärztliche Behandlung einschließlich Psychotherapie als ärztliche und psychotherapeutische Behandlung,
2. zahnärztliche Behandlung,
3. Versorgung mit Zahnersatz einschließlich Zahnkronen und Suprakonstruktionen,
4. Versorgung mit Arznei-, Verband-, Heil- und Hilfsmitteln,
5. häusliche Krankenpflege und Haushaltshilfe,
6. Krankenhausbehandlung und
7. Leistungen zur medizinischen Rehabilitation und ergänzende Leistungen.

§ 27 Abs. 1 S. 4 SGB V fügt dieser Aufstellung noch Leistungen zur Herstellung der Zeugungs- oder Empfängnisfähigkeit hinzu, sofern diese Fähigkeit nicht vorhanden war oder durch Krankheit oder wegen einer durch Krankheit erforderlichen Sterilisation verlorengegangen war. Eine weitere Leistung der Krankenbehandlung enthält § 27a SGB V, der medizinische Maßnahmen zur Herbeiführung einer Schwangerschaft dem Leistungsspektrum hinzufügt.

Nachfolgend werden die wichtigsten Leistungen der Krankenbehandlung in der gebotenen Kürze vorgestellt.

Die **ärztliche und zahnärztliche Behandlung** umfasst nach § 28 Abs. 1 SGB V die Tätigkeit des Arztes bzw. Zahnarztes, die zur Verhütung, Früherkennung und Behandlung von Krankheiten bzw. Zahn-, Mund- und Kieferkrankheiten nach den Regeln der (zahn-)ärztlichen Kunst ausreichend und zweckmäßig ist. Einzelheiten zur ver-

---

52 Der Begriff „notwendig" ist ein unbestimmter Rechtsbegriff, der gerichtlich voll nachprüfbar ist, vgl. hierzu BSG 25.9.2007 – GS 1/06, BSGE 99, 111 ff.
53 Grundlegend hierzu BSG 16.12.1993 – 4 RK 5/92, BSGE 73, 271ff.; sa BSG 16.9.1997 – 1 RK 32/95, BSGE 81, 73 ff.

trags(zahn-)ärztlichen Versorgung finden sich in der Richtlinie des Gemeinsamen Bundesausschusses zu Untersuchungs- und Behandlungsmethoden der vertragsärztlichen Versorgung (Richtlinie Methoden vertragsärztliche Versorgung) und in der Richtlinie des Gemeinsamen Bundesausschusses für eine ausreichende, zweckmäßige und wirtschaftliche vertragszahnärztliche Versorgung (Behandlungsrichtlinie).[54] Die von den (Zahn-)Ärzten zu erbringenden Leistungen haben dem Stand der medizinischen Erkenntnisse zu entsprechen und müssen den medizinischen Fortschritt berücksichtigen (§ 2 Abs. 1 S. 3 SGB V). **Neue Untersuchungs- und Behandlungsmethoden** dürfen nur in die Versorgung aufgenommen werden, wenn der Gemeinsame Bundesausschuss ihre Anerkennung empfohlen hat (§ 135 Abs. 1 SGB V).

**Hinweis:** Ausnahmsweise können auch neue Behandlungsmethoden in das Leistungsspektrum der gesetzlichen Krankenversicherung einbezogen werden. Eine praktisch sehr wichtige Ausnahme ist § 2 Abs. 1a SGB V. Danach können Versicherte mit einer **lebensbedrohlichen** oder **regelmäßig tödlichen Erkrankung** oder mit einer zumindest wertungsmäßig vergleichbaren Erkrankung, für die eine allgemein anerkannte, dem medizinischen Standard entsprechende Leistung nicht zur Verfügung steht, eine neue Behandlungsmethode beanspruchen, wenn eine nicht ganz entfernt liegende Aussicht auf Heilung oder auf eine spürbare positive Einwirkung auf den Krankheitsverlauf besteht.[55]

188 Ärztliche und zahnärztliche Behandlungsleistungen dürfen nach § 15 Abs. 1 SGB V nur von **approbierten** Ärzten bzw. Zahnärzten[56] erbracht werden. Psychotherapeuten, die zulasten der gesetzlichen Krankenversicherung eine Krankheit psychotherapeutisch behandeln, müssen nach § 28 Abs. 3 SGB V zur psychotherapeutischen Behandlung **zugelassen** sein. Hilfeleistungen durch medizinisches Personal (Angestellte, selbstständige Logopäden usw) sind nach § 28 Abs. 1 S. 2 SGB V dann möglich, wenn sie vom (Zahn-)Arzt angeordnet und von ihm verantwortet werden. Im Übrigen gilt bei der (zahn-)ärztlichen Behandlung nach § 76 Abs. 1 SGB V der Grundsatz der **freien Arztwahl**. Die Versicherten können unter den zugelassenen Leistungserbringern frei auswählen. Eingeschränkt wird dieser Grundsatz etwa im Bereich der **hausarztzentrierten Versorgung** nach § 73b SGB V. Haben sich Versicherte für diese Versorgungsart entschieden, so sind sie verpflichtet, nur einen von ihnen aus dem Kreis der Hausärzte gewählten Hausarzt in Anspruch zu nehmen sowie ambulante fachärztliche Behandlung mit Ausnahme der Leistungen der Augenärzte und Frauenärzte nur auf dessen Überweisung.

Anspruch auf **kieferorthopädische Versorgung** besteht, zumindest für Erwachsene, nur in Ausnahmefällen. § 29 Abs. 1 SGB V lässt einen Anspruch nur in medizinisch begründeten Indikationsgruppen zu, bei denen eine Kiefer- oder Zahnfehlstellung vorliegt, die das Kauen, Beißen, Sprechen oder Atmen erheblich beeinträchtigt oder zu beeinträchtigen droht. Zudem sind in diesem Fall Zuzahlungen nach § 29 Abs. 2 SGB V zu leisten. Ebenfalls zu den Leistungen bei Krankheit zählt die Versorgung mit **Zahnersatz** (§§ 55 ff. SGB V). Nach § 55 Abs. 1 SGB V – und anders als bei der kieferorthopädischen Versorgung – haben Versicherte hierbei nur Anspruch auf befundbezogene Festzuschüsse bei einer medizinisch notwendigen Versorgung mit Zahnersatz einschließlich Zahnkronen und Suprakonstruktionen (zahnärztliche und zahntechnische

---

54 Beide sind abrufbar unter www.g-ba.de.
55 Zu den weiteren Voraussetzungen vgl. Waltermann u.a., Sozialrecht, Rn. 202.
56 Vgl. §§ 39, 40 AppOÄ, §§ 1 ff. Gesetz über die Ausübung der Zahnheilkunde.

Leistungen) in den Fällen, in denen eine zahnprothetische Versorgung notwendig ist und die geplante Versorgung einer anerkannten Methode entspricht.

Die Versorgung mit **Arznei-, Verband-, Heil- und Hilfsmitteln** ist in den §§ 31 bis 36 SGB V geregelt.

**Arzneimittel**[57] iS § 31 SGB V sind nach der Definition des BSG Substanzen, deren bestimmungsmäßige Wirkung darin liegt, Krankheitszustände zu heilen oder zu bessern oder die dazu dienen, im Rahmen einer Diagnose körperliche Funktionen oder Zustände erkennen zu lassen.[58]

189

Hinweis: Wichtig ist bei der Frage, ob Versicherte gegen ihre Krankenkasse Anspruch auf Versorgung mit Arzneimitteln haben, die Systematik der §§ 31, 34 SGB V. Nach § 31 Abs. 1 S. 1 SGB V haben Versicherte Anspruch auf Versorgung mit **apothekenpflichtigen** (§§ 43 ff. AMG) Arzneimitteln, soweit diese nicht nach § 34 SGB V bzw. durch Richtlinien nach § 92 Abs. 1 S. 2 Nr. 6 SGB V ausgeschlossen sind. Nach § 34 Abs. 1 S. 1 SGB V sind zunächst grundsätzlich (zu den Ausnahmen s. § 34 Abs. 1 S. 5 SGB V) alle **nicht verschreibungspflichtigen** Arzneimittel von der Versorgung ausgeschlossen. Weitere Ausschlusstatbestände enthalten § 34 Abs. 1 S. 6–8 SGB V, die ua Linderungsmittel bei Erkältung, Abführmittel, Schlankheitsmittel und Potenzmittel von der Versorgung ausnehmen.

Auch Verbandmittel, Harn- und Blutteststreifen zählen nach § 31 Abs. 1 S. 1 SGB V zu den Arzneimitteln.

Unter **Heilmitteln** iS § 32 SGB V sind alle ärztlich verordneten Dienstleistungen, die einem Heilzweck dienen oder einen Heilerfolg sichern und nur von entsprechend ausgebildeten Personen erbracht werden dürfen, zu verstehen.[59] Hierzu zählen etwa Physiotherapie, Massagen, Bäder oder Sprachtherapie (vgl. § 32 Abs. 2 S. 2 SGB V).

Unter **Hilfsmitteln** iS § 33 SGB V sind alle ärztlich verordneten Sachen, die den Erfolg der Heilbehandlung sichern oder die Folgen von Gesundheitsschäden mildern oder ausgleichen, zu verstehen.[60] Hierzu zählen zB Körperersatzstücke, orthopädische Hilfsmittel, Hörgeräte usw Voraussetzung für einen Anspruch auf ein Hilfsmittel ist, dass dieses nicht als ein **allgemeiner Gebrauchsgegenstand des täglichen Lebens** anzusehen ist oder nach § 34 SGB V von der Versorgung ausgeschlossen ist. Hilfsmittel iS § 33 SGB V sind zB individuell angepasste Hilfsmittel, die nur für den Versicherten bestimmt sind und nur von ihm verwendet werden. Die Abgrenzung zwischen „Hilfsmittel" und „Gebrauchsgegenstand" richtet sich nach der Zweckbestimmung des Gegenstandes. Die Zweckbestimmung ist einerseits aus der Sicht des Herstellers, andererseits aus der Sicht der tatsächlichen Benutzer zu bestimmen.[61] Nach der Rechtsprechung des BSG sind Geräte, die speziell für die Bedürfnisse behinderter Menschen entwickelt und hergestellt worden sind und von diesem Personenkreis auch ausschließlich oder ganz überwiegend benutzt werden, keine allgemeinen Gebrauchsgegenstände des täglichen Lebens. Dementsprechend ist ein Gegenstand dann ein Gebrauchsgegenstand des täglichen Lebens, wenn er nicht überwiegend für Menschen mit Behinderungen bzw. Kranke konzipiert worden ist.[62]

---

57 Vgl. zum Arzneimittelbegriff auch die Definition in § 2 Abs. 1 Arzneimittelgesetz (AMG).
58 So zB BSG 18.5.1978 – 3 RK 11/77, BSGE 46, 179 ff.
59 BSG 28.6.2001 – B 3 KR 3/00 R, SozR 3–2500 § 33 Nr. 41.
60 Pitz in: Schlegel/Voelzke, jurisPK-SGB V, § 33 Rn. 22.
61 BSG 16.9.1999 – B 3 KR 1/99 R, BSGE 84, 266 ff.
62 BSG 16.9.1999 – B 3 KR 1/99 R, BSGE 84, 266 ff.

Beispiel: So werden etwa elektrisch verstellbare Sessel für einen breiten Konsumentenkreis produziert und nicht speziell für behinderte Menschen. Sie sind daher kein Hilfsmittel iS § 33 SGB V.[63]

190 Eine weitere Leistung der gesetzlichen Krankenversicherung zur Krankenbehandlung ist die in § 37 SGB V geregelte **häusliche Krankenpflege**. Diese ist, da die Pflege eigentlich Aufgabe der sozialen Pflegeversicherung ist, immer wieder Gegenstand gerichtlicher Auseinandersetzungen im Hinblick auf die Zuständigkeit für die Pflege kranker Menschen. Ein Anspruch auf häusliche Krankenpflege, besteht einerseits dann, wenn Krankenhausbehandlung geboten, aber nicht ausführbar ist (zB wegen Bettenmangels), oder wenn sie durch die häusliche Krankenpflege vermieden oder verkürzt wird (sog. **Krankenhausersatzpflege**, § 37 Abs. 1 SGB V). Der Anspruch besteht aber auch dann, wenn häusliche Krankenpflege zur Sicherung des Ziels der ärztlichen Behandlung erforderlich ist (sog. **Sicherungspflege**, § 37 Abs. 2 SGB V). Darüber hinaus sieht § 37 Abs. 1a SGB V einen Anspruch auf **Grundpflege** und **hauswirtschaftliche Versorgung** bei akuter schwerer Krankheit an geeigneten Orten iS § 37 Abs. 1 S. 1 SGB V vor. Für diesen Anspruch ist es ausreichend, dass sich die Versicherten im häuslichen Bereich nicht selbst pflegen und versorgen können.[64]

Bei schweren psychischen Erkrankungen kann nach § 37a SGB V anstelle oder zur Vermeidung eines Krankenhausaufenthalts eine **Soziotherapie** als Leistung erbracht werden. Diese umfasst die im Einzelfall erforderliche Koordinierung der verordneten Leistungen sowie Anleitung und Motivation zu deren Inanspruchnahme. § 37c SGB V gewährt Versicherten mit einem besonders hohen Bedarf an medizinischer Behandlungspflege einen Anspruch auf **außerklinische Intensivpflege**.

Gem. § 39e SGB V erbringt die Krankenkasse Leistungen der **Übergangspflege in dem Krankenhaus**, in dem die Behandlung erfolgt ist, wenn im unmittelbaren Anschluss an eine Krankenhausbehandlung erforderliche Leistungen der häuslichen Krankenpflege, der Kurzzeitpflege, Leistungen zur medizinischen Rehabilitation oder Pflegeleistungen nach SGB XI nicht oder nur unter erheblichem Aufwand erbracht werden können.

Ist einem Versicherten wegen einer Krankenhausbehandlung, wegen einer ambulanten oder stationären Kur, einer Mutter/Vater-Kind-Kur oder wegen häuslicher Krankenpflege die Weiterführung des Haushalts nicht möglich, dann hat er nach § 38 SGB V Anspruch auf eine **Haushaltshilfe**. Dieser Anspruch setzt jedoch weiter voraus, dass im Haushalt ein Kind lebt, das bei Beginn der Haushaltshilfe das zwölfte Lebensjahr noch nicht vollendet hat oder das behindert und auf Hilfe angewiesen ist.

191 Auch die **Krankenhausbehandlung** ist eine Leistung der gesetzlichen Krankenversicherung zur Krankenbehandlung. Sie ist in § 39 SGB V geregelt. Krankenhausbehandlung umfasst nach § 39 Abs. 1 S. 3 SGB V im Rahmen des Versorgungsauftrags des Krankenhauses alle Leistungen, die im Einzelfall nach Art und Schwere der Krankheit für die medizinische Versorgung der Versicherten im Krankenhaus notwendig sind, insbesondere ärztliche Behandlung, Krankenpflege, Versorgung mit Arznei-, Heil- und Hilfsmitteln, Unterkunft und Verpflegung. Die akutstationäre Behandlung umfasst auch die im Einzelfall erforderlichen und zum frühestmöglichen Zeitpunkt einsetzenden Leistungen zur Frührehabilitation. Krankenhausbehandlung kann vollstationär, teilstationär, vor- und nachstationär (§ 115a SGB V) sowie ambulant (§ 115b SGB V)

---

63 BSG 22.8.2001 – B 3 P 13/00 R, NZS 2002, 374 f.
64 BT-Drs. 18/6586, S. 100.

erbracht werden. Grundsätzlich erfolgt die Krankenhausbehandlung in dem Krankenhaus, dass in der ärztlichen Einweisung benannt wird. Lassen sich Versicherte ohne zwingenden Grund in ein anderes Krankenhaus einweisen, dann können ihnen nach § 39 Abs. 2 SGB V die Mehrkosten ganz oder teilweise auferlegt werden.

Versicherte, die keiner Krankenhausbehandlung bedürfen, haben nach § 39a Abs. 1 S. 1 SGB V Anspruch auf einen Zuschuss zu stationärer oder teilstationärer Versorgung in **Hospizen**, in denen palliativ-medizinische Behandlung erbracht wird, wenn eine ambulante Versorgung im Haushalt oder der Familie des Versicherten nicht erbracht werden kann. Voraussetzung für diesen Anspruch ist, dass das Grundleiden, an dem die Versicherten leiden, weder geheilt noch gebessert werden kann. Zudem muss die Krankheit in ihre finale Phase eingetreten sein, die eine palliativ-medizinische Versorgung des Versicherten erforderlich macht.[65] Flankiert wird die Hospizbehandlung von der **spezialisierten ambulanten Palliativversorgung** nach § 37b SGB V.

Leistungen zur Krankenbehandlung sind im Regelfall nicht ausreichend, um den Versicherten bei Eintritt des Risikos „Krankheit" umfassend zu schützen. Bedingt durch die Tatsache, dass kranke Versicherte regelmäßig nicht mehr ihren Lebensunterhalt (zB durch Arbeit) bestreiten können, war es notwendig, einen finanziellen Ausgleichsmechanismus zu schaffen. Dieser Ausgleichsmechanismus ist das in § 44 SGB V geregelte **Krankengeld**.

192

Nach § 44 Abs. 1 und § 45 SGB V haben Versicherte Anspruch auf Krankengeld bei **krankheitsbedingter Arbeitsunfähigkeit**, im Falle der stationären Behandlung des Versicherten auf Kosten der Krankenkasse oder bei der Erkrankung eines Kindes. Keinen Anspruch auf Krankengeld haben nach § 44 Abs. 2 SGB V zB hauptberuflich selbstständige Erwerbstätige oder Familienversicherte.

Im Falle einer unverschuldeten, krankheitsbedingten Arbeitsunfähigkeit hat ein Arbeitnehmer nach § 3 Abs. 1 Entgeltfortzahlungsgesetz (EFZG) gegen seinen Arbeitgeber einen Anspruch auf Entgeltfortzahlung für die Dauer von **sechs Wochen**. Voraussetzung für diesen Anspruch ist jedoch, dass das Arbeitsverhältnis bereits vier Wochen besteht (§ 3 Abs. 3 EFZG). Während des sechs-Wochen-Zeitraums des § 3 Abs. 1 EFZG **ruht** nach § 49 Abs. 1 Nr. 1 SGB V der Anspruch auf Krankengeld. Leistet der Arbeitgeber während dieses Zeitraums (rechtswidrig) keine Entgeltfortzahlung, so erhält der betroffene Arbeitnehmer Krankengeld von seiner Krankenkasse, da der Ruhenstatbestand des § 49 Abs. 1 Nr. 1 SGB V **nicht** auf den **Anspruch** auf Entgeltfortzahlung abstellt, sondern auf deren **tatsächlichen Erhalt**. In diesem Fall geht der Anspruch des Arbeitnehmers auf Entgeltfortzahlung nach § 115 SGB X kraft Gesetzes auf die Krankenkasse bis zur Höhe des gezahlten Krankengeldes über.

**Hinweis:** Nach dem Anspruchsübergang nach § 115 SGB X kann der betroffene Arbeitnehmer vom Arbeitgeber immer noch die Differenz zwischen dem geschuldeten Entgeltfortzahlungsbetrag und dem von der Krankenkasse gezahlten Krankengeld geltend machen und notfalls mit arbeitsgerichtlicher Hilfe durchsetzen.

Krankengeld wird nach § 48 Abs. 1 S. 1 SGB V grundsätzlich unbegrenzt gewährt. Eine praktisch außerordentlich bedeutsame Ausnahme zu diesem Grundsatz findet sich jedoch bereits in dieser Vorschrift mit dem Sonderfall der **Anspruchserschöpfung** nach einem Gesamtanspruch auf Krankengeld von **78 Wochen** wegen derselben Krankheit

---

65 Föllmer in: Krauskopf, Soziale Krankenversicherung, Pflegeversicherung, SGB V, § 39a Rn. 10.

innerhalb von je drei Jahren. § 48 Abs. 1 S. 2 SGB V verbietet zudem eine Verlängerung der Anspruchsdauer aufgrund hinzugetretener Krankheiten. Damit gilt der Grundsatz der zeitlich unbegrenzten Entstehung von Ansprüchen letztlich nur dann, wenn aufgrund von Arbeitsunfähigkeit wegen **verschiedener** Krankheiten Anspruchszeiträume unabhängig voneinander und ohne zeitliche Überschneidung aufeinander folgen.[66]

193 Zu den Leistungen der Krankenversicherung im Rahmen von Krankheit zählen auch Fahrtkosten (§ 60 SGB V), sofern sie im Zusammenhang mit einer Leistung der Krankenkasse aus **zwingenden medizinischen Gründen** notwendig sind (§ 60 Abs. 1 SGB V). Welches Fahrzeug benutzt werden kann, richtet sich nach der medizinischen Notwendigkeit im Einzelfall.

### 4. Leistungen bei Schwangerschaft und Mutterschaft

194 Wie bereits festgestellt (vgl. Rn. 177), sind auch **Schwangerschaft und Mutterschaft** leistungsauslösende Versicherungsfälle im Recht der gesetzlichen Krankenversicherung, sofern die Schwangere oder Mutter in der gesetzlichen Krankenversicherung versichert ist.[67] Die einzelnen Leistungsansprüche finden sich in den §§ 24c -24i SGB V. Zu ihnen gehören ärztliche Betreuung, Hebammenhilfe, ambulante oder stationäre Entbindung, Haushaltshilfe und Mutterschaftsgeld.

### V. Zuzahlungen und Härtefallregelungen

195 Ein Ausfluss des Selbsthilfegrundsatzes im SGB V ist die Tatsache, dass volljährige Versicherte zwar einerseits Anspruch auf Leistungen der gesetzlichen Krankenversicherung haben, sich aber andererseits an diesen Leistungen auch zu beteiligen haben. Diese Beteiligung erfolgt in der Form von **Zuzahlungen**.

Volljährige Versicherte haben zunächst Zuzahlungen zu Arznei- u. Verbandmitteln (§ 31 Abs. 3 SGB V), Heilmitteln (§ 32 Abs. 2 SGB V), Hilfsmitteln (§ 33 Abs. 8 SGB V) und zu den Fahrtkosten (§ 60 Abs. 2 S. 1 SGB V) zu zahlen. Der Gemeinsame Bundesausschuss bestimmt nach §§ 35, 36 SGB V **Festbeträge** für Arznei-, Verbands- und Hilfsmittel. Festbeträge stellen einen erstattungsfähigen Höchstbetrag für die Verordnung eines Arznei-, Verbands- oder Heilmittels dar.

**Hinweis:** Wurde für ein Medikament ein Festbetrag festgelegt und ist das Medikament teurer als dieser Festbetrag, so zahlt der Versicherte a) die Differenz zwischen tatsächlichem Preis und Festbetrag und b) den Zuzahlungsbetrag.

Auch für **stationäre** Maßnahmen ist nach § 39 Abs. 4 SGB V eine Zuzahlung zu leisten. Diese ist aber auf maximal 28 Tage begrenzt.

**Minderjährige** bis zum vollendeten 18. Lebensjahr sind regelmäßig nicht zuzahlungspflichtig. Lediglich an den Fahrtkosten müssen sie sich beteiligen.

196 Die **Höhe** der jeweils zu leistenden Zuzahlung ist in § 61 SGB V geregelt. Grundsätzlich beträgt danach bei Arzneimitteln die Zuzahlung 10 % des Abgabepreises, mindestens jedoch fünf EUR und höchstens zehn EUR. Sie darf jedoch jeweils nicht mehr als die Kosten des Mittels betragen. Zu stationären Maßnahmen ist eine Zuzahlung in

---

66 So zB Joussen in: Becker/Kingreen, SGB V, § 48 Rn. 2 f.
67 Entsprechende Regelung enthält auch das Gesetz über die Krankenversicherung der Landwirte.

Höhe von 10 EUR je Kalendertag zu leisten. Bei Heilmitteln und häuslicher Krankenpflege beträgt die Zuzahlung 10 % der Kosten sowie 10 EUR je Verordnung.

Zu Vermeidung von Härten bei der Zuzahlung sieht § 62 SGB V eine **Belastungsgrenze** vor. Nach § 62 Abs. 1 S. 1 SGB V müssen Versicherte nur bis zu dieser Belastungsgrenze Zuzahlungen an die Krankenkasse leisten. Die Belastungsgrenze beträgt nach § 62 Abs. 1 S. 2 SGB V 2 % der jährlichen Bruttoeinnahmen zum Lebensunterhalt. Für chronisch Kranke, die wegen derselben schwerwiegenden Krankheit in Dauerbehandlung sind, beträgt sie lediglich 1 %. Für Versicherte, die nach dem 1.4.1972 geboren sind, gelten nach § 62 Abs. 1 S. 3, 4 SGB V im Hinblick auf die Teilnahme an Vorsorgeuntersuchungen nach § 25 Abs. 1 SGB V Besonderheiten.

197

## VI. Organisation und Finanzierung der gesetzlichen Krankenversicherung

### 1. Träger und Organisation der gesetzlichen Krankenversicherung

Träger der gesetzlichen Krankenversicherung sind nach § 21 Abs. 2 SGB I grundsätzlich die einzelnen **Krankenkassen**. Diese sind nach § 4 SGB V – so wie alle Träger der Sozialversicherung – Selbstverwaltungskörperschaften des öffentlichen Rechts. Das heißt, dass die Krankenkassen die ihnen staatlich zugewiesenen Aufgaben unter staatlicher Aufsicht organisatorisch und finanziell selbstständig durchführen. Das Organisationsrecht der Krankenkassen findet seine Grundlage in den §§ 143–206 SGB V, ihre Binnenverfassung in den §§ 29 ff. SGB IV.

198

199 Nach § 4 Abs. 2 SGB V ist die Krankenversicherung in folgende Kassenarten gegliedert:

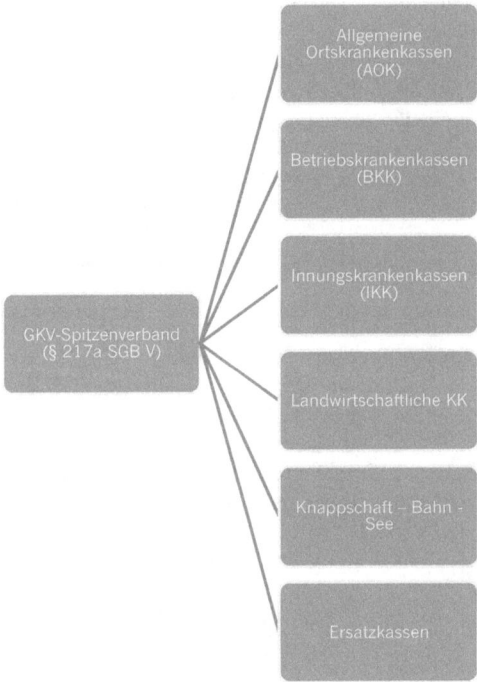

*Abb. 12: Kassenarten*

**Hinweis:** Der Spitzenverband Bund der Krankenkassen (GKV-Spitzenverband), dessen Rechtsgrundlage in § 217a SGB V zu finden ist, ist die zentrale Interessenvertretung der gesetzlichen Kranken- und Pflegekassen. Als solcher ist er eine Körperschaft des öffentlichen Rechts.

Versicherungspflichtige und Versicherungsberechtigte können im Rahmen des § 173 Abs. 2 SGB V ihre Krankenkasse grundsätzlich **frei wählen**. Hierbei können sie wählen:

- die Ortskrankenkasse[68] des Beschäftigungs- oder Wohnorts,
- jede Ersatzkasse, deren Zuständigkeit sich nach der Satzung auf den Beschäftigungs- oder Wohnort erstreckt,
- die Betriebs- oder Innungskrankenkasse, wenn sie in dem Betrieb beschäftigt sind, für den die Betriebs- oder die Innungskrankenkasse besteht,
- die Betriebs- oder Innungskrankenkasse, wenn die Satzung der Betriebs- oder Innungskrankenkasse dies vorsieht,
- die Deutsche Rentenversicherung Knappschaft-Bahn-See,

---

68 Regelmäßig als AOK (Allgemeine Ortskrankenkasse) bezeichnet.

- die Krankenkasse, bei der vor Beginn der Versicherungspflicht oder Versicherungsberechtigung zuletzt eine Mitgliedschaft oder eine Familienversicherung bestanden hat oder
- die Krankenkasse, bei der der Ehegatte oder der Lebenspartner versichert ist.

**Familienversicherte** folgen, da sie ihr Sozialleistungsverhältnis aus der Mitgliedschaft des Stammmitglieds ableiten, nach § 173 Abs. 6 SGB V der Wahlentscheidung des Mitglieds.

**Ausgeübt** wird das Wahlrecht durch eine entsprechende Willenserklärung gegenüber der Krankenkasse, die gemäß § 175 Abs. 1 S. 3 SGB V bereits nach Vollendung des 15. Lebensjahres abgegeben werden kann. Die Krankenkasse darf nach § 175 Abs. 1 S. 2 SGB V die Mitgliedschaft **nicht ablehnen**. Da es dennoch zu derartigen Ablehnungsversuchen kam, sah sich der Gesetzgeber veranlasst, den Krankenkassen in solchen Fällen massive Sanktionen anzudrohen (§ 175 Abs. 2a SGB V).

**Hinweis:** Zweck des Ablehnungsverbotes ist es, einen Krankenkassenwechsel zu erleichtern. Es soll aber weder den Zugang zur gesetzlichen Krankenversicherung noch den zu jeder beliebigen Krankenkasse ermöglichen. § 175 Abs. 2a SGB V steht daher der Ablehnung eine Person, die weder verspflichtet noch versicherungsberechtigt ist, nicht entgegen. Auch die Ablehnung einer nach § 173 Abs. 2 SGB V nicht wählbaren Krankenkasse ist möglich.

### 2. Finanzierung der gesetzlichen Krankenversicherung

Die gesetzliche Krankenversicherung finanziert sich, so wie die Sozialversicherung generell, überwiegend durch **Beiträge** ihrer Mitglieder (vgl. § 220 Abs. 1 SGB V). Hinzu kommen die **sonstigen Einnahmen**. Hierzu zählen zB die Beteiligung des Bundes nach § 221 Abs. 1 SGB V, die Zuweisungen aus Finanzausgleichen nach §§ 265 ff. SGB V, Säumniszuschläge auf rückständige Beiträge nach § 24 SGB IV, Erstattungen von anderen Leistungsträgern nach §§ 102 ff. SGB X oder Forderungseingänge aus Schadensersatzansprüchen verschiedenster Art sowie Erträge aus Vermögen.[69]

Grundsätzlich werden auch im Recht der gesetzlichen Krankenversicherung die Beiträge hälftig von den **versicherungspflichtigen** Beschäftigten und ihren Arbeitgebern[70] getragen (§ 249 Abs. 1 SGB V). Letztere führen sie dann als Teil des Gesamtsozialversicherungsbeitrages an die Einzugsstellen ab (vgl. hierzu Rn. 151 ff.). Bei den **Versicherungsberechtigten** weicht das Krankenversicherungsrecht vom Grundsatz der Beitragsteilung ab. Nach § 250 Abs. 2 SGB V tragen **freiwillig** Versicherte ihre Beiträge allein. Freiwillig in der gesetzlichen Krankenversicherung versicherte Beschäftigte, die nur wegen **Überschreitens der Jahresarbeitsentgeltgrenze** versicherungsfrei sind, erhalten von ihrem Arbeitgeber als **Beitragszuschuss** die Hälfte des Betrages, den er bei bestehender Versicherungspflicht bezahlen müsste. Bei privat krankenversicherten Beschäftigten ist dieser Beitragszuschuss zudem auf die Hälfte des Betrages beschränkt, den er für die Krankenversicherung **tatsächlich** zu zahlen hat.

*(freibleibend)*

---

69 Beck in: BeckOGK SGB V, § 220 Rn. 15.
70 Bei Rentenbeziehern tritt nach § 249a SGB V der Rentenversicherungsträger an die Stelle des Arbeitgebers.

## VII. Beziehungen zu den Leistungserbringern und Sicherstellung der Versorgung

203 Es wurde bereits darauf hingewiesen, dass die Krankenkassen den Leistungsanspruch ihrer Mitglieder durch entsprechende Verträge mit den jeweiligen Leistungserbringern (Ärzte, Krankenhäuser, Psychotherapeuten usw) erfüllen. Dies bedingt das Entstehen unterschiedlicher Vertragsbeziehungen (vgl. hierzu Rn. 180). Der rechtliche Charakter des Vertrages zwischen Leistungserbringer und Versichertem ist hierbei umstritten. Die Meinungen reichen von einem öffentlich-rechtlichen Verhältnis über ein privatrechtliches gesetzliches Schuldverhältnis bis hin zu einem privatrechtlichen Vertrag.[71] Seit der Einfügung des (privatrechtlichen) medizinischen Behandlungsvertrages in das BGB (§§ 630a ff. BGB) ist von einem privatrechtlichen Vertrag zwischen Leistungserbringer und Versichertem auszugehen. Dies ermöglicht es dem Versicherte, die durch die §§ 630c ff. BGB normierten Besonderheiten des Behandlungsvertrages (wie zB Aufklärungspflichten und Beweislastregeln) zu nutzen. Auch der Gesetzgeber geht insoweit von einem **privatrechtlichen** Behandlungsvertrag aus, wenn er erklärt:

> **Zitat:** Es ist der besonderen Konstruktion der gesetzlichen Krankenversicherung geschuldet, dass der Patient und der Arzt zwar einen privatrechtlichen Behandlungsvertrag abschließen und der Arzt aus diesem Vertrag die Leistung der fachgerechten Behandlung schuldet. Gleichwohl überlagert das Recht der gesetzlichen Krankenversicherung an dieser Stelle das Privatrecht mit der Folge, dass sich der ansonsten synallagmatische Behandlungsvertrag zwischen dem Arzt und dem Patienten in ein partiell einseitiges Vertragsverhältnis umwandelt. Während der Arzt weiterhin die Leistung der versprochenen Behandlung schuldet, entsteht keine Vergütungspflicht des gesetzlich versicherten Patienten für solche Behandlungen, die von der gesetzlichen Krankenversicherung erstattet werden.[72]

204 § 70 Abs. 1 SGB V verpflichtet die Krankenkassen und die Leistungserbringer dazu, eine bedarfsgerechte und gleichmäßige, dem allgemein anerkannten Stand der medizinischen Erkenntnisse entsprechende **Versorgung** der Versicherten zu gewährleisten. Die Sicherstellung der medizinischen Versorgung erfolgt durch unterschiedliche Akteure. Hierzu zählen die Leistungserbringer selbst und ihre Selbstverwaltungsgremien.[73] Zu den Akteuren zählen aber auch die Krankenkassen und die Gremien der gemeinsamen Selbstverwaltung.[74]

---

[71] Vgl. hierzu die Wiedergabe des Meinungsstandes bei Kokemoor, Sozialrecht, Rn. 209.
[72] BT-Drs. 17/10488, S. 18 f.
[73] Zu den Selbstverwaltungsgremien der Leistungserbringer zählen zB die kassen(zahn-)ärztlichen Vereinigungen und die (Zahn-) Ärztekammern.
[74] ZB der Gemeinsame Bundesausschuss oder der GKV-Spitzenverband.

# § 10 Das Recht der gesetzlichen Krankenversicherung

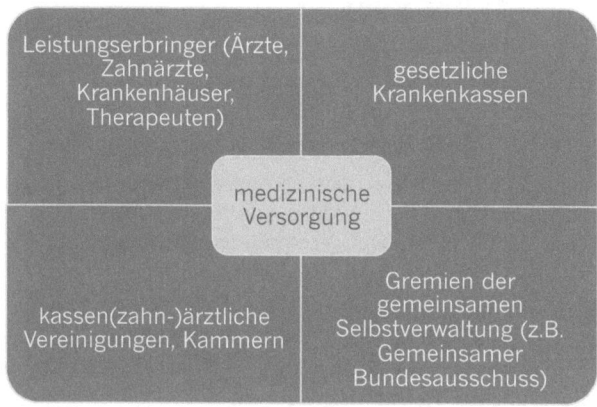

Abb. 13: *Zusammenarbeit im Krankenversicherungsrecht*

Die Sicherstellung der medizinischen Versorgung setzt damit voraus, dass die Leistungserbringer und Krankenkassen nebst ihren jeweiligen Selbstverwaltungsorganen **zusammenwirken** (vgl. auch § 72 SGB V). Eine Auswirkung dieser notwendigen Zusammenarbeit ist der Grundsatz, dass Leistungen zulasten der gesetzlichen Krankenversicherung regelmäßig nur von Leistungserbringern erbracht werden dürfen, die von den Krankenkassen zur Versorgung der Versicherten **zugelassen** worden sind. So bestimmt etwa § 95 Abs. 1 S. 1 SGB V, dass an der vertragsärztlichen Versorgung nur **zugelassene Ärzte und zugelassene medizinische Versorgungszentren sowie ermächtigte Ärzte und ermächtigte Einrichtungen** teilnehmen.[75] Um die Zulassung als Vertragsarzt kann sich nach § 95 Abs. 2 S. 1 SGB V jeder Arzt bewerben, der seine Eintragung in ein Arzt- oder Zahnarztregister (Arztregister) nachweist. Voraussetzung für die Eintragung als Arzt im Arztregister ist nach § 95a Abs. 1 SGB V die Approbation als Arzt und grundsätzlich die Berechtigung zur Führung einer Facharztbezeichnung. Ein Psychotherapeut wird nach § 95c SGB V im Arztregister eingetragen, wenn er über die Approbation als Psychotherapeut und den Fachkundenachweis verfügt. Das Nähere regeln entsprechende Zulassungsverordnungen.

Eine entsprechende Regelung gibt es auch für die Versorgung durch Krankenhäuser. Hier regelt § 108 SGB V, dass die Krankenkassen Krankenhausbehandlung nur durch **zugelassene Krankenhäuser** erbringen lassen dürfen.

Die vertragsärztliche Versorgung gliedert sich in die **hausärztliche** und die **fachärztliche Versorgung** (§ 73 Abs. 1 SGB V). Die hausärztliche Versorgung soll insbesondere die allgemeine und fortgesetzte Betreuung eines Patienten in Diagnostik und Therapie, sowie die Koordination therapeutischer Maßnahmen beinhalten. Jeder an der vertragsärztlichen Versorgung teilnehmende Arzt kann nur an einer Versorgungsart teilnehmen.

An der **hausärztlichen Versorgung** nehmen im Rahmen einer **abschließenden** Aufzählung nach § 73 Abs. 1a SGB V teil:

- Allgemeinärzte,
- Kinderärzte,

---

75 Vgl. auch zur Zulassung zur vertragsärztlichen Versorgung Igl/Welti, Gesundheitsrecht, § 4 Rn. 10 ff.

- Internisten ohne Schwerpunktbezeichnung, die die Teilnahme an der hausärztlichen Versorgung gewählt haben,
- Ärzte, mit der bis zum 31.12.1995 erworbenen Bezeichnung „Praktischer Arzt" und
- Ärzte, die am 31.12.2000 an der hausärztlichen Versorgung teilgenommen haben.

Diese Aufzählung zeigt, dass Kinderärzte grundsätzlich an der hausärztlichen Versorgung teilnehmen. Verfügen sie allerdings über eine Schwerpunktbezeichnung, so können sie auch an der fachärztlichen Versorgung teilnehmen (vgl. § 73 Abs. 1a S. 4 SGB V).

Psychotherapeuten sind nicht in die Aufzählung des § 73 Abs. 1a SGB V einbezogen, so dass sie dem fachärztlichen Versorgungsbereich zuzuordnen sind. Dies gilt auch für die Ärzte, die ebenfalls nicht ausdrücklich im § 73 Abs. 1 a SGB V aufgezählt werden, was sich direkt aus § 73 Abs. 1a S. 2 SGB V ergibt.

**VIII. Wiederholungs- und Vertiefungsfragen**

1. Ist ein geringfügig Beschäftigter in der gesetzlichen Krankenversicherung versicherungspflichtig?
2. Was versteht man unter der Jahresarbeitsentgeltgrenze?
3. Sind Familienversicherte Mitglieder in der gesetzlichen Krankenversicherung?
4. Was besagt das Sachleistungsprinzip?
5. In welchen Fällen wird das Sachleistungsprinzip durchbrochen?
6. Wann kann ausnahmsweise auch eine neue, noch nicht vom Gemeinsamen Bundesausschuss anerkannte Behandlungsmethode von der gesetzlichen Krankenversicherung beansprucht werden?
7. Wann sind Arzneimittel verschreibungspflichtig?
8. Wenn gesetzlich Krankenversicherte zur Zuzahlung verpflichtet sind, in welcher Höhe ist dann diese Zuzahlung zu leisten?
9. Dürfen Versicherungspflichtige ihre Krankenkasse frei wählen?
10. Wie finanziert sich die gesetzliche Krankenversicherung?

# § 11 Das Recht der sozialen Pflegeversicherung

**Übungsfall 2:** Studentin S. ist 22 Jahre alt und studiert an einer inländischen Hochschule. Sie ist seit mehr als vier Jahren über ihre Mutter, die nach § 5 Abs. 1 Nr. 1 SGB V gesetzlich krankenversichert ist, im Rahmen einer Familienversicherung gesetzlich krankenversichert. Während einer Vorlesung erleidet S. einen Schlaganfall. Sie wird in eine Klinik eingeliefert. Der behandelnde Arzt erkennt, dass S. in den nächsten Jahren pflegebedürftig sein wird und informiert hierüber – mit Zustimmung der S. – die GKV der Mutter. Dort wird diese Mitteilung an die zuständige Pflegekasse weitergeleitet, die daraufhin den med. Dienst zu Begutachtung der S. in die Klinik schickt. Der med. Dienst stellt fest, dass S. dauerhaft in ihren Fähigkeiten und ihrer Selbstständigkeit eingeschränkt sein wird. Dies betrifft folgende Bereiche:

> Positionswechsel im Bett: unselbstständig
> Halten einer stabilen Sitzposition: unselbstständig
> Fortbewegen innerhalb des Wohnbereichs: unselbstständig
> Waschen des vorderen Oberkörpers: unselbstständig
> Körperpflege im Bereich des Kopfes (Kämmen, Zahnpflege/Prothesenreinigung, Rasieren): unselbstständig
> Waschen des Intimbereichs: unselbstständig
> Duschen und Baden einschließlich Waschen der Haare: unselbstständig
> An- und Auskleiden des Oberkörpers: unselbstständig
> An- und Auskleiden des Unterkörpers: unselbstständig
> Mundgerechtes Zubereiten der Nahrung und Eingießen von Getränken: unselbstständig
> Essen/Trinken: unselbstständig

S. beauftragt nach ihrer Entlassung aus dem Krankenhaus einen ambulanten Pflegedienst mit ihrer Pflege zu Hause. Dieser verlangt für die Vollpflege 1.200 EUR. Dies ist S. zu teuer. Sie fragt ihre Mutter, ob diese das Kochen, Reinigen der Wohnung usw übernehmen kann. Dem stimmt die Mutter zu. Die Reduzierung des Pflegeumfangs führt zu einer Reduzierung der Pflegekosten für den ambulanten Pflegedienst. Diese betragen nur noch 990 EUR. S. beauftragt daraufhin den Pflegedienst.

Prüfen Sie unter Angabe der gesetzlichen Grundlagen, ob die Kosten des Pflegedienstes in vollständiger Höhe von der sozialen Pflegeversicherung übernommen werden und gehen Sie hierbei auch darauf ein, ob S. überhaupt pflegeversichert ist.

## I. Einführung

Die soziale Pflegeversicherung deckt das Risiko „Pflegebedürftigkeit" ab. Gestiegene Lebenserwartung und sich ändernde Strukturen innerhalb der Familienverbünde führten dazu, dass Pflegebedürftigkeit zu einem gesellschaftlichen Problem wurde. Bis zur Einführung des SGB XI im Jahre 1995 war das „Pflegeversicherungsrecht" nur sehr rudimentär geregelt. Während gesetzlich Unfallversicherte (SGB VII) und Betroffene, die dem Recht der sozialen Entschädigung (zB BVG) zuzuordnen waren, im eingeschränkten Anwendungsbereich des jeweiligen Gesetzes Leistungen bei Pflegebedürftigkeit in Anspruch nehmen konnten, gab es für die allgemeine Bevölkerung nur den Schutz durch die §§ 53–57 SGB V in der bis zum 31.12.1994 geltenden Fassung. Diese Vorschriften enthielten ein Leistungsangebot für Schwerstpflegebedürftige. Angeboten wurde jedoch lediglich häusliche Pflegehilfe (bis maximal 750 DM im Monat), Verhinderungspflege und Pflegegeld (maximal 400 DM im Monat). Eine teil- oder vollstationäre Pflege von Pflegebedürftigen war überhaupt nicht vorgesehen. Dies war letztlich aber auch nur folgerichtig, da die soziale Absicherung des Pflegefallrisikos nicht Aufgabe der gesetzlichen Krankenversicherung ist. Diese Situation führte zu diversen Folgeerscheinungen. So reichte regelmäßig die Rente der Betroffenen nicht aus, um die Kosten stationärer Pflege zu decken, was ebenso regelmäßig zur Sozialhilfeabhängigkeit führte. Darüber hinaus kam es zu einem merklichen Ausgabenanstieg bei der gesetzlichen Krankenversicherung, der durch die Versorgung der Pflegebedürftigen in Krankenhäusern verursacht wurde. Letztlich darf auch die damalige Überforderung von Angehörigen durch die übernommene Pflege nicht unterschätzt werden.

207 Diese, doch recht beklagenswerte, Situation sollte durch die Einführung des SGB XI zum 1.1.1995 entschärft werden. Der Gesetzgeber verfolgte mit der Etablierung einer sozialen Pflegeversicherung ua das Ziel, das Pflegebedürftigkeitsrisiko mit einem eigenständigen Sozialversicherungszweig abzudecken, hierdurch die Abhängigkeit der Pflegebedürftigen von der Sozialhilfe zu vermindern, eine bedarfsgerechte Pflegeinfrastruktur aufzubauen und insgesamt die Qualität der Pflege zu verbessern.

**Hinweis:** Bemerkenswert ist vielleicht am Rande, dass die Finanzierung der sozialen Pflegeversicherung nicht durch erhöhte Lohnzusatzkosten kompensiert werden sollte. Daher wurden die Länder über die Regelung des § 58 Abs. 2 SGB XI aufgefordert, auf einen gesetzlichen Feiertag zu verzichten. Dies ist der Grund für die Aufhebung des Buß- und Bettages in nahezu allen Bundesländern, mit Ausnahme des Freistaates Sachsen, der keinen Feiertag gestrichen hat. Hier haben die Beschäftigten im Vergleich zu den Arbeitgebern 1 % mehr als Beitrag zu zahlen.[1]

208 Das Pflegeversicherungsrecht ist stetig im Wandel. Dies ist im Regelfall gesamtgesellschaftlichen Entwicklungen geschuldet. Nach Erkenntnissen der Deutschen Alzheimergesellschaft litten Ende 2021 etwa 1,8 Mio. Menschen an Demenz.[2] 2012 waren es noch 0,9 Mio. Menschen.[3] **Demenzerkrankungen** nehmen daher in erheblichem Umfang zu und beeinflussen hierdurch auch die Pflegelandschaft in Deutschland. Der Gesetzgeber sah sich daher gezwungen zu reagieren, waren doch ursprünglich in der Pflegeversicherung keine demenzspezifischen Leistungen vorgesehen. Ein erster Schritt war das *Pflege-Weiterentwicklungsgesetz* vom 28.5.2008[4], das erstmals auch Pflegebedürftigen der „Pflegestufe 0"[5] Leistungen der Pflegeversicherung zusprach. Das *Pflege-Neuausrichtungsgesetz* (PNG) vom 23.10.2012[6], sah in einem nächsten Schritt vor, dass Pflegeversicherte mit erheblich eingeschränkter Alltagskompetenz[7] bis zum Inkrafttreten eines Gesetzes, das die Leistungsgewährung aufgrund eines neuen Pflegebedürftigkeitsbegriffs und eines entsprechenden Begutachtungsverfahrens regelt[8],

---

1 Vgl. auch BSG Urt. v. 27.1.2000 – B 12 KR 29/98 R, NZS 2000, 402 ff.
2 Vgl. Infoblatt „Die Häufigkeit von Demenzerkrankungen", abrufbar unter www.deutsche-alzheimer.de.
3 BT-Drs. 17/9369, S. 18.
4 Gesetz zur strukturellen Weiterentwicklung der Pflegeversicherung, BGBl. I, 2008, 874.
5 Hierunter wurden Betroffene gezählt, die zwar einen Pflegebedarf aufwiesen. Dieser erfüllte jedoch nicht die Voraussetzungen für die damalige Pflegestufe I.
6 Gesetz zur Neuausrichtung der Pflegeversicherung, BGBl. I 2012, S. 2246.
7 Hierunter fällt die große Gruppe der Demenzerkrankten.
8 Dies ist durch das Zweite Gesetz zur Stärkung der pflegerischen Versorgung und zur Änderung weiterer Vorschriften v. 21.12.2015 (BGBl. I 2015, S. 2424) erfolgt. Seit dem 1.1.2017 gibt es keine speziellen Leistungen allein für Pflegeversicherte mit erheblich eingeschränkter Alltagskompetenz mehr.

Anspruch auf verbesserte Pflegeleistungen haben (§ 28 Abs. 1b S. 2 SGB XI). Eine weitere Ausweitung bzw. Erhöhung von Leistungsansprüchen sozial Pflegeversicherter brachte das **Erste Pflegestärkungsgesetz** (PSG I)[9]. Mit diesem Gesetz wurden auch die Leistungen für Pflegeversicherte mit erheblich eingeschränkter Alltagskompetenz deutlich erhöht.

Mit dem PSG I ist die Reform des deutschen Pflegeversicherungsrechts aber noch nicht abgeschlossen gewesen. Am 18.12.2015 passierte die im **Zweiten Pflegestärkungsgesetz** (PSG II)[10] enthaltene, umfassendste Modernisierung der Pflegeversicherung seit ihrer Einführung vor 20 Jahren den Bundesrat, nachdem das PSG II bereits am 13.11.2015 vom Deutschen Bundestag beschlossen wurde. Die Reform führte unter anderem einen neuen Pflegebedürftigkeitsbegriff und ein neues Begutachtungsverfahren ein. Zudem wurden die Leistungen der Pflegeversicherung angepasst. Diese bedeutenden Teile des PSG II, die in dessen Artikel 2 enthalten sind, traten allerdings gemäß Art. 8 Abs. 2 PSG II erst am **1.1.2017** in Kraft. Abgeschlossen wurde die Reform durch das **Dritte Pflegestärkungsgesetz** (PSG III)[11], in dem ua das Verhältnis zwischen Pflege und Eingliederungshilfe konkretisiert und der neue Pflegebedürftigkeitsbegriff in das Recht der Sozialhilfe des SGB XII eingeführt wurde.

Mit Art. 2 des *„Gesetzes zur Weiterentwicklung der Gesundheitsversorgung"* vom 11.7.2021[12] hat der Gesetzgeber ua den Umfang der von der sozialen Pflegeversicherung zu erbringenden Leistungen erhöht.

## II. Versicherter Personenkreis

Im Pflegeversicherungsrecht gilt der Grundsatz, *dass die Pflegeversicherung der Krankenversicherung folgt.* Dies bedeutet, dass in den Schutz der sozialen Pflegeversicherung kraft Gesetzes alle einbezogen sind, die in der gesetzlichen Krankenversicherung versichert sind (§ 2 Abs. 2 S. 1 SGB XI). Präzisiert wird diese Aussage in § 20 Abs. 1 S. 1, Abs. 3 SGB XI. Danach sind **versicherungspflichtig** in der sozialen Pflegeversicherung die versicherungspflichtigen Mitglieder der gesetzlichen Krankenversicherung und deren freiwillige Mitglieder. Privat Krankenversicherte werden durch § 1 Abs. 2 SGB XI verpflichtet, eine private Pflegeversicherung abzuschließen. Präzisiert wird diese Vorgabe durch § 23 SGB XI, der die privat Krankenversicherten ua dazu verpflichtet, grundsätzlich bei ihrem privaten Krankenversicherungsunternehmen zur Absicherung des Risikos der Pflegebedürftigkeit einen Versicherungsvertrag abzuschließen und aufrechtzuerhalten. Eine Verpflichtung privat Krankenversicherter zum Abschluss einer privaten Pflegeversicherung ist aber nur dann sinnvoll, wenn auch die Versicherungsunternehmen verpflichtet sind, entsprechende Pflegeversicherungsverträge abzuschließen. Flankiert werden diese Regelung daher durch § 110 SGB XI, der eben diese Verpflichtung enthält.

Freiwillig gesetzlich Krankenversicherten bietet das Pflegeversicherungsrecht mit § 22 Abs. 1 SGB XI die Möglichkeit, sich auf **Antrag** von der Versicherungspflicht in der

---

9  Erstes Gesetz zur Stärkung der pflegerischen Versorgung und zur Änderung weiterer Vorschriften v. 17.12.2014, BGBl. I 2014, S. 2222.
10 Zweites Gesetz zur Stärkung der pflegerischen Versorgung und zur Änderung weiterer Vorschriften v. 21.12.2015, BGBl. I 2015, S. 2424.
11 Drittes Gesetz zur Stärkung der pflegerischen Versorgung und zur Änderung weiterer Gesetze v. 23.12.2016, BGBl. I 2016, S. 3191.
12 BGBl. I 2021, 2754.

sozialen Pflegeversicherung **befreien** zu lassen. Voraussetzung hierfür ist – neben einer entsprechenden Antragstellung – der Nachweis, dass sie bei einem privaten Versicherungsunternehmen gegen Pflegebedürftigkeit versichert sind und für sich und ihre (theoretisch im Rahmen einer Familienversicherung nach § 25 SGB XI mitversicherten) Angehörigen oder Lebenspartner Leistungen beanspruchen können, die denen der sozialen Pflegeversicherung gleichwertig sind.

212 Für einen Versicherungsschutz in der sozialen Pflegeversicherung ist, so wie bei allen Sozialversicherungen, kein Abschluss eines Versicherungsvertrages notwendig. Er beginnt kraft Gesetzes mit dem Eintritt der Versicherungspflicht. Mitgliedschaftsrechtlich orientiert sich die soziale Pflegeversicherung an der Konzeption des Krankenversicherungsrechts, was ein Blick auf § 49 SGB XI deutlich macht. Mindestanforderungen an das Vorliegen einer – die Versicherungspflicht auslösenden – Beschäftigung enthält § 20 Abs. 4 SGB XI, insbesondere im Hinblick auf Familienangehörige oder Lebenspartner.

### III. Der Versicherungsfall „Pflegebedürftigkeit"

213 Die soziale Pflegeversicherung ist zuständig für die Absicherung ihrer Versicherten gegen das Risiko „**Pflegebedürftigkeit**". Daher löst regelmäßig der Eintritt dieses Risikos Leistungsansprüche gegenüber der Pflegeversicherung aus. Allerdings gilt hierbei der Grundsatz des § 5 SGB XI, wonach Prävention, Krankenbehandlung und medizinische Rehabilitation Vorrang vor der Inanspruchnahme von Versicherungsleistungen haben. Hierdurch soll der Eintritt des Versicherungsfalls „Pflegebedürftigkeit" vermieden werden.

Anders als nach der bis zum 31.12.2016 geltenden Rechtslage (vgl. hierzu die 2. Auflage dieses Werks) wird seit dem 1.1.2017 das Vorliegen von Pflegebedürftigkeit unabhängig davon festgestellt, ob diese auf körperlichen, psychischen oder kognitiven Beeinträchtigungen beruht. Zudem werden die bisherigen drei Pflegestufen durch **fünf Pflegegrade** ersetzt. Maßstab für die Einstufung in einen der neuen Pflegegrade ist der Grad der Selbstständigkeit einer Person.

214 Der Versicherungsfall der „**Pflegebedürftigkeit**" wird in § 14 SGB XI geregelt. Nach § 14 Abs. 1 S. 1 SGB XI sind solche Personen **pflegebedürftig**, die gesundheitlich bedingte Beeinträchtigungen der Selbstständigkeit oder der Fähigkeiten aufweisen und deshalb der Hilfe durch andere bedürfen. Damit beinhaltet die Vorschrift zwei Kausalitätsketten. Einerseits muss die Beeinträchtigung der Selbstständigkeit oder der Fähigkeiten gesundheitlich **bedingt** sein, andererseits muss der Hilfebedarf auf der Beeinträchtigung der Selbstständigkeit oder der Fähigkeiten **beruhen**. Beides beurteilt sich nach der vom BSG entwickelten **Lehre von der rechtlich wesentlichen Bedingung**.[13]

**Hinweis:** Die Lehre von der rechtlich wesentlichen Bedingung beruht auf der naturwissenschaftlich-philosophischen Bedingungstheorie als Ausgangsbasis. Nach dieser ist jedes Ereignis Ursache eines Erfolges, wobei das Ereignis nicht hinweggedacht werden kann, ohne dass auch der Erfolg entfiele (conditio sine qua non). Aufgrund der Unbegrenztheit der naturwissenschaftlich-philosophischen Ursachen für einen Erfolg ist für die praktische Rechtsanwendung in einer zweiten Prüfungsstufe die Unterscheidung zwischen solchen Ursachen notwendig, die rechtlich für den Erfolg verantwortlich gemacht werden bzw.

---

13 Vgl. nur BSG 30.9.1993 – 4 RK 1/92, BSGE 73, 146–159 ff.

denen der Erfolg zugerechnet wird, und den anderen, für den Erfolg rechtlich unerheblichen Ursachen. Bei mehreren Ursachen ist sozialrechtlich allein relevant, ob das Versicherungsfallereignis wesentlich war. Ob eine konkurrierende (Mit-)Ursache auch wesentlich war, ist unerheblich. Ist jedoch eine Ursache oder sind mehrere Ursachen gemeinsam gegenüber einer anderen von überragender Bedeutung, so ist oder sind nur die erstgenannte(n) Ursache(n) „wesentlich" und damit Ursache(n) im Sinne des Sozialrechts. Die andere Ursache, die zwar naturwissenschaftlich ursächlich ist, aber (im zweiten Prüfungsschritt) nicht als „wesentlich" anzusehen ist und damit als Ursache nach der Theorie der wesentlichen Bedingung und im Sinne des Sozialrechts ausscheidet, kann in bestimmten Fallgestaltungen als „Gelegenheitsursache" oder Auslöser bezeichnet werden. Für den Fall, dass die kausale Bedeutung einer äußeren Einwirkung mit derjenigen einer bereits vorhandenen krankhaften Anlage zu vergleichen und abzuwägen ist, ist darauf abzustellen, ob die Krankheitsanlage so stark oder so leicht ansprechbar war, dass die „Auslösung" akuter Erscheinungen aus ihr nicht besonderer, in ihrer Art unersetzlicher äußerer Einwirkungen bedurfte, sondern dass jedes andere alltäglich vorkommende Ereignis zu derselben Zeit die Erscheinung ausgelöst hätte.[14]

Betroffene dürfen zudem nach § 14 Abs. 1 S. 2 SGB XI körperliche, kognitive oder psychische Beeinträchtigungen oder gesundheitlich bedingte Belastungen oder Anforderungen nicht selbstständig kompensieren oder bewältigen können. Auch weiterhin muss diese Pflegebedürftigkeit **dauerhaft** – also mindestens sechs Monate – bestehen und muss einen bestimmten **Schweregrad** aufweisen, der sich aus § 15 SGB XI ergibt.

**Hinweis:** Die Pflegebedürftigkeit und ihr Schweregrad lässt sich nur aus dem Zusammenspiel zwischen den Regelungen des § 14 und des § 15 SGB XI iVm den Anlagen 1 und 2 zu § 15 SGB XI ermitteln.

Ob die Selbstständigkeit oder Fähigkeiten eines Betroffenen iS § 14 Abs. 1 SGB XI gesundheitsbedingt beeinträchtigt sind, wird anhand der Vorgaben des § 14 Abs. 2 SGB XI ermittelt. Hierzu listet die Vorschrift sechs Bereiche **abschließend** auf, in denen der Schweregrad der individuellen Beeinträchtigungen der Selbstständigkeit oder der Fähigkeiten ermittelt wird. Diese Bereiche umfassen jeweils eine Gruppe artverwandter Kriterien oder einen Lebensbereich und gliedern sich wie folgt auf:

- Selbstversorgung und Mobilität (Nr. 4 u. 1),
- kognitive und kommunikative Fähigkeiten (Nr. 2),
- Verhaltensweisen und psychische Problemlagen (Nr. 3),
- Bewältigung von und selbstständiger Umgang mit krankheits- oder therapiebedingten Anforderungen und Belastungen (Nr. 5)[15] und
- Gestaltung des Alltagslebens und sozialer Kontakte (Nr. 6).[16]

---

14 So LSG BW v. 23.10. 2015, L 8 U 1345/14 (mwN), zitiert nach juris; vgl. auch Kokemoor, Sozialrecht Rn. 272 (mwN).
15 Dieser Bereich umfasst nicht den Bedarf an Maßnahmen der Behandlungspflege, die auch weiterhin der gesetzlichen Krankenversicherung zugeordnet bleiben, sondern Maßnahmen und Handlungen, die eigenständig von erkrankten Personen durchgeführt werden können (zB Injektionen, Verbandswechsel usw); vgl. hierzu Udsching, Das Zweite Pflegestärkungsgesetz, juris-PR SozR 6/2016, Anm. 1.
16 Die genannten Bereiche werden bei der Festsetzung eines Pflegegrades nicht gleichberechtigt berücksichtigt, sondern unterschiedlich gewichtet; vgl. Udsching, Das Zweite Pflegestärkungsgesetz, juris-PR SozR 6/2016, Anm. 1.

Gerade die Bereiche des § 14 Abs. 2 Nr. 5, 6 SGB XI enthalten Kriterien, die dem bis zum 31.12.2016 geltenden Pflegebedürftigkeitsbegriff fremd waren.[17]

Durch § 14 Abs. 3 SGB XI wird sichergestellt, dass solche Beeinträchtigungen der Selbstständigkeit oder der Fähigkeiten, die dazu führen, dass die **Haushaltsführung** nicht mehr ohne Hilfe bewältigt werden kann, bereits im Rahmen der Bereiche nach Abs. 2 und entsprechend bei den Erhebungen zu den Modulen 1 bis 6 im jeweils betroffenen Bereich erfasst werden. Somit können zB bestimmte körperliche oder kognitive Beeinträchtigungen, die in den Bereichen des § 14 Abs. 2 SGB XI fallen, auch die Fähigkeit zur Haushaltsführung beeinträchtigen. Um hier eine Doppelerfassung zu vermeiden, werden die Beeinträchtigungen bei der Haushaltsführung nach § 18 Abs. 5a SGB XI gesondert erfasst.[18]

217 Nach der Regelung des § 14 Abs. 1 S. 3 SGB XI muss die Pflegebedürftigkeit mit mindestens der Schwere bestehen, die in § 15 SGB XI festgelegt wird. § 15 Abs. 1 SGB XI bestimmt hierzu, dass Pflegebedürftige je nach Schwere der Beeinträchtigungen der Selbstständigkeit oder der Fähigkeiten einen Grad der Pflegebedürftigkeit (Pflegegrad) erhalten.

**Hinweis:** Die Zuordnung zu einer der fünf Pflegegrade hat leistungsrechtliche Auswirkungen. Die Höhe der zu bewilligenden Leistungen hängt nämlich ua vom Pflegegrad ab. Grundsätzlich sind die Leistungen für Pflegebedürftige des Pflegegrades 5 höher als die für Pflegebedürftige des Pflegegrades 3.

Die Ermittlung des Grades der Pflegebedürftigkeit richtet sich gemäß § 15 Abs. 1 SGB XI nach der **Schwere der Beeinträchtigung** der Selbstständigkeit oder der Fähigkeiten. An dieser Schwere orientiert sich der zu vergebende **Pflegegrad**. Der Vorteil des neuen Systems liegt aus der Sicht des Gesetzgebers darin, dass die Sichtweise des neuen Pflegebedürftigkeitsbegriffs nicht mehr nur defizitorientiert auf die erforderlichen kompensatorischen Hilfen gerichtet ist, sondern vielmehr auf die Selbstständigkeit und Fähigkeiten des Betroffenen. Zudem können Beeinträchtigungen im neuen System differenzierter erfasst werden. Positiv soll sich auch die Erweiterung um Kriterien im Bereich der kognitiven und kommunikativen Fähigkeiten, der Verhaltensweisen und psychischen Problemlagen, der Bewältigung von und des Umgangs mit krankheits- oder therapiebedingten Anforderungen und Belastungen und im Bereich der Gestaltung des Alltagslebens und sozialer Kontakte auswirken, die an die Stelle von eng definierten Verrichtungen getreten sind. Letztlich strebt der Gesetzgeber eine Absenkung der Einstiegsschwelle der Pflegeversicherung an.[19]

**Hinweis:** Die Ermittlung des Pflegegrades nach § 15 SGB XI ist nicht unbedingt ein Beispiel für Einfachheit im Gesetz und kann es letztlich auch nicht sein. Daher ist es für das Verständnis außerordentlich wichtig, die jeweiligen Vorschriften sorgfältig und insbesondere immer zusammen mit den Anlagen 1 und 2 zu § 15 SGB XI zu lesen.

218 Das den konkreten Pflegegrad bestimmende Begutachtungsinstrument ist in § 15 Abs. 2 SGB XI geregelt und **modular** aufgebaut. Es soll durch die Zusammenfassung gleichartiger Kriterien oder der Kriterien eines Lebensbereichs eine zusammenfassende Betrachtung einzelner Lebensbereiche des Pflegebedürftigen erlauben. Zusätzlich wer-

---

17 BT-Drs. 18/5926, S. 110.
18 BT-Drs. 18/5926, S. 110 f.
19 BT-Drs. 18/5926, S. 111.

den die Module im Verhältnis zueinander gewichtet. Zentrales Ziel ist, dass körperliche, kognitive und psychische Beeinträchtigungen anhand eines übergreifenden Maßstabs in ein Verhältnis gestellt werden, das die verschiedenen Arten von Beeinträchtigungen angemessen berücksichtigt und eine im Vergleich angemessene Einstufung sicherstellt.[20] Die genauen Bezeichnungen der Kategorien sowie die Einzelpunkte sind in der Anlage 1 zu § 15 SGB XI festgelegt; die Summe der Punkte und die gewichtete Punkte in jedem Modul sind in der Anlage 2 zu § 15 SGB XI festgelegt.

Die **Zuordnung** des Pflegegrades richtet sich nach § 15 Abs. 3 SGB XI nach einer bestimmten **Gesamtpunktzahl**. Die Ermittlung der Gesamtpunktzahl erfolgt mithilfe einer mehrschrittigen Berechnungsfolge, die auf einer pflegefachlich begründeten Bewertungssystematik beruht. Wesentlich ist dabei die Umrechnung der Summe der Punkte für die Einzelpunkte in gewichtete Punkte. Die Beeinträchtigungen der Selbstständigkeit oder der Fähigkeiten werden in den Modulen der Anlage 1 für jedes Kriterium der Bereiche des § 14 Abs. 2 SGB XI und nach dem Grad ihrer Ausprägung erhoben. Für jede Kategorie ist im Begutachtungsinstrument ein pflegefachlich begründeter Einzelpunkt vorgesehen. Die Einzelpunkte eines Moduls werden nach dem Schweregrad der Beeinträchtigungen der Selbstständigkeit oder der Fähigkeiten einem von fünf Punktbereichen zugeordnet. Jedem Punktbereich, also der Summe der Punkte, wird ein gewichteter Punkt zugeordnet. Aus den gewichteten Punkten, die sich aus der Anlage 2 zu § 15 SGB XI ergeben, wird der Gesamtpunkt auf einer Skala von 0 bis 100 Punkten errechnet. Die Gewichtung der Module ist in § 15 Abs. 2 SGB XI festgelegt.

Um nunmehr den konkreten Pflegegrad zu ermitteln ist es nach § 15 Abs. 3 SGB XI erforderlich, die im Rahmen der Begutachtung festgestellten Einzelpunkte in jedem Modul zu addieren und dem in der Anlage 1 zu § 15 SGB XI festgelegten Punktbereich sowie den sich daraus ergebenden gewichteten Punkten der Anlage 2 zu § 15 SGB XI zuzuordnen. Die für den Pflegegrad ausschlaggebenden Gesamtpunkte ergeben sich aus der Addition der gewichteten Punkte aller Module. Die so ermittelte Gesamtpunktzahl erlaubt die Einordnung des Pflegebedürftigen in einen der fünf Pflegegrade. Hierbei ergibt sich folgende Einteilung:

- 12,5 bis unter 27 Gesamtpunkte = Pflegegrad 1,
- 27 bis unter 47,5 Gesamtpunkte = Pflegegrad 2,
- 47,5 bis unter 70 Gesamtpunkte = Pflegegrad 3,
- 70 bis unter 90 Gesamtpunkte = Pflegegrad 4 und
- 90 bis 100 Gesamtpunkte = Pflegegrad 5.

**Beispiel:** Die – zugebenermaßen etwas abstrakt dargestellte – Ermittlung des Pflegegrades soll nachfolgend an einem einfachen Beispiel verbildlicht werden:

Ein Pflegebedürftiger kann sich nur noch unselbstständig innerhalb des Wohnbereichs fortbewegen. Das Treppensteigen ist ihm alleine nicht mehr möglich. Alltagsentscheidungen kann er nicht mehr treffen; an Gesprächen kann er sich nicht beteiligen. Er beschädigt häufig Gegenstände. Die Mahlzeiten müssen ihm mundgerecht zubereitet werden.

Zur Ermittlung des konkreten Pflegegrades müssen in einem ersten Schritt anhand der Anlage 1 zu § 15 SGB XI die festgestellten Beeinträchtigungen den dort aufgeführten Modu-

---

20  BT-Drs. 18/5926, S. 112.

len zugeordnet und mit Einzelpunkten versehen werden. In unserem Fall gibt es folgende Beeinträchtigungen in folgenden Modulen:

*Modul 1:*

Ziff. 1.4.: Fortbewegen innerhalb des Wohnbereichs = 3 Punkte (da nur unselbstständig möglich)

Ziff. 1.5.: Treppensteigen = 3 Punkte (da ebenfalls nur unselbstständig möglich)

Gesamtpunkte Modul 1 = 6 Punkte

*Modul 2:*

Ziff. 2.6.: Treffen von Alltagsentscheidungen = 3 Punkte (da die Fähigkeit nicht vorhanden ist)

Ziff. 2.11.: Beteiligung an einem Gespräch = 3 Punkte (da die Fähigkeit nicht vorhanden ist)

Gesamtpunkte Modul 2 = 6 Punkte

*Modul 3:*

Ziff. 3.4.: Beschädigung von Gegenständen = 3 Punkte (da häufig)

Gesamtpunkte Modul 3 = 3 Punkte

*Modul 4:*

Ziff. 4.7.: Mundgerechtes Zubereiten der Nahrung = 3 Punkte (da nur unselbstständig möglich)

Gesamtpunkte Modul 4 = 3 Punkte

Die so gefundenen Gesamtpunkte der einzelnen Module müssen im nächsten Schritt anhand der Anlage 2 zu § 15 SGB XI **gewichtet** werden. Die Gewichtung führt zu folgenden Ergebnissen:

*Modul 1:*

6 Gesamtpunkte = 7,5 **gewichtete** Punkte

*Modul 2+3* (hier wird nur der höchste Wert aus beiden Modulen gewichtet):

Aus Modul 2 ergeben sich 6 Gesamtpunkte, aus Modul 3 nur 3 Gesamtpunkte. Allerdings ergeben sowohl die 6 Gesamtpunkte aus Modul 2 als auch die 3 Gesamtpunkte aus Modul 3 jeweils 7,5 gewichtete Punkte. Diese 7,5 **gewichteten Punkte** sind aber nur **einmal zu** berücksichtigen.

*Modul 4:*

3 Gesamtpunkte = 10 **gewichtete** Punkte.

Addiert man nun die gefundenen gewichteten Punkte, so ergibt sich eine Gesamtpunktzahl von **25,00 Punkten**. Gemäß § 15 Abs. 3 S. 4 Nr. 1 SGB XI ergeben diese Gesamtpunkte den **Pflegegrad 1**.

Im Einzelfall ist es nach § 15 Abs. 4 SGB XI auch möglich, einen Pflegebedürftigen, der den Pflegegrad 5 nicht erreicht, obwohl er nach der Schwere der Beeinträchtigungen der Selbstständigkeit oder der Fähigkeiten angemessen wäre, diesem Pflegegrad zuzuordnen. Dies wird regelmäßig nur bei einer Gebrauchsunfähigkeit beider Arme und beider Beine der Fall sein.[21]

---

[21] BT-Drs. 18/5926, S. 114.

Mit § 15 Abs. 5 SGB XI wird klargestellt, dass bei der Begutachtung auch solche Kriterien zu berücksichtigen sind, die zu einem Hilfsbedarf führen, für den Leistungen des SGB V vorgesehen sind.

Während sich für die Begutachtung pflegebedürftiger **Kinder** ab 18 Monaten keine wesentliche Änderung der Rechtslage ergibt, enthält § 15 Abs. 7 SGB XI für unter 18 Monate alte Kinder eine Sonderregelung. Diese werden wie folgt eingestuft:

- 12,5 bis unter 27 Gesamtpunkte = Pflegegrad 2,
- 27 bis unter 47,5 Gesamtpunkte = Pflegegrad 3,
- 47,5 bis unter 70 Gesamtpunkte = Pflegegrad 4 und
- 70 bis 100 Gesamtpunkte = Pflegegrad 5.

**Übergangsregelungen** und Regelungen zur **Überleitung** von einer Pflegestufe in einen Pflegegrad finden sich in den §§ 140–144 SGB XI.

## IV. Leistungen und Leistungsvoraussetzungen

### 1. Leistungsrechtliche Grundsätze

**Aufgabe** der sozialen Pflegeversicherung ist es, denjenigen Pflegebedürftigen Hilfe zu leisten, die wegen der Schwere der Pflegebedürftigkeit auf solidarische Unterstützung angewiesen sind (§ 1 Abs. 4 SGB XI). Hierbei soll die Pflegeversicherung geschlechtsspezifische Unterschiede bezüglich der Pflegebedürftigkeit von Männern und Frauen und ihrer Bedarfe an Leistungen berücksichtigt und den Bedürfnissen nach einer kultursensiblen Pflege nach Möglichkeit Rechnung tragen (§ 1 Abs. 5 SGB XI). Die Leistungen der Pflegeversicherung sollen nach § 2 Abs. 1 S. 1 SGB XI den Pflegebedürftigen helfen, trotz ihres Hilfebedarfs ein möglichst selbstständiges und selbstbestimmtes Leben zu führen, das der Würde des Menschen entspricht. Daher haben sie nach § 2 Abs. 2 S. 1 SGB XI auch das Recht, zwischen Einrichtungen und Diensten verschiedener Träger frei zu wählen. Um zu erreichen, dass die Pflegebedürftigen möglichst lange in ihrer häuslichen Umgebung bleiben können, soll die Pflegeversicherung mit ihren Leistungen vorrangig die häusliche Pflege und die Pflegebereitschaft der Angehörigen und Nachbarn unterstützen (§ 3 S. 1 SGB XI).

221

Trotz dieser Aufgaben- und Zielstellung ist die soziale Pflegeversicherung dennoch lediglich so etwas, wie eine „Teilkasko-Versicherung". Die Leistungen der Pflegeversicherung haben insoweit einen nur **ergänzenden Charakter**. Mit ihnen soll, zumindest im ambulanten und teilstationären Bereich, die familiäre, nachbarschaftliche oder sonstige ehrenamtliche Pflege und Betreuung unterstützt werden (§ 4 Abs. 2 SGB XI). Eine vollständige Leistungsübernahme durch die Pflegeversicherung findet daher grundsätzlich nicht statt. Kann der Pflegebedürftige den hierüber hinausgehenden Pflegeaufwand nicht aus Einkommen oder Vermögen selbst tragen, so wird die Inanspruchnahme von Sozialhilfeleistungen nach dem SGB XII erforderlich.

222

Die Leistungen, die von der Pflegeversicherung erbracht werden können, sind in § 21a SGB I und § 28 SGB XI aufgelistet. Beide Vorschriften stellen jedoch **keine Anspruchsgrundlage** dar. Anspruchsgrundlagen finden sich vielmehr in den §§ 36 ff., 123 f. SGB XI.

223

## 2. Allgemeine Leistungsvoraussetzungen

224  Die Bewilligung von Leistungen der sozialen Pflegeversicherung ist vom Vorliegen allgemeiner Leistungsvoraussetzungen abhängig. Erforderlich ist:
- das Bestehen einer Versicherung,
- die Erfüllung der Vorversicherungszeiten,
- Eintritt von Pflegebedürftigkeit (Versicherungsfall),
- die Stellung eines Antrages und
- das Vorliegen der speziellen Voraussetzungen der einzelnen Leistungen.

225  Nicht jeder in der sozialen Pflegeversicherung Versicherte hat im Versicherungsfall Anspruch auf Leistungen. Voraussetzung für eine Leistungsbewilligung ist zunächst, dass die in § 33 Abs. 2 SGB XI festgelegten **Vorversicherungszeiten** erfüllt sind. Danach muss der Versicherte in den letzten **zehn Jahren** vor der Antragstellung **mindestens zwei Jahre** als Mitglied versichert oder nach § 25 SGB XI familienversichert gewesen sein.

226  Die Leistungen der sozialen Pflegeversicherung sind **antragsabhängig**, was § 33 Abs. 1 S. 1 SGB XI ausdrücklich klarstellt. Der Antrag ist nach § 16 Abs. 1 S. 1 SGB I grundsätzlich an die zuständige Pflegekasse zu richten. Wird er bei einer unzuständigen Stelle eingereicht, greift die Regelung des § 16 Abs. 2 SGB I (vgl. hierzu Rn. 124). Auch die Meldung über das Vorliegen von Pflegebedürftigkeit durch einen Dritten (zB durch den Hausarzt) kann als Antrag bewertet werden (vgl. § 7 Abs. 2 S. 2 SGB XI). Der Antrag kann formlos gestellt und muss nicht begründet werden; ärztliche Stellungnahmen müssen nicht beigefügt sein. Antragsberechtigt für Leistungen nach §§ 36 bis 43 SGB XI ist der Pflegebedürftige (sa § 36 Abs. 1 SGB XI), eine Vertretung ist möglich (§ 13 SGB X).

Leistungen werden von der Pflegeversicherung ab Antragstellung, frühestens jedoch ab Feststellung der Pflegebedürftigkeit gewährt (§ 33 Abs. 1 SGB XI), so dass die Leistungen im Regelfall rückwirkend erbracht werden.

## 3. Leistungen bei häuslicher Pflege

227  Im Rahmen häuslicher Pflege haben Versicherte Anspruch auf **Pflegesachleistung** (§ 36 SGB XI), **Pflegegeld** für selbstbeschaffte Pflegehilfen (§ 37 SGB XI), eine **Kombination** dieser beiden Leistungen (§ 38 SGB XI) und auf zusätzliche Leistungen für Pflegebedürftige in **ambulant betreuten Wohngruppen** (§ 38a SGB XI). Daneben gibt es Leistungen der **Ersatzpflege** (§ 39 SGB XI), **Pflegehilfsmittel** und **wohnumfeldverbessernde Maßnahmen** (§ 40 SGB XI). Ergänzt wird dieses Leistungsspektrum durch **digitale Pflegeanwendungen** (§§ 39a, 40a, 40b SGB XI).

### a) Pflegesachleistung

228  Nach § 36 Abs. 1 S. 1 SGB XI haben versicherte Pflegebedürftige der **Pflegegrade 2 bis 5** bei häuslicher Pflege Anspruch auf **körperbezogene Pflegemaßnahmen** und **pflegerische Betreuungsmaßnahmen** sowie auf **Hilfen bei der Haushaltsführung** (Legaldefinition der **häuslichen Pflegehilfe**). Leistungen der häuslichen Betreuung werden neben Grundpflege und hauswirtschaftlicher Versorgung als pflegerische Betreuungsmaßnahmen erbracht. Sie umfassen Unterstützung und sonstige Hilfen im häuslichen Umfeld des Pflegebedürftigen oder seiner Familie und schließen insbesondere mit ein: (1.)

Unterstützung von Aktivitäten im häuslichen Umfeld, die dem Zweck der Kommunikation und der Aufrechterhaltung sozialer Kontakte dienen, (2.) Unterstützung bei der Gestaltung des häuslichen Alltags, insbesondere Hilfen zur Entwicklung und Aufrechterhaltung einer Tagesstruktur, zur Durchführung bedürfnisgerechter Beschäftigungen und zur Einhaltung eines bedürfnisgerechten Tag-/Nacht-Rhythmus.[22] Die Leistungserbringung erfolgt hier nicht durch die Weitergabe der entsprechenden Geldleistung durch die Pflegekasse an den Pflegebedürftigen, sondern als Sachleistung.

Der Begriff „häusliche Pflege" bezieht sich nicht auf den Aufenthaltsort, sondern soll nur eine Abgrenzung zur stationären Pflege darstellen, so dass ein Aufenthalt in einem Altenwohnheim oder einer Altenwohnung nicht anspruchshemmend wirkt.

Pflegesachleistungen können je Kalendermonat in folgenden Gesamtwerten in Anspruch genommen werden:
1. für Pflegebedürftige des Pflegegrades 2 Leistungen bis zu einem Gesamtwert von 724 EUR,
2. für Pflegebedürftige des Pflegegrades 3 Leistungen bis zu einem Gesamtwert von 1 363 EUR,
3. für Pflegebedürftige des Pflegegrades 4 Leistungen bis zu einem Gesamtwert von 1 693 EUR und
4. für Pflegebedürftige des Pflegegrades 5 Leistungen bis zu einem Gesamtwert von 2 095 EUR.

### b) Pflegegeld

Pflegebedürftige der **Pflegegrade 2 bis 5** nach § 37 Abs. 1 S. 1 SGB XI können *anstelle* der häuslichen Pflegehilfe ein **Pflegegeld** beantragen. Der Anspruch besteht aber nur dann, wenn der Pflegebedürftige mit dem Pflegegeld seine Pflege in geeigneter Weise sicherstellt. § 37 Abs. 3 S. 1 SGB XI setzt die verpflichtenden Beratungseinsätze für Pflegebedürftige der Pflegegrade 2 und 3 auf einen halbjährlichen und für Pflegebedürftige der Pflegegrade 4 und 5 auf einen vierteljährlichen Turnus fest.

Pflegegeld wird in folgendem Umfang gewährt:
1. 316 EUR für Pflegebedürftige des Pflegegrades 2,
2. 545 EUR für Pflegebedürftige des Pflegegrades 3,
3. 728 EUR für Pflegebedürftige des Pflegegrades 4 und
4. 901 EUR für Pflegebedürftige des Pflegegrades 5.

### c) Anteiliges Pflegegeld

Nimmt der Pflegebedürftige die ihm nach § 36 Abs. 3 und 4 SGB XI zustehende Sachleistung nur **teilweise** in Anspruch, erhält er nach § 38 S. 1 SGB XI daneben **ein anteiliges Pflegegeld** im Sinne des § 37 SGB XI. Das Pflegegeld wird nach § 38 S. 2 SGB XI um den Vomhundertsatz vermindert, in dem der Pflegebedürftige Sachleistungen in Anspruch genommen hat. An die Entscheidung, in welchem Verhältnis er Geld- und Sachleistung in Anspruch nehmen will, ist der Pflegebedürftige für die Dauer von **sechs Monaten** gebunden.

---

[22] BT-Drs. 18/5926, S. 120.

Beispiel: Ein in den Pflegegrad 5 eingestufter Pflegebedürftiger ruft 2 x täglich professionelle Hilfe mit einem Gegenwert von je 15,00 EUR ab. Bei 30 Tagen ergeben sich Gesamtkosten von 900 EUR monatlich. Der Höchstsatz der Pflegesachleistungen beträgt in diesem Grad nach § 36 Abs. 3 Nr. 4 SGB XI 2.095 EUR.

Der Pflegebedürftige hat seinen Sachleistungsanspruch im Verhältnis 2.095 EUR : 900 EUR zu 43 % ausgeschöpft. In Höhe des verbleibenden Anteils von 57 % kann er Pflegegeld nach dem für den Pflegerad 5 maßgeblichen Betrag von 901 EUR (§ 37 Abs. 1 S. 3 Nr. 4 SGB XI) beanspruchen, also 513 EUR.

### d) Pauschaler Wohngruppenzuschlag

231 § 38a SGB XI gewährt unter den in Abs. 1 genannten Voraussetzungen Pflegebedürftigen einen Anspruch auf pauschalen Wohngruppenzuschlag in Höhe von 214 EUR monatlich. Allerdings können gemäß § 38a Abs. 1 S. 2 SGB XI Leistungen der Tages- und Nachtpflege nach § 41 SGB XI nur dann neben dem anteiligen Pflegegeld in Anspruch genommen werden, wenn nachgewiesen wird, dass die Pflege in der ambulant betreuten Wohngruppe ohne teilstationäre Pflege nicht in ausreichendem Umfang sichergestellt ist.

Zudem darf nach § 38a Abs. 1 S. 1 Nr. 4 SGB XI keine Versorgungsform – einschließlich teilstationärer Pflege – vorliegen, in der ein Anbieter der Wohngruppe oder ein Dritter den Pflegebedürftigen gleichwertige Leistungen anbietet oder gewährleistet. Durch diese Regelung soll zum Ausdruck gebracht werden, dass Wohngruppen nicht als solche im Sinne des § 38a SGB XI anerkannt werden können, in denen nach dem zugrundeliegenden Gesamtkonzept der Leistungserbringung vom Anbieter der Wohngruppe oder einem Dritten zugleich Leistungen angeboten werden, die insgesamt weitestgehend dem Umfang vollstationärer Pflege entsprechen.

### e) Verhinderungspflege

232 § 39 SGB XI eröffnet Pflegebedürftigen ab **Pflegegrad 2** die Möglichkeit, auch bei kurzzeitiger Verhinderung der Pflegeperson (zB durch Krankheit, Urlaub etc) im häuslichen Umfeld gepflegt zu werden. Erreicht wird dies dadurch, dass die Pflegekasse die Kosten einer notwendigen Ersatzpflege in einem bestimmten Umfang übernimmt.

Nach § 39 Abs. 1 S. 1 SGB XI übernimmt die Pflegekasse im Falle des kurzzeitigen Ausfalls des Pflegenden die Kosten einer Ersatzpflege für bis zu **6 Wochen** im Kalenderjahr. Voraussetzung für diesen Kostenübernahmeanspruch ist aber auch weiterhin, dass die Pflegeperson den Pflegebedürftigen vor der erstmaligen Verhinderung **mindestens** sechs Monate in seiner häuslichen Umgebung gepflegt hat (§ 39 Abs. 1 S. 2 SGB XI). Diese Wartezeit setzt allerdings weder voraus, dass Pflegebedürftigkeit iS §§ 14, 15 SGB XI vorgelegen hat noch, dass dieselbe Pflegeperson die sechsmonatige „Vorpflege" des Pflegebedürftigen durchgeführt hat.[23] Sie ist dementsprechend auch dann erfüllt, wenn die Pflege in den vor dem Verhinderungsfall liegenden sechs Monaten von mehreren Pflegepersonen erbracht wurde. Ferner ist es nicht erforderlich, dass die Pflege in der Wartezeit ununterbrochen durchgeführt wurde. Für die Erfüllung der Wartezeit sind die Unterbrechungstatbestände unschädlich, welche den Voraussetzungen des § 39 SGB XI entsprechen und nicht länger als vier Wochen dauern. Eine

---

23 Vgl. Rdschr. der Pflegekassen zu den leistungsrechtlichen Vorschriften v. 17.4.2013 (§ 39 Ziff. 2 Abs. 1).

Unterbrechung von längerer Dauer als vier Wochen verlängert die Frist um den Zeitraum der Hemmung.[24]

Wird die Ersatzpflege durch Pflegepersonen durchgeführt, die **nicht** mit dem Pflegebedürftigen bis zum zweiten Grad verwandt[25] oder verschwägert[26] sind und die nicht mit ihm in häuslicher Gemeinschaft (zB der Ehepartner) zusammenleben, so belaufen sich nach § 39 Abs. 1 S. 3 SGB XI die von den Pflegekassen zu übernehmenden Aufwendungen – unabhängig von der Pflegestufe – auf bis zu **1.612 EUR**.

Erfolgt die Ersatzpflege hingegen durch Pflegepersonen, die mit dem Pflegebedürftigen bis zum zweiten Grad verwandt oder verschwägert sind oder die mit ihm in häuslicher Gemeinschaft zusammenleben, so werden nach § 39 Abs. 3 SGB XI die von der Pflegekasse nach § 39 Abs. 1 zu übernehmenden Aufwendungen gekürzt. In diesem Fall dürfen nach § 39 Abs. 3 S. 1 SGB XI die Aufwendungen grundsätzlich den Betrag des Pflegegeldes nach § 37 Abs. 1 S. 3 SGB XI für bis zu sechs Wochen nicht überschreiten.[27] Wird die Ersatzpflege hingegen **erwerbsmäßig** von einem iS § 39 Abs. 1 SGB XI nahen Angehörigen durchgeführt, dann bleibt es beim (erhöhten) Aufwendungsersatz nach § 39 Abs. 1 S. 3 SGB XI (§ 39 Abs. 3 S. 1 2. Hs. SGB XI). Nach Auffassung des BSG wird Ersatzpflege schon dann erwerbsmäßig ausgeübt, wenn sie sich als Teil der Berufstätigkeit der Pflegeperson darstellt und dazu dient, ihren Lebensunterhalt ganz oder teilweise zu sichern. Auf Hauptberuflichkeit oder Nebenberuflichkeit kommt es nicht an. Erfasst werden alle Formen der professionellen Pflege.[28]

Neben dem (verringerten) pauschalen Aufwendungsersatz nach § 39 Abs. 3 S. 1 SGB XI können nahe Angehörige als Pflegepersonen auch einen konkreten Aufwendungsersatz für notwendige und im Zusammenhang mit der Ersatzpflege entstandene Aufwendungen[29] von den Pflegekassen verlangen (§ 39 Abs. 2 S. 2 SGB XI). Diese dürfen aber zusammen mit den Leistungen nach § 39 Abs. 2 S. 1 SGB XI nicht den Leistungsbetrag des § 39 Abs. 1 S. 3 SGB XI (1.612 EUR) **übersteigen** (§ 39 Abs. 2 S. 3 SGB XI).

§ 39 Abs. 2 SGB XI kombiniert die Kurzzeitpflege mit der Verhinderungspflege. Wird vom Pflegebedürftigen nicht der vollständige Leistungsbetrag in Anspruch genommen, der nach § 42 Abs. 2 S. 2 SGB XI für **Kurzzeitpflege** vorgesehen ist, so kann der Leistungsbetrag für Verhinderungspflege nach § 39 Abs. 3 SGB XI um bis zu 806 EUR auf insgesamt bis zu **2.418 EUR** erhöht werden. Allerdings wird dieser Erhöhungsbetrag dann auf den Leistungsbetrag für Kurzzeitpflege angerechnet.

### f) Pflegehilfsmittel und Zuschüsse

Nach § 40 Abs. 1 S. 1 SGB XI haben Pflegebedürftige Anspruch auf Versorgung mit **Pflegehilfsmitteln**, die zur Erleichterung der Pflege oder zur Linderung der Beschwerden des Pflegebedürftigen beitragen oder ihm eine selbstständigere Lebensführung er-

---

24 Vgl. RdSchr. der Pflegekassen zu den leistungsrechtlichen Vorschriften v. 17.4.2013 (§ 39 Ziff. 2 Abs. 1).
25 Verwandte bis zum zweiten Grad iS § 1589 BGB sind Eltern, Kinder, Großeltern, Enkelkinder und Geschwister.
26 Verschwägerte bis zum zweiten Grad sind iS § 1590 BGB Stiefeltern, Stiefkinder, Stiefenkelkinder, Schwiegereltern, Schwiegerkinder, Schwiegerenkel, Großeltern der Ehegatten, Stiefgroßeltern sowie Schwager und Schwägerin.
27 Es ergibt sich damit der 1,5-fache Betrag des Pflegegeldes nach § 37 Abs. 1 S. 3 SGB XI.
28 BSG 6. 6. 2002 – B 3 P 2/02 R, NZS 2003, 213 ff.
29 ZB Verdienstausfall oder Fahrtkosten, vgl. BT-Drs. 13/3696, S. 13.

möglichen, soweit die Hilfsmittel nicht wegen Krankheit oder Behinderung von der Krankenversicherung oder anderen zuständigen Leistungsträgern zu leisten sind. Bei der Prüfung, ob es sich bei einem Hilfsmittel um ein Pflegehilfsmittel iS § 40 Abs. 1 S. 1 SGB XI handelt, kann in erster Linie als Auslegungs- und Orientierungshilfe das **Pflegehilfsmittelverzeichnis** (§ 78 SGB XI) herangezogen werden, das Produkte enthält, die generell nach ihrer Konstruktion, Ausstattung, Funktion und Zweckbestimmung die Pflege erleichtern, Beschwerden lindern bzw. eine selbstständigere Lebensführung ermöglichen.[30]

Nach § 40 Abs. 2 SGB XI erbringt die Pflegekasse – unabhängig vom Pflegegrad – für die Versorgung mit zum Verbrauch bestimmten Pflegehilfsmitteln **monatlich** Aufwendungen von maximal **40 EUR**.

Nach § 40 Abs. 4 SGB XI **können**[31] die Pflegekassen **Zuschüsse** für **Maßnahmen zur Verbesserung des individuellen Wohnumfeldes** gewähren. Was konkret unter diesen Maßnahmen zu verstehen ist, sagt § 40 Abs. 4 SGB XI nicht. Die Vorschrift zählt vielmehr beispielhaft derartige Maßnahmen auf.[32] Voraussetzung für die Zuschussgewährung ist jedoch, dass durch die vorgesehene Maßnahme im Einzelfall die häusliche Pflege ermöglicht oder erheblich erleichtert oder eine möglichst selbstständige Lebensführung des Pflegebedürftigen wiederhergestellt bzw. erhalten wird.[33] Die Zuschüsse dürfen nach § 40 Abs. 4 S. 2 SGB XI je Maßnahme einen Betrag in Höhe von 4.000 EUR nicht übersteigen. Leben mehrere Pflegebedürftige in einer gemeinsamen Wohnung, dürfen die Zuschüsse für Maßnahmen zur Verbesserung des gemeinsamen Wohnumfeldes einen Betrag in Höhe von 4.000 EUR je Pflegebedürftigem nicht übersteigen. Der Gesamtbetrag ist in diesem Fall auf 16.000 EUR begrenzt und wird bei mehr als vier Anspruchsberechtigten anteilig auf die Versicherungsträger der Anspruchsberechtigten aufgeteilt (§ 40 Abs. 4 S. 3, 4 SGB XI).

### 4. Leistungen bei teilstationärer Pflege und bei Kurzzeitpflege

#### a) Tages- und Nachtpflege

234 § 41 Abs. 1 SGB XI gewährt Pflegebedürftigen der **Pflegegrade 2–5**, deren häusliche Pflege nicht in vollem Umfang sichergestellt ist, einen Anspruch auf **teilstationäre** Pflege in Einrichtungen der Tages- oder Nachtpflege. Durch diese Leistungen soll, zur Aufrechterhaltung von Pflegefähigkeit und Pflegebereitschaft im häuslichen Bereich, auftretenden Ausnahme- und Krisensituationen begegnet werden.[34]

Die Pflegekasse übernimmt monatlich die pflegebedingten Aufwendungen der teilstationären Pflege einschließlich der Aufwendungen für Betreuung und die Aufwendungen für die in der Einrichtung notwendigen Leistungen der medizinischen Behandlungspflege in folgendem Umfang:

1. für Pflegebedürftige des Pflegegrades 2 im Gesamtwert bis zu 689 EUR,
2. für Pflegebedürftige des Pflegegrades 3 im Gesamtwert bis zu 1 298 EUR,

---

30 *Knorr* in: Schlegel/Voelzke, jurisPK-SGB XI, § 40 SGB XI, Rn. 29 f.
31 Es handelt sich daher um eine Ermessensleistung der Pflegekassen; vgl. *Leitherer* in: BeckOGK SGB XI, § 40 Rn. 38.
32 So etwa technische Hilfen im Haushalt, der Einbau einer Dusche oder eines Treppenlifts; vgl. hierzu BT-Drs. 12/5262, S. 114.
33 *Leitherer* in: BeckOGK SGB XI, § 40 Rn. 37.
34 BeckOK SozR/Giesbert, § 41 SGB XI Rn. 4.

3. für Pflegebedürftige des Pflegegrades 4 im Gesamtwert bis zu 1 612 EUR und
4. für Pflegebedürftige des Pflegegrades 5 im Gesamtwert bis zu 1 995 EUR.

Nach § 41 Abs. 3 SGB XI haben Pflegebedürftige der **Pflegegrade 2–5** zudem die Möglichkeit, teilstationäre Leistungen der Tages- und Nachtpflege **zusätzlich** zu ambulanten Pflegesachleistungen, zu Pflegegeld oder der Kombileistung nach § 38 SGB XI in Anspruch zu nehmen, **ohne** dass eine Anrechnung auf diese Ansprüche erfolgt.

### b) Kurzzeitpflege

§ 42 SGB XI definiert die **Kurzzeitpflege** als eine vollstationäre Pflege von begrenzter Dauer, die bei Vorliegen bestimmter Voraussetzungen (§ 42 Abs. 1 S. 2 SGB XI)[35] für Pflegebedürftige der **Pflegegrade 2–5** erbracht wird und kurze Zeiträume überbrücken soll, während derer die häusliche Pflege nicht ermöglicht werden kann.[36] Der Leistungsanspruch ist nach § 42 Abs. 2 S. 1 SGB XI auf **acht Wochen** pro Kalenderjahr beschränkt. Die Pflegekasse übernimmt gem. § 42 Abs. 2 S. 2 SGB XI die pflegebedingten Aufwendungen einschließlich der Aufwendungen für Betreuung sowie die Aufwendungen für Leistungen der medizinischen Behandlungspflege bis zu dem Gesamtbetrag von **1.774 EUR** im Kalenderjahr.

§ 42 Abs. 2 S. 3–4 SGB XI kombiniert die Kurzzeitpflege mit der Verhinderungspflege. Wird vom Pflegebedürftigen nicht der vollständige Leistungsbetrag in Anspruch genommen, der nach § 39 SGB XI für Verhinderungspflege vorgesehen ist, so kann der Leistungsbetrag für die Kurzzeitpflege nach § 42 Abs. 2 S. 3 SGB XI um bis zu 1.612 EUR auf insgesamt bis zu **3.3864 EUR** erhöht werden. Allerdings wird der Erhöhungsbetrag nach § 42 Abs. 2 S. 4 SGB XI auf den Leistungsbetrag für Verhinderungspflege angerechnet.

### 5. Leistungen zur Vollzeitpflege

§ 43 Abs. 1 SGB XI gewährt Pflegebedürftigen, bei denen häusliche oder teilstationäre Pflege nicht in Betracht kommt, einen Anspruch auf **Pflege in vollstationären Einrichtungen**.

Ebenfalls zu den Leistungen der vollstationären Pflege gehören die Leistungen nach § 43a SGB XI. Nach dieser Vorschrift beteiligt sich die Pflegekasse auch an der Unterbringung von Pflegebedürftigen in vollstationären Einrichtungen der **Behindertenhilfe**, in der die Teilhabe am Arbeitsleben und am Leben in der Gemeinschaft, die schulische Ausbildung oder die Erziehung behinderter Menschen im Vordergrund des Einrichtungszwecks stehen und bei denen es sich nicht um Pflegeheime iS SGB XI handelt.

Nach § 43 Abs. 2 S. 2 SGB XI übernimmt die Pflegeversicherung bei der vollstationären Pflege nur pflegebedingte Aufwendungen und Aufwendungen für die soziale Betreuung. Die Aufwendungen für Unterkunft und Verpflegung tragen die Pflegebedürftigen grundsätzlich selbst.

Seit dem **1.1.2017** besteht der Anspruch auf vollstationäre Pflege nach § 43 Abs. 1 S. 1 SGB XI für Pflegebedürftige der **Pflegegrade 2–5**. Für sie übernimmt die Pflegekasse die

---

35 Fehlende Möglichkeit, die häusliche Pflege zeitweise, noch nicht oder in erforderlichem Umfang zu erbringen und Übergangszeit im Anschluss an eine stationäre Behandlung des Pflegebedürftigen oder sonstige Krisensituationen.
36 BeckOK SozR/Giesbert, § 42 SGB XI Rn. 12.

pflegebedingten Aufwendungen einschließlich der Aufwendungen für Betreuung und die Aufwendungen für Leistungen der medizinischen Behandlungspflege in folgendem Umfang:
1. 770 EUR für Pflegebedürftige des Pflegegrades 2,
2. 1 262 EUR für Pflegebedürftige des Pflegegrades 3,
3. 1 775 EUR für Pflegebedürftige des Pflegegrades 4 und
4. 2 005 EUR für Pflegebedürftige des Pflegegrades 5.

Befinden sich Pflegebedürftige des **Pflegegrades 1** in vollstationärer Pflege, dann übernimmt die Pflegekasse nach § 43 Abs. 3 SGB XI einen Kostenzuschuss in Höhe von monatlich 125 EUR. Nach § 43c SGB XI erhalten Pflegebedürftige der Pflegegrade 2 bis 5 einen Leistungszuschlag, der in Abhängigkeit von der Dauer des Leistungsbezuges i.S. § 43 SGB XI ihren Eigenanteil an den pflegebedingten Aufwendungen reduziert. Maximal ist nach mehr als 36 Monaten Leistungsbezug, ein Leistungszuschlag in Höhe von 70 Prozent des zu zahlenden Eigenanteils an den pflegebedingten Aufwendungen möglich.

### 6. Angebote zur Unterstützung im Alltag, Entlastungsbetrag

238　Durch das Pflegestärkungsgesetz II wurden die Regelungen der §§ 45a–45d SGB XI für die Zeit ab dem **1.1.2017** vollständig neu gefasst. Dies wurde notwendig, da die bisherigen Sonderregelungen für Versicherte mit erheblich eingeschränkter Alltagskompetenz aufgrund der Einführung eines neuen Pflegebedürftigkeitsbegriffs entbehrlich wurden.[37]

Während § 45a SGB XI die niedrigschwelligen Betreuungs- und Entlastungsangebote enthält, beschäftigt sich § 45b SGB XI mit einem Anspruch von Pflegebedürftigen[38] in häuslicher Pflege auf einen **Entlastungsbetrag**. Der Entlastungsbetrag soll Pflegepersonen Möglichkeiten zur Entlastung bieten. Außerdem sollen die Leistungen, für die der Entlastungsbetrag eingesetzt wird, darauf ausgerichtet sein, den Pflegebedürftigen Hilfestellungen zu geben, die ihre Fähigkeit zur selbstständigen und selbstbestimmten Gestaltung des Alltags fördern.[39] Bei dem Anspruch auf einen Entlastungsbetrag (der monatlich bis zu 125 EUR betragen kann) handelt es sich um einen **Kostenerstattungsanspruch**, der zum Ersatz von Aufwendungen im Zusammenhang mit Leistungen der Tages- oder Nachtpflege, der Kurzzeitpflege, zugelassener Pflegedienste oder nach Landesrecht anerkannter niedrigschwelliger Betreuungs- oder Entlastungsangebote (iS § 45a SGB XI) eingesetzt werden kann. Der Kostenerstattungsanspruch setzt das Entstehen von Kosten, das durch eine Rechnung oder Quittung nachzuweisen ist, voraus.[40]

### 7. Leistungen an Pflegepersonen

239　Leistungen, die nicht dem Pflegebedürftigen, sondern der **Pflegeperson** zugutekommen, sind in den §§ 44–45 SGB XI geregelt.

---

37　BT-Drs. 18/5926, S. 131.
38　Dies umfasst auch den Pflegegrad 1.
39　BT-Drs. 18/5926, S. 133.
40　BT-Drs. 18/5926, S. 133.

Nach der Definition des § 19 S. 1 SGB XI sind Pflegepersonen im Sinne des SGB XI Personen, die **nicht erwerbsmäßig** einen Pflegebedürftigen in seiner häuslichen Umgebung pflegen. Leistungen zur sozialen Sicherung nach § 44 SGB XI erhält eine Pflegeperson allerdings nur dann, wenn sie eine oder mehrere pflegebedürftige Personen **wenigstens 10 Stunden wöchentlich**, verteilt auf regelmäßig mindestens zwei Tage in der Woche, pflegt. Liegen diese Voraussetzungen vor, so verpflichtet § 44 SGB XI die Pflegekassen und privaten Pflegeversicherungen dazu, zugunsten der Pflegeperson dann **Beiträge** an den zuständigen Träger der gesetzlichen Rentenversicherung zu entrichten, wenn die Pflegeperson regelmäßig nicht mehr als dreißig Stunden wöchentlich erwerbstätig ist. Hierdurch sollen Lücken in der Rentenbiographie vermieden werden. Häufig führt nämlich die ehrenamtliche Pflege dazu, dass die Pflegeperson entweder ihre berufliche Tätigkeit ganz oder aber zumindest teilweise aufgibt. Die hiermit verbundenen Renteneinbußen sollen durch § 44 SGB XI abgefedert werden. Zudem besteht während der Pflege Versicherungsschutz in der gesetzlichen Unfallversicherung (§ 2 Abs. 1 Nr. 17 SGB VII).

Ein ähnliches Anliegen wie § 44 SGB XI verfolgt auch die Regelung des § 44a Abs. 1 SGB XI, die den Kranken- und Pflegeversicherungsschutz von Pflegepersonen regelt, die als Beschäftigte nach § 3 PflegeZG von der Arbeitsleistung vollständig freigestellt wurden oder wegen Reduzierung ihrer Arbeitszeit nur noch eine geringfügige Beschäftigung ausüben und hierdurch ihren Schutz in der gesetzlichen Krankenversicherung bzw. in der sozialen Pflegeversicherung verlieren. Diesen Personen werden Zuschüsse zur Kranken- und Pflegeversicherung gewährt. § 44a Abs. 3 SGB XI begründet einen Anspruch auf **Pflege-Unterstützungsgeld** bei „kurzzeitiger Arbeitsverhinderung" für bis zu zehn Arbeitstage. Eine kurzzeitige Arbeitsverhinderung liegt nach § 2 Abs. 1 PflegeZG vor, wenn in einer akut aufgetretenen Pflegesituation die Organisation einer bedarfsgerechten Pflege oder die Sicherstellung einer pflegerischen Versorgung auf andere Weise nicht erreicht werden kann. Die Berechnung des Pflege-Unterstützungsgeldes folgt nach § 44a Abs. 3 S. 4 SGB XI den Regelungen zur Berechnung des Krankengeldes.

Nach § 44 Abs. 1 SGB XI haben alle Personen, die nicht mehr als 30 Stunden wöchentlich erwerbstätig sind und eine oder mehrere pflegebedürftige Personen **wenigstens zehn Stunden wöchentlich, verteilt auf regelmäßig mindestens zwei Tage in der Woche**, in häuslicher Umgebung pflegen (Pflegeperson im Sinne des § 19 SGB XI), grundsätzlich einen Anspruch auf die Entrichtung von Rentenversicherungsbeiträgen durch die Pflegeversicherung des Pflegebedürftigen, wenn für diesen mindestens **Pflegegrad 2** festgestellt wurde. Werden die erforderlichen Pflegeleistungen für einen Pflegebedürftigen von mehreren Personen erbracht, so ist es erforderlich, für jede benannte Pflegeperson eine gutachterliche Aussage dazu zu treffen, welchen Anteil der erforderlichen Pflege sie für den Pflegebedürftigen erbringt, um so den jeweils zustehenden relativen Anteil des Rentenbeitrags berechnen bzw. zuordnen zu können. Leistungen zur sozialen Sicherung erhält eine Pflegeperson auch bei Mehrfachpflege nur, wenn sie eine oder mehrere pflegebedürftige Personen insgesamt wenigstens zehn Stunden wöchentlich, verteilt auf regelmäßig mindestens zwei Tage in der Woche, pflegt.[41]

---

[41] BT-Drs. 18/5926, S. 129.

## V. Leistungserbringungsrecht

241 Pflegeversicherte können ihre Ansprüche nur gegenüber der Pflegekasse als Träger der Pflegeversicherung geltend machen. Sofern die vom Pflegeversicherten begehrten Leistungen als **Sachleistungen** (vgl. § 4 Abs. 1 S. 1 SGB XI) erbracht werden, werden sie nicht von den Pflegekassen selbst, sondern nach § 69 S. 2 SGB XI von Leistungserbringern erbracht. Pflegeversicherungsrechtliche Leistungserbringer sind insbesondere ambulante (§ 71 Abs. 1 SGB XI) oder stationäre (§ 71 Abs. 2 SGB XI) Pflegeeinrichtungen (Pflegedienste und Pflegeheime), einzelne Pflegekräfte (§ 77 SGB XI) und Erbringer von Hilfsmitteln (§ 78 SGB XI).

Die Rechtsbeziehungen zwischen den Pflegekassen, ihren Versicherten und den Leistungserbringern entsprechen denen des Krankenversicherungsrechts.[42] Zur Sicherstellung ihres sich aus § 69 S. 1 SGB XI ergebenden Versorgungsauftrages schließen die Pflegekassen Versorgungsverträge (§§ 72, 77, 78 SGB XI) und Vergütungsvereinbarungen mit den Leistungserbringern ab. Der Abschluss eines solchen Versorgungsvertrages ist nach § 72 Abs. 1 S. 1 SGB XI zwingende Voraussetzung für Pflegeeinrichtungen, zulasten der sozialen Pflegeversicherung Pflegeleistungen zu erbringen. Voraussetzung für den Abschluss eines Versorgungsvertrages ist für Pflegeeinrichtungen ua nach § 72 Abs. 3 S. 1 Nr. 3 und 4 SGB XI, dass sie sich verpflichten, nach Maßgabe der Vereinbarungen nach § 113 SGB XI einrichtungsintern ein Qualitätsmanagement einzuführen und weiterzuentwickeln und zudem alle Expertenstandards nach § 113a SGB XI anzuwenden. Hierdurch soll die Qualität der Pflege sichergestellt und verbessert werden.

## VI. Organisation und Finanzierung

242 Die soziale Pflegeversicherung ist trotz ihrer Nähe zur gesetzlichen Krankenversicherung ein **eigenständiger** Zweig der Sozialversicherung (§ 1 Abs. 1 SGB XI) und damit nicht etwa nur ein „Anhängsel" der gesetzlichen Krankenversicherung. **Träger** der sozialen Pflegeversicherung sind nach §§ 1 Abs. 3, 46 Abs. 1 S. 1 SGB XI die **Pflegekassen**. Allerdings werden die Aufgaben der Pflegekassen werden von den Krankenkassen iS § 4 SGB V wahrgenommen. Nach § 46 Abs. 1 S. 2 SGB XI wird hierzu bei jeder Krankenkasse eine Pflegekasse errichtet. Bei ihnen handelt es sich um rechtsfähige Körperschaften des öffentlichen Rechts mit Selbstverwaltung (§ 46 Abs. 2 SGB XI). § 46 Abs. 2 S. 2 SGB XI sieht vor, dass die Organe der Krankenkasse auch die Organe der Pflegekasse sind. Dies bedeutet, dass die Pflegekasse zwar eine eigenständige Körperschaft öffentlichen Rechts ist, aber über keinen eigenen Verwaltungsapparat verfügt.

243 Die Pflegekassen sind gesetzlich verpflichtet, gegenüber ihren Versicherten auch Beratungsleistungen zu erbringen. Diesem Ziel dienen die **Pflegeberater** nach § 7a SGB XI, die den nach § 7a Abs. 1 S. 1 SGB XI Anspruchsberechtigten noch vor der erstmaligen Beratung unverzüglich durch die Pflegekasse zu benennen sind. Aufgabe der Pflegeberater ist es insbesondere, den Hilfebedarf unter Berücksichtigung der Feststellungen der Begutachtung durch den Medizinischen Dienst der Krankenversicherung systematisch zu erfassen und zu analysieren, einen individuellen Versorgungsplan mit den im Einzelfall erforderlichen Sozialleistungen und gesundheitsfördernden, präventiven, kurativen, rehabilitativen oder sonstigen medizinischen sowie pflegerischen und sozialen Hilfen zu erstellen, auf die für die Durchführung des Versorgungsplans erforderlichen

---

42 Kokemoor, Sozialrecht, Rn. 239.

Maßnahmen einschließlich deren Genehmigung durch den jeweiligen Leistungsträger hinzuwirken, die Durchführung des Versorgungsplans zu überwachen und erforderlichenfalls einer veränderten Bedarfslage anzupassen sowie bei besonders komplexen Fallgestaltungen den Hilfeprozess auszuwerten und zu dokumentieren.

Die Pflegekasse ist nach § 7b SGB XI verpflichtet, einem Antragsteller unmittelbar nach Eingang eines erstmaligen Antrags auf Leistungen einen konkreten Beratungstermin bei einem Pflegeberater anzubieten oder ihm einen Beratungsgutschein auszustellen, in dem Beratungsstellen benannt sind. In beiden Fällen muss die Beratung innerhalb von zwei Wochen nach Antragstellung durchführbar sein.

Daneben haben die Pflegekassen nach § 7c Abs. 1 SGB XI die Verpflichtung, zur wohnortnahen Beratung, Versorgung und Betreuung der Versicherten **Pflegestützpunkte** einzurichten. Hierdurch soll eine pflegerische Infrastruktur gefördert sowie eine vernetzte Versorgungsstruktur auf- und ausgebaut, in der die notwendige Hilfs- und Unterstützungsangebote aller Sozialversicherungs- und Sozialleistungsträger koordiniert und aufeinander abgestimmt geleistet werden können.[43]

244 Die Pflegeversicherung **finanziert** sich – ebenso wie die Krankenversicherung – weitestgehend durch die **Beiträge** ihrer Mitglieder (§ 1 Abs. 6 S. 1 SGB XI). Der Beitrag in Höhe von 3,05 % ist nach §§ 55 Abs. 1, 58 Abs. 1 S. 1 SGB XI hälftig von den versicherungspflichtigen Beschäftigten und ihren Arbeitgebern zu tragen. Der sich aus § 55 Abs. 3 S. 1 SGB XI ergebende Beitragszuschlag für Kinderlose in Höhe von 0,35 Beitragssatzpunkten ist hingegen allein von den Mitgliedern aufzubringen (§ 58 Abs. 1 S. 3 SGB XI). Wie in der gesetzlichen Krankenversicherung richtet sich die Beitragshöhe nach den beitragspflichtigen Einnahmen des Mitglieds (§§ 1 Abs. 6 S. 2, 54 Abs. 2 S. 1 SGB XI) und werden durch die Beitragsbemessungsgrenze des § 55 Abs. 2 SGB XI begrenzt. Für Familienversicherte iS § 25 SGB XI sind nach § 56 Abs. 1 SGB XI keine Beiträge zu zahlen.

245 Nach § 131 SGB XI wird in der sozialen Pflegeversicherung ein Sondervermögen unter dem Namen „**Vorsorgefonds der sozialen Pflegeversicherung**" errichtet. Dieses Sondervermögen dient nach § 132 S. 1 SGB XI der langfristigen Stabilisierung der Beitragsentwicklung in der sozialen Pflegeversicherung und darf nach Maßgabe des § 136 SGB XI nur zur Finanzierung der Leistungsaufwendungen der sozialen Pflegeversicherung verwendet werden (§ 132 S. 2 SGB XI). Das Sondervermögen ist nach § 133 S. 1 SGB XI nicht rechtsfähig; kann aber nach § 133 S. 2 SGB XI unter seinem Namen im rechtsgeschäftlichen Verkehr handeln, klagen und verklagt werden.

Die Verwendung des Sondervermögens aus dem Pflegevorsorgefonds ist in § 136 SGB XI geregelt. Nach dieser Vorschrift kann es ab dem Jahr 2035 zur Sicherung der Beitragssatzstabilität der sozialen Pflegeversicherung verwendet werden, wenn ohne eine Zuführung von Mitteln an den Ausgleichsfonds eine Beitragssatzanhebung erforderlich würde, die nicht auf über eine allgemeine Dynamisierung der Leistungen hinausgehenden Leistungsverbesserungen beruht. Die Obergrenze der jährlich auf Anforderung des Bundesversicherungsamtes an den Ausgleichsfonds abführbaren Mittel ist der 20. Teil des Realwertes des zum 31.12.2034 vorhandenen Mittelbestandes des Sondervermögens. Erfolgt in einem Jahr kein Abruf, so können die für dieses Jahr vorgesehenen Mittel in den Folgejahren mit abgerufen werden, wenn ohne eine entsprechende Zuführung von Mitteln an den Ausgleichsfonds eine Beitragssatzanhebung

---

43 BeckOK SozR/Wilcken SGB XI § 7c Rn. 1.

erforderlich würde, die nicht auf über eine allgemeine Dynamisierung der Leistungen hinausgehenden Leistungsverbesserungen beruht.

§ 137 SGB XI bestimmt, dass das Vermögen von dem übrigen Vermögen der sozialen Pflegeversicherung sowie von seinen Rechten und Verbindlichkeiten getrennt zu halten ist.

Mit der Bildung des Sondervermögens in der sozialen Pflegeversicherung verbindet der Gesetzgeber eine gerechtere Verteilung der Finanzierung der aufgrund der demografischen Entwicklung im Zeitverlauf deutlich steigenden Leistungsausgaben auf die Generationen, um so auch der Gefahr einer Beschränkung des Leistungsniveaus der Pflegeversicherung begegnen zu können.[44]

§ 136 SGB XI sieht einen Ansparzeitraum für den Pflegevorsorgefonds von 20 Jahren vor. Dieser ergibt sich daraus, dass nach Auffassung des Gesetzgebers die Geburtsjahrgänge 1959 bis 1967 mit 1,24 Millionen bis 1,36 Millionen Menschen deutlich stärker besetzt sind als die davor und danach liegenden Jahrgänge. Im Jahr 2034 erreicht der erste Jahrgang das 75. Lebensjahr, nach dem die Wahrscheinlichkeit pflegebedürftig zu sein, deutlich ansteigt. Etwa 20 Jahre später ist ein größerer Teil dieses Personenkreises bereits verstorben und die erheblich schwächer besetzten Jahrgänge nach 1967 rücken in das Pflegealter vor. Dementsprechend ist in diesem Zeitraum eine besonders hohe Zahl von Pflegebedürftigen zu versorgen. Dadurch steigt die Notwendigkeit von Beitragssatzanpassungen.[45]

Das Sondervermögen darf gemäß § 132 S. 2 SGB XI nach Abschluss der Ansparphase ausschließlich zweckgebunden zur Stabilisierung des aufgrund der demografischen Entwicklung ansteigenden Beitragssatzes verwendet werden. Eine andere Verwendung der Mittel des Sondervermögens ist gesetzlich ausgeschlossen.[46]

### VII. Wiederholungs- und Vertiefungsfragen

1. Was bedeutet der Grundsatz „Die Pflegeversicherung folgt der Krankenversicherung"?
2. Sind freiwillige Mitglieder der gesetzlichen Krankenversicherung in der sozialen Pflegeversicherung versicherungspflichtig?
3. Anhand welcher Einschränkungen wird beurteilt, ob jemand pflegebedürftig ist?
4. Welchem Pflegegrad wird ein Pflegebedürftiger zugeordnet, der nach der Anlage 1 zu § 15 SGB XI im Modul 1 neun Punkte, im Modul 4 achtzehn Punkte, im Modul 5 sechs Punkte und im Modul 6 drei Punkte erreicht hat?
5. Welche Vorversicherungszeiten müssen erfüllt sein, damit ein Anspruch auf Pflegeleistungen nach dem SGB XI bestehen kann?
6. Warum ist die Tatsache, dass der Betrag des Pflegegeldes niedriger ist, als der der Pflegesachleistung, rechtlich unbedenklich?
7. Durch welche Leistungen werden Pflegepersonen von der sozialen Pflegeversicherung unterstützt?

---

[44] BT-Drs. 18/1798, S. 42 (zu § 132).
[45] BT-Drs. 18/1798, S. 42 (zu § 132).
[46] BT-Drs. 18/1798, S. 42 (zu § 132).

8. Warum verfügen die Pflegekassen über keinen eigenen Verwaltungsapparat?
9. Zu welchem Zweck darf das Sondervermögen des Pflegevorsorgefonds ausschließlich verwendet werden?

## § 12 Das Recht der gesetzlichen Unfallversicherung

**Übungsfall 3:** Herr Müller ist seit 2019 arbeitslos und bezieht Arbeitslosengeld II nach dem SGB II in Höhe von 1.000 EUR monatlich. Er erhält vom zuständigen Grundsicherungsträger (Jobcenter) die Aufforderung, sich am 5.7.2022 um 10.00 Uhr im Jobcenter einzufinden, damit dort verschiedene Stellenangebote mit ihm besprochen werden können.

Herr Müller fährt mit dem Fahrrad auf direktem Weg zum Jobcenter. Da er etwas spät ist und pünktlich zu seinem Termin kommen möchte, fährt er sehr rasant. Hierbei übersieht er einen auf dem Fahrradweg liegenden großen Stein und stürzt. Durch den Sturz zieht er sich erhebliche Kopfverletzungen zu. Herr Müller ist deswegen einen Monat lang arbeitsunfähig.

Prüfen und erläutern Sie unter jeweiliger Angabe der gesetzlichen Grundlagen, ob – und wenn ja, in welcher Höhe – Herr Müller Anspruch auf Verletztengeld hat. Gehen Sie hierbei insbesondere darauf ein, ob Herr Müller in der gesetzlichen Unfallversicherung versichert ist und ob sich durch den Unfall ein versichertes Risiko verwirklicht hat.

### I. Einführung

246   Das Recht der gesetzlichen Unfallversicherung ist im Wesentlichen[1] im SGB VII geregelt und weist einige Unterschiede zu den übrigen Zweigen der Sozialversicherung auf. So sichert die gesetzliche Unfallversicherung lediglich gegen die sehr eng umgrenzten Risiken „Arbeitsunfall" und „Berufskrankheit" ab (vgl. hierzu Rn. 258 u. 271). Die Beiträge zur gesetzlichen Unfallversicherung werden zudem nicht paritätisch von Arbeitgebern und Arbeitnehmern aufgebracht, sondern **allein** von den **Arbeitgebern**. Der Leistungsumfang in der gesetzlichen Unfallversicherung ist regelmäßig umfangreicher, als der in den anderen Sozialversicherungen. So kennt das Unfallversicherungsrecht zB im Bereich von Pflegeleistungen keine Deckelung des Leistungsanspruches, wie ihn das Pflegeversicherungsrecht vorsieht (vgl. § 44 SGB VII). Eine Selbstbeteiligung der Versicherten an den zu bewilligenden Leistungen ist dem SGB VII ebenfalls fremd.

247   Eigentliches Anliegen der gesetzlichen Unfallversicherung war und ist es, Arbeitnehmer gegen das Risiko abzusichern, dass ihre Arbeitsfähigkeit durch einen Arbeitsunfall oder eine Berufskrankheit beeinträchtigt oder im schlimmsten Fall sogar vollständig aufgehoben wird. Da die eigene Arbeitsfähigkeit regelmäßig Grundlage der wirtschaftlichen Existenz ist, will die gesetzliche Unfallversicherung den Betroffenen oder – im Falle des Todes – ihren Hinterbliebenen im Falle der Risikoverwirklichung Mechanismen zur Verfügung stellen, die es ihnen ermöglichen, entweder die Arbeitskraft wiederherzustellen oder aber auch ohne sie wirtschaftlich abgesichert leben zu können. Der Schutz von Arbeitnehmern vor Arbeitsunfällen bzw. Berufskrankheiten und ihren Folgen wird als „echte" **Unfallversicherung** bezeichnet.[2]

Im Laufe der Zeit wurde der Kreis der Personen, die in der gesetzlichen Unfallversicherung versichert sind, stetig ausgeweitet. Versicherungspflichtig sind mittlerweile nicht nur die Beschäftigten, sondern ua auch Studierende während der Aus- und Fortbildung an Hochschulen (§ 2 Abs. 1 Nr. 8 c SGB VII), Freiwillige iSd Bundesfreiwilligendienstes (§ 2 Abs. 1a SGB VII), Helfer bei Unglücksfällen (§ 2 Abs. 1 Nr. 13 a SGB VII) oder Personen, denen von der Krankenkasse eine stationäre Leistung der medizinischen Rehabilitation gewährt wurde (§ 2 Abs. 1 Nr. 15 a SGB VII). Den genannten Perso-

---

1   Explizite Hinweise auf das Unfallversicherungsrecht finden sich daneben in § 22 SGB I und in § 19 S. 2 SGB IV.
2   Waltermann u.a., Sozialrecht, Rn. 277.

# § 12 Das Recht der gesetzlichen Unfallversicherung

nengruppen ist gemein, dass sie keine Nähe zu einem Arbeitsverhältnis aufweisen. Daher fällt es zunächst auch schwer, bei ihnen von „Arbeitsunfällen"[3] zu sprechen. Tatsächlich sind diese Fälle von der Rechtssystematik her auch eher dem Bereich der sozialen Entschädigung zuzuordnen.[4] Die Absicherung von Personen, die keinen Bezug zu abhängiger Arbeit aufweisen wird daher als „unechte" Unfallversicherung bezeichnet.[5]

Die Konzeption des Unfallversicherungsrechts, den Versicherten einen Ausgleich für Schäden zu vermitteln, die diese durch Arbeitsunfälle oder Berufskrankheiten erlitten haben, ist eng mit dem Prinzip der sog. **Haftungsersetzung durch Versicherungsschutz** verknüpft.

**Hinweis:** Sie müssen sich an dieser Stelle kurz in Erinnerung rufen, dass das zwischen Arbeitnehmer und Arbeitgeber bestehende Arbeitsrechtsverhältnis seiner Natur nach ein rein **zivilrechtliches** Vertragsverhältnis ist.[6] Dies hat zur Konsequenz, dass Arbeitnehmer im Falle einer schuldhaften Schädigung durch den Arbeitgeber gegen diesen Schadensersatzansprüche aus § 280 Abs. 1 iVm § 241 Abs. 2 BGB und aus § 823 Abs. 1 u. 2 BGB haben.

Haftungsersetzung durch Versicherungsschutz bedeutet, dass der Arbeitgeber in bestimmten Konstellationen von der privatrechtlichen Haftung gegenüber dem Arbeitnehmer **freigestellt** wird. An seiner Stelle reguliert die gesetzliche Unfallversicherung den eingetretenen Schaden. Geregelt ist diese Haftungsfreistellung in den §§ 104 -109 SGB VII. Diese Vorschriften stellen Arbeitgeber (die vom Gesetz als Unternehmer bezeichnet werden) im Hinblick auf **Personenschäden** grundsätzlich von der Haftung frei.[7] § 104 Abs. 1 SGB VII stellt hierzu klar, dass Unternehmer gegenüber den Versicherten, die für ihre Unternehmen tätig sind oder zu ihren Unternehmen in einer sonstigen die Versicherung begründenden Beziehung stehen, sowie deren Angehörigen und Hinterbliebenen nur dann für Personenschäden schadensersatzpflichtig sind, wenn sie den Versicherungsfall **vorsätzlich** herbeigeführt haben oder wenn es sich um einen vom Unternehmer verursachten **Wegeunfall** handelt. Damit stellt die gesetzliche Unfallversicherung für den Unternehmer faktisch eine Art **Haftpflichtversicherung** dar, so dass es nur folgerichtig ist, dass allein der Arbeitgeber nach § 150 SGB VII die Beiträge zur gesetzlichen Unfallversicherung zahlt.[8] Das Unfallversicherungsrecht stellt aber nicht nur den Unternehmer grundsätzlich von der privaten Haftung frei, sondern auch den **Arbeitskollegen**. Dessen Haftungsfreistellung ist in § 105 SGB VII geregelt. Danach sind Arbeitskollegen nur dann für **Personenschäden** schadensersatzpflichtig, wenn sie den Versicherungsfall **vorsätzlich** herbeigeführt haben oder wenn es sich um einen vom Arbeitskollegen verursachten **Wegeunfall** handelt. Aufgabe der Haftungsfreistellung ist es ua, den Betriebsfrieden nicht unnötig durch Auseinandersetzungen zwischen Arbeitgeber und Arbeitnehmer bzw. zwischen Arbeitskollegen zu belasten.

---

3 Angesichts der Definition des „Arbeitsunfalls" in § 8 SGB VII löst sich der vermeintliche Widerspruch jedoch sehr schnell auf (vgl. hierzu auch Rn. 258).
4 Kokemoor, Sozialrecht, Rn. 243; Waltermann u.a., Sozialrecht, Rn. 277.
5 Eichenhofer, Sozialrecht, § 19 Rn. 419.
6 Konkret stellt es einen Arbeitsvertrag iS § 611a BGB dar.
7 Schadensersatz für eingetretene Sachschäden ist von den Arbeitnehmern damit auch weiterhin zivilrechtlich geltend zu machen.
8 Waltermann u.a., Sozialrecht, Rn. 284.

## II. Versicherter Personenkreis

249 Auch das Recht der gesetzlichen Unfallversicherung unterscheidet im Hinblick auf den versicherten Personenkreis zwischen den **Versicherungspflichtigen** und den **Versicherungsberechtigten**. Daneben gibt es Personen, die kraft Gesetzes von der Versicherungspflicht ausgenommen, also **versicherungsfrei** sind.

### 1. Versicherungspflicht in der gesetzlichen Unfallversicherung

250 Die Versicherungspflicht in der gesetzlichen Unfallversicherung kann sich nicht nur aus dem **Gesetz** selbst (§ 2 SGB V), sondern auch aus dem **Satzungsrecht** der Unfallversicherungsträger (§ 3 SGB VII) ergeben.

251 § 2 SGB VII zählt die Personengruppen auf, die in der gesetzlichen Unfallversicherung kraft Gesetzes versichert sind. Wie auch in den anderen Zweigen der Sozialversicherung sind dies zunächst die **Beschäftigten** (iS § 7 SGB IV) (§ 2 Abs. 1 Nr. 1 SGB VII). Verlangen aber die anderen Sozialversicherungszweige zur Begründung einer Versicherungspflicht die Beschäftigung gegen **Entgelt** (vgl. § 2 Abs. 2 Nr. 1 SGB IV), fordert dies die Unfallversicherung **nicht**.

**Hinweis:** Damit spielt im gesetzlichen Unfallversicherungsrecht die Unterscheidung zwischen geringfügiger und nicht geringfügiger Beschäftigung **keine** Rolle. Vielmehr wird jede Art von Beschäftigung in den Pflichtversicherungsschutz der Unfallversicherung einbezogen.

Neben den Beschäftigten bezieht § 2 Abs. 1 Nr. 2–7 SGB VII auch solche Personengruppen in den gesetzlichen Unfallversicherungsschutz ein, die aus Sicht des Gesetzgebers ähnlich schutzbedürftig sind.[9] Hierbei handelt es sich ua um Auszubildende, behinderte Menschen in anerkannten Werkstätten und um bestimmte Gruppen von Selbstständigen, die aufgrund ihrer Schutzbedürftigkeit als Kleinunternehmer in den Schutz der gesetzlichen Unfallversicherung einbezogen werden.[10]

§ 2 Abs. 1 Nr. 8–17 SGB VII regelt die Tatbestände der „**unechten**" Unfallversicherung.[11] Hierzu zählen ua Kinder während des Besuchs von Tageseinrichtungen (Nr. 8a), Studierende während der Aus- und Fortbildung an Hochschulen (Nr. 8c), Personen, die (selbstständig oder unentgeltlich) im Gesundheitswesen tätig sind (Nr. 9) oder Nothelfer (Nr. 13a).

252 Kraft Gesetzes versicherungspflichtig sind nach § 2 Abs. 2 S. 1 SGB VII auch die sog. „**Wie-Beschäftigten**". Das Gesetz versteht hierunter Personen, die wie nach § 2 Abs. 1 Nr. 1 SGB VII Versicherte (also wie Beschäftigte) tätig werden. Eine „Wie-Beschäftigung" liegt vor, wenn folgende Voraussetzungen erfüllt sind:

- Es muss sich um eine ernstliche, bewusst einem fremden Unternehmen wesentlich zu dienen bestimmte Tätigkeit von wirtschaftlichem Wert handeln,
- die in Übereinstimmung mit dem wirklichen oder mutmaßlichen Willen des Unternehmers steht,
- die ihrer Art nach auch von „normalen" Beschäftigten verrichtet werden kann und

---

9 Hierzu ausführlich KSW/Holtstraeter, § 2 SGB VII Rn. 12 ff.
10 Kruschinsky in: Krasney/Burchardt/Kruschinsky/Becker, SGB VII, § 2 Rn. 446.
11 Ausführlich hierzu Waltermann u.a., Sozialrecht, Rn. 291 ff.

- unter Umständen erfolgt, die einer Tätigkeit aufgrund eines Beschäftigungsverhältnisses ähnlich sind.[12]

Durch die Regelung des § 2 Abs. 2 S. 1 SGB VII sollen kurzfristige, vorübergehende oder einmalige Verrichtungen, die aus Gefälligkeit fremdnützig erbracht werden, in den Schutz der Unfallversicherung einbezogen werden.[13] Der Anwendungsbereich des Unfallversicherungsrechts wird durch diese Regelung einerseits und den sehr weit verstandenen Begriff des „Unternehmers" (§§ 136, 121 Abs. 1 SGB VII) andererseits, erheblich ausgeweitet, insbesondere auf den nicht gewerbsmäßigen privaten Bereich.[14]

**Beispiele:** Als eine „Wie-Beschäftigung" gilt zB: das Anschieben eines Fahrzeugs, dessen Motor nicht anspringt[15]; die Reparatur eines PKW[16] oder die Mithilfe von Freunden aus Gefälligkeit beim Bau eines Einfamilienhauses[17].

Nicht zu den „Wie-Beschäftigten" zählen Personen, die in „Schwarzarbeit"[18] tätig sind oder „scheinselbstständig"[19] sind. In diesen Problembereichen ist vielmehr zu prüfen, ob eine Beschäftigung iS § 2 Abs. 1 Nr. 1 SGB VII vorliegt.

Im Rahmen des § 2 Abs. 1 u. 2 SGB VII sind durchaus Fälle denkbar, in denen Personen mehrere Versicherungstatbestände erfüllen.

253

**Beispiel:** Ein Angestellter eines Rettungsdienstes, der am Ort eines Verkehrsunfalls Hilfe leistet, erfüllt den Versicherungstatbestand einer Beschäftigung (§ 2 Abs. 1 Nr. 1 SGB VII) und den eines Nothelfers (§ 2 Abs. 1 Nr. 13a SGB VII).

Das Verhältnis der einzelnen Versicherungstatbestände zueinander koordiniert § 135 SGB VII. Danach hat die Versicherung als Beschäftigter (§ 2 Abs. 1 Nr. 1 SGB VII) grundsätzlich[20] Vorrang vor anderen versicherten Tatbeständen.

Eine Versicherungspflicht in der gesetzlichen Unfallversicherung kann nach § 3 SGB VII auch durch **Satzung** begründet werden. Dies betrifft Unternehmer und ihre im Unternehmen mitarbeitenden Ehegatten, Personen, die sich auf der Unternehmensstätte aufhalten (zB Teilnehmer an Betriebsbesichtigungen) und ehrenamtlich Tätige bzw. bürgerschaftlich Engagierte.

254

## 2. Versicherungsberechtigung in der gesetzlichen Unfallversicherung

Neben den Versicherungspflichtigen kennt das Recht der gesetzlichen Unfallversicherung auch die **Versicherungsberechtigten**. Versicherungsberechtigte haben die Möglich-

255

---

12 St. Rspr., vgl. nur BSG 5.3.2002 – B 2 U 9/01 R, SGb 2002, 441; vgl. auch Waltermann u.a., Sozialrecht, Rn. 295, Muckel/Ogorek/Rixen, Sozialrecht, § 10 Rn. 29.
13 Ausführlich zur „Wie-Beschäftigung" Krasney, Die „Wie-Beschäftigten" nach § 2 Abs. 2 S. 1 SGB VII, NZS 1999, 577 ff.
14 Waltermann u.a., Sozialrecht, Rn. 297.
15 BSG 25.1.1973 – 2 RU 55/71, BSGE 35, 140 ff.
16 BGH 16.12.1986 – VI ZR 5/86, NJW 1987, 1643 f.
17 LSG RhPf v. 25.6.2002, L 3 U 205/01, zitiert nach juris.
18 Das sind Personen, die – um Lohnnebenkosten zu sparen – nicht vom Arbeitgeber bei den Sozialversicherungsträgern gemeldet wurden.
19 Hierunter werden Personen verstanden, die nach der Ausgestaltung ihrer Rechtsbeziehungen wie *Selbständige* behandelt werden, tatsächlich jedoch wie *abhängig Beschäftigte* arbeiten und sich auch wegen ihrer sozialen Schutzbedürftigkeit nicht von diesen unterscheiden; Vogelsang in: Schaub, Arbeitsrechts-Handbuch, 19. Aufl. 2021, § 8 Rn. 54.
20 Zu den Ausnahmen vgl. Feddern in: BeckOGK, § 135 SGB VII, Rn. 4 ff.

keit, sich **freiwillig** in der gesetzlichen Unfallversicherung zu versichern. Eröffnet wird ihnen diese Möglichkeit durch § 6 Abs. 1 SGB VII. Freiwillig können sich grundsätzlich versichern: Unternehmer und ihre im Unternehmen mitarbeitenden Ehegatten; Personen, die in Kapital- (zB GmbH, AG) oder Personenhandelsgesellschaften (zB oHG oder KG) regelmäßig wie Unternehmer selbstständig tätig sind; gewählte oder beauftragte Ehrenamtsträger in gemeinnützigen Organisationen; Personen, die in Verbandsgremien und Kommissionen für Arbeitgeberorganisationen und Gewerkschaften sowie anderen selbstständigen Arbeitnehmervereinigungen mit sozial- oder berufspolitischer Zielsetzung (sonstige Arbeitnehmervereinigungen) ehrenamtlich tätig sind oder an Ausbildungsveranstaltungen für diese Tätigkeit teilnehmen und Personen, die ehrenamtlich für Parteien im Sinne des Parteiengesetzes tätig sind oder an Ausbildungsveranstaltungen für diese Tätigkeit teilnehmen. Voraussetzung für die Begründung der freiwilligen Versicherung ist ein **schriftlicher** Antrag.

### 3. Versicherungsfreiheit in der gesetzlichen Unfallversicherung

256 So, wie auch die anderen Sozialversicherungszweige, definiert auch die gesetzliche Unfallversicherung Personengruppen, die von der Versicherungspflicht befreit sind, da ihre Absicherung regelmäßig durch Versorgungssysteme außerhalb der Sozialversicherung sichergestellt wird. **Versicherungsfrei** sind nach § 4 SGB VII ua Beamte, selbstständige Ärzte und im Unternehmen mithelfende Familienangehörige des Unternehmers. Die Versicherungsfreiheit tritt kraft Gesetzes (also automatisch) ein und muss daher nicht beantragt werden. Im Unterschied hierzu können sich Unternehmer landwirtschaftlicher Unternehmen bis zu einer Größe von 0,25 Hektar nach § 4 SGB VII von der Versicherungspflicht (die nach § 2 Abs. 1 Nr. 5 SGB VII besteht), auf **Antrag** befreien lassen. In diesem Fall ist für das Ausscheiden aus dem System der gesetzlichen Unfallversicherung ein Antrag erforderlich.

## III. Versicherungsfälle

257 Nach § 7 Abs. 1 SGB VII deckt die gesetzliche Unfallversicherung die Versicherungsfälle „Arbeitsunfall" und „Berufskrankheit" ab. Hierbei spielt es nach § 7 Abs. 2 SGB VII zunächst[21] keine Rolle, ob der Versicherungsfall auf einem verbotswidrigen Verhalten des Versicherten beruht. Somit kann auch das Befahren einer Kreuzung trotz roter Ampel zu einem Arbeitsunfall und damit zu einem Versicherungsfall iS § 7 Abs. 1 SGB VII führen.

### 1. Der Arbeitsunfall

258 Unter einem **Arbeitsunfall** versteht § 8 Abs. 1 S. 1 SGB VII **Unfälle** von Versicherten **infolge** einer den **Versicherungsschutz** nach §§ 2, 3 oder 6 SGB VII **begründenden Tätigkeit** (versicherte Tätigkeit).

Hinweis: Gerade im Hinblick auf die Tatbestände der „unechten" Unfallversicherung, die in § 2 Abs. 1 Nr. 8–17 SGB VII geregelt sind, zeigt sich, dass der Begriff „Arbeitsunfall" mittlerweile unpräzise ist. Er löst bei vielen Studierenden den Schluss aus, dass nur Unfälle, die „auf Arbeit" geschehen, auch Arbeitsunfälle iS §§ 7, 8 SGB VII sind. Von diesem Gedanken

---

21 Vgl. zur Berücksichtigung einer selbstgeschaffenen Gefahr Muckel/Ogorek/Rixen, Sozialrecht, § 10 Rn. 48 (mwN).

müssen Sie sich schnellstmöglich lösen. Mit der Erweiterung des Unfallversicherungsschutzes auf die Fälle der „unechten" Unfallversicherung wurde auch das Verständnis des Begriffs „Arbeitsunfall" erweitert. So sind zB nach § 2 Abs. 1 Nr. 8a SGB VII auch Kinder während des Besuchs von Tageseinrichtungen versichert. Es dürfte unstreitig sein, dass sie hierbei nicht arbeiten. Dennoch kann ein Unfall während des Besuchs der Kindertageseinrichtung einen Arbeitsunfall darstellen, da dieser Besuch den Versicherungsschutz nach § 2 Abs. 1 Nr. 8a SGB VII begründet.

**a) Unfall**

Ein Arbeitsunfall iS § 8 Abs. 1 SGB VII erfordert zunächst den **Unfall** eines **Versicherten**.

259

Ein Unfall ist nach der Legaldefinition des § 8 Abs. 1 S. 2 SGB VII ein **zeitlich begrenztes**, von **außen** auf den Körper einwirkendes **Ereignis**, das zu einem **Gesundheitsschaden** oder zum **Tod** führt.

Das Erfordernis der **zeitlichen Begrenztheit** des schädigenden Ereignisses dient der Abgrenzung des Arbeitsunfalls von der Berufskrankheit.[22] Während für letztere gerade eine langfristige Entwicklung typisch ist, liegt ein Arbeitsunfall nur dann vor, wenn sich das schädigende Ereignis in einem verhältnismäßig kurzen Zeitraum, längstens in einer Arbeitsschicht, abspielt.[23] Maßgeblich ist hier allerdings nicht eine „normale" 8-Stunden-Arbeitsschicht, sondern die konkrete Schicht der Schadensverursachung.[24]

Unfallversicherungsrechtlich kann ein Unfall nur vorliegen, wenn ein Ereignis von **außen** schädigend auf den Körper einwirkt. Hierdurch werden **innere Ursachen** eines Gesundheitsschadens oder des Todes, wie zB Herzinfarkt, Schlaganfall o.ä., grundsätzlich als Ursache eines Arbeitsunfalls ausgeschlossen.[25]

**Hinweis:** Allerdings können auch krankhafte Erscheinungen des Versicherten zu einem Arbeitsunfall führen. Eine insoweit erforderliche äußere Einwirkung auf den Körper kann auch darin bestehen, dass durch betriebliche Einflüsse eine Störung im Körperinneren hervorgerufen wird, etwa wenn eine körperliche Kraftanstrengung zu einer Hirnblutung führt[26] oder wenn von einem Ultrathermgerät ausgestrahlte Kurzwellen den Herzschrittmacher eines Versicherten stören[27]. Auch Beschimpfungen oder Beleidigungen können eine äußerliche Einwirkungen auf den Körper darstellen, wenn sie bei dem Versicherten einen seelischen Schock und als weitere Folge einen Gesundheitsschaden hervorrufen.[28]

Durch das Erfordernis der äußeren Einwirkung soll somit lediglich ausgedrückt werden, dass ein aus dem Menschen selbst kommendes Ereignis nicht als Unfall anzusehen ist. Für eine Einwirkung von außen ist es daher zB ausreichend, dass der Boden beim Auffallen des Versicherten gegen seinen Körper stößt. Hier wirkt nicht etwa der Versicherte auf die Außenwelt, sondern ein Teil der Außenwelt auf den Körper des Versicherten ein.[29] Zu einem Gesundheitsschaden iS § 8 Abs. 1 SGB VII zählt nach § 8

---

22  BSG 8.12.1998 – B 2 U 1/98 R, EzS 40/581.
23  St. Rspr.: vgl. nur BSG 28.1.1966 – 2 RU 151/63, BSGE 24, 216 ff.
24  Ricke in: BeckOGK, § 8 SGB VII, Rn. 23.
25  BSG 15.5.2012 – B 2 U 16/11 R, BSGE 111, 52 ff.
26  BSG 12.4.2005 – B 2 U 27/04 R, BSGE 94, 269 ff.
27  BSG 24.6.1981 – 2 RU 61/79, EzS 40/330.
28  Vgl. BVerwG 9.4.1970 – II C 49.68, BVerwGE 35, 133; HessLSG 23.10.2012 – L 3 U 12/07, zitiert nach juris.
29  BSG 28.7.1977 – 2 RU 15/76, BKK 1978, 179 f.; LSG NRW v. 24.11.1999, L 17 U 261/97, zitiert nach juris.

Abs. 3 SGB VII auch die Beschädigung oder Zerstörung von Hilfsmitteln (zB Brillen, Prothesen o.ä.).

Das von außen auf den Körper wirkende Ereignis muss, um einen Unfall iS § 8 SGB VII darzustellen, beim Versicherten zu einem **Gesundheitsschaden** oder zum **Tod** führen. Dies bedeutet, dass das Unfallereignis **kausal** für einen Gesundheitsschaden oder für den Tod des Versicherten sein muss. Ein Gesundheitsschaden ist hierbei jeder regelwidrige körperliche, geistige oder seelische Zustand des Versicherten.[30] Dieses Kausalitätserfordernis wird als **haftungsbegründende Kausalität** bezeichnet.

**Hinweis:** Im Recht der gesetzlichen Unfallversicherung spielen Kausalitätsfragen eine große Rolle. So ist im Rahmen der Anspruchsprüfung nicht nur die haftungsbegründende Kausalität (Gesundheitsschaden bzw. Tod durch Unfall), sondern auch die **Unfallkausalität** (Verursachung des Unfalls durch die konkret versicherte Tätigkeit) und die **haftungsausfüllende Kausalität** (ursächlicher Zusammenhang zwischen Unfallerstschaden und weiteren Unfallfolgen) zu prüfen. Aufgrund ihrer Bedeutung werden die Kausalitätsprobleme gesondert und im Zusammenhang behandelt (vgl. Rn. 263 ff.).

### b) Innerer Zusammenhang

260 Ein Arbeitsunfall iS §§ 7, 8 SGB VII ist nach § 8 Abs. 1 S. 1 SGB VII ein Unfall (iS § 8 Abs. 1 S. 2 SGB VII) **infolge** einer den Versicherungsschutz nach §§ 2, 3 oder 6 SGB VII begründenden Tätigkeit. „Infolge" bedeutet, dass die konkrete Verrichtung des Versicherten zur Zeit des Unfalls auch der versicherten Tätigkeit zuzurechnen ist (sog. **innerer** oder **sachlicher Zusammenhang**).[31] Dieser innere Zusammenhang ist wertend zu ermitteln. Hierbei wird untersucht, ob die jeweilige konkrete Verrichtung noch innerhalb der Grenze liegt, bis zu welcher der Versicherungsschutz in der gesetzlichen Unfallversicherung reicht.[32]

**Beispiel:** So stellt sich zB bei Unfällen von Arbeitnehmern, die sich im Rahmen der Notdurftverrichtung ereignen (wenn zB jemand schwungvoll die unverschlossene Toilettenkabinentür aufreißt und diese den Versicherten dabei am Kopf/Auge mit voller Wucht trifft)[33], die Frage, ob die Notdurftverrichtung noch zu dem Bereich gehören soll, der durch die gesetzliche Unfallversicherung geschützt wird.

Grundsätzlich sind nur solche Handlungen von Versicherten vom Schutz der gesetzlichen Unfallversicherung umfasst (weisen also einen inneren Zusammenhang auf), die zielgerichtet dem Unternehmen (vgl. zum Unternehmensbegriff Rn. 252) wesentlich zu dienen bestimmt sind. Damit sind solche Tätigkeiten nicht unfallversichert, die persönlichen Zwecken des Versicherten dienen (sog. eigenwirtschaftliche Tätigkeiten).[34] Dies gilt selbst dann, wenn sie am Arbeitsplatz verrichtet werden. Zur Abgrenzung der

---

30 Waltermann u.a., Sozialrecht, Rn. 310.
31 St. Rspr., vgl. nur BSG 12.4.2005 – B 2 U 11/04 R, BSGE 94, 262 ff.; Mittlerweile spricht das BSG anstelle des inneren Zusammenhangs von der Erfüllung des Versicherungstatbestandes, vgl. BSG 26.6.2014 – B 2 U 4/13 R, NZS 2014, 788 f. Gleichwohl wird hier auch weiter der Begriff „innerer Zusammenhang" benutzt, der das Problem besser kennzeichnet. Vgl. auch Westermann in: Brall/Kerschbaumer/Scheer/Westermann (Hrsg.), Kompaktkommentar Sozialrecht, SGB VII, § 8 Rn. 8.
32 BSG 20.1.1987 – 2 RU 27/86, BSGE 61, 127 f.
33 Vgl. BayLSG 6.5.2003 – L 3 U 323/01, NJW-RR 2003, 1462 f.
34 Westermann in: Brall/Kerschbaumer/Scheer/Westermann (Hrsg.), Kompaktkommentar Sozialrecht, SGB VII, § 8 Rn. 8.

versicherten Tätigkeiten von den (nicht versicherten) eigenwirtschaftlichen Tätigkeiten der Versicherten kommt es darauf an, ob der Betroffene subjektiv der Auffassung sein konnte, die Tätigkeit sei geeignet, wesentlich den Interessen des Unternehmers zu dienen.[35] Die darauf abzielende Intention liegt vor, wenn der Verletzte den Willen hat, durch die Verrichtung eine seiner Pflichten aus dem Beschäftigungsverhältnis zu erfüllen oder die Erfüllung von Vor- und Nachbereitungshandlungen, die das Gesetz versichert, zu ermöglichen, zu fördern oder zu sichern (sog. *Handlungstendenz*).[36] Nur unter diesen Voraussetzungen liegt eine unfallversicherte Tätigkeit vor. Dem liegt der Gedanke zugrunde, dass die Versichertengemeinschaft nicht für solche Unfälle eintreten soll, die „Privatsache" des Versicherten sind.

**Beispiel:** Wenn ein in einem Baumarkt tätiger Arbeitnehmer sich an einer im Baumarkt befindlichen Maschine Bretter zurecht sägt, die er privat für seinen Garten benötigt, dann dient diese Verrichtung nicht den Interessen des Unternehmens (Baumarkt), sondern allein privaten Zwecken des Versicherten. Es handelt sich damit um eine eigenwirtschaftliche Tätigkeit. Kommt es bei dieser zu einem Unfall (wenn sich etwa der Versicherte in die Hand sägt), dann fehlt es am *inneren Zusammenhang* zwischen der *konkreten Verrichtung* des Versicherten zur Zeit des Unfalls (Sägen der Bretter) und der *versicherten Tätigkeit* (Mitarbeiter im Baumarkt). Der Unfall wäre daher nicht *infolge* der versicherten Tätigkeit geschehen und würde folglich keinen Arbeitsunfall iS § 8 Abs. 1 S. 1 SGB VII darstellen.

**Hinweis:** Die Tatsache, dass ein Unfall am Arbeitsplatz keinen Arbeitsunfall iS § 8 Abs. 1 S. 1 SGB VII darstellt (zB weil der erforderliche innere Zusammenhang fehlt) bedeutet natürlich nicht, dass keine Ansprüche des Unfallopfers auf Krankenbehandlung, Pflege o.ä. bestehen. Es bedeutet nur, dass diese Ansprüche nicht gegenüber der gesetzlichen Unfallversicherung bestehen, sondern gegenüber anderen Sozialversicherungsträgern (zB Kranken- oder Pflegekasse) geltend zu machen sind.

Essen und Trinken eines Arbeitnehmers im betrieblichen Bereich sind (mangels inneren Zusammenhangs) grundsätzlich ebenso wenig vom Unfallversicherungsschutz gedeckt, wie das Verrichten der Notdurft.[37] Auch hier gilt allerdings der Grundsatz, keine Regel ohne Ausnahme. So kann auch die Nahrungsaufnahme selbst unfallversichert sein, wenn besondere betriebliche Faktoren mitgewirkt haben, wenn also die Nahrungsaufnahme betrieblich veranlasst war.[38] Dies ist zB dann der Fall, wenn aus betrieblicher Eile heraus eine besonders hastige Aufnahme der Nahrung erfolgt oder wenn bei anstrengender Arbeit die Notwendigkeit des Trinkens zum Zwecke der Weiterarbeit besteht.[39] Auch wenn die Nahrungsaufnahme eine eigenwirtschaftliche Tätigkeit darstellt, dient sie doch auch der Erhaltung der Arbeitskraft. Damit ist sie mittelbar betriebsbezogen, so dass zumindest der Weg zur Nahrungsaufnahme und zurück unfallversichert ist.[40] Hierbei spielt es keine Rolle, ob der Weg nur auf dem Betriebsgelände zurückgelegt wird oder auch in den öffentlichen Verkehrsraum führt.

---

35 BSG 24.6.1981 – 2 RU 87/80, BSGE 52, 57 ff.
36 Vgl. hierzu BSG 26.6.2014 – B 2 U 4/13 R, NZS 2014, 788 ff.
37 Kokemoor, Sozialrecht, Rn. 266 (mwN); Westermann in: Brall/Kerschbaumer/Scheer/Westermann (Hrsg.), Kompaktkommentar Sozialrecht, SGB VII, § 8 Rn. 39.
38 Muckel/Ogorek/Rixen, Sozialrecht, § 10 Rn. 46.
39 BSG 10.10.2002 – B 2 U 6/02 R, NZS 2003, 268 ff.
40 BSG 6.12.1989 – 2 RU 5/89, NJW 1990, 1064; Vgl. auch Westermann in: Brall/Kerschbaumer/Scheer/Westermann (Hrsg.), Kompaktkommentar Sozialrecht, SGB VII, § 8 Rn. 37 f. (mwN).

Der Unfallversicherungsschutz endet auf dem Hinweg und beginnt auf dem Rückweg jeweils an der Außentür des Hauses, in dem die Nahrungsaufnahme stattfindet.[41]

**Beispiel:** Geht ein Studierender in die Mensa, so ist der Weg dorthin gesetzlich unfallversichert. An der Außentür der Mensa endet der Versicherungsschutz, so dass Unfälle, die sich in der Mensa ereignen, keine Arbeitsunfälle sind. Mit dem Durchschreiten der Außentür der Mensa auf dem Weg zurück beginnt der Unfallversicherungsschutz erneut. Kommt es hier zu Unfällen, so können diese Arbeitsunfälle sein.

**Nicht** gesetzlich unfallversichert sind hingegen Wege, die im Zusammenhang mit rein eigenwirtschaftlichen Tätigkeiten stehen (zB Rauchen, Arbeitskollegen treffen o.ä.).

261 Neben den rein eigenwirtschaftlichen und den rein unternehmerisch veranlassten Tätigkeiten gibt es auch Tätigkeiten, die beiden Zwecken dienen. Zu denken ist hier beispielsweise an das Spazierengehen mit dem Hund bei gleichzeitigem Telefonieren mit dem Arbeitgeber während der Rufbereitschaft.[42] Bei diesen Tätigkeiten spricht man von sog. **gemischten Tätigkeiten**.[43] Diese setzen zumindest **zwei gleichzeitig** ausgeübte untrennbare Verrichtungen voraus, von denen wenigstens eine den Tatbestand einer versicherten Tätigkeit erfüllt. Sie stehen nur dann unter dem Schutz der gesetzlichen Unfallversicherung, wenn die Tätigkeit wesentlich (nicht iS von *überwiegend*) **auch** der versicherten Tätigkeit zu dienen bestimmt war.[44] Gemischte Tätigkeiten sind vom Handeln mit **gemischter Motivationslage** (die auch als *Tätigkeiten mit gespaltener Handlungstendenz* bezeichnet werden) abzugrenzen. Hierunter fällt eine **einzige Verrichtung**, die gleichzeitig sowohl eigenwirtschaftlichen als auch betrieblichen Zwecken dient.

**Beispiel:** Eine Tätigkeit mit gemischter Motivationslage liegt zB dann vor, wenn ein Mitarbeiter eines Landwirtes auf der Ladeschaufel eines Traktors mitfährt, um vom Hof zur Arbeit zu gelangen und gleichzeitig ein Notstromaggregat festhält, dass bei einer privaten Party zum Einsatz kommen soll.[45]

Eine Verrichtung mit gemischter Motivationslage weist dann den erforderlichen inneren Zusammenhang auf, wenn das konkrete Geschehen hypothetisch auch ohne die private Motivation des Handelns vorgenommen worden wäre, wenn also die Verrichtung nach den objektiven Umständen in ihrer konkreten, tatsächlichen Ausgestaltung ihren Grund in der versicherten Handlungstendenz findet. Insoweit ist nicht auf Vermutungen über hypothetische Geschehensabläufe außerhalb der konkreten Verrichtung und der objektivierten Handlungstendenz, sondern nur auf die konkrete Verrichtung selbst abzustellen. Es ist zu fragen, ob die Verrichtung, so wie sie durchgeführt wurde, objektiv die versicherungsbezogene Handlungstendenz erkennen lässt.[46]

262 **Löst** sich der Versicherte vom Betrieb, so entfällt der innere Zusammenhang und damit der Unfallversicherungsschutz. Ein Lösen in diesem Sinne liegt vor, wenn der Versicherte seine betriebsnützliche Tätigkeit endgültig aufgegeben hat und nur noch

---

41 BSG 24.6.2003 – B 2 U 24/02 R, NZA 2003, 1018.
42 Vgl. hierzu BSG 26.6.2014 – B 2 U 4/13 R, NZS 2014, 788 ff.
43 Westermann in: Brall/Kerschbaumer/Scheer/Westermann (Hrsg.), Kompaktkommentar Sozialrecht, SGB VII, § 8 Rn. 9.
44 BSG 28.2.1964 – 2 RU 30/61, BSGE 20, 215; BSG 5.5.1994 – 2 RU 26/93, NZS 1994, 522 f.
45 Vgl. hierzu BayLSG 23.1.2013 – L 2 U 438/11, zitiert nach juris.
46 So BSG 26.6.2014 – B 2 U 4/13 R, NZS 2014, 788 ff. (mwN).

rein private Ziele verfolgt.⁴⁷ Dies ist etwa dann der Fall, wenn der Versicherte aufgrund **Alkoholgenusses** nicht mehr dazu in der Lage ist, seine versicherte Tätigkeit zu verrichten.⁴⁸

Führt die Trunkenheit nur zu einem **Leistungsabfall**, so richtet sich die Lösung vom Betrieb nach der Frage, ob allein die alkoholbedingte Beeinträchtigung der Leistungsfähigkeit oder daneben auch die betriebliche Tätigkeit eine wesentliche Bedingung für den Unfall war. Hierbei geht es nicht um den inneren Zusammenhang, sondern um eine Frage der *Unfallkausalität* (vgl. hierzu Rn. 263). Der Versicherungsschutz entfällt, wenn allein die Trunkenheit die wesentliche Bedingung für den Unfall war.⁴⁹

### c) Kausalität

Ein Unfall ist nur dann ein Arbeitsunfall, wenn die versicherte Tätigkeit des Versicherten zum Unfallereignis geführt hat. Man spricht hierbei von der **Unfallkausalität**.⁵⁰

263

Hinweis: Die *Unfallkausalität* ist streng vom *inneren Zusammenhang, der haftungsbegründenden Kausalität* und der *haftungsausfüllenden Kausalität* zu unterscheiden.⁵¹ Der *innere Zusammenhang* fragt, wie gezeigt, nach einem Zusammenhang zwischen der konkreten Tätigkeit zum Unfallzeitpunkt und der versicherten Tätigkeit, um so eigenwirtschaftliche Handlungen aus dem Unfallversicherungsschutz zu entfernen. Bei der *haftungsbegründenden Kausalität* wird geprüft, ob das Unfallereignis zum Tod oder zu einem Gesundheitsschaden des Versicherten geführt hat. Die *haftungsausfüllende Kausalität* beschäftigt sich mit dem Entstehen von länger andauernden Unfallfolgen aufgrund des Gesundheitsschadens.⁵²

**Unfallkausalität** liegt vor, wenn eine **wesentliche Mitursache** für den Eintritt des Unfallereignisses in der versicherten Tätigkeit liegt.⁵³ Ob dies der Fall ist, wird nach der **Theorie der rechtlich wesentlichen Bedingung** ermittelt.⁵⁴

Hinweis: Erinnern Sie sich? Die Theorie der rechtlich wesentlichen Bedingung spielte bereits im Rahmen der Pflegebedürftigkeit eine Rolle. Konkret war hier zu prüfen, ob eine bestehende Pflegebedürftigkeit durch eine Krankheit oder Behinderung verursacht wurde. Einzelheiten zu dieser Theorie können Sie daher in der Rn. 217 finden.

Nach dieser Theorie muss das unfallauslösende Verhalten derart für den Unfall ursächlich sein, dass zwar noch andere Faktoren zum Unfall beigetragen haben können, sie jedoch nach wertender Betrachtung (die insbesondere den Schutzzweck der gesetzlichen Unfallversicherung zu berücksichtigen hat) nicht schwer genug wiegen, um die Verursachung durch die versicherte Tätigkeit zu überdecken.⁵⁵ Die versicherte Tätig-

---

47 Kokemoor, Sozialrecht, Rn. 270.
48 Ständige Rechtsprechung BSG, vgl. nur BSG 5.9.2006 – B 2 U 24/05 R, BSGE 97, 54 ff.
49 Ständige Rechtsprechung BSG, vgl. nur BSG 28.6.1979 – 8a RU 98/78 –, BSGE 48, 228 ff.
50 Westermann in: Brall/Kerschbaumer/Scheer/Westermann (Hrsg.), Kompaktkommentar Sozialrecht, SGB VII, § 8 Rn. 47.
51 Vgl. zur Kausalität auch ausf. *Wagner* in: Schlegel/Voelzke, jurisPK-SGB VII, § 8 SGB XI, Rn. 135 ff.; § 7 Rn. 30 ff.
52 Vgl. zB BSG 26.6.2014 – B 2 U 4/13 R, NZS 2014, 788 ff.
53 Das BSG definiert die Unfallkausalität auch als ursächlichen Zusammenhang zwischen der im inneren Zusammenhang mit der versicherten Tätigkeit stehenden Verrichtung und dem Unfallereignis, BSG 30.1.2007 – B 2 U 8/06 R, UV-Recht Aktuell 2007, 860 ff.
54 St. Rspr.; vgl. nur BSG 12.4.2005 – B 2 U 27/04 R, NZS 2006, 214 ff.; vgl. auch Bultmann, Neue Ansätze bei der Theorie der wesentlichen Bedingung im Sozialrecht, SGb 2016, 143 ff.
55 Muckel/Ogorek/Rixen, Sozialrecht, § 10 Rn. 41.

keit muss also **wesentlich** zum Eintritt des Unfalls **beigetragen** haben.[56] Ob dies der Fall ist wird nicht generalisierend, sondern auf den Einzelfall bezogen betrachtet.[57]

**Beispiel:** Erleidet ein Zeuge während einer Zeugenvernehmung (versichert nach § 2 Abs. 1 Nr. 11 b. SGB VII) einen Herzinfarkt, dann hat die Zeugenvernehmung (versicherte Tätigkeit) wesentlich zum Eintritt des Unfalls beigetragen, wenn sie beim Zeugen zu einer besonderen Stresssituation geführt hat, die im Alltag so nicht vorgekommen wäre.[58]

„Wesentlich" ist hierbei nicht mit „gleichwertig" oder „annähernd gleichwertig" gleichzusetzen. Auch eine nicht annähernd gleichwertige, sondern rechnerisch verhältnismäßig niedriger zu bewertende Ursache kann für den Erfolg rechtlich wesentlich sein, solange die andere Ursache keine überragende Bedeutung hat. Eine naturwissenschaftliche Ursache, die nicht als wesentlich anzusehen und damit keine Ursache iS der Theorie der rechtlich wesentlichen Bedingung ist, kann als Gelegenheitsursache bezeichnet werden.[59]

Das Vorliegen von Unfallkausalität wird **vermutet**, wenn es bei der versicherten Tätigkeit zu einem Unfallereignis gekommen ist und außer der versicherten Tätigkeit keine anderen Tatsachen festgestellt werden, die – im naturwissenschaftlich-philosophischen Sinne – als Konkurrenzursachen wirksam geworden sein können.[60] Diese Vermutung kann wiederlegt werden. Wird eine **konkurrierende Ursache** festgestellt, dann ist weiter zu prüfen, ob die versicherte Ursache für das Unfallereignis (noch) wesentlich im Sinne der Theorie der wesentlichen Bedingung gewesen ist.[61]

Führt **Alkoholgenuss** nicht bereits zum Wegfall der Leistungsfähigkeit (in diesem Fall fehlt es bereits am inneren Zusammenhang, vgl. hierzu Rn. 260), so ist im Falle eines Unfalls anhand der Umstände des Einzelfalls zu prüfen, ob der (nicht versicherte) Alkoholgenuss oder die betriebliche Tätigkeit wesentliche Bedingung für den Unfall war. Hierbei gilt der Grundsatz, dass regelmäßig dann von einem alkoholbedingten Unfall auszugehen ist, wenn nach der Erfahrung des täglichen Lebens ein nicht alkoholisierter Versicherter bei gleicher Sachlage nicht verunglückt wäre.[62]

264   Ein Arbeitsunfall iS § 8 Abs. 1 S. 1 SGB VII liegt des Weiteren nur dann vor, wenn das Unfallereignis ursächlich für einen Gesundheitsschaden[63] oder den Tod des Versicherten gewesen ist. Man spricht bei dieser Voraussetzung auch von der **haftungsbegründenden Kausalität**. Auch diese Kausalitätsfrage ist anhand der Theorie der rechtlich wesentlichen Bedingung zu beantworten. Dementsprechend muss der Arbeitsunfall zumindest auch wesentliche Ursache für den Gesundheitsschaden oder den Tod gewesen sein.[64]

---

56  Das BSG nimmt auch noch eine Vorprüfung vor, bei der es nach der „Wirkursache" fragt. Die Darstellung dieser Vorprüfung würde an dieser Stelle zu umfangreich und damit dem Charakter des Buches als Einführung in das Sozialrecht nicht mehr angemessen sein. Der interessierte Leser sei auf Bultmann, Neue Ansätze bei der Theorie der wesentlichen Bedingung im Sozialrecht, SGb 2016, 143 ff. verwiesen.
57  Waltermann u.a., Sozialrecht, Rn. 320.
58  BSG 18.3.1997 – 2 RU 23/96, SGb 1997, 587 ff.
59  BSG 30.1.2007 – B 2 U 8/06 R, NZA 2007, 1150.
60  BSG 27.6.1991 – 2 RU 31/90, EzS 40/474.
61  BSG 30.1.2007 – B 2 U 8/06 R, UV-Recht Aktuell 2007, 860 ff.; vgl. zu den Einzelheiten Muckel/Ogorek/Rixen, Sozialrecht, § 10 Rn. 38 ff.
62  Kokemoor, Sozialrecht, Rn. 273 (mwN).
63  Nach § 8 Abs. 3 SGB VII gilt auch die Beschädigung oder der Verlust eines Hilfsmittels als Gesundheitsschaden.
64  Vgl. *Wagner* in: Schlegel/Voelzke, jurisPK-SGB VII, § 7 Rn. 31.

# § 12 Das Recht der gesetzlichen Unfallversicherung § 12

Das Entstehen von länger andauernden Unfallfolgen aufgrund des Gesundheitserstschadens (**haftungsausfüllende Kausalität**) ist **keine** Voraussetzung für die Anerkennung eines Arbeitsunfalls, sondern für die Gewährung einer Verletztenrente.[65]

Nach § 11 SGB VII sind auch **mittelbare Folgen** des Versicherungsfalls zu entschädigen. Hierzu zählen etwa ärztliche Fehler bei der Heilbehandlung oder weitere Unfälle, die durch die Folgen des Arbeitsunfalls bedingt sind.

265

**Beispiel:** Führt ein Arbeitsunfall beim Versicherten zu einer Unsicherheit beim Gehen, dann sind Unfälle, die durch diese Gangunsicherheit verursacht werden (zB Stürze) mittelbare Folgen des Unfallschadens und damit entschädigungspflichtig.[66]

### d) Zusammenfassende Prüfungsübersicht Arbeitsunfall

- Ist der Geschädigte nach den §§ 2, 3, 6 SGB VII gesetzlich unfallversichert?
- Wirkte ein zeitlich begrenztes Ereignis von außen auf den Körper ein?

266

- Ist die konkrete Tätigkeit ihrer Art nach eine versicherte Tätigkeit?
- Zählt die konkrete Verhaltensweise zur Zeit des Unfalls zur versicherten Tätigkeit? (sog. innerer Zusammenhang)

- Hat die versicherte Verrichtung des Versicherten zum Unfallereignis geführt? (Unfallkausalität)

- Hat das Unfallereignis beim Versicherten ursächlich zu einem Gesundheitsschaden oder zum Tod geführt? (haftungsbegründende Kausalität)

*Abb. 14: Zusammenfassende Prüfungsübersicht Arbeitsunfall*

## 2. Der Wegeunfall als Unterfall des Arbeitsunfalls

Definiert § 8 Abs. 1 S. 1 SGB VII den Arbeitsunfall als Unfall eines Versicherten infolge einer den Versicherungsschutz nach §§ 2, 3, 6 SGB VII versicherten Tätigkeit, **erweitert** § 8 Abs. 2 SGB VII den Katalog der versicherten Tätigkeiten. Das bedeutet, dass es sich bei Unfällen, die im Rahmen der in § 8 Abs. 2 Nr. 1–5 SGB VII aufgezählten versicherten Tätigkeiten geschehen, auch um Arbeitsunfälle iS § 8 Abs. 1 S. 1 SGB VII handeln kann. Der wichtigste Fall dieser sog. Katalogtätigkeiten ist der **Wegeunfall** iS § 8 Abs. 2 Nr. 1 SGB VII.[67]

267

Nach § 8 Abs. 2 Nr. 1 SGB VII ist auch das Zurücklegen des mit der versicherten Tätigkeit zusammenhängenden **unmittelbaren Weges** nach und von dem Ort der Tätigkeit eine versicherte Tätigkeit iS § 8 Abs. 1 S. 1 SGB VII. Der „unmittelbare Weg" ist nicht zwangsläufig die kürzeste oder die schnellste Strecke. Versicherte können vielmehr, gerade vor dem Hintergrund von Verkehrsverhältnissen, Entfernung, Zeitbedarf,

---
65 BSG 12.4.2005 – B 2 U 11/04 R, NZS 2006, 154 ff.
66 Ricke in: BeckOGK, SGB VII, § 11 Rn. 4 f.
67 Nach § 8 Abs. 2 Nr. 5 SGB VII ist auch der Arbeitsgeräteunfall ein Unterfall des Arbeitsunfalls.

Witterung, Kosten, persönlicher Neigung uÄ etwa auch längere, aber verkehrsgünstigere Strecken oder unterschiedliche Fortbewegungsmittel wählen. Ausschlaggebend ist der innere Zusammenhang mit der versicherten Tätigkeit.[68] Dies hat zur Folge, dass auch das Zurücklegen eines längeren Weges den unfallversicherungsrechtlichen Schutz grundsätzlich nicht ausschließt. Der Versicherungsschutz besteht weiter, wenn es sich unter Beachtung der Handlungstendenz des Versicherten jeweils noch um einen „unmittelbaren" Weg nach und vom Ort der Tätigkeit handelt. Ohne diese Handlungstendenz fehlt es am inneren Zusammenhang zwischen der versicherten Tätigkeit iS § 8 Abs. 2 Nr. 1 SGB VII und der Verrichtung zur Zeit des Unfallereignisses. Versicherungsschutz besteht in diesem Fall nicht.[69]

**Hinweis:** Unfälle, die auf Dienstreisen oder auf Betriebswegen geschehen, die also in Ausübung der versicherten Tätigkeit nach §§ 2, 3, 6 SGB VII geschehen, sind keine Wegeunfälle iS § 8 Abs. 2 Nr. 1 SGB VII, sondern bereits Arbeitsunfälle nach § 8 Abs. 1 S. 1 SGB VII.

Der Versicherungsschutz nach § 8 Abs. 2 Nr. 1 SGB VII **beginnt** grundsätzlich mit dem Verlassen des häuslichen Wirkungskreises. Dies ist idR das vom Versicherten bewohnte Gebäude. Der häusliche Wirkungskreis wird mit dem Durchschreiten der Außenhaustür verlassen.[70] Der Versicherungsschutz nach § 8 Abs. 2 Nr. 1 SGB VII **endet** mit dem Erreichen des Betriebsgeländes, also regelmäßig mit dem Durchschreiten des Werkstores. Ab hier beginnt dann der Unfallversicherungsschutz nach § 8 Abs. 1 S. 1 SGB VII. Allerdings ist der Ort der Tätigkeit nicht generell der Sitz des Unternehmens, sondern der Ort, an dem die versicherte Tätigkeit tatsächlich verrichtet wird. Diese Grundsätze gelten auch für den Rückweg von der Betriebsstätte zur Wohnung des Versicherten.

Anstelle der Wohnung des Versicherten kann auch ein **dritter Ort** Bezugspunkt sein. § 8 Abs. 2 Nr. 1 SGB VII definiert nur die Arbeitsstätte als Endpunkt (Hinweg) oder Ausgangspunkt (Rückweg).[71] Voraussetzung dafür, dass der dritte Ort Bezugspunkt sein kann, ist, dass die Dauer und die Länge des Weges im angemessenen Verhältnis zum üblichen Weg des Versicherten stehen.[72] Hinzu kommt, dass dem dritten Ort eine selbstständige Bedeutung zukommen muss, er also nicht nur kurzzeitig besucht wird. Dies ist der Fall, wenn der Aufenthalt am dritten Ort mindestens **zwei Stunden** andauert.[73]

**Beispiel:** Fährt ein Beschäftigter von der Arbeit aus nicht nach Hause zu seiner Familie, sondern zur (gleich weit entfernten) Wohnung seiner Freundin, um dort die Nacht zu verbringen und von dort aus wieder zur Arbeit zu fahren, so ist die Wohnung der Freundin und nicht die Wohnung des Versicherten Bezugspunkt für den Weg zur Arbeitsstätte.

Letztlich ist ein **innerer Zusammenhang**[74] zwischen dem Weg und der Tätigkeit in dem Unternehmen erforderlich. Er liegt vor, wenn der Weg noch von dem Vorhaben des

---

68 Waltermann u.a., Sozialrecht, Rn. 326.
69 Wagner in: Schlegel/Voelzke, jurisPK-SGB VII, § 8 Rn. 213.
70 BSG 7.11.2000 – B 2 U 39/99 R, NZS 2001, 432 ff.; BSG 31.5.1988 – 2/9b RU 6/87, BSGE 63, 212 ff. In Betracht kommt aber auch die Kellertür, wenn das Gebäude durch sie verlassen wird oder das Garagentor, wenn die Garage eine Verbindung zum Hausinneren aufweist, vgl. Waltermann u.a., Sozialrecht, Rn. 325 (mwN).
71 Waltermann u.a., Sozialrecht, Rn. 325; Muckel/Ogorek/Rixen, Sozialrecht, § 10 Rn. 54.
72 Kokemoor, Sozialrecht, Rn. 256; Muckel/Ogorek/Rixen, Sozialrecht, § 10 Rn. 54; BSG 2.5.2001 – B 2 U 33/00 R, NZS 2001, 549 ff.
73 BSG 3.12.2002 – B 2 U 19/02 R, NJW 2003, 2044 ff.
74 Vgl. hierzu BSG 13.11.2012 – B 2 U 19/11 R, BSGE 112, 177 ff.

Versicherten, sich zur betrieblichen Tätigkeit zu begeben bzw. von ihr zurückzukehren, rechtlich wesentlich geprägt ist.[75]

Weicht der Versicherte aus privaten Gründen vom unmittelbaren Weg zur bzw. von der Arbeitsstätte ab, so ist unfallversicherungsrechtlich zwischen dem **Umweg** und dem **Abweg** zu unterscheiden.

Beim **Umweg** behält der Versicherte zwar die Zielrichtung des jeweiligen Weges bei, verlängert jedoch den direkten Weg zum Bezugspunkt nicht unwesentlich.

**Beispiel:** Der Versicherte fährt von der Arbeit nach Hause, fährt aber nicht auf dem direkten Weg zu seiner Wohnung, sondern nutzt eine 100 m längere Parallelstraße um an einem Geldautomaten Geld abzuheben.[76]

Ob die Längendifferenz des Umweges erheblich (also wesentlich) ist, bestimmt sich in erster Linie nach der Relation zwischen Umweg und unmittelbarem Weg. Zusätzlich sind aber auch andere nach der Verkehrsanschauung erhebliche Umstände zu berücksichtigen.[77] Verallgemeinerungen lassen sich hier nur sehr schwer aufstellen, da die Grenzziehung Sache des Einzelfalls ist.[78] Der Umweg in diesem Sinne ist grundsätzlich **nicht** mehr vom Versicherungsschutz der gesetzlichen Unfallversicherung umfasst. Lediglich ganz kleine, privaten Zwecken dienende Umwege, die nur zu einer unbedeutenden Verlängerung des Weges führen, sind für den Versicherungsschutz unschädlich.[79]

Ein **Abweg** ist dadurch gekennzeichnet, dass der unmittelbare Weg zum Zielort in eine andere Richtung verlassen wird.

**Beispiel:** Ein Abweg liegt beim Rückweg von der Arbeit zB dann vor, wenn der Versicherte am Wohnhaus vorbeigeht oder wenn er vom Betrieb aus gar nicht erst in Richtung Wohnung geht, um etwa ein Restaurant zu besuchen.

Abwege sind generell – auch im Falle von Geringfügigkeit – **nicht** unfallversichert.[80]

Ist der Unfallversicherungsschutz auf Um- und Abwegen entfallen, so kann er auch wieder aufleben. Dies ist dann der Fall, wenn der Um- und Abweg innerhalb eines **zwei-Stunden-Rahmens** beendet und der unmittelbare Weg wieder aufgenommen wird.[81]

**Beispiel:** Wenn der Versicherte aus dem vorletzten Beispiel das Geld vom Geldautomaten abgehoben hat und von der Parallelstraße wieder auf den direkten Weg nach Hause fährt, dann lebt der Unfallversicherungsschutz wieder auf, wenn die Rückkehr innerhalb eines Rahmens von zwei Stunden erfolgt.

Das Gleiche gilt für den Fall, dass der unmittelbare Weg zum Bezugsort **unterbrochen** wird. Für die Zeit der Unterbrechung selbst besteht **kein** Unfallversicherungsschutz. Er

---

75 BSG 3.12.2002 – B 2 U 19/02 R, NJW 2003, 2044 ff.; Muckel/Ogorek/Rixen, Sozialrecht, § 10 Rn. 54.
76 Vgl. BSG 24.6.2003 – B 2 U 40/02 R, DAR 2003, 483 f.
77 So bereits BSG 22.1.1957 – 2 RU 92/55, BSGE 4, 219.
78 Vgl. zu den Einzelheiten Schmitt, SGB VII, 4. Aufl. 2009, § 8 Rn. 214 ff.; Ricke in: BeckOGK, SGB VII, § 8 Rn. 205 ff.
79 BSG 24.6.2003 – B 2 U 40/02 R, DAR 2003, 483 f.
80 Vgl. BSG 19.3.1991 – 2 RU 45/90, NZA 1991, 825 f., das darauf hinweist, dass bereits mit dem ersten Schritt in entgegengesetzter Richtung der Unfallversicherungsschutz entfällt.
81 Vgl. nur BSG 19.5.1983 – 2 RU 79/82, BSGE 55, 141 ff.

lebt aber wieder auf, wenn der Versicherte die Fortbewegung auf den Bezugspunkt hin innerhalb der Zeitgrenze von zwei Stunden wieder aufnimmt.

**Beispiel:** Fährt der Versicherte, der vorhin noch die Nacht bei seiner Freundin – und nicht bei seiner Familie – verbracht hat, am Ende des nächsten Arbeitstages von der Arbeitsstätte nach Hause und unterbricht diese Fahrt, um in einem Blumenladen Blumen für seine Frau zu kaufen, so ist er während des Einkaufs nicht gesetzlich unfallversichert. Kann er den Blumenkauf jedoch innerhalb von zwei Stunden abschließen und fährt dann weiter in Richtung seiner Wohnung, dann lebt der Unfallversicherungsschutz wieder auf.

270   In einigen Fällen stellt der Gesetzgeber aber auch solche Wege unter den Versicherungsschutz der gesetzlichen Unfallversicherung, bei denen vom unmittelbaren Weg zum oder vom Ort der Tätigkeit abgewichen wird. Diese Fälle sind in § 8 Abs. 2 Nr. 2 u. 3 SGB VII[82] geregelt. Sie gelten insbesondere für Abweichungen, die erforderlich sind, um die eigenen Kinder zur Betreuung abzugeben (§ 8 Abs. 2 Nr. 2 a SGB VII) oder die zur Ermöglichung von Fahrgemeinschaften notwendig sind (§ 8 Abs. 2 Nr. 2 b SGB VII).

### 3. Die Berufskrankheit

271   Ebenfalls zu den Versicherungsfällen der gesetzlichen Unfallversicherung gehört nach § 7 Abs. 1 SGB VII die **Berufskrankheit**.[83] Nach § 9 Abs. 1 S. 1 SGB VII sind Berufskrankheiten Krankheiten, die die Bundesregierung durch Rechtsverordnung als Berufskrankheiten bezeichnet und die Versicherte infolge[84] einer den Versicherungsschutz nach §§ 2, 3 oder 6 SGB VII begründenden Tätigkeit erleiden. Damit sind Krankheiten, die Versicherte infolge einer versicherten Tätigkeit erleiden, grundsätzlich nur dann Berufskrankheiten iS § 7 Abs. 1 SGB VII, wenn sie in der Anlage 1 zur Berufskrankheiten-Verordnung (BKV)[85] aufgeführt sind.

**Hinweis:** Dies bedeutet, dass nicht jede Krankheit, die sich ein Versicherter infolge der versicherten Tätigkeit zuzieht, auch eine Berufskrankheit ist. So ist zwar eine Lungenentzündung, die sich ein Bauarbeiter bei der Arbeit mit freiem Oberkörper bei – 10 Grad Celsius zuzieht, eine beruflich verursachte Krankheit, aber keine Berufskrankheit, da sie die Voraussetzungen des § 9 Abs. 1 S. 1 SGB VII iVm der BKV nicht erfüllt.

Nur dann, wenn eine im Entscheidungszeitraum in der BKV nicht aufgeführte Krankheit nach neuen Erkenntnissen der Wissenschaft als Berufskrankheit iS § 9 Abs. 1 S. 2 SGB VII hätte anerkannt werden müssen, ist sie nach § 9 Abs. 2 SGB VII als Berufskrankheit anzuerkennen.

---

82   § 8 Abs. 2 Nr. 4 SGB VII stellt zudem die Fahrt zur (weit entfernten) Familienwohnung unter Versicherungsschutz, wenn der Versicherte am Ort der Tätigkeit eine Unterkunft hat.
83   Vgl. zu den Einzelheiten des Rechts der Berufskrankheiten zB Schönberger/Mehrtens/Valentin, Arbeitsunfall und Berufskrankheit, Erich Schmidt Verlag, 9. Aufl. 2017.
84   Auch hier spielen Kausalitätsfragen eine große Rolle.
85   Berufskrankheiten-Verordnung vom 31.10.1997 (BGBl. I S. 2623), die zuletzt durch Artikel 1 der Verordnung vom 29. Juni 2021 (BGBl. I S. 2245) geändert worden ist. Vgl. grds. zur BKV Plagemann, Die neue Berufskrankheiten-Verordnung, NJW 1998, 2724 ff.

## IV. Leistungen und Leistungsvoraussetzungen

Wurde beim Versicherten ein Versicherungsfall der gesetzlichen Unfallversicherung (Arbeitsunfall oder Berufskrankheit) festgestellt, so hat er Anspruch auf **Leistungen** der gesetzlichen Unfallversicherung (vgl. zB § 26 Abs. 1 S. 1 SGB VII). Einen Überblick über diese Leistungen bietet zunächst § 22 Abs. 1 SGB I. Grob gesagt lassen sich die Leistungen der gesetzlichen Unfallversicherung in **präventive** Leistungen (§§ 14–25 SGB VII)[86], rehabilitative Leistungen zur **Wiederherstellung der Gesundheit** und zur **Wiedereingliederung des Versicherten** (§§ 26–55a SGB VII) und **Entschädigungsleistungen**, zB Renten (§§ 56–80 SGB VII) unterteilen.[87] Nach § 26 Abs. 3 SGB VII gilt für das Verhältnis der beiden letztgenannten Gruppen, die auch Gegenstand der nachfolgenden Betrachtung sind, der Grundsatz „**Rehabilitation vor Rente**", der zudem durch § 9 Abs. 2 SGB IX flankiert wird.

272

### 1. Leistungen zur Wiederherstellung der Gesundheit und zur Wiedereingliederung des Versicherten

Im Falle der Verwirklichung des versicherten Risikos (Arbeitsunfall bzw. Berufskrankheit) haben die Versicherten nach den §§ 26–55a SGB VII Anspruch auf Heilbehandlung, einschließlich Leistungen zur medizinischen Rehabilitation, auf Leistungen zur Teilhabe am Arbeitsleben und am Leben in der Gemeinschaft, auf ergänzende Leistungen, auf Leistungen bei Pflegebedürftigkeit sowie auf Geldleistungen (§ 26 Abs. 1 S. 1 SGB VII). Nach § 26 Abs. 2 Nr. 1 SGB VII dienen diese Leistungen ua dazu, einen durch den Versicherungsfall verursachten Gesundheitsschaden zu beseitigen oder zu bessern, seine Verschlimmerung zu verhüten und seine Folgen zu mildern. Darüber hinaus sollen betroffene Versicherte wieder in das Arbeitsleben integriert werden, was sich aus § 26 Abs. 2 Nr. 2 SGB VII ergibt.

273

Der Umfang der **Heilbehandlungsleistungen** ergibt sich aus den §§ 27–34 SGB VII. Nach § 34 Abs. 1 S. 1 SGB VII soll die Heilbehandlung möglichst frühzeitig nach dem Versicherungsfall einsetzen und sachgemäß erbracht werden. Um dies sicherzustellen wurde auf der Grundlage von § 34 Abs. 1 S. 3 SGB VII das sog. **Durchgangsarzt-Verfahren**[88] entwickelt. Das Verfahren selbst ist in den §§ 23 ff. Vertrag Ärzte/Unfallversicherungsträger (ÄV)[89] geregelt. Hierbei bestellt der Unfallversicherungsträger solche Ärzte als Durchgangs-Ärzte, die als Ärzte für Chirurgie oder Orthopädie niedergelassen oder als solche an Krankenhäusern oder Kliniken tätig sind. Zwischen dem Unfallversicherungsträger und dem Durchgangs-Arzt wird ein öffentlich-rechtlicher Vertrag geschlossen. Stellt sich ein Unfallopfer bei einem anderen Arzt zur Behandlung vor (zB beim Hausarzt), so sind diese Ärzte verpflichtet, das Unfallopfer anzuhalten, sich unverzüglich einem Durchgangs-Arzt vorzustellen, sofern die Unfallverletzung zur Arbeitsunfähigkeit führt oder die Behandlungsbedürftigkeit voraussichtlich mehr als eine Woche dauert. Der Durchgangs-Arzt beurteilt und entscheidet über eine notwendige besondere Heilbehandlung. Diese Behandlung kann er selbst durchführen oder aber

274

---

86 ZB Erlass von Unfallverhütungsvorschriften durch die Unfallversicherungsträger (§ 14 SGB VII), Beratung von Unternehmern und Versicherten (§ 17 SGB VII) oder Aus- und Fortbildung von betrieblichen Sicherheitsbeauftragten (§ 23 SGB VII).
87 Vgl. auch Muckel/Ogorek/Rixen, Sozialrecht, § 10 Rn. 68.
88 Der Durchgangsarzt wird in der Praxis häufig auch abkürzend als D-Arzt bezeichnet.
89 Recherchierbar unter www.dguv.de.

den Verletzten an einen die berufsgenossenschaftliche Behandlung durchführenden Arzt überweisen.[90]

Die Heilbehandlungsleistungen der gesetzlichen Unfallversicherung sind inhaltlich denen der gesetzlichen Krankenversicherung sehr ähnlich, gehen diesen aber nach § 11 SGB V vor. Auch im Unfallversicherungsrecht gilt das **Sachleistungsprinzip** (vgl. hierzu Rn. 180). Die Rechtsbeziehungen zwischen Leistungserbringern, Unfallversicherung und Versicherten entsprechen denen in der gesetzlichen Krankenversicherung (vgl. hierzu Rn. 203).

275 **Leistungen zur Teilhabe am Arbeitsleben** können Versicherten nach Maßgabe des § 35 SGB VII gewährt werden. Inhaltlich bestimmen sich diese Teilhabeleistungen nach den §§ 49–55 SGB IX, in Werkstätten für behinderte Menschen nach den §§ 57 und 58 SGB IX, bei anderen Leistungsanbietern nach § 60 SGB IX sowie als Budget für Arbeit nach § 61 SGB IX, auf die § 35 Abs. 1 SGB VII verweist. Ergänzt werden diese Leistungen nach § 39 SGB VII durch **Leistungen zur sozialen Teilhabe** und durch **ergänzende Leistungen**. Hierzu zählt zunächst der Leistungskatalog des §§ 64 Abs. 1 Nr. 2 bis 6 und Abs. 2 SGB IX sowie die in den §§ 73 und 74 SGB IX genannten Leistungen, sowie die Kraftfahrzeughilfe und sonstige Leistungen zur Erreichung und zur Sicherstellung des Erfolges der Leistungen zur medizinischen Rehabilitation und zur Teilhabe.

276 Im Versicherungsfall erbringt die gesetzliche Unfallversicherung nach § 44 SGB VII auch **Pflegeleistungen**. Diese gehen Leistungen der sozialen Pflegeversicherung gemäß § 13 Abs. 1 Nr. 2 SGB XI vor. Zu den Pflegeleistungen gehört das Pflegegeld, die Gestellung einer Pflegekraft und die Heimpflege (§ 44 Abs. 1 SGB VII).

277 Der Eintritt eines Versicherungsfalls der gesetzlichen Unfallversicherung kann dazu führen, dass der Versicherte, zB wegen Arbeitsunfähigkeit, keine Arbeitsvergütung mehr erzielen kann. Um ihm in dieser Situation materiell die Existenz zu sichern, sieht § 45 SGB VII die Zahlung eines **Verletztengeldes** vor. Voraussetzung für dessen Zahlung ist nach § 45 Abs. 1 Nr. 1 SGB VII, dass der Versicherte infolge des Versicherungsfalls arbeitsunfähig ist oder wegen einer Maßnahme der Heilbehandlung eine ganztägige Erwerbstätigkeit nicht ausüben kann. Zudem muss er – aufgrund der Entgeltersatzfunktion des Verletztengeldes – nach § 45 Abs. 1 Nr. 2 SGB VII unmittelbar vor Beginn der Arbeitsunfähigkeit oder der Heilbehandlung Anspruch auf Arbeitsentgelt, Arbeitseinkommen, Krankengeld, Verletztengeld, Versorgungskrankengeld, Übergangsgeld, Unterhaltsgeld, Kurzarbeitergeld, Arbeitslosengeld usw bezogen haben. Weitere Einzelheiten zum Verletztengeld (etwa zu dessen Höhe und der Dauer der Zahlung) finden sich in den §§ 46–52 SGB VII.

### 2. Entschädigungsleistungen

278 Ein Arbeitsunfall oder eine Berufskrankheit kann dazu führen, dass die Erwerbstätigkeit des betroffenen Versicherten beeinträchtigt oder gar aufgehoben wird, er mithin nicht mehr arbeiten kann. Um hier einen finanziellen Ausgleich dieser Beeinträchtigungen zu schaffen, sieht das SGB VII in den §§ 56–80 SGB VII die Zahlung von **Renten**, **Beihilfen** und **Abfindungen** vor. Renten und Abfindungen können an die Versicherten selbst oder, im Falle ihres Todes, an die Angehörigen (Hinterbliebenenrenten, §§ 63–71 SGB VII) gezahlt werden. **Beihilfen** kommen allein den Hinterbliebenen zugute.

---

90 Vgl. hierzu Schmitt, SGB VII, 4. Aufl. 2009, § 34 Rn. 10 ff.

Nach § 71 SGB VII erhalten Hinterbliebene eine einmalige Zahlung (Beihilfe, 40 % des Jahresarbeitsverdienstes des Versicherten), wenn eine Hinterbliebenenrente nicht gezahlt werden kann, da der Tod des Versicherten nicht Folge eines Arbeitsunfalls war. Unter **Abfindung** versteht das SGB VII die Zahlung einer Gesamtvergütung anstelle der monatlichen Rentenzahlung (§§ 75–80 SGB VII).

Eine herausragende Stellung nimmt im Rentensystem des SGB VII die **Verletztenrente** (§ 56 SGB VII) ein. Ihre Aufgabe ist es, eine durch den Eintritt des Versicherungsfalls entstandene Minderung der Erwerbsfähigkeit auf dem allgemeinen Arbeitsmarkt auszugleichen.[91] Voraussetzung für ihre Zahlung ist nach § 56 Abs. 1 S. 1 SGB VII, dass die Erwerbsfähigkeit eines Versicherten infolge eines Versicherungsfalls über die 26. Woche nach dem Versicherungsfall hinaus um wenigstens 20 % gemindert ist. Gemäß § 56 Abs. 2 SGB VII richtet sich die **Minderung der Erwerbsfähigkeit (MdE)**[92] nach dem Umfang der sich aus der Beeinträchtigung des körperlichen und geistigen Leistungsvermögens ergebenden verminderten **Arbeitsmöglichkeiten** auf dem **gesamten Gebiet des Erwerbslebens**. Für **jugendliche Versicherte** gelten insoweit Besonderheiten, als dass bei ihnen die Minderung der Erwerbsfähigkeit nach den Auswirkungen bemessen wird, die sich bei Erwachsenen mit gleichem Gesundheitsschaden ergeben würden. Im Rahmen der Bemessung der MdE sind nach § 56 Abs. 2 S. 3 SGB VII grundsätzlich auch Nachteile zu berücksichtigen, die die Versicherten dadurch erleiden, dass sie bestimmte von ihnen erworbene besondere berufliche Kenntnisse und Erfahrungen infolge des Versicherungsfalls nicht mehr oder nur noch in vermindertem Umfang nutzen können. § 56 Abs. 2 SGB VII folgt insoweit dem Prinzip der abstrakten (also nicht der konkreten) Schadensberechnung, so dass es **nicht** darauf ankommt, ob der Arbeitsunfall **tatsächlich** zu einer Einkommenseinbuße geführt hat.[93] Dementsprechend kann auch der Verletzte eine Verletztenrente erhalten, dessen Einkommen sich nicht verringert oder sogar erhöht hat.[94]

Nach § 56 Abs. 3 S. 1 SGB VII wird bei **vollständigem Verlust** der Erwerbsfähigkeit eine Verletztenrente in Höhe von 2/3 des Jahresarbeitsverdienstes (vgl. hierzu § 82 Abs. 1 S. 1 SGB VII) gezahlt (**Vollrente**). Ist die Erwerbsfähigkeit nicht vollständig aufgehoben, sondern nur gemindert, so hat der Versicherte nach § 56 Abs. 3 S. 2 SGB VII Anspruch auf eine **Teilrente**. Diese entspricht dem Grad der MdE und berechnet sich nach der Formel: Jahresrente = 2/3 Jahresarbeitsverdienst x MdE in %.[95]

**Beispiel:** Hatte ein Versicherter ein Jahresarbeitsverdienst in Höhe von 92.000 EUR und ist seine Erwerbsfähigkeit um 40 % gemindert, so hat er nach dieser Formel Anspruch auf eine Jahresrente in Höhe von 24.533,33 EUR (92.000 EUR./. 3 x 2 = 61.333,33 EUR x 40 %).

Weitere Einzelheiten zur Verletztenrente finden sich in den §§ 57–62 SGB VII.

### V. Organisation, Zuständigkeit und Finanzierung der gesetzlichen Unfallversicherung

Die **Organisation** der gesetzlichen Unfallversicherung regeln die §§ 114–149a SGB VII. Danach sind die Träger der „**echten Unfallversicherung**" (vgl. hierzu Rn. 247) die **gewerblichen Berufsgenossenschaften**, bei denen es sich um Körperschaften des öffent-

---

[91] Waltermann u.a., Sozialrecht, Rn. 339.
[92] Vgl. zu den Einzelheiten Gitter/Schmitt, Sozialrecht, § 19 Rn. 58 ff.
[93] Kokemoor, Sozialrecht, Rn. 285; Waltermann u.a., Sozialrecht, Rn. 340.
[94] Waltermann u.a., Sozialrecht, Rn. 340.
[95] Waltermann u.a., Sozialrecht, Rn. 341.

lichen Rechts mit Selbstverwaltung handelt. Die gewerblichen Berufsgenossenschaften sind nach Branchen eingeteilt und in der Anlage 1 zu § 114 SGB VII aufgezählt. Hinzu kommt noch die Sozialversicherung für Landwirtschaft, Forsten und Gartenbau, die unfallversicherungsrechtlich unter der Bezeichnung landwirtschaftliche Berufsgenossenschaft tätig wird.

Im Bereich der **„unechten Unfallversicherung"** (vgl. hierzu Rn. 247) wird die Unfallversicherung von den Unfallversicherungsträgern der **öffentlichen Hand** (§ 114 Abs. 1 S. 1 Nr. 3–7 SGB VII) getragen. Hierzu zählen etwa die Unfallversicherung Bund und Bahn oder die Gemeindeunfallversicherungsverbände und Unfallkassen der Gemeinden.

281 Die **Zuständigkeit** der einzelnen Unfallversicherungsträger für die Unternehmen richtet sich nach den §§ 121–139a SGB VII. Für den Bereich der **gewerblichen** Berufsgenossenschaften ergibt sich die Zuständigkeit für die Unternehmen in erster Linie aus der **Branchenzugehörigkeit** des betroffenen Unternehmens (vgl. §§ 121 Abs. 1, 122, 130, 133 SGB VII). Im Bereich der „unechten Unfallversicherung" ergibt sich die Zuständigkeit der Unfallversicherungsträger der öffentlichen Hand aus den §§ 125, 128 und 129 SGB VII.

Die Zuständigkeit für den einzelnen Versicherten folgt nach § 133 Abs. 1 SGB VII der Zuständigkeit für das Unternehmen. Möglicherweise auftretende Konkurrenzverhältnisse (iS der Zuständigkeit mehrerer Berufsgenossenschaften) sind nach Maßgabe des § 135 SGB VII aufzulösen.

282 Die Unfallversicherung **finanziert** sich im Bereich der „echten Unfallversicherung" nach den §§ 150 ff. SGB VII allein aus den Beiträgen von Unternehmen, die Versicherte beschäftigen oder aber selbst versichert sind. Die Höhe der Beiträge bemisst sich gemäß § 153 Abs. 1 S. 1 SGB VII nach der **Unfallgefahr** im Unternehmen, die anhand sog. **Gefahrklassen**[96] ermittelt werden, und den **Arbeitsentgelten** der Versicherten.

Die „unechte Unfallversicherung" wird aus dem Steueraufkommen finanziert.[97]

**VI. Wiederholungs- und Vertiefungsfragen**

1. Was ist unter der „unechten" Unfallversicherung zu verstehen?
2. Was bedeutet im Recht der gesetzlichen Unfallversicherung „Haftungsersetzung durch Versicherungsschutz"?
3. Was ist unter einer „Wie-Beschäftigung" zu verstehen?
4. Welche Versicherungsfälle deckt die gesetzliche Unfallversicherung ab?
5. Wodurch unterscheidet sich der Arbeitsunfall von der Berufskrankheit in zeitlicher Hinsicht?
6. Was ist unter der „Unfallkausalität" zu verstehen?
7. Welche Aufgabe hat der „innere Zusammenhang" bei der Prüfung, ob ein Arbeitsunfall iS § 8 Abs. 1 S. 1 SGB VII vorliegt?
8. Warum ist das Essen in einer Betriebskantine nicht vom Schutz der gesetzlichen Unfallversicherung umfasst?

---

96 Vgl. zu den Einzelheiten, Kokemoor, Sozialrecht, Rn. 155 ff.
97 Waltermann u.a., Sozialrecht, Rn. 287.

9. Aus welchem Grund kann ein Unfall, den ein Außendienstmitarbeiter auf dem Weg zu einem Kunden erleidet, unfallversicherungsrechtlich kein Wegeunfall sein?
10. Wie finanziert sich die gesetzliche Unfallversicherung?

## § 13 Das Recht der gesetzlichen Rentenversicherung

**Übungsfall 4:** Herr A., der 1971 geboren wurde, ist seit 10 Jahren als Pianist an einem Theater sozialversicherungspflichtig gegen Arbeitsentgelt beschäftigt. Kurz vor dem Einbruch des Winters wechselt Herr A. zuhause an seinem PKW die Sommerräder aus, um sie gegen Winterräder auszutauschen. Allerdings hat der den Wagenheber unsachgemäß am Fahrzeug befestigt. Herr A. rüttelt an einem Sommerreifen. Hierbei rutscht das Fahrzeug vom Wagenheber. Die rechte Hand von Herrn A. gelangt unter ein noch nicht vom Fahrzeug gelöstes Rad. Die rechte Hand ist schwer verletzt. Nach der medizinischen Behandlung bleiben die Finger an der rechten Hand teilweise steif. Herr A. kann dauerhaft nicht mehr als Pianist arbeiten. Auch solche Tätigkeiten, bei denen es auf den gefühlvollen Einsatz der Finger der rechten Hand ankommt, kann er dauerhaft nicht mehr ausüben. Andere Tätigkeiten kann er aber vollschichtig, also länger als sechs Stunden täglich, ausüben. Arbeitsplätze für solche Tätigkeiten sind auch vorhanden.

Herr A. möchte wissen, ob er einen Anspruch auf eine Erwerbsminderungsrente gegen die gesetzliche Rentenversicherung hat.

### I. Einführung

283 Selten wurde und wird ein Thema so intensiv diskutiert wie der demografische Wandel in Deutschland.[1] Deutschland wird älter. Diese Aussage gilt in zweierlei Hinsicht. Einerseits steigt die Lebenserwartung in der Bundesrepublik Deutschland. Dies betrifft nicht nur die Neugeborenen, deren Lebenserwartung zwischen 77,7 Jahren (Jungen) und 82,7 Jahren (Mädchen) liegt, sondern auch die fernere Lebenserwartung, die besagt, das 65-Jährige noch 17,5 Jahre (Männer) bzw. 20,7 Jahre (Frauen) zu erwarten haben.[2] Darüber hinaus wird in den nächsten Jahren aber auch die Zahl älterer Menschen im Vergleich zu den jüngeren Generationen zunehmen. Dies gilt insbesondere dann, wenn die geburtenstarken Jahrgänge ab 2020 aus dem Erwerbsleben ausscheiden.[3] Eine Folge des demografischen Wandels wird sein, dass Fragen zur finanziellen Absicherung des Alters noch mehr an Bedeutung zunehmen, als sie dies bereits jetzt schon tun.[4] Das System der Alterssicherung beruht ganz überwiegend auf dem **Recht der gesetzlichen Rentenversicherung**, das im SGB VI geregelt ist. Es wird ergänzt durch das Gesetz zur Alterssicherung der Landwirte und das Gesetz über die Sozialversicherung der Künstler und Publizisten, die für die genannten Personengruppen eigenständige Alterssicherungsregelungen enthalten.[5] Weitere Alterssicherungssysteme gibt es für die Gruppe der Beamten, Richter und Soldaten[6] und für Teile der freien Berufe, die über berufsständische Versorgungswerke[7] abgesichert sind.

---

1 Die Eingabe des Suchworts „demografischer Wandel" bei Google erbringt allein 300.000 Ergebnisse.
2 Daten zum demografischen Wandel in Deutschland, veröffentlicht vom BMFSFJ (recherchierbar unter www.bmfsfj.de).
3 Daten zum demografischen Wandel in Deutschland, veröffentlicht vom BMFSFJ (recherchierbar unter www.bmfsfj.de).
4 Nicht ohne Grund war der Begriff „sozialverträgliches Frühableben" das Unwort des Jahres 1998 (vgl. www.unwortdesjahres.net). Vgl. auch Waltermann u.a., Sozialrecht, Rn. 363 ff.
5 Vgl. zu den Einzelheiten BMAS, Sozialrecht, Kapitel 17 (Landwirte) und Kapitel 14, S. 939–945 (Künstler).
6 Durch die Beamtenversorgungsgesetze der Länder; vgl. hierzu auch BMAS, Sozialrecht, Kapitel 15.
7 Vgl. zu den Einzelheiten BMAS, Sozialrecht, Kapitel 14, S. 945–950.

Die gesetzliche Rentenversicherung deckt die Risiken **Alter, Invalidität** und **Tod**[8] der Versicherten ab. Da etwa 88 % der aus dem Erwerbsleben Ausscheidenden Leistungen der gesetzlichen Rentenversicherung beziehen[9], kommt ihr eine herausragende Bedeutung unter den Sozialversicherungen zu. Dies wird insbesondere daran deutlich, dass ca. 50 % des Gesamtsozialversicherungsbeitrags (vgl. hierzu Rn. 151 ff.) auf die Rentenversicherung fallen und die Leistungen der gesetzlichen Rentenversicherung ca. 1/3 des Sozialbudgets (vgl. hierzu Rn. 26 ff.) ausmachen. Damit ist die gesetzliche Rente die Regelaltersabsicherung der Beschäftigten in Deutschland. Statistisch gesehen beläuft sich die gesetzliche Rente nach 45 anrechnungsfähigen Versicherungsjahren auf 48,1 % des durchschnittlichen Nettoeinkommens eines Arbeitnehmers.[10] Gleichwohl ist die gesetzliche Rente immer weniger in der Lage, als alleinige Altersabsicherung zu dienen. Dies wird in der Höhe der sog. **Standardrente**[11] deutlich. Die Standardrente beruht auf der Annahme, dass ein fiktiver Beschäftigter[12] 45 Versicherungsjahre lang ununterbrochen einen Rentenbeitrag in Höhe des Durchschnittsentgelts[13] in das Sozialversicherungssystem eingezahlt hat. Im Juli 2021 belief sich die Standardrente auf 1.538,55 EUR brutto in den westlichen Bundesländern (1.506,15 EUR brutto in den östlichen Bundesländern).[14] Tatsächlich sind jedoch Erwerbsbiografien, die der des Eckrentners entsprechen bereits heute nicht sehr realistisch.[15] Daher kann die gesetzliche Rente nur eine Form der Altersabsicherung sein. Ergänzt wird sie durch **private** und **betriebliche** Formen der Altersabsicherung, die zudem staatlich gefördert werden können.[16]

284

Gerade bei Versicherten, die nur geringe Beiträge in das Rentenversicherungssystem eingezahlt haben[17], stellt sich das Problem der Altersarmut, da die Rentenhöhe grundsätzlich von der Anzahl und der Höhe der eingezahlten Rentenbeiträge abhängt. Drohender Altersarmut soll durch die sozialhilferechtliche **Grundsicherung im Alter und bei Erwerbsminderung** nach den §§ 41–46b SGB XII entgegengewirkt werden (vgl. hierzu Rn. 380 f.). Dieses Alterssicherungssystem ist steuerfinanziert und wird nur bei Bedürftigkeit gewährt.

285

## II. Versicherter Personenkreis

Das Recht der gesetzlichen Rentenversicherung folgt bei der Bestimmung des versicherten Personenkreises der Systematik des § 2 Abs. 1 SGB IV. Auch das SGB VI unterscheidet hierbei zwischen den **Versicherungspflichtigen** und **Versicherungsberechtigten**. Anders als in anderen Sozialversicherungszweigen endet ein durch die erste Beitragszahlung begründetes Rentenversicherungsverhältnis grundsätzlich erst durch den Tod des Versicherten. Das bedeutet, dass eine Rentenzahlung nicht von einem gegenwärtig

286

---

8 In diesem Fall wird nicht der Versicherte selbst, sondern es werden seine Hinterbliebenen abgesichert.
9 Kokemoor, Sozialrecht, Rn. 291 (mwN).
10 Kokemoor, Sozialrecht, Rn. 292 (mwN).
11 Die Standardrente wird auch als „Eckrente" bezeichnet.
12 Der sog. „Eckrentner".
13 Das Durchschnittsentgelt wird sich 2023 voraussichtlich auf 43.142 EUR belaufen; vgl. § 3 Sozialversicherungsrechengrößen-Verordnung 2023.
14 Recherchierbar unter www.deutsche-rentenversicherung.de.
15 Stichworte sind hier etwa Arbeitslosigkeit und befristete oder prekäre Arbeitsverhältnisse.
16 Vgl. zu den Einzelheiten BMAS, Sozialrecht, Kapitel 16; Kokemoor, Sozialrecht, Rn. 292, Muckel/Ogorek/Rixen, Sozialrecht, § 11 Rn. 131 ff., Waltermann u.a., Sozialrecht, Rn. 367 ff.
17 Zu denken ist hier etwa an Mini-Jobber oder an Bezieher von Grundsicherungsleistungen nach dem SGB II, die nicht versicherungspflichtig sind.

bestehenden Versicherungsverhältnis abhängig ist, so dass auch jemand, der aus der Versicherungspflicht in der gesetzlichen Rentenversicherung ausgeschieden ist, eine Leistung von der gesetzlichen Rentenversicherung beanspruchen kann. Voraussetzung hierfür ist allerdings, dass er die entsprechenden Leistungsvoraussetzungen erfüllt (zB die Erfüllung von Warte- oder Vorversicherungszeiten).

Das SGB VI kennt neben der Pflichtversicherung und der freiwilligen Versicherung noch die Rentenversicherung kraft **Nachversicherung** und kraft **Versorgungsausgleichs** bzw. **Rentensplittings**, die in § 8 SGB VI geregelt sind.

### 1. Versicherungspflicht

287   Versicherungspflichtig kraft Gesetzes sind in der gesetzlichen Rentenversicherung die in den §§ 1–3 SGB VI aufgeführten Personengruppen. Hierzu zählen insbesondere die **Beschäftigten**, also die Personen, die gegen Arbeitsentgelt oder zu ihrer Berufsausbildung beschäftigt sind (§ 1 S. 1 Nr. 1 SGB VI). Die Versicherungspflicht der Beschäftigten besteht unabhängig von der Höhe ihres Einkommens, da das SGB VI eine dem § 6 Abs. 1 Nr. 1 SGB V entsprechende Befreiungsvorschrift nicht kennt. Die Beitragsbemessungsgrenze des § 159 SGB VI hat insoweit keine *versicherungs*begrenzende, sondern lediglich eine *beitrags*begrenzende Funktion.

Versicherungspflichtig sind nach § 2 SGB VI aber auch bestimmte Gruppen von **Selbstständigen**. Dies sind ua Hebammen und Entbindungspfleger (§ 2 S. 1 Nr. 3 SGB VI), Hausgewerbetreibende (§ 2 S. 1 Nr. 6 SGB VI), Selbstständige, die im Zusammenhang mit ihrer Tätigkeit keine eigenen Arbeitnehmer beschäftigen und im Wesentlichen nur für einen Auftraggeber tätig sind (§ 2 S. 1 Nr. 9 SGB VI). Den Personenkreis des § 2 SGB VI eint, dass die dort aufgeführten Selbstständigen besonders schutzbedürftig und daher im Interesse der Allgemeinheit versicherungspflichtig sind.

§ 3 SGB VI erweitert die Versicherungspflicht auf **sonstige Versicherte**, bei denen besondere Umstände den Schutz der Pflichtversicherung begründen. Hierzu zählen etwa Erziehende (§ S. 1 Nr. 1 SGB VI), Pflegepersonen iSd SGB XI (§ 3 S. 1 Nr. 1a. SGB VI) oder Wehrdienstleistende (§ 3 S. 1 Nr. 2, 2a. SGB VI).

288   Zudem kennt das SGB VI mit § 4 SGB VI die Möglichkeit einer **Versicherungspflicht auf Antrag**. Die in § 4 SGB VI bezeichneten Personen (zB Entwicklungshelfer, Angehörige eines EU-Mitgliedsstaates oder Selbstständige, die nicht bereits nach § 2 SGB VI versicherungspflichtig sind) haben die Möglichkeit, durch einen entsprechenden Antrag ihre Versicherungspflicht in der gesetzlichen Rentenversicherung zu begründen.

### 2. Versicherungsfreiheit

289   **Versicherungsfrei** sind nach § 5 SGB VI Personen, deren Altersversorgung nicht über die gesetzliche Rentenversicherung abgesichert werden muss, da sie bereits anderen Sicherungssystemen angehören. Dies betrifft insbesondere Beamte, Richter und Soldaten (§ 4 Abs. 1 S. 1 Nr. 1 SGB VI), Studierende während eines prüfungsrechtlich vorgeschriebenen Praktikums (§ 4 Abs. 3 SGB VI) und Rentner und Pensionäre (§ 4 Abs. 4 SGB VI). Allerdings können Rentner nach § 4 Abs. 4 S. 2 SGB VI durch schriftliche Erklärung gegenüber dem Arbeitgeber auf die Versicherungsfreiheit verzichten.

Auch **geringfügig Beschäftigte** (§§ 8, 8a SGB IV) sind nach § 5 Abs. 2 S. 1 SGB VI in bestimmten Konstellationen versicherungsfrei (vgl. zur geringfügigen Beschäftigung Rn. 144 ff.). Versicherungsfrei sind danach **kurzzeitige geringfügige Beschäftigungen** (auch im Haushalt – § 8a SGB IV) nach § 8 Abs. 1 Nr. 2 SGB IV (Zeitgeringfügigkeit), **geringfügige selbstständige Tätigkeiten** nach § 8 Abs. 3 SGB IV iVm §§ 8 Abs. 1 oder nach § 8 Abs. 3 iVm §§ 8a, 8 Abs. 1 SGB IV sowie **geringfügige nicht erwerbstätige Pflegetätigkeiten** (§ 5 Abs. 2 S. 3 SGB VI).

Ausdrücklich **versicherungspflichtig** sind damit entgeltgeringfügige Beschäftigungen nach § 8 Abs. 1 Nr. 1 SGB IV, ggf. iVm § 8a SGB IV. Derart geringfügig Beschäftigte haben jedoch die Möglichkeit, sich nach § 6 Abs. 1b SGB VI von der Versicherungspflicht **befreien** zu lassen.

### 3. Befreiung von der Versicherungspflicht

Bei bestehender Versicherungspflicht können sich Versicherte unter den Voraussetzungen des § 6 SGB VI von der **Versicherungspflicht befreien** lassen. Betroffen hiervon sind – neben den entgeltgeringfügig Beschäftigten – Personengruppen, bei denen eine anderweitige Absicherung der Altersversorgung möglich ist, aber nicht ohne Weiteres unterstellt werden kann. Hierzu zählen zB Freiberufler, für die es berufsständische Versorgungswerke gibt (§ 6 Abs. 1 S. 1 Nr. 1 SGB VI) oder Gewerbetreibende in Handwerksbetrieben, wenn für sie mindestens 18 Jahre lang Pflichtbeiträge gezahlt wurden (§ 6 Abs. 1 S. 1 Nr. 4 SGB VI).

290

### 4. Freiwillige Versicherung

§ 7 SGB VI eröffnet für Personen, die sich in Deutschland aufhalten und das 16. Lebensjahr vollendet haben, das Recht zur **freiwilligen Versicherung** in der gesetzlichen Rentenversicherung, sofern sie nicht bereits nach anderen Vorschriften versicherungspflichtig sind. Nach § 3 SGB IV gilt diese Möglichkeit für alle Personen – unabhängig von ihrer Staatsangehörigkeit –, die sich berechtigt in Deutschland aufhalten. Sie gilt nach § 7 Abs. 1 S. 2 SGB VI zudem für Deutsche, die ihren gewöhnlichen Aufenthalt im Ausland haben. Die freiwillige Rentenversicherung weist einige **Besonderheiten** auf. So ist etwa die Höhe der Beiträge nach §§ 161 Abs. 2, 167, 197 Abs. 2 SGB VI in bestimmten Grenzen frei wählbar. Zudem ist im Rahmen der freiwilligen Rentenversicherung der Bezug einer Rente wegen verminderter Erwerbsfähigkeit grundsätzlich nach §§ 43 Abs. 1 S. 1 Nr. 2, Abs. 2 S. 1 Nr. 2 SGB VI[18] ausgeschlossen.

291

### 5. Nachversicherung

Das Recht der gesetzlichen Rentenversicherung kennt als Besonderheit gegenüber den anderen Zweigen der Sozialversicherung die Möglichkeit einer **Nachversicherung**, deren Grundlage § 8 SGB VI ist.

292

Die Nachversicherung nach § 8 Abs. 1 SGB VI ist zwei unterschiedlichen Personengruppen vorbehalten. Zum einen sind dies Personen, die aufgrund anderweitiger Absicherung der Altersvorsorge **versicherungsfrei** oder von der Versicherungspflicht **befreit** gewesen sind (§ 8 Abs. 2 SGB VI). Bei diesen besteht die Möglichkeit, dass sie aus ihrer Beschäftigung ausscheiden, ohne dass sie die Voraussetzungen ihrer Absicherungssysteme für eine Altersversorgung erfüllen oder dass sie einen solchen Anspruch verlieren.

---

18 Die genannten Vorschriften stellen auf *Pflicht*beiträge ab.

**Beispiel:** Zu denken ist hier etwa an Beamte auf Probe. Scheidet ein solcher aus dem Dienst aus, ohne eine Dienstzeit von mindestens fünf Jahren aufweisen zu können, so hat er regelmäßig keinen Versorgungsanspruch (vgl. zB § 4 Abs. 1 S. 1 Nr. 1 BeamtenVG). Um die abgeleistete Dienstzeit dennoch iS einer Altersvorsorge berücksichtigen zu können, ist der Betroffene nach § 8 Abs. 2 S. 1 Nr. 2 SGB VI nachzuversichern. Hierzu werden Beiträge für die Dienstzeit vom Dienstherren an die Deutsche Rentenversicherung gezahlt (§ 181 Abs. 5 S. 1 iVm § 185 Abs. 1 S. 1 SGB VI).

293 Daneben kann es bei einer **Ehescheidung** zu einer Nachversicherung kommen (§ 8 Abs. 1 S. 1 Nr. 2 SGB VI). Nach § 1587 BGB findet im Rahmen eines Scheidungsverfahrens ein **Versorgungsausgleich** statt, bei dem die von den Ehegatten jeweils erworbenen Rentenanwartschaften ausgeglichen werden. Sehr grob gesprochen erfolgt dies dadurch, dass der Ehegatte, der mehr Rentenanwartschaften erworben hat, dem anderen Ehegatten die Hälfte der Differenz zu übertragen hat. Die Einzelheiten des Versorgungsausgleichs sind im Versorgungsausgleichsgesetz geregelt. Auch das sog. **Rentensplitting** iS §§ 120a–120e SGB VI führt zu einer Nachversicherung. Hierbei geht es um Fälle, in denen Ehegatten gemeinsam bestimmen, dass die von ihnen in der Ehe erworbenen Rentenansprüche auf eine anpassungsfähige Rente zwischen ihnen aufgeteilt werden.[19]

### III. Versicherungsfälle in der gesetzlichen Rentenversicherung

294 Die gesetzliche Rentenversicherung deckt im Wesentlichen die Risiken **Alter, Minderung der Erwerbsfähigkeit** und **Tod des Versicherten** ab. Diese Risiken sollen jedoch nicht an dieser Stelle abstrakt, sondern im Zusammenhang mit den unterschiedlichen Leistungen der Rentenversicherung betrachtet werden.

### IV. Leistungen und Leistungsvoraussetzungen

295 Das Leistungsspektrum der gesetzlichen Rentenversicherung besteht im Wesentlichen aus **Leistungen zur Teilhabe** (Teilhabeleistungen) und aus **Rentenleistungen**. Während die erste Leistungsgruppe die Integration von Versicherten ins Erwerbsleben sicherstellen soll, dient die zweite Leistungsgruppe der finanziellen Absicherung des Ausscheidens aus dem Erwerbsleben. Nach § 9 Abs. 1 S. 2 SGB VI haben Teilhabeleistungen **Vorrang** vor Rentenleistungen. Einen ersten Überblick über die Leistungen der gesetzlichen Rentenversicherung bietet § 23 Abs. 1 SGB I.

#### 1. Allgemeine Leistungsvoraussetzungen

296 Voraussetzung für einen Anspruch auf Leistungen der gesetzlichen Rentenversicherung ist sowohl bei den Teilhabeleistungen als auch bei den Renten das Erfüllen der jeweiligen **persönlichen** und **versicherungsrechtlichen** Voraussetzungen (§§ 9 Abs. 2, 10, 11, 34 Abs. 1 SGB VI). Während sich die persönlichen und versicherungsrechtlichen Voraussetzungen für Leistungen zur Teilhabe generell aus den §§ 10, 11 SGB VI ergeben, sind diese für Rentenleistungen höchst unterschiedlich geregelt. Für beide Leistungsarten ist es jedoch erforderlich, dass bestimmte Mindestversicherungszeiten (Wartezeiten, vgl. hierzu §§ 50–53 SGB VI) erfüllt sind. Erfüllt werden die Wartezeiten dadurch, dass anrechnungsfähige **rentenrechtliche Zeiten** zurückgelegt werden. Dies sind im Wesentlichen die **Beitragszeiten, beitragsfreie Zeiten** und **Berücksichtigungszeiten** (§ 54

---

19 S. zum Versorgungsausgleich und Rentensplitting Waltermann u.a., Sozialrecht, Rn. 387.

SGB VI). Wie die Anrechnung dieser rentenrechtlichen Zeiten auf die Wartezeit konkret erfolgt, ergibt sich aus den §§ 51 und 54–62 SGB VI.

Leistungen der gesetzlichen Rentenversicherung werden grundsätzlich nur auf **Antrag** hin erbracht, was sich aus § 19 S. 1 SGB IV iVm § 115 Abs. 1 S. 1 SGB VI ergibt. Ausnahmen von diesem Grundsatz finden sich ua in § 115 Abs. 1 S. 2, Abs. 2 und Abs. 5 SGB VI.

297

**Hinweis:** Im Bereich des SGB II gibt es sogar die **Verpflichtung**, einen Antrag auf Bewilligung einer Rente nach dem SGB VI zu stellen. § 12a S. 1 SGB II verpflichtet Leistungsberechtigte dazu, Sozialleistungen anderer Träger in Anspruch zu nehmen und die dafür erforderlichen Anträge zu stellen, sofern dies zur Vermeidung, Beseitigung, Verkürzung oder Verminderung der Hilfebedürftigkeit erforderlich ist. Zu den Leistungen anderer Sozialträger zählen auch Rentenleistungen. Eine „Zwangsverrentung" ist allerdings nach § 12a S. 2 Nr. 1 SGB II dann ausgeschlossen, wenn vor Vollendung des 63. Lebensjahres eine Altersrente vorzeitig in Anspruch genommen werden müsste. Stellt der Versicherte den Antrag nach § 12a S. 1 SGB II nicht, so kann der Grundsicherungsträger ihn nach § 5 Abs. 3 SGB II selbst stellen.

**2. Rentenleistungen**

In der gesetzlichen Rentenversicherung können **Renten** wegen **Alters, verminderter Erwerbsfähigkeit** und wegen **Todes** in Anspruch genommen werden (vgl. § 33 SGB VI). Liegen die persönlichen und versicherungsrechtlichen Voraussetzungen der jeweiligen Rentenart vor und wurde die jeweilige Wartezeit erfüllt, so besteht ein **Rechtsanspruch** auf die Rente.

298

**a) Altersrenten**

Anspruch auf die **Regelaltersrente** haben nach § 35 SGB VI Versicherte, die die **Regelaltersgrenze** erreicht und die **allgemeine Wartezeit** erfüllt haben. Die Regelaltersgrenze wird für alle Versicherten, die ab dem 1.1.1964 geboren sind, mit Vollendung des 67. Lebensjahres erreicht. Für Versicherte früherer Jahrgänge gelten die Regelaltersgrenzen des § 235 Abs. 2 SGB VI. Die allgemeine Wartezeit beträgt nach § 50 Abs. 1 S. 1 SGB VI fünf Jahre.

299

Neben der Regelaltersrente gibt es noch verschiedene **Sonderformen** von Altersrenten. Dies sind zB Altersrenten für langjährig Versicherte (§ 36 SGB VI), Altersrenten für schwerbehinderte Menschen (§ 37 SGB VI), Altersrenten für besonders langjährig Versicherte (§ 38 SGB VI) oder Altersrenten für langjährig unter Tage beschäftigte Bergleute (§ 40 SGB VI).

**Hinweis:** Die Vorschriften der §§ 35–49 SGB VI über Rentenleistungen werden ergänzt und teilweise erweitert durch die Sonderregelungen der §§ 235 ff. SGB VI. Diese Sondervorschriften enthalten teilweise geänderte Leistungsvoraussetzungen, so dass ein rentenrechtlicher Sachverhalt nicht ohne einen Blick auf die §§ 235 ff. SGB VI gelöst werden sollte. Sofern prüfungsrechtlich zulässig kann es sinnvoll sein, sich neben die jeweilige Rentenart den zugehörigen Sonderparagraphen zu notieren.

Teilweise können die Sonderformen der Altersrente **vorzeitig**, also vor dem Erreichen der jeweiligen Altersgrenze, in Anspruch genommen werden (vgl. zB § 36 S. 2, § 236a

163

Abs. 1 S. 2 SGB VI).[20] Wer von dieser Möglichkeit Gebrauch macht muss jedoch beachten, dass die vorzeitige Inanspruchnahme von Altersrenten nach § 77 Abs. 2 Nr. 2 a) SGB VI mit **Rentenabschlägen** verbunden ist. Diese Rentenabschläge[21] sind nicht auf die Zeit bis zum Erreichen der jeweiligen Altersgrenze der Rente beschränkt, sondern gelten für die gesamte Laufzeit der jeweiligen Altersrente. Demgegenüber führt die **spätere** Inanspruchnahme von Altersrenten nach § 77 Abs. 2 Nr. 2 b) SGB VI zu einer **Rentenerhöhung**.

Versicherte haben nach § 42 Abs. 1 SGB VI zudem die Möglichkeit zu entscheiden, ob sie die Altersrente in voller Höhe als **Vollrente** oder anteilig als **Teilrente** in Anspruch nehmen wollen. Entscheiden sie sich für eine Teilrente, so kann diese grundsätzlich in jeder Höhe genommen werden. Eine unabhängig vom Hinzuverdienst gewählte Teilrente muss jedoch mindestens iHv 10 % der Vollrente in Anspruch genommen werden. (§ 42 Abs. 2 SGB VI). Durch die Möglichkeit einer Teilrente soll ein gleitendes Ausscheiden aus dem Erwerbsleben ermöglicht werden.[22]

Hat der Versicherte die Regelaltersgrenze noch nicht erreicht, so sind nach dem neu gefassten § 34 SGB VI[23] bei der Ermittlung der Rentenhöhe **keine Hinzuverdienstgrenzen** mehr zu berücksichtigen. Sind Rentenbezieher vor Erreichen der Regelaltersgrenze noch erwerbstätig, beeinträchtigt das hierbei erzielte Einkommen die Höhe der Rente nicht mehr.

300 Die **Höhe** der Rente richtet sich gemäß § 63 Abs. 1 SGB VI grundsätzlich nach der Höhe der während eines Versicherungslebens durch Beiträge versicherten Arbeitsentgelte und Arbeitseinkommen. Ohne auf die Besonderheiten einer Rentenberechnung eingehen zu wollen, sei zumindest auf folgende allgemeine Berechnungsgrundsätze hingewiesen:

Maßgeblich für die Berechnung von Renten sind nach § 64 SGB VI vier Faktoren. Bei ihnen handelt es sich um die **persönlichen Entgeltpunkte**, den **Zugangsfaktor**, den **Rentenartfaktor** und den **aktuellen Rentenwert**.

Zur Berechnung der Rentenhöhe wird zunächst nach § 63 Abs. 2 SGB VI das in den einzelnen Kalenderjahren durch Beiträge versicherte Arbeitsentgelt und Arbeitseinkommen in **Entgeltpunkte** umgerechnet. Hierbei ergibt die Versicherung eines Arbeitsentgelts oder Arbeitseinkommens in Höhe des Durchschnittsentgelts eines Kalenderjahres (vgl. hierzu Rn. 284) einen vollen Entgeltpunkt.

**Beispiel:** Versicherter A. erzielte in der Zeit vom 1.1.2016 bis zum 31.12.2016 ein beitragspflichtiges Entgelt in Höhe von 18.551,50 EUR. 2016 belief sich das Durchschnittsentgelt auf 37.103 EUR. Wer einen Verdienst in dieser Höhe erzielt hat, bekommt für das Versicherungsjahr 2016 einen Entgeltpunkt. Versicherter A. hat jedoch nur die Hälfte des Durchschnittsentgelts verdient. Er erhält daher 0,5000 Entgeltpunkte.

---

20 Wer eine vorgezogene Altersrente erhält, kann bis zum Erreichen der Regelaltersgrenze freiwillige Beiträge zahlen und damit die Rente erhöhen; vgl. § 7 Abs. 2 SGB VI.
21 Rentenabschläge können durch zusätzliche Beitragszahlungen bis zum Erreichen der Regelaltersgrenze ausgeglichen werden; vgl. zu den Einzelheiten § 187a SGB VI.
22 Kokemoor, Sozialrecht Rn. 310.
23 § 34 SGB VI wurde durch Art. 7 Nr. des *Achten Gesetzes zur Änderung des Vierten Buches Sozialgesetzbuch und anderer Gesetze* entsprechend mit Wirkung ab 1.1.2023 geändert. Das Gesetz war bei Drucklegung dieses Buches noch nicht verkündet.

In einem weiteren Schritt werden die ermittelten Entgeltpunkte des Versicherten mit dem **Zugangsfaktor** iS § 63 Abs. 5 SGB VI multipliziert. Der Zugangsfaktor hat die Aufgabe, unterschiedliche Rentenbezugsdauern (zB durch vorzeitige oder spätere Inanspruchnahme auszugleichen). Einzelheiten zum Zugangsfaktor finden sich in § 77 SGB VI. Er beträgt für Altersrenten, die mit Erreichen der Regelaltersgrenze beginnen 1,0. Nach § 77 Abs. 2 S. 1 Nr. 2 a) SGB VI verringert sich der Zugangsfaktor für vorzeitig in Anspruch genommene Altersrenten für jeden Monat der vorzeitigen Inanspruchnahme um 0,3 %.

Beispiel: Nimmt Versicherter A. ein Jahr vor Erreichen der Regelaltersgrenze eine Altersrente in Anspruch, so verringert sich der Zugangsfaktor (auf das Jahr berechnet) um 3,6 % (0,3 % x 12 Monate = 3,6 %). In diesem Fall senkt sich der Zugangsfaktor 1,0 um 0,036 auf 0,964 (Berechnung: 1,0 x 3,6 % = 0,036).

Aus der Multiplikation des Zugangsfaktors mit den Entgeltpunkten ergeben sich nach § 66 Abs. 1 SGB VI die **persönlichen Entgeltpunkte**.

Im nächsten Schritt werden die persönlichen Entgeltpunkte mit dem **Rentenartfaktor** gemäß § 67 SGB VI vervielfältigt. Durch ihn wird das Sicherungsziel, das der Gesetzgeber mit der jeweiligen Rentenart verfolgt, umgesetzt. Bei Altersrenten beträgt der Rentenartfaktor 1,0, während er bei einer Rente wegen teilweiser Erwerbsminderung nur 0,5 beträgt.

Zuletzt erfolgt die Multiplikation mit dem **aktuellen Rentenwert** (§ 68 SGB VI). Dieser hat die Aufgabe, die Rente an die jeweilige Lohn- und Gehaltsentwicklung anzupassen. Nach § 63 Abs. 7 SGB VI wird der aktuelle Rentenwert **jährlich** angepasst. Dies erfolgt nach § 69 SGB VI durch eine Rechtsverordnung der Bundesregierung.

Insgesamt erfolgt damit die Berechnung des monatlichen Rentenbetrages nach der Formel

Monatsrente = pEP x RF x aRW.

Die persönlichen Entgeltpunkte (pEP), die unter Berücksichtigung des Zugangsfaktors ermittelt wurden, werden mit dem Rentenartfaktor (RF) und dem aktuellen Rentenwert (aRW) multipliziert.

Beispiel: Hat der Versicherte A. 45 Berufsjahre lang im westlichen Teil der Bundesrepublik das Durchschnittsentgelt eingezahlt und beantragt im September 2017 nunmehr eine Regelaltersrente, so erhält er für jedes Beitragsjahr 1 Entgeltpunkt. Dieser wird mit dem Zugangsfaktor 1,0 (keine vorzeitige Altersrente) multipliziert. Für 45 Beitragsjahre ergeben sich somit 45 persönliche Entgeltpunkte. Der Rentenartfaktor beträgt bei Altersrenten 1,0. Ab Juli 2017 lag der aktuelle Rentenwert (West) bei 31,03 EUR. Es ergibt sich folgende Monatsrente:

45 x 1 x 31,03 EUR = 1.396,35 EUR.

### b) Renten wegen Todes

Hinterbliebene von Versicherten können von der gesetzlichen Rentenversicherung **Hinterbliebenenrenten** erhalten. Diese werden für (ehemalige) Ehegatten und Kinder als Witwen-, Witwer-, Voll- oder Halbwaisenrenten bzw. als Erziehungsrenten nach den §§ 46–49 SGB VI gewährt. Auch bei diesen Rentenarten finden sich in den §§ 235 ff. SGB VI **Sonderregelungen** (zB § 242a SGB VI).

Hinterbliebenenrenten sind regelmäßig geringer als die Altersrenten von Versicherten, was auf den teilweise reduzierten Rentenartfaktor (§ 67 Nr. 4–8 SGB VI) zurückzuführen ist.[24]

### c) Rente wegen verminderter Erwerbsfähigkeit

302  Die gesetzliche Rentenversicherung deckt nicht nur das Risiko von Alter und Tod ab, sondern auch das der **Invalidität**. Hierunter sind Fälle zu verstehen, in denen Versicherte **vor** dem Erreichen der Altersgrenze für eine Altersrente ihre Erwerbsfähigkeit ganz oder teilweise verlieren. Betroffenen Versicherten wird die Möglichkeit geboten, **Renten wegen verminderter Erwerbsfähigkeit** in Anspruch zu nehmen, die bis zum Erreichen der Regelaltersgrenze gewährt werden. Hierunter fällt die **Renten wegen Erwerbsminderung** nach § 43 SGB VI und die **Rente für Bergleute**[25] nach § 45 SGB VI. Flankiert werden die §§ 43, 45 SGB VI durch die **Sonderregelungen** der §§ 235 ff. SGB VI, konkret durch die §§ 240, 241 u. 242 SGB VI.

303  Das Gesetz unterscheidet in § 43 SGB VI zwischen der Rente wegen **teilweiser** Erwerbsminderung (§ 43 Abs. 1 SGB VI) und der Rente wegen **voller** Erwerbsminderung (§ 43 Abs. 2 SGB VI). **Versicherungsrechtlich** setzen beide Renten voraus, dass der Versicherte vor Eintritt der Erwerbsminderung die **allgemeine Wartezeit** (fünf Jahre (vgl. § 50 Abs. 1 S. 1 Nr. 2 SGB VI)) erfüllt (§ 43 Abs. 1 S. 1 Nr. 3, Abs. 2 S. 1 Nr. 3 SGB VI) und in den letzten fünf Jahren drei Jahre lang **Pflichtbeiträge**[26] gezahlt hat (§ 43 Abs. 1 S. 1 Nr. 2, Abs. 2 S. 1 Nr. 2 SGB VI).

**Persönliche** Voraussetzung für einen Anspruch auf eine Erwerbsminderungsrente ist, dass der Versicherte **teilweise** (§ 43 Abs. 1 S. 1 Nr. 1 SGB VI) oder **voll** (§ 43 Abs. 2 S. 1 Nr. 1 SGB VI) **erwerbsgemindert** ist.

Nach § 43 Abs. 1 S. 2 SGB VI sind Versicherte dann **teilweise** erwerbsgemindert, wenn sie wegen Krankheit[27] oder Behinderung (§ 2 Abs. 1 S. 1 SGB IX) auf nicht absehbare Zeit (dh länger als sechs Monate; vgl. § 101 Abs. 1 SGB VI) außerstande sind, unter den üblichen Bedingungen des allgemeinen Arbeitsmarktes **mindestens sechs Stunden täglich** erwerbstätig zu sein.

**Volle** Erwerbsminderung liegt nach § 43 Abs. 2 S. 2 SGB VI vor, wenn Versicherte wegen Krankheit oder Behinderung auf nicht absehbare Zeit außerstande sind, unter den üblichen Bedingungen des allgemeinen Arbeitsmarktes **mindestens drei Stunden täglich** erwerbstätig zu sein.

Bei der Bestimmung der verbleibenden Leistungsfähigkeit, die für eine rentenrechtlich relevante Erwerbsminderung unter sechs Stunden täglich liegen muss, ist die jeweilige

---

[24] Vgl. zu den Einzelheiten Waltermann u.a., Sozialrecht, Rn. 423 ff.; Muckel/Ogorek/Rixen, Sozialrecht, § 11 Rn. 105 ff.
[25] Die Rente für Bergleute soll wegen ihres eingeschränkten Anwendungsbereichs hier nicht näher betrachtet werden. Wer sich für die Einzelheiten dieser Rentenart interessiert sei auf die einschlägige Kommentierung zu § 45 SGB VI verwiesen.
[26] Das Gesetz stellt ausdrücklich auf **Pflicht**beiträge ab. Dies hat zur Folge, dass die freiwillige Zahlung von Beiträgen in die gesetzliche Rentenversicherung **nicht** die versicherungsrechtlichen Voraussetzungen des § 43 SGB VI erfüllt.
[27] Krankheit in diesem Sinne ist jeder regelwidrige körperliche, geistige oder seelische Zustand, der geeignet ist, die Erwerbsfähigkeit zu mindern; BSG 20.12.1960 – 4 RJ 118/59, BSGE 13, 255.

Arbeitsmarktlage zu berücksichtigen.[28] Dies ergibt sich im Wege des Umkehrschlusses aus § 43 Abs. 3 SGB VI, der festlegt, dass derjenige nicht erwerbsgemindert ist, der unter den üblichen Bedingungen des allgemeinen Arbeitsmarktes mindestens sechs Stunden täglich erwerbstätig sein kann, wobei die jeweilige Arbeitsmarktlage nicht zu berücksichtigen ist.[29] Die Berücksichtigung der jeweiligen Arbeitsmarktlage bedeutet konkret, dass einem nur teilweise erwerbsgeminderten Versicherten eine volle Erwerbsminderungsrente zu gewähren ist, wenn ihm der Teilzeitarbeitsmarkt verschlossen ist. Dies ist nach der einschlägigen Rechtsprechung des BSG dann der Fall, wenn weder der Rentenversicherungsträger noch die Agentur für Arbeit innerhalb eines Jahres nach Rentenantragstellung einen, dem Versicherten im Hinblick auf Kräfte und Fähigkeiten entsprechenden, Arbeitsplatz anbieten konnte.[30] Hat der Versicherte allerdings einen solchen Arbeitsplatz inne, so bleibt es bei der teilweisen Erwerbsminderung.[31]

**Beispiel:** Ist ein Versicherter nur noch in der Lage, täglich fünf Stunden erwerbstätig sein zu können, so stünde ihm – rein zeitlich betrachtet – nach § 43 Abs. 1 SGB VI lediglich eine Rente wegen teilweiser Erwerbsminderung zu. Konnte ihm jedoch weder der zuständige Rentenversicherungsträger noch die zuständige Agentur für Arbeit innerhalb eines Jahres, nachdem er den Rentenantrag gestellt hatte, einen Teilzeitarbeitsplatz vermitteln, so gilt er – trotz seines Restleistungsvermögens – als voll erwerbsgemindert iS § 43 Abs. 2 SGB VI.

Ob und in welchem Umfang der Versicherte noch leistungsfähig ist, bemisst sich anhand der **üblichen Bedingungen des allgemeinen Arbeitsmarktes** (§ 43 Abs. 1. S. 2, Abs. 2 S. 2 SGB VI). Dies sind die tatsächlichen Bedingungen, die auf dem Arbeitsmarkt und den Betrieben anzutreffen sind. Grundsätzlich kann davon ausgegangen werden, dass ein Versicherter, der nach seinem verbliebenen Restleistungsvermögen noch körperlich leichte Tätigkeiten täglich mindestens sechs Stunden verrichten kann, auf dem allgemeinen Arbeitsmarkt unter dessen üblichen Bedingungen noch erwerbstätig sein kann, da es ihm mit diesem Leistungsvermögen in der Regel noch möglich ist, diejenigen Verrichtungen auszuführen, die in meist ungelernten Tätigkeiten in der Regel gefordert werden.[32] Allerdings kann das Restleistungsvermögen dann nicht unter den üblichen Bedingungen des allgemeinen Arbeitsmarktes eingesetzt werden, wenn der Versicherte aufgrund einer konkreten Einschränkung den betriebsüblichen Arbeitsbedingungen nicht genügen kann (besondere Leistungseinschränkungen).[33]

**Beispiel:** Beispiele für derartige besondere Leistungseinschränkungen sind etwa Einarmigkeit und Einäugigkeit unter Berücksichtigung besonderer Umstände des Einzelfalls, besondere Schwierigkeiten hinsichtlich der Gewöhnung und Anpassung an einen neuen Arbeitsplatz, Einschränkungen der Arm- und Handbewegungen und Notwendigkeit des halbstündigen Wechselns von Sitzen zu Gehen, regelmäßig einmal in der Woche auftretende Fieber-

---

28 Man spricht insoweit auch von der sog. „konkreten Betrachtungsweise"; vgl. Muckel/Ogorek/Rixen, Sozialrecht, § 11 Rn. 97 (mwN); ausf. Gürtner in: BeckOGK, SGB VI, § 43 Rn. 30 ff.; Igl/Welti, Sozialrecht, § 34 Rn. 21.
29 Dies wird auch als „abstrakte Betrachtungsweise" bezeichnet; vgl. Kokemoor, Sozialrecht, Rn. 315.
30 So zB BSG 10.12.1976 – GS 2/75, BSGE 43, 75 ff.
31 Gürtner in: BeckOGK, SGB VI, § 43 Rn. 35.
32 Gürtner in: BeckOGK, SGB VI, § 43 Rn. 37.
33 Muckel/Ogorek/Rixen, Sozialrecht, § 11 Rn. 98; vgl. zu den Einzelheiten Gürtner in: BeckOGK, SGB VI, § 43 Rn. 37 ff.

schübe oder wenn zwei zusätzliche Pausen von je 15 Minuten einzulegen sind und weitere Einschränkungen bestehen.[34]

Liegt ein Fall der besonderen Leistungseinschränkung vor, so ist auch dem – rein zeitlich betrachtet – teilweise Erwerbsgeminderten eine Rente wegen voller Erwerbsminderung zu bewilligen, es sei denn, dass der Rentenversicherungsträger dem Versicherten eine konkrete Tätigkeit benennen kann, die er mit seinen persönlichen Behinderungen tatsächlich noch ausüben kann.

304 Renten wegen verminderter Erwerbsfähigkeit werden nach § 102 Abs. 2 SGB VI grundsätzlich nur **befristet** gewährt. Im Hinblick auf die **Rentenhöhe** entspricht eine Rente wegen voller Erwerbsminderung grundsätzlich einer Altersrente. Nach § 67 Nr. 1 u. 3 SGB VI haben beide einen Rentenartfaktor von 1,0. Allerdings ist der Zugangsfaktor für Renten wegen verminderter Erwerbsfähigkeit nach § 77 Abs. 2 S. 1 Nr. 3 SGB VI niedriger als der von Altersrenten.

Eine Rente wegen verminderter Erwerbsfähigkeit wird gem. § 96a Abs. 1 SGB VI nur dann in voller Höhe geleistet, wenn die kalenderjährliche Hinzuverdienstgrenze i.S. § 96a Abs. 1c nicht überschritten wird. Auch § 96a SGB VI wurde recht umfassend durch Art. 7 Nr. 9 des *Achten Gesetzes zur Änderung des Vierten Buches Sozialgesetzbuch und anderer Gesetze* mit Wirkung ab 1.1.2023 geändert bzw. ergänzt.

305 Eine Sonderstellung unter den Renten wegen verminderter Erwerbsfähigkeit nimmt die **Rente bei teilweiser Erwerbsminderung wegen Berufsunfähigkeit** ein, die in § 240 SGB VI geregelt ist. Bis zur Reform des Rentenrechts, das ab dem 1.1.2001 in Kraft trat, kannte das SGB VI die Berufsunfähigkeitsrente. Diese Rente wurde jedoch durch die Rentenreform langfristig aus dem Leistungskatalog des SGB VI herausgenommen. Aus Gründen des Vertrauensschutzes wird sie allerdings für vor dem **2.1.1961** geborene Versicherte als **zusätzliche** Rente wegen Erwerbsminderung beibehalten. Nach § 240 Abs. 2 S. 1 SGB VI sind Versicherte berufsunfähig, wenn ihre Erwerbsfähigkeit wegen Krankheit oder Behinderung im Vergleich zur Erwerbsfähigkeit von körperlich, geistig und seelisch gesunden Versicherten mit ähnlicher Ausbildung und gleichwertigen Kenntnissen und Fähigkeiten auf weniger als sechs Stunden gesunken ist. Um Berufsunfähigkeit feststellen zu können ist es notwendig, den bisherigen Hauptberuf sowie das gesundheitliche Leistungsvermögen des Versicherten zu ermitteln. In einer weiteren Stufe wird dann geprüft, ob der Versicherte zumutbar auf andere Tätigkeiten verwiesen werden kann, in denen er entsprechend seinem Leistungsvermögen noch mindestens sechs Stunden täglich arbeiten kann.[35]

### 3. Leistungen zur Teilhabe

306 Aufgabe der gesetzlichen Rentenversicherung ist es nicht nur, die Versicherten im Falle von Alter, Tod oder Invalidität abzusichern. Vielmehr verfolgt sie auch das Ziel, Einschränkungen oder den Verlust der Erwerbsfähigkeit zu verhindern oder zumindest hinauszuzögern (§ 9 Abs. 1 S. 1 Nr. 2 SGB VI). Zur Erreichung dieses Ziels ist die gesetzliche Rentenversicherung[36] befugt, **Leistungen zur Teilhabe** zu erbringen.[37] Durch Teilhabeleistungen ist es möglich, Rentenleistungen wegen verminderter Er-

---

34 Beispiele aus BeckOK SozR/Kreikebohm/Jassat, SGB VI, § 43 Rn. 22 (mwN).
35 BeckOK SozR/Kreikebohm/Jassat, SGB VI, § 240 Rn. 8; vgl. zu den Einzelheiten Muckel/Ogorek/Rixen, Sozialrecht, § 11 Rn. 101 ff.
36 Bei der es sich um einen Rehabilitationsträger iS §§ 5, 6 SGB IX handelt. Vgl. zu den Einzelheiten Rn. 394.
37 Vgl. grundlegend zu den Teilhabeleistungen und ihrer Systematik Rn. 390 ff.

werbsfähigkeit abzuwenden. Daher ist das Rentenversicherungsrecht vom Grundsatz „Rehabilitation vor Rente" des § 9 Abs. 1 S. 2 SGB VI geprägt, der besagt, dass Teilhabeleistungen Vorrang vor Rentenleistungen haben. Ihre rentenversicherungsrechtliche Grundlage finden die Teilhabeleistungen in den §§ 9–32 SGB VI. Voraussetzung für eine Leistungsbewilligung ist, dass die betroffenen Versicherten die **persönlichen Voraussetzungen** des § 10 SGB VI und die **versicherungsrechtlichen Voraussetzungen** des § 11 SGB VI erfüllen. Aber auch dann, wenn diese Voraussetzungen vorliegen, hat der Versicherte keinen Anspruch auf eine Leistungsbewilligung. Nach § 9 Abs. 2 SGB VI „können" nämlich Leistungen zur Teilhabe erbracht werden. Damit steht die Leistungserbringung im Ermessen (vgl. § 38 SGB I) des Rentenversicherungsträgers, so dass der Versicherte nur Anspruch auf Ausübung pflichtgemäßen Ermessens (§ 13 Abs. 1 S. 1 SGB VI) hat. Diese Einschränkung gilt jedoch nach § 20 SGB VI nicht für das Übergangsgeld. Auf dieses haben Versicherte bei Vorliegen der Voraussetzungen des § 20 SGB VI einen Rechtsanspruch.

Als Leistungen zur Teilhabe können erbracht werden Leistungen zur **medizinischen Rehabilitation** (§ 15 SGB VI iVm §§ 42–47 SGB IX[38]), Leistungen zur **Teilhabe am Arbeitsleben** (§ 16 SGB VI iVm §§ 49–54 SGB IX, im Eingangsverfahren und im Berufsbildungsbereich der Werkstätten für behinderte Menschen nach § 57 SGB IX sowie entsprechende Leistungen bei anderen Leistungsanbietern nach § 60 SGB IX)), **Übergangsgeld** (§ 20 SGB VI), **ergänzende** und **sonstige** Leistungen (§§ 28, 31 SGB VI). 307

### V. Leistungserbringungsrecht

Die Leistungen der gesetzlichen Rentenversicherung werden regelmäßig als **Geldleistungen** erbracht (zB bei Renten). Die Auszahlung dieser Geldleistungen erfolgt überwiegend durch die Deutsche Post AG (vgl. § 119 SGB VI). 308

Erbringt die gesetzliche Rentenversicherung Sachleistungen (zB im Bereich der Teilhabeleistungen), so geschieht dies entweder durch den Rentenversicherungsträger selbst oder durch externe Leistungserbringer. Die Rechtsbeziehungen zu diesen entsprechen im Wesentlichen denen in den anderen Zweigen der Sozialversicherung.[39]

### VI. Organisation und Finanzierung

Nach § 125 Abs. 1 SGB VI werden die Aufgaben der gesetzlichen Rentenversicherung (allgemeine Rentenversicherung und knappschaftliche Rentenversicherung) von **Regionalträgern** und **Bundesträgern** wahrgenommen. Der Name der **Regionalträger**[40] setzt sich aus der Bezeichnung „Deutsche Rentenversicherung" und einem Zusatz für ihre jeweilige regionale Zuständigkeit (zB Deutsche Rentenversicherung Mitteldeutschland) zusammen. 309

**Bundesträger** sind nach § 125 Abs. 2 S. 1 SGB VI die Deutsche Rentenversicherung Bund und die Deutsche Rentenversicherung Knappschaft-Bahn-See. Die Aufgaben der **allgemeinen** Rentenversicherung[41] werden nach § 126 S. 1 SGB VI von den Regionalträgern, der Deutsche Rentenversicherung Bund und der Deutsche Rentenversicherung

---

[38] Ausdrücklich ausgenommen sind Leistungen nach § 42 Abs. 2 Nr. 2 und § 46 SGB IX.
[39] Vgl. zu den Einzelheiten Gitter/Schmitt, Sozialrecht, § 26 Rn. 1 ff.
[40] Vgl. zu deren Zuständigkeit § 128 Abs. 1 SGB VI.
[41] Vgl. zu den Aufgaben der allgemeinen Rentenversicherung die §§ 127–131 SGB VI.

Knappschaft-Bahn-See erfüllt. Träger der **knappschaftlichen** Rentenversicherung[42] ist die Deutsche Rentenversicherung Knappschaft-Bahn-See. Auch die Träger der Rentenversicherung sind nach § 29 Abs. 1 SGB IV rechtsfähige Körperschaften des öffentlichen Rechts mit Selbstverwaltung.

310 Die **Finanzierung** der gesetzlichen Rentenversicherung ist in den §§ 153–227 SGB VI geregelt. Sie setzt sich nach § 153 Abs. 2 SGB VI aus **Beiträgen** (vgl. §§ 157 ff. SGB VI) der Versicherten und **Zuschüssen** (vgl. §§ 213 ff. SGB VI) des Bundes zusammen. Organisiert ist die Finanzierung nach dem sog. **Umlageverfahren**. Dies bedeutet nach § 153 Abs. 1 SGB VI, dass die Ausgaben eines Kalenderjahres durch die Einnahmen desselben Kalenderjahres – und notfalls durch Entnahmen aus der Nachhaltigkeitsrücklage – gedeckt werden. Grundlage dieses Umlageverfahrens ist der **Generationenvertrag**, bei dem die gegenwärtigen Beitragszahler den Lebensunterhalt der gegenwärtigen Rentnergeneration in der Erwartung bestreiten, dass die nächste Generation ebenfalls für ihren Lebensunterhalt aufkommt.

## VII. Wiederholungs- und Vertiefungsfragen

1. Können Selbstständige versicherungspflichtig in der gesetzlichen Rentenversicherung sein?
2. Welche Auswirkungen hat eine geringfügige Beschäftigung auf die Versicherungspflicht in der gesetzlichen Rentenversicherung?
3. Was versteht man rentenversicherungsrechtlich unter „Wartezeiten"?
4. Kann ein gesetzlich Rentenversicherter durch eine Behörde gezwungen werden, einen Rentenantrag zu stellen?
5. Wonach bemisst sich die Höhe einer Rente?
6. Was unterscheidet die volle von der teilweisen Erwerbsminderung?
7. In welchem Fall kann auch ein teilweise Erwerbsgeminderter eine Rente wegen voller Erwerbsminderung beanspruchen?
8. Was ist rentenversicherungsrechtlich unter „Berufsunfähigkeit" zu verstehen?
9. Wie finanziert sich die gesetzliche Rentenversicherung?
10. Was besagt der Grundsatz „Rehabilitation vor Rente"?

---

42 Vgl. zu den Aufgaben der knappschaftlichen Rentenversicherung die §§ 132–137e ff. SGB VI.

# § 14 Das Recht der Arbeitsförderung

**Übungsfall 5:** Arbeitnehmer A. ist im holzverarbeitenden Unternehmen U. seit 8 Jahren als Angestellter unbefristet sozialversicherungspflichtig beschäftigt. Eines Tages liest er in der Tageszeitung eine Stellenanzeige des Unternehmens B., der er entnehmen kann, dass er dort ca. 800 EUR brutto mehr verdienen würde, als im alten Job. Er bewirbt sich bei B. und erhält eine Zusage. Daraufhin kündigt A. sein Arbeitsverhältnis mit U. fristgemäß zum 31.1.2020 und beginnt am 1.2.2020 ein sozialversicherungspflichtiges Arbeitsverhältnis bei B. Noch während der vereinbarten Probezeit kündigt B. das Arbeitsverhältnis mit A. fristgemäß und mit der Begründung, der Arbeitsplatz des A. werde wegfallen. A. beantragt nach der Beendigung des Arbeitsverhältnisses mit B. im Rahmen der persönlichen Arbeitslosmeldung bei der für ihn zuständigen Agentur für Arbeit Arbeitslosengeld. Der zuständige Sachbearbeiter deutet aber an, dass hier die Verhängung einer Sperrzeit in Frage komme, da dem A. gekündigt wurde.

Hat A. Anspruch auf Arbeitslosengeld wegen Arbeitslosigkeit und muss er mit der Verhängung einer Sperrzeit rechnen?

## I. Einführung

Die Teilnahme am Arbeitsleben ist ein existenzieller Teil unseres Lebens, mit dem sich auch das Sozialrecht beschäftigt. So spricht § 3 Abs. 2 SGB I jedem, der am Arbeitsleben teilnimmt oder teilnehmen will das **soziale Recht** (vgl. hierzu Rn. 109 f.) zu, bei der Wahl des Bildungswegs und des Berufs beraten zu werden, bei seiner beruflichen Weiterbildung individuell gefördert zu werden, Hilfe zur Erlangung und Erhaltung eines angemessenen Arbeitsplatzes und wirtschaftliche Sicherung bei Arbeitslosigkeit und bei Zahlungsunfähigkeit des Arbeitgebers zu erhalten. Zu einem sehr wesentlichen Teil werden diese Rechte durch das im SGB III geregelte Recht der **Arbeitsförderung** verwirklicht, dessen Leistungsumfang in § 19 SGB I und in § 3 SGB III beschrieben wird.[1]

**Aufgabe** des Arbeitsförderungsrechtes ist es nach § 1 Abs. 1 S. 1 SGB III, dem Entstehen von Arbeitslosigkeit entgegenzuwirken, die Dauer der Arbeitslosigkeit zu verkürzen und den Ausgleich von Angebot und Nachfrage auf dem Ausbildungs- und Arbeitsmarkt zu unterstützen. Darüber hinaus soll es nach § 1 Abs. 1 S. 4 SGB III dazu beitragen, dass ein hoher Beschäftigungsstand erreicht und die Beschäftigungsstruktur ständig verbessert wird.

Die Leistungen, die das SGB III bereit stellt, um die Aufgaben des § 1 Abs. 1 SGB III zu erfüllen, lassen sich nach § 3 SGB III in **Leistungen der aktiven Arbeitsförderung** (geregelt im Dritten Kapitel SGB III) und in **Entgeltersatzleistungen** (geregelt im Vierten Kapitel des SGB III) unterteilen. § 3 Abs. 3 1. Hs. SGB III stellt klar, dass die Leistungen der aktiven Arbeitsförderung grundsätzlich **Ermessensleistungen** sind. Ausgenommen von diesem Grundsatz sind allerdings die in § 3 Abs. 3 Nr. 1-7 SGB III abschließend aufgeführten Leistungsarten. § 7 SGB III erläutert in diesem Zusammenhang, welche Gesichtspunkte die Agenturen für Arbeit bei der Ausübung des Ermessens bei der

---

1 Arbeitsmarktpolitisch wird das SGB III durch weitere Gesetze ergänzt, die sich insbesondere mit der Beschäftigungsförderung, dem Schutz besonderer Personengruppen oder mit der Erhaltung der Arbeitsmarktordnung beschäftigen. Zu denken ist hier zB an das Arbeitnehmerüberlassungsgesetz, das Mindestlohngesetz oder das Gesetz zur Bekämpfung der illegalen Schwarzarbeit.

Auswahl von Ermessensleistungen der aktiven Arbeitsförderung zu berücksichtigen haben.

Betrachtet man die Leistungen der **aktiven Arbeitsförderung**, so wird deutlich, dass auch Menschen, die **nicht** zum versicherten Personenkreis des SGB III zählen, diese Leistungen erhalten können (vgl. zB §§ 29, 35, 44 oder 48 SGB III).

**Hinweis:** Trotzdem zählt das Recht der Arbeitsförderung noch zum Sozialversicherungsrecht, nimmt aber hier eine Sonderstellung ein. So stellt § 1 Abs. 1 S. 2 SGB IV fest, dass das SGB IV (mit Ausnahme des organisationsrechtlichen Teils) auch auf das SGB III Anwendung findet. Diese Diskussion haben wir bereits im Rahmen der Beschäftigung mit dem SGB IV unter den Stichworten „Sozialversicherung im materiellen und formellen Sinne" geführt (vgl. Rn. 133).

Aufgrund seiner breiten Aufgabenstellung kennt das SGB III, anders als die anderen sozialversicherungsrechtlichen Teile des SGB, kein einheitliches versichertes Risiko. Lediglich bei der Entgeltersatzleistung „Arbeitslosengeld" geht es um das versicherte Risiko „Arbeitslosigkeit".[2] Daher wird nachfolgend von der üblichen Systematik dieses Buches abgewichen, die versicherten Risiken vor der Darstellung der einzelnen Leistungen zu definieren. Stattdessen werden versicherte Risiken, sofern es auf sie ankommt, im Zusammenhang mit der Darstellung der jeweiligen Leistungen der Arbeitsförderung erläutert.

## II. Versicherter Personenkreis und Leistungsberechtigte

313 Im Hinblick auf den versicherten Personenkreis übernimmt auch das SGB III die Systematik des § 2 Abs. 1 SGB IV, indem es zwischen den **Versicherungspflichtigen** und **Versicherungsberechtigten** unterscheidet.

Der Kreis der **versicherungspflichtigen** Personen ergibt sich aus §§ 24–26 SGB III. Danach sind auch nach dem SGB III zunächst die **Beschäftigten** versicherungspflichtig. Beschäftigte sind nach § 25 SGB III Personen, die gegen Arbeitsentgelt oder zu ihrer Berufsausbildung beschäftigt sind. Hinzu kommen die in § 26 SGB III aufgezählten Personengruppen, zu denen zB Wehrdienstleistende, Strafgefangene, Erziehende oder Personen in Pflegezeit gehören.

**Versicherungsfrei** sind nach §§ 27, 28 SGB III insbesondere Beamte, Richter, Zeit- und Berufssoldaten, Schüler und Studierende, geringfügig Beschäftigte und Personen, die das Lebensjahr für einen Anspruch auf eine Regelaltersrente nach dem SGB VI vollendet haben.

Das SGB III kennt zudem die **Versicherungsberechtigung** in Form einer freiwilligen Versicherung. Diese findet ihre Grundlage in § 28a SGB III und wird als **Versicherungspflichtverhältnis auf Antrag** bezeichnet. Danach haben die in § 28a Abs. 1 u. 2 SGB III aufgeführten Personengruppen die Möglichkeit, durch einen entsprechenden Antrag gegenüber der zuständigen Agentur für Arbeit, ein Pflichtversicherungsverhältnis zu begründen.

**Beispiel:** Auf der Grundlage von § 28a Abs. 1 S. 1 Nr. 2. SGB III kann sich etwa ein geschäftsführender Gesellschafter einer neugegründeten GmbH – also ein Selbstständiger – gegen

---

2 Die Arbeitslosenversicherung stellt insoweit auch die Verzahnung des SGB III mit dem Sozialversicherungsrecht dar.

das Risiko der Arbeitslosigkeit, das aus der wirtschaftlichen Erfolglosigkeit der GmbH resultieren kann, absichern, sofern die Voraussetzungen des § 28a Abs. 2 SGB III vorliegen.

Der Antrag ist nach § 28a Abs. 3 S. 1 SGB III innerhalb von **drei Monaten** nach Aufnahme der versicherungsberechtigten Tätigkeit zu stellen. Diese Antragsfrist ist eine **Ausschlussfrist**, bei deren Versäumung das Antragsrecht erlischt.

Sowohl das Versicherungspflichtverhältnis kraft Gesetzes als auch das auf Antrag **beginnt**, sobald die gesetzlich vorgesehenen Voraussetzungen vorliegen. Lediglich das Versicherungspflichtverhältnis auf Antrag setzt hierbei für seine Begründung eine Antragstellung voraus. Sobald die gesetzlichen Voraussetzungen wieder weggefallen sind, **endet** das Versicherungspflichtverhältnis (vgl. zB § 24 Abs. 4 SGB III).

314

Ein **bestehendes** Versicherungspflichtverhältnis ist grundsätzlich keine Leistungsvoraussetzung. So wird etwa **Arbeitslosengeld bei Arbeitslosigkeit** gem. § 136 Abs. 1 Nr. 1 iVm §§ 142, 143 SGB III auch nicht mehr Versicherungspflichtigen (Arbeitslose iS § 138 SGB III) gewährt, sofern sie innerhalb der (regelmäßig) zweijährigen Rahmenfrist des § 143 SGB III mindestens zwölf Monate in einem Versicherungspflichtverhältnis gestanden hat.[3] Welcher Personenkreis generell leistungsberechtigt ist, ergibt sich aus den §§ 12–21 SGB III. Hierbei sieht lediglich § 17 SGB III für die drohende Arbeitslosigkeit das Bestehen einer versicherungspflichtigen Beschäftigung vor.

### III. Leistungen der aktiven Arbeitsförderung

#### 1. Vorbemerkung

**Aufgabe** der Arbeitsförderung nach dem SGB III ist es erst in zweiter Linie, die Versicherten gegen die finanziellen Auswirkungen des Risikos „Arbeitslosigkeit" abzusichern. Vielmehr geht es darum, bereits dem Entstehen von Arbeitslosigkeit entgegenzuwirken (§ 1 Abs. 1 S. 1 SGB III). Dementsprechend soll durch die Arbeitsförderung auch die Gewährung von Arbeitslosengeld bzw. von anderen Entgeltersatzleistungen bei Arbeitslosigkeit vermieden werden, was sich aus den §§ 4, 5 SGB III ergibt, nach denen Vermittlungsleistungen und Leistungen der aktiven Arbeitsförderung Vorrang vor Entgeltersatzleistungen bei Arbeitslosigkeit haben.

315

Die Leistungen der Arbeitsförderung setzen sich nach der ausdrücklichen Regelung des § 3 Abs. 1 SGB III grundsätzlich aus Leistungen der **aktiven Arbeitsförderung** nach dem Dritten Kapitel einerseits und **Entgeltersatzleistungen** nach dem Vierten Kapitel andererseits zusammen (s. *Abb. 15*). Nach § 3 Abs. 2 SGB III zählen zu den **Leistungen der aktiven Arbeitsförderung** die Leistungen des Dritten Kapitels sowie das Arbeitslosengeld bei beruflicher Weiterbildung.

316

Hinweis: Bei diesen Leistungen wird von Leistungen der *aktiven* Arbeitsförderung gesprochen, da sie dem Berechtigten regelmäßig ein Tätigwerden abverlangen. So setzt etwa die Bewilligung einer Berufsausbildungsbeihilfe nach §§ 56 ff. SGB III voraus, dass sich der Berechtigte in einer förderfähigen Berufsausbildung befindet. Die Entgeltersatzleistungen (zB das Arbeitslosengeld bei Arbeitslosigkeit) werden hingegen gewährt, ohne dass die Berechtigten in besonderer Weise tätig werden müssen. Diese Leistungen können daher auch als *passive* Leistungen bezeichnet werden.

---

3 Ähnliche Regelungen gibt es auch beim Arbeitslosengeld bei beruflicher Weiterbildung (§ 144 SGB III) und beim Teilarbeitslosengeld (§ 162 Abs. 2 Nr. 2 SGB III).

# § 14 Teil 3 Das Recht der Arbeitsförderung

Die **Entgeltersatzleistungen** des Arbeitsförderungsrechts werden in § 3 Abs. 4 SGB III definiert und umfassen das Arbeitslosengeld bei Arbeitslosigkeit nach § 136 SGB III und bei beruflicher Weiterbildung nach § 144 SGB III, das Teilarbeitslosengeld nach § 162 SGB III, das Übergangsgeld bei Teilnahme an Maßnahmen zur Teilhabe am Arbeitsleben nach § 119 SGB III, das Kurzarbeitergeld bei Arbeitsausfall nach § 95 SGB III (einschließlich Kurzarbeitergeld für Saison- und Heimarbeiter nach § 101 bzw. § 103 SGB III), sowie das Insolvenzgeld nach § 165 SGB III.

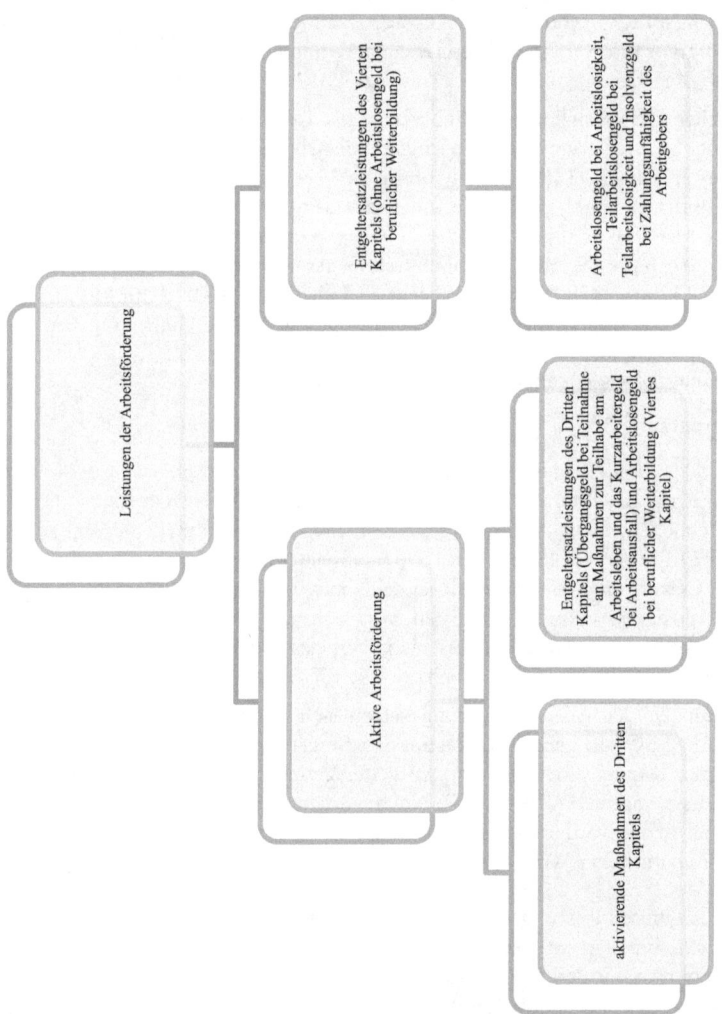

*Abb. 15: Überblick über die Leistungen der Arbeitsförderung nach dem SGB III*

**Hinweis:** Die Entgeltersatzleistungen nach § 3 Abs. 4 SGB III umfassen sowohl Leistungen nach dem Dritten als auch nach dem Vierten Kapitel. Daher werden in § 3 Abs. 4 SGB III auch Leistungen aufgeführt, die nach § 3 Abs. 2 SGB III zu den Leistungen der aktiven Arbeitsförderung zählen. Dies betrifft das Arbeitslosengeld bei beruflicher Weiterbildung, das Übergangsgeld bei Teilnahme an Maßnahmen zur Teilhabe am Arbeitsleben und das Kurzarbeitergeld bei Arbeitsausfall (einschließlich Kurzarbeitergeld für Saison- und Heimarbeiter).

Nach § 5 SGB III haben Leistungen der aktiven Förderung Vorrang vor den anderen Leistungen des Arbeitsförderungsrechts, insbesondere vor den Entgeltersatzleistungen. Innerhalb der Leistungen der aktiven Arbeitsförderung hat die Vermittlung in Ausbildung und Arbeit nach § 4 Abs. 2 SGB III Vorrang vor anderen Leistungen.

317

Leistungen der aktiven Arbeitsförderung sind nach § 3 Abs. 3 1. Hs. SGB III grundsätzlich **Ermessensleistungen**. Ausgenommen von diesem Grundsatz sind allerdings die in § 3 Abs. 3 2. Hs. SGB III **abschließend** aufgeführten Leistungsarten.[4] Auf diese Leistungen besteht ein Rechtsanspruch, so dass sie zu gewähren sind, sobald der Berechtigte die jeweiligen Anspruchsvoraussetzungen erfüllt. Die übrigen, nicht in § 3 Abs. 3 2. Hs. SGB III aufgelisteten Leistungen der aktiven Arbeitsförderung begründen für die Berechtigten im Hinblick auf die Leistungsbewilligung lediglich einen Anspruch auf pflichtgemäße Ermessensausübung. Es gelten die Grundsätze des § 39 SGB I, die durch § 7 SGB III ergänzt werden. Die Agentur für Arbeit hat demnach unter Würdigung aller individuellen Umstände, unter Berücksichtigung der Grundsätze von Wirtschaftlichkeit und Sparsamkeit und frei von sachfremden Erwägungen darüber zu entscheiden, ob und welche aktivierenden Leistungen im Einzelfall zu erbringen sind.

### 2. Beratung und Vermittlung

Die Agentur für Arbeit hat nach § 29 Abs. 1 SGB III jungen Menschen und Erwachsenen, die am Arbeitsleben teilnehmen oder teilnehmen wollen, **Berufsberatung** (vgl. hierzu §§ 29–33 SGB III) und Arbeitgebern **Arbeitsmarktberatung** (vgl. hierzu § 34 SGB III) anzubieten. Nach § 35 Abs. 1 SGB III hat sie zudem Ausbildungsuchenden, Arbeitsuchenden und Arbeitgebern **Ausbildungsvermittlung** und **Arbeitsvermittlung** (**Vermittlung**, vvgl. hierzu §§ 35–40 SGB III) anzubieten. Nach § 37 Abs. 1 S. 1 SGB III hat die Agentur für Arbeit unverzüglich nach der Ausbildungsuchendmeldung oder Arbeitsuchendmeldung zusammen mit dem Ausbildungsuchenden oder dem Arbeitsuchenden die für die Vermittlung erforderlichen beruflichen und persönlichen Merkmale, beruflichen Fähigkeiten und die Eignung festzustellen (*Potenzialanalyse*). Die Potenzialanalyse ist die Grundlage für die *Eingliederungsvereinbarung* nach § 37 Abs. 2 SGB III, in der das Eingliederungsziel, die Vermittlungsbemühungen der Agentur für Arbeit, die Eigenbemühungen zur beruflichen Eingliederung und die vorgesehenen Leistungen der aktiven Arbeitsförderung vereinbart werden.

318

Das frühzeitige Einsetzen von Beratung und Vermittlung durch die Agentur für Arbeit setzt voraus, dass diese schnellstmöglich über den Status als ausbildungs- oder arbeitsuchend informiert wird. Diesem Anliegen trägt die Verpflichtung des § 38 Abs. 1 SGB III Rechnung. Danach sind Personen, deren Ausbildungs- oder Arbeitsverhältnis endet, verpflichtet, sich spätestens drei Monate vor dessen Beendigung persönlich bei der Agentur für Arbeit **arbeitsuchend** zu melden.[5] Diese Frist verkürzt sich, wenn zwischen der Kenntnis des Beendigungszeitpunktes und der Beendigung des Ausbildungs- oder Arbeitsverhältnisses weniger als drei Monate liegen, auf drei Tagen nach Kenntnis

319

---

[4] In dieser Aufstellung fehlen jedoch die Leistungen der aktiven Arbeitsförderung „Beratung" und „Vermittlung", auf die nach §§ 29, 35 SGB III ebenfalls ein Rechtsanspruch besteht.
[5] Hierauf hat der Arbeitgeber nach § 2 Abs. 2 Nr. 3 SGB III hinzuweisen.

des Beendigungszeitpunktes. Eine formlose Anzeige unter Angabe der persönlichen Daten und des Beendigungszeitpunktes reicht aus, wenn die persönliche Meldung nach terminlicher Vereinbarung nachgeholt wird. Das Versäumen der Fristen des § 38 Abs. 1 SGB III führt nach § 159 Abs. 1 S. 2 Nr. 7, Abs. 6 SGB III zu einer **Sperrzeit** (vgl. zu den Sperrzeiten Rn. 339) von einer Woche.

### 3. Aktivierung und berufliche Eingliederung

320 Die §§ 44–47 SGB III enthalten Leistungen der Agentur für Arbeit zur **Aktivierung** und zur **beruflichen Eingliederung**[6]. Unter diesen Begriffen lässt sich nur schwer etwas vorstellen. Es ist daher hilfreicher, wenn man sich den Begriff vergegenwärtigt, den diese Leistungen bis zum 1.4.2012 hatten. Bis zu diesem Zeitpunkt wurden sie als *vermittlungsunterstützende* Leistungen bezeichnet. Die Leistungen zur Aktivierung und zur beruflichen Eingliederung **ergänzen** die Vermittlungsleistungen dadurch, dass sie die Übernahme bestimmter Kosten der Arbeitsuche erlauben (zB Bewerbungskosten). Die §§ 44 ff. SGB III erlauben dadurch eine flexible, bedarfsgerechte und unbürokratische Förderung von Ausbildungsuchenden, von Arbeitslosigkeit bedrohten Arbeitsuchenden und Arbeitslosen, dass sie keinen ausformulierten Leistungskatalog enthalten, sondern eher generalklauselartig gestaltet sind.[7] Beispielhaft und nicht abschließend werden die Leistungen zur Aktivierung und beruflichen Eingliederung in § 45 Abs. 1 SGB III aufgezählt.

### 4. Berufswahl und Berufsausbildung

321 Das SGB III legt ein besonderes Augenmerk auf die **Förderung von Berufsausbildungen**. Hintergrund ist die Tatsache, dass Arbeitskräfte ohne abgeschlossene Berufsausbildung besonders von Arbeitslosigkeit betroffen sind.[8] Der Ditte Abschnitt des Dritten Kapitels enthält eine Vielzahl von Förderinstrumenten, in chronologischer Reihenfolge (vom Schulabgang bis zur Durchführung der Berufsausbildung).

Instrumente dieser Förderung sind zunächst **Berufsorientierungsmaßnahmen** (§ 48 SGB III) und Maßnahmen der **Berufseinstiegsbegleitung** (§ 49 SGB III), mit deren Hilfe der Übergang von der Schule in die Berufsausbildung erleichtert werden soll. Es schließen sich in den §§ 51–55 SGB III **berufsvorbereitende** Maßnahmen an, mit deren Hilfe etwa noch nicht ausbildungsreife Jugendliche unterstützt werden können. Hierzu zählen zB die berufsvorbereitenden Bildungsmaßnahmen (§ 51 SGB III) oder die Vergütungszuschüsse für Arbeitgeber, die eine betriebliche Einstiegsqualifizierung anbieten (§ 54a SGB III). Während der Berufsausbildung vermitteln die §§ 56–72 SGB III bedürftigen Jugendlichen einen Anspruch auf **Berufsausbildungsbeihilfe**. Nach § 73 SGB III kann die betriebliche Aus- und Weiterbildung von Menschen mit Behinderungen durch **Zuschüsse** an den ausbildenden Arbeitgeber oder an Maßnahmeträger unterstützt werden. Die §§ 74-75a SGB III gewähren Fördermöglichkeiten im Rahmen der Assistierten Ausbildung. Diese Maßnahme beinhaltet eine individuelle und kontinuierliche Unterstützung eines förderungsbedürftigen Auszubildenden sowie seines Ausbildungsbetriebes während der betrieblichen Ausbildung Letztlich ist nach §§ 80a, 80b SGB III auch die Förderung von **Jugendwohnheimen** möglich.

---

[6] Begriffe eingeführt durch das Gesetz zur Verbesserung der Eingliederungschancen am Arbeitsmarkt v. 20.12.2011, BGBl. I 2011, S. 2854.
[7] Dies gilt insbesondere für das Vermittlungsbudget nach § 44 SGB III. Vgl. auch BT-Drs. 16/10810, S. 2 u. 34.
[8] Waltermann u.a., Sozialrecht, Rn. 454 (mwN).

### 5. Berufliche Weiterbildung

Nach den §§ 81 ff. SGB III können Arbeitnehmer bei **beruflicher Weiterbildung** durch Übernahme der Weiterbildungskosten (vgl. § 83 SGB III) gefördert werden, wenn die Voraussetzungen des § 81 Abs. 1 S. 1 SGB III vorliegen. Liegen diese Voraussetzungen vor, so erhält der Betroffene nach § 81 Abs. 4 SGB III einen sog. *Bildungsgutschein*. Diesen kann er bei einem Träger[9] seiner Wahl einlösen (§ 81 Abs. 4 S. 3 SGB III).

322

Hinweis: Nimmt ein Arbeitsloser an einer Maßnahme der beruflichen Weiterbildung teil, so steht er während dieser Zeit den Vermittlungsbemühungen der Agentur für Arbeit nicht zur Verfügung. Damit fehlt es an einer der Voraussetzungen für einen Anspruch auf *Arbeitslosengeld bei Arbeitslosigkeit* (§ 137 Abs. 1 Nr. 1 iVm § 138 Abs. 1 Nr. 3 SGB III, vgl. hierzu auch Rn. 327 ff.). Allerdings haben in diesem Fall betroffene Teilnehmer einen Anspruch auf *Arbeitslosengeld bei beruflicher Weiterbildung* nach § 136 Abs. 1 Nr. 2 iVm § 144 SGB III. Da durch das Arbeitslosengeld bei beruflicher Weiterbildung die Erlangung eines neuen Arbeitsplatzes im Vordergrund steht, zählt § 3 Abs. 2 SGB III es zu den Leistungen der aktiven Arbeitsförderung.

### 6. Aufnahme einer Erwerbstätigkeit

Die Aufnahme einer Erwerbstätigkeit ist nach § 1 Abs. 1 SGB III eines der Ziele der Arbeitsförderung. Daher unterstützt das SGB III diese Aufnahme. Ein Förderinstrument ist hierbei der **Eingliederungszuschuss** nach den §§ 88–92 SGB III. Nach § 88 SGB III können Arbeitgeber zur Eingliederung von Arbeitnehmern, deren Vermittlung wegen in ihrer Person liegender Gründe erschwert ist, nach Maßgabe der §§ 89 ff. SGB III einen Zuschuss zum Arbeitsentgelt zum Ausgleich einer Minderleistung erhalten. Dieser Zuschuss kann bis zu 50 % des Arbeitsentgeltes bei einer Förderungshöchstdauer von zwölf Monaten (bei Menschen mit Behinderungen bis zu 70 % des Arbeitsentgelts bei einer Förderungshöchstdauer von 24 Monaten; bei Arbeitnehmern, die das 50. Lebensjahr vollendet haben, kann die Förderdauer bis zu 36 Monate betragen, wenn die Förderung bis zum 31.12.2023 begonnen hat) betragen.[10]

323

Als weiteres Instrument zur Förderung der Aufnahme einer Erwerbstätigkeit sehen die §§ 93, 94 SGB III einen **Gründungszuschuss** vor. Nach § 93 Abs. 1 SGB III können Arbeitnehmer, die durch Aufnahme einer **selbstständigen**, hauptberuflichen Tätigkeit die Arbeitslosigkeit beenden, zur Sicherung des Lebensunterhalts und zur sozialen Sicherung in der Zeit nach der Existenzgründung einen Gründungszuschuss erhalten. Voraussetzung hierfür ist nach § 93 Abs. 2 SGB III ein Restanspruch auf Arbeitslosengeld von mindestens 150 Tagen, ein tragfähiges Existenzgründungskonzept und der Nachweis des Betroffenen über seine Kenntnisse und Fähigkeiten zur Ausübung der selbstständigen Tätigkeit.

### 7. Kurzarbeitergeld

Das **Kurzarbeitergeld**, bei dem es sich nach § 3 Abs. 4 SGB III um eine Entgeltersatzleistung handelt, ist gleichwohl nach § 3 Abs. 2 SGB III eine Leistung der aktiven Arbeitsförderung. Bei ihm steht nicht in erster Linie die Entgeltersatzfunktion im Vorder-

324

---

[9] Allerdings müssen sowohl Träger als auch Maßnahme nach den §§ 176 SGB III zugelassen sein.
[10] Bei besonders betroffenen schwerbehinderten Menschen kann sich die Förderungshöchstdauer nach § 90 Abs. 2 SGB III auf bis zu 96 Monate erhöhen.

grund, sondern der Verbleib in der Beschäftigung.[11] **Aufgabe** des Kurzarbeitergeldes ist es, Beschäftigten einen Teil des Verdienstausfalls zu vergüten, der aufgrund eines vorübergehenden Arbeitsausfalls im Beschäftigungsbetrieb entsteht.

Geregelt ist das Kurzarbeitergeld in den §§ 95–109 SGB III.[12] Nach § 95 S. 1 SGB III setzt der Anspruch auf Kurzarbeitergeld voraus, dass ein erheblicher Arbeitsausfall mit Entgeltausfall (§ 96 SGB III) vorliegt, dass die betrieblichen Voraussetzungen (§ 97 SGB III) und die persönlichen Voraussetzungen erfüllt sind (§ 98 SGB III) und dass der Arbeitsausfall der Agentur für Arbeit angezeigt worden ist (§ 99 SGB III).[13]

Nach § 96 Abs. 1 S. 1 SGB III ist ein Arbeitsausfall **erheblich**, wenn er auf wirtschaftlichen Gründen oder einem unabwendbaren Ereignis beruht, vorübergehend ist, nicht vermeidbar ist und wenn im jeweiligen Kalendermonat mindestens ein Drittel der in dem Betrieb beschäftigten Arbeitnehmerinnen und Arbeitnehmer von einem Entgeltausfall von jeweils mehr als 10 Prozent ihres monatlichen Bruttoentgelts betroffen ist.

Der Leistungsumfang ist in den §§ 104–106 SGB III geregelt. Die **Höhe** des Kurzarbeitergeldes orientiert sich an der Höhe des Arbeitslosengeldes und liegt nach § 105 SGB III zwischen 60 % und 67 % der Nettoentgeltdifferenz im Anspruchszeitraum. Es wird nach § 104 Abs. 1 S. 1 SGB III grundsätzlich längstens für einen **Bezugszeitraum** von sechs Monaten gewährt. Durch entsprechende Rechtsverordnung kann der Bezugszeitraum **verlängert** werden (vgl. § 109 SGB III).

### 8. Teilhabe von Menschen mit Behinderungen am Arbeitsleben

325  Nach § 6 Abs. 1 Nr. 2 iVm § 5 SGB IX ist die Agentur für Arbeit **Rehabilitationsträger** (vgl. zur Systematik des Rehabilitationsrechtes Rn. 390). Als solcher erbringt sie **Leistungen zur Teilhabe am Arbeitsleben** und **unterhaltssichernde und andere ergänzende Leistungen**. Ihre spezialgesetzliche Regelung finden diese Leistungen in den §§ 112–129 SGB III. Nach § 112 Abs. 1 SGB III können für Menschen mit Behinderungen Leistungen zur Förderung der Teilhabe am Arbeitsleben erbracht werden, um ihre Erwerbsfähigkeit zu erhalten, zu verbessern, herzustellen oder wiederherzustellen und ihre Teilhabe am Arbeitsleben zu sichern, soweit Art oder Schwere der Behinderung dies erfordern. Die Teilhabeleistungen unterteilen sich in **allgemeine** (§§ 115, 116 SGB III) und **besondere** (§§ 117–128 SGB III) Leistungen. Zu den allgemeinen Leistungen gehören nach § 115 SGB III auch die Leistungen zur Teilhabe am Arbeitsleben iS §§ 33 ff. SGB IX. Die besonderen Leistungen, die in § 118 SGB III aufgeführt sind, sind speziell auf die Bedürfnisse von Menschen mit Behinderungen zugeschnitten. Auf sie besteht – im Gegensatz zu den allgemeinen Leistungen – nach § 3 Abs. 3 Nr. 8 SGB III ein **Rechtsanspruch**. Die besonderen Leistungen umfassen nach § 118 S. 1 SGB III das **Übergangsgeld** bzw. das **Ausbildungsgeld**, wenn ein Übergangsgeld nicht gezahlt werden kann (§§ 119–126 SGB III) und die **Übernahme der Teilnahmekosten für eine Maßnahme** (§§ 127, 128 SGB III).

---

11 BMAS, Sozialrecht, Kapitel 3, Ziff. 119.
12 Die Sonderformen des Kurzarbeitergeldes Saison-Kurzarbeitergeld (§§ 101–103 SGB III) und Transferkurzarbeitergeld (§ 111 SGB III) werden hier nicht gesondert behandelt. Bei Interesse an den Einzelheiten sei auf Waltermann u.a., Sozialrecht, Rn. 464 f. verwiesen.
13 Vgl. zu den Einzelheiten der Voraussetzungen des Anspruchs auf Kurzarbeitergeld Waltermann u.a., Sozialrecht, Rn. 460.

Besondere Leistungen dürfen nach § 113 Abs. 2 SGB III nur erbracht werden, soweit nicht bereits durch die allgemeinen Leistungen eine Teilhabe am Arbeitsleben erreicht werden kann.

Nicht entnehmen kann man dem Gesetzestext, dass die Aufzählungen sowohl der allgemeinen wie auch der besonderen Leistungen in den §§ 115, 118 SGB III unvollständig sind und durch die in §§ 49 ff. SGB IX vorgesehenen Leistungen zur Teilhabe am Arbeitsleben ergänzt werden.[14] Dies muss man schlicht wissen.

### IV. Reine Entgeltersatzleistungen des Arbeitsförderungsrechts

Wie bereits dargestellt, setzen sich die Leistungen der Arbeitsförderung aus Leistungen der **aktiven Arbeitsförderung** nach dem Dritten Kapitel und dem Arbeitslosengeld bei beruflicher Weiterbildung einerseits und den **Entgeltersatzleistungen** nach dem Vierten Kapitel andererseits zusammen. Da die Leistungen der aktiven Arbeitsförderung bereits besprochen worden sind, werden wir unsere Aufmerksamkeit jetzt den **Entgeltersatzleistungen** nach dem Vierten Kapitel zuwenden. Konkret geht es um das **Arbeitslosengeld** bei Arbeitslosigkeit, das **Teilarbeitslosengeld** bei Teilarbeitslosigkeit und um das **Insolvenzgeld** bei Zahlungsunfähigkeit des Arbeitgebers.

326

#### 1. Arbeitslosengeld bei Arbeitslosigkeit

Eine der wichtigsten Entgeltersatzleistungen des Arbeitsförderungsrechts ist das in den §§ 136–164 SGB III geregelte **Arbeitslosengeld bei Arbeitslosigkeit**. Bei dieser Leistung handelt es sich um die Hauptleistung der Arbeitslosenversicherung. Das Arbeitslosengeld ist eine **Entgeltersatzleistung**, die an die Stelle des während der Zeit der Arbeitslosigkeit ausfallenden Arbeitsentgeltes tritt.[15]

327

Der Anspruch auf Arbeitslosengeld bei Arbeitslosigkeit setzt nach § 137 Abs. 1 SGB III voraus, dass der Anspruchsteller **arbeitslos** ist, er sich bei der Agentur für Arbeit arbeitslos **gemeldet** und die **Anwartschaftszeit** des § 142 iVm § 143 SGB III[16] erfüllt hat.

Versicherte, die das für eine Regelaltersrente nach dem SGB VI erforderliche Lebensjahr vollendet haben, wechseln vom Schutzbereich der Arbeitslosenversicherung in den der gesetzlichen Rentenversicherung. Sie haben daher nach § 136 Abs. 2 SGB III vom Beginn des auf die Vollendung des maßgeblichen Lebensjahres folgenden Monats an keinen Anspruch auf Arbeitslosengeld.

#### a) Arbeitslosigkeit als Versicherungsfall

Erste Voraussetzung für einen Anspruch auf Arbeitslosengeld bei Arbeitslosigkeit ist nach § 137 Abs. 1 SGB III der Eintritt des Versicherungsfalls „Arbeitslosigkeit". Nach der Legaldefinition des § 138 Abs. 1 SGB III ist arbeitslos, wer Arbeitnehmer ist und nicht in einem Beschäftigungsverhältnis steht (**Beschäftigungslosigkeit**), sich bemüht, die eigene Beschäftigungslosigkeit zu beenden (**Eigenbemühungen**), und den Vermittlungsbemühungen der Agentur für Arbeit zur Verfügung steht (**Verfügbarkeit**). Diese

328

---

14 Vgl. nur Nebe, BeckOGK, SGB III § 112 SGB III Rn. 10c.
15 BMAS, Sozialrecht, Kapitel 3, Ziff. 158.
16 Ein mindestens zwölfmonatiges Versicherungspflichtverhältnis innerhalb eines Zeitraums von zwei Jahren.

tatbestandlichen Voraussetzungen werden in den Abs. 2–5 des § 138 SGB III näher konkretisiert.

329 Nach der gesetzlichen Definition des § 138 Abs. 1 Nr. 1 SGB III ist **beschäftigungslos**, wer nicht in einem Beschäftigungsverhältnis steht. Die Ausübung einer Beschäftigung oder selbstständigen Tätigkeit ändert nach § 138 Abs. 3 SGB III dann nichts am Vorliegen von Beschäftigungslosigkeit, wenn sie insgesamt weniger als 15 Stunden in der Woche umfasst. Eine **ehrenamtliche** Betätigung schließt nach § 138 Abs. 2 SGB III Arbeitslosigkeit nicht aus, wenn dadurch die berufliche Eingliederung der oder des Arbeitslosen nicht beeinträchtigt wird. Nach § 1 der VO über die ehrenamtliche Betätigung von Arbeitslosen v. 24.5.2002[17] knüpft die Definition des Begriffs der ehrenamtlichen Betätigung an drei Merkmale an: Die Betätigung muss **unentgeltlich** ausgeübt werden, sie muss dem **Gemeinwohl** dienen und sie muss bei einer Organisation erfolgen, die **ohne Gewinnabsicht** Aufgaben ausführt, welche im öffentlichen Interesse liegen oder gemeinnützige, mildtätige oder kirchliche Zwecke fördern. Ehrenamtliche Tätigkeiten mit einem Umfang von mindestens 15 Stunden wöchentlich sind nach § 2 der VO über die ehrenamtliche Betätigung von Arbeitslosen unverzüglich der Agentur für Arbeit anzuzeigen.

330 Die in § 138 Abs. 1 Nr. 2 SGB III geforderten **Eigenbemühungen** des Arbeitslosen werden in § 138 Abs. 4 SGB III konkretisiert. Danach hat der Arbeitslose alle Möglichkeiten zur beruflichen Eingliederung zu nutzen. Als **Beispiele** zählt die Vorschrift die Wahrnehmung der Verpflichtungen aus einer Eingliederungsvereinbarung, die Mitwirkung bei der Vermittlung durch Dritte und die Inanspruchnahme der Selbstinformationseinrichtungen der Agentur für Arbeit auf. Grundsätzlich fordert § 138 Abs. 4 SGB III damit den Arbeitslosen auf, sich **aktiv** um seine berufliche Eingliederung zu bemühen.[18]

**Hinweis:** Beim Verstoß gegen die Verpflichtung zu Eigenbemühungen ist hinsichtlich der Konsequenzen zu unterscheiden. Unterlässt der Arbeitslose jedwede Eigenbemühung, so fehlt es an einer tatbestandlichen Voraussetzung der Arbeitslosigkeit, so dass der Anspruch auf Arbeitslosengeld bei Arbeitslosigkeit entfällt.[19] Unterlässt er hingegen konkrete, von der Agentur für Arbeit vorgegebene, Eigenbemühungen, so entfällt der Anspruch auf Arbeitslosengeld bei Arbeitslosigkeit nicht. Allerdings kommt als Sanktion eine Sperrzeit nach § 159 Abs. 1 S. 2 Nr. 3 SGB III in Betracht.[20] Die Dauer dieser Sperrzeit wegen unzureichender Eigenbemühungen beträgt nach § 159 Abs. 5 SGB III zwei Wochen.

331 Arbeitslosigkeit liegt nach § 138 Abs. 1 Nr. 3 SGB III letztlich nur dann vor, wenn der Betroffene **verfügbar** ist, also den Vermittlungsbemühungen der Agentur für Arbeit zur Verfügung steht. Wann dies der Fall ist, regelt § 138 Abs. 5 SGB III (zu Sonderfällen der Verfügbarkeit vgl. §§ 139, 145 u. 146 SGB III). Diese Vorschrift enthält zwei **objektive** Kriterien der Verfügbarkeit (§ 138 Abs. 5 Nr. 1 u. 2 SGB III) und zwei **subjektive** Kriterien (§ 138 Abs. 5 Nr. 3 u. 4 SGB III).

**Objektiv** steht den Vermittlungsbemühungen der Agentur für Arbeit zur Verfügung, wer

---

17 BGBl. I 2002, S. 1783.
18 Vgl. BR-Drs. 550/96, 175.
19 Waltermann u.a., Sozialrecht, Rn. 471; Fuchs/Preis, Sozialversicherungsrecht, §§ 53 II, 54 II 7 e) ee).
20 Vgl. BT-Drs. 15/1515, 82 f.

- eine versicherungspflichtige, mindestens 15 Stunden wöchentlich umfassende **zumutbare** Beschäftigung unter den üblichen Bedingungen des für sie oder ihn in Betracht kommenden Arbeitsmarktes ausüben **kann** und **darf** (§ 138 Abs. 5 Nr. 1 SGB III) und
- Vorschlägen der Agentur für Arbeit zur beruflichen Eingliederung zeit- und ortsnah **Folge leisten kann** (§ 138 Abs. 5 Nr. 2 SGB III).

**Zumutbar** ist eine Beschäftigung nach Maßgabe des § 140 SGB III. Nach § 140 Abs. 1 SGB III sind einer arbeitslosen Person alle ihrer Arbeitsfähigkeit entsprechenden Beschäftigungen zumutbar, soweit allgemeine oder personenbezogene Gründe der Zumutbarkeit einer Beschäftigung nicht entgegenstehen. Derartige allgemeine oder personenbezogene Gründe können sich aus § 140 Abs. 2–4 SGB III ergeben.[21] Weiterhin liegt objektive Verfügbarkeit nach § 138 Abs. 5 S. 2 Nr. 1 SGB III erst dann vor, wenn der betroffene Versicherte die zumutbare Beschäftigung körperlich ausüben kann und rechtlich ausüben darf.

**Beispiel:** Einem Versicherten mag eine Beschäftigung als Berufskraftfahrer zumutbar sein. Wenn er aber keine entsprechende Fahrerlaubnis hat, dann darf er sie aus rechtlichen Gründen nicht ausüben.

Die Forderung nach einem zeit- und ortsnahen Folgeleisten von Vermittlungsvorschlägen der Agentur für Arbeit nach § 138 Abs. 5 S. 2 Nr. 2 SGB III bezieht sich auf die **Erreichbarkeit** des Arbeitslosen. Nur wenn er erreichbar ist, steht er objektiv den Vermittlungsbemühungen der Agentur für Arbeit zur Verfügung. Entscheidend ist hierbei, dass der Arbeitslose in zeitlicher und örtlicher Hinsicht jederzeit in der Lage ist, einen potenziellen neuen Arbeitgeber aufzusuchen, einen Vorstellungs- bzw. Beratungstermin wahrzunehmen, an einer Maßnahme zur Eingliederung in das Berufsleben teilzunehmen oder einem sonstigen Vorschlag der Arbeitsagentur Folge zu leisten.[22] Was unter der geforderten Erreichbarkeit des Arbeitslosen im Einzelnen zu verstehen ist, ergibt sich aus der **Erreichbarkeits-Anordnung** (EAO).[23] Nach § 1 Abs. 1 S. 2 EAO hat der Arbeitslose sicherzustellen, dass die Agentur für Arbeit ihn persönlich an jedem Werktag an seinem Wohnsitz oder gewöhnlichen Aufenthalt unter der von ihm benannten Anschrift (Wohnung) durch Briefpost erreichen kann.

**Subjektiv** steht den Vermittlungsbemühungen der Agentur für Arbeit zur Verfügung, wer

- bereit ist, jede Beschäftigung im Sinne der Nummer 1 anzunehmen und auszuüben, (§ 138 Abs. 5 Nr. 3 SGB III) und
- bereit ist, an Maßnahmen zur beruflichen Eingliederung in das Erwerbsleben teilzunehmen (§ 138 Abs. 5 Nr. 4 SGB III).

Die subjektive Verfügbarkeit betrifft damit die Frage, ob der Arbeitslose zur Arbeit bereit ist (**Arbeitsbereitschaft**). Diese subjektive Tatsache weist der Arbeitslose dadurch nach, dass er sich arbeitslos meldet.[24] Die subjektive Verfügbarkeit knüpft an die ob-

---

21 Vgl. zu den Einzelheiten Cormann in: Böttiger/Körtek/Schaumberg SGB III, § 140 Rn. 1 ff.
22 Vgl. BT-Drs. 13/4941, 176 (zu § 119 Abs. 3).
23 Anordnung des Verwaltungsrats der Bundesanstalt für Arbeit zur Pflicht des Arbeitslosen, Vorschlägen des Arbeitsamtes zur beruflichen Eingliederung zeit- und ortsnah Folge leisten zu können v. 23.10.1997, ANBA S. 1685, 1998 S. 1100.
24 BeckOK SozR/Müller SGB III § 138 Rn. 105.

### b) Die Arbeitslosmeldung

332 Der Anspruch auf Arbeitslosengeld bei Arbeitslosigkeit setzt neben dem Vorliegen von Arbeitslosigkeit und der Erfüllung der **Wartezeit** nach § 137 Abs. 1 Nr. 2 SGB III eine **Arbeitslosmeldung** bei der Agentur für Arbeit voraus. Die Arbeitslosmeldung ist in § 141 SGB III geregelt. Danach hat die Arbeitslosmeldung bei der zuständigen Agentur für Arbeit zu erfolgen. Die **Zuständigkeit** ergibt sich aus § 327 Abs. 1 SGB III. Zuständig ist demnach die Agentur für Arbeit, in deren Bezirk der Arbeitnehmer bei Eintritt der leistungsbegründenden Tatbestände seinen Wohnsitz hat. Nach § 141 Abs. 1 S. 1 SGB III hat die Arbeitslosmeldung **persönlich** oder **elektronisch** zu erfolgen. **Persönliche** Arbeitslosmeldung bedeutet, dass der Arbeitslose selbst bei der Arbeitsagentur vorsprechen und die Tatsache seiner Arbeitslosigkeit mitteilen muss, wodurch auch eine schriftliche oder fernmündliche Arbeitslosmeldung des Arbeitslosen **ausgeschlossen** wird.[26] Daneben kann gem. § 141 Abs. 1 S. 1 SGB III die Arbeitslosmeldung alternativ auch **elektronisch** im Fachportal der Bundesagentur erfolgen.

Obwohl es sich bei der Arbeitslosmeldung nicht um eine Willenserklärung (und damit um keinen Antrag iS § 16 SGB I) handelt, sondern um eine reine Tatsachenmitteilung[27], *gilt* nach § 323 Abs. 1 S. 2 SGB III das Arbeitslosengeld mit der persönlichen Arbeitslosmeldung als beantragt.

333 Die Arbeitslosmeldung kann bereits bis zu drei Monate vor Eintritt der Arbeitslosigkeit erfolgen (§ 141 Abs. 1 S. 2 SGB III). Grundsätzlich ausreichend ist die Arbeitslosmeldung am ersten Tag der Beschäftigungslosigkeit. Ist die zuständige Agentur für Arbeit an diesem Tag nicht dienstbereit (bspw. an einem Sonn- oder Feiertag), so wirkt nach § 141 Abs. 3 SGB III eine persönliche Meldung am nächsten Tag, an dem die Agentur für Arbeit dienstbereit ist, auf den Tag zurück, an dem die Agentur für Arbeit nicht dienstbereit war. In anderen Fällen ist eine Rückwirkung der Arbeitslosmeldung **ausgeschlossen**.[28]

334 Nach § 141 Abs. 2 SGB III **erlischt** die Arbeitslosmeldung bei einer mehr als sechswöchigen Unterbrechung der Arbeitslosigkeit (zB durch fehlende Verfügbarkeit) oder mit der Aufnahme der Beschäftigung, selbstständigen Tätigkeit, Tätigkeit als mithelfende Familienangehörige oder als mithelfender Familienangehöriger, wenn der Arbeitslose diese der Agentur für Arbeit nicht unverzüglich mitgeteilt hat.

### c) Umfang und Dauer des Arbeitslosengeldanspruchs

335 Ein Anspruch auf Arbeitslosengeld bei Arbeitslosigkeit besteht nur zeitlich befristet. Die **Dauer** der Bewilligung richtet sich gemäß § 147 Abs. 1 SGB III nach der Dauer der Versicherungspflichtverhältnisse innerhalb einer (erweiterten) Rahmenfrist von fünf Jahren und nach dem Lebensalter des Versicherten. Die Einzelheiten zur Dauer des Arbeitslosengeldes lassen sich unproblematisch § 147 Abs. 2 SGB III entnehmen.

---

25 BSG 26.9.1989 – 11 RAr 131/88, SozR 4100 § 103 Nr. 43.
26 Öndül in: Schlegel/Voelzke, jurisPK-SGB III, 1. Aufl. 2014, § 141 Rn. 27.
27 Brand in: Brand, SGB III, § 141 Rn. 2.
28 Kokemoor, Sozialrecht, Rn. 347.

Beispiel: Wird der 56 Jahre alte Versicherte A., der Versicherungspflichtverhältnisse von insgesamt 40 Monaten nachweisen kann, arbeitslos, so beträgt die Dauer des Anspruchs auf Arbeitslosengeld nach § 147 Abs. 2 SGB III 18 Monate.

Bei der Höhe des Anspruchs auf Arbeitslosengeld bei Arbeitslosigkeit ist nach § 149 SGB III zwischen dem **erhöhten** Leistungssatz (§ 149 Nr. 1 SGB III) und dem **allgemeinen** Leistungssatz (§ 149 Nr. 2 SGB III) zu unterscheiden. Der **erhöhte** Leistungssatz steht Arbeitslosen mit Kindern zu und beträgt **67 %** des pauschalierten Nettoentgelts (Leistungsentgelt), das sich aus dem Bruttoentgelt ergibt, das der Arbeitslose im Bemessungszeitraum erzielt hat (Bemessungsentgelt). Für kinderlose Arbeitslose gilt der **allgemeine** Leistungssatz, der sich auf **60 %** des Leistungsentgelts beläuft.

336

### d) Minderung des Arbeitslosengeldanspruchs

Grundsätzlich ist die Bewilligung von Arbeitslosengeld als Versicherungsleistung unabhängig von Einkommen und Vermögen des Arbeitslosen.[29] Gleichwohl gibt es Situationen, in denen sich der Arbeitslosengeldanspruch **mindert**.

337

Übt ein Arbeitsloser eine Erwerbstätigkeit iS § 138 Abs. 3 SGB III aus (vgl. hierzu Rn. 329) und erzielt er hierbei ein Einkommen, so ist dieses Einkommen nach § 155 Abs. 1 S. 1 SGB III nach Abzug der Steuern, der Sozialversicherungsbeiträge und der Werbungskosten sowie eines Freibetrags in Höhe von 165 EUR in dem Kalendermonat der Ausübung auf das Arbeitslosengeld **anzurechnen**, so dass sich die Höhe des Arbeitslosengeldes entsprechend mindert. Sonderregelungen im Hinblick auf die Anrechnung von Einkommen gelten nach § 155 Abs. 2 SGB III für Tätigkeiten, die in den letzten 18 Monaten vor Entstehen des Arbeitslosengeldanspruchs neben einem Versicherungspflichtverhältnis ausgeübt wurden und nach § 155 Abs. 3 SGB III für den Bereich der beruflichen Weiterbildung.

Nicht die Höhe des Arbeitslosengeldes, sondern die **Dauer** des Anspruchs kann sich nach § 148 SGB III **mindern**.[30] Praktisch bedeutsam ist hierbei die Minderung nach § 148 Abs. 1 Nr. 4 SGB III. Danach führt eine Sperrzeit wegen Arbeitsaufgabe nach § 159 Abs. 1 S. 2 Nr. 1 SGB III (vgl. hierzu Rn. 339) nicht nur zu einem 12-wöchigen Ruhen des Arbeitslosengeldanspruchs, sondern **zusätzlich** zu einer Minderung des Bezugszeitraums um mindestens ¼.

Beispiel: Hat der 56 Jahre alte Versicherte A. aus dem letzten Beispiel ohne wichtigen Grund seine Arbeit aufgegeben, so ruht sein Anspruch auf Arbeitslosengeld nach § 159 Abs. 1 S. 2 Nr. 1 SGB III **12 Wochen** lang. Darüber hinaus mindert sich nach § 148 Abs. 1 Nr. 4 SGB III die Dauer des Anspruchs auf Arbeitslosengeld (18 Monate) um **mindestens 1/4**, also um 4,5 Monate. Grundsätzlich mindert sich die Anspruchsdauer nach § 148 Abs. 1 Nr. 4 Hs. 1 SGB III zwar nur um die Tage der Sperrzeit, hier wären es 12 Wochen. Da jedoch der Hs. 2 die Viertel-Kürzung als weitere Sanktion anordnet, ist die tatsächliche Minderung höher, nämlich besagte 4,5 Monate (1/4 von 18 Monate). Damit würde A, in 7,5 Monaten von den 18 Monaten kein Arbeitslosengeld beziehen (3 Monate Sperrzeit + 4,5 Monate Minderung).

---

29 Kokemoor, Sozialrecht, Rn. 351.
30 Vgl. zu den Einzelheiten Cormann in: Böttiger/Körtek/Schaumberg, SGB III, § 148 Rn. 1 ff.

### e) Ruhen des Anspruchs auf Arbeitslosengeld

**338** Die §§ 156–160 SGB III ordnen für bestimmte Situationen das **Ruhen** des Anspruchs auf Arbeitslosengeld an.[31] Das Ruhen des Anspruches auf Arbeitslosengeld führt dazu, dass der Anspruch durch die Bundesagentur für Arbeit nicht erfüllt zu werden braucht bzw. nicht durchgesetzt werden kann, ihr also ein Leistungsverweigerungsrecht gegenüber dem Arbeitslosen zusteht.[32] Die Entstehung und der Bestand des Anspruchs auf Arbeitslosengeld werden durch das Ruhen nicht beeinträchtigt.[33]

Nach § 156 Abs. 1 SGB III ruht der Anspruch auf Arbeitslosengeld während der Zeit, für die dem Arbeitslosen bestimmte andere **Sozialleistungen** zuerkannt wurden, die eine ähnliche Funktion wie das entgeltersetzende Arbeitslosengeld haben. Zu denken ist hier an die Berufsausbildungsbeihilfe für Arbeitslose nach § 70 SGB III, an das Krankengeld nach § 44 SGB V oder an Erwerbsminderungsrenten nach § 43 SGB VI.

Der Arbeitslosengeldanspruch ruht ferner nach § 157 Abs. 1 u. 2 SGB III während der Zeit, für die der Arbeitslose **Arbeitsentgelt** erhält oder zu beanspruchen hat bzw. soweit er wegen Beendigung des Arbeitsverhältnisses eine **Urlaubsabgeltung** erhalten oder zu beanspruchen hat. Erhält er das Arbeitsentgelt oder die Urlaubsabgeltung tatsächlich nicht, so wird das Arbeitslosengeld nach § 157 Abs. 3 S. 1 SGB III auch für die Zeit geleistet, in der der Anspruch auf Arbeitslosengeld ruht (sog. *Gleichwohlgewährung*). Nach § 155 SGB X geht der (vom Arbeitgeber nicht erfüllte) Entgeltanspruch in diesem Fall auf die Agentur für Arbeit über.

Einen weiteren Ruhenstatbestand enthält § 158 Abs. 1 SGB III. Dies betrifft den Fall, dass der Arbeitslose wegen der Beendigung des Arbeitsverhältnisses eine Abfindung, Entschädigung oder ähnliche Leistung (**Entlassungsentschädigung**) erhalten oder zu beanspruchen hat **und** dass zusätzlich das Arbeitsverhältnis **ohne** Einhaltung einer der ordentlichen Kündigungsfrist[34] des Arbeitgebers entsprechenden Frist beendet wurde.

Beispiel: Ist ein Arbeitnehmer bereits 15 Jahre in einem nicht tarifgebundenen Unternehmen beschäftigt, so gilt nach § 622 Abs. 2 BGB für Arbeitgeberkündigungen eine ordentliche Kündigungsfrist von sechs Monaten zum Monatsende. Wird ihm jetzt mit einer (kürzeren) Kündigungsfrist von zB nur drei Monaten zum Monatsende gekündigt und erhält er für den Verlust seines Arbeitsplatzes eine Entlassungsentschädigung (zB eine Abfindung), dann ist der Ruhenstatbestand des § 158 Abs. 1 SGB III erfüllt.

Ist der Ruhenstatbestand des § 158 Abs. 1 S. 1 SGB III erfüllt, so ruht der Anspruch auf Arbeitslosengeld von dem Ende des Arbeitsverhältnisses an bis zu dem Tag, an dem das Arbeitsverhältnis bei Einhaltung dieser Frist geendet hätte, längstens jedoch für ein Jahr (§ 158 Abs. 1 S. 1, Abs. 2 S. 1 SGB III).

Beispiel: Im letzten Beispiel liegen zwischen gesetzlicher und tatsächlicher Kündigungsfrist drei Monate. Somit würde der Anspruch auf Arbeitslosengeld nach § 158 Abs. 1 S. 1 SGB III für drei Monate (also bis zum Ablauf der gesetzlichen Kündigungsfrist) ruhen.

---

31 Zum Ruhen des Arbeitslosengeldanspruchs bei Arbeitskämpfen nach § 160 SGB III vgl. Kokemoor, Sozialrecht, Rn. 359 f.; Waltermann u.a., Sozialrecht, Rn. 484 ff.
32 BSG 9.8.1990 – 11 RAr 141/88, NZA 1991, 325.
33 Düe in: Brand, SGB III, § 156 Rn. 7.
34 Dies kann eine vertragliche, tarifvertragliche oder gesetzliche Kündigungsfrist sein.

Die Ruhensfrist verkürzt sich unter den in § 158 Abs. 2 SGB III genannten Voraussetzungen. Hintergrund der Regelung des § 158 SGB III ist die Vermutung, dass durch die Abfindung Entgeltansprüche für den Zeitraum zwischen gesetzlicher und tatsächlicher Kündigungsfrist abgegolten werden sollen.[35]

Einen in der Praxis sehr bedeutenden Ruhenstatbestand stellt § 159 SGB III dar. Die Vorschrift regelt das Ruhen des Anspruchs auf Arbeitslosengeld im Falle von **Sperrzeiten**. Hat sich ein Arbeitnehmer **versicherungswidrig** verhalten, ohne dafür einen **wichtigen Grund** zu haben, so ruht nach § 159 Abs. 1 S. 1 SGB III der Anspruch für die Dauer einer Sperrzeit.

339

Was als versicherungswidriges Verhalten zu qualifizieren ist, wird in § 159 Abs. 1 S. 2 Nr. 1–7 SGB III näher definiert. Zum versicherungswidrigen Verhalten gehören danach die Arbeitsaufgabe, die Arbeitsablehnung, unzureichende Eigenbemühungen, Ablehnung oder Abbruch einer betrieblichen Eingliederungsmaßnahme, Meldeversäumnisse und die verspätete Arbeitsuchendmeldung.

**Hinweis:** Nach der Rechtsprechung des BSG führt die aktive Beteiligung des Arbeitnehmers an der Beendigung seines Arbeitsverhältnisses (zB durch eine Eigenkündigung, durch den Abschluss eines Aufhebungsvertrages oder durch den Abschluss eines arbeitsgerichtlichen Vergleichs) regelmäßig zu einer Arbeitsaufgabe iS § 159 Abs. 1 S. 2 Nr. 1 SGB III.[36] Das bloße Hinnehmen einer offensichtlich rechtswidrigen Arbeitgeberkündigung ist hierfür hingegen nicht ausreichend.[37]

Versicherungswidriges Verhalten iS § 159 Abs. 1 S. 2 SGB III liegt aber dann nicht vor, wenn der Versicherte für seine (an sich versicherungswidrige) Handlung einen **wichtigen Grund** hat. Dem liegt der Gedanke zugrunde, dass eine Sperrzeit nur dann eintreten soll, wenn dem Arbeitnehmer unter Berücksichtigung aller Umstände des Einzelfalles und unter Abwägung seiner Interessen mit denen der Versichertengemeinschaft ein anderes Verhalten zugemutet werden kann.[38] Der Begriff „wichtiger Grund" ist ein **unbestimmter Rechtsbegriff** und als solcher im Gesetz nicht definiert, so dass er im Einzelfall unter Berücksichtigung von Sinn und Zweck der jeweiligen Sperrzeit zu bestimmen ist.[39] Angenommen wurde er zB bei einer Eigenkündigung wegen fortgesetzten Mobbings[40], bei der Lösung eines unbefristeten Arbeitsverhältnisses zur Aufnahme eines befristeten Arbeitsverhältnisses, wenn mit dem Wechsel in ein anderes Berufsfeld die Erlangung zusätzlicher beruflicher Fertigkeiten verbunden ist[41] oder, wenn der Arbeitgeber mit nicht unerheblichen Lohnzahlungen über einen Zeitraum von mehr als sechs Monaten in Verzug geraten ist und der Arbeitnehmer die vertragsgemäße Entlohnung abgemahnt hat[42].

Rückschlüsse auf die Frage, ob ein Verhalten versicherungswidrig war, lassen auch die Regelungen des § 140 Abs. 3–5 SGB III zu. So lässt sich etwa die Arbeitsaufgabe oder Arbeitsablehnung wegen (behaupteter) **Unzumutbarkeit** der Arbeitsbedingungen am Maßstab des § 140 Abs. 3, 4 u. 5 SGB III beantworten.

---

35 So zB BSG 29.1.2001 – B 7 AL 62/99 R, BSGE 87, 250 ff.
36 Vgl. nur BSG 17.10.2007 – B 11a AL 51/06 R, BSGE 99, 154 ff.
37 So zB BSG 25.4.2002 – B 11 AL 89/01 R, BSGE 89, 250 ff. (mwN).
38 St. Rspr. BSG, vgl. zB BSG 17.10.2007 – B 11a AL 51/06 R, BSGE 99, 154 ff.
39 Kamanski in: Brand, SGB III, § 159 Rn. 122.
40 SG Wiesbaden v. 15.10.1998, S 11 AL 499/98, info also 1999, 19 ff.
41 BSG 12.7.2006 – B 11a AL 55/05 R, NZA 2006, 1362 ff.
42 LSG RhPf v. 24.2.2005, L 1 AL 125/03, NZS 2005, 610 f.

Die **Dauer** der Sperrzeiten hängt nach § 159 Abs. 3–6 SGB III vom jeweiligen versicherungswidrigen Verhalten ab und reicht von einer Woche bis zu 12 Wochen.

### 2. Teilarbeitslosengeld

340 Wer eine versicherungspflichtige Beschäftigung verloren hat, die er neben einer weiteren versicherungspflichtigen Beschäftigung ausgeübt hat, und eine versicherungspflichtige Beschäftigung sucht (Teilarbeitslosigkeit, § 162 Abs. 2 Nr. 1 SGB III), sich teilarbeitslos gemeldet und die Anwartschaftszeit für Teilarbeitslosengeld (§ 162 Abs. 2 Nr. 2 SGB III) erfüllt hat, hat nach § 162 Abs. 1 SGB III Anspruch auf **Teilarbeitslosengeld**. Dieses wird nach § 162 Abs. 2 Nr. 3 SGB III für die **Dauer** von sechs Monaten gewährt. Im Übrigen gelten nach § 162 Abs. 2 Hs. 1 SGB III für das Teilarbeitslosengeld die Vorschriften über das Arbeitslosengeld bei Arbeitslosigkeit sowie für Empfänger dieser Leistung entsprechend.

### 3. Insolvenzgeld

341 Aufgabe des **Insolvenzgeldes** ist es, den Arbeitnehmer, der regelmäßig nicht in der Lage ist, für seine Arbeitsleistung Sicherheiten zu fordern, für einen begrenzten Zeitraum vor insolvenzbedingten Lohnausfällen zu schützen.[43] Arbeitnehmer haben daher nach Maßgabe der §§ 165–175 SGB III Anspruch auf Insolvenzgeld.[44] Dieser Anspruch setzt nach § 165 Abs. 1 S. 1 SGB III voraus, dass sie im Inland beschäftigt waren und bei einem **Insolvenzereignis** für die vorausgegangenen **drei Monate** des Arbeitsverhältnisses noch Ansprüche auf Arbeitsentgelt haben. Unter Insolvenzereignis versteht § 165 Abs. 1 S. 2 Nr. 1–3 SGB III

- die Eröffnung des Insolvenzverfahrens über das Vermögen des Arbeitgebers (§ 27 InsO),
- die Abweisung des Antrags auf Eröffnung des Insolvenzverfahrens mangels Masse (§ 26 InsO) oder
- die vollständige Beendigung der Betriebstätigkeit im Inland, wenn ein Antrag auf Eröffnung des Insolvenzverfahrens nicht gestellt worden ist und ein Insolvenzverfahren offensichtlich mangels Masse nicht in Betracht kommt.[45]

342 Die **Höhe** des Insolvenzgeldes richtet sich gemäß § 167 Abs. 1 SGB III nach dem Nettoarbeitsentgelts, das sich ergibt, wenn das auf die monatliche Beitragsbemessungsgrenze (iS § 341 Abs. 4 SGB III) begrenzte Bruttoarbeitsentgelt um die gesetzlichen Abzüge vermindert wird. Es ist gem. § 324 Abs. 3 SGB III innerhalb einer **Ausschlussfrist** von zwei Monaten nach dem Insolvenzereignis bei der Agentur für Arbeit zu beantragen. Die Zahlung eines **Vorschusses** ist nach Maßgabe des § 168 SGB III möglich.

## V. Organisation und Finanzierung

343 Nach § 368 Abs. 1 S. 1 SGB III ist die Bundesagentur für Arbeit Träger der Arbeitsförderung. Bei ihr soll es sich nach § 367 Abs. 1 SGB III um eine rechtsfähige bundesunmittelbare **Körperschaft** des öffentlichen Rechts mit Selbstverwaltung handeln (vgl. hierzu Rn. 136). § 367 Abs. 2 SGB III legt die Gliederung der Bundesagentur für Arbeit

---

43 Kühl in: Brand, SGB III, § 165 Rn. 3.
44 Vgl. hierzu auch Lakies, Der Anspruch auf Insolvenzgeld, NZA 2000, 565 ff.
45 Zu den Einzelheiten siehe Kühl in: Brand, SGB III, § 165 Rn. 16 ff.

fest. Diese besteht aus der in Nürnberg ansässigen **Zentrale** (obere Verwaltungsebene), aus **Regionaldirektionen** (mittlere Verwaltungsebene) und aus den **Agenturen für Arbeit** (untere Verwaltungsebene). Daneben verfügt die Bundesagentur für Arbeit zusätzlich über besondere Dienststellen iS § 367 Abs. 2 S. 2 SGB III. Dies ist zB die zentrale Auslands- u. Fachvermittlung, der BA-Service-Haus, das Institut für Arbeitsmarkt- und Berufsforschung und die Hochschule der BfA.

Nach § 340 SGB III werden die Leistungen der Arbeitsförderung und die sonstigen Ausgaben der Bundesagentur durch **Beiträge** der Versicherungspflichtigen, der Arbeitgeber und Dritter (Beitrag zur Arbeitsförderung – §§ 341–353 SGB III), **Umlagen** (§§ 354–361 SGB III), **Mittel des Bundes** (§§ 363–365 SGB III) und **sonstige Einnahmen** finanziert.

344

## VI. Wiederholungs- und Vertiefungsfragen

1. Was unterscheidet die Leistungen der aktiven Arbeitsförderung von den Entgeltersatzleistungen?
2. Welche Funktion hat das Kurzarbeitergeld?
3. Warum erbringt die Bundesagentur für Arbeit als Rehabilitationsträger keine Leistungen zur medizinischen Rehabilitation?
4. Welche Voraussetzungen hat ein Anspruch auf Arbeitslosengeld bei Arbeitslosigkeit?
5. Ist ein Arbeitnehmer, der sein Arbeitsverhältnis gekündigt hat von seinem Arbeitgeber bis zum Ablauf der Kündigungsfrist unwiderruflich von der Arbeit freigestellt wurde, beschäftigungslos iS § 138 Abs. 1 Nr. 1 SGB III?
6. Was unterscheidet die Arbeitslosmeldung von der Arbeitssuchendmeldung?
7. Wie bemisst sich die Höhe des Arbeitslosengeldes?
8. Welche arbeitslosenversicherungsrechtlichen Konsequenzen muss ein Arbeitsloser befürchten, der grundlos sein Arbeitsverhältnis gekündigt hat?
9. Welche Funktion hat das Insolvenzgeld?
10. Wie werden die Leistungen des SGB III finanziert?

# Teil 4 Soziale Entschädigungssysteme

## § 15 Systematik[1]

345 Vielleicht können Sie sich noch daran erinnern, dass die neuere Einteilung des Sozialrechts, der dieses Lehrbuch folgt, zwischen sozialen Vorsorgesystemen, sozialen Entschädigungssystemen und Systemen sozialer Hilfe und Förderung unterscheidet.[2] Nachdem wir uns ausgiebig mit den sozialen Versorgungssystemen beschäftigt haben, wollen wir nun unser Augenmerk auf die sozialen Entschädigungssysteme lenken.

**Soziale Entschädigungssysteme** dienen dem Ausgleich von Schäden, die nicht im Wege der Vorsorge abgesichert werden können und deren Verursachung im Verantwortungsbereich der Allgemeinheit liegen. In diesen Bereich fällt zB die Kriegsopferversorgung, die Soldatenversorgung, die Entschädigung von Opfern von Gewaltstraftaten, die Entschädigung von Impfschäden oder das Recht der Wiedergutmachung für die Opfer der SED-Diktatur.

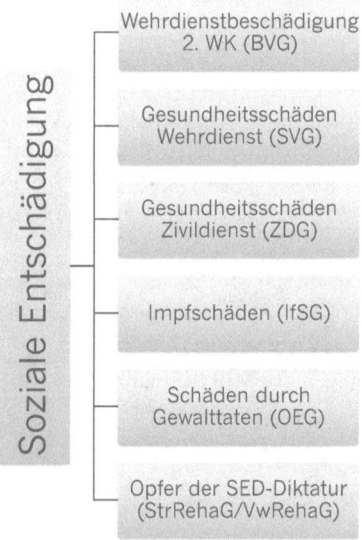

*Abb. 16: Wichtige Entschädigungsfälle*

346 Problematisch ist am sozialen Entschädigungsrecht, dass es sich bei ihm derzeit noch um ein etwas unübersichtliches Rechtsgebiet handelt, das nicht in einem eigenen Buch kodifiziert ist. Dies wird sich jedoch ändern. Bereits am 19.12.2019 wurde nämlich das Gesetz zur Regelung des sozialen Entschädigungsrechts im Bundesgesetzblatt veröffentlicht.[3] Kernstück dieses Gesetzes ist das **Sozialgesetzbuch Vierzehntes**

---

1 Die nachfolgenden Ausführungen stellen, da dieses Lehrbuch nur eine Einführung in das Sozialrecht geben möchte, lediglich einen Überblick dar. Hinsichtlich der Einzelheiten des sozialen Entschädigungsrechts sei auf weiterführende Lehrbücher verwiesen, zB Muckel/Ogorek/Rixen, Sozialrecht, § 16.
2 Vgl. hierzu Rn. 82 ff.
3 BGBl. I 2019, 2652.

# § 15 Systematik

Buch – Soziale Entschädigung – (SGB XIV). Dieses, ab 1.1.2024 vollständig geltende, SGB XIV wird dann den gesamten Bereich des sozialen Entschädigungsrechts in einem eigenständigen Sozialgesetzbuch regeln (vgl. hierzu auch Rn. 349a).

Der Grundgedanke der sozialen Entschädigung ist in § 5 SGB I formuliert:

> Zitat: „Wer einen Gesundheitsschaden erleidet, für dessen Folgen die staatliche Gemeinschaft in Abgeltung eines besonderen Opfers oder aus anderen Gründen nach versorgungsrechtlichen Grundsätzen einsteht, hat ein Recht auf die notwendigen Maßnahmen zur Erhaltung, zur Besserung und zur Wiederherstellung der Gesundheit und der Leistungsfähigkeit und eine angemessene wirtschaftliche Versorgung."

Mit dem Begriff „*soziale Entschädigungssysteme*" werden Leistungen bezeichnet, mit denen Folgen gesundheitlicher Schädigungen ausgeglichen werden sollen, für die eine besondere Verantwortung der Allgemeinheit anzuerkennen ist. Dies umfasst einerseits Fälle, in denen sich der Einzelne freiwillig einem besonderen, nicht für jeden bestehenden, Gesundheitsrisiko ausgesetzt und dadurch einen Schaden erlitten hat.[4] Das soziale Entschädigungsrecht umfasst aber auch Fälle, in denen der Staat sein Funktionieren nicht sicherstellen konnte und daher gehalten ist, den Opfern eine Entschädigung zukommen zu lassen.[5]

Wie Sie gelesen haben, sind die einzelnen Fälle sozialer Entschädigungen derzeit noch in den unterschiedlichsten Gesetzen geregelt. Dies ist die schlechte Nachricht. Die gute Nachricht ist, dass die einzelnen Entschädigungstatbestände einer **gemeinsamen Struktur** folgen und letztlich im Wesentlichen auf einem Gesetz, dem Bundesversorgungsgesetz (BVG), beruhen.

Die gemeinsame Struktur der Entschädigungsfälle lässt sich anhand nachfolgender Abbildung nachvollziehen:

*Abb. 17: Struktur eines Entschädigungsfalles*[6]

Grob gesagt zeichnet sich ein Fall des sozialen Entschädigungsrechts dadurch aus, dass eine (durch ein Entschädigungsgesetz) risikogeschützte Tätigkeit ausgeübt wird, in deren Rahmen es zu einem schädigenden Vorgang kommt, der eine primäre Schädigung verursacht, die ihrerseits ggf. andauernde Schädigungsfolgen verursacht. Insoweit ist ein Fall des sozialen Entschädigungsrechts von seiner Struktur her mit dem Arbeitsunfall iSd SGB VII vergleichbar.[7] Auch im sozialen Entschädigungsrecht spielen daher Kausalitätsfragen[8] eine große Rolle.[9]

Der **Grundentschädigungstatbestand** des Entschädigungsrechts findet sich als Wehrdienstbeschädigung im Dienst der ehemaligen deutschen Wehrmacht in § 1 Abs. 1 iVm

---

4 Zu denken ist hier etwa an Soldaten, die in Ausübung ihres Dienstes verletzt oder getötet werden.
5 Dieser Grundgedanke liegt dem Opferentschädigungsgesetz zugrunde.
6 Abbildung nach Kokemoor, Sozialrecht, Rn. 391.
7 Kokemoor, Sozialrecht, Rn. 391.
8 Es gilt die Theorie der wesentlichen Bedingung.
9 Vgl. zu den Einzelheiten Muckel/Ogorek/Rixen, Sozialrecht, § 16 Rn. 12 f.

§ 2 Abs. 1 lit. a BVG.[10] Obwohl dieser Tatbestand selbst aufgrund des zeitlichen Abstandes zum zweiten Weltkrieg keine große praktische Relevanz mehr hat, liegt seine Bedeutung darin, dass ihm andere Entschädigungstatbestände nachgebildet sind. Dies sind ua die Entschädigungstatbestände nach dem Soldatenversorgungsgesetz (§§ 80 ff. SVG) und dem Zivildienstgesetz (§§ 47 ff. ZDG), die sich mit Gesundheitsschäden von Soldaten der Bundeswehr und Zivildienstleistenden auseinandersetzen. Opfer der SED-Diktatur in der ehemaligen DDR werden in entsprechender Anwendung des BVG nach dem Strafrechtlichen Rehabilitationsgesetz (StrRehaG) und dem Verwaltungsrechtlichen Rehabilitationsgesetz (VwRehaG) entschädigt.

**Weitere** wichtige Entschädigungstatbestände finden sich in den §§ 60 ff. Infektionsschutzgesetz (IfSG), die sich mit der Entschädigung von Impfschäden aufgrund gesetzlich vorgeschriebener oder behördlich empfohlener Impfungen auseinandersetzen und in § 1 Opferentschädigungsgesetz, der sich mit der Entschädigung von Opfern vorsätzlicher, rechtswidriger tätlicher Angriffe auseinandersetzt.[11]

349 Die **Entschädigungsleistungen** für Fälle des sozialen Entschädigungsrechts ergeben sich aus dem BVG. Sie sind überblicksartig in § 24 Abs. 1 SGB I und in § 9 BVG aufgezählt. Für Entschädigungsfälle aus dem Anwendungsbereich des BVG ergeben sich die Leistungsansprüche direkt aus den §§ 10 ff. BVG. Die anderen Entschädigungsgesetze verweisen jeweils auf die §§ 10 ff. BVG[12], so dass sich auch für diese Entschädigungsgesetze der Leistungsumfang grundsätzlich aus dem BVG ergibt.

Die Entschädigungsleistungen iSd BVG bestehen im Wesentlichen aus **Heil- und Krankenbehandlung** (§§ 10 ff. BVG), **Versorgungskrankengeld** (§§ 16 ff. BVG), **Beschädigungsrente** (§ 31 BVG) und **Hinterbliebenenrenten** (§§ 38 ff. BVG)[13].

349a Ab dem 1.1.2024 wird das Recht der sozialen Entschädigung allein durch das **Sozialgesetzbuch Vierzehntes Buch – Soziale Entschädigung – (SGB XIV)**[14] geregelt. Nach § 1 SGB XIV unterstützt die Soziale Entschädigung Menschen, die durch ein **schädigendes Ereignis**, für das die staatliche Gemeinschaft eine besondere Verantwortung trägt, eine gesundheitliche Schädigung erlitten haben, bei der Bewältigung der dadurch entstandenen Folgen. Schädigende Ereignisse in diesem Sinne sind

1. Gewalttaten,
2. Kriegsauswirkungen beider Weltkriege sowie
3. Ereignisse im Zusammenhang mit der Ableistung des Zivildienstes sowie
4. Schutzimpfungen oder andere Maßnahmen der spezifischen Prophylaxe,

die eine gesundheitliche Schädigung verursacht haben.

Anders als das derzeitig geltende OEG wird das SGB XIV im Hinblick auf Gewalttaten nicht allein Schäden regulieren, die auf physische Gewalt zurückzuführen sind. Zukünftig können auch Opfer psychischer Gewalt – hierunter fallen insbesondere Fälle von sexualisierter Gewalt – Leistungen des Sozialen Entschädigungsrechts erhalten.

---

10 Vgl. hierzu BMAS, Sozialrecht, Kapitel 24, S. 1135 ff.; Muckel/Ogorek/Rixen, Sozialrecht, § 16 Rn. 7.
11 Vgl. auch hier zu den Einzelheiten Muckel/Ogorek/Rixen, Sozialrecht, § 16 Rn. 15 ff.
12 § 80 S. 1 SVG, § 47 Abs. 1 S. 1 ZDG, § 21 Abs. 1 S. 1 StrRehaG, § 6 VwRehaG, § 60 Abs. 1 S. 1 IfSG, § 1 Abs. 1 S. 1 OEG.
13 Hinterbliebenenrenten werden auch für Partner einer eheähnlichen Gemeinschaft bewilligt, wenn sie während der ersten drei Lebensjahre eines gemeinsamen Kindes dieses unter Verzicht auf eine Erwerbstätigkeit betreuen (zB § 1 Abs. 8 OEG, § 80 SVG, § 47 Abs. 1 ZDG, § 60 Abs. 4 IfSG).
14 Art. 1 des Gesetzes zur Regelung des Sozialen Entschädigungsrechts (G-SER), BGBl. I 2019, 2652.

Opfer von Gewalttaten werden unabhängig von ihrer Staatsangehörigkeit und ihrem Aufenthaltsstatus gleichbehandelt. Schockschadensopfer, also Menschen, die nicht direkte Opfer, aber vom Miterleben der Tat beeinträchtigt sind, erhalten Leistungen, unabhängig davon, ob sie dem Opfer emotional nahe stehen oder nicht. Zudem wird das SGB XIV den Leistungsrahmen erweitern.

Einige Teile des SGB XIV, wie z.B. der Bereich der Schnellen Hilfen, sind allerdings bereits zum 1.1.2021 in Kraft getreten.

349b

Das Inkrafttreten des SGB XIV bestimmt sich nach Art. 60 G-SER. Dieser enthält ein **gestuftes System** von Terminen, zu denen einzelne Regelungen des SGB XIV in Kraft treten.

Gem. Art. 60 Abs. 7 G-SER treten die Regelungen des SGB XIV **grundsätzlich** erst zum **1.1.2024** in Kraft. Allerdings gibt es von dieser grundsätzlichen Regelung **Ausnahmen**. Diese sind, soweit sie sich auf das SGB XIV beziehen, wie folgt aufgebaut:

- Die §§ 38, 40, 91, 109 und 113 Abs. 6 SGB XIV sind bereits am Tag nach der Verkündung des Gesetzes zur Regelung des Sozialen Entschädigungsrechts, also am 20.12.2019, in Kraft getreten (Art. 60 Abs. 3 G-SER).
- Die §§ 2, 31–37, 111–112, 115–116 und 138 Abs. 7 SGB XIV sind zum 1.1.2021 in Kraft getreten (Art. 60 Abs. 5 G-SER).

Die §§ 31–37 SGB XIV betreffen die Leistungen in einer **Traumaambulanz**, einer der Leistungen der **Schnellen Hilfen** des SGB XIV. Aufgrund des in Art. 60 Abs. 7 G-SER enthaltenen Regel-Ausnahme-Verhältnisses besteht für diese Leistungen eine besondere Situation nunmehr darin, dass zwar mit den §§ 31–36 SGB XIV **rechtsfolgenseitig** seit 1.1.2021 Normen des SGB XIV in Kraft getreten sind, **nicht** aber die **anspruchsbegründende** Norm des § 4 Abs. 1 S. 1 SGB XIV.

Aufgelöst wird dieses Problem über **§ 138 Abs. 7 SGB XIV**, der nach Art. 60 Abs. 5 G-SER ebenfalls seit 1.1.2021 in Kraft ist.

Nach § 138 Abs. 7 SGB XIV sollen für im Zeitraum vom 1.1.2021 bis zum 31.12.2023 stattfindende **Gewalttaten** zugunsten von Geschädigten, Angehörigen, Hinterbliebenen und Nahestehenden i.S. § 2 SGB XIV die Leistungen nach den §§ 31–36 SGB XIV erbracht werden, wenn die tatbestandlichen Voraussetzungen nach dem OEG in der zum Tatzeitpunkt geltenden Fassung erfüllt sind.

Im Zeitraum zwischen dem 1.1.2021 und dem 31.12.2023 müssen somit für die Bewilligung von Leistungen der Schnellen Hilfen i.S. §§ 31 ff. SGB XIV tatbestandlich folgende Voraussetzungen gegeben sein:

a) die Voraussetzungen eines Entschädigungsfalls nach dem OEG müssen vorliegen[15] **und**

b) der Leistungsnachsuchende zählt zum Personenkreis der Geschädigten, Angehörigen, Hinterbliebenen und Nahestehenden i.S. § 2 SGB XIV.

Die Schnellen Hilfen i.S. § 29 SGB XIV stellen eine Leistungsart dar, die dem Sozialen Entschädigungsrecht bislang unbekannt war. Sie setzen sich aus *Leistungen in Traumaambulanzen* und *Leistungen des Fallmanagements* zusammen und werden im Rahmen eines *erleichterten Verfahrens* gewährt. Bei den Leistungen der Schnellen Hilfen handelt es sich um niedrigschwellige Angebote, die Geschädigten, ihren Angehörigen

349c

---

15   Insbesondere also die Voraussetzungen des § 1 OEG.

und Hinterbliebenen, in gewissem Umfang auch ihnen nahestehenden Personen sowie – im Bereich der Entschädigung von Opfern einer Gewalttat – auch sonstigen Betroffenen, die sich wegen des schädigenden Ereignisses in einer besonderen persönlichen Ausnahmesituation befinden, unmittelbar nach dem schädigenden Ereignis gewährt werden und auffangende sowie stabilisierende Funktion haben. Die intensiven Unterstützungsleistungen sollen den Berechtigten helfen, nach dem schädigenden Ereignis wieder ihren Weg im Leben zu finden.[16]

Da Schnelle Hilfen nur, wie der Name schon vermuten lässt, greifen können, wenn sie schnell zur Verfügung stehen und ebenso schnell in Anspruch genommen werden können, ist für sie in § 115 SGB XIV ein stark vereinfachtes und erleichtertes Antragsverfahren vorgesehen.[17]

Diese Schnellen Hilfen werden jedoch auch an Betroffene erbracht, bei denen das schädigende Ereignis bereits länger zurückliegt (z. B. bei Missbrauch in der Kindheit).[18] Ihre Bedeutung ergibt sich auch daraus, dass Ansprüche auf *Leistungen in einer Traumaambulanz*, die gerade für Opfer von Gewalttaten wichtig sind, bereits ab 1.1.2021 begründet werden können.

---

16  BT-Drs. 19/13824, S. 145.
17  BT-Drs. 19/13824, S. 145.
18  BT-Drs. 19/13824, S. 147.

# Teil 5 Soziale Hilfe und Förderung

## § 16 Einleitung

Die sozialen Versorgungssysteme haben wir mittlerweile ebenso besprochen, wie die sozialen Entschädigungssysteme. Damit bleibt noch ein Bereich aus der neuen Einteilung des Sozialrechts über, dessen Kenntnis auch im Rahmen einer Einführung in das Sozialrecht notwendig ist. Es geht um den Bereich der **sozialen Hilfe und Förderung**. Sie haben bereits erfahren (s. Rn. 86), dass in den Bereich der **sozialen Hilfe** solche sozialen Leistungen fallen, die auf den Ausgleich besonderer Belastungen oder besonderer Leistungsschwächen (zB Wohngeld) bzw. auf die Absicherung des Existenzminimums gerichtet sind (zB Sozialhilfe, Grundsicherung für Arbeitssuchende, Asylbewerberleistungsgesetz). Die **soziale Förderung** soll Chancengleichheit und gleiche soziale Entfaltungsmöglichkeiten herstellen. Hierunter fällt zB das Recht der Ausbildungs- und Berufsförderung, das Kindergeldrecht, das Kinder- und Jugendhilferecht und das Rehabilitations- und Teilhaberecht.

350

Eine Einführung in das Sozialrecht kann umfangbedingt nicht alle Bereiche der sozialen Hilfe und Förderung abbilden. Aus diesem Grund werden nur die wichtigsten Gesetze aus beiden Bereichen nachfolgend vorgestellt.[1] Dies sind im Bereich der **sozialen Hilfe** das SGB II (Grundsicherung für Arbeitssuchende) und das SGB XII (Sozialhilfe). Im Bereich der **sozialen Förderung** werde ich mich auf das SGB VIII (Kinder- und Jugendhilferecht) und das SGB IX (Rehabilitation und Teilhabe behinderter Menschen) konzentrieren. Hinsichtlich der übrigen Bereiche sei auch hier auf weiterführende Lehrbücher verwiesen.

351

---

[1] Wobei nicht verschwiegen werden soll, dass gerade aufgrund der derzeitigen Flüchtlingslage in der Bundesrepublik Deutschland die praktische Bedeutung des Asylbewerberleistungsgesetzes (AsylbLG) stetig zunimmt. Allerdings kann das AsylbLG nicht ohne Rückgriff auf weitere ausländer- und asylrechtliche Gesetze dargestellt werden, was den vorgesehenen Umfang dieses Lehrbuchs deutlich überschreiten würde.

## § 17 Einführung in das Grundsicherungsrecht

352 Bevor wir uns konkret mit der Grundsicherung für Arbeitssuchende (SGB II) und der Sozialhilfe (SGB XII) beschäftigen ist es notwendig, im Rahmen einer Einführung in das Grundsicherungsrecht die Entwicklung, Systematik und Gemeinsamkeiten des Grundsicherungsrechts zu betrachten.[1] Wie Sie noch sehen werden ist das SGB II ohne das SGB XII nicht zu verstehen und das SGB XII nicht ohne das SGB II.

**Hinweis:** Bereits an dieser Stelle möchte ich Sie bitten, sich von dem Gedanken zu verabschieden, dass die Sozialhilfe die letzte und unterste Grundsicherungsleistung ist, die Bedürftigen gewährt wird. Diese immer noch anzutreffende Auffassung stammt aus der Zeit vor 2005, als es noch Arbeitslosenhilfe und Sozialhilfe gab. Dazu gleich mehr (vgl. Rn. 354). Bitte merken Sie sich aber schon an dieser Stelle, dass sich die Grundsicherung für Arbeitssuchende (SGB II) von der Sozialhilfe (SGB XII) im Wesentlichen nur durch einen unterschiedlichen Kreis von Leistungsberechtigten unterscheidet. Vom Leistungsumfang her gewähren beide Grundsicherungssysteme nahezu identische Leistungen. SGB II und SGB XII stellen damit zwei unterschiedliche Seiten einer Medaille dar.

353 Das heutige, aus dem SGB II und dem SGB XII bestehende, Grundsicherungssystem wurde erforderlich, da die Nachteile des alten Systems immer offensichtlicher wurden. Dieses bestand aus der *Arbeitslosenhilfe* einerseits und der *Sozialhilfe* andererseits. Während die Arbeitslosenhilfe der Fürsorge für solche Erwerbsfähige diente, die ihren Anspruch auf Arbeitslosengeld ausgeschöpft hatten, stellte die Sozialhilfe die Fürsorge für sonstige Hilfebedürftige sicher und war damit dem Bereich der Armenfürsorge zugeordnet. Allerdings konnte diese Trennung nicht konsequent durchgehalten werden, da die Leistungsbemessung in beiden Grundsicherungssystemen unterschiedlich war. Ausschlaggebend für die Höhe der Arbeitslosenhilfe war – ähnlich wie beim Arbeitslosengeld – das Nettoeinkommen vor Eintritt der Arbeitslosigkeit. Je höher dieses Nettoeinkommen war, je höher war auch die Arbeitslosenhilfe, die – insoweit anders als das Arbeitslosengeld – zeitlich weitestgehend unbefristet gewährt wurde. Demgegenüber gewährte die Sozialhilfe tatsächlich nur einen Mindestbedarf, der das soziokulturelle Existenzminimum sichern sollte. Die Sozialhilfe war damit tatsächlich die letzte und unterste Grundsicherungsleistung, die Bedürftigen gewährt wurde. Unterschiede gab es zudem im Bereich der Sozialversicherung. Während Bezieher von Arbeitslosenhilfe in der Sozialversicherung auf Kosten des Bundes versichert waren, gab es für Sozialhilfebezieher, die bereits in der Sozialversicherung versichert waren, eine Beitragsübernahme für die Kranken- und Pflegeversicherung, nicht aber für die Rentenversicherung.

Bei Arbeitnehmern, die nur eine geringe Arbeitslosenhilfe bezogen, stellte sich nunmehr das Problem, dass sie als sog. „*Aufstocker*" ergänzende Sozialhilfe in Anspruch nehmen mussten, um ihren Lebensunterhalt bestreiten zu können. Für diese Aufstocker waren nunmehr zwei Behörden zuständig (die Arbeitsämter für die Arbeitslosenhilfe und die kommunale Behörde für die Sozialhilfe). Diese unterschiedlichen Zustän-

---

1 Hinsichtlich der Einzelheiten des Grundsicherungsrechts sei auf die sehr gute Gesamtdarstellung in: Kunkel/Pattar, Existenzsicherungsrecht, 3. Aufl. 2020, verwiesen.

digkeiten führten regelmäßig zu Schwierigkeiten bei den Eingliederungsmaßnahmen, die ua entstanden, da beide Behörden unterschiedliche finanzielle Spielräume hatten.[2] Angesichts dieser Probleme entschloss sich die damalige rot-grüne Bundesregierung zu einer Reform der Grundsicherungssysteme.[3] Das „Vierte Gesetz für moderne Dienstleistungen am Arbeitsmarkt" vom 24.12.2003[4] führte zu einer Zusammenlegung der Arbeitslosenhilfe und der Sozialhilfe für Erwerbsfähige im ab dem 1.1.2005 geltenden SGB II (Grundsicherung für Arbeitsuchende).

**Hinweis:** Die sich aus dieser Zusammenlegung ergebende neue Grundsicherungsleistung soll alle Erwerbsfähigen ansprechen. Sie wird vom SGB II als Arbeitslosengeld II bezeichnet (vgl. § 19 Abs. 1 S. 1 SGB II). Umgangssprachlich ist diese Grundsicherungsleistung auch als „Hartz IV" bekannt. Dies ist jedoch keine amtliche Bezeichnung, sondern resultiert daraus, dass die neue Grundsicherungsleistung im Vierten Gesetz für moderne Dienstleistungen am Arbeitsmarkt vorgesehen war, an dessen Entwicklung federführend die *Kommission für moderne Dienstleistungen am Arbeitsmarkt* beteiligt war. Vorsitzender dieser Kommission war *Peter Hartz*, so dass sie auch als Hartz-Kommission bezeichnet wurde.

Auch wenn die Grundsicherungsleistung für Erwerbsfähige nach dem SGB II als *Arbeitslosengeld II* bezeichnet wird, gibt es kein „Arbeitslosengeld I". Die zum Ausgleich von Arbeitslosigkeit gewährte Leistung der Arbeitslosenversicherung wird nur als Arbeitslosengeld bei Arbeitslosigkeit bezeichnet (vgl. § 136 Abs. 1 SGB III).

Ebenfalls zum 1.1.2005 wurde durch das „Gesetz zur Einordnung des Sozialhilferechts in das Sozialgesetzbuch" vom 27.12.2003[5] die bisher im Bundessozialhilfegesetz (BSHG) geregelte Sozialhilfe als zwölftes Buch in das SGB eingeordnet (SGB XII).

Nach der gesetzgeberischen Konzeption des Grundsicherungsrechts enthält das SGB II grundsätzlich die Hilfs- und Förderleistungen, die **erwerbsfähige** und **hilfebedürftige** Personen erhalten sollen. Hilfebedürftige, die nicht zu diesem Personenkreis gehören und hilfebedürftig sind, erhalten Leistungen nach dem SGB XII.

Trotz des unterschiedlichen persönlichen Geltungsbereiches beider Gesetze sind ihre rechtlichen Grundprinzipien identisch. Sowohl das SGB II als auch das SGB XII gewähren nur im Falle von Bedürftigkeit Leistungen. Die Grundsicherungsleistungen sind somit (gegenüber anderen Sozialsystemen, eigenem Einkommen oder Vermögen) **nachrangig**. Beide Systeme sind zudem steuerfinanziert und gewähren Leistungen auf etwa dem gleichen Niveau.

Bei der **Prüfung**, ob einem Bedürftigen ein Anspruch auf eine Grundsicherungsleistung zusteht, ist zuerst zu prüfen, ob nach dem SGB II ein **Anspruch auf Arbeitslosengeld II** besteht. Ist dies der Fall, so ist nach § 5 Abs. 2 S. 1 SGB II und § 21 SGB XII ein Anspruch auf Sozialhilfe nach dem SGB XII **ausgeschlossen**. Besteht **kein** Anspruch auf Arbeitslosengeld nach dem SGB II, so ist weiter zu prüfen, ob ein Anspruch auf sozialhilferechtliche Leistungen der **Grundsicherung im Alter und bei Erwerbsminderung** nach den §§ 41–46 SGB XII besteht. Besteht auch ein solcher Anspruch nicht, so ist ein Anspruch des Bedürftigen auf (nachrangiges, vgl. § 5 Abs. 2 S. 2 SGB II) **Sozialgeld**

---

2 Vgl. zu den Einzelheiten, BMAS, Sozialrecht, Kapitel 2, Ziff. 5 ff.; Muckel/Ogorek/Rixen, Sozialrecht, § 13 Rn. 1 ff.
3 Vgl. zu den gesetzgeberischen Motiven insbes. BT-Drs. 15/1516. Einzelheiten finden sich zudem in Eicher, SGB II-Kommentar, Vor § 1.
4 BGBl. I 2003, S. 2954.
5 BGBl. I 2003, S. 3022.

nach den § 23 SGB II zu prüfen. Ist ein Anspruch auf Sozialgeld nicht gegeben, so ist zuletzt zu prüfen, ob der Bedürftige Anspruch auf sozialhilferechtliche Leistungen der **Hilfe zum Lebensunterhalt** nach §§ 27 ff. SGB XII hat (vgl. hierzu auch Abb. 18).

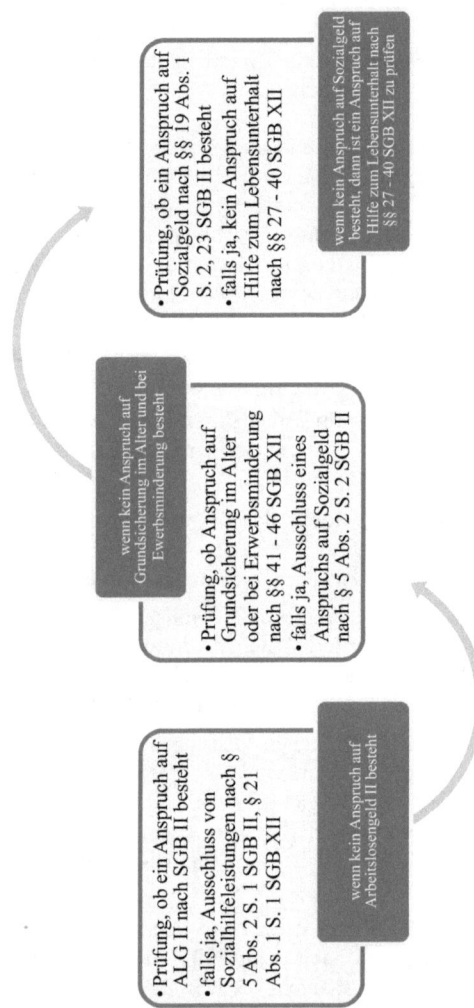

*Abb. 18: Prüfungsreihenfolge bei Grundsicherungsleistungen*

**Hinweis:** Schon diese Prüfungsreihenfolge macht deutlich, dass die bereits in der Rn. 352 aufgestellte These, das SGB II sei ohne das SGB XII nicht zu verstehen und das SGB XII nicht ohne das SGB II, richtig ist.

# § 18 Grundsicherung für Arbeitsuchende

## I. Überblick und Grundprinzipien

Nach § 19a Abs. 1 SGB I können nach dem Recht der Grundsicherung für Arbeitsuchende **Leistungen zur Eingliederung in Arbeit** und **Leistungen zur Sicherung des Lebensunterhalts** in Anspruch genommen werden. Das Recht der Grundsicherung für Arbeitsuchende selbst ist in seinen Einzelheiten im SGB II geregelt. **Aufgabe** der Grundsicherung für Arbeitsuchende ist es nach § 1 Abs. 1 SGB II, den Leistungsberechtigten ein **menschenwürdiges Leben** zu ermöglichen.

356

**Hinweis:** § 1 Abs. 1 SGB II stellt damit sowohl eine Schnittstelle zum Verfassungsrecht (Art. 1 Abs. 1 S. 2 GG, Art. 20 Abs. 1 GG) als auch zu den sozialen Rechten der §§ 2, 9 SGB I dar. Gerade im Bereich des Grundsicherungsrechtes spielen verfassungsrechtliche Fragestellungen eine große Rolle, da es, insbesondere bei Eingriffen in Leistungsrechte (zB durch Sanktionen bei Pflichtwidrigkeiten), schnell zu einer Beeinträchtigung von Grundrechten kommen kann. Dies umso mehr, als dass das BVerfG 2010 aus Art. 1 Abs. 1 GG iVm Art. 20 Abs. 1 GG nunmehr ein eigenständiges „Grundrecht auf Gewährleistung eines menschenwürdigen Existenzminimums" hergeleitet hat.[1]

Dieses Ziel will das SGB II aber nicht einfach dadurch erfüllen, dass den Leistungsberechtigten das Geld zum Leben zur Verfügung gestellt wird. Aufgabe der Grundsicherungsleistungen ist es nach § 1 Abs. 2 SGB II vielmehr, die Eigenverantwortung von erwerbsfähigen Leistungsberechtigten und Personen, die mit ihnen in einer Bedarfsgemeinschaft leben, zu stärken und dazu beitragen, dass sie ihren Lebensunterhalt **unabhängig** von der Grundsicherung aus eigenen Mitteln und Kräften bestreiten können. Dies ist nur möglich, wenn auch die Leistungsberechtigten selbst an der Überwindung ihrer Hilfebedürftigkeit mitarbeiten. Das SGB II sieht daher in § 2 Abs. 1 S. 1 u. Abs. 2 vor, dass Leistungsberechtigte alle Möglichkeiten zur Beendigung ihrer Hilfebedürftigkeit ausschöpfen müssen und alle Möglichkeiten zu nutzen haben, ihren Lebensunterhalt aus eigenen Mitteln und Kräften zu bestreiten. Hierzu zählt insbesondere die Annahme oder Weiterführung einer zumutbaren Erwerbstätigkeit.[2] Der Grundsicherungsträger des SGB II **fordert** also von seinen Leistungsberechtigten und **fördert** sie bei ihren Bemühungen. Folgerichtig ist daher das Kapitel 1 des SGB II mit „**Fördern und Fordern**" überschrieben.

Die Grundsicherungsleistungen nach dem SGB II knüpfen an **keinerlei** Beitragszahlungen oder an bestehende oder ehemalige Sozialversicherungsverhältnisse an. Hierdurch unterscheidet sich die Grundsicherung für Arbeitsuchende von der alten Arbeitslosenhilfe, die das Bestehen eines Versicherungspflichtverhältnisses nach dem SGB III voraussetzte. Die Grundsicherung für Arbeitsuchende ist vielmehr eine finale Sozialleistung, auf die grundsätzlich **jeder** hilfebedürftige Erwerbsfähige einen Anspruch hat.[3]

357

---

1 BVerfG 9.2.2010 – 1 BvL 1/09, 3/09, 4/09, BVerfGE, 125 (175 ff.).
2 Nach § 10 Abs. 2 SGB II ist nahezu jede Erwerbstätigkeit zumutbar. Gründe, die zur Unzumutbarkeit einer Arbeit führen, sind in § 10 Abs. 1 Nr. 1–5 SGB II aufgeführt, wobei die Nr. 5 mit dem „wichtigen Grund" einen Auffangtatbestand darstellt. Hierunter fällt zB die Zahlung sittenwidrigen Lohnes; vgl. hierzu Kokemoor, Sozialrecht, Fn. 674 (mwN).
3 Waltermann u.a., Sozialrecht, Rn. 512.

Hinweis: Um es an dieser Stelle ganz deutlich zu sagen: Es ist **keine** Voraussetzung für den Bezug von Grundsicherungsleistungen nach dem SGB II, dass der Hilfebedürftige jemals auch nur einen Cent in die sozialen Sicherungssysteme oder in das Steuersystem eingezahlt hat. Prinzipiell hat auch jeder Schulabgänger der erwerbsfähig und hilfebedürftig ist, sofern die sonstigen Anspruchsvoraussetzungen des SGB II vorliegen, einen Anspruch auf Grundsicherungsleistungen.

Grundsicherungsleistungen nach dem SGB II sind jedoch **nachrangig**. Das heißt, sobald andere Sicherungssysteme (zB die Sozialversicherung) ausreichend für den sozialen Schutz des Betroffenen sorgen, sind Grundsicherungsleistungen nach dem SGB II ausgeschlossen. § 7 Abs. 1 S. 1 Nr. 3 SGB II sieht dementsprechend nur **hilfebedürftige** Personen als nach dem SGB II leistungsberechtigt an. Hilfebedürftig ist nach § 9 Abs. 1 SGB II, wer seinen Lebensunterhalt nicht oder nicht ausreichend aus dem zu berücksichtigenden Einkommen oder Vermögen sichern kann und die erforderliche Hilfe auch nicht von anderen (zB Angehörigen oder Trägern anderer Sozialleistungen) erhält. Dementsprechend ist auch hilfebedürftig – und damit grundsätzlich anspruchsberechtigt – derjenige, dessen Arbeitseinkommen nicht zur Sicherstellung des Existenzminimums ausreicht, der also trotz Erwerbstätigkeit bedürftig ist.[4]

### II. Leistungsberechtigter Personenkreis

**358** Leistungsberechtigte im Hinblick auf Grundsicherungsleistungen nach dem SGB II sind zunächst nach § 7 Abs. 1 SGB II Personen, die

1. das 15. Lebensjahr vollendet und die Altersgrenze des § 7a SGB II noch nicht erreicht haben,
2. erwerbsfähig sind,
3. hilfebedürftig sind und
4. ihren gewöhnlichen Aufenthalt in der Bundesrepublik haben.

Diese Personen werden vom Gesetz als **erwerbsfähige Leistungsberechtigte** bezeichnet. **Erwerbsfähig** ist nach § 8 Abs. 1 SGB II, wer nicht wegen Krankheit oder Behinderung auf absehbare Zeit außerstande ist, unter den üblichen Bedingungen des allgemeinen Arbeitsmarktes mindestens drei Stunden täglich erwerbstätig zu sein.

Hinweis: Inhaltlich lehnt sich die Regelung des § 8 Abs. 1 SGB II an die des § 43 Abs. 2 S. 2 SGB VI an, und erfasst damit insbesondere die Fälle einer vollen Erwerbsminderung. Die Grundsätze des § 43 Abs. 2 SGB VI finden daher auch im Rahmen des § 8 Abs. 1 SGB II Anwendung. § 8 Abs. 1 SGB II findet sein sozialhilferechtliches Pendant in § 41 SGB XII, der in seinem Abs. 3 sogar ausdrücklich auf § 43 Abs. 2 SGB VI verweist.

**Hilfebedürftigkeit** liegt nach § 9 Abs. 1 SGB II bei Personen vor, die ihren Lebensunterhalt nicht oder nicht ausreichend aus dem zu berücksichtigenden Einkommen oder Vermögen sichern können und die erforderliche Hilfe auch nicht von anderen (zB Angehörigen oder Trägern anderer Sozialleistungen) erhalten. Bei der Prüfung der Hilfebedürftigkeit geht es im Wesentlichen um die Frage, ob dem Betroffenen eigenes Einkommen[5] oder Vermögen[6] zur Verfügung steht, mit dem er seinen Lebensunterhalt

---

4 Dieser Personenkreis wird gemeinhin als „Aufstocker" bezeichnet. Gerade im Niedriglohnsektor wurden auf das – nicht ausreichende – Erwerbseinkommen Grundsicherungsleistungen nach dem SGB II aufgestockt.
5 Wertzuwachs während des Leistungsbezugs.
6 Bei Leistungsbezug bereits vorhandene Werte.

sichern kann. Die Frage, was als Einkommen und Vermögen zu berücksichtigen ist, wird in den §§ 11, 11a und 12 SGB II beantwortet. Weitere Regelungen hierzu finden sich in der ALG II-Verordnung.[7] Eine wichtige Rolle spielen hierbei insbesondere das **Schonvermögen**[8] und **Freibeträge**[9].

Leistungsberechtigt sind nach § 7 Abs. 2 SGB II aber auch Personen, die mit erwerbsfähigen Leistungsberechtigten in einer **Bedarfsgemeinschaft**[10] leben.

359

**Hinweis:** So umstritten der Begriff der „Bedarfsgemeinschaft" im Einzelnen auch ist[11], letztlich stellt er nur eine Umschreibung für eine aus einem Leistungsberechtigten und mindestens einer weiteren Person (die in einem Näheverhältnis zum Leistungsberechtigten steht) gebildeten Gruppe dar, deren Mitglieder bestimmte Einstandspflichten trifft und die voneinander abgeleitete Rechtsansprüche haben können.[12] Hierdurch unterscheidet sich die Bedarfsgemeinschaft auch von der reinen *Wohngemeinschaft*. Diese liegt vor, wenn (erwachsene) Menschen miteinander zusammenleben, ohne dass eine Verwandtschaft oder Schwägerschaft zwischen ihnen gegeben ist.[13] Hier bestehen Einstandspflichten der Wohngemeinschaftsmitglieder untereinander regelmäßig nicht.

Zu den **Angehörigen** einer Bedarfsgemeinschaft gehören nach § 7 Abs. 3 SGB II die erwerbsfähigen Leistungsberechtigten selbst, die im Haushalt lebenden Eltern oder der im Haushalt lebende Elternteil eines unverheirateten erwerbsfähigen Kindes, welches das 25. Lebensjahr noch nicht vollendet hat, der im Haushalt lebende Partner dieses Elternteils (dies kann der nicht dauernd getrennt lebende Ehegatte/Lebenspartner oder eine Person sein, die mit der erwerbsfähigen leistungsberechtigten Person in einem gemeinsamen Haushalt so zusammenlebt, dass nach verständiger Würdigung der wechselseitige Wille anzunehmen ist, Verantwortung füreinander zu tragen und füreinander einzustehen[14]) und die dem Haushalt angehörenden unverheirateten Kinder, wenn sie das 25. Lebensjahr noch nicht vollendet haben, soweit sie die Leistungen zur Sicherung ihres Lebensunterhalts nicht aus eigenem Einkommen oder Vermögen beschaffen können.

§ 7 SGB II enthält zudem Fälle, in denen Betroffene von Leistungen nach dem SGB II **ausgeschlossen** sind. Dies sind zB nach § 7 Abs. 1 S. 2 Nr. 1 und 2 SGB II

360

- **Ausländer**, die weder in der Bundesrepublik Deutschland Arbeitnehmerinnen, Arbeitnehmer oder Selbstständige noch aufgrund des § 2 Abs. 3 des Freizügigkeitsgesetzes/EU freizügigkeitsberechtigt sind, und ihre Familienangehörigen für die ersten **drei Monate** ihres Aufenthalts, sowie
- **Ausländer**, deren Aufenthaltsrecht sich allein aus dem Zweck der Arbeitsuche ergibt.

---

7 Verordnung zur Berechnung von Einkommen sowie zur Nichtberücksichtigung von Einkommen und Vermögen beim Arbeitslosengeld II/Sozialgeld (Arbeitslosengeld II/Sozialgeld-Verordnung - Alg II-V), v. 17.12.2007, BGBl. I 2007, S. 2942.
8 Vermögenswerte, die nicht zur Deckung des Lebensunterhalts verwendet werden müssen (zB ein selbstbewohntes Grundstück oder ein angemessenes Kraftfahrzeug; vgl. § 12 Abs. 3 SGB II, § 7 Abs. 1 ALG II-VO).
9 Vermögenswerte, die im Rahmen der Vermögensermittlung vom Vermögen abzusetzen sind (zB Freibeträge für die Altersvorsorge; vgl. § 12 Abs. 2 SGB II).
10 S. zur Bedarfsgemeinschaft BSG 23.8.2012 – B 4 AS 34/12 R, BSGE 111, 250 ff.
11 Eine gute Darstellung des Streitstandes findet sich bei Becker in: Eicher/Luik/Harich, SGB II, § 7 Rn. 76 ff.
12 Vgl. BeckOK SozR/Mushoff, SGB II, § 7 Rn. 50.
13 Stephan, SGB II und SGB XII - Rechtliche Konflikte um die Bedarfsgemeinschaft, SozSich 2009, 434.
14 Wann dieser Wille gesetzlich vermutet wird, ist in § 7 Abs. 3a SGB II festgelegt. Dies ist zB der Fall, wenn Partner länger als ein Jahr zusammenleben (§ 7 Abs. 3a Nr. 1 SGB II).

Weitere Leistungsausschlüsse finden sich zB für **Asylbewerber** (§ 7 Abs. 1 S. 2 Nr. 3 SGB II), für Altersrentner (§ 7 Abs. 4 S. 1 SGB II) oder für erwerbsfähige Leistungsberechtigte, die wegen **unerlaubter Abwesenheit** dem Grundsicherungsträger nicht für die Eingliederung in Arbeit zur Verfügung stehen (§ 7 Abs. 4a SGB II). **Auszubildende** und **Studierende**, die nach dem BAföG grundsätzlich förderfähig sind, haben lediglich im Rahmen des § 27 SGB II (Leistungen für Auszubildende) einen Leistungsanspruch und sind ansonsten grundsätzlich (zu den Ausnahmen siehe § 7 Abs. 6 SGB II) vom Leistungsbezug **ausgeschlossen**.

### III. Leistungen

361 Nach § 1 Abs. 3 SGB II umfasst die Grundsicherung für Arbeitsuchende nach dem SGB II **Leistungen zur Beendigung oder Verringerung der Hilfebedürftigkeit insbesondere durch Eingliederung in Arbeit** und in **Leistungen zur Sicherung des Lebensunterhalts** (vgl. Abb. 19).

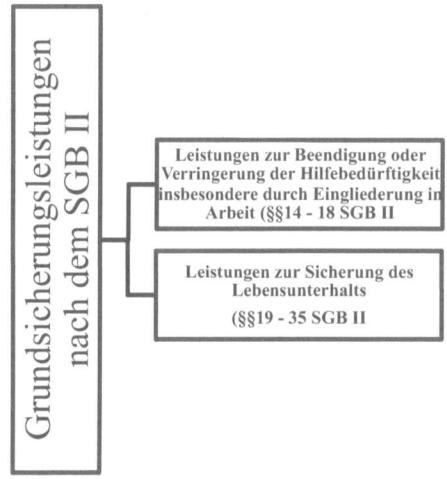

Abb. 19: *Überblick über die Grundsicherungsleistungen nach dem SGB II*

#### 1. Leistungen zur Eingliederung in Arbeit

362 Die (aktiven) Leistungen zur **Eingliederung in Arbeit**, die den Leistungen der aktiven Arbeitsförderung iSd SGB III recht ähnlich sind, werden in den §§ 14–18 SGB II geregelt. Da es nach § 1 Abs. 2 SGB II Ziel des SGB II ist, Hilfebedürftigkeit zu beenden, spielen die Leistungen zur Eingliederung in Arbeit eine große Rolle. Diese Leistungen werden daher vom Gesetz auch vor den unterhaltssichernden Leistungen behandelt. Die einzelnen Eingliederungsleistungen werden in den §§ 16 ff. SGB II vorgestellt. Zu ihnen zählen nach § 16 Abs. 1 SGB II auch verschiedene Leistungen der aktiven Arbeitsförderung aus dem SGB III. Ergänzt wird dieses Leistungsspektrum in den §§ 16a, 16b, 16c, 16d und 16f um weitere eingliederungsorientierte Leistungen, wie etwa Schuldner- oder Suchtberatung (§ 16a SGB II), die Arbeitsgelegenheiten mit

# § 18 Grundsicherung für Arbeitsuchende § 18

Mehraufwandsentschädigung[15] (§ 16d SGB II), das Einstiegsgeld (§ 16b SGB II) oder Leistungen zur Eingliederung von Selbstständigen (§ 16c SGB II). Die Eingliederungsleistungen der §§ 14 ff. SGB II stellen regelmäßig **Ermessensleistungen** dar und sind nach § 37 Abs. 1 S. 1 SGB II **antragsabhängig**. Die Grundsicherungsträger sind zudem nach § 15 Abs. 1 SGB II angehalten, mit den Hilfebedürftigen **Eingliederungsvereinbarungen** abzuschließen. In der Eingliederungsvereinbarung, bei der es sich um einen öffentlich-rechtlichen Vertrag handelt, werden verbindlich die wechselseitigen Leistungen von Grundsicherungsträger und Hilfebedürftigem vereinbart. Diese können beim Hilfebedürftigen zB darin liegen, dass er sich zu einer bestimmten Anzahl von Bewerbungen verpflichtet. Die Leistungen des Grundsicherungsträgers können in diesem Fall etwa darin liegen, dass er die Bewerbungskosten übernimmt. Interessant ist eine Eingliederungsvereinbarung dadurch auch für den Hilfebedürftigen, da die Ermessensleistungen zur Eingliederung durch Aufnahme in die Eingliederungsvereinbarung zu Anspruchsleistungen werden.

**Hinweis:** Der pflichtwidrige Verstoß gegen den Inhalt der Eingliederungsvereinbarung durch den Hilfebedürftigen ist nach § 31 Abs. 1 S. 1 Nr. 1 iVm § 31a SGB II grundsätzlich sanktionsbewehrt. Dies gilt aber nur für die Weigerung, in der Eingliederungsvereinbarung festgelegte Pflichten zu erfüllen. Die Weigerung, überhaupt eine Eingliederungsvereinbarung abzuschließen, ist dagegen **nicht** sanktionsbewehrt. Der Grundsicherungsträger hat in diesem Fall nur die Möglichkeit, den Inhalt der (geplanten) Eingliederungsvereinbarung nach § 15 Abs. 3 S. 3 SGB II durch Verwaltungsakt festzusetzen.

## 2. Leistungen zur Sicherung des Unterhalts

Neben den Leistungen zur Eingliederung in Arbeit gewährt das SGB II Hilfebedürftigen (passive) **Leistungen zur Sicherung des Unterhalts** nach den §§ 19–35 SGB II. Die unterhaltssichernden Leistungen des SGB II haben die Aufgabe, die Zeit zu überbrücken, die die aktiven Eingliederungsleistungen benötigen, um bestehende Hilfebedürftigkeit zu beenden. Sie dürfen zudem nach § 3 Abs. 3 SGB II nur erbracht werden, soweit die Hilfebedürftigkeit nicht anderweitig beseitigt werden kann.

363

Die Leistungen zur Sicherung des Unterhalts bestehen nach § 19 SGB II aus dem **Arbeitslosengeld II** für erwerbsfähige Leistungsberechtigte, dem **Sozialgeld** für nicht erwerbsfähige Leistungsberechtigte, die mit erwerbsfähigen Leistungsberechtigten in einer Bedarfsgemeinschaft leben und den **Leistungen für Bildung und Teilhabe**.

---

15 Umgangssprachlich auch als 1-Euro-Jobs bekannt.

*Abb. 20: Überblick über die Leistungen zur Sicherung des Unterhalts nach dem SGB II*

364 Das Arbeitslosengeld II setzt sich aus dem **Regelbedarf** zur Sicherung des Lebensunterhalts (§ 20 SGB II), Leistungen für **Mehrbedarfe** beim Lebensunterhalt (§ 21 SGB II) und den Bedarfen für **Unterkunft und Heizung** zusammen.[16]

*Abb. 21: Zusammensetzung des Arbeitslosengeldes II*

365 Mit dem **Regelbedarf** zur Sicherung des Lebensunterhalts wird, was sich aus § 20 Abs. 1 S. 2 SGB II ergibt, das **soziokulturelle Existenzminimum** sichergestellt. Hierzu zählen insbesondere Bedarfe für Ernährung, Kleidung, Körperpflege, Hausrat, Haushaltsenergie (ohne die auf die Heizung und Erzeugung von Warmwasser entfallenden Anteile) sowie persönliche Bedürfnisse des täglichen Lebens. Der Gesetzgeber hat sich mit § 20 Abs. 1 S. 3 SGB II dagegen entschieden, diese Bedarfe individuell zu berechnen. Er **pauschaliert** sie vielmehr. Mit Zahlung eines laufend zu gewährenden Pauschalbetrages wird der regelmäßige Bedarf der Leistungsberechtigten (also das soziokulturelle Existenzminimum) gedeckt.[17]

---

[16] Leistungen, die den Regelbedarf und die Mehrbedarfe ergänzen, bzw. von ihnen abweichen, können nach Maßgabe der §§ 24–27 SGB II erbracht werden.

[17] Das BVerfG sieht die Berechnung der Regelbedarfshöhe als *noch* sachangemessen an, weist aber auf bereits derzeit erkennbare Risiken einer Unterdeckung hin, denen der Gesetzgeber zukünftig begegnen muss; BVerfG 23.7.2014 – 1 BvL 10/12 ua, BVerfGE 137, 34 ff.

## § 18 Grundsicherung für Arbeitsuchende

Hinweis: Die Regelbedarfe des SGB II orientieren sich an den Regelbedarfsstufen nach der Anlage zu § 28 SGB XII, die unmittelbar nur für das SGB XII gelten. Die Regelbedarfsstufen wiederum werden nach Maßgabe des Regelbedarfsermittlungsgesetzes (RBEG) v. 24.3.2011[18] ermittelt. Die Regelbedarfe werden jeweils zum 1. Januar eines Jahres angepasst und spätestens zum 1. November im Bundesgesetzblatt bekanntgegeben (§ 20 Abs. 5 SGB II).

Die **Höhe** der Regelbedarfe differenziert nach verschiedenen Personengruppen (vgl. zu den Einzelheiten § 20 Abs. 2–4 SGB II).

**Übersicht über die Regelbedarfe erwerbsfähiger Leistungsberechtigter und Mitglieder der Bedarfsgemeinschaft**[19]

| Alleinstehende/Alleinerziehende | volljährige Partner der Bedarfsgemeinschaft | Erwerbsfähige Angehörige der Bedarfsgemeinschaft von 18–24 im Elternhaus | Kinder bzw. Jugendliche im 15. Lebensjahr (14 Jahre) bis zur Vollendung des 18. Lebensjahres |
|---|---|---|---|
| 449 EUR | 404 EUR | 360 EUR | 376 EUR |

Die in § 21 SGB II geregelten Leistungen für **Mehrbedarfe** beim Lebensunterhalt sollen die Bedarfe abdecken, die nicht bereits mit dem Regelbedarf abgedeckt sind. Dies betrifft insbesondere Mehrbedarfe für **werdende Mütter** nach der zwölften Schwangerschaftswoche (§ 21 Abs. 2 SGB II), für **Alleinerziehende**[20] oder der Mehrbedarf für eine aus medizinischen Gründen erforderliche **kostenaufwändige Ernährung** (§ 21 Abs. 5 SGB II). § 21 Abs. 6 SGB II enthält zudem einen generalklauselartigen Auffangtatbestand für Mehrbedarfe.

Hinweis: Ebenfalls nicht vom Regelbedarf gedeckt sind die in § 24 Abs. 3 S. 1 SGB II aufgeführten Bedarfe für Erstausstattungen für die Wohnung und für Bekleidung, die Erstausstattungen bei Schwangerschaft und Geburt sowie Anschaffung und Reparaturen von bestimmten, therapeutisch erforderlichen, Gegenständen. Diese zusätzlichen Bedarfe werden gem. § 24 Abs. 3 S. 2 SGB II **neben** dem Regelbedarf nach § 20 SGB II und **neben** etwaigen Mehrbedarfen nach § 21 SGB II erbracht.

Die Mehrbedarfe des § 21 SGB II bestehen regelmäßig in einer prozentualen Erhöhung des jeweils einschlägigen Regelsatzes.

Beispiel: Erhält eine alleinstehende Frau einen Regelbedarf nach § 20 Abs. 2 S. 1 SGB II in Höhe von 449 EUR, so steht ihr im Falle einer Schwangerschaft ab der zwölften Schwangerschaftswoche nach § 21 Abs. 2 SGB II ein zusätzlicher Mehrbedarf in Höhe von 17 % des maßgeblichen Regelbedarfs, mithin von 76,33 EUR zu.

Bedarfe für **Unterkunft und Heizung** werden nach Maßgabe des § 22 SGB II gewährt. Diese Kosten sind nach § 22 Abs. 1 S. 1 SGB II in tatsächlicher Höher zu übernehmen, soweit sie **angemessen** sind. Bei dem Begriff der „Angemessenheit" handelt es sich

---
18  BGBl. I 2011, S. 453.
19  Stand: 1.1.2022, Regelbedarfsstufen-Fortschreibungsverordnung v. 23.09.2021 (BGBl. I 2021, S. 4389).
20  § 21 Abs. 3 SGB II; zu den Einzelheiten dieser recht unglücklich formulierten Norm vgl. S. Knickrehm in: Eicher/Luik/Harich, SGB II, § 21 Rn. 29 ff.

um einen unbestimmten Rechtsbegriff, der daher auszulegen ist. Seine Bedeutung ist in den Einzelheiten nicht unumstritten. Einigkeit besteht jedoch darüber, dass die maßgeblichen Kriterien für die Angemessenheit der Unterkunftskosten einerseits die sog. **abstrakte Angemessenheit** ist, für die es auf Wohnfläche, Wohnstandard (insbes. Lage und Ausstattung) und örtliches Preisniveau ankommt. Andererseits ist aber auch die **konkrete Angemessenheit** der Unterkunftskosten zu prüfen, bei der insbesondere gesundheitliche Einschränkungen und die familiäre Situation des Leistungsberechtigten und die konkrete Lage auf dem Wohnungsmarkt zu berücksichtigen sind.[21]

368 Nicht erwerbsfähige Leistungsberechtigte erhalten nach § 19 Abs. 1 S. 2 SGB II kein Arbeitslosengeld II, sondern **Sozialgeld**. Auch das Sozialgeld, dessen Einzelheiten in § 23 SGB II geregelt sind, deckt den Regelbedarf, etwaige Mehrbedarfe und die Kosten für Unterkunft und Heizung ab (vgl. § 19 Abs. 1 S. 3 SGB II). Allerdings ist, was sich aus § 23 Nr. 1 SGB II ergibt, der Regelbedarf für Kinder niedriger.[22]

**Übersicht über die Höhe des Regelbedarfs i.R. des Sozialgeldes bei Kindern und Jugendlichen (Stand: 1.1.2022).**

| Kinder von der Geburt bis zum Alter von unter 6 Jahren | Kinder im Alter von 6 Jahren bis unter 14 Jahre |
|---|---|
| 285 EUR | 311 EUR |

369 Neben den Ansprüchen auf Arbeitslosengeld II bzw. auf Sozialgeld können Leistungsberechtigte nach § 19 Abs. 2 SGB II Anspruch auf **Leistungen für Bildung und Teilhabe** haben, sofern die Voraussetzungen des § 28 SGB II erfüllt sind. Nach § 28 Abs. 1 SGB II werden bei Kindern, Jugendlichen und jungen Erwachsenen Bedarfe für Bildung und Teilhabe am sozialen und kulturellen Leben in der Gemeinschaft **neben** dem Regelbedarf. Bedarfe für Bildung[23] werden allerdings nur bei Personen berücksichtigt, die das 25. Lebensjahr noch nicht vollendet haben, eine allgemein- oder berufsbildende Schule besuchen und keine Ausbildungsvergütung erhalten (Schülerinnen und Schüler).

Die Leistungserbringung selbst richtet sich nach § 29 SGB II. Dieser stellt in Abs. 1 den Grundsatz auf, dass Leistungen zur Bildung und Teilhabe grundsätzlich durch Sach- und Dienstleistungen, insbesondere in Form von personalisierten Gutscheinen oder Direktzahlungen an Anbieter von Leistungen zur Deckung dieser Bedarfe erbracht werden.[24]

### 3. Minderung und Wegfall der Leistung

370 Wie Sie bereits erfahren haben, ist das Grundsicherungssystem des SGB II auf „Fördern und Fordern" der Leistungsberechtigten ausgerichtet.[25] Hieraus ergibt sich auch, dass der Leistungsberechtigte an der Überwindung seiner Hilfebedürftigkeit mitwirken muss, ihn also unterschiedliche Mitwirkungspflichten treffen. Kommt er diesen Mitwirkungspflichten nicht nach, so kann das Grundsicherungssystem sein Ziel (§ 1

---

21 Vgl. zu den Einzelheiten BeckOK SozR/Breitkreuz, SGB II, § 22 Rn. 9 ff.; ausf. hierzu auch Putz, Angemessenheit von Unterkunftskosten im Rahmen der Grundsicherung für Arbeitsuchende nach dem SGB II, info also 2004, 198 ff.
22 Diese Reduzierung ist verfassungskonform, vgl. BVerfG 9.2.2010 – 1 BvL 1/09 ua, BVerfGE 125, 175 ff.
23 Die Bedarfe für Bildung sind in § 28 Abs. 2–6 SGB II aufgeführt.
24 S. dazu Waltermann u.a., Sozialrecht, Rn. 525 f.; Muckel/Ogorek/Rixen, Sozialrecht, § 13 Rn. 70, § 14 Rn. 64.
25 S. Rn. 356.

# § 18 Grundsicherung für Arbeitsuchende

Abs. 2 SGB II) nicht erreichen. Aus diesem Grund enthält das SGB II in den §§ 31–32 SGB II ein System von Sanktionen bei Pflichtverletzungen, das dazu führen kann, dass sich Leistungsansprüche vermindern oder in letzter Konsequenz vollständig wegfallen.[26]

Die Pflichtverletzungen, die zu einer Sanktion führen können, sind in § 31 und § 32 SGB II aufgeführt. Besonders zu erwähnen ist die Weigerung nach § 31 Abs. 1 S. 1 Nr. 2 SGB II, eine zumutbare Arbeit, Ausbildung uä aufzunehmen, fortzuführen oder deren Anbahnung durch sein Verhalten zu verhindern, sofern es für diese Weigerung keinen **wichtigen Grund**[27] gibt. Welche der genannten Tätigkeiten zumutbar bzw. nicht zumutbar sind, ergibt sich aus § 10 SGB II.

**Hinweis:** Bereits begrifflich liegt eine Pflichtverletzung iS § 31 Abs. 1 SGB II dann nicht vor, wenn der Leistungsberechtigte vorab nicht schriftlich über die Rechtsfolgen belehrt wurde und er diese Folgen auch nicht kannte. Die schriftliche Belehrung muss „konkret, verständlich, richtig und vollständig" sein und muss dem erwerbsfähigen Leistungsberechtigten in einer seinem Empfänger- bzw. Verständnishorizont angemessenen Form zutreffend erläutern, welche Auswirkungen auf seinen Anspruch auf Arbeitslosengeld II die von ihm ohne wichtigen Grund erfolgende Weigerung hat.[28]

Weitere sanktionsbewehrte Pflichtverletzungen sind etwa die absichtliche Verminderung von Einkommen und Vermögen (§ 31 Abs. 2 Nr. 1 SGB II) oder die Fortsetzung von unwirtschaftlichem Verhalten trotz Belehrung über die Rechtsfolgen oder bei deren Kenntnis (§ 31 Abs. 2 Nr. 2 SGB II). Einen eigenständigen Pflichtverstoß stellt zudem das Meldeversäumnis nach § 32 SGB II dar.

Die rechtlichen Folgen eines Pflichtverstoßes nach § 31 SGB II ergeben sich aus § 31a SGB II. Nach § 31a Abs. 1 S. 1 SGB II **mindert** sich das Arbeitslosengeld II in einer ersten Stufe um **30 %** des für die erwerbsfähige leistungsberechtigte Person nach § 20 maßgebenden Regelbedarfs. Kommt es zu einer **ersten Wiederholung** der Pflichtverletzung, dann mindert sich das Arbeitslosengeld II nach § 31a Abs. 1 S. 2 SGB II um **60 %**. Bei **jeder weiteren wiederholten** Pflichtverletzung nach § 31 SGB II **entfällt** das Arbeitslosengeld II nach § 31a Abs. 1 S. 3 SGB II **vollständig**. In allen der genannten Fälle beträgt die Dauer der Minderung/des Entfalls nach § 31b Abs. 1 S. 3 SGB II **drei Monate**.

371

Das **BVerfG** hat diese Sanktionsregelungen mit Urteil vom 5.11.2019 allerdings als teilweise **verfassungswidrig** gekennzeichnet.[29] Es stellt in seiner Entscheidung fest, dass die derzeitige Ausgestaltung der § 31a, § 31b SGB II, wonach die Mitwirkungspflichten von ALG-II-Empfängern mit Sanktionen durchgesetzt werden, den verfassungsrechtlichen Anforderungen nicht in jeder Hinsicht genügt. Allerdings sei die Minderung der Leistungen des maßgebenden Regelbedarfs um 30 % in der Höhe verfassungsrechtlich nicht zu beanstanden. Zumutbar sei eine Leistungsminderung in Höhe von 30 % des maßgebenden Regelbedarfs jedoch nur, wenn in einem Fall außergewöhnlicher Härte von der Sanktion abgesehen werden kann und die Minderung nicht unabhängig von der Mitwirkung der Betroffenen starr andauert. Die im Fall der ersten wiederholten Verletzung einer Mitwirkungspflicht nach § 31 Abs. 1 SGB II

---

26 Die §§ 31–32 SGB II sind damit dem System der Sperrzeiten nach §§ 159, 161 Abs. 1 Nr. 2 SGB III ähnlich.
27 S. zu den Einzelheiten Hahn in: Eicher/Luik, SGB II, § 31 Rn. 63 ff.
28 BSG Urt. v. 18. 2. 2010 – B 14 AS 53/08 R, BSGE 105, 297 ff.
29 BVerfG Urt. v. 5.11.2019 – 1 BvL 7/16 – zitiert nach juris.

vorgegebene Minderung in einer Höhe von 60 % sei mit dem GG in der derzeitigen Ausgestaltung vor allem mangels tragfähiger Erkenntnisse zur Eignung und Erforderlichkeit einer Sanktion in dieser gravierenden Höhe nicht vereinbar. Auch der vollständige Wegfall des Arbeitslosengeldes II nach § 31a Abs 1 S 3 SGB II sei auf Grundlage der derzeitigen Erkenntnisse mit den verfassungsrechtlichen Maßgaben nicht vereinbar. Dies ergäbe sich schon angesichts der Eignungsmängel und der Zweifel an der Erforderlichkeit einer derart belastenden Sanktion zur Durchsetzung legitimer Mitwirkungspflichten. Ein vollständiger Leistungsentzug sei allerdings dann zu rechtfertigen, wenn und solange Leistungsberechtigte es selbst in der Hand haben, durch Aufnahme einer ihnen angebotenen zumutbaren Arbeit (§ 31 Abs. 1 S. 1 Nr. 2 SGB II) ihre menschenwürdige Existenz tatsächlich und unmittelbar durch die Erzielung von Einkommen selbst zu sichern.[30]

Besonderheiten im Hinblick auf die Minderung des Leistungsanspruchs gelten bei erwerbsfähigen Leistungsberechtigten, die das 25. Lebensjahr noch nicht vollendet haben.[31] Bei ihnen ist nach § 31a Abs. 2 S. 1 SGB II das Arbeitslosengeld II bei einer (ersten) Pflichtverletzung nach § 31 SGB II auf die für **die Bedarfe für Unterkunft und Heizung beschränkt**. Bei einer wiederholten Pflichtverletzung nach § 31 SGB II **entfällt** nach § 31a Abs. 2 S. 2 SGB II das Arbeitslosengeld II **vollständig**. Zur Frage, ob diese Sanktionsregelung verfassungswidrig ist, hat sich das BVerfG noch nicht geäußert. Unerwartet wäre eine Bejahung dieser Frage allerdings nicht.

Zur Vermeidung von **Härtefällen** sieht § 31a Abs. 3 S. 1 SGB II in Fällen einer Minderung des Arbeitslosengeldes II um mehr als 30 % vor, dass der Träger auf Antrag in angemessenem Umfang ergänzende Sachleistungen oder geldwerte Leistungen erbringen **kann**[32].

Hinweis: Mit dem „*Elften Gesetz zur Änderung des Zweiten Buches Sozialgesetzbuch*" v. 19.6.2022 (BGBl. I 2022, S. 921) hat der Gesetzgeber einen neuen § 84 SGB II (Übergangsregelung zu Rechtsfolgen bei Pflichtverletzungen und Meldeversäumnissen) geschaffen. Nach § 84 Abs. 1 SGB II ist § 31a SGB II bis zum Ablauf des 1. Juli 2023 nicht anzuwenden. § 32 SGB II ist gem. § 84 Abs. 2 SGB II bis zum Ablauf des 1. Juli 2023 mit der Maßgabe anzuwenden, dass Leistungen erst nach einem **wiederholten Meldeversäumnis** zu mindern sind. Ein wiederholtes Meldeversäumnis liegt vor, wenn das vorangegangene Meldeversäumnis weniger als ein Jahr zurückliegt. Die Minderung nach § 84 Abs. 2 SGB II ist bei mehreren Meldeversäumnissen gem. § 84 Abs. 3 SGB II auf 10 Prozent des maßgebenden Regelbedarfs **begrenzt**.

Hinweis: Von einer Minderung des Arbeitslosengeldes II betroffene Leistungsberechtigte könnten auf den Gedanken kommen, den Minderungszeitraum mithilfe der Sozialhilfe nach dem SGB XII finanziell zu überbrücken. Dem steht allerdings § 31b Abs. 2 SGB II entgegen, der ausdrücklich klarstellt, dass während der Minderung des Auszahlungsanspruchs **kein** Anspruch auf ergänzende Hilfe zum Lebensunterhalt nach den Vorschriften des SGB XII besteht.

---

30 BVerfG Urt. v. 5.11.2019 – 1 BvL 7/16 – zitiert nach juris.
31 Dies betrifft die 15- bis 24-jährigen Leistungsberechtigten.
32 Es handelt sich also nur um eine Ermessensleistung. Ein Anspruch auf die Leistungen besteht nach § 31a Abs. 3 S. 2 SGB II nur dann, wenn der betroffene Leistungsberechtigte mit minderjährigen Kindern in einem Haushalt lebt.

## IV. Träger der Grundsicherung nach dem SGB II

Träger der Grundsicherung nach dem SGB II sind nach § 6 Abs. 1 S. 1 SGB II die Bundesagentur für Arbeit und die kommunalen Träger (Kreise und kreisfreien Städte, soweit nicht das Landesrecht andere Träger bestimmt). Soweit *zugelassene kommunale Träger* iS § 6a SGB II existieren, übernehmen sie nach § 6b Abs. 1 S. 1 SGB II die Aufgaben und Befugnisse an Stelle der Bundesagentur für Arbeit.[33]

Diese Gemengelage führt dazu, dass regelmäßig drei Akteure Träger der Grundsicherung nach dem SGB II sind. Die **Bundesagentur für Arbeit** ist als erster Akteur nach § 6 Abs. 1 S. 1 Nr. 1 SGB II für alle Leistungen zuständig, die nicht ausdrücklich den kommunalen Trägern zugewiesen sind. Den **kommunalen Trägern**, als zweitem Akteur, sind in § 6 Abs. 1 S. 1 Nr. 2 SGB II ausdrücklich bestimmte Aufgaben (zB die kommunalen Eingliederungsleistungen des § 16a SGB II) zugewiesen. Die Bundesagentur für Arbeit und die kommunalen Träger bilden nach § 44b Abs. 1 S. 1 SGB II zur einheitlichen Durchführung der Grundsicherung für Arbeitsuchende im Gebiet jedes kommunalen Trägers eine **gemeinsame Einrichtung**. Hinzu kommen die **zugelassenen kommunalen Träger** iS § 6a SGB II als dritter Akteur, die im Rahmen ihrer örtlichen Zuständigkeit nach § 6b Abs. 1 S. 1 SGB II die Aufgaben der Bundesagentur für Arbeit übernehmen.

Sowohl die gemeinsamen Einrichtungen (§ 44b SGB II) als auch die zugelassenen kommunalen Träger (§ 6a SGB II) führen nach § 6d SGB II die Bezeichnung „**Jobcenter**". Diese sind nach § 44b Abs. 2 S. 3 SGB II befugt, Verwaltungsakte und Widerspruchsbescheide zu erlassen und werden außergerichtlich und gerichtlich nach § 44d Abs. 1 S. 2 SGB II von einem Geschäftsführer oder einer Geschäftsführerin vertreten.

## V. Ausblick: Das Bürgergeld

Die Bundesregierung plant, ab 2023 die Grundsicherung nach dem SGB II durch ein sog. **Bürgergeld** zu ersetzen. Hierzu liegt der Entwurf eines *„Zwölften Gesetzes zur Änderung des Zweiten Sozialgesetzbuch und anderer Gesetze – Einführung eines Bürgergeldes (Bürgergeld-Gesetz")* vor[34], der – in der Fassung der Beschlussempfehlung des Vermittlungsausschusses[35] – am 25.11.2022 vom Deutschen Bundestag verabschiedet wurde.[36]

Das Bürgergeld wird folgende Eckdaten haben:

Die Begriffe „Arbeitslosengeld II" und „Sozialgeld" werden durch das Wort „Bürgergeld" ersetzt.

Damit die Leistungsberechtigten sich auf die Arbeitsuche konzentrieren können, soll in dem ersten Jahr des Bürgergeldbezugs eine sogenannte Karenzzeit gelten: Die Kosten für Unterkunft und Heizung werden in tatsächlicher Höhe anerkannt und übernommen.

Schonvermögen bleibt für den Haushaltsvorstand künftig noch bis zu 40.000 EUR anrechnungsfrei. Für alle weiteren Haushaltsmitglieder gilt ein Freibetrag in Höhe von 15.000 EUR.

---

33 In diesem Zusammenhang wird auch von *Optionskommunen* gesprochen.
34 Vgl. zum Gesetzgebungsverfahren die BT-Drs. 20/3873, 20/4226, 20/4360, 20/4372, 20/4466 und 20/4467.
35 BT-Drs. 20/4600.
36 Das Gesetz war bei Drucklegung dieses Buches noch nicht verkündet.

Für Auszubildende, Schüler und Studierende, die Bürgergeld beziehen, gelten höhere Freibeträge für die Ausbildungsvergütung oder den Nebenjob. Wer zwischen 520 und 1.000 EUR verdient, soll künftig mehr von seinem Einkommen behalten können: Die Freibeträge in diesem Bereich werden auf 30 Prozent angehoben.

Die bisherige Eingliederungsvereinbarung wird durch einen Kooperationsplan abgelöst, der von den Leistungsberechtige und Integrationsfachkräfte gemeinsam erarbeitet wird. Dieser Plan dient dann als „roter Faden" im Eingliederungsprozess und ist damit ein Kernelement des Bürgergeld-Gesetzes. Mit Abschluss des Kooperationsplans gilt eine Vertrauenszeit. In diesem Zeitraum wird ganz besonders auf Vertrauen und eine Zusammenarbeit auf Augenhöhe gesetzt. Lediglich wiederholte Meldeversäumnisse werden sanktioniert - mit maximal zehn Prozent Leistungsminderung.

Der Vermittlungsvorrang in Arbeit wird abgeschafft. Stattdessen werden Geringqualifizierte auf dem Weg zu einer abgeschlossenen Berufsausbildung unterstützt, um ihnen den Zugang zum Fachkräftearbeitsmarkt zu öffnen. Eine umfassende Betreuung (Coaching) soll Leistungsberechtigte helfen, die aufgrund vielfältiger individueller Probleme besondere Schwierigkeiten haben, Arbeit aufzunehmen.

Auch weiterhin sind bei Pflichtverstößen Sanktionen möglich. Leistungsminderungen wegen wiederholter Pflichtverletzungen und Meldeversäumnisse betragen dann höchstens 30 Prozent des maßgebenden monatlichen Regelbedarfs. Kosten der Unterkunft und Heizung werden nicht gemindert. Es gibt keine Leistungsminderung, sollte sie im konkreten Einzelfall zu einer außergewöhnlichen Härte führen. Die verschärften Sonderregelungen für die unter 25-jährigen Hilfempfänger entfallen.[37]

Nach derzeitigem Stand ist vorgesehen, dass 2023 folgende Regelbedarfe gelten:

- *Regelbedarfsstufe 1*: 502 EUR
  Erwachsene, die als alleinstehende oder alleinerziehende Personen einen eigenen Haushalt führen
- *Regelbedarfsstufe 2*: 451 EUR
  pro Person bei zwei erwachsenen Leistungsberechtigten, die als Ehegatten, Lebenspartner einer eingetragenen Lebenspartnerschaft oder in eheähnlicher bzw. lebenspartnerschaftsähnlicher Gemeinschaft einen gemeinsamen Haushalt führen
- *Regelbedarfsstufe 3*: 402 EUR
  nicht-erwerbstätige Erwachsene unter 25 Jahre im Haushalt der Eltern
- *Regelbedarfsstufe 4*: 420 EUR
  leistungsberechtigte Jugendliche ab dem 14. bis zum 18. Lebensjahr
- *Regelbedarfsstufe 5*: 348 EUR
  Kinder ab dem sechsten bis zum 13. Lebensjahr
- *Regelbedarfsstufe 6*: 318 EUR
  Kinder ab der Geburt bis zum sechsten Lebensjahr

---

37 Vgl. https://www.bmas.de/DE/Service/Gesetze-und-Gesetzesvorhaben/Buergergeld/buergergeld.html (letzter Abruf: 7.12.2022)

## VI. Wiederholungs- und Vertiefungsfragen

1. Wodurch unterscheiden sich die Grundsicherungssysteme SGB II und SGB XII im Hinblick auf ihren Anwendungsbereich?
2. Was ist mit der Aussage gemeint, die Grundsicherungsleistungen nach dem SGB II sind nachrangig?
3. Was ist unter einer „Bedarfsgemeinschaft" zu verstehen?
4. Besteht auf die Leistungen der aktiven Arbeitsförderung, die im SGB II enthalten sind, ein Rechtsanspruch?
5. Kann das Jobcenter die Weigerung eines Leistungsberechtigten, eine Eingliederungsvereinbarung zu unterschreiben, sanktionieren?
6. Warum haben Alleinerziehende einen höheren Regelbedarf, als ihn jeweils die volljährigen Partner einer Bedarfsgemeinschaft haben?
7. Welche zusätzlichen Bedarfe kann eine schwangere Frau kurz vor der Geburt des Kindes gegenüber dem Jobcenter geltend machen?
8. Wer erhält Sozialgeld?
9. Wann kann das Arbeitslosengeld II vollständig entfallen?
10. Was ist ein „Jobcenter"?

## § 19 Sozialhilfe

### I. Überblick und Grundprinzipien

373 Ebenso wie die Grundsicherung für Arbeitsuchende hat auch die im SGB XII geregelte Sozialhilfe die **Aufgabe**, den Leistungsberechtigten die Führung eines Lebens zu ermöglichen, das der **Würde des Menschen** entspricht (§ 1 S. 1 SGB XII).

Hinweis: Auch § 1 S. 1 SGB XII stellt damit sowohl eine Schnittstelle zum Verfassungsrecht (Art. 1 Abs. 1 S. 2 GG, Art. 20 Abs. 1 GG) als auch zu den sozialen Rechten der §§ 2, 9 SGB I dar.

Allerdings sollen die Leistungen[1] des SGB XII, ebenso wie die des SGB II, den Leistungsberechtigten grundsätzlich nicht auf Dauer gewährt werden. Vielmehr sollen die Sozialhilfeleistungen den Leistungsberechtigten zur **Selbsthilfe** befähigen, damit er letztlich unabhängig von der Sozialhilfe leben, also seine Hilfebedürftigkeit **überwinden** kann (vgl. § 9 SGB I iVm § 1 SGB XII). Hieran müssen die Leistungsberechtigten **mitwirken** (vgl. § 9 SGB I iVm § 1 SGB XII).

Als existenzsichernde Grundsicherungsleistung ist auch die Sozialhilfe **nachrangig**. Leistungen der Sozialhilfe erhält daher derjenige **nicht**, der sich vor allem durch Einsatz seiner Arbeitskraft, seines Einkommens und seines Vermögens selbst helfen kann oder der die erforderliche Leistung von anderen, insbesondere von Angehörigen oder von Trägern anderer Sozialleistungen, erhält (§ 2 Abs. 1 SGB XII). Wer jedoch bedürftig ist, erhält Leistungen der Sozialhilfe unabhängig von der Frage, ob er die Bedürftigkeit selbst verursacht oder verschuldet hat. Dies gilt selbst in dem Falle, dass ein Leistungsberechtigter vorsätzlich oder grob fahrlässig sein Einkommen oder Vermögen in der Absicht vermindert hat, Sozialhilfe zu beziehen.[2] Ein Blick auf § 26 SGB XII zeigt, zeigt, dass dem Leistungsberechtigtem auch in diesem Fall das zum Lebensunterhalt Unerlässliche zu gewähren ist.

Hinweis: Nach § 41 Abs. 4 SGB XII hat keinen Anspruch auf Leistungen nach dem Vierten Kapitel SGB XII, wer in den letzten zehn Jahren die sozialhilferechtliche Bedürftigkeit vorsätzlich oder grob fahrlässig herbeigeführt hat. Dies bedeutet jedoch nicht, dass Betroffene in diesem Fall keine sozialhilferechtlichen Leistungen erhalten. Vielmehr ist für diesen Personenkreis die Gewährung von Leistungen nach dem Dritten Kapitel SGB XII wieder eröffnet, so dass § 26 SGB XII auch hier Anwendung findet.

374 Um den letzten Hinweis richtig verstehen zu können (Leistungen nach dem Vierten und dem Dritten Kapitel des SGB XII) ist es notwendig, dass wir uns nunmehr die **Leistungsbereiche** des SGB XII vor Augen führen. Dies gilt auch vor dem Hintergrund, dass diese Leistungsbereiche teilweise unterschiedlichen Regelungen folgen.

---

[1] Rechtstechnisch spricht das SGB XII allerdings nicht mehr von „*Leistungen*", sondern von „*Bedarfen*" (vgl. zB §§ 35, 35a, 42 SGB XII). Der Austausch dieser Begrifflichkeiten erfolgte mit Wirkung ab dem 1.1.2016 durch das Gesetz zur Änderung des Zwölften Buches Sozialgesetzbuch und anderer Vorschriften vom 21.12.2015 (BGBl. I 2015, 2557). Gleichwohl wird hier jedoch auch weiterhin der Begriff „Leistungen" und nicht der etwas sperrigere Begriff „Bedarfe" verwendet. Vgl. zu den Einzelheiten des Gesetzes juris-PR Sozialrecht 4/2026, Anm. 1 (Siefert).

[2] Allerdings kann ein solches Verhalten zu Kostenerstattungsansprüchen des Sozialhilfeträgers nach § 103 Abs. 1 SGB XII führen.

Das SGB XII unterscheidet im Wesentlichen **drei** verschiedene Leistungsbereiche. Das Vierte Kapitel des SGB XII (§§ 41–46b SGB XII) enthält die **Grundsicherung im Alter und bei Erwerbsminderung**. Diese Leistung, die im Wesentlichen Altersrentner und Erwerbsunfähige anspricht, ist nach § 5 Abs. 2 S. 2 SGB II gegenüber dem Sozialgeld und nach § 19 Abs. 2 S. 2 SGB II gegenüber der Hilfe zum Lebensunterhalt des Dritten Kapitels des SGB XII **vorrangig**.

**Beispiel:** Ein bedürftiger Altersrentner, dessen Rente nicht zur Deckung des Lebensunterhaltes ausreicht, hat nach § 19 Abs. 2 S. 2 SGB XII grundsätzlich (zur Ausnahme vgl. §§ 41 Abs. 4, 26 SGB XII) keinen Anspruch auf Hilfe zum Lebensunterhalt, sondern auf Grundsicherung im Alter und bei Erwerbsminderung.

Das Dritte Kapitel des SGB XII (§§ 27–40 SGB XII) enthält die bereits erwähnte **Hilfe zum Lebensunterhalt**. Da diese Sozialhilfeleistung im Verhältnis zu Grundsicherungsleistungen des SGB II nach § 5 Abs. 2 S. 1 SGB II, § 21 SGB XII und im Verhältnis zur Grundsicherung im Alter und bei Erwerbsminderung nach § 19 Abs. 2 S. 2 SGB XII **nachrangig** ist, ist der betroffene Kreis von Leistungsberechtigten für diese Leistungsart sehr eingeschränkt (vgl. hierzu noch Rn. 378). Als letzten großen Leistungsbereich gibt es dann noch die im Fünften bis Neunten Kapitel des SGB XII geregelten **Hilfen in unterschiedlichen Lebenslagen** (§§ 47–74 SGB XII), die besondere Bedarfssituationen (zB Krankheit, Pflege oder Behinderung) aufgreifen und regeln.

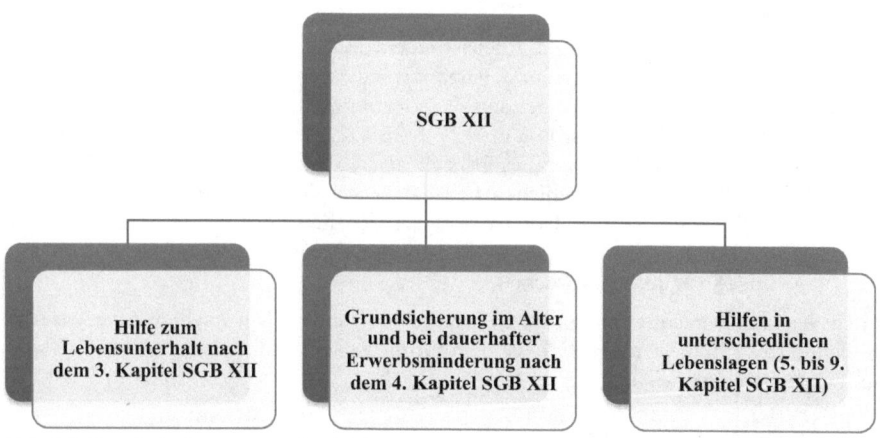

*Abb. 22: Das Leistungssystem des SGB XII*

Da Sozialhilfeleistungen, wie gezeigt, nur nachrangig gewährt werden, sind die Leistungsberechtigten grundsätzlich verpflichtet, eigenes **Einkommen** und **Vermögen** bedarfsdeckend einzusetzen. Die Einzelheiten hierzu sind in den §§ 82–96 SGB XII geregelt. Ähnlich wie das SGB II kennt auch das SGB XII **Freibeträge** (Einkommensgrenzen, § 85 SGB XII) und **Schonvermögen** (§ 90 Abs. 2 SGB XII).

Eine weitere Konsequenz der Nachrangigkeit von Sozialhilfe ist, dass Rückgriffe des Sozialhilfeträgers auf **Dritte** möglich sind. Zu denken ist hier insbesondere an **Unterhaltsansprüche** des Leistungsberechtigten gegenüber nahen Angehörigen. Derartige Ansprüche gehen in Höhe der geleisteten Sozialhilfe grundsätzlich nach den §§ 93 ff. SGB XII auf den Träger der Sozialhilfe über.

**Hinweis:** Dieser Anspruchsübergang hat für Leistungsberechtigte den Vorteil, dass sie im Falle von Bedürftigkeit nicht erst in (ggf. langwierigen) Prozessen Unterhaltsansprüche gegen Verwandte durchsetzen müssen, sondern dass sie gleich Sozialhilfeleistungen in Anspruch nehmen können. Aufgabe des Sozialhilfeträgers ist es dann, die auf ihn übergegangenen Unterhaltsansprüche durchzusetzen. Praktisch sehr bedeutsam ist dieses Vorgehen zB bei pflegebedürftigen Altersrentnern, deren Rentenhöhe die erforderlichen Pflegeleistungen nicht abdeckt.

Gem. Art. 8 Abs. 3 des Gesetzes zur Entlastung unterhaltsverpflichteter Angehöriger in der Sozialhilfe und in der Eingliederungshilfe (Angehörigen-Entlastungsgesetz)[3] sind wesentliche Teile dieses Gesetzes zum 1.1.2020 in Kraft getreten.[4] Hinzuweisen ist im Hinblick auf den Übergang von Unterhaltsansprüchen insbesondere auf Art. 1 Nr. 8 b Angehörigen-Entlastungsgesetz. Dieser ordnet die Einfügung eines neuen § 94 Abs. 1 SGB XII an, nach dem Unterhaltsansprüche der Leistungsberechtigten gegenüber ihren Kindern und Eltern nicht zu berücksichtigen sind, es sei denn, deren jährliches Gesamteinkommen beträgt jeweils mehr als 100 000 EUR. Der Übergang von Ansprüchen der Leistungsberechtigten ist in diesem Fall ausgeschlossen. Zudem wird vermutet, dass das Einkommen der unterhaltsverpflichteten Personen die Jahreseinkommensgrenze von 100.000 € nicht überschreitet. Die Vermutung kann vom Träger der Sozialhilfe widerlegt werden.

## II. Leistungsberechtigter Personenkreis

376　Da das SGB XII mit seinen Sozialhilfeleistungen drei unterschiedliche Leistungsbereiche anspricht, differenzieren auch die leistungsberechtigten Personen nach den jeweiligen Leistungen. Der leistungsberechtigte Personenkreis für die **Hilfe zum Lebensunterhalt** ergibt sich aus § 19 Abs. 1 iVm § 27 SGB XII, der für die **Grundsicherung im Alter und bei Erwerbsminderung** ergibt sich aus § 19 Abs. 2 iVm § 41 SGB XII und der für die **Hilfe in unterschiedlichen Lebenslagen** ergibt sich grundsätzlich aus § 19 Abs. 3 SGB XII. Aufgrund der Unterschiede werden Einzelheiten zur Bestimmung des leistungsberechtigten Personenkreises im Zusammenhang mit den unterschiedlichen Leistungen der Sozialhilfe besprochen.

Nicht leistungsberechtigt nach dem SGB XII sind grundsätzlich **Asylbewerber**[5], **Auszubildende** bzw. **Studierende** (sofern sie dem Grunde nach förderfähig nach BAföG sind) und **erwerbsfähige Leistungsberechtigte**[6].

## III. Leistungen der Sozialhilfe

377　Wie bereits erwähnt, kennt das SGB XII grundsätzlich drei unterschiedliche Sozialhilfeleistungen (Hilfe zum Lebensunterhalt, Grundsicherung im Alter und bei Erwerbsminderung und die Hilfe in unterschiedlichen Lebenslagen). Diese Leistungen, so unterschiedlich sie im Einzelnen auch sind, eint das Ziel, den Leistungsberechtigten ein Leben in Würde zu ermöglichen. Dementsprechend besteht – bei Vorliegen der jeweiligen Voraussetzungen – für Leistungsberechtigte auch ein **Anspruch** auf Sozial-

---

3　Angehörigen-Entlastungsgesetz v. 10.12.2019 (BGBl. I S. 2135).
4　Art. 2 Nr. 2 Buchstabe c des Gesetzes wird erst zum 1.1.2023 in Kraft treten, während Art. 1 Nr. 4 und Art. 2 Nr. 10 Buchstabe b und Nr. 11 bereits am Tag nach der Verkündung des Gesetzes in Kraft getreten sind.
5　Asylbewerber haben Leistungsansprüche nach dem Asylbewerberleistungsgesetz; vgl. aber auch § 2 Abs. 1 Asylbewerberleistungsgesetz.
6　Deren Leistungsansprüche ergeben sich aus dem SGB II.

hilfe (§ 17 Abs. 1 SGB XII). In welcher Art[7] und nach welchem Maß[8] allerdings die Sozialhilfe zu erbringen ist, liegt nach § 17 Abs. 2 SGB XII grundsätzlich im **Ermessen** des Sozialhilfeträgers, so dass Leistungsberechtigte diesbezüglich nur einen Anspruch auf die Ausübung pflichtgemäßen Ermessens haben.

Anders als andere Sozialleistungen ist die Sozialhilfe **nicht** in jedem Fall **antragsabhängig**. Das Erfordernis einer **Antragstellung** als Voraussetzung für die Leistungsgewährung ergibt sich für die **Grundsicherung im Alter und bei Erwerbsminderung** (§ 18 Abs. 1 SGB XII), für **Leistungen zur Bildung und Teilhabe** nach § 34 Abs. 2 und 4–7 SGB XII (§ 34a Abs. 1 S. 1 SGB XII), bei **ergänzenden Darlehen** (§ 37 Abs. 1 SGB XII und bei **Sozialhilfeleistungen für Deutsche im Ausland** (§ 24 Abs. 4 S. 1 SGB XII). Seit dem 1.1.2016 ist auch die Bewilligung von (bestimmten)[9] Leistungen zur Deckung von Mehrbedarfen nach § 44 Abs. 1 S. 2 SGB XII antragsabhängig.[10] Ansonsten setzt die Sozialhilfe nach § 18 Abs. 1 SGB XII ein, sobald dem Träger der Sozialhilfe oder den von ihm beauftragten Stellen **bekannt wird**, dass die Voraussetzungen für die Leistung der Sozialhilfe vorliegen.

Sozialhilfe wird grundsätzlich nur dann gewährt, wenn eine **gegenwärtige** Notlage des Bedürftigen vorliegt.[11] Rückwirkende Sozialhilfe ist damit im Regelfall ausgeschlossen.[12]

## 1. Hilfe zum Lebensunterhalt

Hilfe zum Lebensunterhalt erhält nach § 19 Abs. 1 SGB XII, wer seinen **notwendigen Lebensunterhalt** nicht oder nicht ausreichend aus eigenen Kräften und Mitteln, insbesondere aus seinem Einkommen und Vermögen, bestreiten kann. Diese Definition des **leistungsberechtigten Personenkreises** wird in § 27 Abs. 1 SGB XII wiederholt und in den weiteren Absätzen dieser Vorschrift konkretisiert. Im Hinblick auf Grundsicherungsleistungen nach dem SGB II und auf die weiteren Sozialhilfeleistungen des SGB XII spricht die Hilfe zum Lebensunterhalt nur einen eingeschränkten Personenkreis an. Dies sind Menschen, die im Falle von Bedürftigkeit **keine anderen Leistungsansprüche** haben. Hierunter fallen zB Menschen, deren Erwerbsminderung nicht dauerhaft gemindert ist und die daher keine Leistungen der Grundsicherung im Alter und bei Erwerbsminderung erhalten (vgl. hierzu Rn. 380). Leben diese Leistungsberechtigten mit nicht getrennt lebenden Ehegatten bzw. Lebenspartnern nach dem Lebenspartnerschaftsgesetz und mit minderjährigen unverheirateten Kindern in einem Haushalt zusammen, dann bilden sie nach § 27 Abs. 2 S. 2, 3 SGB XII eine **Einsatzgemeinschaft**, in der Einkommen und Vermögen dieser Personen gemeinsam berücksichtigt werden.[13]

Die, in §§ 27–40 SGB XII geregelten Leistungen der Hilfe zum Lebensunterhalt sollen den **notwendigen Lebensunterhalt** der Leistungsberechtigten sicherstellen. Dieser

378

---

7 Als Dienst-, Geld- und Sachleistung (§ 10 SGB XII).
8 Umfang der Leistung.
9 Nicht betroffen sind die Mehrbedarfe nach § 30 SGB XII (vgl. §§ 42 Nr. 2 iVm 31, 33 SGB XII).
10 Eingefügt durch das Gesetz zur Änderung des Zwölften Buches Sozialgesetzbuch und anderer Vorschriften vom 21.12.2015 (BGBl. I 2015, 2557). Vgl. zu den Einzelheiten des Gesetzes juris-PR Sozialrecht 4/2026, Anm. 1 (Siefert).
11 BVerwG 13.1.1983 – 5 C 98/81, BVerwGE 66, 335 ff.
12 Vgl. zu den Ausnahmen Waltermann u.a., Sozialrecht, Rn. 545 (mwN); Muckel/Ogorek/Rixen, Sozialrecht, § 14 Rn. 43 ff.
13 Vgl. hierzu und insbesondere auch zu den Unterschieden zwischen Einsatz- und Haushaltsgemeinschaft Kunkel in: Klinger/Kunkel/Pattar/Peters, Existenzsicherungsrecht, 4. Kapitel Rn. 65 ff.

umfasst nach § 27a Abs. 1 SGB XII insbesondere Ernährung, Kleidung, Körperpflege, Hausrat, Haushaltsenergie (ohne die auf Heizung und Erzeugung von Warmwasser entfallenden Anteile), persönliche Bedürfnisse des täglichen Lebens sowie Unterkunft und Heizung. Zu den persönlichen Bedürfnissen des täglichen Lebens gehört nach § 27a Abs. 1 S. 2 SGB XII in vertretbarem Umfang eine Teilhabe am sozialen und kulturellen Leben in der Gemeinschaft. Der so verstandene notwendige Lebensunterhalt ergibt, mit Ausnahme der zusätzlichen Bedarfe (§§ 30–33 SGB XII), der Bedarfe für Bildung und Teilhabe (§§ 34–34b SGB XII) und der Bedarfe für Unterkunft und Heizung (§§ 35–36 SGB XII) den monatlichen **Regelbedarf**.

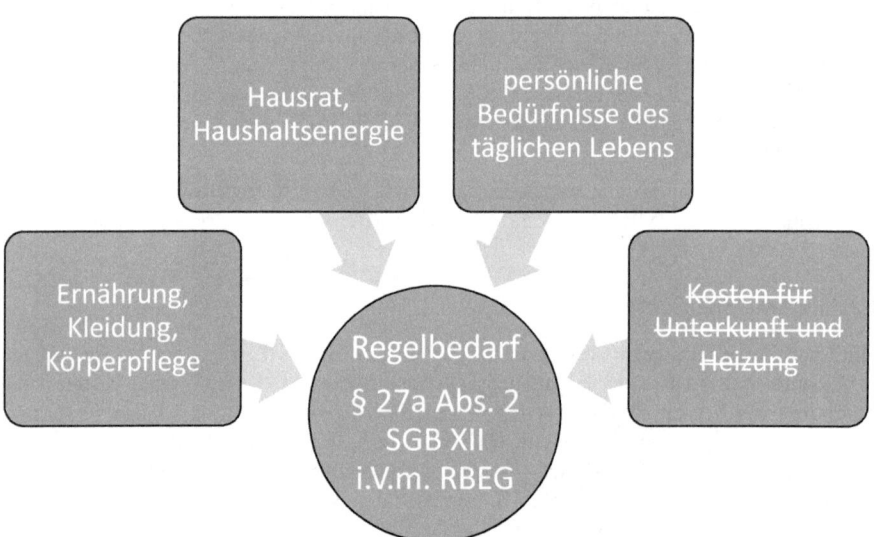

*Abb. 23: Zusammensetzung des monatlichen Regelbedarfs*

Dieser Regelbedarf wird, so wie im Grundsicherungsrecht des SGB II, grundsätzlich[14] nicht konkret berechnet, sondern durch die Zahlung von **pauschalen Regelsätzen** abgegolten. Er ist in (altersabhängigen) **Regelbedarfsstufen** unterteilt, die sich nach § 27a Abs. 3 SGB XII aus der Anlage zu § 28 SGB XII ergeben. Diese Regelbedarfsstufen müssen durch Gesetz geregelt[15] und nach den §§ 28a, 29, 40 SGB XII jährlich fortgeschrieben werden. Auch die Ermittlung der Regelsatzhöhe nach dem SGB XII richtet sich nach dem RBEG (vgl. hierzu bereits Rn. 365).

Zum Stichtag 1.1. 2022 gelten folgende Regelbedarfsstufen:

- *Regelbedarfsstufe 1*: 449 EUR
  Für jede erwachsene Person, die in einer Wohnung nach § 42a Abs. 2 S. 2 SGB XII lebt und für die nicht Regelbedarfsstufe 2 gilt.
- *Regelbedarfsstufe 2*: 404 EUR
  Für jede erwachsene Person, wenn sie

---

14 Vgl. zB § 27a Abs. 4 SGB XII; s. zu den Einzelheiten Kokemoor, Sozialrecht, Rn. 404.
15 BVerfG 9.2.2010 – 1 BvL 1/09, BVerfGE 125, 175 ff.

# § 19 Sozialhilfe

- 1. in einer Wohnung nach § 42a Absatz 2 Satz 2 mit einem Ehegatten oder Lebenspartner oder in eheähnlicher oder lebenspartnerschaftsähnlicher Gemeinschaft mit einem Partner zusammenlebt oder
- 2. nicht in einer Wohnung lebt, weil ihr allein oder mit einer weiteren Person ein persönlicher Wohnraum und mit weiteren Personen zusätzliche Räumlichkeiten nach § 42a Absatz 2 Satz 3 zur gemeinschaftlichen Nutzung überlassen sind.
- *Regelbedarfsstufe 3*: 360 EUR
  Für eine erwachsene Person, deren notwendiger Lebensunterhalt sich nach § 27b SGB XII bestimmt.
- *Regelbedarfsstufe 4*: 376 EUR
  Für eine Jugendliche oder einen Jugendlichen vom Beginn des 15. bis zur Vollendung des 18. Lebensjahres.
- *Regelbedarfsstufe 5*: 311 EUR
  Für ein Kind vom Beginn des siebten bis zur Vollendung des 14. Lebensjahres.
- *Regelbedarfsstufe 6*: 285 EUR
  Für ein Kind bis zur Vollendung des sechsten Lebensjahres.[16]

Auch die Regelsätze des SGB XII werden im Rahmen der Einfügung des Bürgergeldes ab 1.1.2023 angepasst. Dies geschieht wie folgt:

- *Regelbedarfsstufe 1*: 502 EUR
- *Regelbedarfsstufe 2*: 451 EUR
- *Regelbedarfsstufe 3*: 402 EUR
- *Regelbedarfsstufe 4*: 420 EUR
- *Regelbedarfsstufe 5*: 348 EUR
- *Regelbedarfsstufe 6*: 318 EUR.

Neben dem Regelbedarf gewährt die Hilfe zum Lebensunterhalt Mehr- und einmalige Bedarfe (zB Mehrbedarf für Schwangere, § 30 Abs. 2 SGB XII, Erstausstattungen für die Wohnung, § 31 Abs. 1 Nr. 1 SGB XII), Bedarfe für Bildung und Teilhabe (§§ 34–34b SGB XII) und Leistungen für Unterkunft und Heizung (§§ 35–36 SGB XII). Diese Leistungen entsprechen in ihrer Struktur weitestgehend den gleichartigen Leistungen des SGB II, so dass auf die dortigen Ausführungen verwiesen werden kann (vgl. Rn. 369).

## 2. Grundsicherung im Alter und bei Erwerbsminderung

Nach § 19 Abs. 2 SGB XII, der durch § 41 SGB XII präzisiert wird, ist **Grundsicherung im Alter und bei Erwerbsminderung** solchen, im Inland lebenden, Personen zu leisten, die die **Altersgrenze** nach § 41 Abs. 2 SGB XII **erreicht** haben oder das 18. Lebensjahr vollendet haben und **dauerhaft voll erwerbsgemindert** sind, sofern sie ihren notwendigen Lebensunterhalt nicht oder nicht ausreichend aus eigenen Kräften und Mitteln, insbesondere aus ihrem Einkommen und Vermögen, bestreiten können. Angesprochen sind damit Altersrentner und dauerhaft voll Erwerbsgeminderte. Die Grundsicherung

---

16 Anlage zu § 28 SGB XII Verordnung zur Bestimmung des für die Fortschreibung der Regelbedarfsstufen nach § 28a und des Teilbetrags nach § 34 Absatz 3a Satz 1 des Zwölften Buches Sozialgesetzbuch maßgeblichen Prozentsatzes sowie zur Ergänzung der Anlagen zu §§ 28 und 34 des Zwölften Buches Sozialgesetzbuch für das Jahr 2022 (Regelbedarfsstufen-Fortschreibungsverordnung 2022 – RBSFV 2022), BGBl. 2021 I, 4389.

im Alter und bei Erwerbsminderung hat damit zwei Schnittstellen zum Recht der gesetzlichen Rentenversicherung (SGB VI). So bildet zum Einen die Altersgrenze des § 41 Abs. 2 SGB XII die Altersrentengrenzen des SGB VI ab, ohne jedoch einen tatsächlichen Rentenbezug vorauszusetzen.[17] Zum Anderen nimmt § 41 Abs. 3 SGB XII im Hinblick auf die volle Erwerbsminderung explizit auf § 43 Abs. 2 SGB VI Bezug[18], so dass volle Erwerbsminderung iS § 41 Abs. 1 SGB XII dann vorliegt, wenn der Betroffene wegen Krankheit oder Behinderung auf nicht absehbare Zeit außerstande ist, unter den üblichen Bedingungen des allgemeinen Arbeitsmarktes mindestens drei Stunden täglich erwerbstätig zu sein. Eine „dauerhafte" volle Erwerbsminderung liegt nach § 41 Abs. 3 SGB XII iVm § 102 Abs. 3 S. 5 SGB VI vor, wenn unwahrscheinlich ist, dass die Erwerbsminderung behoben werden kann, was nach neun Jahren vermutet wird. Das Verfahren zur Feststellung der dauerhaften vollen Erwerbsminderung ist in § 45 SGB XII geregelt.

381 Der **Leistungsumfang** der Grundsicherung im Alter und bei Erwerbsminderung ergibt sich aus § 42 SGB XII. Im Wesentlichen entspricht er dem der Hilfe zum Lebensunterhalt nach den §§ 27 ff. SGB XII. § 42 Nr. 3 SGB XII verweist auf die Bedarfe für Bildung und Teilhabe nach dem Dritten Abschnitt des Dritten Kapitels, und damit also auch auf die Bedarfe nach § 34 SGB XII. Davon ausgenommen ist lediglich der Bedarf zur Teilhabe am sozialen und kulturellen Leben in der Gemeinschaft nach § 34 Abs. 7 SGB XII, da dieser lediglich Minderjährigen zusteht, die nicht anspruchsberechtigt nach dem Vierten Kapitel SGB XII sind.

Nach § 18 Abs. 1 SGB XII ist die Grundsicherung im Alter und bei Erwerbsminderung **antragsabhängig**[19] und wird nach § 44 Abs. 1 S. 1 SGB XII für einen Bewilligungszeitraum von **zwölf Monaten** erbracht.

### 3. Hilfe in unterschiedlichen Lebenslagen

382 Im Fünften bis Neunten Kapitel des SGB XII sind, auch darauf wurde bereits einleitend hingewiesen, die **Hilfen in unterschiedlichen Lebenslagen** (§§ 47–74 SGB XII) geregelt. Diese Hilfen greifen besondere Bedarfssituationen des Lebens auf und regeln sie. Dies sind etwa die **Hilfen zur Gesundheit** (§§ 47–52 SGB XII), deren praktische Bedeutung im Hinblick auf die Übernahme der Krankenbehandlung für nicht Versicherungspflichtige nach § 264 SGB V und auf den Auffangtatbestand des § 5 Abs. 1 Nr. 13 SGB V stark zurückgegangen ist. Demgegenüber haben die **Hilfen zur Pflege** (§§ 61–66 SGB XII) gerade vor dem Hintergrund von Altersarmut recht große praktische Bedeutung, da sie über die Leistungen der sozialen Pflegeversicherung hinausgehen können (§ 61 Abs. 1 S. 2 SGB XII). Die **Hilfen zur Überwindung besonderer sozialer Schwierigkeiten** (§§ 67–69 SGB XII) werden Personen gewährt, bei denen besondere Lebensverhältnisse mit sozialen Schwierigkeiten verbunden sind, und die nicht fähig sind, diese Schwierigkeiten aus eigener Kraft zu überwinden. Betroffen hiervon sind etwa Obdachlose oder Strafgefangene. Die **Hilfe in anderen Lebenslagen** (§§ 70–74 SGB XII) umfasst Hilfe zur Weiterführung des Haushalts, Alten- und Blindenhilfe

---

17 Richter in: Grube/Wahrendorf, SGB XII, § 41 Rn. 52.
18 Daher kann hier auch auf die Ausführungen zur Erwerbsminderungsrente verwiesen werden. Vgl. hierzu Rn. 302 ff.
19 Dies gilt jedoch nur für den Erstantrag. Nach Ablauf des Bewilligungszeitraums ist ein Folgeantrag nicht erforderlich, vgl. BSG 29.9.2009 – B 8 SO 13/08 R, BSGE 104, 207 ff.

sowie die Übernahme von Bestattungskosten. Mit der Hilfe in sonstigen Lebenslagen können atypische Einzelfälle sozialhilferechtlich geregelt werden.

### IV. Träger der Sozialhilfe

Für die Erbringung der Sozialhilfe ist nach § 97 Abs. 1 **sachlich** grundsätzlich der **örtliche Träger der Sozialhilfe** zuständig. Dies sind nach § 3 Abs. 2 SGB XII regelmäßig die kreisfreien Städte und Landkreise. Das jeweilige Landesrecht kann hiervon jedoch Ausnahmen vorsehen. Die Länder bestimmen zudem die **überörtlichen** Träger der Sozialhilfe und deren Zuständigkeiten (vgl. §§ 3 Abs. 3, 97 Abs. 2 u. 3 SGB XII).

383

Die **örtliche** Zuständigkeit richtet sich nach § 98 SGB XII, der im Wesentlichen auf den tatsächlichen Aufenthalt des Leistungsberechtigten abstellt.

### V. Wiederholungs- und Vertiefungsfragen

1. Ist es rechtlich zulässig, einem Hilfebedürftigen, der in den Anwendungsbereich des SGB XII fällt, dann, wenn er sein Einkommen vorsätzlich oder grob fahrlässig so gemindert hat, dass er sozialhilfebedürftig wird, Leistungen zum Lebensunterhalt vollständig zu verweigern?
2. Was ist unter der Nachrangigkeit von Sozialhilfe zu verstehen?
3. Ist die Sozialhilfe antragsabhängig?
4. Was sind Regelbedarfsstufen?
5. Woraus setzt sich der monatliche Regelbedarf zusammen?
6. Was ist unter einer Einsatzgemeinschaft zu verstehen?
7. Welche Form der Sozialhilfe können Bedürftige in Anspruch nehmen, die zwar erwerbsgemindert sind, jedoch nicht auf Dauer?
8. Ist die Grundsicherung im Alter vom tatsächlichen Rentenbezug abhängig?
9. Wonach richtet sich die örtliche Zuständigkeit des Sozialhilfeträgers?
10. Erbringt der Sozialhilfeträger auch Rehabilitationsleistungen?

## § 20 Kinder- und Jugendhilfe[1]

### I. Überblick

384 Das Recht der Kinder- und Jugendhilfe ist im SGB VIII geregelt. Hintergrund des eigenständigen Kinder- und Jugendhilferechts ist, dass sich **soziale Gerechtigkeit**, Aufgabe und Ziel des SGB, nur erreichen lässt, wenn jeder auf die gleichen Voraussetzungen zur freien Entfaltung seiner Persönlichkeit trifft. Dies gilt insbesondere für die Entwicklung von Kindern und Jugendlichen.[2] Junge Menschen und Personensorgeberechtigte haben daher nach § 8 SGB I das Recht, Leistungen der öffentlichen Jugendhilfe in Anspruch zu nehmen. Diese Leistungen sollen die Entwicklung junger Menschen fördern und die Erziehung in der Familie unterstützen und ergänzen. Welche Leistungen die öffentliche Kinder- und Jugendhilfe grundsätzlich umfasst, zeigt ein Blick auf § 27 SGB I. Nach § 27 Abs. 1 SGB I können im Rahmen der Kinder- und Jugendhilfe Angebote der Jugendarbeit, der Jugendsozialarbeit und des erzieherischen Jugendschutzes, Angebote zur Förderung der Erziehung in der Familie, Angebote zur Förderung von Kindern in Tageseinrichtungen und in Tagespflege, Hilfe zur Erziehung, Eingliederungshilfe für seelisch behinderte Kinder und Jugendliche sowie Hilfe für junge Volljährige in Anspruch genommen werden. Konkretisiert wird diese Aufzählung in § 2 SGB VIII. Eine Betrachtung dieser Leistungen zeigt, dass es sich bei ihnen nicht um klassische Sozialleistungen handelt, die regelmäßig in Geld oder geldwerten Sach- und Dienstleistungen bestehen.[3] Vielmehr sind die Leistungen der Kinder- und Jugendhilfe durch ihren Fördercharakter gekennzeichnet. Personensorgeberechtigten und junge Menschen sollen beim Auftreten von Erziehungs- bzw. Entwicklungsmangellagen durch erzieherische Hilfen gefördert werden. Diese Leistungen werden vom SGB VIII als „**Leistungen der Jugendhilfe**" bezeichnet.

Diese Förderleistungen, die zudem dadurch gekennzeichnet sind, dass sie größtenteils Angebotscharakter haben[4], sind aber nur die eine Seite der Kinder- und Jugendhilfe. Die andere – hoheitliche – Seite findet ihre Begründung in Art. 6 Abs. 2 GG. Danach sind Pflege und Erziehung der Kinder zwar das natürliche Recht der Eltern und damit auch die ihnen zuerst obliegende Pflicht. Über ihre Betätigung wacht allerdings die staatliche Gemeinschaft. Dementsprechend enthält das SGB VIII auch Schutzvorschriften für Kinder- und Jugendliche, die notfalls mit staatlicher Gewalt durchgesetzt werden können. Zu denken ist hier insbesondere an die Inobhutnahme von Kindern und Jugendlichen durch das Jugendamt nach § 42 SGB VIII. Das SGB VIII bezeichnet diese Aufgaben als „**Andere Aufgaben der Jugendhilfe**".

---

[1] Aufgrund der Tatsache, dass dieses Lehrbuch nur eine Einführung in das Sozialrecht darstellt, wird nachfolgend auch nur ein Grundriss des Kinder- und Jugendhilferechts dargestellt. Hinsichtlich der Einzelheiten sei auf weiterführende Werke verwiesen, zB Kepert/Kunkel, Kinder- und Jugendhilferecht, 7. Aufl. 2021; Münder/Trenczek/von Boetticher/Tammen, Kinder- und Jugendhilferecht, 9. Aufl. 2020.
[2] Vgl. Eichenhofer, Sozialrecht, Rn. 569.
[3] Kokemoor, Sozialrecht, Rn. 416.
[4] Sie müssen beantragt und können nur im Ausnahmefall (§§ 1666, 1666a BGB) angeordnet werden.

# § 20 Kinder- und Jugendhilfe

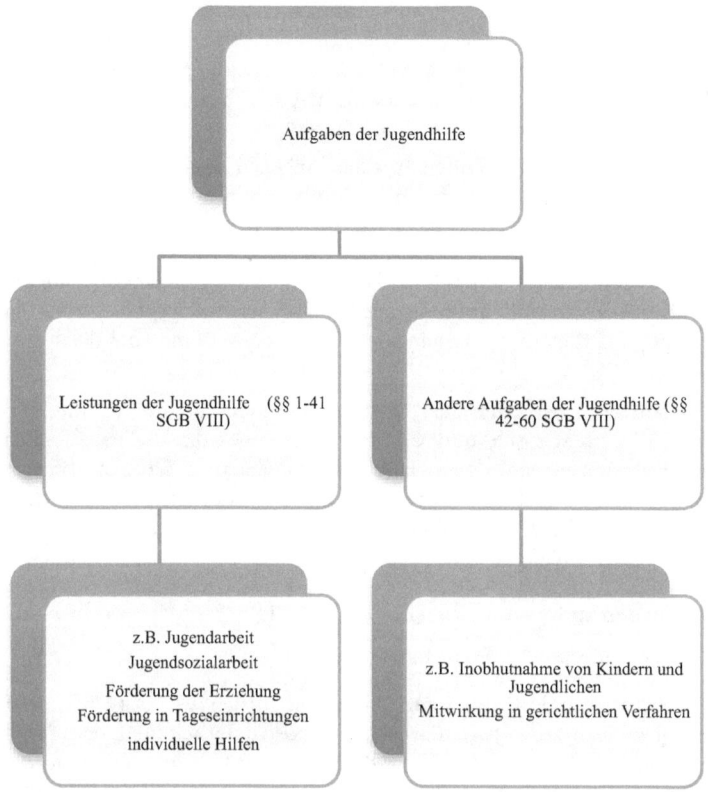

*Abb. 24: Überblick über die Aufgaben der Kinder- und Jugendhilfe*

## II. Grundprinzipien der Kinder- und Jugendhilfe

Das Kinder- und Jugendhilferecht des SGB VIII ist weniger eingriffs-, als förderorientiert.[5] Für die Förderung von Kindern und Jugendlichen ist es von ausschlaggebender Bedeutung, dass eine ausreichende Infrastruktur an Förder- und Hilfsangeboten vorhanden ist. Dies sicherzustellen, ist eine wesentliche Aufgabe der Träger der öffentlichen Jugendhilfe. Diese haben dafür zu sorgen, dass die zur Förderung bzw. zur Hilfeleistung erforderlichen Leistungen, Dienste, Einrichtungen etc vorhanden sind.[6]

Hierbei ist das Kinder- und Jugendhilferecht des SGB VIII im Hinblick auf die **Leistungen der Jugendhilfe** vom Grundsatz der **Subsidiarität** gekennzeichnet. Dies bedeutet, dass zwar nach § 3 Abs. 2 S. 1 SGB VIII Leistungen der Jugendhilfe von Trägern der freien und der öffentlichen Jugendhilfe erbracht werden. Allerdings soll nach § 4 Abs. 2 SGB VIII die öffentliche Jugendhilfe von eigenen Maßnahmen absehen, soweit geeignete Einrichtungen, Dienste und Veranstaltungen von anerkannten Trägern der freien Jugendhilfe betrieben werden oder rechtzeitig geschaffen werden können. Leistungsverpflichtungen, die durch das SGB VIII begründet werden, richten sich je-

385

---

5 Waltermann u.a., Sozialrecht, Rn. 567.
6 Kokemoor, Sozialrecht, Rn. 416; Waltermann u.a., Sozialrecht, Rn. 567.

doch nach § 3 Abs. 2 S. 2 SGB VIII allein an die Träger der öffentlichen Jugendhilfe. Diese sind damit auch für die Durchführung des Verwaltungsverfahrens (ua Entgegennahme von Anträgen, Sachverhaltsermittlung, Entscheidung) zuständig. Die konkrete Leistungserbringung (zB Erziehungsberatung nach § 28 SGB VIII) erfolgt dann aber überwiegend durch Träger der freien Jugendhilfe.

„Andere Aufgaben der Jugendhilfe" werden hingegen nach § 3 Abs. 3 S. 1 SGB VIII regelmäßig von den Trägern der öffentlichen Jugendhilfe wahrgenommen und können nur im Ausnahmefall auf freie Träger übertragen werden.

Hinweis: Nach § 3 Abs. 3 S. 2 SGB VIII bedarf die Wahrnehmung anderer Aufgaben durch die Träger der freien Jugendhilfe einer ausdrücklichen gesetzlichen Ermächtigung. Eine solche Ermächtigung findet sich etwa in § 76 SGB VIII oder für die Adoptionsvermittlung in § 2 Abs. 2 AdVermiG.

Im Hinblick auf die Leistungen der Jugendhilfe besteht für die Leistungsberechtigten nach § 5 SGB VIII ein **Wunsch- und Wahlrecht**. Sie haben das Recht, zwischen Einrichtungen und Diensten verschiedener Träger zu wählen und Wünsche hinsichtlich der Gestaltung der Hilfe zu äußern und sind auf dieses Recht auch hinzuweisen. Der Wahl und den Wünschen der Leistungsberechtigten soll entsprochen werden, sofern dies nicht mit unverhältnismäßigen Mehrkosten verbunden ist.

### III. Leistungen und andere Aufgaben der Jugendhilfe

#### 1. Leistungen der Kinder- u. Jugendhilfe

386  Die Leistungen der Kinder- und Jugendhilfe sind in den §§ 11–41 SGB VIII geregelt und umfassen zunächst die **Jugendarbeit, Jugendsozialarbeit und den erzieherischen Kinder- und Jugendschutz** (§§ 11–15 SGB VIII). Diese Leistungsangebote richten sich grundsätzlich an alle **jungen Menschen**.

Hinweis: Das SGB VIII verfügt mit § 7 SGB VIII über eine Vorschrift, die unterschiedliche Begriffsdefinitionen enthält. Die Kenntnis dieser Begrifflichkeiten ist für das Verständnis des SGB VIII erforderlich, da sie teilweise nicht mit Begriffsdefinitionen anderer SGB übereinstimmen. Nach § 7 Abs. 1 SGB VIII ist:

> **Kind**, wer noch nicht 14 Jahre alt ist,
> **Jugendlicher**, wer 14, aber noch nicht 18 Jahre alt ist,
> **junger Volljähriger**, wer 18, aber noch nicht 27 Jahre alt ist,
> **junger Mensch**, wer noch nicht 27 Jahre alt ist,
> **Personensorgeberechtigter**, wem allein oder gemeinsam mit einer anderen Person nach den Vorschriften des Bürgerlichen Gesetzbuchs die Personensorge zusteht,
> **Erziehungsberechtigter**, der Personensorgeberechtigte und jede sonstige Person über 18 Jahre, soweit sie aufgrund einer Vereinbarung mit dem Personensorgeberechtigten nicht nur vorübergehend und nicht nur für einzelne Verrichtungen Aufgaben der Personensorge wahrnimmt.

Des Weiteren umfassen die Leistungen der Jugendhilfe Leistungen zur **Förderung der Erziehung in der Familie** (§§ 16–21 SGB VIII). Hierzu zählt etwa die Beratung in Fragen der Partnerschaft, Trennung und Scheidung (§ 17 SGB VIII), die Beratung und Unterstützung bei Ausübung der Personensorge und des Umgangsrechts (§ 18

### § 20 Kinder- und Jugendhilfe

SGB VIII) oder die Betreuung und Versorgung des Kindes in Notsituationen (§ 20 SGB VIII). Diese Leistungsangebote richten sich in erster Linie an **Mütter, Väter** und **Personensorgeberechtigte**.

Die §§ 22–26 SGB VIII enthalten Leistungen zur **Förderung von Kindern in Tageseinrichtungen und in Kindertagespflege**. Zu diesen Leistungen zählt auch der Anspruch auf Förderung in Tageseinrichtungen und in Kindertagespflege, nachdem ein Kind, das das **erste Lebensjahr vollendet hat**, bis zur Vollendung des dritten Lebensjahres Anspruch auf frühkindliche Förderung in einer Tageseinrichtung oder in Kindertagespflege hat.

Ein sehr wichtiges Leistungsspektrum enthalten die in den §§ 27–35 SGB VIII geregelten **Hilfen zur Erziehung**. Diese gewähren Personensorgeberechtigten einen Anspruch auf verschiedene erzieherische Hilfen. Voraussetzung hierfür ist nach § 27 Abs. 1 SGB VIII das Vorliegen eines Erziehungsbedarfs („…wenn eine dem Wohl des Kindes oder des Jugendlichen entsprechende Erziehung nicht gewährleistet ist…").

**Hinweis:** Der Anspruch auf Hilfen zur Erziehung steht nach der ausdrücklichen Regelung in § 27 Abs. 1 SGB VIII allein dem **Personensorgeberechtigten** und nicht etwa dem Kind oder Jugendlichen zu. Gegen den Willen der Personensorgeberechtigten sind erzieherische Hilfen daher nur im Rahmen der §§ 8a, 42 SGB VIII und §§ 1666, 1666a BGB möglich.

**Grundnorm** für die Hilfen zur Erziehung ist § 27 Abs. 1 SGB VIII. Erst wenn dessen Voraussetzungen vorliegen, ist die Bewilligung einer konkreten erzieherischen Hilfe nach den §§ 28–35 SGB VIII möglich. Welche konkrete Hilfe zu leisten ist richtet sich gemäß § 27 Abs. 2 SGB VIII nach dem erzieherischen Bedarf im Einzelfall. Möglich sind zB Erziehungsberatung (§ 28 SGB VIII), Sozialpädagogische Familienhilfe (§ 31 SGB VIII) oder Vollzeitpflege (§ 33 SGB VIII).

Ebenfalls von großer praktischer Bedeutung ist die **Eingliederungshilfe für seelisch behinderte Kinder und Jugendliche** nach § 35a SGB VIII. Bei diesen Eingliederungshilfen handelt es sich um Leistungen iSd Rehabilitationsrechts (vgl. hierzu Rn. 393). Der Träger der öffentlichen Jugendhilfe ist nach § 6 Abs. 1 Nr. 6 SGB IX Rehabilitationsträger. Hinsichtlich des Leistungsumfangs verweist § 35a Abs. 3 SGB VIII auf Kapitel 6 des Teils 1 SGB IX sowie § 90 und die Kapitel 3 bis 6 des Teils 2 SGB IX.

**Hinweis:** Anspruchsberechtigt sind nach § 35a Abs. 1 S. 1 SGB VIII die Kinder und Jugendlichen und **nicht** der Personensorgeberechtigte. Voraussetzung für die Bewilligung von Eingliederungshilfen iS § 35a SGB VI ist aber das Vorliegen einer <u>seelischen</u> Behinderung. Kinder und Jugendliche, die an einer geistigen oder körperlichen Behinderung leiden, sind nicht anspruchsberechtigt. Für sie sind Eingliederungsleistungen anderer Rehabilitationsträger zu prüfen.

#### 2. Andere Aufgaben der Jugendhilfe

Zu den „anderen Aufgaben der Jugendhilfe" zählen die in § 42 SGB VIII geregelten **vorläufigen Maßnahmen zum Schutz von Kindern und Jugendlichen in der Form der Inobhutnahme**. Unter Inobhutnahme ist die vorläufige Unterbringung eines Kindes oder eines Jugendlichen bei einer geeigneten Person, in einer geeigneten Einrichtung oder in einer sonstigen Wohnform zu verstehen (§ 42 Abs. 1 S. 2 SGB VIII). Das Jugendamt kann nach § 42 Abs. 1 S. 1 SGB VIII eine Inobhutnahme durchführen, wenn

387

- das Kind oder der Jugendliche um Obhut bittet oder
- eine dringende Gefahr für das Wohl des Kindes oder des Jugendlichen die Inobhutnahme erfordert und
  a) die Personensorgeberechtigten nicht widersprechen oder
  b) eine familiengerichtliche Entscheidung nicht rechtzeitig eingeholt werden kann oder
- ein ausländisches Kind oder ein ausländischer Jugendlicher unbegleitet nach Deutschland kommt und sich weder Personensorge- noch Erziehungsberechtigte im Inland aufhalten.[7]

Hinsichtlich der Feststellung einer **Kindeswohlgefährdung** haben die Jugendämter einen in § 8a SGB VIII konkretisierten Schutzauftrag. Die Vorschrift wird ergänzt durch § 4 des Gesetzes zur Kooperation und Information im Kinderschutz (KKG)[8], der es Berufsgeheimnisträgern unter bestimmten Voraussetzungen ermöglicht, Informationen an das Jugendamt weiterzugeben, ohne sich nach § 203 StGB strafbar zu machen.

Zudem haben die Träger der öffentlichen Jugendhilfe die Aufgabe, Kinder und Jugendliche, die sich in **Familienpflege oder Pflegeeinrichtungen** befinden, zu schützen. Dies geschieht auf der Grundlage der §§ 43–49 SGB VIII regelmäßig dadurch, dass die Pflege und Erziehung außerhalb des Elternhauses der Erteilung einer **Erlaubnis** bedarf.

Weiterhin hat das Jugendamt in **gerichtlichen Verfahren mitzuwirken** (§§ 50–52 SGB III), **Beistandschafts-, Pflege- und Vormundschaftsaufgaben** wahrzunehmen (§§ 52a–58a SGB VIII) und **Beurkunden vorzunehmen** (§§ 59–60 SGB VIII).

### IV. Träger und Organisation der Jugendhilfe

Nach § 69 Abs. 1 SGB VIII werden die Träger der Jugendhilfe durch Landesrecht bestimmt. Für die Aufgabenwahrnehmung errichtet nach § 69 Abs. 3 SGB VIII jeder örtliche Träger ein Jugendamt, jeder überörtliche Träger ein Landesjugendamt.

Die Jugendämter sind – genauso wie die Landesjugendämter (vgl. hierzu § 70 Abs. 3, § 71 Abs. 4 SGB VIII) - **zweigliedrig** organisiert. Nach § 70 Abs. 1 SGB VIII werden die Aufgaben des Jugendamts durch den **Jugendhilfeausschuss** und durch die **Verwaltung des Jugendamts** wahrgenommen. Aufgaben des Jugendhilfeausschusses sind insbesondere die Erörterung aktueller Problemlagen junger Menschen und ihrer Familien sowie Anregungen und Vorschlägen für die Weiterentwicklung der Jugendhilfe, die Jugendhilfeplanung und die Förderung der freien Jugendhilfe (§ 72 Abs. 2 SGB VIII). Die Geschäfte der **laufenden Verwaltung** im Bereich der öffentlichen Jugendhilfe werden nach § 70 Abs. 2 SGB VIII vom Leiter der Verwaltung der Gebietskörperschaft oder in seinem Auftrag vom Leiter der Verwaltung des Jugendamts geführt. Geschäfte der laufenden Verwaltung sind alle alltäglichen, regelmäßig und häufig wiederkehrenden Angelegenheiten ohne grundsätzliche oder finanzielle Bedeutung, aber auch der Vollzug der Beschlüsse des Jugendhilfeausschusses.[9]

Die **sachliche** Zuständigkeit der Jugendhilfeträger richtet sich nach § 85 SGB VIII, ihre **örtliche** nach den §§ 86–88 SGB VIII.

---

[7] Vgl. auch Waltermann u.a., Sozialrecht, Rn. 580.
[8] Gesetz v. 22.12.2011, BGBl. I 2011, S. 2975.
[9] Weitzmann/Schäfer in: Münder/Meysen/Trenczek, Frankfurter Kommentar SGB VIII, 9. Auflage 2022, § 70 SGB VIII Rn. 6.

# § 21 Rehabilitation und Teilhabe von Menschen mit Behinderungen[1]

## I. Überblick

Menschen mit Behinderung bzw. von Behinderung bedrohte Menschen benötigen besondere Unterstützung durch die Gemeinschaft, um Nachteile, die mit einer Behinderung verbunden sind, abzubauen bzw. gar nicht erst eintreten zu lassen. Nach § 10 SGB I haben Menschen, die **körperlich, geistig oder seelisch behindert** sind oder denen eine solche **Behinderung droht**, unabhängig von der Ursache der Behinderung zur Förderung ihrer Selbstbestimmung und gleichberechtigten Teilhabe ein **Recht auf Hilfe**, die notwendig ist, um

1. die Behinderung abzuwenden, zu beseitigen, zu mindern, ihre Verschlimmerung zu verhüten oder ihre Folgen zu mildern,
2. Einschränkungen der Erwerbsfähigkeit oder Pflegebedürftigkeit zu vermeiden, zu überwinden, zu mindern oder eine Verschlimmerung zu verhüten sowie den vorzeitigen Bezug von Sozialleistungen zu vermeiden oder laufende Sozialleistungen zu mindern,
3. ihnen einen ihren Neigungen und Fähigkeiten entsprechenden Platz im Arbeitsleben zu sichern,
4. ihre Entwicklung zu fördern und ihre Teilhabe am Leben in der Gesellschaft und eine möglichst selbstständige und selbstbestimmte Lebensführung zu ermöglichen oder zu erleichtern sowie
5. Benachteiligungen aufgrund der Behinderung entgegenzuwirken.

Konkretisiert werden diese Hilfen durch die Regelung des § 29 SGB I, der die **Rehabilitations- und Teilhabeleistungen** benennt und die hierfür **zuständigen Stellen** bestimmt. Nach § 29 Abs. 1 SGB I können nach dem Recht der Rehabilitation und Teilhabe behinderter Menschen Leistungen der **medizinischen Rehabilitation**, Leistungen zur **Teilhabe am Arbeitsleben**, **Leistungen zur Teilhabe an Bildung**, Leistungen zur **sozialen Teilhabe** und **unterhaltssichernde und andere ergänzende Leistungen** in Anspruch genommen werden.

**Hinweis:** Die in § 29 Abs. 1 SGB I aufgeführten Gruppen von Rehabilitations- und Teilhabeleistungen finden sich in den Kapiteln 9 bis 13 des SGB IX wieder und werden dort konkretisiert.

Das seit dem 1.7.2001 geltende **SGB IX (Rehabilitation und Teilhabe behinderter Menschen)** enthält wichtige und wesentliche Teile des Rehabilitations- und Teilhaberechtes. Allerdings ist der Hinweis, mit dem SGB IX gelte nunmehr ein einheitliches Recht der Rehabilitation und Teilhabe[2], erklärungsbedürftig. Richtig ist, dass es mit dem SGB IX geschafft wurde, die vorher sehr verstreuten rehabilitationsrechtlichen Regelungen zusammenzufassen und zu bündeln. Allerdings ist es nicht so, dass sich rehabilitationsrechtliche Fälle allein mithilfe des SGB IX lösen lassen. Dem steht die Systematik des Rehabilitationsrechts entgegen, bei dem es sich immer noch um ein **gegliedertes System** der sozialen Sicherung handelt.

---

[1] Angesichts der Komplexität des Rehabilitationsrechts kann an dieser Stelle ebenfalls nur ein Grundriss dieses Rechtsgebietes angeboten werden.
[2] So zB Waltermann u.a., Sozialrecht, Rn. 623.

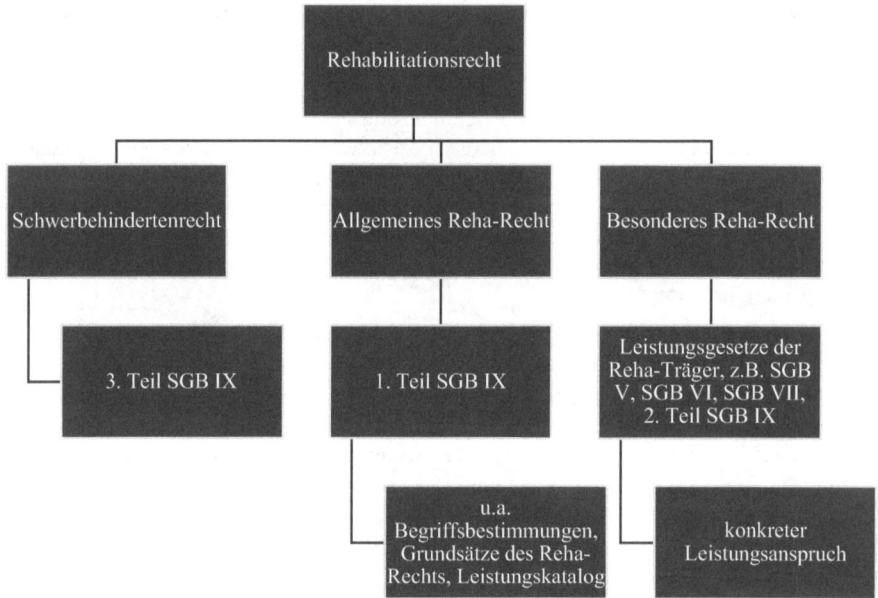

*Abb. 25: Systematik des Rehabilitationsrechts*

Mit dem Begriff „gegliedertes System des Rehabilitationsrechts" wird das Zusammenspiel zwischen dem SGB IX und den Leistungsgesetzen der jeweiligen Rehabilitationsträger beschrieben. Um mit diesem gegliederten System arbeiten zu können ist es wichtig, die Systematik des SGB IX zu verstehen.

Bis zum 31.12.2017 (zur Rechtslage seit 1.1.2018 vgl. Rn. 391) setzte sich das SGB IX aus zwei Teilen zusammen. Der **erste Teil** betraf (und betrifft auch seit dem 1.1.2018) **„Regelungen für behinderte und von Behinderung bedrohte Menschen"**. Bei diesem Teil handelt es sich um den **allgemeinen Teil** des Rehabilitationsrechts, also um die Vorschriften, die für den gesamten Bereich des Rehabilitationsrechts gelten sollen.[3] Hier finden sich **Begriffsbestimmungen** (zB zur Behinderung), **Grundprinzipien** des Rehabilitationsrechts (wie zB der Grundsatz „Rehabilitation vor Rente") und **Kataloge über Rehabilitations- und Teilhabeleistungen**. Konkrete Leistungsansprüche für behinderte oder von Behinderung bedrohte Menschen ergeben sich aber aus dem ersten Teil des SGB IX **nicht**. § 7 Abs. 1 S. 2 SGB IX bestimmt hierzu, dass sich die Zuständigkeit und die Voraussetzungen für die Leistungen zur Teilhabe nach den für den jeweiligen Rehabilitationsträger geltenden Leistungsgesetzen richten.[4] Das bedeutet, dass sich der konkrete Anspruch auf eine konkrete Rehabilitationsleistung aus dem SGB ergeben muss, das für den zuständigen Rehabilitationsträger gilt.

**Beispiel:** Nehmen wir den Fall, dass ein Arbeitnehmer mit Behinderungen eine rehabilitationsrechtliche Förderung in Form von Hilfen zur Erhaltung eines Arbeitsplatzes von der gesetzlichen Rentenversicherung begehrt. Hilfen zur Erhaltung eines Arbeitsplatzes sind

---

[3] Vgl. BT-Drs. 14/5074, S. 93.
[4] Grundlegende Informationen zu den konkreten Rehabilitationsleistungen der Rehabilitationsträger haben Sie bereits in den Kapiteln zu den einzelnen SGB erhalten.

## § 21 Rehabilitation und Teilhabe von Menschen mit Behinderungen

nach § 49 Abs. 3 Nr. 1 SGB IX Teil der Leistungen zur Teilhabe am Arbeitsleben. § 49 SGB IX gewährt hierauf jedoch keinen Leistungsanspruch. Dieser muss sich aus dem SGB des Rehabilitationsträgers ergeben. Rehabilitationsträger ist hier die gesetzliche Rentenversicherung, so dass sich ein Anspruch ihr gegenüber nur aus dem SGB VI ergeben kann. Tatsächlich enthält das SGB VI mit § 9 SGB VI eine Anspruchsnorm, die Rehabilitationsleistungen gewährt.[5] Ein solcher Anspruch setzt aber insbesondere voraus, dass der Rehabilitand die persönlichen und versicherungsrechtlichen Voraussetzungen der §§ 10, 11 SGB VI erfüllt. Ist dies nicht der Fall, weil etwa die Wartezeit des § 11 Abs. 1 SGB VI nicht erfüllt ist, dann besteht kein Leistungsanspruch gegenüber der gesetzlichen Rentenversicherung. In diesem Fall müssen Leistungsansprüche gegenüber anderen Rehabilitationsträgern nach deren Leistungsgesetzen geprüft werden.

Hinsichtlich des **Inhalts**, der **Art** und des **Umfangs** von **Rehabilitationsleistungen** gelten nach § 7 S. 1 SGB IX die Vorschriften des SGB IX nur, soweit sich aus den für den jeweiligen Rehabilitationsträger geltenden Leistungsgesetzen nichts Abweichendes ergibt.

Der zweite Teil des SGB IX enthielt bis zum 31.12.2017[6] „**Besondere Regelungen zur Teilhabe schwerbehinderter Menschen (Schwerbehindertenrecht)**". Dieser Teil verschafft dem angesprochenen Personenkreis (dies sind nach § 151 SGB IX schwerbehinderte Menschen und ihnen nach § 2 Abs. 3 SGB IX Gleichgestellte) **konkrete Ansprüche**, wie zB besonderen Kündigungsschutz (§§ 168–175 SGB IX), Zusatzurlaub (§ 208 SGB IX) oder Freistellung von der Mehrarbeit (§ 207 SGB IX). Diese Ansprüche bzw. Nachteilsausgleiche können Betroffene direkt aus dem SGB IX heraus geltend machen, **ohne** auf die Leistungsgesetze der einzelnen Rehabilitationsträger zurückgreifen zu müssen.

Eine sehr wesentliche Änderung hat das SGB IX durch das **Gesetz zur Stärkung der Teilhabe und Selbstbestimmung von Menschen mit Behinderungen (Bundesteilhabegesetz – BTHG)**[7] erfahren. Allerdings – und hierauf sei besonders hingewiesen – bleibt es auch künftig beim gegliederten System des Rehabilitationsrechts. Das BTHG greift im Wesentlichen zu zwei Zeitpunkten[8] in das Rehabilitationsrecht ein. Mit Wirkung ab 1.1.2018 (vgl. Art. 26 BTHG) wurde aus dem zweiteiligen ein dreiteiliges SGB IX. Der **erste Teil** des SGB IX enthält weiterhin, trotz erheblicher inhaltlicher Änderungen, die allgemeinen Regelungen für Menschen mit Behinderungen und von Behinderung bedrohte Menschen. Dieser Teil vermittelt auch seit dem 1.1.2018 grundsätzlich keine Leistungsansprüche. Die, bis zum 31.12.2017 im zweiten Teil des SGB IX enthaltenen, besonderen Regelungen zur Teilhabe schwerbehinderter Menschen (Schwerbehindertenrecht) wurden in einen – neuen – **dritten Teil** des SGB IX überführt und dort teilweise auch inhaltlich geändert.

391

---

5 Trotz des Wortes „können" in § 9 Abs. 2 SGB VI handelt es sich bei der Vorschrift nicht um eine Ermessens-, sondern um eine Anspruchsnorm im Hinblick auf das „Ob" der Rehabilitationsleistungen, vgl. zu den Einzelheiten Luthe in: Schlegel/Voelzke, jurisPK-SGB VI, § 9 Rn. 105 ff.
6 Seit dem 1.1.2018 bilden diese Regelungen den neuen dritten Teil des SGB IX.
7 Gesetz v. 23.12.2016, BGBl. I S. 3234.
8 Tatsächlich sind es fünf Zeitpunkte: 1.1./1.4.2017, 1.1.2018, 1.1.2020 und 1.1.2023. Da aber die Änderungen zum 1.1.2017 bzw. 1.4.2017 nur die Einkommens- und Vermögensanrechnung im sozialhilferechtlichen Eingliederungshilferecht betreffen und die Änderung zum 1.1.2023 - mit der der Personenkreis definiert werden soll, der Leistungen der Eingliederungshilfe in Anspruch nehmen kann - noch nicht vollständig ausdiskutiert ist, werden diese Änderungen im Rahmen der vorliegenden Einführung nicht weiter behandelt.

Der **zweite Teil** des SGB IX enthält seit dem 1.1.2020 die besonderen Leistungen zur selbstbestimmten Lebensführung für Menschen mit Behinderungen (Eingliederungshilferecht). Diese waren bis dahin noch in den §§ 53–60a, 140 - 145 SGB XII enthalten. Zum 1.1.2020 (vgl. Art. 26 Abs. 4 BTHG) wurden die eingliederungshilferechtlichen Regelungen aus dem SGB XII in das SGB IX transferiert und bilden dort den zweiten Teil.

Hinweis: Die Träger der Eingliederungshilfe sind nach § 6 Abs. 1 Nr. 7 SGB IX Rehabilitationsträger. Leistungsansprüche gegen sie sind – erinnern Sie sich bitte an das gegliederte System des Sozialrechts – auf der Grundlage des 2. Teils des SGB IX geltend zu machen, bei dem es sich nach § 7 Abs. 1 S. 3 SGB IX um das Leistungsgesetz dieses Rehabilitationsträgers handelt.

## II. Begriffsbestimmungen

392 Wesentlich für die Anwendbarkeit des Rehabilitationsrechts ist das Vorliegen oder Drohen einer **Behinderung**. Aus diesem Grund setzt sich das SGB IX sehr frühzeitig mit diesen Begriffen auseinander.[9] Nach § 2 Abs. 1 S. 1 SGB IX sind Menschen mit Behinderungen solche Menschen, die

> „körperliche, seelische, geistige oder Sinnesbeeinträchtigungen haben, die sie in Wechselwirkung mit einstellungs- und umweltbedingten Barrieren an der gleichberechtigten Teilhabe an der Gesellschaft mit hoher Wahrscheinlichkeit länger als sechs Monate hindern können."

Eine Beeinträchtigung iS § 2 Abs. 1 S. 1 SGB IX liegt nach § 2 Abs. 1 S. 2 SGB IX vor, wenn

> „der Körper- und Gesundheitszustand von dem für das Lebensalter typischen Zustand abweicht."

Hinweis: Dieser Definition, die sich am bio-psycho-sozialen Modell der ICF[10] orientiert, lässt sich entnehmen, dass eine Behinderung iS der Vorschrift nur dann vorliegen kann, wenn die Tatbestandsmerkmale „*Gesundheitsbeeinträchtigung*", „*einstellungs- und umweltbedingte Barrieren*" und „*Teilhabebeeinträchtigung*" vorliegen, zwischen denen eine *Wechselwirkung* besteht und die dazu führen, dass die Teilhabebeeinträchtigung voraussichtlich von einer gewissen *Dauer* ist. Was unter einer *Gesundheitsbeeinträchtigung* iS § 2 Abs. 1 S. 1 SGB IX i zu verstehen ist, erläutert Satz 2 der Vorschrift.

Menschen sind nach § 2 Abs. 1 S. 3 SGB IX von Behinderung **bedroht**, wenn die Beeinträchtigung zu erwarten ist.

Für den zweiten Teil des SGB IX spielt das Vorliegen einer **Schwerbehinderung** eine große Rolle. Nach § 2 Abs. 2 SGB IX sind Menschen schwerbehindert, wenn bei ihnen ein **Grad der Behinderung (GdB) von wenigstens 50** vorliegt und sie ihren Wohnsitz, ihren gewöhnlichen Aufenthalt oder ihre Beschäftigung auf einem Arbeitsplatz im Sinne des § 73 SGB IX rechtmäßig im Geltungsbereich dieses Gesetzbuches haben.

---

9 Vgl. zu den Einzelheiten des Behinderungsbegriffs Schaumberg/Seidel, SGb 2017, 572 ff., 618 ff.
10 International Classification of Functioning, Disability and Health.

Hinweis: Die Feststellung des Grades der Behinderung richtet sich nach § 152 SGB IX. Grundlage für diese Feststellung ist die Verordnung zur Durchführung des § 1 Abs. 1 und 3, des § 30 Abs. 1 und des § 35 Abs. 1 des Bundesversorgungsgesetzes (Versorgungsmedizin-Verordnung).[11] Die Versorgungsmedizin-Verordnung enthält als Anlage die „Versorgungsmedizinischen Grundsätze", die in ihrem Teil B unterschiedlichen Gesundheits- bzw. Funktionsbeeinträchtigungen einen Grad der Schädigung (GdS) zuweisen (zB Ziff. 13.1 der Versorgungsmedizinischen Grundsätze: Verlust des Penis = GdS 50). Der so ermittelte Grad der Schädigung gilt analog auch als Grad der Behinderung. Bei mehreren Beeinträchtigungen dürfen die einzelnen Grade der Behinderung zur Ermittlung des Gesamtgrades der Behinderung **nicht** addiert werden. Der Gesamtgrad der Behinderung wird vielmehr nach § 152 Abs. 3 SGB IX ermittelt.

Nach § 151 Abs. 1 SGB IX gelten die Regelungen des Schwerbehindertenrechts auch für **gleichgestellte behinderte Menschen**. Schwerbehinderten Menschen gleichgestellt werden sollen nach § 2 Abs. 3 SGB IX behinderte Menschen mit einem GdB von weniger als 50, aber wenigstens 30, bei denen die übrigen Voraussetzungen des § 2 Abs. 2 SGB IX vorliegen, wenn sie infolge ihrer Behinderung ohne die Gleichstellung einen geeigneten Arbeitsplatz im Sinne des § 156 SGB IX nicht erlangen oder nicht behalten können.

### III. Leistungen der Rehabilitation und Teilhabe, Rehabilitationsträger

Wie Sie bereits erfahren haben, können gemäß § 29 Abs. 1 SGB I behinderten oder von Behinderung bedrohten Menschen Leistungen der **medizinischen Rehabilitation**, Leistungen zur **Teilhabe am Arbeitsleben**, Leistungen zur **Teilhabe an Bildung**, Leistungen zur **sozialen Teilhabe** und **unterhaltssichernde und andere ergänzende Leistungen** gewährt werden. Diese Einteilung der Rehabilitation- und Teilhabeleistungen findet sich auch im ersten Teil des SGB IX wieder.

Leistungen der **medizinischen Rehabilitation** sind in den §§ 42–48 SGB IX geregelt. Neben den klassischen Bereichen der Heilbehandlung, Psychotherapie, Hilfsmittelverordnung etc (§ 42 SGB IX) fallen etwa auch die stufenweise Wiedereingliederung (§ 44 SGB IX) oder die Früherkennung und Frühförderung (§ 46 SGB IX) in diese Leistungsgruppe.

Die §§ 49–63 SGB IX enthalten die Leistungen zur **Eingliederung in Arbeit**. Hierzu zählen ua Hilfen zur Erhaltung oder Erlangung eines Arbeitsplatzes einschließlich Leistungen zur Aktivierung und beruflichen Eingliederung (§ 49 Abs. 3 Nr. 1 SGB IX), Eingliederungszuschüsse für Arbeitgeber (§ 50 Abs. 1 Nr. 2 SGB IX), das neue Budget für Arbeit (§ 61 SGB IX) oder Kraftfahrzeughilfe nach der Kraftfahrzeughilfe-Verordnung (§ 49 Abs. 8 S. 1 Nr. 1 SGB IX).

**Unterhaltssichernde und andere ergänzende Leistungen** finden sich in den §§ 64–74 SGB IX. Zu ihnen zählen zB Krankengeld, Versorgungskrankengeld, Verletztengeld, Übergangsgeld, Ausbildungsgeld oder Unterhaltsbeihilfe (§ 64 Abs. 1 Nr. 1 SGB IX), Haushaltshilfe (§ 74 Abs. 1 SGB IX) oder Kinderbetreuungskosten (§ 74 Abs. 3 SGB IX).

---

11 Verordnung v. 10.12.2008, BGBl. I 2008, S. 2412.

In den §§ 76–84 SGB IX finden sich dann die Leistungen zur **sozialen Teilhabe**.[12] Diese umfassen etwa heilpädagogische Leistungen für noch nicht eingeschulte Kinder (§§ 76 Abs. 2 Nr. 3, 79 SGB IX), Hilfen zur Förderung der Verständigung (§ 82 SGB IX) oder Assistenzleistungen, also Leistungen für die allgemeinen Erledigungen des Alltags wie zB die Haushaltsführung (§ 78 SGB IX).

Neu zum 1.1.2018 in das SGB IX eingefügt wurden die **Leistungen zur Teilhabe an Bildung**, die in § 75 SGB IX geregelt sind. Diese Leistungen reichen von Hilfen zur Schulbildung (§ 75 Abs. 2 S. 1 Nr. 1 SGB IX) bis zu Hilfen zur hochschulischen beruflichen Weiterbildung, etwa in Form eines Master- oder Promotionsstudiums (§ 75 Abs. 2 S. 1 Nr. 4 SGB IX).

**394** Die eben kurz skizzierte Einteilung der Rehabilitations- und Teilhabeleistungen in verschiedene Gruppen spielt nicht nur im Hinblick auf Art, Umfang und Inhalt dieser Leistungen eine Rolle, sondern auch für die **Zuständigkeit** der **Rehabilitationsträger**. Diese ergibt sich aus der Wechselwirkung zwischen § 6, und § 5 SGB IX. Während § 6 SGB IX die Rehabilitationsträger benennen, ordnet ihnen § 5 SGB IX die Zuständigkeit für die unterschiedlichen Leistungsgruppen zu.

Dies ergibt folgende **Zuständigkeiten für folgende Leistungsgruppen:**

- die *gesetzlichen Krankenkassen* (§ 6 Abs. 1 Nr. 1 SGB IX):
  – Leistungen zur medizinischen Rehabilitation (§ 5 Nr. 1 SGB IX)
  – unterhaltssichernde und andere ergänzende Leistungen (§ 5 Nr. 3 SGB IX)
- die *Bundesagentur für Arbeit* (§ 6 Abs. 1 Nr. 2 SGB IX):
  – Leistungen zur Teilhabe am Arbeitsleben (§ 5 Nr. 2 SGB IX)
  – unterhaltssichernde und andere ergänzende Leistungen (§ 5 Nr. 3 SGB IX)
- die *Träger der gesetzlichen Unfallversicherung* (§ 6 Abs. 1 Nr. 3 SGB IX):
  – Leistungen zur medizinischen Rehabilitation (§ 5 Nr. 1 SGB IX)
  – Leistungen zur Teilhabe am Arbeitsleben (§ 5 Nr. 2 SGB IX)
  – unterhaltssichernde und andere ergänzende Leistungen (§ 5 Nr. 3 SGB IX)
  – Leistungen zur sozialen Teilhabe (§ 5 Nr. 5 SGB IX)
- die *Träger der gesetzlichen Rentenversicherung* (§ 6 Abs. 1 Nr. 4 SGB IX):
  – Leistungen zur medizinischen Rehabilitation (§ 5 Nr. 1 SGB IX)
  – Leistungen zur Teilhabe am Arbeitsleben (§ 5 Nr. 2 SGB IX)
  – unterhaltssichernde und andere ergänzende Leistungen (§ 5 Nr. 3 SGB IX)
- die *Träger der Kriegsopferversorgung und die Träger der Kriegsopferfürsorge im Rahmen des Rechts der sozialen Entschädigung* (§ 6 Abs. 1 Nr. 5 SGB IX):
  – Leistungen zur medizinischen Rehabilitation (§ 5 Nr. 1 SGB IX)
  – Leistungen zur Teilhabe am Arbeitsleben (§ 5 Nr. 2 SGB IX)
  – unterhaltssichernde und andere ergänzende Leistungen (§ 5 Nr. 3 SGB IX)
  – Leistungen zur Teilhabe an Bildung (§ 5 Nr. 4 SGB IX)
  – Leistungen zur sozialen Teilhabe (§ 5 Nr. 5 SGB IX)
- die *Träger der öffentlichen Jugendhilfe* (§ 6 Abs. 1 Nr. 6 SGB IX):

---

12 Diese Teilhabeleistungen wurden bis zum 31.12.2017 als Leistungen zur Teilhabe am Leben in der Gemeinschaft bezeichnet.

## § 21 Rehabilitation und Teilhabe von Menschen mit Behinderungen § 21

- Leistungen zur medizinischen Rehabilitation (§ 5 Nr. 1 SGB IX)
- Leistungen zur Teilhabe am Arbeitsleben (§ 5 Nr. 2 SGB IX)
- Leistungen zur Teilhabe an Bildung (§ 5 Nr. 4 SGB IX)
- Leistungen zur sozialen Teilhabe (§ 5 Nr. 5 SGB IX)
- die *Träger der Eingliederungshilfe* (§ 6 Abs. 1 Nr. 7 SGB IX):
  - Leistungen zur medizinischen Rehabilitation (§ 5 Nr. 1 SGB IX)
  - Leistungen zur Teilhabe am Arbeitsleben (§ 5 Nr. 2 SGB IX)
  - Leistungen zur Teilhabe an Bildung (§ 5 Nr. 4 SGB IX)
  - Leistungen zur sozialen Teilhabe (§ 5 Nr. 5 SGB IX)
- die Bundesagentur für Arbeit im *Bereich SGB II* (§ 6 Abs. 3 SGB IX):
  - Leistungen zur Teilhabe am Arbeitsleben (§ 5 Nr. 2 SGB IX).

Diese Vielfalt von Rehabilitationsträgern und Zuständigkeiten könnte dazu führen, dass Zuständigkeitsfragen auf dem Rücken der Rehabilitanden ausgetragen werden („Gehen Sie mal zur Rentenversicherung. Wir von der Krankenversicherung sind für Sie nicht zuständig!"). Um dieses Problem zu entschärfen hat der Gesetzgeber das in der Praxis sehr bedeutende **Zuständigkeitsklärungsverfahren** nach § 14 SGB IX entwickelt und mit dem Bundesteilhabegesetz ausgeweitet[13].

395

Nach § 14 Abs. 1 SGB IX gilt für alle Rehabilitationsträger eine **zweiwöchige Frist** zur Klärung der Zuständigkeit. Die Frist beginnt mit dem Folgetag des Antragseinganges, wobei die Antragstellung bei einer antragsaufnehmenden Stelle iSv § 16 SGB I, die nicht Rehabilitationsträger ist, die Frist **nicht** in Gang setzt. Kommt der Rehabilitationsträger im Rahmen seiner Prüfung zu dem Ergebnis, dass er nicht zuständig und die Frist noch nicht verstrichen ist, so gibt er den Antrag an den nach seiner Prüfung zuständigen Rehabilitationsträger ab (leistender Rehabilitationsträger). Ist dieser zweite Rehabilitationsträger zwar nach §§ 5, 6 SGB IX ein für die Leistung in Betracht kommender Rehabilitationsträger, jedoch nach seinem Leistungsgesetz für die Leistung insgesamt nicht zuständig, so gibt ihm § 14 Abs. 3 SGB IX ausnahmsweise die Möglichkeit, den Antrag an den nach seiner Auffassung zuständigen Rehabilitationsträger weiterzuleiten. Dies kann er aber nur im **Einvernehmen** mit diesem Rehabilitationsträger. Dh, er muss mit dieser Weiterleitung einverstanden sein. Außerhalb dieser Weiterleitungsmöglichkeit ist es dem zweiten Rehabilitationsträger **nicht** möglich, den Antrag weiterzuleiten.

Hat es jedoch der erstangegangene Rehabilitationsträger versäumt, den Rehabilitationsantrag fristgemäß weiterzuleiten, so wird er nach § 14 Abs. 2 S. 1 SGB IX vollumfänglich zuständig (leistender Rehabilitationsträger). Er muss daher – trotz einer evtl. Unzuständigkeit – über den Rehabilitationsantrag entscheiden (grundsätzlich innerhalb von drei Wochen nach Antragseingang, § 14 Abs. 2 S. 2 SGB IX) und zwar nicht nur auf der Basis „seines" Leistungsgesetzes, sondern aller in Betracht kommender Leistungsgesetze der Rehabilitationsträger.

---

13 Diese Ausweitungen betreffen die Leistungsverantwortung bei Mehrheit von Rehabilitationsträgern (§ 15 SGB IX), Erstattungsansprüche zwischen Rehabilitationsträgern (§ 16 SGB IX), Regelungen zur Begutachtung (§ 17 SGB IX) und zum Teilhabeplan (§§ 19–23 SGB IX). Angesichts des einführenden Charakters dieses Lehrbuchs können diese Regelungen hier nicht weiter vorgestellt werden. Eine gute Übersicht zum Zuständigkeitsklärungsverfahren findet sich aber zB bei Busse, Bundesteilhabegesetz – Sozialgesetzbuch IX (Teil 1 Rehabilitation und Teilhabe), SGb 2017, 307 ff.

**Beispiel:** Hat zB eine gesetzliche Krankenkasse einen Rehabilitationsantrag nicht nach § 14 Abs. 1 SGB IX an die eigentlich zuständige gesetzliche Rentenversicherung weitergeleitet, so wird sie für den Rehabilitationsantrag zuständig und muss ihn auch unter rentenversicherungsrechtlichen Gesichtspunkten prüfen.

396 Ebenfalls neu in das SGB IX eingefügt wurde die **Genehmigungsfiktion** des § 18 SGB IX.[14] Nach § 18 Abs. 1 SGB IX ist der leistende Rehabilitationsträger verpflichtet, den Antragsteller zu informieren, wenn über seinen Rehabilitationsantrag nicht innerhalb einer Frist von **zwei Monaten** entschieden werden kann. Diese Mitteilung hat schriftlich, vor Ablauf der Frist und unter Angabe der Gründe zu erfolgen. Das Gesetz definiert diese Mitteilung als **begründete Mitteilung**. Was genau in dieser begründeten Mitteilung zu stehen hat, besagt § 18 Abs. 2 SGB IX. Danach ist in ihr auf den **Tag genau** zu bestimmen, bis wann über den Antrag entschieden wird. Hierbei kann der Rehabilitationsträger die Frist von zwei Monaten aber nicht frei verlängern. Vielmehr gibt ihm § 18 Abs. 2 S. 2 SGB IX vor, in welchem Umfang eine Fristverlängerung möglich ist. Danach darf die zwei-Monats-Frist des § 18 Abs. 1 SGB IX nur verlängert werden

1. um bis zu **zwei Wochen** zur Beauftragung eines Sachverständigen für die Begutachtung infolge einer nachweislich beschränkten Verfügbarkeit geeigneter Sachverständiger,
2. um bis zu **vier Wochen**, soweit von dem Sachverständigen die Notwendigkeit für einen solchen Zeitraum der Begutachtung schriftlich bestätigt wurde und
3. für die **Dauer einer fehlenden Mitwirkung** der Leistungsberechtigten, wenn und soweit den Leistungsberechtigten nach § 66 Abs. 3 SGB I schriftlich eine angemessene Frist zur Mitwirkung gesetzt wurde.

Außerhalb dieser Gründe ist eine Fristverlängerung **nicht** möglich. Erfolgt keine[15] begründete Mitteilung durch den Rehabilitationsträger oder ist der in der Mitteilung bestimmte Zeitpunkt der Entscheidung über den Antrag ohne weitere begründete Mitteilung des Rehabilitationsträgers abgelaufen, dann gilt[16] die beantragte Leistung nach § 18 Abs. 3 SGB IX als **genehmigt**. Leistungsberechtigte können sich die Leistung dann selbst beschaffen und sich die Kosten nach § 18 Abs. 4 SGB IX vom Rehabilitationsträger erstatten lassen, sofern kein Ausschlussgrund nach § 18 Abs. 5 SGB IX vorliegt.

**Hinweis:** Die eben skizzierten Grundsätze zur Genehmigungsfiktion gelten kraft gesetzlicher Anordnung in § 18 Abs. 7 SGB IX ausdrücklich **nicht** für die Träger der Eingliederungshilfe, der öffentlichen Jugendhilfe und der Kriegsopferfürsorge.

### IV. Schwerbehindertenrecht

397 Der Fokus des dritten Teils des SGB IX liegt auf dem Schutz schwerbehinderter und ihnen gleichgestellter Menschen. Hierbei kommt gerade der arbeitsrechtlichen Stellung der Betroffenen besondere Aufmerksamkeit zu. So verbietet § 164 Abs. 2 SGB IX Arbeitgebern jedwede Benachteiligung schwerbehinderter Beschäftigter wegen ihrer Behinderung. Besondere Bedeutung hat der **Sonderkündigungsschutz** schwerbehinderter

---

14 Eine ähnliche Vorschrift findet sich mit § 13 Abs. 3a SGB V im Krankenversicherungsrecht; vgl. hierzu Rn. 181. Zudem ist die Regelung des § 18 Abs. 6 SGB IX der des § 13 Abs. 3 SGB V ähnlich.
15 Bzw. keine ausreichend begründete Mitteilung.
16 Es tritt also – wie in § 13 Abs. 3a SGB V – eine gesetzliche Fiktion ein.

Menschen. Nach § 168 SGB IX iVm § 134 BGB ist grundsätzlich (zu den Ausnahmen s. § 173 SGB IX) jede Kündigung des Arbeitsverhältnisses eines schwerbehinderten Menschen nichtig, wenn nicht das Integrationsamt **vorher** seine Zustimmung zur Kündigung erteilt hat. Schwerbehinderte Menschen sind zudem nach § 207 SGB IX auf Wunsch von **Mehrarbeit freizustellen** und haben nach § 208 Abs. 1 SGB IX einen Anspruch auf fünf Arbeitstage **zusätzlichen Urlaub** im Jahr. Den **öffentlichen Arbeitgeber** treffen im Hinblick auf schwerbehinderte Menschen nach § 165 SGB IX besondere Pflichten. So hat er ua Bewerber, deren Ungeeignetheit nicht offensichtlich ist, zu einem Vorstellungsgespräch einzuladen. Die §§ 176–183 SGB IX enthalten Regelungen über besondere **Vertretungen von schwerbehinderten Menschen** in Betrieben oder Dienststellen. Auch die Pflicht von Arbeitgebern, schwerbehinderte Menschen zu beschäftigen, und die Ausgleichsabgabe, die zu zahlen ist, wenn diese Pflicht nicht erfüllt wird, ist im dritten Teil des SGB IX geregelt (§§ 154–162 SGB IX).

Jenseits der arbeitsrechtlichen Vorschriften enthält der dritte Teil des SGB IX ua Regelungen über die **Feststellung der Behinderung** (§ 152 SGB IX), die **unentgeltliche Beförderung im öffentlichen Personennahverkehr** (§§ 228–237 SGB IX) und über **Werkstätten für behinderte Menschen** (§§ 219–227 SGB IX).

# Teil 6 Sozialverfahrensrecht

## § 22 Das Sozialverwaltungsverfahren

### I. Überblick

**398** Wir haben uns in den vorangegangenen Teilen dieses Lehrbuchs im Wesentlichen mit Fragen des **materiellen Rechts** beschäftigt. Hier ging es etwa um Ansprüche, um Leistungen, um Finanzierung von Leistungen oder um Leistungsträger. Dieser materielle Teil des Sozialrechts hat unbestritten eine überragende praktische Bedeutung. Allerdings ist es regelmäßig notwendig, dieses materielle Recht umzusetzen. Leistungsanträge müssen beschieden, Eingliederungsvereinbarungen abgeschlossen oder Bescheide aufgehoben werden. Die Umsetzung materiellen Rechts erfolgt nahezu überwiegend durch Behörden, also durch die öffentliche Verwaltung. Der Rechtsstaatsgedanke verlangt es hierbei, dass die Verwaltung hierbei nicht willkürlich vorgeht, sondern einem nachvollziehbaren Verfahren folgt. Ein solches, auch für den Bürger nachvollziehbares Verfahren bietet das **SGB X** (Sozialverwaltungsverfahren und Sozialdatenschutz). Die hierin enthaltenen Regelungen werden auch als **formelles** Recht bezeichnet.

Das SGB X enthält die verfahrensrechtlichen Regelungen, die grundsätzlich für das **gesamte** SGB gelten sollen. Allerdings enthält § 37 S. 1 SGB I den Hinweis, das verfahrensrechtliche Vorschriften anderer SGB, die im Regelfall spezieller und mehr auf den Charakter des jeweiligen SGB abgestimmt sind, **Vorrang** vor den Regelungen des SGB X haben.

**Beispiel:** So verdrängt zB § 330 SGB III in den dort genannten Fällen die Regelungen des SGB X über die Aufhebung von Verwaltungsakten.

Dementsprechend muss im Rahmen der Anwendung verfahrensrechtlicher Vorschriften stets geprüft werden, ob die Regelungen des SGB X nicht durch spezialgesetzliche Regelungen verdrängt oder abgeändert werden.

**399** Das SGB X enthält im Wesentlichen drei unterschiedliche Regelungsbereiche. Die §§ 1–66 SGB X beschäftigen sich mit den Vorschriften über das **sozialrechtliche Verwaltungsverfahren**[1], die §§ 67–85a SGB X enthalten Regelungen zum **Sozialdatenschutz**[2] und die §§ 86–119 SGB X Regelungen über die **Zusammenarbeit der Leistungsträger sowie ihre Beziehungen zu Dritten**[3].

Vorschriften zum sozialrechtlichen Verwaltungsverfahren finden sich nicht nur im SGB X, sondern auch im SGG. Dieses enthält in den §§ 77–86b SGG wichtige Vor-

---

[1] Vgl. zu den Einzelheiten: Patjens, Sozialverwaltungsrecht für die Soziale Arbeit, 3. Aufl. 2021; Buchholz/Pfeifer/Wolff, Sozialrechtliches Verwaltungsverfahren, Klausurübungen zum SGB I und SGB X, 2006; Dörr, Bescheidkorrektur, Rückforderung, Sozialrechtliche Herstellung – Arbeitshandbuch zum Sozialverwaltungsrecht, 6. Aufl. 2019; Sommer, Lehrbuch Sozialverwaltungsrecht, 2. Auflage 2015.

[2] Diese Regelungen sind im Zusammenhang mit § 35 SGB I zu sehen und werden konkretisiert durch die sozialdatenschutzrechtlichen Regelungen der einzelnen Leistungs-SGB (zB §§ 61–68 SGB VIII). Vgl. zu den Einzelheiten des Sozialdatenschutzes zB Waltermann u.a., Sozialrecht, Rn. 664 ff.; Beckmann, Der Schutz personenbezogener Daten im sozialen Sicherungssystem; Kokemoor, Sozialrecht, Rn. 97 ff.; Kipker/Voskamp (Hrsg.), Sozialdatenschutz in der Praxis; Krahmer (Hrsg.), Sozialdatenschutzrecht, 4. Auflage 2020.

[3] Vgl. hierzu Waltermann u.a., Sozialrecht, Rn. 672 ff.; Kokemoor, Sozialrecht, Rn. 100 ff.; Rische, Ausgleichsansprüche zwischen Sozialleistungsträgern – Systembildung und Rangfolge.

schriften für das – einem Klageverfahren (vgl. hierzu Rn. 415 ff.) regelmäßig vorgeschaltete – **Widerspruchsverfahren** (vgl. hierzu auch § 62 SGB X). Obwohl diese Regelungen dogmatisch als Prozessvoraussetzungen[4] Teil des sozial*gerichtlichen* Verfahren sind, sollen sie hier als Teil des sozialrechtlichen Verwaltungsverfahrens behandelt werden, da hierzu eine größere Sachnähe besteht.[5]

Zudem finden sich Vorschriften, die das Verwaltungsverfahren betreffen, auch im SGB I. Zu denken ist hier an die Aufklärungs-, Beratungs- und Auskunftspflichten von Behörden, die in den §§ 13–15 SGB I geregelt sind und an die Mitwirkungspflichten der §§ 60–67 SGB I, die über § 21 Abs. 2 SGB X in das sozialrechtliche Verwaltungsverfahren einbezogen werden.

## II. Grundsätze des Sozialverwaltungsverfahrens

§ 8 SGB X enthält eine Legaldefinition des Begriffs „**Sozialverwaltungsverfahren**". Dieses ist danach die nach außen wirkende Tätigkeit der Behörden[6], die auf die Prüfung der Voraussetzungen, die Vorbereitung und den Erlass eines Verwaltungsaktes oder auf den Abschluss eines öffentlich-rechtlichen Vertrages gerichtet ist; es schließt den Erlass des Verwaltungsaktes oder den Abschluss des öffentlich-rechtlichen Vertrages ein. Interessanterweise enthält § 9 VwVfG eine nahezu gleichlautende Regelung.[7] Trotz dieser gleichlautenden Regelungen muss es aber Unterschiede im Anwendungsbereich beider Gesetze geben. Dieser Unterschied ergibt sich aus einer genaueren Betrachtung des § 1 Abs. 1 SGB X. Dort heißt es, dass die verfahrensrechtlichen Vorschriften des SGB X für die öffentlich-rechtliche Tätigkeit der Behörden gilt, die nach „diesem Gesetzbuch" ausgeübt wird. „Dieses Gesetzbuch" meint allerdings nicht das SGB X, sondern das gesamte SGB mit seinen besonderen Teilen. Somit regelt das erste Kapitel des SGB X das Verwaltungsverfahren der Behörden, die auf der Grundlage des SGB tätig werden. Das sind wiederum die Behörden, die nach den einzelnen Büchern des SGB oder den nach § 68 SGB I gleichgestellten Gesetzen handeln.

400

**Hinweis:** Wann immer also eine Behörde auf der Basis eines SGB oder eines nach § 68 SGB I gleichgestellten Gesetzes handelt, ist im Hinblick auf das Verwaltungsverfahren nicht das VwVfG, sondern das SGB X anzuwenden. Dementsprechend unterliegt auch das Verwaltungsverfahren nach dem BAföG nicht etwa den Regelungen des VwVfG, sondern – da es nach § 68 Nr. 1 SGB I zu den besonderen Teilen des SGB zählt – denen des SGB X.

Regelmäßig (vgl. aber die differenzierende Regelung des § 18 SGB X) wird ein Verwaltungsverfahren durch einen **Antrag** beim örtlich und sachlich zuständigen Leistungsträger **eröffnet**.[8] Die **sachliche** Zuständigkeit eines Leistungsträgers ergibt sich aus den §§ 18–29 SGB I und den einzelnen SGB. Auch die **örtliche** Zuständigkeit ist in den

401

---

4  Sie werden zT auch als Sachurteilsvoraussetzungen bezeichnet, s. Schmidt in: Meyer-Ladewig/Keller/Leitherer/Schmidt, SGG, § 78 Rn. 2.
5  So findet sich auch § 77 SGG nur aus historischen Gründen im SGG und nicht im SGB X, Schmidt in: Meyer-Ladewig/Keller/Leitherer/Schmidt, SGG, § 77 Rn. 1.
6  Die Definition des Begriffs „Behörde" findet sich in § 1 Abs. 2 SGB X.
7  Dies sind nicht die einzigen Parallelen zwischen dem SGB X und dem VwVfG. Nicht nur, dass es eine Vielzahl von ähnlichen Regelungen in beiden Gesetzen gibt. Die Gemeinsamkeiten gehen sogar soweit, dass einige Vorschriften nahezu wortgleich sind (vgl. nur § 31 SGB X und § 35 VwVfG).
8  Zur Antragstellung im Allgemeinen und zur Antragstellung bei einem unzuständigen Leistungsträger haben Sie bereits in der Rn. 124 etwas gelernt.

233

einzelnen SGB geregelt. § 2 SGB X enthält lediglich Grundsätze für einige Fälle, in denen die örtliche Zuständigkeit zweifelhaft ist.[9]

Im Hinblick auf die Antragstellung ist darauf hinzuweisen, dass ein Leistungsträger die Entgegennahme von Anträgen, die in seinen Zuständigkeitsbereich fallen, nach § 20 Abs. 3 SGB X nicht verweigern darf, weil er sie für unzulässig oder unbegründet hält. Er ist vielmehr zur Entgegennahme **verpflichtet**.

**Hinweis:** Die vereinzelt festzustellende Äußerung von Mitarbeitern von Grundsicherungsträgern nach dem SGB II *„Den Antrag brauchen Sie gar nicht erst zu stellen, den lehnen wir auf jeden Fall ab!",* ist daher rechtswidrig und kann zu einem Amtshaftungsanspruch oder zu einem sozialrechtlichen Herstellungsanspruch führen (vgl. hierzu Rn. 119 ff.).

Nach Eröffnung des Verwaltungsverfahrens zielen die weiteren Handlungen der Verwaltung auf die Ermittlung des **entscheidungserheblichen Sachverhalts**.

**Beispiel:** Beantragt ein gesetzlich Rentenversicherter bei seiner Rentenversicherung die Gewährung einer vollen Erwerbsminderung nach § 43 Abs. 2 SGB VI, so muss die Rentenversicherung ermitteln, ob der Betroffene die Voraussetzungen für die Bewilligung einer solchen Rente erfüllt, ob er also die erforderlichen Pflichtbeiträge eingezahlt hat, die Wartezeit erfüllt hat und voll erwerbsgemindert ist. Erst wenn dieser Sachverhalt bekannt ist, kann eine Entscheidung getroffen werden.

Bei der Sachverhaltsermittlung hat die Verwaltung einige Grundsätze zu beachten. Von besonderer Bedeutung ist hierbei der Grundsatz der **Nichtförmlichkeit** des Verwaltungsverfahrens, der in § 9 S. 1 SGB X geregelt ist. Dies bedeutet, die am Verwaltungsverfahren Beteiligten bei dessen Durchführung des grundsätzlich an keine Formvorschriften gebunden sind. Dementsprechend kann, sofern es nicht besondere Formvorschriften in den SGB der Leistungsträger gibt, ein Antrag formlos, dh mündlich oder durch konkludentes Handeln gestellt werden.[10]

**Hinweis:** Regelmäßig werden Antragsteller darauf verwiesen, besondere Vordrucke der jeweiligen Leistungsträger für die Antragstellung zu verwenden. Diese Verpflichtung steht im Widerspruch zum Grundsatz der Nichtförmlichkeit des Verfahrens. § 60 Abs. 2 SGB I weist darauf hin, das Vordrucke von den Bürgern benutzt werden „sollen". Dieses „sollen" ist jedoch nicht im Sinne von „müssen" mit Abweichungsmöglichkeit in atypischen Fällen – zu verstehen.[11] Vielmehr wird der Antragsteller nicht zu einem erzwingbaren Verhalten verpflichtet. Allerdings muss er Nachteile in Kauf nehmen, die sich aus der Nichtbeachtung der Vorschrift ergeben können (zB längere Bearbeitungszeiten).[12]

Somit ist auch ein Antrag auf existenzsichernde Leistungen nach § 37 Abs. 1 SGB II aufgrund der Nichtförmlichkeit des Verwaltungsverfahrens an keine besondere Form gebunden und kann daher mithin schriftlich, mündlich oder fernmündlich gestellt werden.[13]

---

9 Waltermann u.a., Sozialrecht, Rn. 652.
10 BSG 17.2.2009 – B 2 U 34/07 R, SGb 2010, 47 ff.
11 BeckOK SozR/Hase, SGB I, § 60, Rn. 12; aA Trenk-Hinterberger in: Krahmer, Sozialgesetzbuch I, 4. Aufl. 2020, SGB I § 60 Rn. 19.
12 BeckOK SozR/Hase, SGB I, § 60, Rn. 12.
13 LSG NRW v. 6.4.2011 – L 12 AS 1337/10, zitiert nach juris.

Zudem ist das Verwaltungsverfahren nach § 9 S. 2 SGB X **einfach, zügig und zweckmäßig** durchzuführen. Das bedeutet, dass die Verwaltung alle unnötigen, im Verhältnis zur Bedeutung der Angelegenheit und der betroffenen Interessen nicht erforderlichen oder nicht angemessenen Maßnahmen im Verfahren zu unterlassen hat.

**Hinweis:** Allerdings handelt es sich bei der Forderung des § 9 S. 2 SGB X lediglich um einen Programmsatz, also um so etwas wie eine Bitte an die Verwaltung. Verstöße gegen diesen Programmsatz führen nicht zur Rechtswidrigkeit des Verwaltungsaktes und können auch nicht erfolgreich mit einer Klage angegriffen werden. Betroffenen bleibt lediglich die Möglichkeit, Dienstaufsichtsbeschwerde zu erheben, Schadensersatzansprüche wegen schuldhafter Amtspflichtverletzung geltend zu machen oder eine Untätigkeitsklage (§ 88 SGG) zu erheben.[14]

Von großer Bedeutung für das Verwaltungsverfahren – und insbesondere für die Sachverhaltsermittlung – ist der sich aus § 20 Abs. 1, 2 SGB X ergebende **Untersuchungsgrundsatz**.[15] Danach bestimmt die Behörde Art und Umfang der Ermittlungen. Sie ist an das Vorbringen und an die Beweisanträge der Beteiligten nicht gebunden und damit im Wesentlichen frei in der Ermittlung des Sachverhalts. Die Behörde muss zudem nach § 20 Abs. 2 SGB X günstige und ungünstige Umstände ermitteln und berücksichtigen.

**Hinweis:** Mit bloßen Vermutungen bzw. Mutmaßungen darf sich die Behörde nicht zufrieden geben. Dass dies durchaus geschehen kann macht ein Beispiel aus Berlin deutlich. Hier erhielt ein Hilfebedürftiger Leistungen der Sozialhilfe nach dem SGB XII. Der Sozialhilfeträger erhielt einen Hinweis, wonach der Hilfeempfänger gar nicht hilfebedürftig sei, da er einen Straßen-Elektrohandel betreiben würde. Auf der fraglichen Straße wurde tatsächlich mit Elektrogeräten gehandelt. Mitarbeiter des Sozialhilfeträgers trafen den Hilfeempfänger auf der besagten Straße auch an. Der Hilfeempfänger erklärte ihnen gegenüber jedoch, dort nur Freunde getroffen zu haben. Gleichwohl stellte der Sozialhilfeträger die Leistungsgewährung mit der Begründung ein, *der Hilfeempfänger habe seine Bedürftigkeit dem Leistungsträger nachzuweisen. Habe der Sozialhilfeträger berechtigte Zweifel an der Hilfebedürftigkeit, so sei die Leistung abzulehnen und einzustellen. Es obliege dem Antragsteller darzulegen und zu beweisen, dass er seinen notwendigen Bedarf nicht aus eigenen Mittel decken könnten. Die Nichtaufklärbarkeit gehe zu seinen Lasten.* Diese Begründung vermochte das Sozialgericht Berlin nicht zu überzeugen.[16] Es führte hierzu Folgendes aus: *„Keineswegs sind Leistungen der Sozialhilfe bei berechtigten Zweifel an der Hilfebedürftigkeit ohne Weiteres einzustellen. Die Behörde verkennt, dass sie sich nicht in bloßen Vermutungen zu ergehen hat, sondern grundsätzlich den Sachverhalt von Amts wegen gemäß § 20 SGB X aufzuklären hat. Der Leistungsberechtigte bzw. Antragsteller kann allerdings bei der Ermittlung des Sachverhaltes herangezogen werden und ggf. gemäß § 66 SGB I auch sanktioniert werden, wenn er der Mitwirkungspflicht nicht ausreichend nachkommt. Entsprechend dem Verfahren gemäß § 60 ff. SGB I ist die Behörde aber nicht ansatzweise vorgegangen."*

Da das Verwaltungsverfahren nach § 8 SGB X auf den Erlass eines **Verwaltungsaktes**[17] oder den Abschluss eines **öffentlich-rechtlichen Vertrages** gerichtet ist, stehen beide

---

14 BeckOK SozR/Weber, SGB X, § 9 Rn. 8.
15 Manchmal auch als Amtsermittlungsgrundsatz bezeichnet.
16 SG Berlin v. 23.11.2005, S 88 AY 335/05 ER, zitiert nach juris.
17 Verwaltungsakte werden in der Praxis auch als *Bescheide* bezeichnet (zB BAföG-Bescheid, Aufhebungs- u. Erstattungsbescheid usw).

Rechtsinstitute im Mittelpunkt des Verwaltungshandelns. Mit ihrem Erlass bzw. Abschluss **endet** das Verwaltungsverfahren. Aufgrund ihrer zentralen Bedeutung sollen Verwaltungsakt und öffentlich-rechtlicher Vertrag nachfolgend näher betrachtet werden.

### III. Der Verwaltungsakt

#### 1. Begriff des Verwaltungsaktes

402 § 31 S. 1 SGB X[18] definiert den Verwaltungsakt[19] als *jede Verfügung, Entscheidung oder andere hoheitliche Maßnahme, die eine Behörde zur Regelung eines Einzelfalles auf dem Gebiet des öffentlichen Rechts trifft und die auf unmittelbare Rechtswirkung nach außen gerichtet ist.*[20] Aufgabe des Verwaltungsaktes ist es, der Verwaltung die Möglichkeit zu geben, abstrakte gesetzliche Regelungen im jeweiligen Einzelfall nach außen gegenüber dem Bürger umzusetzen.

Wenn entschieden werden soll, ob es sich bei einer bestimmten Handlung einer Behörde um einen Verwaltungsakt handelt, ist zu berücksichtigen, dass die betroffene Handlung der Behörde **sämtliche** Merkmale der Definition nach § 31 S. 1 SGB X erfüllen muss, um die Qualität eines Verwaltungsakts zu erlangen. Fehlt auch nur eines der Merkmale, so liegt kein Verwaltungsakt vor.

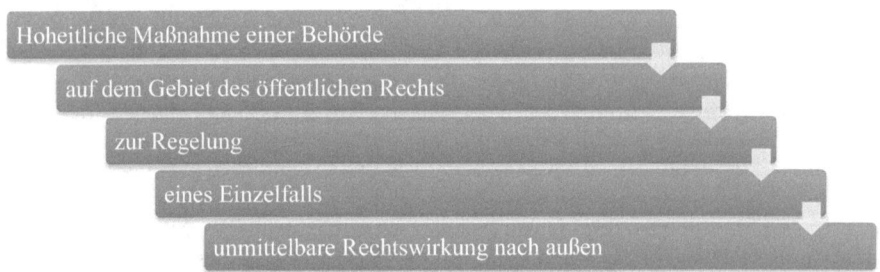

Abb. 26: *Merkmale eines Verwaltungsakts*

**Hinweis:** Auf der anderen Seite kann auch ein Schreiben, dem man die Eigenschaft als Verwaltungsakt nicht auf den ersten Blick ansieht, durchaus ein Verwaltungsakt sein, wie das nachfolgende Beispiel zeigt:

Schreiben einer gesetzlichen Krankenkasse[21]:

*„Sehr geehrter Herr Müller,*

*mit Schreiben vom 1.2.2021 fragten Sie bei uns an, ob wir Ihnen einen Rollstuhl der Marke „X" bewilligen könnten.*

*Leider müssen wir Ihnen mitteilen, dass wir uns derzeit hierzu unterschiedlichen Gründen nicht in der Lage sehen. Gerne können Sie uns Ihren Wunsch aber im nächsten Jahr noch einmal übermitteln.*

---

18 Die Vorschrift entspricht der des § 35 VwVfG.
19 Mit der Allgemeinverfügung als Unterfall des Verwaltungsaktes (vgl. § 31 S. 2 SGB X) müssen wir uns aufgrund ihrer sehr geringen Bedeutung im Sozialrecht nicht beschäftigen.
20 Vgl. zu den Einzelheiten des Verwaltungsaktes Muckel/Ogorek/Rixen, Sozialrecht, § 17 Rn. 6 ff.; Sommer, Sozialverwaltungsrecht, S. 68 ff.
21 S. hierzu auch Schafhausen, ASR 2013, 294.

*Mit freundlichen Grüßen"*

Wenn Sie den Inhalt dieses Schreibens mit den für einen Verwaltungsakt erforderlichen Merkmalen vergleichen, dann werden Sie feststellen, dass diese sämtlichst vorliegen. Es handelt sich bei diesem Schreiben also um einen Verwaltungsakt. Dieser wird nicht etwa dadurch nichtig oder rechtswidrig, dass er keinen Hinweis auf eine Widerspruchsbelehrung enthält, dass er also – juristisch gesprochen – keine Rechtsbehelfsbelehrung aufweist. Die Konsequenz aus dem Fehlen einer Rechtsbehelfsbelehrung ist lediglich, dass sich die Widerspruchsfrist nach § 66 Abs. 2 S. 1 SGG grundsätzlich von einem Monat auf ein Jahr verlängert.

### 2. Arten von Verwaltungsakten

Verwaltungsakte können, was *Abbildung 27* zeigen soll, in recht unterschiedlicher Form auftreten. Es gibt zB begünstigende oder nicht begünstigende Verwaltungsakte, Verwaltungsakte mit Dauerwirkung oder Verwaltungsakte mit Drittwirkung.

Bedeutung hat diese Unterscheidung einerseits im Hinblick auf **Rechtsschutzmöglichkeiten** (so kann etwa bei einem Verwaltungsakt mit Drittwirkung auch der Dritte Widerspruch gegen den Verwaltungsakt einlegen) und andererseits auf die Durchbrechung der **Bestandskraft** des Verwaltungsaktes (hier gelten etwa unterschiedliche Regelungen für Verwaltungsakte mit und ohne Dauerwirkung).

Nachfolgend soll etwas intensiver auf die praktisch bedeutendsten Verwaltungsakte, nämlich auf die begünstigenden/belastenden Verwaltungsakte und auf Verwaltungsakte mit und ohne Dauerwirkung geschaut werden (zu den Ermessensentscheidungen vgl. bereits Rn. 127).

**§ 22** Teil 6 Das Sozialverwaltungsverfahren

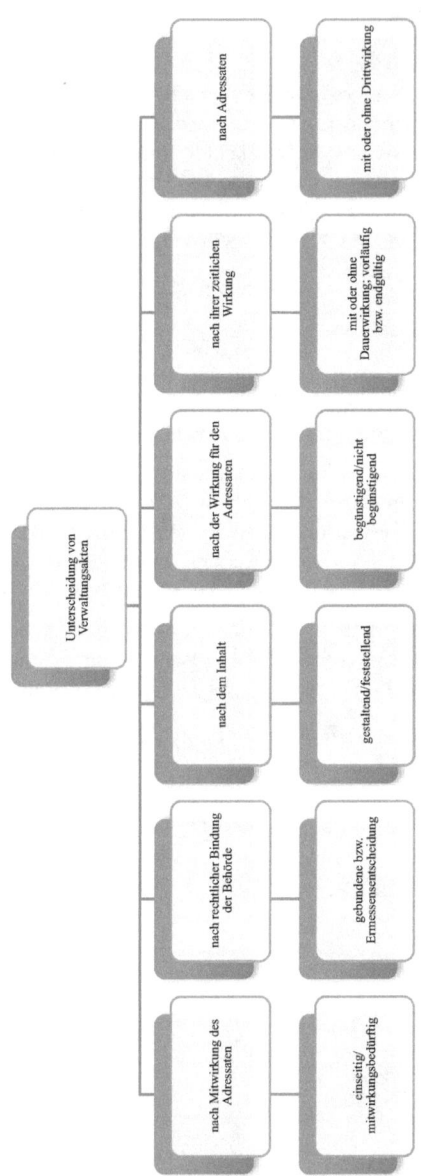

*Abb. 27: Überblick über die Arten von Verwaltungsakten*

### a) Begünstigende und nicht begünstigende Verwaltungsakte

404 **Begünstigende** Verwaltungsakte sind Verwaltungsakte, die nach der Legaldefinition des § 45 Abs. 1 S. 1 SGB X für den Adressaten einen **rechtserheblichen Vorteil bestätigen oder begründen**.

**Beispiel:** Beispiele für begünstigende Verwaltungsakte sind etwa Bescheide über die Bewilligung von Grundsicherungsleistungen oder Bescheid über die Verlängerung einer befristeten Erwerbsminderungsrente.

Demgegenüber ist **nicht begünstigend** jeder Verwaltungsakt, der keine begünstigende Wirkung im Sinne der Legaldefinition des § 45 Abs. 1 S. 1 SGB X hat, der also entweder belastend oder zumindest neutral ist.[22] Belastend ist hierbei jeder Eingriff durch den Verwaltungsakt in Rechtsstellungen und geschützte Vermögenspositionen des Adressaten, zB die Veranlagung zu Sozialversicherungsbeiträgen. Belastend ist aber auch die vollständige oder teilweise Entziehung einer Sozialleistung oder die Ablehnung eines begünstigenden Verwaltungsaktes.[23]

**Beispiel:** Beispiele für belastende Verwaltungsakte sind etwa Aufhebungs- und Erstattungsbescheide, Beitragsbescheide oder Bescheide über die Ablehnung von Grundsicherungsleistungen.

### b) Verwaltungsakte mit und ohne Dauerwirkung

Verwaltungsakte **mit Dauerwirkung** liegen dann vor, wenn sich der Verwaltungsakt nicht in einem einmaligen Gebot oder Verbot oder in einer einmaligen Gestaltung der Rechtslage erschöpft, sondern ein auf Dauer berechnetes oder in seinem Bestand vom Verwaltungsakt abhängiges Rechtsverhältnis begründet bzw. inhaltlich verändert.[24] Stellt man hingegen nicht auf das Zeit-, sondern auf das Rechtsfolgenmoment ab, dann liegt ein Verwaltungsakt mit Dauerwirkung vor, wenn er in rechtlicher Hinsicht über den Zeitpunkt seiner Bekanntgabe bzw. Bindungswirkung hinaus Wirkungen zeigt.[25]

405

**Beispiel:** Beispiele für Verwaltungsakte mit Dauerwirkung sind etwa Bescheide über laufende Geldleistungen wie Arbeitslosengeld und Arbeitslosengeld II, Bescheide über die Bewilligung von Renten nach dem SGB VI oder Bescheide über laufende Zahlungspflichten.

Demgegenüber regeln Verwaltungsakte **ohne Dauerwirkung** ein einmaliges Gebot oder Verbot beziehungsweise eine einmalige Leistung ohne Wiederholungs- oder Zukunftscharakter.[26]

**Beispiel:** Beispiele für Verwaltungsakte ohne Dauerwirkung sind etwa Bescheide, die einen Leistungsantrag ablehnen, eine Leistung entziehen oder einen Rentenbescheid aufheben

### 3. Die Bestandskraft von Verwaltungsakten und ihre Durchbrechung

### a) Die Bestandskraft des Verwaltungsaktes

Nach § 39 Abs. 1 S. 1 SGB X wird ein Verwaltungsakt in dem Zeitpunkt **wirksam**, in dem er dem Betroffenen bekannt gegeben wird. Diese **Wirksamkeit** des Verwaltungsaktes, die nicht mit seiner formellen Bestandskraft verwechselt werden darf, führt zur **Bindungswirkung**[27]. Hierunter ist nach § 39 Abs. 1 S. 2 SGB X zu verstehen, dass

406

---

22 Schütze in: Schütze, SGB X, § 44 Rn. 23.
23 Vgl. nur BSG 28.9.1999 – B 2 U 32/98 R, BSGE 84, 281 ff.; Schütze in: Schütze, SGB X, § 44 Rn. 23.
24 BT-Drs. 8/2034, S. 34; dem folgend etwa BSG 16.2.1984 – 1 RA 15/83, BSGE 56, 165 ff.
25 BSG 20.6.2001 – B 11 AL 10/01 R, BSGE 88, 172 ff.
26 Vgl. Schütze in: Schütze, SGB X, § 45 Rn. 75.
27 Die auch als *materielle Bestandskraft* bezeichnet wird, Roos/Blüggel in: Schütze, SGB X, § 39 Rn. 3.

der Verwaltungsakt die in ihm enthaltenen bzw. kraft Gesetzes mit ihm verbundenen Rechtswirkungen gegenüber der Behörde, den Betroffenen und ggf. Dritten auslöst.[28] Das bedeutet, der Verwaltungsakt ist in der Sache bindend, er hat zwischen den Beteiligten Bestand und die Regelung ist nach ihrem materiellen Gehalt grundsätzlich verbindlich.[29]

Diese Wirksamkeit bleibt nach § 39 Abs. 2 SGB X bestehen, solange und soweit der Verwaltungsakt nicht zurückgenommen, widerrufen, anderweitig aufgehoben oder durch Zeitablauf oder auf andere Weise erledigt ist.

Die **formelle Bestandskraft** des Verwaltungsaktes ist nicht im SGB X, sondern in § 77 SGG geregelt. Sie tritt nach dieser Vorschrift ein, wenn der gegen einen Verwaltungsakt gegebene Rechtsbehelf nicht oder erfolglos eingelegt wird.

**Hinweis:** Rechtsbehelfe in diesem Sinne sind Widerspruch, Klage, Berufung, Revision und Nichtzulassungsbeschwerde. Kein Rechtsbehelf ist hingegen der Überprüfungsantrag nach § 44 SGB X.[30]

Dies bedeutet, dass der betroffene Verwaltungsakt nicht mehr mit Rechtsbehelfen angegriffen werden kann, da entweder die Rechtsbehelfsfristen verstrichen sind oder da die Anfechtungsklage rechtskräftig abgewiesen ist.[31]

Bestandskräftige Verwaltungsakte können von der Verwaltung nicht mehr einfach aufgehoben, abgeändert oder zurückgenommen werden. Dies ist nur unter den Voraussetzungen der §§ 44 ff. SGB X möglich, die sich, so wie wir auch gleich, mit der Durchbrechung der Bestandskraft von Verwaltungsakten beschäftigen.

### b) Die Durchbrechung der Bestandskraft von Verwaltungsakten

407 Unter welchen Voraussetzungen die Bestandskraft von Verwaltungsakten durchbrochen werden kann, richtet sich nach ihrem Inhalt. Die §§ 44 ff. SGB X kennen die Rücknahme **rechtswidriger** (§§ 44, 45 SGB X) und den Widerruf **rechtmäßiger** Verwaltungsakte (§§ 46, 47 SGB X) sowie die Aufhebung von Verwaltungsakten **mit Dauerwirkung** (§ 48 SGB X). Allen diesen Durchbrechungstatbeständen ist gemein, dass sie auf Vertrauensschutzaspekte des Betroffenen besondere Rücksicht nehmen.

408 Eine sehr große praktische Bedeutung kommt der Rücknahme eines **rechtswidrigen nicht begünstigenden** Verwaltungsaktes nach § **44** SGB X zu, bei der auch wird auch vom **Überprüfungsantrag** oder vom **Zugunstenverfahren** gesprochen wird.

Nach § 44 Abs. 1 S. 1 SGB X ist[32], wenn **zu Unrecht** Sozialleistungen versagt oder Beiträge erhoben wurden, der Verwaltungsakt mit Wirkung für die Vergangenheit zurückzunehmen. Die Rücknahme des Verwaltungsaktes oder deren Ablehnung erfolgt ebenfalls durch einen Verwaltungsakt.

**Beispiel:** Beantragt ein Hilfebedürftiger beim Grundsicherungsträger nach dem SGB II Grundsicherungsleistungen und wird dieser Leistungsantrag mit einer rechtswidrigen Begründung abgelehnt, so hat der Hilfebedürftige die Möglichkeit, innerhalb der Wider-

---

28 Roos/Blüggel in: Schütze, SGB X, § 39 Rn. 8 (mwN).
29 Leitherer in: Meyer-Ladewig/Keller/Leitherer, SGG, § 77 Rn. 5a.
30 BSG 10.4.03, B 4 RA 56/02 R, SozR 4–1300 § 44 Nr. 3.
31 Schmidt in: Meyer-Ladewig/Keller/Leitherer/Schmidt, SGG, § 77 Rn. 2.
32 Es besteht also für den Betroffenen ein Anspruch auf Rücknahme.

spruchsfrist Widerspruch gegen den Ablehnungsbescheid einzulegen. Macht er hiervon keinen Gebrauch, dann wird der – rechtswidrige – Bescheid nach Ablauf der Widerspruchsfrist bestandskräftig. § 44 Abs. 1 S. 1 SGB X eröffnet dem Hilfebedürftigen nunmehr die Möglichkeit, diesen – bestandskräftigen – Ablehnungsbescheid von der Behörde auf seine Rechtmäßigkeit hin überprüfen zu lassen. Stellt sich im Rahmen dieser Überprüfung die Rechtswidrigkeit des Ablehnungsbescheides heraus, so ist dieser Bescheid mit Wirkung für die Vergangenheit zurückzunehmen und über die beantragte Leistung erneut im Rahmen des § 44 Abs. 4 SGB X iVm § 40 Abs. 1 S. 2 SGB II zu entscheiden. Nimmt die Behörde den überprüften Bescheid nicht zurück, dann hat sie hierüber einen Verwaltungsakt zu erlassen, gegen den dann Widerspruch eingelegt werden kann.

Dieser Anspruch auf Rücknahme besteht allerdings dann nicht, wenn einer der Ausnahmefälle des § 44 Abs. 1 S. 2 SGB X vorliegt.

Bei rechtswidrigen nicht begünstigenden Verwaltungsakten, mit denen **nicht** zu Unrecht Sozialleistungen versagt oder Beiträge erhoben wurden, richtet sich die Rücknahme nach § 44 Abs. 2 SGB X, so dass sie grundsätzlich mit Wirkung für die Zukunft zurückzunehmen sind. Allerdings wird der Verwaltung ein Ermessen dahin gehend eingeräumt, dass sie die Verwaltungsakte auch mit Wirkung für die Vergangenheit zurücknehmen kann.

Beispiel: Als Beispiele für Verwaltungsakte iS § 44 Abs. 2 SGB X kommen etwa in Betracht Bescheide über das Bestehen von Versicherungspflicht, die Anerkennung versicherungsrechtlicher Zeiten oder Feststellungen nach dem Schwerbehindertenrecht.

Die Rückabwicklung richtet sich im Falle zu Unrecht nicht gewährter Sozialleistungen nach § 44 Abs. 4 SGB X, der festlegt, dass nach der Rücknahme eines Bescheides mit Wirkung für die Vergangenheit Sozialleistungen **längstens** für einen Zeitraum bis zu vier Jahren vor der Rücknahme erbracht werden.

Hinweis: § 44 Abs. 4 SGB X kann durch speziellere Regelungen in den einzelnen Leistungs-SGB verdrängt werden. Derartige, § 44 Abs. 4 SGB X verdrängende, Vorschriften finden sich etwa in § 40 Abs. 1 S. 2 SGB II oder § 116a SGB XII, die beide die Gewährung von Grundsicherungsleistungen nach der Rücknahme eines rechtswidrigen nicht begünstigenden Verwaltungsaktes auf ein Jahr beschränken.

Die **Rücknahme** eines **rechtswidrigen begünstigenden** Verwaltungsaktes richtet sich nach § 45 SGB X. Nach § 45 Abs. 2 S. 1 SGB X darf er dann nicht zurückgenommen werden, wenn der Begünstigte auf den Bestand des Verwaltungsaktes **vertraut** hat und sein **Vertrauen** unter Abwägung mit dem öffentlichen Interesse an einer Rücknahme **schutzwürdig** ist. Wann ein Vertrauen in diesem Sinne schutzwürdig ist, dafür liefert § 45 Abs. 2 S. 2 SGB X ein Regelbeispiel. Schutzwürdiges Vertrauen liegt danach vor, wenn der Begünstigte erbrachte Leistungen verbraucht oder eine Vermögensdisposition getroffen hat, die er nicht mehr oder nur unter unzumutbaren Nachteilen rückgängig machen kann.

Beispiel: Wurde etwa einem gesetzlich Rentenversicherten eine Rente wegen voller Erwerbsminderung zuerkannt und hat der Versicherte wegen der Rentenbewilligung sein Arbeitsverhältnis gekündigt und bestreitet seinen Lebensunterhalt allein durch die Rente, so hat er Vermögensdispositionen getroffen (Kündigung des Arbeitsverhältnisses) die er nicht mehr oder nur unter unzumutbaren Nachteilen rückgängig machen kann. Sein Vertrauen auf den Bestand des Bewilligungsbescheides ist damit schutzwürdig, eine Rücknahme des Bescheides nach § 45 Abs. 2 SGB X nicht möglich.

Liegt hingegen ein Fall des § 45 Abs. 2 S. 3 SGB X vor, dann kann sich der Betroffene **nicht** auf den Vertrauensschutz des § 45 Abs. 2 S. 1 SGB X berufen. Dies ist der Fall, wenn er den Verwaltungsakt durch arglistige Täuschung, Drohung oder Bestechung erwirkt hat, der Verwaltungsakt auf Angaben beruht, die der Begünstigte vorsätzlich oder grob fahrlässig in wesentlicher Beziehung unrichtig oder unvollständig gemacht hat, oder er die Rechtswidrigkeit des Verwaltungsaktes kannte oder infolge grober Fahrlässigkeit nicht kannte. Liegt ein solcher Fall vor, dann kann der Verwaltungsakt auch mit Wirkung für die **Vergangenheit** zurückgenommen werden (§ 45 Abs. 4 S. 1 SGB X). In Fällen, in denen sich einerseits der Betroffene nicht auf Vertrauensschutz nach § 45 Abs. 2 S. 1, 2 SGB X berufen kann, in denen aber andererseits kein Verhalten iS § 45 Abs. 2 S. 3 SGB X vorliegt, darf der Verwaltungsakt nur mit Wirkung für die **Zukunft** zurückgenommen werden.[33]

Sonderregelungen sieht § 45 Abs. 3 SGB X für die Rücknahme eines rechtswidrigen begünstigenden Verwaltungsaktes mit **Dauerwirkung** vor, der grundsätzlich nicht zeitlich unbegrenzt zurückgenommen werden kann. Regelmäßig gilt hier nach § 45 Abs. 3 S. 1 SGB X eine Rücknahmefrist von zwei Jahren.

410 § 46 SGB X beschäftigt sich mit dem – nicht sehr häufig anzutreffenden – Fall, dass ein **rechtmäßiger nicht begünstigender** Verwaltungsakt **aufgehoben** werden soll. Dies ist dann möglich, wenn die Behörde nicht nach dem Widerruf erneut einen Verwaltungsakt gleichen Inhalts erlassen müsste oder aus anderen Gründen ein Widerruf unzulässig ist. Der – im Ermessen der Behörde stehende – Widerruf erfolgt durch Verwaltungsakt und mit Wirkung für die Zukunft.

411 Der **Widerruf** eines **rechtmäßigen begünstigenden** Verwaltungsaktes ist nach § 47 SGB X nur sehr eingeschränkt möglich. Er darf nach § 47 Abs. 1 SGB X nur widerrufen werden, wenn dies durch eine Rechtsvorschrift zugelassen wird oder wenn der Verwaltungsakt selbst einen Widerrufsvorbehalt oder eine vom Begünstigten nicht erfüllte Auflage enthält.

**Beispiel:** Rechtsvorschriften, die den Widerruf eines rechtmäßigen begünstigenden Verwaltungsaktes ermöglichen, sind etwa § 44 Abs. 3 S. 2 SGB VIII (Widerruf einer Pflegeerlaubnis) oder § 28f Abs. 2 S. 5 SGB IV (Widerruf eines Beitragsbescheids).

Ist der Widerruf nach § 47 Abs. 1 SGB X möglich, so erfolgt er mit Wirkung für die Zukunft.

Erkennt ein rechtmäßiger begünstigender Verwaltungsakt eine Geld- oder Sachleistung zur Erfüllung eines bestimmten Zweckes zu oder ist er hierfür Voraussetzung, so kann er nach § 47 Abs. 2 S. 1 SGB X auch mit Wirkung für die Vergangenheit widerrufen werden. Voraussetzung hierfür ist jedoch, dass die Geld- oder Sachleistung nicht dem im Verwaltungsakt geregelten Zweck entsprechend verwendet wird oder, dass in Fällen der zweckgebundenen Leistungsgewährung eine Auflage nicht erfüllt wird. Auch hier gelten allerdings im Hinblick auf den Widerruf Vertrauensschutzgrundsätze, die sich aus § 47 Abs. 2 S. 2 SGB X ergeben. Danach ist ein Widerruf ausgeschlossen, wenn

---

33 Waltermann u.a., Sozialrecht, Rn. 659.

der Begünstigte auf den Bestand des Verwaltungsaktes vertraut hat und sein Vertrauen schutzwürdig war.[34]

Die Entscheidung über den Widerruf steht in den Fällen des § 47 Abs. 1 und Abs. 2 im **Ermessen** der Behörde.

**Verwaltungsakte mit Dauerwirkung** billigen dem Begünstigten regelmäßig eine Sozialleistung über einen längeren Zeitraum zu. Dementsprechend ist es bei ihrem Erlass unmöglich, unvorhersehbare Änderungen in den tatsächlichen und rechtlichen Verhältnissen zu berücksichtigen. Gleichwohl muss es die Möglichkeit geben, den Verwaltungsakt den geänderten Verhältnissen anzupassen.

**Beispiel:** Bezieht etwa die Tochter eines verstorbenen Versicherten von dessen gesetzlicher Rentenversicherung eine Halbwaisenrente über das 18. Lebensjahr hinaus (§ 48 Abs. 2, 4 Nr. 2a SGB VI), da sie sich in einer Ausbildung befindet und bricht sie diese Ausbildung ab, so muss die Rentenversicherung die Möglichkeit haben, die bewilligte Halbwaisenrente aufzuheben, da deren Voraussetzungen nicht mehr vorliegen.

Das Instrument zur Anpassung von Verwaltungsakten mit Dauerwirkung an geänderte Verhältnisse ist § 48 SGB X. Nach § 48 Abs. 1 S. 1 SGB X *ist*[35] ein solcher Verwaltungsakt mit Wirkung für die Zukunft **aufzuheben**, wenn nach seinem Erlass eine **wesentliche Änderung** in den rechtlichen oder tatsächlichen Umständen eingetreten ist. Eine Änderung ist in diesem Sinne dann **wesentlich** (vgl. hierzu z.B. § 73 Abs. 3 SGB VII), wenn der Verwaltungsakt nach den nunmehr eingetretenen tatsächlichen oder rechtlichen Verhältnissen so, wie er ergangen ist, nicht mehr erlassen werden dürfte.[36]

In den Fällen des § 48 Abs. 1 S. 2 SGB X *soll*[37] der Verwaltungsakt mit Wirkung für die Vergangenheit zurückgenommen werden. Dies sind Fälle, in denen die Änderung zugunsten des Betroffenen erfolgt, der Betroffene seiner Pflicht zur Mitteilung wesentlicher für ihn nachteiliger Änderungen der Verhältnisse vorsätzlich oder grob fahrlässig nicht nachgekommen ist, nach Antragstellung oder Erlass des Verwaltungsaktes Einkommen oder Vermögen erzielt worden ist, das zum Wegfall oder zur Minderung des Anspruchs geführt haben würde, oder der Betroffene wusste oder grob fahrlässig nicht wusste, dass der sich aus dem Verwaltungsakt ergebende Anspruch kraft Gesetzes zum Ruhen gekommen oder ganz oder teilweise weggefallen ist.

**Hinweis:** Die Regelung des § 48 Abs. 1 S. 2 SGB X spielt insbesondere im Grundsicherungsrecht des SGB II und SGB XII eine große Rolle. Hier ist darauf hinzuweisen, dass nach der spezialgesetzlichen Regelung des § 40 Abs. 2 Nr. 3 iVm § 330 Abs. 3 S. 1 SGB III der Verwaltungsakt nicht mit Wirkung für die Vergangenheit aufgehoben werden *soll*, sondern aufzuheben *ist*. Der Behörde hat folglich keinerlei Ermessen im Hinblick auf die Aufhebung.

### 4. Das Widerspruchsverfahren

Nach § 77 SGG wird der Verwaltungsakt bestandskräftig, wenn der gegen ihn gegebene Rechtsbehelf nicht oder erfolglos eingelegt wird. Mögliche Rechtsbehelfe gegen

---

[34] S. zu den Einzelheiten Schütze in: Schütze, SGB X, § 47 Rn. 16.
[35] Der Behörde steht an dieser Stelle kein Ermessen zu.
[36] BSG 19.2.1986 – 7 RAr 55/84, SozR 1300 § 48 Nr. 22.
[37] „Soll" bedeutet, dass die rückwirkende Aufhebung der Normalfall ist, von dem in atypischen Fällen abgewichen werden kann.

einen Verwaltungsakt sind der **Widerspruch** und die **Anfechtungs- oder Verpflichtungsklage**.

Bevor jedoch eine Anfechtungs- oder Verpflichtungsklage vor dem Sozialgericht erhoben werden kann, ist die Recht- und Zweckmäßigkeit des Verwaltungsaktes nach § 78 Abs. 1 u. 3 SGG regelmäßig (zu den Ausnahmen vgl. § 78 Abs. 1 S. 2 SGG) in einem Vorverfahren, dem **Widerspruchsverfahren**, nachzuprüfen. Das Widerspruchsverfahren dient einerseits dem Rechtsschutz des Betroffenen, soll aber andererseits auch zu einer Selbstkontrolle der Verwaltung führen und zudem die Sozialgerichte entlasten. § 62 SGB X verweist insoweit darauf, dass für förmliche Rechtsbehelfe gegen Verwaltungsakte (Widerspruch) dass SGG gilt, wenn der Sozialrechtsweg gegeben ist (§ 51 SGG). Anderenfalls gilt die VwGO.

Das Widerspruchsverfahren beginnt nach § 83 SGG mit der Erhebung des **Widerspruchs** und endet nach § 85 Abs. 1, 2 SGG mit einem **Abhilfe-** oder einem **Widerspruchsbescheid**.

§ 84 Abs. 1 SGG bestimmt, dass der Widerspruch binnen **eines Monats** nach Bekanntgabe schriftlich oder zur Niederschrift bei der Stelle einzureichen ist, die den Verwaltungsakt erlassen hat. Ähnlich wie § 16 Abs. 1 S. 2 SGB I auch die Antragstellung bei einer unzuständigen Stelle zulässt, ermöglicht § 84 Abs. 2 SGG (Ähnliches gilt nach § 91 SGG für die Klageerhebung) auch die Erhebung des Widerspruchs bei einer unzuständigen Stelle.

**Hinweis:** Die Widerspruchsfrist beträgt einen Monat und nicht vier Wochen! Dies ist ein Unterschied, wenn Sie zB den Monat Mai 2018 betrachten, der kalendarisch vier Wochen und zwei Tage dauert.

Wichtig für das Einhalten dieser Frist ist deren Kenntnis. Aus diesem Grund ist nach § 36 SGB X ein Verwaltungsakt mit einer **Rechtsbehelfsbelehrung** zu versehen, aus der sich ua auch die Rechtsbehelfsfrist ergeben muss. Fehlt die Rechtsbehelfsbelehrung oder ist sie unvollständig oder falsch, dann führt dies jedoch nicht zur Rechtswidrigkeit des Verwaltungsaktes. Die Konsequenz ist lediglich, dass sich die Widerspruchsfrist nach § 66 Abs. 2 S. 1 SGG grundsätzlich von einem Monat auf ein Jahr verlängert.

Der Widerspruch ist **schriftlich** (§ 126 BGB) oder zur **Niederschrift** bei der Behörde einzureichen, so dass eine telefonische oder mündliche Widerspruchserhebung grundsätzlich ausgeschlossen ist. Die Behörde ist daher auch verpflichtet, den Widerspruch aufzunehmen und darf nicht auf die Möglichkeit des schriftlichen Widerspruchs verweisen.[38]

Im Rahmen der Bearbeitung des Widerspruchs hat die Behörde unterschiedliche Möglichkeiten.

---

38 Schmidt in: Meyer-Ladewig/Keller/Leitherer/Schmidt, SGG, § 84 Rn. 3b.

# § 22 Das Sozialverwaltungsverfahren

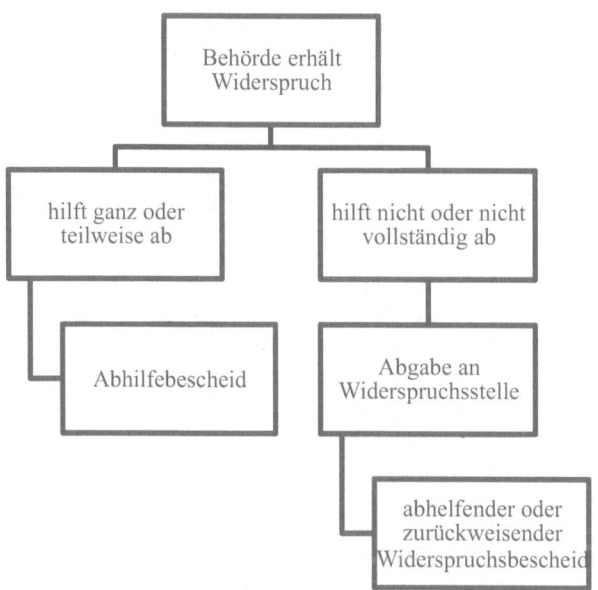

*Abb. 28: Handlungsmöglichkeiten der Verwaltung nach Widerspruchserhebung*

Nach Eingang des Widerspruchs bei der Behörde, die den angegriffenen Verwaltungsakt erlassen hat, prüft diese Behörde, ob der Widerspruch ganz oder teilweise begründet ist. Wird dies bejaht, so erlässt die Behörde nach § 85 Abs. 1 SGG einen **Abhilfebescheid**. Im Falle der vollständigen Abhilfe ist das Widerspruchsverfahren mit der Bestandskraft des Abhilfebescheides beendet. Hilft sie hingegen dem Widerspruch nicht ab, so überprüft nach § 85 Abs. 2 SGG die zuständige Widerspruchsstelle die Recht- und Zweckmäßigkeit des Verwaltungsaktes. Gleiches gilt bei nur teilweiser Abhilfe durch die Ausgangsbehörde für den nicht abgeholfenen Teil des Widerspruchs. Hält die Widerspruchstelle den Widerspruch für begründet, hilft sie ihm ab. Hält sie ihn hingegen für unbegründet, wird er zurückgewiesen. In beiden Fällen entscheidet die Widerspruchsstelle durch den Erlass eines Widerspruchsbescheides, dessen Formalien sich aus § 85 Abs. 3 SGG ergeben.

Nach Erlass eines, den Widerspruch ganz oder teilweise zurückweisenden Widerspruchsbescheides, kann gegen den angegriffenen (Erst-) Bescheid in Gestalt des Widerspruchsbescheides vor dem Sozialgericht geklagt werden.

## IV. Der öffentlich-rechtliche Vertrag

Ergebnis eines Sozialverwaltungsverfahrens muss nicht zwangsläufig ein Verwaltungsakt sein. Wie sich aus § 8 SGB X ergibt, kann auch der Abschluss eines **öffentlich-rechtlichen Vertrages** im Fokus des Verwaltungshandelns liegen. Ein öffentlich-rechtlicher Vertrag ist nach § 53 Abs. 1 SGB X ein Vertrag, mit dessen Hilfe ein Rechtsverhältnis auf dem Gebiet des öffentlichen Rechts begründet, geändert oder aufgehoben wird.

Im Bereich des **sozialrechtlichen** Verwaltungsverfahrens führt der öffentlich-rechtliche Vertrag ein Schattendasein. Dies ist der Tatsache geschuldet, dass nach § 53 Abs. 1 S. 2

SGB X ein öffentlich-rechtlicher Vertrag, der Sozialleistungen zum Gegenstand hat, nur geschlossen werden kann, wenn die Bewilligung dieser Sozialleistungen im **Ermessen** des Leistungsträgers steht. Dem liegt der Gedanke zugrunde, dass Sozialleistungen, auf die der Bürger einen Anspruch hat, nicht durch Vertrag geregelt werden müssen.[39]

Hinweis: Große Bedeutung hat der öffentlich-rechtliche Vertrag im Anwendungsbereich des SGB II. Leistungen zur Eingliederung in Arbeit nach den §§ 14–16f SGB II sind regelmäßig Ermessensleistungen, die von den Grundsicherungsträgern gewährt werden können. Als solche sind sie regelmäßig Gegenstand von **Eingliederungsvereinbarungen** nach § 15 SGB II. Bei diesen Eingliederungsvereinbarungen, die über § 37 Abs. 2 SGB III auch Eingang in das Recht der aktiven Arbeitsförderung des SGB III gefunden haben, handelt es sich um öffentlich-rechtliche Verträge iS § 53 Abs. 1 S. 1 SGB X.[40]

Auch Vereinbarungen zwischen Leistungsträgern und Leistungserbringern, zB im Krankenversicherungsrecht, sind regelmäßig öffentlich-rechtliche Verträge (vgl. zB § 127 SGB V).

### V. Wiederholungs- und Vertiefungsfragen

1. Wann muss eine Behörde die Regelungen des SGB X anwenden?
2. Wer ist gemeint, wenn das SGB X von „Behörde" spricht?
3. Was ist unter dem Begriff „Nichtförmlichkeit des Verwaltungsverfahrens" zu verstehen?
4. Was besagt der Untersuchungsgrundsatz?
5. Welche Elemente muss ein Verwaltungsakt enthalten?
6. Was für Konsequenzen hat es, wenn ein Verwaltungsakt nichtig ist?
7. Ist die Bewilligung von Arbeitslosengeld ein Verwaltungsakt mit Dauerwirkung?
8. Was ist mit der Bestandskraft eines Verwaltungsaktes gemeint?
9. Wie kann die Bestandskraft eines Verwaltungsaktes durchbrochen werden?
10. Muss vor jeder Klage gegen einen Verwaltungsakt Widerspruch eingelegt werden?

---

[39] BT-Drs. 8/2034, 36; Wehrhahn in: BeckOGK SGB X, § 53 Rn. 26.
[40] Schuler-Harms in: BeckOGK, SGB II, § 15 SGB II Rn. 26, 64 ff.

# § 23 Das sozialgerichtliche Verfahren

## I. Einführung

Anders, als auf den ersten Blick zu vermuten, sind Streitigkeiten, die aus dem Sozialrecht resultieren, nicht einheitlich den Gerichten der **Sozialgerichtsbarkeit** übertragen. Vielmehr „tummeln" sich auf diesem Kampfplatz die Gerichte der Sozialgerichtsbarkeit, der Verwaltungsgerichtsbarkeit und der ordentlichen Gerichtsbarkeit.

Die Gerichte der Sozialgerichtsbarkeit, bei denen es sich nach § 1 SGG um besondere Verwaltungsgerichte handelt, entscheiden nur über solche Streitigkeiten, die ihnen nach § 51 SGG ausdrücklich zugewiesen worden sind. Sozialrechtliche Streitigkeiten die den Sozialgerichten nicht in § 51 SGG zugewiesen sind, werden gemäß § 40 Abs. 1 VwGO vor den Gerichten der **Verwaltungsgerichtsbarkeit** verhandelt (vgl. auch § 62 SGB X).

Hinweis: Da § 51 SGG weder das Kinder- und Jugendhilferecht des SGB VIII, noch das BAföG oder WoGG erwähnt, sind Streitigkeiten aus diesen Teilgebieten des Sozialrechts vor den Verwaltungsgerichten zu verhandeln. Das (außergerichtliche) Sozialverwaltungsverfahren richtet sich hingegen auch in diesen Teilgebieten nach dem SGB X und nicht etwa nach dem VwVfG.

Für **Amtshaftungsansprüche** aus Art. 34 GG iVm § 839 BGB[1] sind hingegen nach § 40 Abs. 2 VwGO die Gerichte der **ordentlichen Gerichtsbarkeit** zuständig.

## II. Aufbau der Sozialgerichtsbarkeit

Die Sozialgerichtsbarkeit ist dreistufig aufgebaut (vgl. § 2 SGG). Sie besteht aus den **Sozialgerichten**, den **Landessozialgerichten** und dem **Bundessozialgericht**.

Die **Sozialgerichte** fungieren nach § 8 SGG, soweit es keine anderslautenden gesetzlichen Regelungen gibt, als Eingangs-Instanz für alle Klagen aus Streitigkeiten, die der Sozialgerichtsbarkeit zugeordnet sind. Die Spruchkörper[2] der Sozialgerichte werden als *Kammern* bezeichnet, die mit einem vorsitzenden Berufsrichter und zwei ehrenamtlichen Richtern besetzt sind.

Die **Landessozialgerichte** entscheiden nach § 29 Abs. 1 SGG über Berufungen gegen Urteile und über Beschwerden gegen andere Entscheidungen (zB Beschlüsse) der Sozialgerichte. Die Spruchkörper der Landessozialgerichte werden als *Senate* bezeichnet und sind mit einem Vorsitzenden, zwei weiteren Berufsrichtern und zwei ehrenamtlichen Richtern besetzt.

Das **Bundessozialgericht**, mit Sitz in Kassel, entscheidet als reine Rechtsinstanz nach § 39 Abs. 1 SGG über Revisionen und Nichtzulassungsbeschwerden gegen Entscheidungen der Landessozialgerichte. Auch am Bundessozialgericht wurden Senate als Spruchkörper eingesetzt, die mit einem Vorsitzenden, zwei weiteren Berufsrichtern und zwei ehrenamtlichen Richtern besetzt sind.

---

[1] Dies gilt nicht für Streitigkeiten, die aus dem sozialrechtlichen Herstellungsanspruch resultieren.
[2] Die Organisationseinheit innerhalb eines Gerichts, die Entscheidungen (zB Urteile) trifft.

## III. Wichtige Verfahrensgrundsätze

417 Ebenso wie das Sozialverwaltungsverfahren (§ 20 SGB X) ist auch das sozialgerichtliche Verfahren vom **Untersuchungsgrundsatz**[3] (§ 103 SGG) geprägt. Nach dieser Vorschrift klärt das Gericht den Sachverhalt von Amts wegen auf, ohne hierbei an das Vorbringen und an die Beweisanträge gebunden zu sein.

Flankiert wird der Untersuchungsgrundsatz durch die sich aus § 106 SGG ergebende **Aufklärungspflicht** des Vorsitzenden, nach der er darauf hinzuwirken hat, dass Formfehler beseitigt, unklare Anträge erläutert, sachdienliche Anträge gestellt, ungenügende Angaben tatsächlicher Art ergänzt sowie alle für die Feststellung und Beurteilung des Sachverhalts wesentlichen Erklärungen abgegeben werden.

Die Parteien des Rechtsstreits haben einen sich aus den §§ 62, 127, 128 Abs. 2 SGG ergebenden Anspruch auf **rechtliches Gehör**. Einer ausdrücklichen Regelung im SGG hätte es eigentlich nicht bedurft, da sich der Anspruch bereits unmittelbar aus dem Grundgesetz (Art. 103 Abs. 1 GG) ergibt. Dieses Grundrecht – und mit ihm auch die Regelungen des SGG – schützt die Beteiligten vor Überraschungsentscheidungen und gibt ihnen die Möglichkeit, Einfluss auf den Prozess zu nehmen.[4] Ähnliche Ziele verfolgt auch der Grundsatz der **Mündlichkeit des Verfahrens**, der sich insbesondere aus § 124 SGG ergibt.

## IV. Wichtige Klagearten

418 Das sozialgerichtliche Verfahren hat im Wesentlichen das Ziel, auf die Klage eines Betroffenen hin die Handlungen der Sozialverwaltung zu überprüfen. Daher wird dieses Verfahren auch regelmäßig mit einer **Klage** eingeleitet.[5] Anfechtungs- und Verpflichtungsklagen sind – ähnlich wie der Widerspruch – gemäß § 87 SGG innerhalb einer Klagefrist von **einem Monat** nach Bekanntgabe des Verwaltungsaktes (wenn kein Vorverfahren erforderlich ist, § 78 Abs. 1 S. 2 SGG) oder des Widerspruchsbescheides zu erheben. Die Klageerhebung hat nach § 90 SGG bei dem zuständigen Gericht der Sozialgerichtsbarkeit **schriftlich** oder zur **Niederschrift** des Gerichts zu erfolgen. Auch eine Klageerhebung bei einer anderen inländischen Behörde wahrt nach § 91 Abs. 1 SGG die Klagefrist.

419 Aufgrund ihrer verfahrenseinleitenden Wirkung kommt der **Klage** im sozialgerichtlichen Verfahren besondere Bedeutung zu. Das SGG kennt im Wesentlichen vier unterschiedliche Klagearten, die nachfolgend in der gebotenen Kürze vorgestellt werden sollen.

Bei einer **Anfechtungsklage** (§ 54 Abs. 1 S. 1 1. u. 2 Fall SGG) wird immer entweder die **Aufhebung** oder die **Abänderung** eines Verwaltungsaktes angestrebt. Sie richtet sich gegen einen belastenden Verwaltungsakt und zielt auf dessen Kassation oder Veränderung.

**Hinweis:** Die reine Anfechtungsklage ist, da sie nur eine Verwaltungsentscheidung beseitigt, im Sozialrecht selten. Denkbar ist sie etwa, wenn eine unbefristet gewährte Rente durch Verwaltungsakt entzogen wird. Erstrebt der Kläger neben der Aufhebung des be-

---

[3] Im Gegensatz zum Beibringungsgrundsatz im Zivilprozess.
[4] BeckOK SozR/Mink SGG § 62 Rn. 1.
[5] Vgl. zu den Möglichkeiten einstweiligen Rechtsschutzes die §§ 86a, 86b SGG. Zu den Einzelheiten der Verfahren vorläufigen Rechtsschutzes vgl. zB Krodel, NZS 2015, 244 ff.; Timme, NZS 2004, 292 ff. (293 f.).

# § 23 Das sozialgerichtliche Verfahren

lastenden den Erlass eines begünstigenden Verwaltungsaktes, so ist eine kombinierte Anfechtungs- und Verpflichtungsklage zu erheben. Beansprucht der Kläger eine bestimmte Leistung, auf die er einen Rechtsanspruch hat, muss er die Anfechtungsklage mit einer Leistungsklage kombinieren (sog. unechte Leistungsklage, § 54 Abs. 4 SGG).

**Beispiel:** Beantragt etwa ein Hilfebedürftiger Arbeitslosengeld II und lehnt der Grundsicherungsträger dessen Bewilligung rechtswidrig ab, dann ist – da der Hilfebedürftige ja Anspruch auf Grundsicherungsleistungen hat – die unechte Leistungsklage iS § 54 Abs. 4 SGG die richtige Klageart.

Die in § 54 Abs. 1 S. 1 3. u. 4 Fall SGG geregelte **Verpflichtungsklage** ist auf den Erlass eines abgelehnten oder unterlassenen Verwaltungsakts gerichtet. Gegenstand des begehrten Verwaltungsaktes muss eine Regelung sein, auf die der Kläger **keinen Rechtsanspruch** hat[6] (zB weil der Behörde ein Ermessen im Hinblick auf die Bewilligung einer Leistung zusteht).

**Hinweis:** Wenn mit der Verpflichtungsklage ein abgelehnter Verwaltungsakt angegriffen werden soll, ist zu berücksichtigen, dass durch diese Klage nicht auch automatisch der ablehnende Verwaltungsakt aufgehoben wird. Wird dessen Aufhebung angestrebt, so ist eine kombinierte Anfechtungs- und Verpflichtungsklage zu erheben.

Mit der (echten) **Leistungsklage** nach § 54 Abs. 5 SGG erstrebt der Kläger eine Leistung, auf die er einen Rechtsanspruch hat und die keinen Verwaltungsakt erfordert. In diesem Fall ist damit auch die Durchführung eines Widerspruchsverfahrens entbehrlich. Eine Klagefrist besteht nicht. Zeitliche Grenze der Geltendmachung des Rechtsanspruchs kann damit nur dessen Verjährung sein.

**Hinweis:** Hauptanwendungsfall der echten Leistungsklage sind Streitigkeiten in einem Gleichordnungsverhältnis, in dem die Behörde Leistungen nicht einseitig durch Verwaltungsakt festsetzen kann. Zu denken ist etwa an Klagen wegen Erstattungsansprüchen zwischen verschiedenen juristischen Personen des öffentlichen Rechts oder an Klagen von Krankenhäusern gegen Krankenkassen.

Mit der **Feststellungsklage** wird nach § 55 SGG die Feststellung des Bestehens oder Nichtbestehens eines konkreten Rechtsverhältnisses oder der Nichtigkeit eines Verwaltungsaktes erstrebt. Die Feststellungsklage ist gegenüber den anderen Klagearten nachrangig und verlangt stets ein besonderes Feststellungsinteresse des Klägers.

## V. Beendigung des gerichtlichen Verfahrens

Beendet werden kann das gerichtliche Verfahren durch eine gerichtliche Entscheidung, also durch **Urteil** (§§ 125, 131 SGG) oder durch **Gerichtsbescheid** (§ 105 SGG). Auch eine Beendigung durch eine Handlung des Klägers, nämlich durch **Klagerücknahme** (§ 102 SGG) oder durch die **Annahme eines Anerkenntnisses** (§ 101 Abs. 2 SGG) ist möglich. Schließlich können klagende und beklagte Partei das Verfahren durch Abschluss eines **Vergleichs** (wechselseitiges Nachgeben, vgl. § 101 Abs. 1 SGG) beenden.

---

6 Im Falle eines bestehenden Rechtsanspruchs ist eine Leistungsklage nach § 54 Abs. 5 SGG zu erheben.

# Wiederholungs- und Vertiefungsfragen

## § 1

1. **Was unterscheidet den materiellen Begriff des Sozialrechts vom formellen Begriff?**
   Während der formelle Begriff des Sozialrechts allein und ohne Rücksicht auf den Inhalt auf die Normen abstellt, die vom Gesetzgeber ausdrücklich dem SGB zugeordnet wurden, umfasst der materielle Begriff des Sozialrechts alle Normen, die dazu dienen, soziale Gerechtigkeit und soziale Sicherheit herzustellen. Der Rückgriff auf den Inhalt von Normen unterscheidet daher den materiellen vom formellen Begriff des Sozialrechts.
2. **Welche Aufgaben hat das Sozialrecht?**
   Das Sozialrecht hat nach § 1 Abs. 1 SGB I die Aufgabe, zur Verwirklichung sozialer Gerechtigkeit und sozialer Sicherheit Sozialleistungen einschließlich sozialer und erzieherischer Hilfen gestalten. Es soll dazu beitragen, ein menschenwürdiges Dasein zu sichern, gleiche Voraussetzungen für die freie Entfaltung der Persönlichkeit, insbesondere auch für junge Menschen, zu schaffen, die Familie zu schützen und zu fördern, den Erwerb des Lebensunterhalts durch eine frei gewählte Tätigkeit zu ermöglichen und besondere Belastungen des Lebens, auch durch Hilfe zur Selbsthilfe, abzuwenden oder auszugleichen.
3. **Was ist die Kaiserliche Botschaft?**
   Bei der sog. Kaiserlichen Botschaft handelt es sich um eine Proklamation Kaiser Wilhelm I. vor dem Deutschen Reichstag, in der er eine Neuausrichtung der deutschen Sozialpolitik ankündigte. Mit der Kaiserlichen Botschaft wurde anerkannt, dass der sozialen Notlage weiter Teile der Bevölkerung weniger durch staatliche Repression, als vielmehr durch staatliche Hilfeleistungen begegnet werden muss. Nur so könne der soziale Friede in Deutschland gefestigt werden. Die in der Kaiserlichen Botschaft angekündigten sozialen Hilfen sollten durch Versicherungsschutz gegen Unfall, Krankheit, Alter und Invalidität umfassen. Die Kaiserliche Botschaft markiert damit den Beginn der deutschen Sozialversicherung.
4. **Welche Funktion hat das Sozialbudget?**
   Beim Sozialbudget handelt es sich um eine Aufstellung der Bundesregierung über die Summe aller Ausgaben von Unternehmen, Organisationen und privaten Haushalten sowie der öffentlichen Hand für soziale Zwecke. Es soll Aussagen über Umfang, Struktur und weitere Entwicklung des Systems der sozialen Sicherung erlauben.
5. **Was ist unter dem Generationenvertrag zu verstehen?**
   Der Generationenvertrag ist die Grundlage des deutschen Rentensystems. Er besagt, dass die derzeit erwerbstätige Generation durch ihre Beitragszahlungen in das Rentenversicherungssystem die Renten für die derzeitigen Rentner finanziert. Im Gegenzug erhalten die Erwerbstätigen einen Rentenanspruch, für dessen Finanzierung dann die nachfolgende Generation zuständig ist.

## Wiederholungs- und Vertiefungsfragen

### § 2

1. **Was besagt die Normenpyramide?**
   Die Normenpyramide stellt eine Verbildlichung von Normenhierarchien dar. Mit ihrer Hilfe werden Über- und Unterordnungsverhältnisse von unterschiedlichen Rechtsnormen beschrieben.

2. **Was versteht man unter der Gesetzgebungs- und Verwaltungskompetenz?**
   Unter dem Begriff der „Gesetzgebungs- und Verwaltungskompetenz" versteht das Grundgesetz die Frage, wer berechtigt ist Gesetze zu bestimmten Rechtsmaterien zu erlassen (Gesetzgebungskompetenz) und wer sie ausführt bzw. umsetzt (Verwaltungskompetenz). Berechtigte können der Bund oder die Länder sein.

3. **Welche verfassungsrechtlichen Regelungen verpflichten den Staat, Menschen zu unterstützen, die ihren Mindestlebensunterhalt nicht selbst bestreiten können?**
   Diese Verpflichtung ergibt sich nach der Rechtsprechung des BVerfG aus dem Zusammenspiel zwischen Art. 1 Abs. 1 GG (Grundrecht auf Menschenwürde) und dem Sozialstaatsprinzip (Art. 20 Abs. 1 GG). Danach stehen jedem Hilfebedürftigen diejenigen materiellen Voraussetzungen zu, die für seine physische Existenz und für ein Mindestmaß an Teilhabe am gesellschaftlichen, kulturellen und politischen Leben unerlässlich sind. Dieses Recht auf die Gewährung des menschenwürdigen Existenzminimums ist dem Grunde nach unverfügbar und muss eingelöst werden, bedarf aber der Konkretisierung und stetigen Aktualisierung durch den Gesetzgeber. Diese Konkretisierung und Aktualisierung erfolgt im Rahmen der existenzsichernden SGB II und SGB XII.

4. **In welchen Fällen haben die Bundesländer die Kompetenz, Gesetze mit sozialrechtlichem Inhalt zu erlassen?**
   Der Bereich sozialrechtlicher Gesetzgebung fällt nach Art. 74 Abs. 1 Nrn. 7, 9, 10, 12, 13, 19 und 19a GG nahezu vollständig in die konkurrierende Gesetzgebungskompetenz des Bundes. Da der Bund auch in umfassender Art und Weise von seiner Gesetzgebungskompetenz Gebrauch gemacht hat, können die Länder nur in solchen in Randbereichen gesetzgeberisch aktiv werden, denen sich der Bundesgesetzgeber bislang noch nicht zugewandt hat. Hierunter fällt zB die berufsständisch geprägte öffentlich-rechtliche Absicherung von Angehörigen freier Berufe in Versorgungswerken.

5. **Wäre ein bedingungsloses Grundeinkommen, also ein bedarfsunabhängiger monatlicher Festbetrag, den jeder Bürger der Bundesrepublik erhält, mit dem Sozialstaatsprinzip vereinbar?**
   Darüber lässt sich natürlich lange und kontrovers diskutieren. Allerdings verpflichtet das Sozialstaatsprinzip den Staat dazu, für Hilfsbedürftige die Mindestvoraussetzungen für ein menschenwürdiges Dasein sicherzustellen. Auf welchem Weg er dieser Verpflichtung nachkommt, wird durch das Sozialstaatsprinzip nicht vorgegeben. Wenn also das bedingungslose Grundeinkommen eine Höhe hätte, die das soziokulturelle Existenzminimum sicherstellt, dann würde seine Einführung nicht gegen das Sozialstaatsprinzip verstoßen.

6. **Was versteht man unter den besonderen Teilen des SGB?**
   Unter den besonderen Teilen des SGB werden die Gesetze verstanden, die durch § 68 SGB I als besondere Teile des SGB bezeichnet werden (zB BAföG, WoGG).

7. **Welche Gemeinsamkeit verbindet das SGB I mit dem SGB IV und dem SGB X?**
   Sowohl das SGB I als auch die SGB IV und X enthalten allgemeine Vorschriften, dh Vorschriften, die grundsätzlich auch für alle oder mehrere Sozialleistungsbereiche des SGB gelten.
8. **Was unterscheidet eine Rechtsverordnung von einer Satzung?**
   Rechtsverordnungen sind Normen, die nicht vom parlamentarischen Gesetzgeber, sondern von der Exekutive auf der Grundlage einer durch ein förmliches Gesetz erteilten Ermächtigung erlassen werden. Satzungen sind Normen, die von Selbstverwaltungskörperschaften zur Regelung ihrer eigenen Angelegenheiten erlassen werden. Sie werden von den Organen der Selbstverwaltungskörperschaften beschlossen. Rechtsverordnungen sind also Recht der unmittelbaren und Satzungen Recht der mittelbaren Staatsverwaltung.
9. **Ist eine Kindeswohlgefährdung auch zivilrechtlich von Bedeutung?**
   Ja! Im Falle einer Kindeswohlgefährdung kann ein Familiengericht die in §§ 1666, 1666a BGB beschriebenen Maßnahmen auch gegen den Willen der Personensorgeberechtigten ergreifen, um die Gefährdung des Kindeswohls abzuwenden. Dies kann bis zum vollständigen Entzug der elterlichen Sorge gehen.
10. **Was ist der Versorgungsausgleich?**
    Unter dem Versorgungsausgleich versteht man den Ausgleich der Rentenanwartschaften, die die Ehegatten während der Ehe erworben haben. Sehr vereinfacht gesagt geht es hierbei darum, dass der Ehegatte, der mehr Rentenanwartschaften erworben hat, dem anderen Ehegatten einen Teil dieser Anwartschaften überträgt. Der Versorgungsausgleich richtet sich materiellrechtlich nach § 1587 BGB iVm dem Versorgungsausgleichsgesetz und verfahrensrechtlich nach den §§ 217–229 FamFG.

## § 4

1. **Was unterscheidet das „internationale Sozialrecht" vom „zwischenstaatlichen Sozialrecht"?**
   Das „internationale Sozialrecht" regelt einen internationalen Sozialrechtsfall nicht selbst, sondern beantwortet die Frage, welche (nationale) Rechtsordnung auf diesen Fall anwendbar ist. Es geht also um Fälle, in denen unterschiedliche Sozialrechtsordnungen miteinander kollidieren. Man spricht daher auch vom nationalen Kollisionsrecht. Damit ist das „internationale Sozialrecht" Teil des deutschen (Sozial-) Rechts. Demgegenüber versteht man unter dem „zwischenstaatlichem Sozialrecht" insbesondere internationale Verträge (zB bilaterale Sozialversicherungsabkommen) oder aber völkerrechtliche Normen, die durch über-staatliche Organisationen (zB die UNO oder die ILO) geschaffen werden und die nach Art. 59 Abs. 2 GG der innerstaatlichen Umsetzung bedürfen.
2. **In welchem Bereich des Sozialrechts verdrängt das „Beschäftigungsortprinzip" das „Territorialitätsprinzip"?**
   Eine Verdrängung des Territorialitätsprinzips durch das Beschäftigungsortprinzip findet sich in den §§ 3, 4 und 5 SGB IV. § 3 SGB IV bestimmt für den Bereich der Sozialversicherung, dass die Vorschriften über Versicherungspflicht und Versicherungsberechtigung in der Sozialversicherung, soweit sie eine Beschäftigung oder selbstständige Tätigkeit voraussetzen, für Beschäftigte oder Selbständige gelten,

die im Bundesgebiet tätig sind. Hier gilt also nicht das auf den Wohnort/gewöhnlichen Aufenthalt abstellende Territorialitätsprinzip, sondern das auf den Beschäftigungsort abstellende Beschäftigungsortprinzip.

3. **Was versteht man unter Sozialversicherungsabkommen?**

Sozialversicherungsabkommen sind zwischenstaatliche Verträge, insbesondere auf den Gebieten gesetzliche Krankenversicherung, Unfallversicherung und Rentenversicherung, die das Ziel haben, Sozialversicherungsleistungen von in Deutschland Versicherten im Ausland und von im Ausland versicherten Personen in Deutschland zu koordinieren. Sie sollen die Gleichbehandlung der Staatsangehörigen wechselseitig garantieren (Prinzip der Gegenseitigkeit).

4. **Welche Beziehung hat der Europarat zur Europäischen Union?**

Institutionell ist der Europarat nicht mit der Europäischen Union verbunden. Es handelt sich bei ihm um eine internationale Organisation, in der allerdings die Mitgliedsstaaten der EU – nicht aber die EU selbst – Mitglied sind. Gleichwohl gibt es eine breitgefächerte Zusammenarbeit zwischen dem Europarat und der Europäischen Union. In der Praxis bestehen enge Kontakte zwischen dem Europarat und der Union, insbesondere auf den Gebieten der Erziehung, Kultur, Jugend, Gesundheit und in Rechtsangelegenheiten. Der Europarat hat ein Verbindungsbüro in Brüssel. Vertreter des Europarates wohnen Treffen der Kommission auf Einladung der zuständigen Generaldirektion bei.

5. **Welchen Rang hat die UN-Behindertenrechtskonvention im Rahmen der Normenpyramide?**

Die UN-Behindertenrechtskonvention ist ein völkerrechtlicher Vertrag. Nach Art. 59 Abs. 1 S. 2 GG bedarf sie damit der Ratifizierung durch den Bundestag („Verträge, welche die politischen Beziehungen des Bundes regeln oder sich auf Gegenstände der Bundesgesetzgebung beziehen, bedürfen der Zustimmung oder der Mitwirkung der jeweils für die Bundesgesetzgebung zuständigen Körperschaften in der Form eines Bundesgesetzes."). Nach erfolgter Ratifizierung hat ein völkerrechtlicher Vertrag – und damit auch die UN-Behindertenrechtskonvention – den Status eines Bundesgesetzes.

6. **Gehört der Vertrag über die Arbeitsweise der Europäischen Union (AEUV) zum europäischen Primär- oder Sekundärrecht?**

Der Vertrag über die Arbeitsweise der Europäischen Union (AEUV) ist als Grundlagenvertrag der Europäischen Union dem Bereich des Primärrechts zuzuordnen.

7. **Was unterscheidet die europarechtliche Verordnung von der Richtlinie?**

Die sekundärrechtliche Verordnung hat nach Art. 288 Abs. 2 AEUV allgemeine Geltung. Sie ist in allen ihren Teilen verbindlich und gilt unmittelbar in jedem Mitgliedstaat. Nach Art. 288 Abs. 3 AEUV sind Richtlinien sekundäre Rechtsakte der Union, die an die Mitgliedstaaten gerichtet sind und sie verpflichten, den Inhalt der Richtlinie innerhalb einer vorgegebenen Zeit so in nationales Recht umzusetzen, dass das in der Richtlinie genannte und verbindliche Ziel erreicht wird. Die Mitgliedstaaten sind dabei frei in der Wahl der Form und der Mittel. Damit bedarf die Richtlinie – anders als die Verordnung – der Umsetzung in nationales Recht.

8. **Hat der in Art. 45 AEUV geregelte Freizügigkeitsanspruch einen sozialrechtlichen Bezug?**
   Ja! Das Recht auf Freizügigkeit (das Recht eines Arbeitnehmers, seinen Arbeitsplatz im gesamten Gebiet der Union frei zu wählen), wäre wertlos, wenn der Arbeitnehmer befürchten müsste, durch die Verlagerung seines Lebens- und Arbeitsmittelpunkts in einen anderen EU-Mitgliedsstaat den Schutz seines Sozialsystems (und ggf. bereits erworbene Anwartschaften) zu verlieren ohne gleichzeitig einen adäquaten sozialen Schutz im neuen Sozialsystem zu erhalten.

9. **Was ist die Aufgabe der VO (EG) 883/2004?**
   Aufgabe der VO (EG) 883/2004 ist es, das nationale Sozialrecht der Mitgliedsstaaten zu koordinieren.

10. **Was ist unter Leistungsexporten zu verstehen?**
    Unter dem in Art. 7 VO (EG) 883/2004 geregelten Leistungsexport ist zu verstehen, dass Geldleistungen die nach den Rechtsvorschriften eines oder mehrerer Mitgliedstaaten der EU oder nach der VO (EG) 883/2004 zu zahlen sind, grundsätzlich nicht deshalb gekürzt, geändert, zum Ruhen gebracht, entzogen oder beschlagnahmt werden dürfen, weil der Berechtigte im Gebiet eines anderen Mitgliedstaats als des Staates wohnt, in dessen Gebiet der zur Zahlung verpflichtete Träger seinen Sitz hat.

## § 7

1. **Ergeben sich aus den §§ 3–10 SGB I Ansprüche gegen Sozialleistungsträger?**
   Nein! § 2 S. 2 SGB I stellt ausdrücklich klar, dass die in §§ 3–10 SGB I aufgeführten sozialen Rechte konkrete Ansprüche nicht begründen können und daher keine unmittelbare rechtliche Relevanz besitzen.

2. **Was unterscheidet die Auskunft (§ 15 SGB I) von der Aufklärung (§ 13 SGB I)?**
   Eine Auskunft ist eine erklärende Mitteilung, die individuell und nur auf Anfrage hin gegeben wird. Sie richtet sich also an Einzelne. Die Aufklärung umfasst demgegenüber jede Art von Informationstätigkeit, die darauf gerichtet ist, „der Bevölkerung" – den Einwohnern der Bundesrepublik, den Versicherten eines Versicherungszweigs oder einer bestimmten Versicherung usw – Kenntnisse über „die Rechte und Pflichten" nach dem SGB zu vermitteln. Sie richtet sich also immer an mehrere Personen. Hinzu kommt, dass auf die Erteilung einer Auskunft ein Rechtsanspruch besteht, auf eine Aufklärung hingegen nicht.

3. **Was meint § 14 SGB I, wenn er von einer Beratung spricht?**
   Beratung iS § 14 SGB I ist die Vermittlung von Informationen, die der Einzelne zur Wahrnehmung seiner eigenen sozialen Rechte sowie zur Erfüllung der ihn betreffenden Verpflichtungen benötigt.

4. **Gilt die Beratungspflicht nach § 14 SGB I auch gegenüber dem BAföG-Amt?**
   Die Beratungspflicht nach § 14 SGB I gilt nach § 37 S. 1 SGB I für alle Sozialleistungsbereiche des SGB. Dies bedeutet, dass das BAföG-Amt dann der Beratungspflicht nach § 14 SGB I unterliegen würde, wenn es ein Sozialleistungsbereich des SGB wäre. Im BAföG-Amt wird das BAföG vollzogen. Dieses zählt nach § 68 Nr. 1 SGB I als besonderer Teil zum SGB. Damit gilt § 14 SGB I auch für das BAföG-Amt.

5. **Was ist unter der Pflicht zur Spontanberatung zu verstehen?**

   Unter Spontanberatung ist eine Beratungspflicht der Behörde ohne ein vom Versicherten herangetragenes Auskunfts- und Beratungsbegehren zu verstehen, die besteht, wenn sich im Rahmen eines Verwaltungsverfahrens ein konkreter Anlass ergibt, den Versicherten spontan auf klar zutage liegende Gestaltungsmöglichkeiten hinzuweisen, die sich offensichtlich als zweckmäßig aufdrängen und die jeder verständige Versicherte mutmaßlich nutzen würde.

6. **Warum ist die Aushändigung eines Merkblattes keine Beratung iS § 14 SGB I?**

   Die Aushändigung eines Merkblatts ist alleine noch keine Beratung iS § 14 SGB I, da der Ratsuchende in diesem Fall keine Möglichkeit hat, sich die Antwort auf seine Fragen persönlich erläutern zu lassen.

7. **Welche rechtlichen Konsequenzen hat eine unterbliebene Aufklärung nach § 13 SGB I?**

   Da kein Anspruch auf Aufklärung besteht, sind Amtshaftungs- oder Herstellungsansprüche wegen unterlassener oder unzureichender Aufklärung ausgeschlossen.

8. **Welche rechtlichen Konsequenzen hat eine unterlassene Spontanberatung?**

   Die unterlassene Spontanberatung ist ein Beratungsfehler. Als solcher kann sie Amtshaftungs- oder Herstellungsansprüche auslösen.

9. **Was unterscheidet den Anwendungsbereich des Amtshaftungsanspruchs von dem des sozialrechtlichen Herstellungsanspruchs?**

   Der Amtshaftungsanspruch ist auf Schadensersatz gerichtet, gewährt diesen jedoch regelmäßig nur in Geld und setzt eine verschuldete Amtspflichtverletzung voraus. Er ist vor den Gerichten der ordentlichen Gerichtsbarkeit geltend zu machen. Auch der sozialrechtliche Herstellungsanspruch ist auf Ersatz eines eingetretenen Schadens gerichtet. Allerdings geht der Anspruch auf Herstellung des Zustandes, der eingetreten wäre, wenn die Verwaltung sich nicht rechtswidrig verhalten hätte (Naturalrestitution). Die Zahlung von Geld ist regelmäßig nicht vorgesehen. Er kommt zudem nur in Betracht, wenn es um die Herstellung einer rechtlichen Position geht, die nach dem Gesetz vorgesehen ist. Er verlangt auf Seiten der Behörde kein Verschulden.

10. **Wo ist der sozialrechtliche Herstellungsanspruch geregelt?**

    Nirgends! Es handelt sich bei ihm um ein von der Rechtsprechung entwickeltes Rechtsinstitut.

## § 8

1. **Ist die Wohngeldbehörde ein Leistungsträger iS § 12 SGB I?**

   Nach § 12 SGB I ist Leistungsträger jeder der in den §§ 18–29 SGB I aufgeführten Träger, sofern er für Sozialleistungen iS § 11 SGB I zuständig ist. Das Wohngeldrecht ist in § 26 SGB I geregelt und stellt eine Sozialleistung dar. Träger des Wohngeldrechts sind nach § 26 Abs. 2 SGB I die durch Landesrecht bestimmten Stellen. Bei diesen handelt es sich damit um Leistungsträger iS § 12 SGB I.

2. **Handelt es sich bei der Bedarfsgemeinschaft des § 7 Abs. 2 S. 1 SGB II um einen Leistungsempfänger?**

   Nein! Auch im SGB II ist von einem Einzelanspruch des jeweiligen individuellen Leistungsempfängers auszugehen. Es geht also nicht um einen Anspruch der Bedarfsgemeinschaft, sondern um Individualansprüche, wie aus der Normformulierung in § 7 Abs. 1 S. 1 SGB II: „Leistungen erhalten Personen" bzw. in § 7 Abs. 2 S. 1 SGB II „Leistungen erhalten auch Personen" deutlich wird.

3. **Wann werden Sozialleistungen antragsunabhängig erbracht?**

   § 19 S. 1 SGB IV regelt, dass Leistungen der Sozialversicherung nur auf Antrag erbracht werden, sofern das einzelne Leistungsgesetz des Sozialversicherungsträgers keine Ausnahme von diesem Grundsatz enthält. Lediglich für Leistungen der gesetzlichen Unfallversicherung (SGB VII) sieht § 19 S. 2 SGB IV vor, dass diese grundsätzlich von Amts wegen zu erbringen sind. Außerhalb des sozialversicherungsrechtlichen Teils des SGB sieht § 18 Abs. 1 SGB XII für den Bereich der Sozialhilfe eine Ausnahme vom Antragserfordernis vor.

4. **Ist ein 16-jähriger formal berechtigt, einen Antrag auf Eingliederungshilfe nach § 35a SGB VIII stellen?**

   Ja, da er nach § 36 Abs. 1 S. 1 SGB I handlungsfähig ist.

5. **Was hat es auf die Gewährung von Sozialleistungen für Auswirkungen, wenn der Leistungsantrag bei einer unzuständigen Behörde gestellt wird?**

   Keine! § 16 Abs. 1 S. 2 SGB I verpflichtet auch unzuständige Behörden zur Entgegennahme von Leistungsanträgen. Sowohl der unzuständige Sozialleistungsträger, als auch die für Sozialleistungen überhaupt nicht zuständige Gemeinde sind nicht nur verpflichtet, den Sozialleistungsantrag entgegenzunehmen. § 16 Abs. 2 SGB I verpflichtet sie vielmehr zusätzlich noch dazu, den Antrag unverzüglich an den zuständigen Leistungsträger weiterzuleiten. Darüber hinaus gilt ein Antrag auf eine (antragsabhängige) Sozialleistung nach § 16 Abs. 2 S. 2 SGB I bereits zu dem Zeitpunkt als wirksam gestellt, zudem er bei einer unzuständigen Stelle iS § 16 Abs. 2 S. 1 SGB I eingegangen ist.

6. **Darf sich das BAföG-Amt weigern, einen Antrag auf Grundsicherungsleistungen nach dem SGB II entgegenzunehmen?**

   Dieser Weigerung steht § 20 Abs. 3 SGB X entgegen. Danach darf keine Sozialbehörde die Entgegennahme von Anträgen zu verweigern, weil sie sich für unzuständig hält.

7. **Was ist unter einer Sachleistung zu verstehen?**

   Sachleistungen sind Leistungen, die auf die Hingabe von körperlichen Sachen im Sinne des § 90 BGB gerichtet sind. Dies sind ua Arznei-, Hilfs- oder Heilmittel.

8. **Was bedeutet es für den Antragsteller, wenn er einen Anspruch auf eine Sozialleistung hat?**

   Nach § 38 SGB I besteht auf Sozialleistungen grundsätzlich ein Anspruch. Der Anspruch ist das subjektive Recht des Sozialleistungsberechtigten, von einem anderen, dem Sozialleistungsträger, ein Tun oder Unterlassen zu verlangen (§ 194 Abs. 1 BGB). Besteht auf eine Sozialleistung ein Anspruch, so muss der Leistungsträger diese Leistung – sofern die tatbestandlichen Voraussetzungen der Anspruchsgrundlage vorliegen – bewilligen. Im Falle der Nichtbewilligung kann der Anspruch gegen den Leistungsträger sozialgerichtlich durchgesetzt werden.

9. **Was bedeutet es für den Antragsteller, wenn der Behörde im Hinblick auf die Bewilligung der Sozialleistung ein Ermessen zusteht?**

   Ermessensvorschriften räumen der Verwaltung anders als solche, die unmittelbar einen Anspruch gewähren, einen echten Entscheidungsspielraum ein. Dies kann zum einen in der Form geschehen, dass Ermessen besteht, ob überhaupt gehandelt werden soll (Entschließungsermessen), oder zum anderen so, dass bei Vorliegen eines bestimmten Tatbestandes Ermessen bzgl. der Auswahl zwischen mehreren zulässigen Rechtsfolgen besteht (Auswahlermessen). Für den Antragsteller bedeutet dies, dass sich die Behörde – sofern sie das Ermessen richtig gebraucht – auch gegen die Bewilligung der beantragten Sozialleistung entscheiden kann.

10. **Wie kann ein Sozialleistungsträger auf die fehlende Mitwirkung des Antragstellers reagieren?**

Kommt der Leistungsempfänger seinen Mitwirkungspflichten nicht nach, so ist der Leistungsträger nach § 66 SGB I berechtigt, die beantragte Leistung ganz oder teilweise zu versagen oder eine bereits bewilligte Leistung zu entziehen. Diese Folgen können vom Leistungsempfänger nur durch das Nachholen der Mitwirkung geheilt werden.

## § 9

1. **In welchem Verhältnis stehen die Regelungen des SGB IV zu denen der SGB III, V, VI, VII, XI.**

Das SGB IV enthält die allgemeinen Regelungen für das Sozialversicherungsrecht. Diese gelten damit grundsätzlich in allen Sozialversicherungszweigen. Deutlich wird diese Funktion des SGB IV in § 1 Abs. 1 S. 1 SGB IV, der festschreibt, dass die Regelungen des SGB IV für die gesetzliche Kranken- (SGB V), Unfall- (SGB VII) und Rentenversicherung (SGB VI) sowie für die soziale Pflegeversicherung (SGB XI) gelten. Grundsätzlich gelten die Regelungen des SGB IV auch für das im SGB III geregelte Recht der Arbeitsförderung. Allerdings ordnet § 1 Abs. 1 S. 2 SGB IV an, dass der erste und zweite Titel des vierten Abschnitts und der gesamte fünfte Abschnitt des SGB IV nicht auf die Arbeitsförderung anzuwenden sind

2. **Welche Versicherungszweige gehören zur Sozialversicherung?**

Zur Sozialversicherung gehören die gesetzliche Kranken- (SGB V), Unfall- (SGB VII) und Rentenversicherung (SGB VI), die soziale Pflegeversicherung (SGB XI) und die Bereiche des SGB III, die sich auf die Arbeitslosenversicherung beziehen.

3. **Gehört die Arbeitslosenversicherung zur Sozialversicherung?**

Das kommt darauf an! Auf den ersten Blick scheint der Gesetzgeber den Bereich der Arbeitslosenversicherung aus der Sozialversicherung herausgelöst zu haben. So definiert etwa § 4 Abs. 2 SGB I die Sozialversicherung als gesetzliche Kranken-, Pflege-, Unfall- und Rentenversicherung einschließlich der Alterssicherung der Landwirte. Ähnlich formuliert auch § 1 Abs. 1 S. 1 SGB IV, wonach die gesetzliche Kranken-, Pflege-, Unfall- und Rentenversicherung einschließlich der Alterssicherung der Landwirte sowie die soziale Pflegeversicherung die Versicherungszweige der Sozialversicherung bilden. Bei dieser Aufzählung fehlt die Arbeitslosenversicherung, so dass man im Umkehrschluss davon ausgehen könnte, dass diese Versicherung nicht in die Sozialversicherung einbezogen ist. Für diese Auffassung scheint auch zu sprechen, dass die wirtschaftliche Sicherung bei Arbeitslosigkeit in § 3 Abs. 2 Nr. 4 SGB I dem Bereich der Arbeitsförderung zugeordnet wird. Betrachtet man die Sozialversicherung in einem rein formalen Sinn, dann ist dieser Schluss auch sicherlich richtig. Versteht man hingegen die Sozialversicherung in einem materiellen Sinn als jede öffentlich-rechtliche, gemeinnützige Zwangsversicherung, die zumeist auf dem Grundsatz der Selbstverwaltung aufgebaut ist und unter staatlicher Aufsicht steht, dann zählt hierzu auch die in das SGB III integrierte Arbeitslosenversicherung. Auch der Gesetzgeber lässt dieses Verständnis von „Sozialversicherung" zu, wenn er etwa in § 28d SGB IV die Beiträge aus Arbeitsentgelt aus einer versicherungspflichtigen Beschäftigung nach dem Recht der Arbeitsförderung in den „Gesamtsozialversicherungsbeitrag" einbezieht. Zudem spricht auch das Grundgesetz in Art. 74 Abs. 1 Nr. 12 GG von der „Sozialversicherung einschließlich der Arbeitslosenversicherung" und betrachtet damit die Sozialversicherung unter einem materiellen Blickwinkel. Das BVerfG hat dieses materielle Verständnis von Sozialversicherung in Art. 74 Abs. 1 Nr. 12 GG bestätigt und entschieden, dass die Einbeziehung neuer Lebenssachverhalte in das Gesamtsystem „Sozialversicherung" dann möglich ist, wenn die neuen Sozialleistungen in ihren wesentlichen Strukturelementen, insbesondere in der organisatorischen Bewältigung ihrer Durchführung dem Bild entsprechen, das durch die „klassische" Sozialversicherung geprägt ist. Die Schwierigkeiten im Hinblick auf die Einordnung der Arbeitslosenversicherung in das System der Sozialversicherung ergeben sich letztlich daraus, dass sich das Recht der Arbeitsförderung im SGB III zwischen der Sozialversicherung im weiteren (materiellen) Sinne (mit der klassischen Arbeitslosenversicherung [§§ 136 ff. SGB III]) und einer Sozialförderung (zB mit der Aktivierung und beruflichen Eingliederung [§§ 44 ff. SGB III]) als einem eigenständigen Gebiet des Sozialrechts befindet und damit eine Art „Zwitterstellung" einnimmt.

4. Was unterscheidet die Mitgliedschaft in einem Zweig der Sozialversicherung vom Sozialversicherungsverhältnis?
Der Begriff Mitgliedschaft kennzeichnet das konkrete Verhältnis des Versicherten zu einem zuständigen Sozialversicherungsträger. Demgegenüber bezeichnet das Sozialversicherungsverhältnis die Gesamtheit der öffentlich-schuldrechtlichen Rechtsbeziehungen zwischen Sozialversicherungsträger und Versichertem sowie ggf. weiteren Personen. Mitgliedschaft und Sozialversicherungsverhältnis können, müssen aber nicht deckungsgleich sein. So sind zB Familienversicherte (§ 10 SGB V) keine Mitglieder der Krankenkasse, stehen zu dieser aber in einem Sozialrechtsverhältnis.

5. Was unterscheidet die Versicherungspflicht von der Versicherungsberechtigung?
Bei der Versicherungspflicht entsteht ein Sozialrechtsverhältnis mit dem Vorliegen der gesetzlichen Voraussetzungen unabhängig vom Willen des einzelnen Versicherten. Versicherungspflicht bedeutet hierbei nicht, dass der Betroffene verpflichtet ist, sich zu versichern, sondern dass er kraft Gesetzes versichert ist. Bei der Versicherungsberechtigung entsteht ein Sozialrechtsverhältnis kraft freiwilliger Entscheidung des einzelnen Versicherten.

6. Für welche sozialversicherungsrechtliche Einordnung ist das Vorliegen einer Beschäftigung ausschlaggebend?
Das Vorliegen einer Beschäftigung ist für die Frage nach der sozialversicherungsrechtlichen Versicherungspflicht bedeutend, da nach § 2 Abs. 2 Nr. 1 SGB IV Personen, die gegen Arbeitsentgelt oder zu ihrer Berufsausbildung beschäftigt sind, in allen Zweigen der Sozialversicherung versicherungspflichtig sind.

7. Gelten Selbstständige als Beschäftigte iS § 7 Abs. 1 S. 1 SGB IV?
Nein, da nach § 7 Abs. 1 S. 1 SGB IV unter Beschäftigung nur die nichtselbständige Arbeit verstanden wird.

## Wiederholungs- und Vertiefungsfragen

8. **Was ist unter einem Statusfeststellungsverfahren zu verstehen?**
   Das Statusfeststellungsverfahren nach § 7a SGB IV dient der Feststellung, ob ein Auftragnehmer seine Tätigkeit für einen Auftraggeber im Einzelfall selbstständig oder im Rahmen eines sozialversicherungspflichtigen Beschäftigungsverhältnisses ausübt. Dieses Verfahren dient der rechtssicheren Klärung des sozialversicherungsrechtlichen Status eines Auftragnehmers in Zweifelsfällen. Grundsätzlich entscheidet zwar die zuständige Krankenkasse, ob ein Beschäftigungsverhältnis sozialversicherungspflichtig ist oder nicht. In Streitfragen kann aber die Statusfeststellung nach § 7a SGB IV beantragt werden, die dann auch die Krankenkasse an das gefundene Ergebnis bindet.

9. **Welche zwei unterschiedlichen Arten von geringfügiger Beschäftigung gibt es nach § 8 Abs. 1 SGB IV?**
   Nach § 8 Abs. 1 SGB IV gibt es zwei Fälle einer geringfügigen Beschäftigung, denjenigen der Entgeltgeringfügigkeit und denjenigen der Zeitgeringfügigkeit. Nach § 8 Abs. 1 Nr. 1 SGB IV liegt eine geringfügige Beschäftigung vor, wenn das Arbeitsentgelt aus dieser Beschäftigung regelmäßig im Monat die Geringfügigkeitsgrenze des § 8 Abs. 1b SGB IV nicht übersteigt (Entgeltgeringfügigkeit). Nach § 8 Abs. 1 Nr. 2 SGB IV liegt eine geringfügige Beschäftigung aber auch dann vor, wenn die Beschäftigung innerhalb eines Kalenderjahres auf längstens drei Monate oder 70 Arbeitstage nach ihrer Eigenart begrenzt zu sein pflegt oder im Voraus vertraglich begrenzt ist, es sei denn, dass die Beschäftigung berufsmäßig ausgeübt wird und die Geringfügigkeitsgrenze übersteigt (Zeitgeringfügigkeit).

10. **Was ist unter dem Gesamtsozialversicherungsbeitrag zu verstehen?**
    Der Gesamtsozialversicherungsbeitrag (§ 28d SGB IV) umfasst die Beiträge für Pflichtversicherte zur Arbeitslosen-, Kranken-, Renten- und Pflegeversicherung. Er besteht aus der Summe der jeweils geschuldeten Beiträge und zwar sowohl des Arbeitgeber- als auch des Arbeitnehmeranteils.

## § 10

1. **Ist ein geringfügig Beschäftigter in der gesetzlichen Krankenversicherung versicherungspflichtig?**
   Nach § 7 Abs. 1 SGB V ist jede geringfügige Beschäftigung iS §§ 8, 8a SGB IV (also sowohl die zeit- als auch die entgeltgeringfügige Beschäftigung) versicherungsfrei. Dies gilt nur dann nicht, wenn die geringfügige Beschäftigung im Rahmen im Rahmen betrieblicher Berufsbildung, nach dem Jugendfreiwilligendienstegesetz oder nach dem Bundesfreiwilligendienstgesetz erfolgt.

2. **Was versteht man unter der Jahresarbeitsentgeltgrenze?**
   Die Jahresarbeitsentgeltgrenze (die es nur in der gesetzlichen Krankenversicherung und der sozialen Pflegeversicherung gibt) stellt eine Grenze der Versicherungspflicht dar. Ab Überschreiten der Jahresarbeitsentgeltgrenze besteht grundsätzlich keine Versicherungspflicht mehr. Beschäftigte, deren Einnahmen regelmäßig über der Jahresarbeitsentgeltgrenze liegen, können entscheiden, ob sie sich als freiwilliges Mitglied in der gesetzlichen Krankenversicherung oder in der privaten Krankenversicherung versichern.

3. **Sind Familienversicherte Mitglieder in der gesetzlichen Krankenversicherung?**

   Nein! Die Familienversicherten leiten ihr Versicherungsverhältnis aus dem Mitgliedschaftsverhältnis des Stammversicherten ab. Damit ist die Familienversicherung ist eine Mischung aus eigener Versicherung und abgeleiteter Versicherung des Stammmitglieds. § 10 SGB V ermöglicht den Familienversicherten eigene Leistungsansprüche, die sie unabhängig vom Stammmitglied geltend machen und durchsetzen können. Dennoch führt die Familienversicherung nicht zu einer eigenen Mitgliedschaft der Familienversicherten in der Krankenkasse.

4. **Was besagt das Sachleistungsprinzip?**

   Nach § 2 Abs. 2 S. 1 SGB V erhalten die Versicherten Leistungen der gesetzlichen Krankenversicherung grundsätzlich als Sach- und Dienstleistungen (Sachleistungsprinzip). Dies führt dazu, dass die Versicherten gegenüber ihrer gesetzlichen Krankenversicherung einen Anspruch allein auf die Verschaffung der für die Behandlung erforderlichen Sach- und Dienstleistungen haben. Inhalt der Leistungsverpflichtung der Krankenkasse ist damit die jeweilige Sach- bzw. Dienstleistung, so dass die Versicherung die Leistung überhaupt nur als Sachleistung erbringen kann und darf. Der Versicherte seinerseits hat nur einen Rechtsanspruch auf die Sachleistung. Die Krankenkassen erfüllen diesen Anspruch dann durch entsprechende Verträge mit den jeweiligen Leistungserbringern.

5. **In welchen Fällen wird das Sachleistungsprinzip durchbrochen?**

   Das Sachleistungsprinzip kann an zwei Stellen durchbrochen werden. Die erste Durchbrechung erfolgt durch das in § 13 Abs. 2, 3 u. 3a SGB V geregelte Kostenerstattungsprinzip. Bei der zweiten Durchbrechung handelt es sich um das Persönliche Budget iS § 2 Abs. 2 S. 2 SGB V.

6. **Wann kann ausnahmsweise auch eine neue, noch nicht vom Gemeinsamen Bundesausschuss anerkannte Behandlungsmethode von der gesetzlichen Krankenversicherung beansprucht werden?**

   Nach § 2 Abs. 1 a SGB V können Versicherte mit einer lebensbedrohlichen oder regelmäßig tödlichen Erkrankung oder mit einer zumindest wertungsmäßig vergleichbaren Erkrankung, für die eine allgemein anerkannte, dem medizinischen Standard entsprechende Leistung nicht zur Verfügung steht, auch eine, nicht dem allgemein anerkannten Stand der medizinischen Erkenntnisse entsprechende und den medizinischen Fortschritt nicht berücksichtigende, Leistung beanspruchen, wenn eine nicht ganz entfernt liegende Aussicht auf Heilung oder auf eine spürbare positive Einwirkung auf den Krankheitsverlauf besteht.

7. **Wann sind Arzneimittel verschreibungspflichtig?**

   Wann ein Arzneimittel verschreibungspflichtig ist, bestimmt § 48 AMG. Danach sind Arzneimittel, die
   1. durch Rechtsverordnung bestimmte Stoffe, Zubereitungen aus Stoffen oder Gegenstände
   2. sind oder denen solche Stoffe oder Zubereitungen aus Stoffen zugesetzt sind,
   3. nicht unter Nummer 1 fallen und zur Anwendung bei Tieren, die der Gewinnung von Lebensmitteln dienen, bestimmt sind oder

4. Arzneimittel im Sinne des § 2 Absatz 1 oder Absatz 2 Nummer 1 AMG sind, die Stoffe mit in der medizinischen Wissenschaft nicht allgemein bekannten Wirkungen oder Zubereitungen solcher Stoffe enthalten, verschreibungspflichtig.

8. **Wenn gesetzlich Krankenversicherte zur Zuzahlung verpflichtet sind, in welcher Höhe ist dann diese Zuzahlung zu leisten?**

   Dies bestimmt sich nach § 61 SGB V. Grundsätzlich beträgt danach die Zuzahlung bei Arzneimitteln 10 % des Abgabepreises, mindestens jedoch fünf EUR und höchstens zehn EUR. Sie darf jedoch jeweils nicht mehr als die Kosten des Mittels betragen. Zu stationären Maßnahmen ist eine Zuzahlung in Höhe von 10 EUR je Kalendertag zu leisten. Bei Heilmitteln und häuslicher Krankenpflege beträgt die Zuzahlung 10 % der Kosten sowie 10 EUR je Verordnung. Zu Vermeidung von Härten bei der Zuzahlung sieht § 62 SGB V eine Belastungsgrenze vor.

9. **Dürfen Versicherungspflichtige ihre Krankenkasse frei wählen?**

   Versicherungspflichtige können im Rahmen des § 173 Abs. 2 SGB V ihre Krankenkasse grundsätzlich frei wählen.

10. **Wie finanziert sich die gesetzliche Krankenversicherung?**

    Die gesetzliche Krankenversicherung finanziert sich, so wie die Sozialversicherung generell, überwiegend durch Beiträge ihrer Mitglieder. Hinzu kommen die sonstigen Einnahmen. Hierzu zählen zB die Beteiligung des Bundes nach § 221 Abs. 1 SGB V, die Zuweisungen aus Finanzausgleichen nach §§ 265 ff. SGB V, Säumniszuschläge auf rückständige Beiträge nach § 24 SGB IV, Erstattungen von anderen Leistungsträgern nach §§ 102 ff. SGB X oder Forderungseingänge aus Schadenersatzansprüchen verschiedenster Art sowie Erträge aus Vermögen.

## § 11

1. **Was bedeutet der Grundsatz „Die Pflegeversicherung folgt der Krankenversicherung"?**

   Dieser Grundsatz besagt, dass in den Schutz der sozialen Pflegeversicherung kraft Gesetzes alle einbezogen sind, die in der gesetzlichen Krankenversicherung versichert sind (§ 2 Abs. 2 S. 1 SGB XI). Präzisiert wird diese Aussage in § 20 Abs. 1 S. 1, Abs. 3 SGB XI. Danach sind versicherungspflichtig in der sozialen Pflegeversicherung die versicherungspflichtigen Mitglieder der gesetzlichen Krankenversicherung und deren freiwillige Mitglieder. Privat Krankenversicherte werden durch § 1 Abs. 2 SGB XI verpflichtet, eine private Pflegeversicherung abzuschließen.

2. **Sind freiwillige Mitglieder der gesetzlichen Krankenversicherung in der sozialen Pflegeversicherung versicherungspflichtig?**

   Ja! Nach § 20 Abs. 3 SGB XI sind freiwillige Mitglieder der gesetzlichen Krankenversicherung versicherungspflichtig in der sozialen Pflegeversicherung.

3. **Anhand welcher Einschränkungen wird beurteilt, ob jemand pflegebedürftig ist?**

   Nach § 14 Abs. 1 SGB XI kann Pflegebedürftigkeit nur dann vorliegen, wenn der Betroffene dauerhaft gesundheitlich bedingte Beeinträchtigungen der Selbständigkeit oder der Fähigkeiten aufweist und deshalb der Hilfe durch andere bedarf. Es muss sich um Personen handeln, die körperliche, kognitive oder psychische Beeinträchtigungen oder gesundheitlich bedingte Belastungen oder Anforderungen nicht selbstständig kompensieren oder bewältigen können.

4. Welchem Pflegegrad wird ein Pflegebedürftiger zugeordnet, der nach der Anlage 1 zu § 15 SGB XI im Modul 1 neun Punkte, im Modul 4 achtzehn Punkte, im Modul 5 sechs Punkte und im Modul 6 drei Punkte erreicht hat?

Die einzelnen Modulpunkte müssen, da nicht alle Module im Rahmen der Feststellung von Pflegebedürftigkeit gleichwertig sind, gewichtet werden. Die Gewichtung erfolgt anhand der Anlage 2 zu § 115 SGB XI. Aus den Modulpunkten werden danach folgende gewichtete Punkte:

Modul 1:9 Punkte=7,5 gewichtete Punkte
Modul 4:18 Punkte=20 gewichtete Punkte
Modul 5:6 Punkte=20 gewichtete Punkte
Modul 6:3 Punkte=3,75 gewichtete Punkte.

Addiert man diese gewichteten Punkte, dann ergibt sich eine Gesamtpunktzahl von 51,25 Punkten. Aus § 15 Abs. 3 S. 4 Nr. 3 SGB XI ergibt sich, dass eine Gesamtpunktzahl von 51,25 Punkte den Pflegegrad 3 (47,5 bis unter 70 Punkte) bedingen.

5. Welche Vorversicherungszeiten müssen erfüllt sein, damit ein Anspruch auf Pflegeleistungen nach dem SGB XI bestehen kann?

Nach § 33 Abs. 2 SGB XI muss der Versicherte in den letzten zehn Jahren vor der Antragstellung mindestens zwei Jahre als Mitglied versichert oder nach § 25 SGB XI familienversichert gewesen sein.

6. Warum ist die Tatsache, dass der Betrag des Pflegegeldes niedriger ist, als der der Pflegesachleistung, rechtlich unbedenklich?

Die Tatsache, dass das Pflegegeld niedriger ist, als die Pflegesachleistung, ist unbedenklich. Während der Zweck der sachgerechten Pflege im Fall der Pflegesachleistung nur bei ausreichender Vergütung der Pflegekräfte durch die Pflegekasse sichergestellt ist, liegt der Konzeption des Pflegegeldes der Gedanke zugrunde, dass familiäre, nachbarschaftliche oder ehrenamtliche Pflege unentgeltlich erbracht wird. Der Gesetzgeber darf demnach davon ausgehen, dass die Entscheidung zur familiären Pflege nicht abhängig ist von der Höhe der Vergütung, die eine professionelle Pflegekraft für diese Leistung erhält. Die - auch die Pflege umfassende - gegenseitige Beistandspflicht von Ehegatten untereinander sowie zwischen Eltern und Kindern ist nicht nur eine sittliche Pflicht, sondern durch §§ 1353, 1618a BGB auch als rechtliche Pflicht ausgestaltet. Dies rechtfertigt es, das – diese Verpflichtung nur unterstützende – Pflegegeld in vergleichsweise niedrigerer Höhe zu gewähren.

7. Durch welche Leistungen werden Pflegepersonen von der sozialen Pflegeversicherung unterstützt?

Leistungen, die nicht dem Pflegebedürftigen, sondern der Pflegeperson zugutekommen, sind in den §§ 44–45 SGB XI geregelt. Sie umfassen zugunsten der Pflegeperson Beitragszahlungen durch die Pflegekasse an den zuständigen Träger der gesetzlichen Rentenversicherung, wenn die Pflegeperson regelmäßig nicht mehr als dreißig Stunden wöchentlich erwerbstätig ist (§ 44 SGB XI). Ferner gehört die Regelung des § 44a Abs. 1 SGB XI dazu, die den Kranken- und Pflegeversicherungsschutz von Pflegepersonen regelt, die als Beschäftigte nach § 3 PflegeZG von der Arbeitsleistung vollständig freigestellt wurden oder wegen Reduzierung ihrer Arbeitszeit nur noch eine geringfügige Beschäftigung ausüben und hierdurch ihren Schutz in der gesetzlichen Krankenversicherung bzw. in der sozialen Pflegeversicherung verlieren. Letztlich vervollständigen Pflegekurse für Angehörige und ehrenamtliche Pflegepersonen (§ 45 SGB XI) das Leistungsspektrum.

8. **Warum verfügen die Pflegekassen über keinen eigenen Verwaltungsapparat?**

   Nach § 46 Abs. 2 S. 2 sind die Organe der Pflegekasse die Organe der Krankenkasse. Die Pflegekassen bedienen sich also der Organe der Krankenkassen (sog. Organleihe). Diese Organleihe war aus Sicht des Gesetzgebers erforderlich, da nur einheitliche Organe ein einheitliches Vorgehen der Krankenkasse und der Pflegekasse und ein reibungsloses Verzahnen beider Versicherungsbereiche ermöglichen. Gemeinsame Ziele, wie der Abbau von Fehlbelegungen in Krankenhäusern, können nur gemeinsam verfolgt werden.

9. **Zu welchem Zweck darf das Sondervermögen des Pflegevorsorgefonds ausschließlich verwendet werden?**

   Die Verwendung des Sondervermögens aus dem Pflegevorsorgefonds ist in § 136 SGB XI geregelt. Nach dieser Vorschrift kann es ab dem Jahr 2035 zur Sicherung der Beitragssatzstabilität der sozialen Pflegeversicherung verwendet werden, wenn ohne eine Zuführung von Mitteln an den Ausgleichsfonds eine Beitragssatzanhebung erforderlich würde, die nicht auf über eine allgemeine Dynamisierung der Leistungen hinausgehenden Leistungsverbesserungen beruht.

## § 12

1. **Was ist unter der „unechten" Unfallversicherung zu verstehen?**

   Die „unechte" Unfallversicherung beschreibt den Unfallversicherungsschutz von Personen, die nicht abhängig beschäftigt sind (zB Schüler, Studierende, Unglückshelfer). Dieser Versicherungsschutz entspricht nicht mehr dem eigentlichen Grundgedanken der gesetzlichen Unfallversicherung, sondern eher dem Grundgedanken sozialer Entschädigung.

2. **Was bedeutet im Recht der gesetzlichen Unfallversicherung „Haftungsersetzung durch Versicherungsschutz"?**

   „Haftungsersetzung durch Versicherung" bedeutet, dass der Arbeitgeber bei Arbeitsunfällen seiner Arbeitnehmer (für die er zivilrechtlich haften müsste) in bestimmten Umfang nicht mehr haften muss. Leistungen der gesetzlichen Unfallversicherung schließen insoweit die privatrechtliche Haftung des Arbeitgebers für Personenschäden grundsätzlich aus. Im Gegenzug trägt dafür aber der Arbeitgeber die Beiträge zur gesetzlichen Unfallversicherung allein. Er „erkauft" sich damit seine Haftungsfreistellung.

3. **Was ist unter einer „Wie-Beschäftigung" zu verstehen?**

   Eine „Wie-Beschäftigung iS § 2 Abs. 2 S. 1 SGB VII ist eine einem fremden Unternehmen dienliche Tätigkeit, die auch dem Willen des Unternehmers entspricht und die ihrem Erscheinungsbild nach auch von Personen verrichtet werden kann, die in einem Beschäftigungsverhältnis stehen.

4. **Welche Versicherungsfälle deckt die gesetzliche Unfallversicherung ab?**

   Nach § 7 Abs. 1 SGB VII sind Versicherungsfälle der gesetzlichen Unfallversicherung Arbeitsunfälle und Berufskrankheiten.

## Wiederholungs- und Vertiefungsfragen

5. **Wodurch unterscheidet sich der Arbeitsunfall von der Berufskrankheit in zeitlicher Hinsicht?**

   Während für eine Berufskrankheit gerade eine langfristige Entwicklung typisch ist, liegt ein Arbeitsunfall nur dann vor, wenn sich das schädigende Ereignis in einem verhältnismäßig kurzen Zeitraum, längstens in einer Arbeitsschicht, abspielt. Maßgeblich ist hier allerdings nicht eine „normale" 8-Stunden-Arbeitsschicht, sondern die konkrete Schicht der Schadensverursachung.

6. **Was ist unter der „Unfallkausalität" zu verstehen?**

   Ein Unfall ist nur dann ein Arbeitsunfall, wenn die Verrichtung des Versicherten zum Unfallereignis geführt hat. Man spricht hierbei von der Unfallkausalität. Sie liegt vor, wenn eine wesentliche Mitursache für den Eintritt des Unfallereignisses in der versicherten Tätigkeit liegt. Ob dies der Fall ist, wird nach der Theorie der rechtlich wesentlichen Bedingung ermittelt.

7. **Welche Aufgabe hat der „innere Zusammenhang" bei der Prüfung, ob ein Arbeitsunfall iS § 8 Abs. 1 S. 1 SGB VII vorliegt?**

   Ein Arbeitsunfall iS §§ 7, 8 SGB VII ist nach § 8 Abs. 1 S. 1 SGB VII ein Unfall (iS § 8 Abs. 1 S. 2 SGB VII) infolge einer den Versicherungsschutz nach §§ 2, 3 oder 6 SGB VII begründenden Tätigkeit. „Infolge" bedeutet, dass die konkrete Verrichtung des Versicherten zur Zeit des Unfalls auch der versicherten Tätigkeit zuzurechnen ist (sog. innerer oder sachlicher Zusammenhang). Es wird bei der Ermittlung des „inneren Zusammenhangs" untersucht, ob die jeweilige konkrete Verrichtung noch innerhalb der Grenze liegt, bis zu welcher der Versicherungsschutz in der gesetzlichen Unfallversicherung reicht. Er dient daher der Abgrenzung einer versicherten Verrichtung von einer nicht mehr versicherten Verrichtung.

8. **Warum ist das Essen in einer Betriebskantine nicht vom Schutz der gesetzlichen Unfallversicherung umfasst?**

   Grundsätzlich sind nur solche Handlungen von Versicherten vom Schutz der gesetzlichen Unfallversicherung umfasst (weisen also einen inneren Zusammenhang auf), die zielgerichtet dem Unternehmen wesentlich zu dienen bestimmt sind. Damit sind solche Tätigkeiten nicht unfallversichert, die persönlichen Zwecken des Versicherten dienen (sog. eigenwirtschaftliche Tätigkeiten). Das Essen in der Betriebskantine dienen aber nicht dem Unternehmen, sondern fallen unter die eigenwirtschaftlichen Tätigkeiten.

9. **Aus welchem Grund kann ein Unfall, den ein Außendienstmitarbeiter auf dem Weg zu einem Kunden erleidet, unfallversicherungsrechtlich kein Wegeunfall sein?**

   Da der Wegeunfall nach § 8 Abs. 2 Nr. 1 SGB VII das Zurücklegen des mit der versicherten Tätigkeit zusammenhängenden unmittelbaren Weges nach und von dem Ort der Tätigkeit umfasst. Der Außendienstmitarbeiter befindet sich jedoch weder auf dem Weg von der Wohnung zur Arbeit, noch auf dem Weg von der Arbeit zur Wohnung. Unfälle, die auf Dienstreisen geschehen, die also in Ausübung der versicherten Tätigkeit nach §§ 2, 3, 6 SGB VII geschehen, sind damit keine Wegeunfälle iS § 8 Abs. 2 Nr. 1 SGB VII, sondern bereits Arbeitsunfälle nach § 8 Abs. 1 S. 1 SGB VII

10. **Wie finanziert sich die gesetzliche Unfallversicherung?**

    Die Unfallversicherung finanziert sich im Bereich der „echten Unfallversicherung" nach den §§ 150 ff. SGB VII allein aus den Beiträgen von Unternehmen, die Versicherte beschäftigen oder aber selbst versichert sind. Die Höhe der Beiträge bemisst sich gemäß § 153 Abs. 1 S. 1 SGB VII nach der Unfallgefahr im Unternehmen, die anhand sog. Gefahrklassen ermittelt werden, und den Arbeitsentgelten der Versicherten. Die „unechte Unfallversicherung" wird aus dem Steueraufkommen finanziert.

## § 13

1. **Können Selbstständige versicherungspflichtig in der gesetzlichen Rentenversicherung sein?**
   Versicherungspflichtig können nach § 2 SGB VI auch bestimmte Gruppen von Selbstständigen sein. Dies sind ua Hebammen und Entbindungspfleger (§ 2 S. 1 Nr. 3 SGB VI), Hausgewerbetreibende (§ 2 S. 1 Nr. 6 SGB VI) Selbstständige, die im Zusammenhang mit ihrer Tätigkeit keine eigenen Arbeitnehmer beschäftigen und im Wesentlichen nur für einen Auftraggeber tätig sind (§ 2 S. 1 Nr. 9 SGB VI). Den Personenkreis des § 2 SGB VI eint, dass die dort aufgeführten Selbstständigen besonders schutzbedürftig und daher im Interesse der Allgemeinheit versicherungspflichtig sind.

2. **Welche Auswirkungen hat eine geringfügige Beschäftigung auf die Versicherungspflicht in der gesetzlichen Rentenversicherung?**
   Geringfügig Beschäftigte (§§ 8, 8a SGB IV) sind nach § 5 Abs. 2 S. 1 SGB VI in bestimmten Konstellationen versicherungsfrei. Versicherungsfrei sind danach kurzzeitige geringfügige Beschäftigungen (auch im Haushalt – § 8a SGB IV) nach § 8 Abs. 1 Nr. 2 SGB IV (Zeitgeringfügigkeit), geringfügige selbstständige Tätigkeiten nach § 8 Abs. 3 SGB IV iVm §§ 8 Abs. 1 oder nach § 8 Abs. 3 iVm §§ 8a, 8 Abs. 1 SGB IV sowie geringfügige nicht erwerbstätige Pflegetätigkeiten (§ 5 Abs. 2 S. 3 SGB VI). Ausdrücklich versicherungspflichtig sind damit entgeltgeringfügige Beschäftigungen nach § 8 Abs. 1 Nr. 1 SGB IV, ggf. iVm § 8a SGB IV. Derart geringfügig Beschäftigte haben jedoch die Möglichkeit, sich nach § 6 Abs. 1b SGB VI von der Versicherungspflicht befreien zu lassen.

3. **Was versteht man rentenversicherungsrechtlich unter „Wartezeiten"?**
   Wartezeiten spielen bei den versicherungsrechtlichen Voraussetzungen für eine Leistungsgewährung nach dem SGB VI eine Rolle. Für eine Leistungsgewährung muss regelmäßige eine bestimmte Mindestversicherungszeit in der gesetzlichen Rentenversicherung zurückgelegt worden sein. Diese Mindestversicherungszeit wird im Rentenrecht als Wartezeit bezeichnet. In Abhängigkeit von den verschiedenen Renten gibt es auch verschiedene Wartezeiten, auf die jeweils nur bestimmte rentenrechtliche Zeiten anzurechnen sind.

4. **Kann ein gesetzlich Rentenversicherter durch eine Behörde gezwungen werden, einen Rentenantrag zu stellen?**
   Ja, wie sich aus § 12a S. 1 SGB II ergibt. Diese Vorschrift verpflichtet Leistungsberechtigte dazu, Sozialleistungen anderer Träger in Anspruch zu nehmen und die dafür erforderlichen Anträge zu stellen, sofern dies zur Vermeidung, Beseitigung, Verkürzung oder Verminderung der Hilfebedürftigkeit erforderlich ist. Zu den Leistungen anderer Sozialträger zählen auch Rentenleistungen. Eine „Zwangsbeantragung" ist allerdings nach § 12a S. 2 Nr. 1 SGB II dann ausgeschlossen, wenn vor Vollendung des 63. Lebensjahres eine Altersrente vorzeitig in Anspruch ge-

nommen werden müsste. Stellt der Versicherte den Antrag nach § 12a S. 1 SGB II nicht, so kann der Grundsicherungsträger ihn nach § 5 Abs. 3 SGB II selbst stellen.

5. **Wonach bemisst sich die Höhe einer Rente?**

Die Höhe der Rente richtet sich gemäß § 63 Abs. 1 SGB VI grundsätzlich nach der Höhe der während eines Versicherungslebens durch Beiträge versicherten Arbeitsentgelte und Arbeitseinkommen. Maßgeblich für die Berechnung von Renten sind nach § 64 SGB VI vier Faktoren: die persönlichen Entgeltpunkte, der Zugangsfaktor, der Rentenartfaktor und der aktuelle Rentenwert.

6. **Was unterscheidet die volle von der teilweisen Erwerbsminderung?**

Im Wesentlichen unterscheidet sich die volle von der teilweisen Erwerbsminderung durch die unterschiedliche Restarbeitsfähigkeit der Betroffenen. Nach § 43 Abs. 1 S. 2 SGB VI sind Versicherte dann teilweise erwerbsgemindert, wenn sie wegen Krankheit oder Behinderung auf nicht absehbare Zeit außerstande sind, unter den üblichen Bedingungen des allgemeinen Arbeitsmarktes mindestens sechs Stunden täglich erwerbstätig zu sein. Volle Erwerbsminderung liegt demgegenüber nach § 43 Abs. 2 S. 2 SGB VI vor, wenn Versicherte wegen Krankheit oder Behinderung auf nicht absehbare Zeit außerstande sind, unter den üblichen Bedingungen des allgemeinen Arbeitsmarktes mindestens drei Stunden täglich erwerbstätig zu sein.

7. **In welchem Fall kann auch ein teilweise Erwerbsgeminderter eine Rente wegen voller Erwerbsminderung beanspruchen?**

Ein teilweise erwerbsgeminderter Versicherter kann in Fällen besonderer Leistungseinschränkungen eine Rente wegen voller Erwerbsminderung beanspruchen. Besondere Leistungseinschränkungen liegen vor, wenn der Versicherte aufgrund einer konkreten Einschränkung den betriebsüblichen Arbeitsbedingungen nicht genügen kann und daher das Restleistungsvermögen dann nicht unter den üblichen Bedingungen des allgemeinen Arbeitsmarktes eingesetzt werden kann.

8. **Was ist rentenversicherungsrechtlich unter „Berufsunfähigkeit" zu verstehen?**

Nach § 240 Abs. 2 S. 1 SGB VI sind Versicherte berufsunfähig, wenn ihre Erwerbsfähigkeit wegen Krankheit oder Behinderung im Vergleich zur Erwerbsfähigkeit von körperlich, geistig und seelisch gesunden Versicherten mit ähnlicher Ausbildung und gleichwertigen Kenntnissen und Fähigkeiten auf weniger als sechs Stunden gesunken ist.

9. **Wie finanziert sich die gesetzliche Rentenversicherung?**

Die Finanzierung der gesetzliche Rentenversicherung setzt sich nach § 153 Abs. 2 SGB VI aus Beiträgen der Versicherten und Zuschüssen des Bundes zusammen.

10. **Was besagt der Grundsatz „Rehabilitation vor Rente"?**

Das Rentenversicherungsrecht ist vom Grundsatz „Rehabilitation vor Rente" des § 9 Abs. 1 S. 2 SGB VI geprägt, der besagt, dass Teilhabeleistungen Vorrang vor Rentenleistungen haben.

## § 14

1. **Was unterscheidet die Leistungen der aktiven Arbeitsförderung von den Entgeltersatzleistungen?**

Leistungen der aktiven Arbeitsförderung sind Leistungen, die dem Berechtigten regelmäßig ein (aktives) Tätigwerden abverlangen. So setzt etwa die Bewilligung einer Berufsausbildungsbeihilfe nach §§ 56 SGB III voraus, dass sich der Berechtigte in einer förderfähigen Berufsausbildung befindet. Die Entgeltersatzleistungen (zB das Arbeitslosengeld bei Arbeitslosigkeit) werden hingegen gewährt, ohne dass die Berechtigten in besonderer Weise tätig werden müssen. Diese Leistungen können daher auch als passive Leistungen bezeichnet werden

2. Welche Funktion hat das Kurzarbeitergeld?

Aufgabe des Kurzarbeitergeldes ist es, Beschäftigten einen Teil des Verdienstausfalls zu vergüten, der aufgrund eines vorübergehenden Arbeitsausfalls im Beschäftigungsbetrieb entsteht.

3. Warum erbringt die Bundesagentur für Arbeit als Rehabilitationsträger keine Leistungen zur medizinischen Rehabilitation?

Die Teilhabeleistungen nach §§ 112 ff. SGB III zugunsten behinderter Menschen sind darauf gerichtet, ihre Erwerbsfähigkeit zu erhalten, zu verbessern, herzustellen oder wiederherzustellen und ihre Teilhabe am Arbeitsleben zu sichern. Sie sind nicht darauf gerichtet, ihre Gesundheit wiederherzustellen. Dies fällt in den Leistungsbereich anderer Rehabilitationsträger (zB Krankenkasse), so dass die Bundesagentur für Arbeit keine Leistungen zur medizinischen Rehabilitation erbringen muss.

4. Welche Voraussetzungen hat ein Anspruch auf Arbeitslosengeld bei Arbeitslosigkeit?

Der Anspruch auf Arbeitslosengeld bei Arbeitslosigkeit setzt nach § 137 Abs. 1 SGB III voraus, dass der Anspruchsteller arbeitslos ist, er sich bei der Agentur für Arbeit arbeitslos gemeldet und die Anwartschaftszeit des § 142 iVm § 143 SGB III erfüllt hat.

5. Ist ein Arbeitnehmer, der sein Arbeitsverhältnis gekündigt hat von seinem Arbeitgeber bis zum Ablauf der Kündigungsfrist unwiderruflich von der Arbeit freigestellt wurde, beschäftigungslos iS § 138 Abs. 1 Nr. 1 SGB III?

Nach § 138 Abs. 1 Nr. 1 setzt der Versicherungsfall der Arbeitslosigkeit voraus, dass der Versicherte nicht in einem Beschäftigungsverhältnis steht. Ein Beschäftigungsverhältnis liegt vor, wenn der Arbeitnehmer seine Arbeitskraft in persönlicher Abhängigkeit einem Dritten (dem Arbeitgeber) unterstellt, der das Direktionsrecht über seinen Arbeitnehmer ausübt. An einem Beschäftigungsverhältnis fehlt es somit in solchen Fällen, in denen der Arbeitgeber seine Verfügungsgewalt über den Arbeitnehmer nicht weiter beansprucht und sein Direktionsrecht aufgibt. An einem Beschäftigungsverhältnis iS § 138 Abs. 1 Nr. 1 SGB III fehlt es insbesondere, wenn der Arbeitgeber bei unstreitig fortbestehendem Arbeitsverhältnis den Arbeitnehmer von der Arbeit freistellt, weil er die Arbeitskraft nicht mehr in Anspruch nehmen will. Der unwiderruflich freigestellte Arbeitnehmer ist damit iS § 138 Abs. 1 Nr. 1 SGB III beschäftigungslos. Allerdings kann auch in dieser Situation beitragsrechtlich ein sozialversicherungspflichtiges Beschäftigungsverhältnis vorliegen.

6. Was unterscheidet die Arbeitslosmeldung von der Arbeitssuchendmeldung?

Mit der persönlichen Arbeitslosmeldung (§ 141 SGB III) teilt der Arbeitslose der Agentur für Arbeit seine Arbeitslosigkeit mit. Erst dies vermittelt ihr die Kenntnis, dass ein Leistungsfall eingetreten und sachgerechte Vermittlung des Arbeitslosen in die Wege zu leiten ist. Die persönliche Arbeitslosmeldung ist nach § 137 Abs. 1

Nr. 2 SGB III Anspruchsvoraussetzung für einen Anspruch auf Arbeitslosengeld bei Arbeitslosigkeit.

Die Arbeitsuchendmeldung soll hingegen die Arbeitsverwaltung in die Lage versetzen, schon vor der Beendigung des Ausbildungs- oder Arbeitsverhältnisses mit ihrer Vermittlungstätigkeit zu beginnen. Auf diese Weise kann im Idealfall unmittelbar nach dessen Ende eine neue Ausbildungs- oder Arbeitsstelle angetreten werden. Ihre verspätete Abgabe (§ 38 Abs. 1 SGB III) kann zu einer Sperrzeit (§ 159 Abs. 1 S. 2 Nr. 7 SGB III) führen.

7. **Wie bemisst sich die Höhe des Arbeitslosengeldes bei Arbeitslosigkeit?**

Bei der Höhe des Anspruchs auf Arbeitslosengeld bei Arbeitslosigkeit ist nach § 149 SGB III zwischen dem erhöhten Leistungssatz (§ 149 Nr. 1 SGB III) und dem allgemeinen Leistungssatz (§ 149 Nr. 2 SGB III) zu unterscheiden. Der erhöhte Leistungssatz steht Arbeitslosen mit Kindern zu und beträgt 67 % des pauschalierten Nettoentgelts (Leistungsentgelt), das sich aus dem Bruttoentgelt ergibt, das der Arbeitslose im Bemessungszeitraum erzielt hat (Bemessungsentgelt). Für kinderlose Arbeitslose gilt der allgemeine Leistungssatz, der sich auf 60 % des Leistungsentgelts beläuft.

8. **Welche arbeitslosenversicherungsrechtlichen Konsequenzen muss ein Arbeitsloser befürchten, der grundlos sein Arbeitsverhältnis gekündigt hat?**

Dieser Arbeitnehmer muss damit rechnen, dass sein Anspruch auf Arbeitslosengeld wegen Arbeitslosigkeit aufgrund einer Sperrzeit ruht. § 159 SGB III regelt das Ruhen des Anspruchs auf Arbeitslosengeld im Falle von Sperrzeiten. Hat sich ein Arbeitnehmer versicherungswidrig verhalten, ohne dafür einen wichtigen Grund zu haben, so ruht nach § 159 Abs. 1 S. 1 SGB III der Anspruch für die Dauer einer Sperrzeit. Was als versicherungswidriges Verhalten zu qualifizieren ist, wird in § 159 Abs. 1 S. 2 Nr. 1–7 SGB III näher definiert. Zum versicherungswidrigen Verhalten gehört auch die Arbeitsaufgabe ohne wichtigen Grund, für die § 159 Abs. 3 S. 1 SGB III eine Sperrzeit von 12 Wochen vorsieht.

Er muss weiter damit rechnen, dass sich der Anspruch auf Arbeitslosengeld wegen Arbeitslosigkeit nach § 148 Abs. 1 Nr. 4 SGB III mindert. Danach führt eine Sperrzeit wegen Arbeitsaufgabe nach § 159 Abs. 1 S. 2 Nr. 1 SGB III nicht nur zu einem 12-wöchigen Ruhen des Arbeitslosengeldanspruchs, sondern zusätzlich zu einer Minderung des Bezugszeitraums um mindestens ¼.

9. **Welche Funktion hat das Insolvenzgeld?**

Aufgabe des Insolvenzgeldes ist es, den Arbeitnehmer, der regelmäßig nicht in der Lage ist, für seine Arbeitsleistung Sicherheiten zu fordern, für einen begrenzten Zeitraum vor insolvenzbedingten Lohnausfällen zu schützen.

10. **Wie werden die Leistungen des SGB III finanziert?**

Nach § 340 SGB III werden die Leistungen der Arbeitsförderung und die sonstigen Ausgaben der Bundesagentur durch Beiträge der Versicherungspflichtigen, der Arbeitgeber und Dritter (Beitrag zur Arbeitsförderung – §§ 341–353 SGB III), Umlagen (§§ 354–361 SGB III), Mittel des Bundes (§§ 363–365 SGB III) und sonstige Einnahmen finanziert.

## § 18

1. **Wodurch unterscheiden sich die Grundsicherungssysteme SGB II und SGB XII im Hinblick auf ihren Anwendungsbereich?**

   Nach der gesetzgeberischen Konzeption des Grundsicherungsrechts enthält das SGB II grundsätzlich die Hilfs- und Förderleistungen, die erwerbsfähige und hilfebedürftige Personen und die mit ihnen in einer Bedarfsgemeinschaft lebenden Personen erhalten sollen. Hilfebedürftige, die nicht zu diesem Personenkreis gehören und hilfebedürftig sind, erhalten grundsätzlich Leistungen nach dem SGB XII.

2. **Was ist mit der Aussage gemeint, die Grundsicherungsleistungen nach dem SGB II sind nachrangig?**

   Grundsicherungsleistungen nach dem SGB II nachrangig. Das heißt, sobald andere Sicherungssysteme (zB die Sozialversicherung) ausreichend für den sozialen Schutz des Betroffenen sorgen, sind Grundsicherungsleistungen nach dem SGB II ausgeschlossen. § 7 Abs. 1 S. 1 Nr. 3 SGB II sieht dementsprechend nur hilfebedürftige Personen als nach dem SGB II leistungsberechtigt an. Hilfebedürftig ist nach § 9 Abs. 1 SGB II, wer seinen Lebensunterhalt nicht oder nicht ausreichend aus dem zu berücksichtigenden Einkommen oder Vermögen sichern kann und die erforderliche Hilfe auch nicht von anderen (zB Angehörigen oder Trägern anderer Sozialleistungen) erhält. Dementsprechend ist auch hilfebedürftig – und damit grundsätzlich anspruchsberechtigt – derjenige, dessen Arbeitseinkommen nicht zur Sicherstellung des Existenzminimums ausreicht, der also trotz Erwerbstätigkeit bedürftig ist.

3. **Was ist unter einer „Bedarfsgemeinschaft" zu verstehen?**

   Die „Bedarfsgemeinschaft" ist die Umschreibung einer aus einem Leistungsberechtigten und mindestens einer weiteren Person (die in einem Näheverhältnis zum Leistungsberechtigten steht) gebildeten Gruppe dar, deren Mitglieder bestimmte Einstandspflichten trifft und die voneinander abgeleitete Rechtsansprüche haben können. Die Bedarfsgemeinschaft zeichnet aus, dass die an ihr beteiligten Personen nach verständiger Würdigung wechselseitig gewillt sind, Verantwortung füreinander zu tragen und füreinander einzustehen. Hierdurch unterscheidet sich die Bedarfsgemeinschaft auch von der reinen Wohngemeinschaft. Diese liegt vor, wenn (erwachsene) Menschen miteinander zusammenleben, ohne dass eine Verwandtschaft oder Schwägerschaft zwischen ihnen gegeben ist. Hier bestehen Einstandspflichten der Wohngemeinschaftsmitglieder untereinander regelmäßig nicht.

4. **Besteht auf die Leistungen der aktiven Arbeitsförderung, die im SGB II enthalten sind, ein Rechtsanspruch?**

   Nein, da die Eingliederungsleistungen der §§ 14 ff. SGB II regelmäßig Ermessensleistungen sind.

5. **Kann das Jobcenter die Weigerung eines Leistungsberechtigten, eine Eingliederungsvereinbarung zu unterschreiben, sanktionieren?**

   Nein! Nur der pflichtwidrige Verstoß gegen den Inhalt der Eingliederungsvereinbarung durch den Hilfebedürftigen ist nach § 31 Abs. 1 S. 1 Nr. 1 iVm § 31a SGB II grundsätzlich sanktionsbewehrt. Dies betrifft allein die Weigerung, in der Eingliederungsvereinbarung festgelegte Pflichten zu erfüllen. Die Weigerung, überhaupt eine Eingliederungsvereinbarung abzuschließen ist dagegen nicht sanktionsbewehrt. Der Grundsicherungsträger hat in diesem Fall nur die Möglichkeit, den

Inhalt der (geplanten) Eingliederungsvereinbarung nach § 15 Abs. 1 S. 6 SGB II durch Verwaltungsakt festzusetzen.

6. **Warum haben Alleinerziehende einen höheren Regelbedarf, als ihn jeweils die volljährigen Partner einer Bedarfsgemeinschaft haben?**

    § 20 Abs. 4 SGB II, nach dem der jeweilige Regelbedarf zweier volljähriger Partner einer Bedarfsgemeinschaft niedriger ist als der eines Alleinerziehenden, den Einspareffekten bei gemeinsamem Wirtschaften Rechnung.

7. **Welche zusätzlichen Bedarfe kann eine schwangere Frau kurz vor der Geburt des Kindes gegenüber dem Jobcenter geltend machen?**

    Sie kann zunächst ab der zwölften Schwangerschaftswoche nach § 21 Abs. 2 SGB II einen zusätzlichen Mehrbedarf in Höhe von 17 % des maßgeblichen Regelbedarfs geltend machen. Darüber hinaus hat sie die Möglichkeit, nach § 24 Abs. 3 S. 1 SGB II einen zusätzlichen Bedarf für eine Erstausstattung bei Schwangerschaft und Geburt zu beanspruchen.

8. **Wer erhält Sozialgeld?**

    Nicht erwerbsfähige Leistungsberechtigte, die mit erwerbsfähigen Leistungsberechtigten in einer Bedarfsgemeinschaft leben, erhalten nach § 19 Abs. 1 S. 2 SGB II kein Arbeitslosengeld II, sondern Sozialgeld.

9. **Wann kann das Arbeitslosengeld II vollständig entfallen?**

    Ein vollständiges Entfallen des Arbeitslosengeldes II kann das Ergebnis eines sanktionsbewehrten Pflichtverstoßes nach § 31 SGB II sein. Die Rechtsfolgen eines solchen Pflichtverstoßes ergeben sich aus § 31a SGB II. Nach § 31a Abs. 1 S. 1 SGB II mindert sich das Arbeitslosengeld II in einer ersten Stufe um 30 % des für die erwerbsfähige leistungsberechtigte Person nach § 20 maßgebenden Regelbedarfs. Kommt es zu einer ersten Wiederholung der Pflichtverletzung, dann mindert sich das Arbeitslosengeld II nach § 31a Abs. 1 S. 2 SGB II um 60 %. Bei jeder weiteren wiederholten Pflichtverletzung nach § 31 SGB II entfällt das Arbeitslosengeld II nach § 31a Abs. 1 S. 3 SGB II vollständig.

    Bei erwerbsfähigen Leistungsberechtigten, die das 25. Lebensjahr noch nicht vollendet haben ist nach § 31a Abs. 2 S. 1 SGB II das Arbeitslosengeld II bei einer (ersten) Pflichtverletzung nach § 31 SGB II auf die für die Bedarfe für Unterkunft und Heizung beschränkt. Bei einer wiederholten Pflichtverletzung nach § 31 SGB II entfällt nach § 31a Abs. 2 S. 2 SGB II das Arbeitslosengeld II vollständig.

    Allerdings hat der Gesetzgeber mit dem *„Elften Gesetz zur Änderung des Zweiten Buches Sozialgesetzbuch"* v. 19.6.2022 (BGBl. I 2022, S. 921) einen neuen § 84 SGB II (Übergangsregelung zu Rechtsfolgen bei Pflichtverletzungen und Meldeversäumnissen) geschaffen. Nach § 84 Abs. 1 SGB II ist § 31a SGB II bis zum Ablauf des **1. Juli 2023** nicht anzuwenden. § 32 SGB XII ist gem. § 84 Abs. 2 SGB II bis zum Ablauf des 1. Juli 2023 mit der Maßgabe anzuwenden, dass Leistungen erst nach einem **wiederholten Meldeversäumnis** zu mindern sind.

10. **Was ist ein „Jobcenter"?**

    Nach § 6d SGB II ist der Begriff „Jobcenter" die Bezeichnung sowohl für die gemeinsamen Einrichtungen als auch für die zugelassenen kommunalen Träger. Träger der Grundsicherung nach dem SGB II sind nach § 19a Abs. 2 SGB I die Agenturen für Arbeit sowie die kommunalen Träger nach § 6 Abs. 1 S. 2 SGB II. Die Bundesagentur für Arbeit und die kommunalen Träger bilden nach § 44b

Abs. 1 S. 1 SGB II zur einheitlichen Durchführung der Grundsicherung für Arbeitsuchende im Gebiet jedes kommunalen Trägers eine gemeinsame Einrichtung. Hinzu kommen die zugelassenen kommunalen Träger iS § 6a SGB II (sog. Optionskommunen), die im Rahmen ihrer örtlichen Zuständigkeit nach § 6b Abs. 1 S. 1 SGB II die Aufgaben der Bundesagentur für Arbeit übernehmen.

## § 19

1. **Ist es rechtlich zulässig, einem Hilfebedürftigen, der in den Anwendungsbereich des SGB XII fällt, dann, wenn er sein Einkommen vorsätzlich oder grob fahrlässig so gemindert hat, dass er sozialhilfebedürftig wird, Leistungen zum Lebensunterhalt vollständig zu verweigern?**

   Nein! Wer bedürftig ist, erhält Leistungen der Sozialhilfe unabhängig von der Frage, ob er die Bedürftigkeit selbst verursacht oder verschuldet hat. Selbst in dem Falle, dass ein Leistungsberechtigter vorsätzlich oder grob fahrlässig sein Einkommen oder Vermögen in der Absicht vermindert hat, Sozialhilfe zu beziehen, zeigt ein Blick auf § 26 SGB XII, dass dem Leistungsberechtigtem selbst in diesem Fall das zum Lebensunterhalt Unerlässliche zu gewähren ist. § 41 Abs. 4 SGB XII steht dem nur scheinbar entgegen. Nach dieser Vorschrift hat keinen Anspruch auf Leistungen nach dem Vierten Kapitel SGB XII, wer in den letzten zehn Jahren die sozialhilferechtliche Bedürftigkeit vorsätzlich oder grob fahrlässig herbeigeführt hat. Dies bedeutet jedoch nicht, dass Betroffene in diesem Fall überhaupt keine sozialhilferechtlichen Leistungen erhalten. Vielmehr ist für diesen Personenkreis die Gewährung von Leistungen nach dem Dritten Kapitel SGB XII wieder eröffnet, so dass § 26 SGB XII auch hier Anwendung findet.

2. **Was ist unter der Nachrangigkeit von Sozialhilfe zu verstehen?**

   Als existenzsichernde Grundsicherungsleistung ist auch die Sozialhilfe nachrangig. Leistungen der Sozialhilfe erhält daher derjenige nicht, der sich vor allem durch Einsatz seiner Arbeitskraft, seines Einkommens und seines Vermögens selbst helfen kann oder der die erforderliche Leistung von anderen, insbesondere von Angehörigen oder von Trägern anderer Sozialleistungen, erhält.

3. **Ist die Sozialhilfe antragsabhängig?**

   Anders als andere Sozialleistungen ist die Sozialhilfe nicht in jedem Fall antragsabhängig. Das Erfordernis einer Antragstellung als Voraussetzung für die Leistungsgewährung ergibt sich für die Grundsicherung im Alter und bei Erwerbsminderung (§ 18 Abs. 1 SGB XII), für Leistungen zur Bildung und Teilhabe nach § 34 Abs. 2 und 4–7 SGB XII (§ 34a Abs. 1 S. 1 SGB XII), bei ergänzenden Darlehen (§ 37 Abs. 1 SGB XII und bei Sozialhilfeleistungen für Deutsche im Ausland (§ 24 Abs. 4 S. 1 SGB XII). Zudem enthält § 44 Abs. 1 S. 2 SGB XII eine Regelung dahingehend, dass Leistungen zur Deckung bestimmter Mehrbedarfe antragsabhängig sind. Ansonsten setzt die Sozialhilfe nach § 18 Abs. 1 SGB XII ein, sobald dem Träger der Sozialhilfe oder den von ihm beauftragten Stellen bekannt wird, dass die Voraussetzungen für die Leistung der Sozialhilfe vorliegen

4. **Was sind Regelbedarfsstufen?**

   Mit dem Begriff „Regelbedarfsstufen" (§ 27a Abs. 2 SGB XII) bezeichnet der Gesetzgeber den monatlichen Bedarf, soweit er pauschaliert bemessen wird. Der Begriff „Regelsatz" bezeichnet demgegenüber den monatlichen Satz, der zur Deckung des Regelbedarfs erbracht wird. Der Regelbedarf ist in 6 Regelbedarfsstufen unterteilt.

5. **Woraus setzt sich der monatliche Regelbedarf zusammen?**
Der notwendige Lebensunterhalt des Leistungsberechtigten umfasst nach § 27a Abs. 1 SGB XII insbesondere Ernährung, Kleidung, Körperpflege, Hausrat, Haushaltsenergie (ohne die auf Heizung und Erzeugung von Warmwasser entfallenden Anteile), persönliche Bedürfnisse des täglichen Lebens sowie Unterkunft und Heizung. Zu den persönlichen Bedürfnissen des täglichen Lebens gehört nach § 27a Abs. 1 S. 2 SGB XII in vertretbarem Umfang eine Teilhabe am sozialen und kulturellen Leben in der Gemeinschaft.
Der so verstandene notwendige Lebensunterhalt ergibt, mit Ausnahme der zusätzlichen Bedarfe (§§ 30–33 SGB XII), der Bedarfe für Bildung und Teilhabe (§§ 34–34b SGB XII) und der Bedarfe für Unterkunft und Heizung (§§ 35–36 SGB XII) den monatlichen Regelbedarf.

6. **Was ist unter einer Einsatzgemeinschaft zu verstehen?**
Bei einer Einsatzgemeinschaft hat jedes Mitglied dieser Gemeinschaft einen eigenen individuellen sozialhilferechtlichen Anspruch, der allerdings nicht nur von den eigenen, sondern auch von den Einkommens- und Vermögensverhältnissen der übrigen Mitglieder der Einsatzgemeinschaft abhängig ist. Auch bei der Einsatzgemeinschaft wird von deren Mitgliedern angenommen, dass sie wechselseitig bereit sind, füreinander einzustehen.

7. **Welche Form der Sozialhilfe können Bedürftige in Anspruch nehmen, die zwar erwerbsgemindert sind, jedoch nicht auf Dauer?**
Hilfe zum Lebensunterhalt erhält nach § 19 Abs. 1 SGB XII, wer seinen notwendigen Lebensunterhalt nicht oder nicht ausreichend aus eigenen Kräften und Mitteln, insbesondere aus seinem Einkommen und Vermögen, bestreiten kann. Diese Definition des leistungsberechtigten Personenkreises wird in § 27 Abs. 1 SGB XII wiederholt und in den weiteren Absätzen dieser Vorschrift konkretisiert. Im Hinblick auf Grundsicherungsleistungen nach dem SGB II und auf die weiteren Sozialhilfeleistungen des SGB XII spricht die Hilfe zum Lebensunterhalt nur einen eingeschränkten Personenkreis an. Dies sind Menschen, die im Falle von Bedürftigkeit keine anderen Leistungsansprüche haben. Hierunter fallen zB Menschen, deren Erwerbsminderung nicht dauerhaft gemindert ist und die daher keine Leistungen der Grundsicherung im Alter und bei Erwerbsminderung erhalten.

8. **Ist die Grundsicherung im Alter vom tatsächlichen Rentenbezug abhängig?**
Nach § 19 Abs. 2 SGB XII, der durch § 41 SGB XII präzisiert wird, ist Grundsicherung im Alter und bei Erwerbsminderung solchen, im Inland lebenden, Personen zu leisten, die die Altersgrenze nach § 41 Abs. 2 SGB XII erreicht haben. Die Vorschrift stellt damit lediglich auf ein bestimmtes Alter des Berechtigten, nicht aber auf den tatsächlichen Bezug von Altersrente ab. Der Anspruch auf Grundsicherung im Alter ist daher unabhängig vom tatsächlichen Rentenbezug.

9. **Wonach richtet sich die örtliche Zuständigkeit des Sozialhilfeträgers?**
Die örtliche Zuständigkeit des Sozialhilfeträgers richtet sich nach § 98 SGB XII, der im Wesentlichen auf den tatsächlichen Aufenthalt des Leistungsberechtigten abstellt.

10. **Erbringt der Sozialhilfeträger auch Rehabilitationsleistungen?**
    Nein! Mit dem Inkrafttreten der dritten Stufe des Bundesteilhabegesetzes zum 1.1.2020 wurde die Eingliederungshilfe aus dem System des SGB XII herausgelöst und als neuer zweiter Teil in das SGB IX integriert. Rehabilitationsleistungen werden vom Träger der Eingliederungshilfe seit dem 1.1.2020 nach den §§ 90 bis 150 SGB XII erbracht.

## § 22

1. **Wann muss eine Behörde die Regelungen des SGB X anwenden?**
    In § 1 Abs. 1 SGB X heißt es, dass die verfahrensrechtlichen Vorschriften des SGB X für die öffentlich-rechtliche Tätigkeit der Behörden gilt, die nach „diesem Gesetzbuch" ausgeübt wird. „Dieses Gesetzbuch" meint allerdings nicht das SGB X, sondern das Gesamt-SGB mit seinen besonderen Teilen. Somit regelt das erste Kapitel des SGB X das Verwaltungsverfahren der Behörden, die auf der Grundlage des SGB tätig werden. Das sind wiederum die Behörden, die nach den einzelnen Büchern des SGB oder den nach § 68 SGB I gleichgestellten Gesetzen handeln. Wann immer also eine Behörde auf der Basis eines SGB oder eines nach § 68 SGB I gleichgestellten Gesetzes handelt, das SGB X anzuwenden.

2. **Wer ist gemeint, wenn das SGB X von „Behörde" spricht?**
    Nach § 1 Abs. 2 SGB X ist Behörde jede Stelle, die Aufgaben der öffentlichen Verwaltung wahrnimmt. Die Wahrnehmung öffentlicher Aufgaben ist deckungsgleich mit dem in § 1 Abs. 1 SGB X verwendeten Begriff der öffentlich-rechtlichen Verwaltungstätigkeit. Wahrnehmung setzt gewisse Selbstständigkeit und Eigenverantwortlichkeit der jeweiligen Stelle voraus. Behörde ist somit jede Stelle, die die Zuständigkeit zur selbstständigen Ausübung öffentlich-rechtlicher Verwaltungstätigkeit nach außen hat.

3. **Was ist unter dem Begriff „Nichtförmlichkeit des Verwaltungsverfahrens" zu verstehen?**
    „Nichtförmlichkeit des Verwaltungsverfahrens" bedeutet, dass die Behörde außerhalb zwingend zu beachtender Rechtsvorschriften für die Durchführung des Verwaltungsverfahrens an keine bestimmten Vorgaben gebunden ist und damit eigenverantwortlich und frei in der Gestaltung. Dies wiederum bedeutet, dass die am Verwaltungsverfahren Beteiligten bei dessen Durchführung grundsätzlich an keine Formvorschriften gebunden sind.

4. **Was besagt der Untersuchungsgrundsatz?**
    Der Untersuchungsgrundsatz besagt, dass die Behörde den Sachverhalt von Amts wegen ermittelt und die so gewonnenen Erkenntnisse nach eigener Überzeugung würdigt (freie Beweiswürdigung). Wichtigstes Merkmal des ist es, dass die Behörde selbst, und nicht etwa die Beteiligten, den Sachverhalt im konkreten Einzelfall ermittelt (§ 20 Abs. 1 S. 1 SGB X), ohne an das Vorbringen und die Beweisanträge der Beteiligten gebunden zu sein.

5. **Welche Elemente muss ein Verwaltungsakt enthalten?**
    Die Maßnahme einer Sozialbehörde muss sämtliche Merkmale der Definition nach § 31 S. 1 SGB X erfüllen, um die Qualität eines Verwaltungsakts zu erlangen. Bei diesen Merkmalen handelt es sich um die Regelung, die hoheitliche Maßnah-

me auf dem Gebiet des öffentlichen Rechts, den Einzelfall und die Außenwirkung der Regelung.

6. **Was für Konsequenzen hat es, wenn ein Verwaltungsakt nichtig ist?**
Ein nichtiger Verwaltungsakt entfaltet von Anfang an keine Wirksamkeit. Er kann nicht vollzogen werden oder Rechtsbehelfsfristen in Gang setzen, er entfaltet keine Tatbestandswirkung und ist nicht Vollstreckungstitel.

7. **Ist die Bewilligung von Arbeitslosengeld ein Verwaltungsakt mit Dauerwirkung?**
Dauerwirkung entfaltet ein Verwaltungsakt, der sich nicht in einem einmaligen Gebot oder Verbot erschöpft oder einmalig die Sach- und Rechtslage gestaltet, sondern zukunftsorientiert über den Zeitpunkt seiner Bekanntgabe hinaus rechtliche Wirkung erzielt. Arbeitslosengeld wird nach § 154 S. 1 SGB III für Kalendertage berechnet und geleistet. Sofern sich der Anspruch auf Arbeitslosengeld nicht auf einen einzigen Tag beschränkt, wird die Leistung mehrmalig bewilligt, so dass der entsprechende Bewilligungsbescheid ein Verwaltungsakt mit Dauerwirkung ist.

8. **Was ist mit der Bestandskraft eines Verwaltungsaktes gemeint?**
Die formelle Bestandskraft des Verwaltungsaktes tritt nach § 77 SGG ein, wenn der gegen einen Verwaltungsakt gegebene Rechtsbehelf nicht oder erfolglos eingelegt wird. Dies bedeutet, dass der betroffene Verwaltungsakt nicht mehr mit Rechtsbehelfen angegriffen werden kann, da entweder die Rechtsbehelfsfristen verstrichen sind oder da die Anfechtungsklage rechtskräftig abgewiesen ist. Bestandskräftige Verwaltungsakte können von der Verwaltung nicht mehr einfach aufgehoben, abgeändert oder zurückgenommen werden.

9. **Wie kann die Bestandskraft eines Verwaltungsaktes durchbrochen werden?**
Die Bestandskraft von Verwaltungsakten nur unter den Voraussetzungen der §§ 44 ff. SGB X durchbrochen werden. Die §§ 44 ff. SGB X kennen die Rücknahme rechtswidriger (§§ 44, 45 SGB X) und den Widerruf rechtmäßiger Verwaltungsakte (§§ 46, 47 SGB X) sowie die Aufhebung von Verwaltungsakten mit Dauerwirkung (48 SGB X).

10. **Muss vor jeder Klage gegen einen sozialrechtlichen Verwaltungsakt Widerspruch eingelegt werden?**
Die Notwendigkeit eines Widerspruchsverfahrens (Vorverfahrens) vor einer Klage gegen einen sozialrechtlichen Verwaltungsakt richtet sich nach § 78 SGG. Nach § 78 Abs. 1 S. 2 SGG bedarf es eines Vorverfahrens nicht, wenn ein Gesetz dies für besondere Fälle bestimmt oder der Verwaltungsakt von einer obersten Bundesbehörde, einer obersten Landesbehörde oder von dem Vorstand der Bundesagentur für Arbeit erlassen worden ist, außer wenn ein Gesetz die Nachprüfung vorschreibt, oder ein Land, ein Versicherungsträger oder einer seiner Verbände klagen will. Ohne dass dieses im SGG ausdrücklich geregelt wäre, bedarf es weiterhin keines Vorverfahrens, wenn ein Dritter durch den Widerspruch erstmals beschwert wird bzw. wenn der Widerspruchsbescheid gegenüber dem ursprünglichen Bescheid eine zusätzliche selbstständige Beschwer aufweist.

# Lösung der Übungsfälle[1]

## Übungsfall 1:[2]

Dr. Schmidt war bis zum 31.12.2021 als angestellter Steuerberater pflichtversichert bei der AOK. Am 1.1.2022 eröffnete er eine eigene Kanzlei. Eine (gesetzliche oder private) Krankenversicherung hatte er seitdem nicht mehr.

Als Dr. Schmidt in seiner Wohnung einen Nagel in die Wand schlagen will und hierzu auf einen Stuhl steigt, verliert er das Gleichgewicht und stürzt unglücklich. Im Sturz reißt er eine Kanne mit heißem Tee um und zieht sich schwere Verbrennungen zu. Zudem erleidet er Prellungen. Im (nach § 108 SGB V zugelassenen) Krankenhaus wird Dr. Schmidt eine Woche behandelt, da nach Prüfung durch das Krankenhaus seine Aufnahme erforderlich ist, weil das Behandlungsziel nicht durch teilstationäre, vor- und nachstationäre oder ambulante Behandlung einschließlich häuslicher Krankenpflege erreicht werden kann. Nach der Entlassung ist es zur Krankheitsheilung notwendig, dass er noch zwei Wochen lang regelmäßig vom Hausarzt behandelt wird, der die Verbände wechselt und ein verschreibungspflichtiges Schmerzmittel (Arzneimittel) verschreibt.

Dr. Schmidt möchte wissen, ob die gesetzliche Krankenversicherung die aufgrund des Sturzes erforderlichen Leistungen übernimmt und ob und in welcher Höhe er Zuzahlungen zu leisten hat! Beitragsrechtliche Fragestellungen sind nicht zu prüfen!

### Lösung:

**A. Vorüberlegung:**

Die gesetzliche Krankenversicherung müsste die Leistungen übernehmen, wenn Dr. Schmidt auf die einzelnen Leistungen **Anspruch** hat.

*Es sind nunmehr also aus dem Sachverhalt die von Dr. Schmidt begehrten krankenversicherungsrechtlichen Leistungen herauszusuchen und die Anspruchsgrundlagen für diese Leistungen zu finden.*

**B. Leistungen und Anspruchsgrundlagen:**
1. Krankenhausbehandlung (§ 39 Abs. 1 S. 2 SGB V)
2. Ärztliche Behandlung durch den Hausarzt (§ 27 Abs. 1 S. 1 Nr. 1 SGB V)
3. Versorgung mit verschreibungspflichtigem Schmerzmittel (§ 31 Abs. 1 S. 1 SGB V)
4. Versorgung mit Verbandsmitteln (§ 31 Abs. 1 S. 1 SGB V)

*Sinnvollerweise sollte die Lösung des Übungsfalls grundsätzlich nach den einzelnen Leistungsarten erfolgen. Anderenfalls läuft man bei der Lösung Gefahr, durcheinander zu kommen. Es stellt sich jedoch die Frage, mit welcher Leistung begonnen*

---

[1] Die nachfolgende Lösung der Übungsfälle soll keine ausformulierte Musterlösung darstellen, sondern dem Leser Lösungshinweise geben. Sie wird daher – auch im Interesse der nicht juristisch ausgebildeten Leser – nicht vollständig nach den strengen Regeln der Gutachten- und Subsumtionstechnik erfolgen, sondern sich die Freiheit nehmen, von diesen Regeln abzuweichen. Das Ziel ist eine verständliche und nachvollziehbare Lösung des jeweiligen Falls. Studierende juristischer Studiengänge sollten aber problemlos in der Lage sein, aufgrund der Hinweise in den Falllösungen eine „kunstgerechte" Lösung zu entwickeln, die die Regeln der Gutachten- und Subsumtionstechnik berücksichtigt.

[2] Die kursiv gedruckten Ausführungen sind kein direkter Teil der Falllösung, sondern vielmehr methodische und klausurtaktische Überlegungen.

werden sollte. In dem Fall, dass Leistungen aufeinander aufbauen, ist es klausurtaktisch gut, mit der Leistungsart zu beginnen, die Voraussetzung für eine andere Leistungsart ist.

C. **Krankenhausbehandlung (§ 39 Abs. 1 S. 2 SGB V)**
Obersatz:
Dr. Schmidt könnte Anspruch auf Krankenhausbehandlung nach § 39 Abs. 1 S. 2 SGB V haben.

*Nachdem nunmehr die Anspruchsgrundlage für die Leistung „Krankenhausbehandlung" klar ist, müssen Sie die Tatbestandsmerkmale der Norm ermitteln, deren Vorliegen Voraussetzung für den Leistungsanspruch sind. Dies sind „Versicherter"(a.), „zugelassenes Krankenhaus" (b.) und „erforderliche Aufnahme"(c.). Voraussetzung für den Anspruch auf Krankenhausbehandlung ist also, dass Dr. Schmidt Versicherter ist, dass das behandelnde Krankenhaus iS § 108 SGB V zugelassen und die Aufnahme des Dr. Schmidt erforderlich ist.*

Hierzu müssten die Anspruchsvoraussetzungen des § 39 Abs. 1 S. 2 SGB V vorliegen. Dies soll nachfolgend geprüft werden.

   a. Versicherteneigenschaft des Dr. Schmidt
Die Versicherteneigenschaft in der gesetzlichen Krankenversicherung bestimmt sich nach den §§ 5, 9, 10 SGB V. Dr. Schmidt wäre Versicherter iSd SGB V, wenn er nach § 5 SGB V versicherungspflichtig oder nach §§ 9, 10 SGB V versicherungsberechtigt wäre.
Eine freiwillige Versicherung iS § 9 SGB V liegt genauso wenig vor, wie eine Familienversicherung iS § 10 SGB V. Somit wäre Dr. Schmidt nur dann Versicherter iSd SGB V, wenn er nach § 5 SGB V versicherungspflichtig wäre. Nach § 5 Abs. 5 SGB V ist aber nach § 5 Abs. 1 Nr. 1 oder 5 bis 12 SGB V nicht versicherungspflichtig ist, wer hauptberuflich selbstständig erwerbstätig ist Dr. Schmidt ist seit dem 1.1.2022 selbstständiger Steuerberater und übt damit eine selbstständige Erwerbstätigkeit aus. Er ist also nach § 5 Abs. 5 SGB V nicht nach § 5 Abs. 1 Nr. 1 oder 5 bis 12 SGB V versicherungspflichtig.
*Die Prüfung der Versicherungspflicht endet damit aber nicht. Sie müssen an dieser Stelle unbedingt an § 5 Abs. 1 Nr. 13a SGB V denken.*
Die Versicherungspflicht des Dr. Schmidt könnte sich aber aus § 5 Abs. 1 Nr. 13 a SGB V ergeben. Versicherungspflichtig sind danach Personen, die keinen anderweitigen Anspruch auf Absicherung im Krankheitsfall haben und zuletzt gesetzlich krankenversichert waren.
Mit der Beendigung des Beschäftigungsverhältnisses endete gemäß § 190 Abs. 2 SGB V die Versicherungspflicht des Dr. Schmidt in der gesetzlichen Krankenversicherung. Da er weder freiwillig gesetzlich versichert ist noch eine private Krankenversicherung abgeschlossen hat, hat Dr. Schmidt keine anderweitige Absicherung im Krankheitsfall. Allerdings war er zuletzt (bis 31.1.2021) gesetzlich krankenversichert, so dass die Voraussetzungen des § 5 Abs. 1 Nr. 13a SGB V vorliegen. Dr. Schmidt ist damit nach § 5 Abs. 1 Nr. 13 a SGB V gesetzlich krankenversichert und folglich „Versicherter" iS (§ 39 Abs. 1 S. 2 SGB V.

   b. zugelassenes Krankenhaus
Der Anspruch auf Krankenhausbehandlung nach § 39 Abs. 1 S. 2 SGB V setzt weiterhin voraus, dass die Behandlung in einem nach § 108 SGB V zugelassenen Krankenhaus durchgeführt wird.

*Die Prüfung dieses Tatbestandsmerkmals ist unproblematisch, da es laut Sachverhalt vorliegt. Es reicht also an dieser Stelle aus, das Vorliegen des Tatbestandsmerkmals zu bejahen.*
Dies ist laut Sachverhalt der Fall.

c. erforderliche Aufnahme
Letzte Voraussetzung für einen Anspruch des Dr. Schmidt auf Krankenhausbehandlung gemäß § 39 Abs. 1 S. 2 SGB V ist, dass die Aufnahme des Versicherten nach Prüfung durch das Krankenhaus erforderlich ist, weil das Behandlungsziel nicht durch teilstationäre, vor- und nachstationäre oder ambulante Behandlung einschließlich häuslicher Krankenpflege erreicht werden kann.
*Die Prüfung dieses Tatbestandsmerkmals ist ebenfalls unproblematisch, da es laut Sachverhalt vorliegt. Es reicht also auch an dieser Stelle aus, das Vorliegen des Tatbestandsmerkmals zu bejahen.*
Dies ist laut Sachverhalt der Fall.

d. Ruhen des Anspruchs
*Auch wenn beitragsrechtliche Fragestellungen nicht zu klären sind, sei an dieser Stelle auf das Ruhen des Leistungsanspruchs bei Beitragsrückstand nach § 16 Abs. 3a S. 2 SGB V hingewiesen. Nach dieser Vorschrift ruht der Leistungsanspruch für Mitglieder nach den Vorschriften des SGB V, die mit einem Betrag in Höhe von Beitragsanteilen für zwei Monate im Rückstand sind und trotz Mahnung nicht zahlen. Wesentliche Voraussetzung für das Ruhen des Leistungsanspruchs ist, dass das Mitglied trotz Mahnung der Krankenkasse nicht gezahlt hat. Aus dem Sachverhalt ergeben sich keine Anhaltspunkte für eine derartige Mahnung, so dass der Leistungsanspruch des Dr. Schmidt nicht ruht.*

e. Ergebnis zum Leistungsanspruch
Da alle Tatbestandsvoraussetzungen des § 39 Abs. 1 S. 2 SGB V vorliegen, hat Dr. Schmidt einen Anspruch gegen die gesetzliche Krankenversicherung auf Krankenhausbehandlung.

f. Zuzahlungen
Nach § 39 Abs. 4 SGB V zahlen Versicherte, die das achtzehnte Lebensjahr vollendet haben, von Beginn der vollstationären Krankenhausbehandlung an innerhalb eines Kalenderjahres für längstens 28 Tage den sich nach § 61 S. 2 SGB V ergebenden Betrag je Kalendertag an das Krankenhaus. § 61 S. 2 SGB V bestimmt, dass als Zuzahlungen zu stationären Maßnahmen je Kalendertag 10 Euro erhoben werden. Damit hat Dr. Schmidt Zuzahlungen in Höhe von 70 Euro (10 EUR x 7 Tage = 70 Euro) an das Krankenhaus zu leisten. Begrenzt werden diese Zuzahlungen durch die Belastungsgrenze des § 62 SGB V.

## D. Ärztliche Behandlung durch den Hausarzt (§ 27 Abs. 1 S. 1 Nr. 1 SGB V)
Obersatz:
Dr. Schmidt könnte gegen die gesetzliche Krankenversicherung Anspruch auf Krankenbehandlung in Form von ärztlicher Behandlung nach § 27 Abs. 1 S. 1, 2 Nr. 1 SGB V haben.

*Die Anspruchsgrundlage für die Krankenbehandlung ist § 27 Abs. 1 S. 1 SGB V. Aus Abs. 2 Nr. 1 dieser Vorschrift ergibt sich, dass zur Krankenbehandlung auch die ärztliche Behandlung gehört (die Einzelheiten zur ärztlichen Behandlung sind in § 28 SGB V geregelt). Der Anspruch auf Krankenbehandlung setzt voraus, dass der Behandelte „Versicherter" (a.) ist und dass die Krankenbehandlung „notwendig" (b.) ist.*

a. Versicherteneigenschaft des Dr. Schmidt
 *Da die Frage nach der Versicherteneigenschaft des Dr. Schmidt bereits im Rahmen der Prüfung des Anspruchs auf Krankenhausbehandlung beantwortet wurde, kann hierauf verwiesen werden.*
 Wie bereits festgestellt, ist Dr. Schmidt nach § 5 Abs. 1 Nr. 13a SGB V versicherungspflichtig in der gesetzlichen Krankenversicherung und damit „Versicherter" iSd SGB V.

b. Notwendigkeit der Krankenbehandlung
 *Nach § 27 Abs. 1 S. 1 SGB V besteht der Anspruch auf Krankenbehandlung nur dann, wenn diese notwendig ist, um eine Krankheit zu erkennen, zu heilen, ihre Verschlimmerung zu verhüten oder Krankheitsbeschwerden zu lindern. Dies ist lt. Sachverhalt der Fall, so dass auch das Vorliegen dieses Tatbestandsmerkmals festgestellt werden kann.*
 Lt. Sachverhalt ist es nach der Entlassung des Dr. Schmidt zur Krankheitsheilung notwendig, dass er noch zwei Wochen lang regelmäßig vom Hausarzt behandelt wird. Die Krankenbehandlung (in der Form ärztlicher Behandlung) ist damit iS § 27 Abs. 1 S. 1 SGB V notwendig.

c. Ergebnis zum Leistungsanspruch
 Da alle Tatbestandsvoraussetzungen des § 27 Abs. 1 S. 1 SGB V vorliegen, hat Dr. Schmidt einen Anspruch gegen die gesetzliche Krankenversicherung auf Krankenbehandlung (in der Form ärztlicher Behandlung).

d. Zuzahlungen
 Weder § 27 SGB V noch § 28 SGB V sehen zulasten der Versicherten Zuzahlungen zur ärztlichen Behandlung vor. Dr. Schmidt muss also für die Behandlung durch den Hausarzt keine Zuzahlungen leisten.

E. **Versorgung mit verschreibungspflichtigem Schmerzmittel (§ 31 Abs. 1 S. 1 Hs. 1 SGB V)**

Obersatz:

Dr. Schmidt könnte gegen die gesetzliche Krankenversicherung Anspruch auf Versorgung mit verschreibungspflichtigen Arzneimitteln nach § 31 Abs. 1 S. 1 Hs. 1 SGB V haben.

*Die Anspruchsgrundlage für die Versorgung mit verschreibungspflichtigen Arzneimitteln ist § 31 Abs. 1 S. 1 Hs. 1 SGB V. Der Anspruch auf Versorgung setzt voraus, dass der Versorgende „Versicherter" (a.) ist und dass es um „Arzneimittel" (b.) geht, die „nicht nach § 34 SGB V von der Versorgung ausgeschlossen"[3] (c.) sind.*

a. Versicherteneigenschaft des Dr. Schmidt
 *Da die Frage nach der Versicherteneigenschaft des Dr. Schmidt bereits im Rahmen der Prüfung des Anspruchs auf Krankenhausbehandlung beantwortet wurde, kann hierauf verwiesen werden.*

---

3 Für Richtlinien nach § 92 Abs. 1 S. 2 Nr. 6 SGB V gibt es im Sachverhalt keine Anhaltspunkte, so dass sie sie auch von der Prüfung ausgenommen werden können.

Wie bereits festgestellt, ist Dr. Schmidt nach § 5 Abs. 1 Nr. 13a SGB V versicherungspflichtig in der gesetzlichen Krankenversicherung und damit „Versicherter" iSd SGB V.

b. Schmerzmittel als Arzneimittel
Ein Versorgungsanspruch des Dr. Schmidt aus § 31 Abs. 1 S. 1 Hs. 1 SGB V setzt weiterhin voraus, dass es sich bei dem verschriebenen Schmerzmittel um ein Arzneimittel handelt.
*Die Prüfung dieses Tatbestandsmerkmals ist ebenfalls unproblematisch, da es laut Sachverhalt vorliegt. Es reicht also auch an dieser Stelle aus, das Vorliegen des Tatbestandsmerkmals zu bejahen.*
Dies ist laut Sachverhalt der Fall.

c. Versorgungsausschluss nach § 34 SGB V
Weiterhin setzt der Versorgungsanspruch des Dr. Schmidt aus § 31 Abs. 1 S. 1 Hs. SGB V voraus, dass das Schmerzmittel nicht nach § 34 SGB V von der Versorgung ausgeschlossen ist.
Nach § 34 Abs. 1 S. 1 SGB V sind zunächst alle <u>nicht verschreibungspflichtigen</u> Arzneimittel von der Versorgung ausgeschlossen. Das im vorliegenden Fall vom Arzt verordnete Schmerzmittel ist verschreibungspflichtig und damit nicht nach § 34 Abs. 1 S. 1 SGB V von der Versorgung ausgeschlossen.
Weitere, auf den vorliegenden Fall zutreffende, Ausschlussgründe nach § 34 SGB V sind nicht gegeben, so dass das Schmerzmittel nicht nach § 34 SGB V von der Versorgung ausgeschlossen ist.

d. Ergebnis zum Leistungsanspruch
Da alle Tatbestandsvoraussetzungen des § 31 Abs. 1 S. 1 Hs. 1 SGB V vorliegen, hat Dr. Schmidt einen Anspruch gegen die gesetzliche Krankenversicherung auf Versorgung mit dem Schmerzmittel.

e. Zuzahlungen
Nach § 31 Abs. 3 SGB V leisten Versicherte, die das achtzehnte Lebensjahr vollendet haben, an die abgebende Stelle zu jedem zulasten der gesetzlichen Krankenversicherung verordneten Arznei- und Verbandmittel als Zuzahlung den sich nach § 61 Satz 1 ergebenden Betrag, jedoch jeweils nicht mehr als die Kosten des Mittels.
§ 61 S. 1 SGB V bestimmt, dass Zuzahlungen, die Versicherte zu leisten haben, 10 % des Abgabepreises, mindestens jedoch 5 Euro und höchstens 10 Euro betragen; allerdings jeweils nicht mehr als die Kosten des Mittels. In dieser Höhe muss Dr. Schmidt Zuzahlungen zum Schmerzmittel leisten. Begrenzt werden diese Zuzahlungen durch die Belastungsgrenze des § 62 SGB V.

F. **Versorgung mit Verbandmitteln (§ 31 Abs. 1 S. 1 Hs. 2 SGB V)**
Obersatz:
Dr. Schmidt könnte gegen die gesetzliche Krankenversicherung Anspruch auf Versorgung mit verschreibungspflichtigen Arzneimitteln nach § 31 Abs. 1 S. 1 Hs. 2 SGB V haben.
*Die Anspruchsgrundlage für die Versorgung mit verschreibungspflichtigen Arzneimitteln ist § 31 Abs. 1 S. 1 Hs. 2 SGB V. Der Anspruch auf Versorgung setzt voraus, dass der Versorgende „Versicherter" (a.) ist und dass es um „Verbandmittel" (b.) geht.*

a. Versicherteneigenschaft des Dr. Schmidt

*Da die Frage nach der Versicherteneigenschaft des Dr. Schmidt bereits im Rahmen der Prüfung des Anspruchs auf Krankenhausbehandlung beantwortet wurde, kann hierauf verwiesen werden.*
Wie bereits festgestellt, ist Dr. Schmidt nach § 5 Abs. 1 Nr. 13a SGB V versicherungspflichtig in der gesetzlichen Krankenversicherung und damit „Versicherter" iSd SGB V.

b. Verbandsmittel
Ein Versorgungsanspruch des Dr. Schmidt aus § 31 Abs. 1 S. 1 Hs. SGB V setzt weiterhin voraus, dass es um ein Verbandsmittel geht.
*Die Prüfung dieses Tatbestandsmerkmals ist ebenfalls unproblematisch, da es laut Sachverhalt vorliegt. Es reicht also auch an dieser Stelle aus, das Vorliegen des Tatbestandsmerkmals zu bejahen.*
Dies ist laut Sachverhalt der Fall.

c. Ergebnis zum Leistungsanspruch
Da alle Tatbestandsvoraussetzungen des § 31 Abs. 1 S. 1 Hs. 2 SGB V vorliegen, hat Dr. Schmidt einen Anspruch gegen die gesetzliche Krankenversicherung auf Versorgung mit Verbandsmittel.

d. Zuzahlungen
Nach § 31 Abs. 3 SGB V leisten Versicherte, die das achtzehnte Lebensjahr vollendet haben, an die abgebende Stelle zu jedem zulasten der gesetzlichen Krankenversicherung verordneten Arznei- und Verbandmittel als Zuzahlung den sich nach § 61 Satz 1 ergebenden Betrag, jedoch jeweils nicht mehr als die Kosten des Mittels.
§ 61 S. 1 SGB V bestimmt, dass Zuzahlungen, die Versicherte zu leisten haben, 10 % des Abgabepreises, mindestens jedoch 5 Euro und höchstens 10 Euro betragen; allerdings jeweils nicht mehr als die Kosten des Mittels. In dieser Höhe muss Dr. Schmidt Zuzahlungen zum Schmerzmittel leisten. Begrenzt werden diese Zuzahlungen durch die Belastungsgrenze des § 62 SGB V.

## Übungsfall 2:

Studentin S. ist 22 Jahre alt und studiert an einer inländischen Hochschule. Sie ist seit mehr als vier Jahren über ihre Mutter, die nach § 5 Abs. 1 Nr. 1 SGB V gesetzlich krankenversichert ist, im Rahmen einer Familienversicherung gesetzlich krankenversichert. Während einer Vorlesung erleidet S. einen Schlaganfall. Sie wird in eine Klinik eingeliefert. Der behandelnde Arzt erkennt, dass S. in den nächsten Jahren pflegebedürftig sein wird und informiert hierüber – mit Zustimmung der S. – die GKV der Mutter. Dort wird diese Mitteilung an die zuständige Pflegekasse weitergeleitet, die daraufhin den med. Dienst zu Begutachtung der S. in die Klinik schickt. Der med. Dienst stellt fest, dass S. dauerhaft in ihren Fähigkeiten und ihrer Selbstständigkeit eingeschränkt sein wird. Dies betrifft folgende Bereiche:

- Positionswechsel im Bett: unselbstständig
- Halten einer stabilen Sitzposition: unselbstständig
- Fortbewegen innerhalb des Wohnbereichs: unselbstständig
- Waschen des vorderen Oberkörpers: unselbstständig
- Körperpflege im Bereich des Kopfes (Kämmen, Zahnpflege/Prothesenreinigung, Rasieren): unselbstständig
- Waschen des Intimbereichs: unselbstständig

- Duschen und Baden einschließlich Waschen der Haare: unselbstständig
- An- und Auskleiden des Oberkörpers: unselbstständig
- An- und Auskleiden des Unterkörpers: unselbstständig
- Mundgerechtes Zubereiten der Nahrung und Eingießen von Getränken: unselbstständig
- Essen/Trinken: unselbstständig

S. beauftragt nach ihrer Entlassung aus dem Krankenhaus einen ambulanten Pflegedienst mit ihrer Pflege zu Hause. Dieser verlangt für die Vollpflege 1.200 EUR. Dies ist S. zu teuer. Sie fragt ihre Mutter, ob diese das Kochen, Reinigen der Wohnung usw übernehmen kann. Dem stimmt die Mutter zu. Die Reduzierung des Pflegeumfangs führt zu einer Reduzierung der Pflegekosten für den ambulanten Pflegedienst. Diese betragen nur noch 990 EUR. S. beauftragt daraufhin den Pflegedienst.

Prüfen Sie unter Angabe der gesetzlichen Grundlagen, ob die Kosten des Pflegedienstes in vollständiger Höhe von der sozialen Pflegeversicherung übernommen werden und gehen Sie hierbei auch darauf ein, ob S. überhaupt pflegeversichert ist.

### Lösung:

#### A. Vorüberlegung:

Die soziale Pflegeversicherung müsste die Kosten des Pflegedienstes in voller Höhe übernehmen, wenn S. hierauf einen **Anspruch** hat.

*Es ist also zunächst die Anspruchsgrundlagen für die Übernahme der Kosten eines Pflegedienstes zu finden.*

#### B. Leistung und Anspruchsgrundlage:

Nach § 36 Abs. 1 S. 1 SGB XI haben Pflegebedürftige bei häuslicher Pflege Anspruch auf Grundpflege und hauswirtschaftliche Versorgung als Sachleistung (häusliche Pflegehilfe). Häusliche Pflegehilfe wird nach § 36 Abs. 1 S. 3 SGB XI durch geeignete Pflegekräfte erbracht, die entweder von der Pflegekasse oder bei ambulanten Pflegeeinrichtungen (also ambulante Pflegedienste), mit denen die Pflegekasse einen Versorgungsvertrag abgeschlossen hat, angestellt sind.

*Da § 36 Abs. 1 S. 1 SGB XI Pflegebedürftigen einen Anspruch auf häusliche Pflege durch einen ambulanten Pflegedienst vermittelt, ist diese Vorschrift Anspruchsgrundlage für den Übungsfall 2. Der Leistungsumfang ergibt sich aus § 36 Abs. 3 SGB XI.*

#### C. Anspruch auf Pflegesachleistung (§ 36 Abs. 1 S. 1 SGB XI)

Obersatz:

S. könnte gegen die soziale Pflegeversicherung Anspruch auf häusliche Pflegehilfe nach § 36 Abs. 1 S. 1 SGB XI haben.

*Nachdem nunmehr die Anspruchsgrundlage für die Leistung „Pflegesachleistung" klar ist, müssen Sie die Tatbestandsmerkmale der Norm ermitteln, deren Vorliegen Voraussetzung für den Leistungsanspruch sind. Dies sind „Pflegebedürftigkeit" und „häusliche Pflege". Voraussetzung für den Anspruch auf die Pflegesachleistung ist also, dass S. „pflegebedürftig" ist und „häuslich gepflegt" wird. Allerdings reicht an dieser Stelle die Arbeit mit § 36 SGB XI nicht aus. Sie müssen zusätzlich aus Ihrem systematischen Verständnis des Pflegeversicherungsrechts heraus wissen, dass § 33 Abs. 1 S. 1 („Versicherte", „Leistungsantrag") und § 33 Abs. 2 S. 1 SGB XI („Vorversicherungszeiten") weitere Leistungsvoraussetzungen enthält, bei deren Nichtvorliegen ein Leistungsanspruch ausscheidet. Aus klausurtaktischen Erwägungen heraus ist es auch sinnvoll, mit den Leistungsvoraussetzungen des § 33 SGB XI zu beginnen, da es unglücklich wäre, lang und breit die Pflegebedürftigkeit der S. zu klären, wenn man danach zu dem Ergebnis käme, dass sie überhaupt nicht in der sozialen Pflegeversicherung versichert ist.*

Voraussetzung für diesen Anspruch ist, dass die Anspruchsvoraussetzungen des § 36 Abs. 1 S. 1 SGB XI und die besonderen Leistungsvoraussetzungen des § 33 Abs. 1 S. 1, Abs. 2 S. 1 SGB XI vorliegen. Dies soll nachfolgend geprüft werden.

a. Versicherteneigenschaft der S.

Nach § 33 Abs. 1 S. 1 SGB XI setzt ein Leistungsanspruch gegenüber der Pflegeversicherung voraus, dass der Leistungsbezieher in der sozialen Pflegeversicherung versichert ist. Die Versicherteneigenschaft in der sozialen Pflegeversicherung bestimmt sich nach den §§ 20–27 SGB XI. S. wäre „Versicherte" iSd SGB XI, wenn sie nach §§ 20, 21, 23, 24 und 25 SGB XI versicherungspflichtig oder nach §§ 26, 26a SGB XI versicherungsberechtigt wäre.

Lt. Sachverhalt ist S. über ihre Mutter, die nach § 5 Abs. 1 Nr. 1 SGB V gesetzlich krankenversichert ist, im Rahmen einer Familienversicherung gesetzlich krankenversichert. Gemäß § 20 Abs. 1 S. 2 Nr. 1 SGB XI ist die Mutter der S. versicherungspflichtig in der sozialen Pflegeversicherung und nach § 49 Abs. 1 S. 1 SGB XI Mitglied bei einer Pflegekasse.

*Aufgrund des Grundsatzes „Die Pflegeversicherung folgt der Krankenversicherung" und der Tatsache, dass S. krankenversicherungsrechtlich eine Familienversicherte ist, ist es gut denkbar, dass sie auch Im Rahmen der Pflegeversicherung familienversichert ist. Es ist daher sinnvoll, in den §§ 20–27 SGB XI nach einer Regelung zur Familienversicherung zu suchen. Diese findet sich in § 25 SGB XI.*

Die Versicherteneigenschaft der S. könnte sich aus § 25 Abs. 1 S. 1 iVm Abs. 2 S. 1 Nr. 3 SGB XI ergeben. Nach § 25 Abs. 1 S. 1 Nr. 1 SGB XI sind die im Inland lebenden Kinder von Mitgliedern der sozialen Pflegeversicherung versichert, solange nicht einer der Fälle des § 25 Abs. 1 S. 1 Nr. 2–5 SGB XI vorliegt. S. ist ein im Inland lebendes Kind eines Mitglieds der sozialen Pflegeversicherung und erfüllt damit die Voraussetzung des § 25 Abs. 1 S. 1 Nr. 1 SGB XI. Ein Fall des § 25 Abs. 1 S. 1 Nr. 2–5 SGB XI liegt nicht vor, so dass S. nach § 25 Abs. 1 S. 1 SGB XI in der sozialen Pflegeversicherung versichert ist.

§ 25 Abs. 2 S. 1 SGB XI sieht jedoch eine Altersgrenze für den Versicherungsschutz von Kindern vor. Befindet sich das Kind in der Schul- oder Berufsausbildung oder leistet es ein freiwilliges soziales oder ökologisches Jahr, so gilt nach § 25 Abs. 2 S. 1 Nr. 3 SGB XI eine Altersgrenze von 25 Jahren. S. studiert an einer Hochschule und ist 22 Jahre. Das Studium an einer Hochschule zählt zur Schul- und Berufsausbildung iS § 25 Abs. 2 S. 1 Nr. 3 SGB XI, so dass S. die von der Vorschrift vorgesehene Altersgrenze von 25 Jahren noch nicht erreicht hat und damit „Versicherte" iSd § 25 Abs. 1 S. 1 SGB XI ist.

b. Antragserfordernis

Der Anspruch auf Pflegesachleistung setzt nach § 33 Abs. 1 S. 1 SGB XI weiterhin einen entsprechenden Antrag voraus. Als Antrag ist jede Erklärung anzusehen, aus der ein Leistungsverlangen ableitbar ist, ohne dass hierfür eine bestimmte Form vorgegeben ist.

Im Sachverhalt wird eine Antragstellung nicht erwähnt. Allerdings informiert der behandelnde Arzt – mit Zustimmung der S. – die GKV der Mutter über die Pflegebedürftigkeit der S. Dort wird diese Mitteilung an die zuständige Pflegekasse weitergeleitet. Bei dieser Information iS § 7 Abs. 2 S. 2 SGB XI könnte es sich um eine Antragstellung iS § 33 Abs. 1 S. 1 SGB XI handeln. Die Information nach § 7 Abs. 2 S. 2 SGB XI hat den Sinn einer unverzüglichen Kenntnisnahme durch die Pflegekasse, damit sofort Maßnahmen zur Vermeidung oder Begrenzung der Pflegebedürftigkeit eingeleitet und gegebenenfalls auch Leistungen erbracht werden können. Bei ihr ist nach hM grundsätzlich von einer konkludenten Antragstellung auszugehen.

Somit liegt – infolge konkludenten Handelns – auch die nach § 33 Abs. 1 S. 1 SGB XI erforderliche Antragstellung vor.

c. Vorversicherungszeiten

Ein Leistungsanspruch gegenüber der sozialen Pflegeversicherung setzt nach § 33 Abs. 2 S. 1 SGB XI bestimmte Vorversicherungszeiten voraus. Nach § 33 Abs. 2 S. 1 Nr. 6 SGB XI müsste S. in den letzten zehn Jahren vor der Antragstellung mindestens zwei Jahre familienversichert gewesen sein. Dies ist lt. Sachverhalt der Fall, so dass die erforderlichen Vorversicherungszeiten durch S. erfüllt worden sind.

*Auf die Regelung des § 33 Abs. 2 S. 3 SGB XI kommt es daher nicht an.*

d. Pflegebedürftigkeit der S.

Ein Anspruch der S. auf Pflegesachleistung nach § 36 Abas. 1 S. 1 SGB XI setzt des Weiteren voraus, dass sie Pflegebedürftig ist.

Die Feststellung von Pflegebedürftigkeit richtet sich nach § 14 Abs. 1 SGB XI. Pflegebedürftig sind danach Personen, die gesundheitlich bedingte Beeinträchtigungen der Selbständigkeit oder der Fähigkeiten aufweisen und deshalb der Hilfe durch andere bedürfen. Es muss sich um Personen handeln, die körperliche, kognitive oder psychische Beeinträchtigungen oder gesundheitlich bedingte Belastungen oder Anforderungen nicht selbstständig kompensieren oder bewältigen können. Die Pflegebedürftigkeit muss auf Dauer, voraussichtlich für mindestens sechs Monate, und mit mindestens der in § 15 SGB XI festgelegten Schwere bestehen.

*Die Prüfung der Pflegebedürftigkeit kann hier kurz ausfallen. Lt. Sachverhalt erkennt der behandelnde Arzt, dass S. in den nächsten Jahren pflegebedürftig sein wird. Damit ist es ausreichend, dass das Vorliegen von Pflegebedürftigkeit einfach festgestellt wird.*

Lt. Sachverhalt ist von der Pflegebedürftigkeit der S. auszugehen.

e. häusliche Pflege

Ein Anspruch der S. auf Pflegesachleistung nach § 36 Abs. 1 S. 1 SGB XI setzt des Weiteren voraus, dass sie sich in häuslicher Pflege befindet. Der Begriff „häusliche Pflege" meint nicht zwingend die Pflege zu Hause, sondern dient lediglich der Abgrenzung zur vollstationären Pflege.

*Auch dieses Tatbestandsmerkmal liegt nach dem Sachverhalt unproblematisch vor und muss daher nur noch festgestellt werden.*

Nach dem Sachverhalt wird S. zu Hause gepflegt, so dass auch dieses Tatbestandsmerkmal vorliegt.

f. Zwischenergebnis
Da alle Voraussetzungen von § 36 Abs. 1 S. 1 und § 33 Abs. 1 S. 1, Abs. 2 S. 1 SGB XI vorliegen, hat S. gegen die soziale Pflegeversicherung Anspruch auf Pflegesachleistung.
*Damit wurde aber nur dem Grunde nach festgestellt, dass zugunsten von S. ein solcher Anspruch besteht. Die Höhe des Anspruchs wurde noch nicht ermittelt. Sie ist in § 36 Abs. 3 SGB XI geregelt.*

g. Höhe des Leistungsanspruchs
Die Pflegekosten für den ambulanten Pflegedienst betragen lt. Sachverhalt 990 EUR. Nachdem der Anspruch Pflegesachleistung dem Grunde nach bejaht wurde, ist nunmehr zu prüfen, ob er auch in Höhe von 990 EUR besteht.
Die Höhe des Anspruchs auf Pflegesachleistung bemisst sich nach § 36 Abs. 3 SGB XI nach dem Pflegegrad des Pflegebedürftigen. Es ist daher zu prüfen, welchem Pflegegrad S. zuzuordnen ist.
Die Zuordnung von Pflegegraden ist in § 15 Abs. 1, 3 SGB XI geregelt. Die Zuordnung des Pflegegrades richtet sich nach § 15 Abs. 3 SGB XI nach einer bestimmten Gesamtpunktzahl. Die Ermittlung der Gesamtpunktzahl erfolgt mithilfe einer mehrschrittigen Berechnungsfolge, die auf einer pflegefachlich begründeten Bewertungssystematik beruht. Wesentlich ist dabei die Umrechnung der Summe der Punkte für die Einzelpunkte in gewichtete Punkte. Die Beeinträchtigungen der Selbstständigkeit oder der Fähigkeiten werden in den Modulen der Anlage 1 für jedes Kriterium der Bereiche des § 14 Abs. 2 SGB XI und nach dem Grad ihrer Ausprägung erhoben. Für jede Kategorie ist im Begutachtungsinstrument ein pflegefachlich begründeter Einzelpunkt vorgesehen. Die Einzelpunkte eines Moduls werden nach dem Schweregrad der Beeinträchtigungen der Selbstständigkeit oder der Fähigkeiten einem von fünf Punktbereichen zugeordnet. Jedem Punktbereich, also der Summe der Punkte, wird ein gewichteter Punkt zugeordnet. Aus den gewichteten Punkten, die sich aus der Anlage 2 zu § 15 SGB XI ergeben, wird der Gesamtpunkt auf einer Skala von 0 bis 100 Punkten errechnet. Die Gewichtung der Module ist in § 15 Abs. 2 SGB XI festgelegt. Um nunmehr den konkreten Pflegegrad zu ermitteln ist es nach § 15 Abs. 3 SGB XI erforderlich, die im Rahmen der Begutachtung festgestellten Einzelpunkte in jedem Modul zu addieren und dem in der Anlage 1 zu § 15 SGB XI festgelegten Punktbereich sowie den sich daraus ergebenden gewichteten Punkten zuzuordnen. Die für den Pflegegrad ausschlaggebenden Gesamtpunkte ergeben sich aus der Addition der gewichteten Punkte aller Module. Die so ermittelte Gesamtpunktzahl erlaubt die Einordnung des Pflegebedürftigen in einen der fünf Pflegegrade.
Anhand der Anlage 1 zu § 15 SGB XI müssen daher in einem ersten Schritt die festgestellten Beeinträchtigungen den dort aufgeführten Modulen zugeordnet und mit Einzelpunkten versehen werden. In unserem Fall gibt es folgende Beeinträchtigungen in folgenden Modulen:

Modul 1:
    Ziff. 1.1.: Positionswechsel im Bett = 3 Punkte (da nur unselbstständig möglich)
    Ziff. 1.2.: Halten einer stabilen Sitzposition = 3 Punkte (da nur unselbstständig möglich)
    Ziff. 1.4.: Fortbewegen innerhalb des Wohnbereichs = 3 Punkte (da nur unselbstständig möglich)
    **Gesamtpunkte Modul 1 = 9 Punkte**

Modul 4:
Ziff. 4.1.: Waschen des vorderen Oberkörpers = 3 Punkte (da nur unselbstständig möglich)
Ziff. 4.2.: Körperpflege im Bereich des Kopfes = 3 Punkte (da nur unselbstständig möglich)
Ziff. 4.3.: Waschen des Intimbereiches = 3 Punkte (da nur unselbstständig möglich)
Ziff. 4.4.: Duschen und Baden = 3 Punkte (da nur unselbstständig möglich)
Ziff. 4.5.: An- und Auskleiden des Oberkörpers = 3 Punkte (da nur unselbstständig möglich)
Ziff. 4.6.: An- und Auskleiden des Unterkörpers = 3 Punkte (da nur unselbstständig möglich)
Ziff. 4.7.: Mundgerechtes Zubereiten der Nahrung = 3 Punkte (da nur unselbstständig möglich)
Ziff. 4.8.: Essen = 3 Punkte (da nur unselbstständig möglich)
Ziff. 4.9.: Trinken = 3 Punkte (da nur unselbstständig möglich)
**Gesamtpunkte Modul 4 = 27 Punkte**
Die so gefundenen Gesamtpunkte der einzelnen Module müssen im nächsten Schritt anhand der Anlage 2 zu § 15 SGB XI gewichtet werden. Die Gewichtung führt zu folgenden Ergebnissen:

Modul 1:

9 Gesamtpunkte = **7,5 gewichtete Punkte**

Modul 4:

27 Gesamtpunkte = **30 gewichtete Punkte.**
Addiert man nun die gefundenen gewichteten Punkte, so ergibt sich eine Gesamtpunktzahl von **37,5 Punkten.** Gemäß § 15 Abs. 3 S. 4 Nr. 2 SGB XI ergeben diese Gesamtpunkte den **Pflegegrad 2.**
S. ist daher dem Pflegegrad 2 zuzuordnen. Nach § 36 Abs. 3 Nr. 1 umfasst der Anspruch auf häusliche Pflegehilfe je Kalendermonat für Pflegebedürftige des Pflegrades 2 Pflegeeinsätze bis zu einem Gesamtwert von 724 EUR.
Da S. dem Pflegegrad 2 zuzuordnen ist, hat sie lediglich Anspruch auf Pflegesachleistungen in einer Höhe von bis zu 724 EUR.

h. Ergebnis

S. hat einen Anspruch gegen die soziale Pflegeversicherung aus § 36 Abs. 1 S. 1 iVm Abs. 3 Nr. 1 SGB XI in Höhe von 724 EUR. Die soziale Pflegeversicherung ist folglich nicht verpflichtet, die Kosten des ambulanten Pflegedienstes in voller Höhe zu übernehmen.

## Übungsfall 3:

Herr Müller ist seit 2019 arbeitslos und bezieht Arbeitslosengeld II nach dem SGB II in Höhe von 1.000 EUR monatlich. Er erhält vom zuständigen Grundsicherungsträger (Jobcenter) die Aufforderung, sich am 5.7.2022 um 10.00 Uhr im Jobcenter einzufinden, damit dort verschiedene Stellenangebote mit ihm besprochen werden können.

Herr Müller fährt mit dem Fahrrad auf direktem Weg zum Jobcenter. Da er etwas spät ist und pünktlich zu seinem Termin kommen möchte, fährt er sehr rasant. Hierbei übersieht er einen auf dem Fahrradweg liegenden großen Stein und stürzt. Durch den

Sturz zieht er sich erhebliche Kopfverletzungen zu. Herr Müller ist deswegen einen Monat lang arbeitsunfähig.

Prüfen und erläutern Sie unter jeweiliger Angabe der gesetzlichen Grundlagen, ob – und wenn ja, in welcher Höhe – Herr Müller Anspruch auf Verletztengeld hat. Gehen Sie hierbei insbesondere darauf ein, ob Herr Müller in der gesetzlichen Unfallversicherung versichert ist und ob sich durch den Unfall ein versichertes Risiko verwirklicht hat.

**Lösung:**

A. Vorüberlegung:

*Ein Anspruch auf Verletztengeld kann nur bestehen, wenn es hierfür eine Anspruchsgrundlage gibt. Es ist also zunächst die Anspruchsgrundlagen für den Anspruch auf Verletztengeld zu finden. Bei der Betrachtung des Sachverhalts sollte Ihnen der Gedanke kommen, dass es hier um Unfallversicherungsrecht geht. Dementsprechend müssen Sie die Anspruchsgrundlage für das Verletztengeld im SGB VII suchen. Hier sollten Sie dann auf § 45 SGB VII stoßen, der Anspruchsgrundlage für das unfallversicherungsrechtliche Verletztengeld.*

B. Leistung und Anspruchsgrundlage:

Nach § 45 Abs. 1 SGB VII wird Verletztengeld erbracht, wenn Versicherte infolge des Versicherungsfalls arbeitsunfähig sind oder wegen einer Maßnahme der Heilbehandlung eine ganztägige Erwerbstätigkeit nicht ausüben können und unmittelbar vor Beginn der Arbeitsunfähigkeit oder der Heilbehandlung Anspruch auf Arbeitsentgelt, Arbeitseinkommen, Krankengeld, Pflegeunterstützungsgeld, Verletztengeld, Versorgungskrankengeld, Übergangsgeld, Unterhaltsgeld, Kurzarbeitergeld, Arbeitslosengeld, nicht nur darlehensweise gewährtes Arbeitslosengeld II oder nicht nur Leistungen für Erstausstattungen für Bekleidung bei Schwangerschaft und Geburt nach dem Zweiten Buch oder Mutterschaftsgeld hatten.

Damit ist § 45 Abs. 1 SGB VII die Anspruchsgrundlage für unseren Fall.

C. Anspruch auf Verletztengeld (§ 45 Abs. 1 SGB VII)

Obersatz:

Herr Müller könnte gegen die gesetzliche Unfallversicherung Anspruch auf Verletztengeld nach § 45 Abs. 1 SGB VII haben.

*Nachdem nunmehr die Anspruchsgrundlage für die Leistung „Verletztengeld" klar ist, müssen Sie die Tatbestandsmerkmale der Norm ermitteln, deren Vorliegen Voraussetzung für den Leistungsanspruch sind. Dies sind „Versicherte", „arbeitsunfähig infolge eines Versicherungsfalls" und „unmittelbar vor Beginn der Arbeitsunfähigkeit bestehender Anspruch auf ua Arbeitslosengeld II". Voraussetzung für den Anspruch auf Verletztengeld ist also, dass Herr Müller „Versicherter" iSd SGB VII ist, „infolge eines Versicherungsfalls arbeitsunfähig" ist und „unmittelbar vor Beginn der Arbeitsunfähigkeit Anspruch auf ua Arbeitslosengeld II hatte".*

Voraussetzung für diesen Anspruch ist, dass die Anspruchsvoraussetzungen des § 45 Abs. 1 SGB VII vorliegen. Dies soll nachfolgend geprüft werden.

    a. Versicherteneigenschaft des Herrn Müller

       Die Versicherteneigenschaft in der gesetzlichen Unfallversicherung bestimmt sich nach den §§ 2–6 SGB VII. Herr Müller wäre „Versicherte" iSd SGB VII, wenn nach § 2 SGB VII versicherungspflichtig oder nach §§ 3,6 SGB VII versicherungsberechtigt wäre.

Herr Müller ist seit 2014 arbeitslos und bezieht Leistungen nach dem SGB II. Mit der Versicherungspflicht von SGB II-Leistungsbeziehern beschäftigt sich § 2 Abs. 1 Nr. 14 SGB VII. Nach § 2 Abs. 1 Nr. 14a SGB VII sind kraft Gesetzes versichert Personen, Personen, die nach den Vorschriften des SGB II oder des SGB III der Meldepflicht unterliegen, wenn sie einer besonderen, an sie im Einzelfall gerichteten Aufforderung der Bundesagentur für Arbeit, des nach § 6 Absatz 1 Satz 1 Nummer 2 SGB II zuständigen Trägers oder eines nach § 6a SGB II zugelassenen kommunalen Trägers nachkommen, diese oder eine andere Stelle aufzusuchen.

Würde Herr Müller die Voraussetzungen des § 2 Abs. 1 Nr. 14 SGB VII erfüllen, dann wäre er „Versicherter" iSd SGB VII. Hierzu müsste er zunächst der Meldepflicht nach Vorschriften des SGB II unterliegen. Nach § 59 SGB II sind die Vorschriften über die allgemeine Meldepflicht, § 309 SGB III, und über die Meldepflicht bei Wechsel der Zuständigkeit, § 310 SGB III, entsprechend anzuwenden. Für den Bereich des SGB II besteht die allgemeine Meldepflicht somit darin, dass sich jeder erwerbsfähige Hilfebedürftige während der Zeit, für die er Leistungen nach dem SGB II beansprucht, bei dem Grundsicherungsträger persönlich zu melden hat, wenn der Grundsicherungsträger ihn dazu auffordert. Der Hilfebedürftige hat sich nach § 309 Abs. 1 S. 2 SGB III bei der in der Aufforderung bezeichneten Stelle zu melden. Diese Voraussetzung des § 2 Abs. 1 Nr. 14a SGB VII liegt hier vor, da Herr Müller von dem für ihn zuständigen Jobcenter (vgl. §§ 6, 6a, 6d SGB II) eine Meldeaufforderung erhalten hat.

Die Versicherungspflicht nach § 2 Abs. 1 Nr. 14a SGB VII setzt aber weiterhin voraus, dass der Betroffene einer solchen (Einzelfall-) Meldeaufforderung nachkommt. Auch dies ist lt. Sachverhalt der Fall.

Es kann also festgestellt werden, dass Herr Müller „Versicherter" iSd SGB VII ist.

b. Arbeitsunfähigkeit infolge eines Versicherungsfalls
Ein Anspruch des Herrn Müller auf Verletztengeld nach § 45 Abs. 1 SGB VII setzt weiterhin voraus, dass er infolge eines Versicherungsfalls arbeitsunfähig ist.

Somit ist zunächst zu prüfen, ob es vorliegend zu einem Versicherungsfall iSd SGB VII gekommen ist.

Nach § 7 Abs. 1 SGB VII sind Arbeitsunfälle und Berufskrankheiten Versicherungsfälle iSd SGB VII. Der vorliegende Sachverhalt liefert keine Anhaltspunkte für eine Berufskrankheit, so dass hier ein Arbeitsunfall stattgefunden haben muss, wenn ein Anspruch auf Verletztengeld nach § 45 Abs. 1 SGB VII bestehen soll.

Arbeitsunfälle sind nach § 8 Abs. 1 S. 1 SGB VII Unfälle von Versicherten infolge einer den Versicherungsschutz nach §§ 2, 3 oder 6 SGB VII begründenden Tätigkeit (versicherte Tätigkeit). Unfälle sind nach der Definition des § 8 Abs. 1 S. 2 SGB VII zeitlich begrenzte, von außen auf den Körper einwirkende Ereignisse, die zu einem Gesundheitsschaden oder zum Tod führen.

Zu prüfen ist beim Arbeitsunfall, zunächst, ob es zu einem Unfall iS § 8 Abs. 1 S. 2 SGB VII gekommen ist.

*Dies ist lt. Sachverhalt unproblematisch. Ein Unfall kann somit festgestellt werden.*

Dies ist lt. Sachverhalt der Fall.

Weiterhin ist im Rahmen des § 8 Abs. 1 S. 2 SGB VII zu prüfen, ob die versicherte Person eine versicherte Tätigkeit ausgeübt hat, die in einem inneren Zusammenhang zur Tätigkeit zur Zeit des Unfalls stand. Diese Tätigkeit zur Zeit des Unfallereignisses muss den eingetretenen Unfall verursacht haben (Unfallkausalität). Das Unfallereignis wiederum muss beim Versicherten einen Gesundheitsschaden oder den Tod verursacht haben (haftungsbegründende Kausalität).

Zunächst müsste Herr Müller also eine versicherte Tätigkeit ausgeübt haben. Versichert ist, wie bereits festgestellt, das Aufsuchen des zuständigen Grundsicherungsträgers nach dem SGB II, nachdem dieser eine Meldeaufforderung abgegeben hat. Herr Müller befand sich nach Erhalt der Meldung zum vorgesehenen Termin auf dem Weg zum Jobcenter. Er übte also eine versicherte Tätigkeit aus.

Diese Tätigkeit (Aufsuchen des Jobcenters) muss in einem inneren Zusammenhang zur Tätigkeit zur Zeit des Unfallereignisses (Fahrradfahren) stehen. Dies ist hier der Fall, da Herr Müller das Fahrrad nutzte, um zum Jobcenter zu gelangen.

Weiterhin muss die Tätigkeit zur Zeit des Unfallereignisses (Fahrradfahren) den eingetretenen Unfall (Sturz) verursacht haben. Auch dies ist hier unproblematisch der Fall, da Herr Müller durch das Fahren mit dem Fahrrad über einen gestürzt ist.

Letztlich muss das Unfallereignis (Sturz) beim Versicherten einen Gesundheitsschaden oder den Tod verursacht haben. Auch dies ist vorliegend der Fall, da sich Herr Müller durch den Unfall erhebliche Kopfverletzungen zugezogen hat.

Als Zwischenergebnis kann festgehalten werden, dass Herr Müller einen Arbeitsunfall iS §§ 7 Abs. 1, 8 Abs. 1 SGB VII erlitten hat.

Dieser Arbeitsunfall müsste nunmehr nach § 45 Abs. 1 Nr. 1 SGB VII zur Arbeitsunfähigkeit des Versicherten geführt haben.

*Im Sachverhalt ist angegeben, dass sich Herr Müller durch den Sturz erhebliche Kopfverletzungen zugezogen hat und deswegen mehrere Wochen lang arbeitsunfähig gewesen ist. Aufgrund dieser Sachverhaltsschilderung erübrigt sich die Prüfung, ob der Arbeitsunfall eine Arbeitsunfähigkeit verursacht hat. Auch hier reicht es aus, das Ergebnis einfach festzustellen.*

Dies ist nach den Feststellungen des Sachverhalts der Fall.

Herr Müller ist somit infolge eines Versicherungsfalls arbeitsunfähig.

c. Anspruch auf ua Arbeitslosengeld II unmittelbar vor Beginn der Arbeitsunfähigkeit

Letztlich setzt ein Anspruch des Herrn Müller auf Verletztengeld nach § 45 Abs. 1 Nr. 2 SGB VII voraus, dass dieser unmittelbar vor Beginn der Arbeitsunfähigkeit oder der Heilbehandlung Anspruch auf nicht nur darlehensweise gewährtes Arbeitslosengeld II nach dem SGB II hatte.

*Auch das Vorliegen dieser Voraussetzung lässt sich nach dem Sachverhalt problemlos bejahen. Im Sachverhalt ist angegeben, dass Herr Müller Arbeitslosengeld II nach dem SGB II bezieht. Anhaltspunkte dafür, dass dies vor Beginn der Arbeitsunfähigkeit anders gewesen ist, liefert der Sachverhalt nicht. Infol-*

*gedessen erübrigt sich hier eine Prüfung. Die Feststellung des Ergebnisses ist ausreichend.*
Nach dem Sachverhalt steht fest, dass Herr Müller vor Beginn der Arbeitsunfähigkeit Arbeitslosengeld II nach dem SGB II bezogen hat, so dass auch dieses Tatbestandsmerkmal des § 45 Abs. 1 SGB VII vorliegt.

d. Zwischenergebnis
Da alle Voraussetzungen des § 45 Abs. 1 SGB VII vorliegen, hat Herr Müller gegen die gesetzliche Unfallversicherung Anspruch auf Verletztengeld.

*Damit wurde aber nur dem Grunde nach festgestellt, dass zugunsten von Herrn Müller ein solcher Anspruch besteht. Die Höhe des Anspruchs wurde noch nicht ermittelt. Sie ist in § 47 SGB VII geregelt.*

e. Höhe des Leistungsanspruchs
Die Höhe des Verletztengeldes ergibt sich aus § 47 SGB VII. Für Bezieher von Arbeitslosengeld II nach dem SGB II ist die Regelung des § 47 Abs. 2 S. 2 SGB VII einschlägig. Versicherte, die nicht nur darlehensweise gewährtes Arbeitslosengeld II nach dem SGB II bezogen haben, erhalten Verletztengeld in Höhe des Betrages des Arbeitslosengeldes II.
Herr Müller hat Arbeitslosengeld II in Höhe von 1.000 EUR monatlich bezogen. In dieser Höhe steht im auch Verletztengeld zu.

f. Ergebnis
Herr Müller hat gemäß § 45 Abs. 1 iVm § 47 Abs. 2 S. 2 SGB VII gegen die gesetzliche Unfallversicherung Anspruch auf Verletztengeld in Höhe von 1.000 EUR.

## Übungsfall 4:

Herr A., der 1971 geboren wurde, ist seit 10 Jahren als Pianist an einem Theater sozialversicherungspflichtig gegen Arbeitsentgelt beschäftigt. Kurz vor dem Einbruch des Winters wechselt Herr A. zuhause an seinem PKW die Sommerräder aus, um sie gegen Winterräder auszutauschen. Allerdings hat der den Wagenheber unsachgemäß am Fahrzeug befestigt. Herr A. rüttelt an einem Sommerreifen. Hierbei rutscht das Fahrzeug vom Wagenheber. Die rechte Hand von Herrn A. gelangt unter den noch nicht vom Fahrzeug gelösten Reifen. Die rechte Hand ist schwer verletzt. Nach der medizinischen Behandlung bleiben die Finger an der rechten Hand teilweise steif. Herr A. kann dauerhaft nicht mehr als Pianist arbeiten. Auch solche Tätigkeiten, bei denen es auf den gefühlvollen Einsatz der Finger der rechten Hand ankommt, kann er dauerhaft nicht mehr ausüben. Andere Tätigkeiten kann er aber vollschichtig, also länger als sechs Stunden täglich, ausüben. Arbeitsplätze für solche Tätigkeiten sind auch vorhanden.

Herr A. möchte wissen, ob er einen Anspruch auf eine Erwerbsminderungsrente gegen die gesetzliche Rentenversicherung hat.

**Lösung:**

**A. Vorüberlegung:**

*Ein Anspruch auf eine Erwerbsminderungsrente kann nur bestehen, wenn es hierfür eine Anspruchsgrundlage gibt. Es ist also zunächst die Anspruchsgrundlagen für den Anspruch auf die Erwerbsminderungsrente zu finden. Bei der Betrachtung des Sachverhalts sollte Ihnen der Gedanke kommen, dass es hier um Rentenversicherungsrecht geht. Dementsprechend müssen Sie die Anspruchsgrundlage für die Erwerbsminderungsrente im SGB VI suchen. Hier sollten Sie dann auf § 43 Abs. 1 u. 2 SGB VI stoßen, der Anspruchsgrundlage für Erwerbsminderungsrenten.*

**B. Leistung und Anspruchsgrundlage:**

Nach § 43 Abs. 1 S. 1 SGB VI haben Versicherte bis zum Erreichen der Regelaltersgrenze Anspruch auf Rente wegen <u>teilweiser</u> Erwerbsminderung, wenn sie

1. teilweise erwerbsgemindert sind,
2. in den letzten fünf Jahren vor Eintritt der Erwerbsminderung drei Jahre Pflichtbeiträge für eine versicherte Beschäftigung oder Tätigkeit haben und
3. vor Eintritt der Erwerbsminderung die allgemeine Wartezeit erfüllt haben.

Nach § 43 Abs. 2 S. 1 SGB VI haben Versicherte bis zum Erreichen der Regelaltersgrenze Anspruch auf Rente wegen <u>voller</u> Erwerbsminderung, wenn sie

1. voll erwerbsgemindert sind,
2. in den letzten fünf Jahren vor Eintritt der Erwerbsminderung drei Jahre Pflichtbeiträge für eine versicherte Beschäftigung oder Tätigkeit haben und
3. vor Eintritt der Erwerbsminderung die allgemeine Wartezeit erfüllt haben.

Damit sind § 43 Abs. 1 S. 1 und Abs. 2 S. 1 SGB VI die Anspruchsgrundlagen für unseren Fall.

**C. Anspruch auf Teilerwerbsminderungsrente (§ 43 Abs. 1 S. 1 SGB VI)**

Obersatz:

Herr A. könnte gegen die gesetzliche Rentenversicherung Anspruch auf eine Teilerwerbsminderungsrente nach § 43 Abs. 1 S. 1 SGB VI haben.

*Nachdem nunmehr die Anspruchsgrundlage für die Leistung „Teilerwerbsminderungsrente" klar ist, müssen Sie die Tatbestandsmerkmale der Norm ermitteln, deren Vorliegen Voraussetzung für den Leistungsanspruch sind. Dies sind „Versicherte", „teilweise Erwerbsminderung", „drei Jahre Zahlung von Pflichtbeiträgen in den letzten fünf Jahren" und „Erfüllung der allgemeinen Wartezeit". Voraussetzung für den Anspruch auf eine Teilerwerbsminderungsrente ist demnach, dass Herr A. „Versicherter" iSd SGB VI ist, „teilweise erwerbsgemindert" ist, „in den letzten fünf Jahren vor Eintritt der Erwerbsminderung drei Jahre Pflichtbeiträge für eine versicherte Beschäftigung hat" und „die allgemeine Wartezeit erfüllt hat".*

Voraussetzung für einen Anspruch des Herrn A. auf eine Teilerwerbsminderungsrente ist, dass die Anspruchsvoraussetzungen des § 43 Abs. 1 S. 1 SGB VI vorliegen. Dies soll nachfolgend geprüft werden.

a. Versicherteneigenschaft des Herrn A.

Die Versicherteneigenschaft in der gesetzlichen Rentenversicherung bestimmt sich nach den §§ 1–8 SGB VI. Herr A. wäre „Versicherte" iSd SGB VI, wenn nach §§ 1–4 SGB VI versicherungspflichtig oder nach § 7 SGB VI versicherungsberechtigt wäre.

Herr A. ist sozialversicherungspflichtig gegen Arbeitsentgelt beschäftigt. Damit ist er nach § 1 S. 1 Nr. 1 SGB VI versicherungspflichtig und folglich „Versicherter" iSd SGB VI.

b. teilweise Erwerbsminderung

Für einen Anspruch des Herrn A. auf eine Teilerwerbsminderungsrente ist es nach § 43 Abs. 1 S. 1 SGB VI erforderlich, dass er teilweise erwerbsgemindert ist.

Teilweise erwerbsgemindert sind gemäß § 43 Abs. 1 S. 2 SGB VI Versicherte, die wegen Krankheit oder Behinderung auf nicht absehbare Zeit außerstande sind, unter den üblichen Bedingungen des allgemeinen Arbeitsmarktes mindestens sechs Stunden täglich erwerbstätig zu sein.

Maßstab für die Feststellung des Leistungsvermögens ist die Erwerbsfähigkeit des Versicherten auf dem allgemeinen Arbeitsmarkt. Das bedeutet, dass die Erwerbsfähigkeit in jeder nur denkbaren Tätigkeit, die es auf dem Arbeitsmarkt gibt, eingeschränkt sein muss. Der allgemeine Arbeitsmarkt umfasst grundsätzlich jede mit Gewinnerzielungsabsicht (auszuübende, übliche unselbständige oder selbstständige Tätigkeit der verschiedenen Wirtschaftszweige außerhalb der beschützenden Einrichtungen iS § 1 S. 1 Nr. 2 SGB VI. Die Teilerwerbsminderungsrente vermittelt somit keinen Berufsschutz.

Vorliegend kann Herr A. Tätigkeiten, bei denen es auf nicht den gefühlvollen Einsatz der Finger der rechten Hand ankommt, täglich mehr als sechs Stunden ausüben. Er ist also nicht außerstande unter den üblichen Bedingungen des allgemeinen Arbeitsmarktes mindestens sechs Stunden täglich erwerbstätig zu sein.

Herr A. ist damit nicht teilweise erwerbsgemindert.

c. Zwischenergebnis

Herr A. hat – da er nicht teilweise erwerbsgemindert ist – keinen Anspruch auf eine teilweise Erwerbsminderungsrente nach § 43 Abs. 1 S. 1 SGB VI.

D. **Anspruch auf eine volle Erwerbsminderungsrente (§ 43 Abs. 2 S. 1 SGB VI)**

Obersatz:

Herr A. könnte gegen die gesetzliche Rentenversicherung Anspruch auf eine volle Erwerbsminderungsrente nach § 43 Abs. 2 S. 1 SGB VI haben.

*Nachdem nunmehr die Anspruchsgrundlage für die Leistung „volle Erwerbsminderungsrente" klar ist, müssen Sie die Tatbestandsmerkmale der Norm ermitteln, deren Vorliegen Voraussetzung für den Leistungsanspruch sind. Dies sind „Versicherte", „volle Erwerbsminderung", „drei Jahre Zahlung von Pflichtbeiträgen in den letzten fünf Jahren" und „Erfüllung der allgemeinen Wartezeit". Voraussetzung für den Anspruch auf eine volle Erwerbsminderungsrente ist demnach, dass Herr A. „Versicherter" iSd SGB VI ist, „voll erwerbsgemindert" ist, „in den letzten fünf Jahren vor Eintritt der Erwerbsminderung drei Jahre Pflichtbeiträge für eine versicherte Beschäftigung hat" und „die allgemeine Wartezeit erfüllt hat".*

Voraussetzung für einen Anspruch des Herrn A. auf eine volle Erwerbsminderungsrente ist, dass die Anspruchsvoraussetzungen des § 43 Abs. 2 S. 1 SGB VI vorliegen. Dies soll nachfolgend geprüft werden.

a. Versicherteneigenschaft des Herrn A.

*Da die Frage nach der Versicherteneigenschaft des Herrn A. bereits im Rahmen der Prüfung des Anspruchs auf Teilerwerbsminderungsrente beantwortet wurde, kann hierauf verwiesen werden.*

Wie bereits festgestellt, ist Herr A. nach § 1 Abs. 1 S. 1 Nr. 1 SGB VI versicherungspflichtig in der gesetzlichen Rentenversicherung und damit „Versicherter" iSd SGB VI.

b. volle Erwerbsminderung

Für einen Anspruch des Herrn A. auf eine volle Erwerbsminderungsrente ist es nach § 43 Abs. 2 S. 1 SGB VI erforderlich, dass er voll erwerbsgemindert ist.

Voll erwerbsgemindert sind gemäß § 43 Abs. 2 S. 2 SGB VI Versicherte, die wegen Krankheit oder Behinderung auf nicht absehbare Zeit außerstande sind, unter den üblichen Bedingungen des allgemeinen Arbeitsmarktes mindestens <u>drei</u> Stunden täglich erwerbstätig zu sein.

Da Herr A. in der Lage ist, unter den üblichen Bedingungen des allgemeinen Arbeitsmarktes mehr als sechs Stunden täglich zu arbeiten, ist er nicht voll erwerbsgemindert.

Ausnahmsweise kann auch bei mindestens sechsstündiger Erwerbsfähigkeit volle Erwerbsminderung vorliegen, wenn der Arbeitsmarkt wegen besonderer spezifischer Leistungseinschränkungen als verschlossen anzusehen ist. Anhaltspunkte hierfür gibt es im Falle des Herrn A. allerdings nicht.

Herr A. ist damit nicht voll erwerbsgemindert.

c. Zwischenergebnis

Herr A. hat – da er nicht voll erwerbsgemindert ist – keinen Anspruch auf eine volle Erwerbsminderungsrente nach § 43 Abs. 2 S. 1 SGB VI.

*Man könnte meinen, dass damit nun die Prüfung des Falls beendet wäre. Allerdings dürfen Sie bei der Falllösung nicht die §§ 235 ff. SGB VI unberücksichtigt lassen, die Sonderregelungen für die einzelnen Rentenarten und damit auch für die Erwerbsminderungsrenten enthalten. Konkret könnte hier § 240 SGB VI einschlägig sein, der eine Rente wegen teilweiser Erwerbsminderung bei Berufsunfähigkeit gewährt.*

E. **Anspruch auf Rente wegen teilweiser Erwerbsminderung bei Berufsunfähigkeit (§ 240 Abs. 1 SGB VI)**

Obersatz:

Herr A. könnte gegen die gesetzliche Rentenversicherung Anspruch auf eine Teilerwerbsminderungsrente wegen Berufsunfähigkeit nach § 240 Abs. 1 SGB VI haben.

*Nachdem Sie die Anspruchsgrundlage (§ 240 Abs. 1 SGB VI) gefunden haben, prüfen Sie die Tatbestandsvoraussetzungen. Hierbei werden Sie merken, dass ein Tatbestandsmerkmal die Geburt vor dem 2.1.1961 ist. Dem Sachverhalt können Sie entnehmen, dass Herr A. aber erst 1971 geboren wurde. Da bereits dieses Tatbestandsmerkmal nicht vorliegt, müssen die weiteren nicht mehr geprüft werden.*

Ein Anspruch des Herrn A. auf eine Teilerwerbsminderungsrente wegen Berufsunfähigkeit nach § 240 Abs. 1 SGB VI scheidet vorliegend jedoch aus, da Herr A. nicht – so wie von der Vorschrift verlangt – vor dem 2.1.1961 geboren wurde.

Herr A. hat somit keinen Anspruch auf eine Teilerwerbsminderungsrente wegen Berufsunfähigkeit nach § 240 Abs. 1 SGB VI.

## F. Endergebnis

Herr A. hat gegen die gesetzliche Rentenversicherung keinen Anspruch auf eine Erwerbsminderungsrente.

## Übungsfall 5:

Arbeitnehmer A. ist im holzverarbeitenden Unternehmen U. seit 8 Jahren als Angestellter unbefristet sozialversicherungspflichtig beschäftigt. Eines Tages liest er in der Tageszeitung eine Stellenanzeige des Unternehmens B., der er entnehmen kann, dass er dort ca. 800 EUR brutto mehr verdienen würde, als im alten Job. Er bewirbt sich bei B. und erhält eine Zusage. Daraufhin kündigt A. sein Arbeitsverhältnis mit U. fristgemäß zum 31.1.2020 und beginnt am 1.2.2020 ein sozialversicherungspflichtiges Arbeitsverhältnis bei B. Noch während der vereinbarten Probezeit kündigt B. das Arbeitsverhältnis mit A. fristgemäß und mit der Begründung, der Arbeitsplatz des A. werde wegfallen. A. beantragt nach der Beendigung des Arbeitsverhältnisses mit B. im Rahmen der persönlichen Arbeitslosmeldung bei der für ihn zuständigen Agentur für Arbeit Arbeitslosengeld. Der zuständige Sachbearbeiter deutet aber an, dass hier die Verhängung einer Sperrzeit in Frage komme, da dem A. gekündigt wurde.

Hat A. Anspruch auf Arbeitslosengeld wegen Arbeitslosigkeit und muss er mit der Verhängung einer Sperrzeit rechnen?

## Lösung:

### A. Vorüberlegung:

*Ein Anspruch auf Arbeitslosengeld wegen Arbeitslosigkeit kann nur bestehen, wenn es hierfür eine Anspruchsgrundlage gibt. Es ist also zunächst die Anspruchsgrundlage für den Anspruch auf Arbeitslosengeld wegen Arbeitslosigkeit zu finden. Bei der Suche nach der Anspruchsgrundlage fällt der Blick zuerst auf § 136 SGB III (Anspruch auf Arbeitslosengeld). Diese Norm ist jedoch tatsächlich keine Anspruchsgrundlage für einen Anspruch auf Arbeitslosengeld, sondern lediglich als Programmsatz zu verstehen. Die Anspruchsgrundlage für einen Anspruch auf Arbeitslosengeld bei Arbeitslosigkeit ist vielmehr § 137 SGB III.*

### B. Leistung und Anspruchsgrundlage:

Nach § 137 Abs. 1 SGB III hat Anspruch auf Arbeitslosengeld bei Arbeitslosigkeit, wer

1. arbeitslos ist,
2. sich bei der Agentur für Arbeit arbeitslos gemeldet und
3. die Anwartschaftszeit erfüllt hat.

Damit ist § 137 Abs. 1 SGB III die Anspruchsgrundlage für unseren Fall.

### C. Anspruch auf Arbeitslosengeld bei Arbeitslosigkeit (§ 137 Abs. 1 SGB III)

Obersatz:

A. könnte gegen die für ihn zuständige Agentur für Arbeit Anspruch auf Arbeitslosengeld wegen Arbeitslosigkeit nach § 137 Abs. 1 SGB III haben.

*Nachdem nunmehr die Anspruchsgrundlage für die Leistung „Arbeitslosengeld bei Arbeitslosigkeit" klar ist, müssen Sie die Tatbestandsmerkmale der Norm ermitteln, deren Vorliegen Voraussetzung für den Leistungsanspruch sind. Dies sind*

„*arbeitslos*", „*Arbeitslosenmeldung bei der Agentur für Arbeit und* „*Erfüllung der Anwartschaftszeit*".
*Voraussetzung für den Anspruch des A. auf Arbeitslosengeld bei Arbeitslosigkeit ist demnach, dass A.* „*arbeitslos" ist, „sich bei der Agentur für Arbeit arbeitslos gemeldet hat" und „die Anwartschaftszeit erfüllt hat".*
Voraussetzung für einen Anspruch des A. auf eine Teilerwerbsminderungsrente ist, dass die Anspruchsvoraussetzungen des § 137 Abs. 1 SGB III vorliegen. Dies soll nachfolgend geprüft werden.

a. Arbeitslosigkeit des A.
Ein Anspruch auf Arbeitslosengeld bei Arbeitslosigkeit setzt nach § 137 Abs. 1 Nr. 1 SGB III zunächst voraus, dass der Anspruchsteller arbeitslos ist.
Arbeitslos ist nach § 138 Abs. 1 SGB III, wer Arbeitnehmer ist und
1. nicht in einem Beschäftigungsverhältnis steht (Beschäftigungslosigkeit),
2. sich bemüht, die eigene Beschäftigungslosigkeit zu beenden (Eigenbemühungen), und
3. den Vermittlungsbemühungen der Agentur für Arbeit zur Verfügung steht (Verfügbarkeit).

*Aus dem Sachverhalt ergibt sich sehr eindeutig, dass A. Arbeitnehmer ist und nach Beendigung des Arbeitsverhältnisses mit B. nicht mehr in einem Beschäftigungsverhältnis steht. Das Vorliegen dieser Voraussetzungen kann also festgestellt werden.*

A. ist lt. Sachverhalt Arbeitnehmer und steht nach Beendigung des Arbeitsverhältnisses mit B. nicht mehr in einem Beschäftigungsverhältnis. A. ist demnach iS § 138 Abs. 1 Nr. 1 SGB III beschäftigungslos.
Er müsste weiterhin Eigenbemühungen unternehmen, also sich nach § 138 Abs. 1 Nr. 2 SGB III bemühen, die eigene Beschäftigungslosigkeit zu beenden. Im Rahmen der Antragstellung auf Arbeitslosengeld bei Arbeitslosigkeit bringen Beschäftigungslose ihren Willen zu Eigenbemühungen durch die Arbeitslosmeldung zum Ausdruck. Diese Arbeitslosmeldung hat A. abgegeben und damit seinen Willen bekundet, durch Eigenbemühungen seine Beschäftigungslosigkeit zu überwinden.
Letztlich müsste A., um iS § 137 Abs. 1 Nr. 1 SGB III arbeitslos zu sein, den Vermittlungsbemühungen der Agentur für Arbeit zur Verfügung stehen, also **verfügbar** sein. Den Vermittlungsbemühungen der Agentur für Arbeit steht nach § 138 Abs. 5 SGB III zur Verfügung, wer
1. eine versicherungspflichtige, mindestens 15 Stunden wöchentlich umfassende zumutbare Beschäftigung unter den üblichen Bedingungen des für sie oder ihn in Betracht kommenden Arbeitsmarktes ausüben kann und darf,
2. Vorschlägen der Agentur für Arbeit zur beruflichen Eingliederung zeit- und ortsnah Folge leisten kann,
3. bereit ist, jede Beschäftigung im Sinne der Nummer 1 anzunehmen und auszuüben, und
4. bereit ist, an Maßnahmen zur beruflichen Eingliederung in das Erwerbsleben teilzunehmen.

A. müsste somit nach § 138 Abs. 5 SGB III objektiv (Nr. 1 u. 2) und subjektiv (Nr. 3 u. 4) verfügbar sein. Anhaltspunkte dafür, dass dies nicht der Fall ist, lie-

gen nicht vor, so dass sowohl von der objektiven als auch von der subjektiven Verfügbarkeit des A. ausgegangen werden kann.
Da A. die Tatbestandsvoraussetzungen des § 138 Abs. 1 SGB III erfüllt, ist er iS § 137 Abs. 1 Nr. 1 SGB III arbeitslos.

b. Persönliche Arbeitslosmeldung bei der Agentur für Arbeit
Für einen Anspruch des A. auf Arbeitslosengeld bei Arbeitslosigkeit ist es weiterhin nach § 137 Abs. 1 Nr. 2 SGB III erforderlich, dass er sich bei der Agentur für Arbeit arbeitslos gemeldet hat.
Die Einzelheiten der Arbeitslosmeldung ergeben sich aus § 141 Abs. 1 SGB III. Nach § 141 Abs. 1 S. 1 SGB III hat sich der Arbeitslose persönlich bei der zuständigen Agentur für Arbeit arbeitslos zu melden. Dier Verpflichtung zur persönlichen Arbeitslosmeldung ist A. lt. Sachverhalt nachgekommen, so dass auch diese Voraussetzung des § 137 Abs. 1 SGB III vorliegt.

c. Erfüllung der Anwartschaftszeit
Letzte Voraussetzung für einen Anspruch des A. auf Arbeitslosengeld bei Arbeitslosigkeit ist nach § 137 Abs. 1 Nr. 3 SGB III die Erfüllung der Anwartschaftszeit.
Regelungen zur Anwartschaftszeit finden sich in § 142 SGB III. Die Anwartschaftszeit hat nach § 142 Abs. 1 S. 1 SGB III erfüllt, wer in der Rahmenfrist (§ 143 SGB III) mindestens zwölf Monate in einem Versicherungspflichtverhältnis gestanden hat. Die Rahmenfrist beträgt nach § 143 Abs. 1 SGB III zwei Jahre und beginnt mit dem Tag vor der Erfüllung aller sonstigen Voraussetzungen für den Anspruch auf Arbeitslosengeld.
A. müsste also in den letzten zwei Jahren vor Antragstellung mindestens zwölf Monate in einem Versicherungspflichtverhältnis gestanden haben.
*Dies ist nach dem Sachverhalt unproblematisch, da A. während seiner Tätigkeit bei U. und B. mehr als acht Jahre sozialversicherungspflichtig beschäftigt war. Es reicht aus, dieses Ergebnis festzustellen.*
Da A. lt. Sachverhalt während seiner Tätigkeit bei U. und B. mehr als acht Jahre sozialversicherungspflichtig beschäftigt war, ist auch diese Anspruchsvoraussetzung gegeben.

d. Zwischenergebnis
Damit sind alle Voraussetzungen des § 137 Abs. 1 SGB III für einen Anspruch des A. auf Arbeitslosengeld bei Arbeitslosigkeit erfüllt.
A. hat damit gegen die zuständige Agentur für Arbeit einen Anspruch auf Arbeitslosengeld bei Arbeitslosigkeit.
*Mit diesem Zwischenergebnis ist der Fall aber noch nicht vollständig gelöst. Neben der Frage nach dem Arbeitslosengeldanspruch des A. ist die Frage zu beantworten, ob ihm wegen seiner Kündigung des Arbeitsverhältnisses mit U. eine Sperrzeit droht. Rechtlich geht es hierbei um die Frage, ob der Anspruch auf Arbeitslosengeld bei Arbeitslosigkeit für die Dauer einer Sperrzeit ruht. Die für die Beantwortung dieser Frage einschlägige Norm ist § 159 Abs. 1 S. 1 SGB III.*

D. **Ruhen des Anspruchs auf Arbeitslosengeld bei Sperrzeit**
Obersatz:
Der Anspruch des A. auf Arbeitslosengeld bei Arbeitslosigkeit könnte jedoch nach § 159 Abs. 1 S. 1 SGB III für die Dauer einer Sperrzeit ruhen.

*Auch § 159 Abs. 1 S. 1 SGB III enthält als Antwortnorm Tatbestandsvoraussetzungen, die vorliegen müssen, damit die Rechtsfolge „Ruhen bei Sperrzeit" eintreten kann. Bei ihnen handelt es sich um ein „versicherungswidriges Verhalten", für das es keinen „wichtigen Grund" gibt.*

Hierfür ist es Voraussetzung, dass sich A. versicherungswidrig verhalten hat, ohne dass es für dieses Verhalten einen wichtigen Grund gibt.

Dies ist nachfolgend zu prüfen.

a. Versicherungswidriges Verhalten des A.

Voraussetzung für ein Ruhen des Arbeitslosengeldanspruchs für die Dauer einer Sperrzeit ist nach § 159 Abs. 1 S. 1 SGB III ein versicherungswidriges Verhalten des Arbeitnehmers.

Vorliegend hat A. sein Arbeitsverhältnis mit U. fristgemäß zum 31.1.2020 gekündigt, um ab dem 1.2.2020 ein sozialversicherungspflichtiges Arbeitsverhältnis bei B. zu beginnen, bei dem er mehr Geld verdienen konnte als bei B.

Fraglich ist, ob es sich bei diesem Verhalten um ein iS § 159 Abs. 1 S. 1 SGB III „versicherungswidriges" Verhalten handelt.

Wann ein versicherungswidriges Verhalten vorliegt, ist in § 159 Abs. 1 S. 2 SGB III geregelt. Versicherungswidriges Verhalten liegt nach § 159 Abs. 1 S. 2 Nr. 1 SGB III vor, wenn der Arbeitslose das Beschäftigungsverhältnis gelöst oder durch ein arbeitsvertragswidriges Verhalten Anlass für die Lösung des Beschäftigungsverhältnisses gegeben und dadurch vorsätzlich oder grob fahrlässig die Arbeitslosigkeit herbeigeführt hat (Sperrzeit bei Arbeitsaufgabe.

Der erste Teil dieser Voraussetzung ist hier gegeben. A. hat sein Beschäftigungsverhältnis mit U. durch die Eigenkündigung gelöst. Es ist jedoch fraglich, ob er <u>hierdurch</u> vorsätzlich oder grob fahrlässig seine Arbeitslosigkeit herbeigeführt hat. Diese Voraussetzung liegt grundsätzlich nur dann vor, wenn die Lösung Ursache der Arbeitslosigkeit ist. Hierzu muss überhaupt Arbeitslosigkeit eingetreten sein. Ist dies nicht der Fall, weil unmittelbar anschließend ein anderes Beschäftigungsverhältnis aufgenommen wurde, dann ist die Lösung vom Beschäftigungsverhältnis nicht kausal für die eingetretene Arbeitslosigkeit.

Vorliegend ist im Anschluss an die Eigenkündigung des A. keine Arbeitslosigkeit eingetreten. A. wechselte vielmehr in ein anderes Beschäftigungsverhältnis, dass durch die Kündigung des B. beendet wurde. Damit ist nicht die Eigenkündigung des A. bei U. kausal für die eingetretene Arbeitslosigkeit, sondern die Kündigung des Beschäftigungsverhältnisses durch B.

Allerdings kann nach § 159 Abs. 1 S. 2 Nr. 1 SGB III auch ein arbeitsvertragswidriges Verhalten des Arbeitnehmers, das zur Lösung des Beschäftigungsverhältnisses geführt hat, ein versicherungswidriges Verhalten sein. Dies wäre dann der Fall, wenn B. das Beschäftigungsverhältnis gekündigt hätte, weil A. sich arbeitsvertragswidrig verhalten hat.

Dies ist vorliegend jedoch nicht der Fall. B. hat die Kündigung des Beschäftigungsverhältnisses mit der mit der Begründung ausgesprochen, der Arbeitsplatz des A. werde wegfallen. Damit liegen hier betriebsbedingte und nicht verhaltensbedingte Kündigungsgründe vor.

Festzustellen ist damit, dass sich A. durch die Eigenkündigung seines mit U. bestehenden Beschäftigungsverhältnisses nicht iS § 159 Abs. 1 S. 2 Nr. 1 SGB III versicherungswidrig verhalten hat.

Anhaltspunkte für ein versicherungswidriges Verhalten des A. iS § 159 Abs. 1 S. 2 Nr. 2–7 SGB III liegen nicht vor.
A. hat sich damit nicht iS § 159 Abs. 1 S. 1 SGB III versicherungswidrig verhalten.

b. Ergebnis
Mangels eines versicherungswidrigen Verhaltens des A. ruht sein Anspruch auf Arbeitslosengeld bei Arbeitslosigkeit nicht nach § 159 Abs. 1 S. 1 SGB III für die Dauer einer Sperrzeit.

# Literaturverzeichnis

*Böttiger, Walter/Körtek, Yasemin/Schaumberg, Torsten*, Sozialgesetzbuch III - Arbeitsförderung, Lehr- und Praxiskommentar, 3. Auflage, 2019 (zitiert als: Bearbeiter in: Böttiger/Körtek/Schaumberg, SGB III)

*Becker, Ulrich/Kingreen, Thorsten*, SGB V, Gesetzliche Krankenversicherung, Kommentar, 8. Auflage, 2022 (zitiert als: Bearbeiter in: Becker/Kingreen, SGB V)

*Bley, Helmar/Kreikebohm, Ralf/Marschner, Andreas*, Sozialrecht, 9. Auflage, 2007 (zitiert als: Bley/Kreikebohm/Marschner, Sozialrecht)

*Brall, Natalie/Kerschbaumer, Judith/Scheer, Ulrich/Westermann, Bernd (Hrsg.)*, Sozialrecht, Kompaktkommentar für die Arbeitnehmerberatung - SGB I bis SGB XII und SGG, 2. Auflage, 2017 (zitiert als: Bearbeiter in: Brall/Kerschbaumer/Scheer/Westermann, Kompaktkommentar Sozialrecht, SGB)

*Brand, Jürgen (Hrsg.)*, Sozialgesetzbuch – Arbeitsförderung – SGB III, Kommentar, 9. Auflage, 2021 (zitiert als: Bearbeiter in: Brand, SGB III)

*Bruck, Ernst/Möller, Hans*, VVG - Großkommentar zum Versicherungsvertragsgesetz, Band 1: Einführung §§ 1-18, 10. Auflage, 2021 (zitiert als: Bruck/Möller, VVG, Bd. 1)

*Bundesministerium für Arbeit und Soziales*, Übersicht über das Sozialrecht 2019/2020, 16. Auflage, 2019 (zitiert als: BMAS, Sozialrecht)

*Deinert, Olaf/Neumann, Volker (Hrsg.)*, Rehabilitation und Teilhabe behinderter Menschen, Handbuch SGB IX, 2. Auflage, 2009 (zitiert als: Bearbeiter in: Deinert/Neumann (Hrsg.), SGB IX)

*Eichenhofer, Eberhard*, Sozialrecht der Europäischen Union, 8. Auflage, 2022 (zitiert als. Eichenhofer, Sozialrecht der Europäischen Union)

*Eichenhofer, Eberhard*, Sozialrecht, 12. Auflage, 2021 (zitiert als: Eichenhofer, Sozialrecht)

*Eicher, Wolfgang/Luik, Steffen/Harich, Björn (Hrsg.)*, SGB II, Grundsicherung für Arbeitsuchende, Kommentar, 5. Auflage, 2021 (zitiert als: Bearbeiter in: Eicher, SGB II)

*Fuchs, Maximilian/Janda, Constanze (Hrsg.)*, Europäisches Sozialrecht, 8. Auflage, 2022 (zitiert als: Bearbeiter in: Fuchs, Europäisches Sozialrecht)

*Fuchs, Maximilian/Preis, Ulrich/Brose, Wiebke* Sozialversicherungsrecht und SGB II, 3. Auflage, 2020 (zitiert als: Fuchs/Preis/Brose, Sozialversicherungsrecht)

*Gagel, Alexander (Begr.)*, SGB II/SGB III, Grundsicherung und Arbeitsförderung, Kommentar, Stand: 1.3.2022 (zitiert als: Bearbeiter in: Gagel, SGB II/SGB III)

*Gitter, Wolfgang/Schmitt, Jochem*, Sozialrecht, 5. Auflage, 2001 (zitiert als: Gitter/Schmitt, Sozialrecht)

*Grube, Christian/Wahrendorf, Volker/Flint, Thomas (Hrsg.)*, SGB XII – Sozialhilfe mit Asylbewerberleistungsgesetz, Kommentar, 7. Auflage, 2020 (zitiert als: Bearbeiter in: Grube/Wahrendorf/Flint, SGB XII)

*Hauck, Karl/Noftz, Wolfgang (Begr.)*, Sozialgesetzbuch (SGB) IV: Gemeinsame Vorschriften für die Sozialversicherung, Kommentar, Loseblattsammlung (zitiert als: Bearbeiter in: Hauck/Noftz, SGB IV)

*Igl, Gerhardt/Welti, Felix*, Gesundheitsrecht, 4. Auflage, 2022 (zitiert als: Igl/Welti, Gesundheitsrecht)

*Igl, Gerhardt/Welti, Felix*, Sozialrecht, 8. Auflage, 2007 (zitiert als: Igl/Welti, Sozialrecht)

*Isensee, Josef/Kirchhof, Paul (Hrsg.)*, Handbuch des Staatsrechts der Bundesrepublik Deutschland – Band II: Verfassungsstaat, 3. Auflage, 2004 (zitiert als: Bearbeiter in: Isensee/Kirchhof, Handbuch des Staatsrechts, Bd. 2)

*Jarass, Hans/Pieroth, Bodo*, Grundgesetz für die Bundesrepublik Deutschland, 17. Auflage, 2022 (zitiert als: Jarass/Pieroth, GG)

*Knickrehm, Sabine/Kreikebohm, Ralf/Waltermann, Raimund*, Kommentar zum Sozialrecht, 7. Auflage, 2021 (zitiert als: Bearbeiter in: Knickrehm/Kreikebohm/Waltermann, Kommentar zum Sozialrecht)

*Kokemoor, Axel*, Sozialrecht, 9. Auflage, 2020 (zitiert als: Kokemoor, Sozialrecht)

# Literaturverzeichnis

von Koppenfels-Spies, Katharina, Sozialrecht, 1. Auflage 2018 (zitiert als v. Koppenfels-Spies, Sozialrecht)

*Körner, Anne/Krasney, Martin/Mutschler, Bernd/Rolfs, Christian (Hrsg.)*, beck-online Großkommentar (zitiert als: Bearbeiter in: BeckOGK SGB I)

*Körner, Anne/Krasney, Martin/Mutschler, Bernd/Rolfs, Christian (Hrsg.)*, beck-online Großkommentar (zitiert als: Bearbeiter in: BeckOGK SGB V)

*Körner, Anne/Krasney, Martin/Mutschler, Bernd/Rolfs, Christian (Hrsg.)*, beck-online Großkommentar (zitiert als: Bearbeiter in: BeckOGK SGB VI)

*Körner, Anne/Krasney, Martin/Mutschler, Bernd/Rolfs, Christian (Hrsg.)*, beck-online Großkommentar (zitiert als: Bearbeiter in: BeckOGK SGB VII)

*Körner, Anne/Krasney, Martin/Mutschler, Bernd/Rolfs, Christian (Hrsg.)*, beck-online Großkommentar (zitiert als: Bearbeiter in: BeckOGK SGB X)

*Körner, Anne/Krasney, Martin/Mutschler, Bernd/Rolfs, Christian (Hrsg.)*, beck-online Großkommentar (zitiert als: Bearbeiter in: BeckOGK SGB XI)

*Kossens, Michael/von der Heide, Dirk/Maaß, Michael (Hrsg.)*, SGB IX - Rehabilitation und Teilhabe behinderter Menschen mit Behindertengleichstellungsgesetz, Kommentar, 4. Auflage, 2015 (zitiert als: Bearbeiter in: Kossens/von der Heide/Maaß (Hrsg.), SGB IX)

*Krahmer, Utz/Trenk-Hinterberger (Hrsg.)*, Sozialgesetzbuch I – Allgemeiner Teil, Lehr- und Praxiskommentar, 4. Auflage, 2020 (zitiert als: Bearbeiter in: LPK-SGB I)

*Krasney, Otto Ernst/ Burchardt, Klaus/Kruschinsky, Michael/Becker, Peter*, Gesetzliche Unfallversicherung (SGB VII) – Kommentar, Loseblatt-Sammlung, Stand Februar 2020 (zitiert als: Bearbeiter in: Krasney/Burchardt/Kruschinsky/Becker)

*Krauskopf, Dieter*, Soziale Krankenversicherung, Pflegeversicherung, Kommentar, Loseblattsammlung, Stand: April 2022 (zitiert als: Bearbeiter in: Krauskopf, Soziale Krankenversicherung, Pflegeversicherung)

*Kreikebohm, Ralf (Hrsg.)*, SGB IV - Sozialgesetzbuch - Gemeinsame Vorschriften für die Sozialversicherung, Kommentar, 4. Auflage, 2022 (zitiert als: Bearbeiter in: Kreikebohm, SGB IV)

*Knickrehm, Sabine/Kreikebohm, Ralf/Waltermann, Raimund (Hrsg.)*, Kommentar zum Sozialrecht, 7. Auflage, 2021 (zitiert als: KKW/Bearbeiter)

*Kunkel, Peter-Christian/Pattar, Andreas-Kurt*, Existenzsicherungsrecht, SGB XII mit SGB II und AsylbLG, 3. Auflage, 2020 (zitiert als Bearbeiter in: Kunkel/Pattar/, Existenzsicherungsrecht)

*Luthe, Ernst-Wilhelm (Hrsg.)*, Rehabilitationsrecht, 2. Auflage, 2014 (zitiert als: Bearbeiter in: Luthe (Hrsg.), Rehabilitationsrecht)

*Meyer-Ladewig, Jens/Keller, Wolfgang/Leitherer, Stephan/Schmidt, Benjamin*, SGG – Sozialgerichtsgesetz, Kommentar, 13. Auflage, 2020 (zitiert als: Bearbeiter in: Meyer-Ladewig u.a., SGG)

*Muckel, Stefan/Ogorek, Markus/Rixen, Stephan*, Sozialrecht, 5. Auflage, 2019 (zitiert als: Muckel/Ogorek/Rixen, Sozialrecht)

*Richter, Ronald/Doering-Striening, Gudrun (Hrsg.)*, Grundlagen des Sozialrechts, 2009 (zitiert als: Bearbeiter in: Richter/Doering-Striening (Hrsg.), Grundlagen des Sozialrechts

*Rolfs, Christian/Giesen, Richard/Meßling, Miriam/Udsching, Peter (Hrsg.)*, Beck'scher Online-Kommentar Sozialrecht, 65. Edition, Stand: 1.9.2022 (zitiert als: Bearbeiter in: Rolfs/Giesen/Kreikebohm/Udsching (Hrsg.), Beck'scher Online-Kommentar Sozialrecht, SGB)

*Schlegel, Rainer/Voelzke, Thomas (Hrsg.)*, juris Praxiskommentar SGB I, SGB I – Sozialgesetzbuch Erstes Buch – Allgemeiner Teil – mit VO (EG) 883/2004, 3. Auflage, 2018 (zitiert als: Bearbeiter in: juris-PK SGB I)

*Schlegel, Rainer/Voelzke, Thomas (Hrsg.)*, juris Praxiskommentar SGB III, Sozialgesetzbuch Drittes Buch (SGB III), Arbeitsförderung, 2. Auflage, 2019 (zitiert als: Bearbeiter in: Schlegel/Voelzke, juris-PK SGB III)

*Schlegel, Rainer/Voelzke, Thomas (Hrsg.)*, juris Praxiskommentar SGB IV, Sozialgesetzbuch Viertes Buch (SGB IV), Gemeinsame Vorschriften für die Sozialversicherung, 4. Auflage, 2021 (zitiert als: Bearbeiter in: Schlegel/Voelzke, juris-PK SGB IV)

**Literaturverzeichnis**

*Schlegel, Rainer/Voelzke, Thomas (Hrsg.)*, juris Praxiskommentar SGB V, Sozialgesetzbuch Fünftes Buch (SGB V), Gesetzliche Krankenversicherung, 4. Auflage, 2020 (zitiert als: Bearbeiter in: Schlegel/Voelzke, juris-PK SGB V)

*Schlegel, Rainer/Voelzke, Thomas (Hrsg.)*, juris Praxiskommentar SGB VII, Sozialgesetzbuch Siebtes Buch (SGB VII), Gesetzliche Unfallversicherung, 3. Auflage, 2022 (zitiert als: Bearbeiter in: Schlegel/Voelzke, juris-PK SGB VII)

*Schlegel, Rainer/Voelzke, Thomas (Hrsg.)*, juris Praxiskommentar SGB XI, Sozialgesetzbuch Elftes Buch (SGB XI), Soziale Pflegeversicherung, 3. Auflage, 2021 (zitiert als: Bearbeiter in: Schlegel/Voelzke, juris-PK SGB XI)

*Schlegel, Rainer/Voelzke, Thomas (Hrsg.)*, juris Praxiskommentar SGB XII, Sozialgesetzbuch Zwölftes Buch (SGB XII), Sozialhilfe/Asylbewerberleistungsgesetz (AsylbLG), 3. Auflage, 2020 (zitiert als: Bearbeiter in: Schlegel/Voelzke, juris-PK SGB XII)

*Schmitt, Jochem*, SGB VII, Gesetzliche Unfallversicherung, Kommentar, 4. Auflage, 2009 (zitiert als: Schmitt, SGB VII)

*Sommer, Irene*, Lehrbuch Sozialverwaltungsrecht - Grundlagen der Sozialverwaltung, des Verwaltungshandelns und des Rechtsschutzsystems, 2. Auflage, 2015 (zitiert als: Sommer, Sozialverwaltungsrecht)

*von Maydell, Bernd Baron/Ruland, Franz/Becker, Ulrich (Hrsg.)*, Sozialrechtshandbuch (SRH), 7. Auflage, 2022 (zitiert als: Bearbeiter in: SRH)

*Schütze, Bernd (Hrsg.)*, SGB X - Sozialverwaltungsverfahren und Sozialdatenschutz, Kommentar, 9. Auflage, 2020 (zitiert als: Bearbeiter in: von Wulffen/Schütze, SGB X)

*Waltermann, Raimund*, Sozialrecht, 14. Auflage, 2020 (zitiert als: Waltermann, Sozialrecht)

*Wannagat, Georg*, Lehrbuch des Sozialversicherungsrechts, Band 1, 1965 (zitiert als: Wannagat, Sozialversicherungsrecht)

*Zacher, Hans*, Einführung in das Sozialrecht der Bundesrepublik Deutschland, 3. Auflage, 1985 (zitiert als: Zacher, Einführung in das Sozialrecht der Bundesrepublik Deutschland)

*Zippelius, Reinhold*, Juristische Methodenlehre, 12. Auflage, 2021 (zitiert als: Zippelius, Juristische Methodenlehre)

## Stichwortverzeichnis

Die Angaben verweisen auf die Randnummern.

Altersrenten 299 f.
Amtshaftungsanspruch 118
Anfechtungsklage 419
Antrag 123 ff.
– Abgabe beim unzuständigen Leistungsträg 124
– Entgegennahme 125
Antragserfordernis 123
Antragsformulare 125
Arbeitsförderung
– Arbeitslosengeld bei Arbeitslosigkeit 327 ff.
– Entgeltersatzleistungen 326 ff.
– Insolvenzgeld 341 f.
– Leistungen der aktiven Arbeitsförderung 315 ff.
– Organisation und Finanzierung 343 f.
– versicherter Personenkreis 313 f.
Arbeitsförderungsrecht 311 ff.
Arbeitslosengeld bei Arbeitslosigkeit 327 ff.
– Arbeitslosigkeit 328 ff.
– Arbeitslosmeldung 332 ff.
– Minderung 337
– Ruhen 338 f.
– Sperrzeit 339
– Teilarbeitslosengeld 340
– Umfang und Dauer des Arbeitslosengeldes 335 f.
Arbeitslosengeld II 364 ff.
– Kosten für Unterkunft und Heizung 367
– Mehrbedarf 366
– Regelbedarf 365 f.
Arbeitslosigkeit 328 ff.
– Beschäftigungslosigkeit 329
– Eigenbemühungen 330
– Verfügbarkeit 331
Arbeitsunfall 258 ff.
– innerer Zusammenhang 260 ff.
– Kausalität 263 ff.
– Unfall 259

– Wegeunfall 267 ff.
Arzneimittel 189
Aufklärungspflicht 111
– Rechtsfolgen bei Verstoß gegen 116 ff.
Auskunftpflicht 112
– Rechtsfolgen bei Verstoß gegen 116 ff.
Ausstrahlung 94

Bedarfsgemeinschaft 359
begründete Mitteilung 396
Behinderung 392
Beitragsbemessungsgrenze 153 ff.
Beitragsbemessungsgrundlage 153 ff.
Beitragssatz 153 ff.
Beratungspflicht 113
– Pflicht zur Spontanberatung 114
– Rechtsfolgen bei Verstoß gegen 116 ff.
Berufskrankheit 271
Beschäftigungsortprinzip 94
Beschäftigungsverhältnis 140 ff.
– geringfügige Beschäftigung 144 ff.
– Statusklärung 143
– Übergangsbereich 149
Bundesteilhabegesetz 391
Bürgergeld 372a

Dienstleistungen 126
Drohende Behinderung 392
Durchgangsarzt-Verfahren 274

Eingliederungsvereinbarung 414
Einkommen
– im SGB II 358
– im SGB XII 375
Einstrahlung 94
Ermessen 127
Ermessensentscheidung 127
Erwerbsfähige Hilfebedürftige 358

Erwerbsminderung
- Berufsunfähigkeit 305
- teilweise 303
- volle 303

Erwerbsminderungsrenten 302 ff.

Europäisches Fürsorgeabkommen 97

Europäische Sozialcharta 97

Europäisches Primärrecht 100

Europäisches Sekundärrecht 101

Europäisches Sozialrecht
- Abgrenzung 92
- Grundzüge 98 ff.
- Primärrecht 103
- Sekundärrecht 104
- Systematik 99 ff.

Europäisches Unionsrecht
- Europäisches Sozialrecht 102 ff.
- Primärrecht 99
- Sekundärrecht 99

Fallbearbeitung 105

Feststellungsklage 419

Formelles Recht 398

Fürsorge 81

Geldleistungen 126

Gemeinsame Vorschriften für das Sozialversicherungsrecht
- Grundzüge 129 ff.

Geringfügige Beschäftigung 144 ff.
- Beiträge 148
- Entgeltgeringfügigkeit 145 f., 145a
- Geringfügigkeitsgrenze 145a, 145b
- in der Krankenversicherung 164
- in der Rentenversicherung 289
- mehrere 147
- Zeitgeringfügigkeit 145 f., 145b

Gesamtsozialversicherungsbeitrag 151 f.

Gesetzgebungskompetenz
- ausschließliche 38
- konkurrierende 39

Grad der Behinderung (GdB) 392

Grundrechte 50 ff.
- Freiheitsgrundrechte 54
- Gleichheitsgrundsatz 51 ff.

Grundsicherung für Arbeitsuchende
- Ausschlusstatbestände 360
- Bedarfsgemeinschaft 359
- Bürgergeld 372a
- Erwerbsfähigkeit 358
- Grundprinzipien 356 f.
- Hilfebedürftigkeit 358
- Leistungen 361 ff.
- Leistungen für Bildung und Teilhabe 369
- Leistungen zur Eingliederung in Arbeit 362
- Leistungen zur Sicherung des Unterhalts 363 ff.
- Leistungsberechtigte 358 ff.
- Leistungsminderung und -wegfall 370 ff.
- Nachrangigkeit 357
- Pflichtverletzungen 370
- Sanktionen 370 ff.
- Sozialgeld 368
- Träger 372

Grundsicherung im Alter und bei Erwerbsminderung 374
- Leistungsberechtigte 380
- Leistungsumfang 381

Grundsicherungsrecht 352 ff.

Haftungsersetzung durch Versicherungsschutz 248

Handlungsfähigkeit 123

Hartz IV 354

Hausärztliche Versorgung 205

Häusliche Krankenpflege 190

Heilmittel 189

Hilfe in unterschiedlichen Lebenslagen 374, 382

Hilfe zum Lebensunterhalt 374
- Leistungshöhe 378 f.
- Mehrbedarfe 379
- Regelbedarfe 378 f.
- Regelbedarfsstufen 378

Hilfsmittel 189

Hinterbliebenenrenten 301

ICF 392

Insolvenzgeld 341 f.

# Stichwortverzeichnis

Internationales Sozialrecht
- Abgrenzung 90
- Grundzüge 93 ff.
- Sozialversicherungsabkommen 95

Jahresarbeitsentgeltgrenze 153 ff.
Jugendamt 388
Jugendhilfeausschuss 388
Kaiserliche Botschaft 18
Kinder- und Jugendhilfe
- Begriffsbestimmungen 386
- Eingliederungshilfe 386
- Grundprinzipien 385
- Hilfen zur Erziehung 386
- Inobhutnahme 387
- Kindeswohlgefährdung 387
- Leistungen 386
- Träger und Organisation 388

Kinder- und Jugendhilferecht 384 ff.
Krankenbehandlung 186 ff.
Krankengeld 192
Krankenhausbehandlung 191
Krankenkassen 198 ff.
Krankenversicherung
- Familienversicherung 169 ff.
- Finanzierung 200
- häusliche Krankenpflege 190
- Kostenerstattung 181
- Krankenbehandlung 186 ff.
- Krankengeld 192
- Krankenhausbehandlung 191
- Leistungen 178 ff.
- Leistungserbringer 203 ff.
- Sachleistungsprinzip 180
- Versicherungsfälle 172 ff.
- Wirtschaftlichkeitsprinzip 179
- Zuzahlungen 195

Krankenversicherungsrecht 156 ff.
Krankheit 173 ff.
Krankheitsverhütung 182 ff.
Kurzzeitpflege 235

Leistungen der aktiven Arbeitsförderung 315 ff.
- Aktivierung, berufliche Eingliederung 320
- Beratung, Vermittlung 318 f.
- Berufliche Weiterbildung 322
- Berufswahl, Berufsausbildung 321
- Kurzarbeitergeld 324
- Teilhabeleistungen 325
- Zuschüsse 323

Leistungen der medizinischen Rehabilitation 393
Leistungen für Bildung und Teilhabe 369
Leistungen zur sozialen Teilhabe 393
Leistungen zur Teilhabe am Arbeitsleben 393
Leistungen zur Teilhabe an Bildung 393
Leistungsempfänger 122
Leistungsklage 419
Materielles Recht 398
Methodik der Fallbearbeitung 105
Mitwirkungspflichten des Leistungsberechtigten 128
Mutterschaft 177
Öffentlich-rechtlicher Vertrag 414
Pflegebedürftigkeit 213 ff.
Pflegegeld 229 f.
Pflegegrade 213 ff.
Pflegesachleistung 228
Pflegeversicherung
- allgemeine Leistungsvoraussetzungen 224 ff.
- Begutachtungsinstrument 218 ff.
- Kurzzeitpflege 235
- Leistungen für Pflegepersonen 239 f.
- Leistungserbringungsrecht 241
- leistungsrechtliche Grundsätze 221 ff.
- Organisation und Finanzierung 243 ff.
- Pflegebedürftigkeit 213 ff.
- Pflegegeld 229 f.
- Pflegehilfsmittel 233
- Pflegesachleistung 228
- Tages- und Nachtpflege 234
- Verhinderungspflege 232
- Versicherte Personen 210 ff.
- Vollzeitpflege 236 f.

## Stichwortverzeichnis

– Wohngruppenzuschlag 231
Pflegeversicherungsrecht 206 ff.
Rechtsanspruch 127
Rechtsbehelfsbelehrung 413
Rechtsquellen
– internationale 88
– nationale 33
– Rechtsverordnungen 64
– Satzungen 65
– Sozialgesetzbuch 56 ff.
Rechtsverordnungen 64
Rehabilitationsrecht 389 ff.
– begründete Mitteilung 396
– Behinderung 392
– Bundesteilhabegesetz 391
– Entwicklung 390
– gegliedertes System 390
– Genehmigungsfiktion 396
– gleichgestellte behinderte Menschen 392
– Grad der Behinderung (GdB) 392
– Leistungen 393
– Rehabilitationsträger 393
– Schwerbehindertenrecht 397
– Schwerbehinderung 392
– Zuständigkeit der Rehabilitationsträger 394
– Zuständigkeitsklärungsverfahren 395
Rehabilitationsträger 393
Rentenversicherung
– Leistungen 295 ff.
– Leistungserbringungsrecht 308
– Nachversicherung 293
– Organisation und Finanzierung 309 f.
– Renten 298 ff.
– Rentenhöhe 300
– Standardrente 284
– Teilhabeleistungen 306 f.
– versicherter Personenkreis 286 ff.
– Versicherungsfälle 294
Rentenversicherungsrecht 283 ff.
Sachleistungen 126
Satzungen 65

Schnelle Hilfen
– Leistungen in einer Traumaambulanz 349c
– SGB XIV 349b
Schwangerschaft 177
Schwerbehindertenrecht 397
Schwerbehinderung 392
SGB XIV 349b
Sozialbericht 27
Sozialbudget 28 ff.
Sozialdatenschutz 399
Soziale Entschädigungssysteme 85 345 ff.
– Entschädigungsleistungen 349
– Grundentschädigungstatbestand 348
– SGB XIV 349a
– Struktur 347
Soziale Gerechtigkeit 13
Soziale Hilfen 86
Soziale Hilfe und Förderung 350 ff.
Soziale Rechte 109 ff.
Soziale Sicherheit 14
Soziale Vorsorgesysteme 84
Sozialgeld 368
Sozialgerichtliches Verfahren 415 ff.
– Beendigung 420
– Klagearten 418
– Klagefrist 418
– Verfahrensgrundsätze 417
Sozialgerichtsbarkeit 416
Sozialgesetzbuch
– Allgemeiner Teil 58
– Aufgaben 109 ff.
– Erweiterung 4
– Sozialverwaltungsverfahren 60
– Teile 56 ff.
Sozialhilfe
– Grundsicherung im Alter und bei Erwerbsminderung 380 f.
– Hilfe in unterschiedlichen Lebenslagen 382
– Hilfe zum Lebensunterhalt 378 f.
– Leistungsberechtigte 376
– Leistungsbereiche 374
– Nachrangigkeit 375

## Stichwortverzeichnis

- Träger 383
Sozialhilferecht 373 ff.
Sozialleistungen
- Anspruch auf 127
- Bewilligung 127
- Leistungsarten 126
Sozialleistungsanspruch 121
Sozialleistungsträger
- Aufklärungspflicht 111
- Auskunftspflicht 112
- Beratungspflicht 113
- Definition 122
Sozialleistungsverhältnis 121 ff.
- Antragstellung 123 ff.
Sozialrecht 1 ff.
- Aufgaben 9 ff.
- der Bundesländer 62 ff.
- formeller Begriff 2 ff.
- geschichtliche Entwicklung 15 ff.
- Gesetzgebungskompetenz 37 ff.
- Internationale Rechtsquellen 88
- Materieller Begriff 6 ff.
- Ökonomische Aspekte 26 ff.
- Rechtsquellen 33 ff.
- Sozialgesetzbuch 56 ff.
- Systemstruktur 76 ff.
- und Arbeitsrecht 73
- und Familienrecht 74 f.
- und Grundgesetz 36 ff.
- und Grundrechte 50 ff.
- und Verwaltungsrecht 67 ff.
- Verwaltungskompetenz 41
sozialrechtlicher Herstellungsanspruch 119
Sozialstaatsprinzip 43 ff.
- und Grundrechte 44
- und Sozialversicherungssystem 46
Sozialversicherung 79
- Begriff 133
- Finanzierung 150 ff.
- gemeinsame Vorschriften 59
- Gesamtsozialversicherungsbeitrag 151 f.
- Grundprinzipien 134 f.
- Mitgliedschaft 136
- Pflegeversicherung 206 ff.
- Sozialversicherungsverhältnis 137

- Versicherungsberechtigung 138 f.
- Versicherungspflicht 138 f.
Sozialversicherungsabkommen 95
Sozialversicherungsrecht, allgemeiner Teil 129 ff.
Sozialversicherungsverhältnis
- Abgrenzung zur Mitgliedschaft 137
- Begriff 137
Sozialverwaltungsverfahren 60 398 ff.
- Antrag 401
- Formfreiheit 125
- Grundsätze 400 f.
- Nichtförmlichkeit 401
- öffentlich-rechtlicher Vertrag 414
- Untersuchungsgrundsatz 401
- Verwaltungsakt 402 ff.
- Zuständigkeit 401
Spontanberatung 114
Standardrente 284
Statusklärung 143
Tages- und Nachtpflege 234
Teilarbeitslosengeld 340
Territorialitätsprinzip 94
Übergangsbereich 149
UN-Behindertenrechtskonvention 97
Unbestimmte Rechtsbegriffe 12
Unfallversicherung
- Arbeitsunfall 258 ff.
- Berufskrankheit 271
- Heilbehandlung 274
- Leistungen 272 ff.
- Organisation und Finanzierung 280 ff.
- Pflegeleistungen 276
- Renten 278 f.
- Teilhabeleistungen 275
- Verletztengeld 277
- versicherter Personenkreis 249 ff.
- Versicherungsfälle 257 ff.
Unfallversicherungsrecht 246 ff.
Unterhaltssichernde und andere ergänzende Leistungen 393
Verhinderungspflege 232

Vermögen
- im SGB II 358
- im SGB XII 375

Verpflichtungsklage 419

Versicherungsberechtigung 139
- in der Arbeitslosenversicherung 313 f.
- in der Krankenversicherung 167
- in der Pflegeversicherung 210 ff.
- in der Rentenversicherung 291
- in der Unfallversicherung 255

Versicherungsfreiheit
- in der Krankenversicherung 161 ff.
- in der Rentenversicherung 289
- in der Unfallversicherung 256

Versicherungspflicht 139
- in der Arbeitslosenversicherung 313 f.
- in der Krankenversicherung 159 ff.
- in der Pflegeversicherung 210 ff.
- in der Rentenversicherung 287 f.
- in der Unfallversicherung 250 ff.

Versicherungsprinzip 135

Versorgung 80

Verwaltungsakt 402 ff.
- Arten 403
- Aufhebung 410, 412
- begünstigender 404
- Bestandskraft 406
- Durchbrechung der Bestandskraft 407
- Merkmale 402
- mit Dauerwirkung 405
- nicht begünstigender 404
- Rücknahme 409
- Überprüfungsantrag 408
- Widerruf 411
- Widerspruchsverfahren 413
- Zugunstenverfahren 408

Vollzeitpflege 236 f.

Wegeunfall 267 ff.
- Umweg und Abweg 268

Widerspruch 413

Widerspruchsfrist 413

Widerspruchsverfahren 399, 413

Wie-Beschäftigte 252

Zuständigkeitsklärungsverfahren 395

Zwischenstaatliches Sozialrecht
- Abgrenzung 91
- Grundzüge 96 ff.
- Überstaatliche Organisationen 97